A acumulação do capital

Rosa Luxemburgo

A acumulação do capital
Estudo sobre a interpretação econômica do imperialismo

Tradução de
Luiz Alberto Moniz Bandeira

Organização de
Egas Moniz Bandeira
Luccas Eduardo Maldonado

Notas de
Antonio V. B. Mota Filho

2ª edição
Revista e ampliada

Rio de Janeiro
2023

Copyright © Luiz Alberto Moniz Bandeira, 2023

Traduzido da edição espanhola publicada pela Editorial Cenit, de Madrid, tradução de J. Pérez Bances, cotejada em alguns pontos com a edição francesa da Librairie François Maspero, de Paris, tradução de Irène Petit.

Revisão de tradução com base na edição alemã *Die Akkumulation des Kapitals – Ein Beitrag zur ökonomischen Erklärung des Imperialismus*, da editora Buchhandlung Vorwärts Paul Singer.

CIP-BRASIL. CATALOGAÇÃO NA PUBLICAÇÃO
SINDICATO NACIONAL DOS EDITORES DE LIVROS, RJ

L993a
2. ed.

Luxemburgo, Rosa, 1870-1919
   A acumulação do capital / Rosa Luxemburgo ; tradução Luiz Alberto Moniz Bandeira. - 2. ed., rev. e ampl. - Rio de Janeiro : Civilização Brasileira, 2023.

   ISBN 978-65-5802-098-1

   1. Capital (Economia). 2. Imperialismo. 3. Socialismo. I. Bandeira, Luiz Alberto Moniz. II.Título.

23-84110

CDD: 330.122
CDU: 330.85

Meri Gleice Rodrigues de Souza – Bibliotecária – CRB-7/6439

Todos os direitos reservados. Proibida a reprodução, armazenamento ou transmissão de partes deste livro, através de quaisquer meios, sem prévia autorização por escrito.

Texto revisado segundo o novo Acordo Ortográfico de 1990.

Direitos desta tradução adquiridos pela
EDITORA CIVILIZAÇÃO BRASILEIRA
Um selo da
EDITORA JOSÉ OLYMPIO LTDA.
Rua Argentina 171 – 3º andar – São Cristóvão
20921-380 – Rio de Janeiro, RJ
Tel.: (21) 2585-2000.

Seja um leitor preferencial Record.
Cadastre-se no site www.record.com.br
e receba informações sobre nossos
lançamentos e nossas promoções.

Atendimento e venda direta ao leitor:
sac@record.com.br

Impresso no Brasil
2023

SUMÁRIO

NOTA À SEGUNDA EDIÇÃO REVISTA E AMPLIADA (2023)   9

ROSA LUXEMBURGO NO BRASIL: REFERENCIAL DE UMA GERAÇÃO   11
Egas Moniz Bandeira e Luccas Eduardo Maldonado

ROSA LUXEMBURGO OU A OUSADIA E A CRIATIVIDADE DA CRÍTICA   47
Antonio V. B. Mota Filho

DO CENTRO À PERIFERIA: A ATUALIDADE DE ROSA LUXEMBURGO   73
Fabio Mascaro Querido

A ACUMULAÇÃO DO CAPITAL

Prólogo   83

PRIMEIRA SEÇÃO
O problema da reprodução   85

I. Objeto desta investigação   87
II. Análise do processo de reprodução segundo Quesnay e Adam Smith   107
III. Crítica da análise de Smith   125
IV. O esquema marxista da reprodução simples   139
V. A circulação do dinheiro   159
VI. A reprodução ampliada   177

VII. Análise do esquema da reprodução ampliada de Marx   191
VIII. Tentativas de solução da dificuldade apresentada por Marx   213
IX. A dificuldade do ponto de vista do processo de circulação   231

SEGUNDA SEÇÃO
Exposição histórica do problema   249

PRIMEIRA POLÊMICA
Controvérsias entre Sismondi-Malthus e Say-Ricardo-MacCulloch   251

X. A teoria sismondiana da reprodução   253
XI. MacCulloch contra Sismondi   273
XII. Ricardo contra Sismondi   287
XIII. Say contra Sismondi   297
XIV. Malthus   307

SEGUNDA POLÊMICA
Controvérsia entre Rodbertus e von Kirchmann   313

XV. A teoria da reprodução de von Kirchmann   315
XVI. Crítica da escola clássica por Rodbertus   329
XVII. Análise da reprodução por Rodbertus   345

TERCEIRA POLÊMICA
Struve-Bulgakov-Tugan-Baranovski contra Vorontsov-Nikolai-on   367

XVIII. Nova colocação do problema   369
XIX. O senhor Vorontsov e seu "excedente"   375
XX. Nikolai-on   385
XXI. As "terceiras pessoas" e os três impérios de Struve   395
XXII. Bulgakov e sua complementação da análise marxista   403
XXIII. A "desproporcionalidade" do senhor Tugan-Baranovski   417
XXIV. O fim do marxismo "legal" russo   433

TERCEIRA SEÇÃO
As condições históricas da acumulação   437

XXV. Contradições do esquema da reprodução ampliada   439
XXVI. A reprodução do capital e seu meio ambiente   461
XXVII. A luta contra a economia natural   485
XXVIII. A introdução da economia de mercado   507
XXIX. A luta contra a economia rural   517
XXX. Os empréstimos internacionais   545
XXXI. Protecionismo e acumulação   579
XXXII. O militarismo como campo da acumulação do capital   589

APÊNDICES   607

A ACUMULAÇÃO DO CAPITAL OU O QUE OS EPÍGONOS FIZERAM DA TEORIA MARXISTA: UMA ANTICRÍTICA   609

ESTANCAMENTOS E PROGRESSOS DA DOUTRINA   747

NOTA À SEGUNDA EDIÇÃO REVISTA E AMPLIADA (2023)

Este trabalho foi originalmente traduzido a partir do espanhol e do francês por Luiz Alberto Moniz Bandeira no final dos anos 1960 e publicado pela editora Zahar em 1970. Nos anos 2000, Moniz Bandeira pensou em retomar seu trabalho para fazer uma edição mais fidedigna. Fez uma revisão da tradução com base na edição alemã *Die Akkumulation des Kapitals – Ein Beitrag zur ökonomischen Erklärung des Imperialismus* da editora Buchhandlung Vorwärts Paul Singer de 1913, a qual foi reproduzida no volume 5 das obras reunidas de Rosa Luxemburgo editadas pela Dietz Verlag em 1990. Seu filho, Egas Moniz Bandeira, também se dedicou a essa tarefa, elaborando uma ampla revisão a partir dos originais em alemão. Infelizmente o ilustre intelectual faleceu em 2017 sem ter a oportunidade de vê-la terminada.

Alguns anos depois decidimos dar seguimento ao projeto. Aproveitaram-se as correções elaboradas por Luiz Alberto e Egas Moniz Bandeira e se refletiu sobre a possibilidade da inclusão de novos textos que enriquecessem e facilitassem a leitura da obra máxima de Rosa Luxemburgo. Algumas notas explicativas foram incrementadas ao texto, as quais estão identificadas pela notação "*N. da E.*": na prática, "Nota da Edição". Dividimos a elaboração das notas com Antonio V. B. Mota Filho, economista e doutor em Desenvolvimento Econômico na Universidade Estadual de Campinas (Unicamp), especializado na obra de Rosa Luxemburgo.

Dois estudos introdutórios também foram adicionados à edição, visando a enriquecer a experiência de leitura. O primeiro, elaborado por nós, narra a história das duas edições brasileiras de *A acumulação do capital* e esboça parte do processo de recepção de Rosa Luxemburgo no Brasil, destacando a atuação de Luiz Alberto Moniz Bandeira e de Paul Singer nesse processo. O segundo, constituído por Antonio V. B. Mota Filho, sintetiza os sentidos analíticos e argumentativos desta obra. Em resumo, os escritos pretendem se complementar, um servindo de introdução ao contexto histórico, e outro, à própria leitura. Preservou-se também a introdução do sociólogo e professor da Unicamp Fabio Mascaro Querido, lançado na primeira edição de *A acumulação de capital* da Civilização Brasileira, que demonstra dimensões de atualidade presentes na obra de Luxemburgo.

Nos anexos, foi introduzida a primeira tradução que Moniz Bandeira fez de Rosa Luxemburgo, quando coordenava a revista *Movimento Socialista* nos anos 1950, aos 20 e poucos anos de idade. O escrito, intitulado "Estancamentos e progressos da doutrina", expressa em certa medida a longa conexão que Moniz Bandeira manteve com a obra de Luxemburgo. Seu conteúdo é uma crítica aos marxismos fechados com os quais a teórica europeia se defrontou na sua atuação política.

Algumas pessoas ajudaram na viabilização deste projeto. Gostaríamos de agradecer a elas: Alexandre de Freitas Barbosa, Altamirando Camacam, André Singer, Angelo Segrillo, Aurélien Leforestier, Daniel Aarão Reis, Gilberto Calcagnotto, Gleice Sales Maldonado, Isabel Loureiro, Féres Féres, João Victor Lourenço de Castro, Lincoln Secco, Livia Vianna, Margot Bender Moniz Bandeira, Michael Löwy, Paulo Farias e Pery Falcón.

Egas Moniz Bandeira
Luccas Eduardo Maldonado
Organizadores da edição

ROSA LUXEMBURGO NO BRASIL
Referencial de uma geração

*Egas Moniz Bandeira**
*Luccas Eduardo Maldonado***

I.

A recepção de Rosa Luxemburgo na intelectualidade brasileira está para ser estudada extensivamente.[1] Mostra-se necessário mapeamentos como já foram feitos com Antonio Gramsci, György Lukács e outros autores. Não existe pleno desconhecimento, na verdade é preciso haver sistematização, aprofundamento e pesquisa. Existem alguns bons trabalhos que vão nessa direção, por exemplo, os estudos sobre Mário Pedrosa, primeiro debatedor extensivo das ideias da pensadora no Brasil, feitos por Isabel Loureiro e Dainis Karepovs, e sobre a editoração de esquerda no Brasil, realizados por Edgard Carone e Lincoln Secco.[2] Contudo, é preciso ir

---

* Egas Moniz Bandeira é doutor em Direito e Estudos Asiáticos pela Universidade de Tohoku, Japão, e pesquisador na área de Sinologia na Universidade de Erlangen-Nuremberge, Alemanha.
** Luccas Eduardo Maldonado é doutorando em História pela Universidade de Campinas.
1 Para análises da trajetória da própria Rosa Luxemburgo, cf. Paul Frölich, *Rosa Luxemburgo: pensamento e ação*, São Paulo, Boitempo/Inkra, 2019; e Elzbieta Ettinger, *Rosa Luxemburgo: uma vida*, Rio de Janeiro, Zahar, 1989.
2 Isabel Loureiro, *Vanguarda Socialista (1945-1948): um episódio de ecletismo na história do marxismo brasileiro*, dissertação de mestrado em Filosofia, Faculdade de Filosofia, Letras e Ciências Humanas, Universidade de São Paulo, São Paulo, 1984; Dainis Karepovs, *Pas de politique Mariô! Mário Pedrosa e a política*, Cotia: Ateliê Editorial/Fundação Perseu Abramo, 2017; Edgard Carone, *O marxismo no Brasil*, Rio de Janeiro, Dois Pontos, 1986; Lincoln Secco, *A batalha dos livros*, Cotia, Ateliê Editorial, 2017.

mais longe. Há que se destacar a relevância das investigações de Mário Pedrosa sobre Luxemburgo, como o seu livro *A crise mundial do imperialismo e Rosa Luxemburgo*, além de sua atuação no jornal *Vanguarda Socialista*.[3] Mas existe também todo um material a ser enfrentando nas gerações de intelectuais posteriores.

O presente escrito visa a constituir uma colaboração nesse sentido. Mais precisamente, o foco é a maneira como algumas personagens se atentaram para a principal obra de Luxemburgo, *A acumulação do capital*, tornando-se responsáveis por trazê-la para a realidade brasileira. Na prática, propõe-se um exercício de micro-história das duas edições de *A acumulação do capital*, identificando a partir delas um conjunto de projetos intelectuais e políticos que, direta e indiretamente, permearam a recepção de Rosa Luxemburgo no Brasil.

Mostra-se significativo como tantos se envolveram para viabilizar as duas edições brasileiras de *A acumulação do capital*, uma publicada pela Zahar, em 1970, e outra, pela Abril Cultural, em 1984. Não se trata de interesses individuais que surgiram de um dia para outro, mas de estudos e curiosidades que se estenderam coletivamente, por algumas décadas. Duas pessoas destacaram-se dentre esse grupo: o professor da Universidade de Brasília (UnB) Luiz Alberto Moniz Bandeira (1935-2017) e o professor da Universidade de São Paulo (USP) Paul Israel Singer (1932-2018).

Partindo-se dessas duas edições e atentando-se para parte da trajetória desses dois docentes, poder-se-á vislumbrar dimensões de um contexto geracional e vinculações sociais que possibilitaram a tradução da pensadora alemã para o português. Não se está propondo investigar atores que não tiveram conexões e chegaram a objetivos em comum. Na verdade, aproximam-se diferentes intelectuais que, embora tenham nascido em

---

3 Mário Pedrosa, *A crise mundial do imperialismo e Rosa Luxemburgo*, Rio de Janeiro, Civilização Brasileira, 1979.

espaços muitos distintos, se encontraram em certos momentos e, nessas oportunidades, demonstram um comum interesse por Luxemburgo, que se manteve durante décadas.

II.

Pode-se perguntar quais ligações diretas possuem as duas traduções de *A acumulação do capital,* de Rosa Luxemburgo. Existe algo para além da condição de que os projetos se derivaram de pessoas atentas para a bibliografia da marxista europeia?

Na verdade, a edição desses títulos concatena-se com um processo formativo e um projeto político com que Moniz Bandeira e Singer se envolveram durante um momento da juventude, quando pertenceram à Liga Socialista Independente (LSI) e à Polop, nos anos 1950 e 1960. Ambos se integraram aos mesmos movimentos políticos em algumas oportunidades, e nesses espaços Luxemburgo se mostrou um horizonte analítico.

Com o passar das décadas, vincularam-se a outros grupos e empreenderam projetos distintos. Por exemplo, na virada dos anos 1970 aos 1980, Singer se filiou ao Partido dos Trabalhadores (PT), e Moniz Bandeira, ao Partido Democrático Trabalhista (PDT). As leituras de Luxemburgo, porém, permaneceram presentes em suas reflexões. Essa curiosidade motivaria os dois a constituir, independentemente, edições de Luxemburgo, quando já não tinham mais contato.

Paul Singer e Luiz Alberto Moniz Bandeira têm quase a mesma idade, três anos diferenciam um do outro – o primeiro é de 1932, e o segundo, de 1935. Embora contemporâneos, guardam profundas diferenças sociais. Enquanto Moniz Bandeira nasceu em Salvador, em uma família de origens aristocráticas, tendo vários de seus membros entre a elite cultural e política brasileira, Singer tem raízes que remetem à Europa. Foi concebido no seio de uma família de pequenos comerciantes judeus em Viena, Áustria. No Leste europeu, teve sua primeira educação, sendo alfabetizado em alemão. Não muito permaneceu naquele local, veio para o Brasil em 1940, após a anexação da Áustria pela Alemanha nazista, estabelecendo residência em São Paulo.

Moniz Bandeira se aproximou das ideias de esquerda através do seu tio Edmundo Moniz, quando o conheceu no princípio de 1951. Edmundo fora uma das lideranças da IV Internacional no Brasil durante os anos 1930 e 1940. Quando entrou em contato com o sobrinho, Edmundo não era mais militante trotskista. Concentrava-se em sua carreira de jornalista no *Correio da Manhã*. Contudo, colocava-se ainda como uma pessoa de esquerda, apresentando essas ideias para Moniz Bandeira. Deu-lhe obras de Leon Trótski, Rosa Luxemburgo e uma coleção completa do *Vanguarda Socialista*.[4] A aproximação seria tanta, que Moniz Bandeira decidiu ir morar com o parente no Rio de Janeiro pouco tempo depois, dando início a uma carreira de jornalista na capital da república. Lá, por meio de Edmundo, conheceu Mário Pedrosa e outros trotskistas históricos, os quais, naquele momento, estavam filiados ao Partido Socialista Brasileiro (PSB). Encantado pelo novo cenário, Moniz Bandeira optou por se filiar ao PSB.

Singer teve um caminho diferente. Seu itinerário até as ideias de esquerda passa pelo movimento judaico chamado *Dror* – a palavra em hebraico significa "andorinha", uma metáfora para liberdade. No pós-guerra, essa organização, vinculada ao Partido Trabalhista de Israel, recrutava jovens judeus para morar em *kibutzim*, no recém-criado Estado hebreu. Tal organização tinha uma linhagem socialista que fortemente marcou Singer. O rapaz permaneceu no movimento entre 1948 e 1952,

---

[4] Relato de Luiz Alberto Moniz Bandeira em 2017.

alcançando a posição de secretário-geral estadual. Tarefa significativa, uma vez que o *Dror* tinha por volta de 1.500 membros na cidade.

A partir de 1948, passou a frequentar a sede do PSB, na praça da Sé, para ler bibliografia de esquerda e assistir aos cursos de formação. Nesse momento, Rosa Luxemburgo se tornou referência, presença constante que era nas edições do *Vanguarda Socialista* ali disponíveis. Com o passar do tempo, Singer percebeu que sua relação com o *Dror* derivava mais de uma curiosidade sobre as ideias de esquerda do que de qualquer intenção de morar em Israel, o que o levou a renunciar à posição de secretário--geral. Em 1954, se filiou ao PSB, após conseguir a cidadania brasileira. Até 1956, Moniz Bandeira e Singer não se conheciam. Morando com Edmundo, Moniz Bandeira aproximou-se de outro tio, o professor da Faculdade de Direito da USP Alberto Moniz da Rocha Barros, que também fora um militante histórico do trotskismo. Assim como Edmundo, Alberto estava concentrado na sua carreira, não visando a constituir organizações.

Alberto mantinha uma grande amizade com a principal liderança do trotskismo em São Paulo durante os anos 1930, Hermínio Sacchetta. Esse homem, diferentemente dos parentes de Moniz Bandeira, preservava interesse na militância. Após se afastar da IV Internacional no começo dos anos 1950, promoveu a formação de um grupo chamado LSI. A empreitada foi composta fundamentalmente por jovens estudantes universitários e secundários, estando entre eles Paul Singer, Michael Löwy, Emir e Éder Sader, Maurício Tragtenberg, Alberto Luiz da Rocha Barros, Gabriel Cohn, Renato Caldas, Milton Taccolini, Renato Pompeu e Luiz Alberto Moniz Bandeira.

Singer aceitou participar da iniciativa porque estava frustrado com o PSB de São Paulo. Naquele momento, a sigla alinhava-se com os interesses de Jânio Quadros. Afastou-se, nesse movimento, de várias pautas socialistas de seu programa. Enquanto durasse essa conjugação, Singer, além de Febus Gikovate e Antonio Candido de Mello e Souza, permaneceriam afastados. Moniz Bandeira acatou o projeto porque era jovem e jamais tinha participado de uma organização política.

A iniciativa jamais alcançou dimensões razoáveis, sempre tendo no máximo trinta membros e editando um jornal, intitulado *Ação Socialista*, com periodicidade instável. A relevância da LSI está na sua dimensão intelectual, pois reuniu e ofereceu experiência política para uma série de pensadores que seriam profundamente importantes na realidade brasileira na segunda metade do século XX.

A organização era marcada por uma forte presença das ideias de Luxemburgo, expressa na postura assertivamente contrária ao nacionalismo e ao centralismo democrático, sendo, na prática, a manifestação de uma severa oposição aos preceitos do Partido Comunista Brasileiro (PCB). Pode-se ver nas páginas do *Ação Socialista* citações de ideias características de Luxemburgo e também a propaganda de seu livro *Reforma ou revolução?*,[5] lançado pela editora Elipse, com tradução de Lívio Xavier.[6] Tal obra fora publicada originalmente na década anterior pela editora Flama, administrada por Hermínio Sacchetta.[7]

Apesar da relevância das ideias de Luxemburgo para o grupo, muitos desses jovens intelectuais jamais se destacaram como seus intérpretes. Gabriel Cohn, um dos maiores especialistas na obra de Max Weber na realidade brasileira, é um exemplo. Contudo, quatro membros se tornariam autores que mantiveram uma relação criativa com a obra de Luxemburgo. Além de Moniz Bandeira e Paul Singer, há de se elencar Maurício Tragtenberg e Michael Löwy.

---

[5] *Ação Socialista*, "Importantes obras marxistas traduzidas para o português", São Paulo, n. 8, agosto de 1960, p. 1.
[6] Rosa Luxemburgo, *Reforma ou revolução?*, São Paulo, Elipse, s/d.
[7] Idem, *Reforma ou revolução?*, São Paulo, Flama, 1946.

Tragtenberg se tornaria professor da Universidade Estadual de Campinas (Unicamp) e da Fundação Getulio Vargas (FGV) após se formar em História na USP, sendo responsável por constituir uma obra sobre o fenômeno burocrático[8] e sobre a história da Revolução Russa.[9] Ele frequentemente teve Luxemburgo como um referencial, tanto para compreender as consequências sociais da burocracia quanto para criticar a forma política centralizada existente no regime russo. Contudo, deve-se destacar também a relevância de Weber para os seus escritos.

Löwy constituiu quase toda a sua carreira na França, ainda que tenha feito Ciências Sociais na USP. Realizou um doutorado com Lucien Goldmann na Sorbonne e se tornaria pesquisador do Centre National de la Recherche Scientifique (CNRS). A conexão de sua obra com o teórico húngaro Lukács é profunda, mas ao mesmo tempo Luxemburgo sempre esteve no seu horizonte – inclusive permeando a interpretação sobre a obra e a trajetória de Karl Marx que apresentou em sua tese de doutoramento, *A teoria da revolução no jovem Marx*, publicada pela editora Maspero em 1970. Aliás, o grande responsável por apresentar e destacar as ideias de Luxemburgo para Löwy foi Paul Singer, demonstrando a LSI como um espaço de debate e divulgação de suas ideias.

A considerar tal espectro de personagens e obras, se mostra difícil esboçar Moniz Bandeira, Paul Singer ou qualquer um desses outros intelectuais como luxemburguistas em um sentido puro. São intelectuais com formações complexas que, embora estivessem significativamente influenciados pelas ideias da pensadora europeia, consumiam ao mesmo tempo outros autores de esquerda críticos à União Soviética. Por exemplo, tanto Moniz Bandeira quanto Paul Singer destacaram a relevância

---

8 Maurício Tragtenberg, *Burocracia e ideologia*, São Paulo, Ática, 1974. *Idem*, *Administração, poder e ideologia*, São Paulo, Moraes, 1980.
9 *Idem*, *A Revolução Russa*, São Paulo, Atual, 1988.

das obras de Trótski nesse momento de formação. Por isso, Luxemburgo, em grande medida, é recepcionada juntamente com outras referências que criticavam o comunismo à esquerda e elencavam suas facetas autoritárias, burocráticas etc.

A LSI foi uma iniciativa breve e incapaz de engajar de forma efetiva boa parte dos seus membros. Sua importância está nos contatos que conseguiu firmar. Singer logo se concentrou em sua vida universitária: entrou no curso de Economia da USP, em 1957, e foi progressivamente se reaproximando do PSB. Moniz Bandeira também se afastou da organização.

Em 1956, no período em que trabalhava no periódico carioca *Diário da Noite*, conheceu uma personagem que o faria focar seus projetos políticos no Rio de Janeiro. Trata-se de Erich Czaczkes Sachs,[10] um jovem judeu, assim como Singer, emigrado da Áustria. Sachs era significativamente influenciado pelas ideias de Heinrich Brandler, August Thalheimer e da ala de oposição do Partido Comunista Alemão, crítica à ascensão autoritária na legenda na virada dos anos 1920 aos 1930.

Moniz Bandeira e Sachs conheceram-se no *Correio da Manhã* e se aproximaram quando perceberam que cultivavam uma posição de esquerda semelhante, marcadamente crítica ao autoritarismo soviético. O primeiro diálogo tratou a respeito do XX Congresso do Partido Comunista da União Soviética (PCUS), que ocorrera em fevereiro daquele ano.[11] Rapidamente Sachs se tornaria o principal parceiro de Moniz Bandeira, com os dois decidindo constituir uma organização no Rio de Janeiro em 1957. Perceberam que o envolvimento com a LSI não possibilitaria uma ação mais ampla no Rio de Janeiro. Seus membros estavam em São Paulo e teria que se principiar o movimento do zero.

---

10 Erich Sachs assinava de diversas maneiras seus textos no Brasil com o fim de dar um tom mais nacional ao seu nome: Eric, Érico, Eurico etc. Deu-se preferência a utilizar o nome Erich.

11 Luiz Alberto Moniz Bandeira, "Memórias sobre a Polop", documento do arquivo pessoal de Luiz Alberto Moniz Bandeira.

Por isso, Sachs filiou-se ao PSB e eles decidiram criar um grupo de jovens da legenda, intitulado Juventude Socialista. Também se envolveram no projeto: Aluízio Leite Filho, Piragibe de Castro, Agilberto Pires, Henrique Miranda Sá Neto, Ruy Mauro Marini e Bóris Nicolaewsky.[12]

Sachs e Moniz Bandeira tinham atuado em jornal. O primeiro também trabalhara como gráfico quando morara em São Paulo nos anos 1940 e envolvera-se com o Grupo Radical de Ação Popular (Grap), uma pequena iniciativa de operários e jovens universitários ligados principalmente à Faculdade de Direito do Largo do São Francisco que se reuniam para estudar, debater e manifestar-se contra o Estado Novo. Entre os seus membros estava o professor e crítico literário Antonio Candido de Mello e Souza. Em relato, Mello e Souza destacou o conhecimento de Sachs da bibliografia de esquerda alemã já naquele período.[13]

Considerando tal trajetória, Sachs e Moniz Bandeira decidiram constituir um projeto editorial em 1959, a revista *Movimento Socialista*, publicação que durou apenas um ano, resultando em dois volumes. Havia uma rede de leitores atenta ao seu conteúdo. Astrojildo Pereira foi um dos seus compradores. Michael Löwy recebia os exemplares e lia com muita atenção.[14] Outro de seus leitores, Theotônio dos Santos, destacou o papel do editorial em criticar as posições nacionalistas do PCB. Éder Sader relatou que mantinha contatos com o grupo e que era leitor da publicação.

A revista era administrada fundamentalmente pelos membros da Juventude Socialista do Rio de Janeiro, sendo Moniz Bandeira seu editor formal. Apesar de o movimento se considerar distinto da publicação, as partes se confundiam. A questão é que colaborações eram abertas para

---

12 *Ibidem*, Leovegildo Pereira Leal, *História da Polop: da fundação à aprovação do Programa Socialista para o Brasil*, Pará de Minas, Virtualbooks, 2011, p. 86.

13 Éder Sader e Eugênio Bucci, "Memória: Antonio Candido", *Teoria e Debate*, 2 mar. 1988, www.teoriaedebate.org.br/1988/03/01/a-militancia-por-dever-de-consciencia.

14 Relato de Michael Löwy em 2019.

qualquer pessoa; a única restrição era que se deveria debater a partir de um prisma marxista. A revista anunciava, no seu manifesto inaugural, a função de difundir a ideologia revolucionária do operariado, questionar os movimentos "reboquistas" e romper com as tradições stalinistas.[15]

O primeiro número teve menos de 100 páginas. Todavia, mostrou-se significativo em dois sentidos. O primeiro foi a presença de um texto de Rosa Luxemburgo, "Estancamentos e progressos da doutrina", com tradução de Moniz Bandeira, demonstrando a preocupação do grupo em divulgar as ideias da autora.[16] O escrito, traduzido de uma versão espanhola, foi originalmente publicado em 1903 no jornal oficial da social-democracia alemã *Vorwärts*, com o título "Stillstand und Fortschritt im Marxismus".[17] Trata-se de uma defesa das ideias de Marx, colocado como um autor ainda plenamente capaz de oferecer instrumentos para analisar a realidade, não obstante a passagem do tempo. Aponta concomitantemente a necessidade de uma postura aberta, alocando os escritos marxianos como um horizonte analítico para mobilizar a luta operária, e não como uma verdade acabada. Na prática, é um escrito que se conecta com as polêmicas que Luxemburgo estabelecera com Eduard Bernstein em uma série de artigos publicados na imprensa operária entre 1898 e 1899, depois editados com o título *Reforma ou revolução?*[18]

O segundo número teve textos de Erich Sachs e Ruy Mauro Marini. O de Sachs, intitulado "Marxismo ou apologética nacionalista?", foi assinado como Eurico Mendes. É uma longa exposição monográfica sobre

---

15 *Movimento Socialista*. "As razões e a missão do 'Movimento Socialista'". n. 1, 1959, p. 1-5.

16 Rosa Luxemburgo, "Estancamentos e progressos da doutrina", *Movimento Socialista*, n. 1, 1959, p. 63-66. Texto publicado na p. 747 deste livro.

17 Rosa Luxemburgo, "Stillstand und Fortschritt im Marxismus", *Gesammelte Werke,* v. 1.2., 1970, p. 367.

18 O título original em alemão é "Sozialreform oder Revolution?". Rosa Luxemburgo, *op. cit.,* 1946.

a relação dos marxistas com o nacionalismo, apresentando os perigos da presença dessa ideologia entre o operariado brasileiro.[19]

O de Marini, "Verso e reverso do desenvolvimento", assinado com o pseudônimo Agripino Soares Thomas,[20] é mais interessante, porque demarca um momento de sua trajetória no qual se afasta de posições nacional-desenvolvimentistas e assume uma postura marxista revolucionária, começando a esboçar noções que estariam presentes na sua contribuição à teoria da dependência presente em *Dialéctica de la dependencia*.[21] Até aquele momento, Marini era professor assistente de Alberto Guerreiro Ramos na Escola Brasileira de Administração Pública (Ebap), órgão da FGV, estando, portanto, profundamente concatenado com as teorias desenvolvimentistas então em dominância. Como declara em seu memorial, Marini faz um ajuste de contas com o nacional-desenvolvimentismo nesse texto.[22]

Pode-se ver uma postura crítica ao nacionalismo, que atravessa toda a revista. No segundo volume da publicação, a situação não é distinta. Uma vez mais Marini publica um artigo no qual esboça críticas a tal ideologia.[23] Dessa vez, destinou ácidos comentários ao membro do PCB Rui Facó, que questionara pouco antes o novo projeto editorial no periódico comunista *Novos Rumos*,[24] colocando os jovens organizadores como sectários e incapazes de formar alianças.[25]

---

19 Eurico Mendes, "Marxismo ou apologética nacionalista?", *Movimento Socialista*, n. 1, 1959, p. 38-54.
20 Agripino Soares Thomas, "Verso e reverso do desenvolvimento". *Movimento Socialista*, n. 1, 1959, p. 11-33.
21 Ruy Mauro Marini, *Dialéctica de la dependencia*, México, Era, 1973.
22 *Idem*, "Memória", in João Pedro Stédile e Roberta Traspadini (orgs.), *Ruy Mauro Marini: Vida e obra*, 2ª ed, São Paulo, Expressão Popular, 2011, p. 60.
23 Agripino Soares Thomas, "Atualidade do Manifesto Comunista", *Movimento Socialista*, n. 2, 1959, p. 17-22.
24 Milton Pinheiro, "Rui Facó", in Luiz Bernardo Pericás e Lincoln Secco (org.), *Intérpretes do Brasil: clássicos, rebeldes e renegados*, São Paulo, Boitempo, 2014, p. 117-127.
25 Rui Facó, "Movimento Socialista... Para trás", *Novos Rumos*, Rio de Janeiro, 28 ago.-3 set. 1959, p. 9.

Singer também faria uma contribuição nesse novo volume. Já existiam contatos entre Moniz Bandeira e Singer desde a LSI, e provavelmente o convite se desdobrou dessa conexão. A partir desse momento, Singer e Sachs também constituíram uma amizade,[26] a qual se mostraria importante para viabilizar a criação da Polop pouco depois. As origens austríacas e judaicas ajudaram a moldar tal vinculação, aproximando Singer da atuação da Juventude Socialista no Rio de Janeiro.

Singer ofereceu para a *Movimento Socialista* o artigo "Esboço de uma análise marxista do nacionalismo" que, em certa medida, repete o roteiro analítico dos demais textos da publicação.[27] Destaca as oposições de interesse entre burguesia nacional e estrangeira no Brasil, esboçando como resultado dessa disputa o desenvolvimento do nacionalismo. A classe operária não poderia assumir a ideologia nacionalista, uma vez que ela não resolve sua condição. Deveria, por sua vez, apresentar uma conduta socialista, visando a uma revolução para se emancipar da lógica desigual do capitalismo. A estratégia política do PCB, portanto, era uma vez mais questionada. Rosa Luxemburgo aparecia nesses roteiros sempre como um referencial crítico e como uma autora que, diuturnamente, ainda durante a Revolução Russa, teve clareza sobre tais problemas.

Nos anos 1960, Moniz Bandeira e Singer ainda manteriam contato já que ambos decidiram se integrar à Polop, fundada em um congresso realizado entre os dias 16 e 19 de janeiro de 1961 na cidade de Jundiaí. O nome do grupo era Organização Marxista Revolucionária (ORM), no entanto ficou conhecido como Polop, porque essa era a síntese do nome da publicação oficial da organização – *Política Operária*. Em certa me-

---

26 Paulo Vannuchi e Rose Spina, "O economista Paul Singer é um dos raros exemplos de alguém que soube aliar atividade acadêmica à militância política", *Teoria e Debate*, n. 62, www.teoriaedebate.org.br/2005/04/10/paul-singer/.

27 Paul Singer, "Esboço de uma análise marxista do nacionalismo", *Movimento Socialista*, n. 2, 1959, p. 6-11.

dida, o nome destaca a influência de Sachs no grupo, já que esse também era o título de um jornal da ala opositora do Partido Comunista Alemão que existiu em Bremen, na década de 1930, intitulado *Arbeiterpolitik*.

Na fundação, membros da Juventude Socialista de São Paulo, Rio de Janeiro e Salvador, da LSI e da Mocidade Trabalhista de Belo Horizonte se reuniram para formar a nova organização. Se na Juventude Socialista e na LSI a presença de Luxemburgo era um referencial, a Polop traria um contexto distinto. Pois, por um lado, entrou um grupo, a Mocidade Trabalhista, que tinha uma relação bem menos áspera com o nacionalismo e, por outro, eram anos conseguintes à Revolução Cubana. Nesse momento, a ideologia nacionalista começava a ser concebida com um potencial revolucionário na América Latina.

Assim, as críticas ao nacionalismo esboçadas por Luxemburgo são menos lembradas diante das suas ponderações sobre o caráter autoritário da forma política dos Partidos Comunistas. O que recebeu mais atenção dos militantes da Polop foram os escritos marxistas sobre imperialismo. Nas publicações oficiais e de seus membros, textos de Vladimir Lênin, Nikolai Bukharin etc. ganharam destaque – algo um tanto interessante, uma vez que vários dos seus membros se tornariam autores da vertente marxista da teoria da dependência mais tarde, como Theotônio dos Santos, Vânia Bambirra e Ruy Mauro Marini.[28]

Chega-se a constituir entre os membros da Polop um projeto de edição dos livros que debateram o imperialismo. A empreitada foi limitada, resultando em um único título de Bukharin, *O imperialismo e a economia mundial*, traduzido por Marini e Aurélia Sampaio Leite por uma editora a que Moniz Bandeira era vinculado, a Melso.[29] Em depoimento,

---

28 Seguiu-se a conceituação posta por Luiz Carlos Bresser-Pereira, "As três interpretações da dependência", *Perspectivas*, São Paulo, v. 38, p. 17-48, 2010.
29 Nikolai Bukharin, *O imperialismo e a economia mundial*, Rio de Janeiro: Melso, s/d.

Theotônio dos Santos expressou a preocupação do grupo em debater e divulgar autores que discutiam o caráter do imperialismo, embora houvesse a limitação da presença de Luxemburgo como uma intérprete dessa temática. Naquele momento, era Mário Pedrosa, oriundo de outra geração e pertencente a diferentes grupos políticos, que se colocava mais preocupado em debater as ideias da autora sobre o imperialismo. Tal situação mudaria somente na década seguinte.

Moniz Bandeira e Singer não atuariam cotidianamente na organização, por estarem concentrados nas suas carreiras nos anos conseguintes. O primeiro se tornou um importante jornalista no Rio de Janeiro, especializado em cobertura política nacional e internacional. O segundo, por sua vez, foi contratado como professor da USP após se formar em Ciências Econômicas e Administrativas em 1959. Quando Singer obteve o diploma, o professor Mário Wagner Vieira da Cunha o convidou para ser seu assistente, indicando-o para cuidar de uma matéria focada em produção agrária. Nos anos seguintes, Singer se tornou docente catedrático da casa.

Singer e Moniz Bandeira participariam da Polop de maneira esporádica, mais como intelectuais orgânicos do que como militantes. Integravam-se apenas em certos projetos editoriais ou quando o grupo organizava conferências. Além de ter sido editor responsável pelo *Movimento Socialista*, Moniz Bandeira coordenou a publicação oficial da Polop, sendo auxiliado pelo conselho de redação formado por Gabriel Cohn, Renato Ribeiro Pompeu e Luiz Portes. Como seu viabilizador, Moniz Bandeira convidou uma vez mais Singer para colaborar na publicação, lançando o artigo "A luta dos camponeses no Brasil" na edição de outubro de 1962.[30]

---

30 Paul Singer, "A luta dos camponeses no Brasil", *Política Operária*, Rio de Janeiro, n. 4, out. 1962, p. 7-11.

O texto concatenava-se profundamente com a cadeira que Singer ocupava na USP, demonstrando mais a faceta de um pesquisador do que de um militante, já que buscava conceituar as formas de produção existentes no campo brasileiro, destacando a maneira capitalista que se expandia diante de formas pré-capitalistas que se diluíam. Singer não deixava de fazer um diagnóstico de cunho político, apontando que o campesinato brasileiro poderia ter um potencial revolucionário devido a seu processo de proletarização. Tal escrito, em grande medida, está conectado com as pesquisas de Singer, existindo aproximações com outro texto de cunho acadêmico publicado em uma revista especializada naqueles anos.[31]

Embora sempre com significativas limitações de atuação devido ao seu pequeno porte, a Polop conseguiu ter alguma presença no movimento estudantil carioca a partir da aliança que estabeleceu com a Juventude Universitária Católica (JUC), mais precisamente, com uma ala que se derivaria na Ação Popular (AP) em 1962. A conexão possibilitou a eleição de três presidentes da AP para a presidência da UNE: Aldo Arantes (1961-1962), Vinícius Caldeira Brant (1962-1963) e José Serra (1963-1964).

Os membros da AP dominaram a organização estudantil no Rio de Janeiro e no Brasil nos anos 1960. Com a União Metropolitana dos Estudantes (UME) e a União Nacional dos Estudantes (UNE), a Polop, por meio de sua conexão com a AP, conseguia constituir alguns projetos. Foi por meio dessa ponte que Singer foi convidado em três oportunidades para comentar a política econômica em vigência, primeiramente do governo de Jânio Quadros e, depois, de João Goulart.[32] Nas duas primeiras, seus apontamentos apareceram em *O Metropolitano*, publicação oficial

---

31 Idem, "Agricultura e desenvolvimento econômico", *Revista Brasileira de Estudos Políticos*, Belo Horizonte, n. 12, out. 1961.

32 Idem, "Instrução 204: perigo a industrialização do país", *O Metropolitano*, Rio de Janeiro, 9 abr. 1961, p. 6. Idem, "Diagnóstico da crise brasileira", *O Metropolitano*, Rio de Janeiro, 10 fev. 1962, p. 6.

da UME, que saía como encarte do *Diário de Notícias* e era coordenado principalmente por membros da AP, como Raul Landim Filho, futuro professor de Filosofia da Universidade Federal do Rio de Janeiro (UFRJ), tendo a colaboração de alguns membros da Polop, como Ruy Mauro Marini e Aluízio Leite Filho.

A terceira oportunidade de aproximação entre Singer e o grupo do Rio de Janeiro no qual Moniz Bandeira se integrava é, de longe, a mais importante, uma vez que resultou na sua primeira publicação em livro. A obra, intitulada *Análise do plano trienal*, foi lançada em 1963 pela própria editora da UNE.[33] Trata-se da reunião de dois estudos, um de Singer e o outro do militante comunista Mário Alves, sobre o plano econômico elaborado pelo Ministro do Planejamento e Coordenação Econômica Celso Furtado (1962-1964) durante o governo João Goulart. O texto também integrou o seu primeiro livro autoral, *Desenvolvimento e crise*.[34]

Após o golpe de 1964, os contatos entre Singer e Moniz Bandeira se diluíram e jamais se recuperam. É sintomática a última entrevista que o economista deu em 2016. Questionado sobre Moniz Bandeira, Singer declara que o considerava um bom jornalista, demonstrando uma falta de aproximação com sua obra elaborada na segunda metade do século XX. Limita-se a rememorar a atuação do cientista social nos jornais cariocas nos anos 1950 e 1960.[35]

A Polop, que era o principal elo entre eles e que se manifestava esporadicamente, passaria por uma profunda crise a partir daquele momento, se diluindo em várias organizações. Moniz Bandeira deixou a organização formalmente em 1965 e passou a se concentrar na carreira de editor e escritor. Singer, por sua vez, foi progressivamente se afastando, tornando-

---

33 Mário Alves e Paul Singer, *Análise do plano trienal*, Rio de Janeiro, Editora Universitária da União Nacional dos Estudantes, 1963.
34 Paul Singer, *Desenvolvimento e crise*, São Paulo, Difel, 1968.
35 *Idem*, "Paul Singer", *Margem Esquerda*, 1º v., 2016, p. 22-23.

-se cada vez mais distante. Na realidade, encontrava-se rompido com a organização antes mesmo de 1964. Optou por se dedicar à vida acadêmica e ao PSB de São Paulo. Voltou-se plenamente para a sigla após a ala janista ser derrotada, quando alcançou a posição de secretário-geral do partido em São Paulo e de membro do diretório nacional.[36] Pouco depois, o PSB deixaria de existir com a vigência do Ato Institucional número 2, em 1967.

Rosa Luxemburgo, que aparecia como um referencial teórico comum para Moniz Bandeira e Singer, principalmente na LSI, deixa de ser motivos de interações. Desloca-se cada vez mais como um problema reflexivo, o qual incitaria, cada um, de maneira distinta, a promover a tradução de *A acumulação do capital* nas décadas conseguintes.

III.

Moniz Bandeira foi o primeiro a ter a intenção de produzir uma versão de *A acumulação do capital* em língua portuguesa. Seu trabalho apareceu em 1970 pela editora Zahar,[37] com sua tradução, mais de meio século depois do surgimento da primeira edição em alemão, em 1913.[38] O texto – que deu origem ao presente livro – não foi constituído de maneira simples. O Brasil passava por um dos momentos mais duros da ditadura militar, e a produção desse texto não ficou passível das ingerências do regime.

Por incrível que pareça, foi na ditadura que se desdobrou um substantivo enriquecimento na bibliografia marxista no Brasil. Até aquele momento, a presença de autores como Antonio Gramsci, György

---

36 Idem, "Paul Singer", in Isabel Loureiro, *op. cit.*, 2009, p. 16.
37 Rosa Luxemburgo, *op. cit.*, 1970.
38 Idem, *Die Akkumulation des Kapitals*, Berlim, P. Singer, 1913.

Lukács, Rosa Luxemburgo era significativamente limitada. Por exemplo, a própria obra máxima de Karl Marx, *O capital*, só ganhou uma versão em português pela Civilização Brasileira em 1968, a partir do trabalho do tradutor Reginaldo Sant'Anna.[39]

Obviamente, a ditadura não constituiu nenhum estímulo para essa ampliação. O processo deriva-se da curiosidade de intelectuais que foram postos em reclusão e tinham pleno interesse em expandir o acervo de textos marxistas no país. Perseguidos, eles encontraram mais tempo para se dedicar a projetos de tradução, sendo bem recebidos por editores como Ênio Silveira, Jorge Zahar e Caio Graco Prado.

O regime autoritário até chegou a constituir uma política de censura para impressos, mas isso não afetou em grande medida essas publicações. O foco dos censores estava nos jornais e nas revistas de grande circulação e em quem produzia as traduções, entre eles, vários militantes de organizações de esquerda. Nomes como Gramsci e Lukács eram fundamentalmente desconhecidos, tendo pouquíssimo impacto fora dos muros da universidade ou de pequenos círculos intelectualizados da esquerda. Se for analisado o conjunto de textos censurados no período, observar-se-á um foco mais moralizante e social. Textos eróticos e autores largamente lidos foram censurados.[40] Os casos voltados a livros eram raros. A censura estava diretamente voltada aos jornais de publicação diária.

O golpe militar afetou profundamente a vida de Moniz Bandeira. A carreira de jornalista foi totalmente inviabilizada. Para se proteger, decidiu concentrar-se em uma vida reclusa – como fizeram Leandro Konder, Carlos Nelson Coutinho e Paul Singer –, focando em atividades de escritor, tradutor e editor. Nos anos 1950 e 1960, publicara algumas

---

39 Karl Marx, *O capital*, Rio de Janeiro, Civilização Brasileira, 1968.
40 Sobre a censura de livros na ditadura, cf. Sandra Reimão, *Repressão e resistência: censura a livros na ditadura militar*. São Paulo: Edusp, 2011.

obras de análise de conjuntura e de poesia, contudo a produção de livros jamais tinha se tornado o centro das suas atenções.

Desde o começo da década, Moniz Bandeira participava informalmente da editora Melso, um pequeno empreendimento dirigido pelo empresário Manoel de Souza Sobrinho. O negócio durou entre 1957 e 1965 e não chegou a ter vinte livros publicados.[41] Moniz Bandeira não tinha cargo oficial na empresa. Era uma presença constante que indicava projetos, intermediava com autores e tradutores e até mesmo publicava suas próprias obras. Por exemplo, os seus dois primeiros livros de análise política saíram pela casa, *O 24 de agosto de Jânio Quadros* e *O caminho da revolução brasileira*.[42] Outras atividades que lá exerceu foram trazer Ruy Mauro Marini para traduzir o já citado livro de Bukharin e convidar o antigo militante comunista Agildo Barata para publicar as suas memórias, *Vida de um revolucionário*.[43]

Sabendo do desemprego de Moniz Bandeira, Sobrinho propôs ao colaborador assumir a coordenação do seu novo empreendimento. Em 1967, Sobrinho comprou uma das mais antigas editoras e gráficas do país, a Laemmert.[44] Tal casa de publicação fora fundada em 1827, sendo a mais importante editora brasileira na virada do século XIX para o XX. Para se ter uma dimensão de sua relevância, a primeira edição de *Os sertões*, de Euclides da Cunha, apareceu por essa empresa em 1902, a qual também editou autores relevantes como Olavo Bilac, Alfredo d'Escragnolle Taunay, Sílvio Romero etc. No século XX, o empreendimento perdeu relevância, tendo momentos que se restringiu a atuar exclusivamente como gráfica.

---

41 N. C., "Vida cultural", *Correio da Manhã*, Rio de Janeiro, 17 jan. 1960, p. 2.
42 Luiz Alberto Moniz Bandeira, *O 24 de agosto de Jânio Quadros*, Rio de Janeiro, Melso, 1961. Idem, *O caminho da revolução brasileira*, Rio de Janeiro, Melso, 1963.
43 Agildo Barata, *Vida de um revolucionário: memórias*, Rio de Janeiro, Melso, s/d.
44 Laurence Hallewell, *O livro no Brasil: sua história*, 3ª ed., São Paulo, Edusp, 2012, p. 255.

A ACUMULAÇÃO DO CAPITAL

Moniz Bandeira trabalhou como o editor da casa entre 1968 e 1969, comandando o negócio que estava instalado na rua Carlos de Carvalho, Centro do Rio de Janeiro. O vínculo se encerrou com a sua prisão. A editora funcionaria ainda mais três anos após esse incidente. Voltaria a atuar exclusivamente como gráfica a partir de 1972. Desde o início dos anos 1960, a Laemmert parara de lançar livros, mas em março de 1968 anunciou publicamente que retornaria ao ramo.[45] Divulgou inclusive o seu primeiro lançamento: *O que é o amor?*, do médico e militante socialista argentino José Ingenieros. Na verdade, trata-se de uma reedição de um livro lançado no Brasil pela Melso, com tradução de Gesner Morgado. O texto original foi lançado em 1940, na Argentina, e se intitulava *Tratado del amor*. Foi nesse exato momento que Moniz Bandeira tomou as rédeas da companhia.

A editora Laemmert nunca se transformou em um grande negócio sob o comando de Moniz Bandeira. Compunha-se de uma estrutura pequena que se especializou em editar traduções de intelectuais de esquerda. Para isso, Moniz Bandeira muitas vezes solicitava os direitos de traduções antigas feitas por seus conhecidos. Hermínio Sacchetta, por exemplo, permitiu que lançasse todos os textos que publicara na editora Flama nos anos 1940.[46] O modelo de trabalho que Moniz Bandeira cultivava era quase artesanal. Realizava diversas tarefas ao mesmo tempo para distintas empresas, sendo pago por trabalho entregue. Dedicava-se a cuidar da Laemmert, enquanto preparava matérias para a revista *Visão* e recebia encomendas de duas das maiores editoras do país, a Civilização Brasileira e a Zahar.[47]

---

45 Eneida, "Encontro Matinal Eneida", *Diário de Notícias*, Rio de Janeiro, 9 mar. 1968, p. 3.
46 Relato de Luiz Alberto Moniz Bandeira em 2017.
47 Luiz Alberto Moniz Bandeira, "Memorial", 1989. Documento disponível no arquivo pessoal de Luiz Alberto Moniz Bandeira.

O proprietário da Civilização Brasileira, Ênio Silveira, contratou Moniz Bandeira repetidas vezes naquele período.[48] Três livros foram encomendados. O primeiro foi publicado em 1967 e intitulou-se *O ano vermelho*,[49] escrito conjuntamente com dois jornalistas militantes do PCB chamados Clóvis Melo e Aristélio Travassos de Andrade.[50] Trata-se sinteticamente de um estudo sobre os reflexos da Revolução Russa no Brasil e a constituição do PCB. O segundo jamais apareceu, pois Moniz Bandeira foi preso em 1969 enquanto estava preparando o texto. Os manuscritos foram levados pela polícia e se perderam. Era um estudo sobre o levante da Aliança Nacional Libertadora (ANL) em 1935, muitas vezes chamado Intentona Comunista. O terceiro foi escrito em uma condição especial. Moniz Bandeira foi contratado em 1968 para atuar como *ghost-writer* da biografia do presidente da Primeira República, Nilo Peçanha: *Nilo Peçanha e a revolução brasileira*.

Em duas oportunidades, Silveira também utilizou os serviços de Moniz Bandeira como tradutor. A primeira vez foi em 1967, para verter o texto "O que foi a Revolução de Outubro?", de Leon Trótski, que saiu no número especial, dedicado aos cinquenta anos da Revolução Russa, da *Revista Civilização Brasileira*.[51] A segunda foi para traduzir uma coletânea de textos do biógrafo de Trótski, Isaac Deutscher, intitulada *O judeu não-judeu e outros ensaios*, publicada em 1970.[52] A conexão com a Zahar

---

48 *Idem*, "Luiz Alberto de Vianna Moniz Bandeira (depoimento, 2003)", Rio de Janeiro, CPDOC, 2010, p. 59.
49 Luiz Alberto Moniz Bandeira, Clóvis Melo e Aristélio Travassos de Andrade, *O ano vermelho – a Revolução Russa e seus reflexos no Brasil*, Rio de Janeiro, Civilização Brasileira, 1967.
50 Relato de Luiz Alberto Moniz Bandeira em 2017. Celso Peçanha, *Nilo Peçanha e a revolução brasileira*, Rio de Janeiro, Civilização Brasileira, 1969.
51 Leon Trótski, "O que foi a Revolução de Outubro?", *Revista Civilização Brasileira*, n. especial 1, nov. 1967, p. 133-155.
52 Isaac Deutscher, *O judeu não-judeu e outros ensaios*, Rio de Janeiro, Civilização Brasileira, 1970.

foi menos constante. Na realidade, o editorial encomendou a Moniz Bandeira, em 1968, a tradução do livro *Literatura e revolução*, de Leon Trótski, inédito em língua portuguesa. O trabalho, feito a partir de uma edição espanhola, apareceu no ano seguinte, inclusive com texto introdutório do tradutor.[53]

Enquanto coordenava a Laemmert, Moniz Bandeira concentrou-se em constituir um catálogo com textos marxistas estrangeiros. Em muitas oportunidades, reeditou traduções de conhecidos seus: como os livros de Trótski *Da Noruega ao México* e *Revolução e contrarrevolução*.[54] O primeiro vertido originalmente nos anos 1930 por seu tio Edmundo Moniz – publicado pela Epasa, tendo também uma edição pela Melso – e o segundo por Mário Pedrosa. Trótski também aparecia em outra oportunidade no catálogo, em uma coletânea de diversos autores sobre a Comuna de Paris traduzidos por José Octavio de Aguiar Abreu, que se tornaria conhecido por verter a obra de Sigmund Freud.[55]

Ao longo do tempo, lançou *A nova mulher e a moral sexual* da revolucionária russa Alexandra Kollontai, vertido por Vera Bloch Wrobel;[56] *A questão agrária*, do social-democrata alemão Karl Kautsky, com tradução de Carlos Iperoig,[57] reedição de um texto originalmente lançado pela Flama nos anos 1940;[58] *Poemas do cárcere* e *A resistência do Vietnam*, ambos de Ho Chi Minh[59] – o primeiro traduzido pelo próprio Moniz

---

53 Leon Trótski, *Literatura e revolução*, Rio de Janeiro, Zahar, 1969.
54 Leon Trótski, *Da Noruega ao México*, Rio de Janeiro, Laemmert, 1968. Idem, *Revolução e contrarrevolução*, Rio de Janeiro, Laemmert, 1968.
55 Idem et al, *A Comuna de Paris*, Rio de Janeiro, Laemmert, 1968.
56 Alexandra Kollontai, *A nova mulher e a moral sexual*, Rio de Janeiro, Laemmert, 1968.
57 Karl Kautsky, *A questão agrária*, Rio de Janeiro, Laemmert, 1968.
58 Idem, *A questão agrária*, São Paulo, Flama, s/d.
59 Ho Chi Minh, *Poemas do cárcere*, Rio de Janeiro, Laemmert, 1968. Idem, *A resistência do Vietnam*, Rio de Janeiro, Laemmert, 1968.

Bandeira e por Coema Simões (pseudônimo de Édila Pires),[60] o segundo, por Edio Vieira; *A questão judaica*, de Karl Marx, traduzido pelo psicólogo Wladimir Gomide;[61] *Marxismo e existencialismo*, de August Thalheimer, também vertido por Gomide;[62] *Tratado do materialismo histórico*, sem indicação de tradutor, e *O imperialismo e a economia mundial*, de Nikolai Bukharin,[63] com tradução de Ruy Mauro Marini originalmente lançada pela Melso; *Cristianismo primitivo*, de Friedrich Engels, sem indicação de tradutor, com apêndice de Leandro Konder;[64] *Guerra civil na Espanha*, do militante trotskista espanhol Andreu Nin, vertido por José Bolívar, pseudônimo utilizado por Gomide em seu primeiro trabalho de tradução pela casa;[65] *História do socialismo e das lutas sociais*, de Max Beer, com tradução de Horácio Mello, que, na prática, é uma reedição originalmente publicada pela Cultura Brasileira em 1934;[66] *Que é uma constituição?*, de Ferdinand Lassalle, com tradução de Walter Stonner, originalmente lançada em 1933.[67] Rosa Luxemburgo também apareceu no catálogo. Moniz Bandeira aproveitou a tradução de Lívio Xavier, que seu amigo Hermínio Sacchetta havia editado pela Flama nos anos 1940, de *Reforma ou revolução?*, contudo alterou o título para *Reforma, revisionismo e oportunismo*.[68]

---

60 Relato de Luiz Alberto Moniz Bandeira em 2017.
61 Karl Marx, *A questão judaica*, Rio de Janeiro, Laemmert, 1969.
62 August Thalheimer, *Marxismo e existencialismo*, Rio de Janeiro, Laemmert, 1970.
63 Nikolai Bukharin, *Tratado do materialismo histórico*, Rio de Janeiro, Laemmert, 1970. Idem, *O imperialismo e a economia mundial*, Rio de Janeiro, Laemmert, 1969.
64 Friedrich Engels, *Cristianismo primitivo*, Rio de Janeiro, Laemmert, 1969.
65 Andreu Nin, *Guerra Civil na Espanha*, Rio de Janeiro, Laemmert, 1969.
66 Max Beer, *História do socialismo e das lutas sociais*, Rio de Janeiro, Laemmert, 1968. Idem, *História do socialismo e das lutas sociais*, Rio de Janeiro, Cultura Brasileira, 1934.
67 Ferdinand Lassalle, *Que é uma constituição?*, Rio de Janeiro, Laemmert, 1969. Idem, *Que é uma constituição?*, São Paulo, Edições e Publicações, 1933. Rosa Luxemburgo, *Reforma, revisionismo e oportunismo*, Rio de Janeiro, Laemmert, 1970.
68 Rosa Luxemburgo. *Reforma, revisionismo e oportunismo*. Rio de Janeiro: Laemmert, 1970.

Há também títulos que, embora não fossem marxistas, tinham forte apelo para a cultura de esquerda. A tradução de um livro de entrevistas feitas pelo jornalista e psicólogo Kenneth Bancroft Clark, intitulado *Protesto negro*, com três lideranças do movimento dos direitos civis norte-americano (James Baldwin, Malcolm X e Martin Luther King), vincula-se a esse plano.[69] O trabalho de tradução também foi feito por Wladimir Gomide.

Outro livro do catálogo que se concatenou com esse nicho foi *As táticas de guerra dos cangaceiros*, de Maria Christina Russi da Matta.[70] Trata-se de uma adaptação de uma tese de doutoramento em História feita na USP que não chegou a ser defendida devido ao falecimento de sua autora. O título filia-se a uma tradição bibliográfica que concebia o cangaço como um movimento social de cunho potencialmente revolucionário. Abordagem que pode ser conferida em autores como Eric Hobsbawm e Rui Facó.[71] O título teve algum apelo social na época de sua edição, sendo indicado pelo militante Joaquim Câmara Ferreira, da Ação Libertadora Nacional (ALN), como um recurso para se preparar para a luta armada.

Moniz Bandeira também publicou na Laemmert amigos e parentes de prestígio. Lançou o texto do seu tio-avô, pai de Edmundo Moniz, Antônio Moniz Sodré de Aragão *A mocidade na democratização dos povos*,[72] que é uma exposição sobre as revoltas estudantis ao longo da história, e dois títulos do seu tio Alberto Moniz da Rocha Barros, professor de

---

69 Kenneth Bancroft Clark, *O protesto negro*, Rio de Janeiro, Laemmert, 1969.

70 Maria Christina Russi da Matta Machado, *As táticas de guerra dos cangaceiros*, Rio de Janeiro, Laemmert, 1969.

71 Eric Hobsbawm, *Primitive Rebels*, Manchester, Manchester University Press, 1959. Rui Facó, *Cangaceiros e fanáticos*, Rio de Janeiro, Civilização Brasileira, 1963.

72 Antônio Moniz Sodré de Aragão, *A mocidade na democratização dos povos*, Rio de Janeiro, Laemmert, 1969.

direito da USP, *Que é o fascismo?* e *Origens e evolução trabalhista*.[73] Os livros de Rocha Barros foram uma homenagem do sobrinho ao parente que falecera no ano anterior, após sofrer um atentado da organização paramilitar Comando de Caça aos Comunistas (CCC). O amigo Clóvis Melo também foi colocado em circulação com a obra *Os ciclos econômicos do Brasil*.[74]

Ao analisar o catálogo da Laemmert, vislumbra-se uma ampla bibliografia de esquerda. Poucas são as exceções – aparecem um ou outro título especializado de filosofia ou uma reunião de sonetos, como *Matrimônio*, de Søren Kierkegaard, e *Sonetos escolhidos*, de Gioconda Labecca. Para além dos livros, consta também uma presença significativa de pessoas de esquerda viabilizando o projeto. Moniz Bandeira aproveitava os seus contatos formados nos anos de militância pela Polop, especialmente aqueles originários do movimento estudantil universitário. Trazia para trabalhar militantes que passavam por dificuldades econômicas. Muitas vezes eles estavam em condição de clandestinidade. A sede da Laemmert em Belo Horizonte era organizada por antigos militantes da Polop.[75] As tradutoras Vera Wrobel e Édila Pires tinham partido do movimento estudantil universitário, sendo perseguidas e presas. Wladimir Gomide fora militante da Polop. Foi trazido para a editora por Moniz porque tinha passado alguns anos na Alemanha Oriental estudando Germanística, Língua e Literatura Alemã na Universidade de Leipzig.[76]

Parecia ser um tanto inevitável que a editora Laemmert despertasse atenção da polícia. Contudo, não foi o negócio que sofreu intervenção ou

---

[73] Alberto Moniz da Rocha Barros, *Que é o fascismo?*, Rio de Janeiro, Laemmert, 1969. *Idem*, *Origens e evolução trabalhista*, Rio de Janeiro, Laemmert, 1969.
[74] Clóvis Melo, *Os ciclos econômicos do Brasil*, Rio de Janeiro, Laemmert, 1969.
[75] Relato de Luiz Alberto Moniz Bandeira em 2017.
[76] Relato de Wladimir Gomide em 2021.

seus livros que foram recolhidos. Após visitas da polícia ao escritório da editora no Rio de Janeiro, Moniz Bandeira foi condenado a cinco anos de prisão, no final de novembro de 1969, pelo Conselho Permanente da 1° Auditoria da Marinha. Usou-se a legislação da Lei de Segurança Nacional para se emitir a sentença. Moniz Bandeira foi condenado por subversão devido à sua atuação na Polop no pós-golpe, embora tenha se desfiliado da organização em 1965. O editor decidiu não se entregar, entrando na clandestinidade. Contudo, foi preso no mês seguinte por um destacamento do Centro de Informações da Marinha (Cenimar). Passaria dez meses encarcerado, sendo libertado no segundo semestre de 1970, após a anulação da sentença.

Os prejuízos para Moniz Bandeira foram numerosos. Perdeu o cargo na Laemmert e parte da sua biblioteca particular, além dos manuscritos do seu livro sobre a ANL que preparava para a Civilização Brasileira. Alguns trabalhos se salvaram, porque estavam em um apartamento no Rio de Janeiro que não foi invadido pela polícia. Nessa residência, havia uma pequena biografia do revolucionário russo Lênin que sairia pela Coleção Vida e Obra, da editora José Alvaro, porém o texto jamais foi entregue para João Rui Medeiros, responsável pelo projeto. A prisão acabou por impedir a sua realização. Somente dez anos depois, quando a José Alvaro tinha sido comprada e integrada à Paz e Terra por Fernando Gasparian, o livro foi publicado já pelo novo selo.[77]

Moniz Bandeira tinha preparadas três traduções para saírem pela Laemmert no ano seguinte. Após sua prisão, os textos ficaram guardados durante anos. Um dos manuscritos era o de *A origem do cristianismo* de Karl Kautsky, obra lançada originalmente em 1908. A tradução permaneceu no arquivo do autor até 2010, quando foi editada pela Civilização

---

77 Luiz Alberto Moniz Bandeira, *Lênin: vida e obra*, Rio de Janeiro, Paz e Terra, 1978.

Brasileira.[78] A especificidade da obra e o pouco prestígio de Kautsky entre os intelectuais brasileiros dificultaram encontrar uma editora interessada. Além disso, Moniz Bandeira quis lançar o trabalho apenas após uma ampla revisão feita conjuntamente com o seu filho, Egas.

As duas outras traduções surgiram antes. Após publicar *Marxismo e existencialismo*, de August Talheimer, optou por produzir um outro texto do autor, *Introdução ao materialismo dialético*, lançado originalmente em 1927.[79] O título não era original no país, havendo uma edição da década de 1930 da Cultura Brasileira.[80] O material foi lançado em 1979 pela editora paulista Ciências Humanas, do militante do PCB Raul Castells Mattos.[81]

A última tradução é um momento importante na história da recepção de Rosa Luxemburgo no Brasil. Moniz Bandeira tinha preparado para lançar pela Laemmert a obra máxima da pensadora, *A acumulação do capital*. Ao longo do ano de 1969, preparou o texto a partir da edição espanhola da Cenit, traduzida por José Pérez Bances em 1933, e da edição francesa da François Maspero, traduzida por Irène Petit e lançada naquele mesmo ano.

Moniz Bandeira planejava lançar o título em 1971, quando se completassem cem anos do nascimento da autora e após a edição de *O imperialismo e a economia mundial*, de Nikolai Bukharin, dando assim uma certa continuidade a uma linha editorial que trabalhasse com a temática do imperialismo. Todavia, teve que abandonar o projeto quando foi condenado pela justiça militar. Na verdade, pegou esses manuscritos após se desligar

---

78 Karl Kautsky, *Der Ursprung des Christentums*, Stuttgart, Dietz, 1908. (Ed. bras.: *A origem do cristianismo*, Rio de Janeiro, Civilização Brasileira, 2010.)

79 August Talheimer, *Einführung in den dialektischen Materialismus*, Wien, Verlag für Literatur und Politik, 1927.

80 Idem, *Introdução ao materialismo dialético*, São Paulo: Cultura Brasileira, 1934.

81 Idem, *Introdução ao materialismo dialético*, São Paulo: Ciências Humanas, 1979. Sobre a editora Ciências Humanas, cf. Flamarion Maués. *Livros contra a ditadura*, São Paulo, Publisher, 2013.

da Laemmert e os entregou à Zahar, tendo o editor concordado em pagar pelo trabalho de imediato nos últimos meses de 1969. Moniz Bandeira precisava de dinheiro, já que iria para a clandestinidade. Foi a primeira e única vez que a Zahar se propôs a editar Rosa Luxemburgo.

A partir de março do ano seguinte, os jornais começaram a divulgar o lançamento de *A acumulação do capital*. O texto circulou com o seu tradutor preso. Embora a relevância intelectual do livro, que indica pela primeira vez a presença da principal obra de Luxemburgo no Brasil, a repercussão foi mínima. Poucas notícias de jornal anunciaram o título e nenhuma resenha ou comentário mais extensivo foi feito na mídia ou nas revistas especializadas. Em grande medida, o silêncio refletia o país que passava por um dos momentos mais duros da ditadura militar. Há de se considerar também que a Zahar se encontrava pressionada pela polícia política naquele momento e provavelmente não quis fazer grande esforço de divulgação da obra da esquerdista Rosa Luxemburgo.

IV.

Se a tradução de *A acumulação do capital* de Moniz Bandeira foi concebida apressadamente e de maneira quase artesanal, a versão de Paul Singer se caracterizou por grande profissionalismo, uma vez que por trás do próprio livro havia toda a estrutura da Abril Cultural, do empresário Victor Civita. Mais precisamente, essa edição de *A acumulação do capital* integra a Coleção Os Economistas, que visava a lançar vários títulos clássicos do pensamento econômico universal. Ao longo de sua existência, originou 48 volumes de autores como Adam Smith, David Ricardo, John Maynard Keynes, Karl Marx etc., muitos inéditos em língua portuguesa.

A Coleção Os Economistas foi lançada formalmente em setembro de 1982, em um seminário no auditório da Faculdade de Economia e

Administração (FEA) da USP. Na ocasião, uma gravação de um debate entre o ex-ministro do Planejamento e da Fazenda Mário Henrique Simonsen e o professor da Unicamp Luiz Gonzaga Belluzzo, com mediação do professor João Manuel Cardoso de Mello, foi realizada.[82] O evento marcava o aparecimento dos três primeiros volumes dedicados a David Ricardo, Karl Marx, Joseph Schumpeter e Alfred Marshall.

Os Economistas não era exatamente um projeto original. A Abril Cultural começara a lançar desde 1972 uma coleção sobre filosofia intitulada Os Pensadores. A empreitada, coordenada pelo filósofo José Américo Motta Pessanha, teve grandes proporções. Principiou com um primeiro volume sobre Platão e até 1976 foram lançados mais 56, dedicados a autores como Max Weber, Jean-Jacques Rousseau, Santo Tomás de Aquino etc. A Abril Cultural aproveitava seus contratos com as bancas de jornal em todo o país para vender a coleção, alcançando o surpreendente número de 23 mil pontos de distribuição.[83] Além disso, utilizava-se de extensa propaganda, inclusive em canais de televisão. Por isso, obtinha vendas elevadíssimas em pouco tempo. Por exemplo, o volume dedicado a Platão foi comprado por mais de 90 mil pessoas, e o volume dedicado a Voltaire, por mais de 70 mil.[84]

A opção por fazer um selo voltado à economia derivou-se das boas vendagens que tiveram os volumes da Coleção Os Pensadores dedicados a Karl Marx, Michal Kalecki, John Maynard Keynes e Piero Sraffa. O organizador da Coleção Os Economistas era Paschoal Miguel Forte.[85] Seu trabalho era fundamentalmente administrativo, focado na viabilidade

---

82 *Jornal do Brasil*, "Empresas", Rio de Janeiro, 21 set. 1982, p. 18. *Diário do Paraná*, "Com Seminário, Abril lança Economistas", Curitiba, 2 set. 1982, p. 6.
83 *Jornal do Brasil*, "*Grande Sertão* em 27 anos: 90 mil exemplares. *Grande Sertão* em 20 dias: 22 mil exemplares", *Jornal do Brasil*, Rio de Janeiro, 2 jul. 1983, p. 11.
84 Fernando Zamith, "Direito à fonte", *Jornal do Brasil*, Rio de Janeiro, 19 mar. 1983, p. 10.
85 *Ibidem*.

do negócio. A concepção intelectual do projeto ficava a cargo do escritor Jacob Gorender – o "editor de planejamento" –,[86] antigo militante do PCB e então filiado ao PT.

Gorender conversava com diversos professores universitários especializados em Economia para desenvolver o projeto. Buscava-se seu aconselhamento para sugestões de livros e elaboração de traduções e textos introdutórios. Na prática, a gama de docentes consultados foi mais ampla. Contudo, na época do lançamento da coleção, três economistas foram anunciados como os principais organizadores: Américo Cury da Universidade Federal do Rio de Janeiro (UFRJ), Adroaldo Moura e Silva (USP) e Paul Singer (Pontifícia Universidade Católica de São Paulo – PUCSP – e USP).[87]

Moura e Silva foi convidado por Gorender para participar do processo porque naqueles anos se dedicava a ministrar cursos sobre keynesianismo e seus debatedores na pós-graduação da Faculdade de Economia e Administração (FEA) da USP. Escreveu o prefácio do volume dedicado a Keynes e deu indicação de alguns autores, como Michal Kalecki e Irving Fisher.[88]

Singer foi integrado devido a seu conhecimento da língua alemã e seu domínio da bibliografia marxista. Esteve envolvido com o processo de produção e escolha de diversos textos marxistas e alguns vinculados à economia política – por exemplo, o volume de David Ricardo é apresentado por ele. O principal produto da coleção era a nova edição dos três volumes de *O capital*, de Karl Marx. Constantemente as propagandas destacavam esse empreendimento. Inicialmente não se pretendia fazer

---

[86] Maria do Rosario Caetano, "*O capital* em edição capitalista", *Correio Brasiliense*, Brasília, 5 set. 1983, p. 4.
[87] Fernando Zamith, "Direito à fonte", *Jornal do Brasil*, Rio de Janeiro, 19 mar. 1983, p. 10.
[88] Relato de Adroaldo Moura e Silva em 2021.

uma tradução nova, mas uma versão corrigida do trabalho produzido por Reginaldo Sant'Anna para a Civilização Brasileira nos anos 1960. Uma nova conversão teve que ser feita porque Sant'Anna não concordou que fizessem alterações em seu trabalho.[89]

Singer esteve profundamente concentrado nesse projeto, que deveria ser lançado em 1983 para aproveitar a efeméride dos cem anos do falecimento de Marx. Ele não foi o tradutor responsável. Na realidade, os volumes foram convertidos pelo economista Régis Barbosa e pelo crítico literário Flavio Kothe.[90] Singer realizava uma revisão técnica na conversão feita por essas personagens, dando precisão conceitual ao escrito. O trabalho foi tão metódico que se chegou a criar um dicionário com a conversão mais adequada para determinados termos. O procedimento foi impecável nos dois primeiros volumes, porém o terceiro não teve revisão de Singer devido a atraso dos tradutores e a pressa da empresa em colocar o texto em circulação ainda em 1983.[91]

Profundamente concentrado em fazer uma edição qualitativa da obra máxima de Marx, Singer não assumiu o papel de tradutor em outros títulos da coleção. Sua atuação limitava-se ao processo de escolha de textos, elaboração de prefácios e designação de tradutores. Por isso, embora tenha indicado a presença de Rosa Luxemburgo no projeto, não foi ele o responsável por verter ao português *A acumulação do capital*.

---

89 Maria do Rosário Caetano, "*O capital* em edição capitalista", *Correio Braziliense*, Brasília, 5 set. 1983, p. 4.

90 Há um texto do professor da UNB Flavio Kothe relatando a experiência: "A nova tradução de *O capital*", *Novos Rumos*, Rio de Janeiro, n. 1, 1986, p. 193-203. Há também dois textos dos organizadores da versão de *O capital* da Abril Cultural, no próprio volume I, sobre a experiência de tradução, que possuem várias informações a respeito. Regis Barbosa, Flavio Kothe e Paul Singer, "Apêndice", in Karl Marx, *op. cit.*, 1983, p. 291-297. Regis Barbosa, Flavio Kothe e Paul Singer, "A respeito da tradução de *O capital*", in Karl Marx, *op. cit.*, 1983, p. 3-5.

91 Antonio Carlos de Godoy, "O desafio da tradução de Marx", *Suplemento Literário*, São Paulo, 18 set. 1983, p. 15. *Jornal do Brasil*, "O capital que Marx acumula", Rio de Janeiro, 20 ago. 1983, p. 9.

Na realidade, Singer convidou para fazer esse trabalho uma aluna que tivera enquanto era professor visitante no Lateinamerika Institut da Universidade Livre de Berlim no primeiro semestre de 1975.[92]

Trata-se de Marijane Vieira Lisboa, atualmente docente do curso de Ciências Socioambientais da PUCSP e importante ativista dos direitos ambientais. Lisboa possui uma trajetória que em certa medida rememora alguns dos tradutores que foram trazidos por Moniz Bandeira para trabalhar na Laemmert. Enquanto estudante de Ciências Sociais da UFRJ, esteve profundamente envolvida com o movimento estudantil, sendo uma militante da AP. Tal vinculação a levaria a ser presa no segundo semestre de 1969.[93] Partiria para o exílio em 1971, indo inicialmente para o Chile.

No país latino, atuaria como secretária de arquivo na Comissão Econômica para a América Latina e o Caribe (Cepal) e retomaria o curso de Ciências Sociais na Universidade do Chile, contudo esses projetos foram interrompidos com o golpe de 1973. Teria que uma vez mais procurar asilo, indo para a Alemanha após uma breve passagem pelo México.

Na Europa, realizaria a partir de 1974 o curso de Ciências Sociais na Universidade Livre de Berlim. Foi aluna de Paul Singer nesse momento, enquanto o economista ministrava um curso sobre teoria do emprego e marginalização a partir de Keynes e Marx.[94] Na oportunidade, começou a se naturalizar com o trato conceitual dado por Singer ao marxismo. O curso era composto fundamentalmente por latino-americanos, e Singer constantemente debatia a palavra mais adequada em português e espanhol para verter termos do alemão original de *O capital* e de outras obras

---

92 Sobre o período que ficou na Alemanha, cf. memorial de Paul Singer incluído no processo de inscrição ao concurso de professor-titular, processo número 83.1.496.12.4, disponível no arquivo geral da USP.

93 *Tribuna da Imprensa*, "IPM na Aeronáutica vê 17 pessoas na subversão", *Tribuna da Imprensa*, Rio de Janeiro, 2 out. 1969, p. 3.

94 Paul Singer, *Paul Singer: militante por uma utopia*, São Paulo, Com-Arte, 2013, p. 76.

da tradição marxista. Tal experiência seria importante para Lisboa mais tarde, quando foi convidada a se integrar ao projeto Os Economistas.[95]

Formou-se em 1978 e no ano seguinte voltou ao Brasil com o início da anistia, tornando-se professora do curso de Ciências Sociais da PUC. Singer, que lecionou no departamento de Economia da PUC entre 1977 e 1983, convidou sua colega para realizar a tradução de *A acumulação do capital*. A experiência de ter realizado uma graduação toda em alemão e a naturalidade com as categorias econômicas, uma vez que frequentou em diversas oportunidades disciplinas de economia ao longo dos seus anos de estudo, contaram para o convite. Seu marido, Luís Travassos, também era membro da equipe de tradução de *O capital*, com Singer, Kothe e Barbosa. Sua formação em Economia na Universidade Livre de Berlim e a atuação profissional de tradutor de alemão teriam sido uma aquisição valiosa para o projeto, no entanto, Travassos faleceu antes de poder colaborar.

A questão é que Lisboa mantinha proximidade com vários membros que construíram a Coleção Os Economistas. As suas habilidades específicas e seus vínculos sociais fizeram que fosse convidada para participar do projeto quando um título escrito originalmente em alemão aparecesse. A situação desdobrou-se quando *A acumulação do capital* de Rosa Luxemburgo apareceu no horizonte da empresa.

A obra foi traduzida ao longo de 1983 e surgiu no mercado no ano seguinte. Usou-se a edição da Verlag Neue Kritik de 1970 como ponto de partida para a conversão. Diferentemente da versão de Moniz Bandeira, o texto foi feito a partir do original alemão, embora Lisboa também tenha cotejado seu trabalho com uma edição em espanhol. A versão da Abril Cultural teve outras colaborações. Os dois anexos, um texto de Gustav Eckstein que crítica a obra de Luxemburgo e a resposta da autora a esse

---

[95] Relato de Marijane Vieira Lisboa em 2021.

escrito, foram vertidos por Otto Erich Walter Maas. Após terminar o trabalho, Lisboa não quis fazer um novo contrato para traduzir os anexos. A falta de tempo e a manutenção do mesmo valor pago por lauda, desconsiderando o acúmulo inflacionário nos últimos meses, fizeram a socióloga renunciar à oportunidade.[96]

Paul Singer não teve grande interferência no processo de tradução. Sua presença se fez presente na formação de Lisboa e nos diálogos que esporadicamente mantinham na PUC. Contudo, o manual que guiava as traduções do alemão, elaborado para a edição de *O capital*, não foi entregue para a socióloga e, por isso, as soluções não foram aplicadas ao livro de Luxemburgo. Além disso, Singer não realizou revisão técnica.[97]

Isso não quer dizer que não tenha feito alterações no texto. Na realidade, o economista pagou sua dívida formativa para com Luxemburgo com a redação de uma extensa apresentação ao livro. Nesse texto, Singer demonstra um domínio substantivo da vida e das obras da autora, esboçando inclusive o debate mais amplo sobre o caráter do imperialismo que *A acumulação do capital* está alocado. Em grande medida, é uma feliz tentativa de apresentar o texto, articulando-se fatores contextuais e conteúdo, embora os primeiros sejam predominantes.

Não obstante as diversas qualidades do trabalho e o período de abertura política de sua publicação, a versão de Lisboa e Singer não teve grande impacto. Houve silêncio nos jornais e nas revistas acadêmicas sobre a publicação, da mesma forma como ocorreu com a edição traduzida por Moniz Bandeira para a Zahar. Não se localizaram eventos ou resenhas a respeito, apenas poucas propagandas. A diferença de quase quinze anos entre as edições não encontrou terreno fértil para um debate mais amplo sobre seu conteúdo. A transição do momento mais duro da ditadura à

---

[96] Relato de Marijane Vieira Lisboa em 2021.
[97] *Ibidem*.

anistia parece não ter sido significativo para gerar uma mudança em relação à recepção da obra.

A dimensão técnica da obra, a falta de um movimento político ou tradição universitária que reivindicasse a autora, como aconteceu com Gramsci, Lukács e, em certa medida, Althusser, fez Rosa Luxemburgo ser uma constelação menor dentro do espectro de referências do marxismo brasileiro. Mesmo autores que buscavam recuperá-la, como Paul Singer e Moniz Bandeira, ou ainda Michael Löwy e Maurício Tragtenberg, sempre a situam como um ponto importante dentro de um conjunto de outros autores. Por isso, *A acumulação do capital*, ainda que tenha sido objeto de grande esforço por parte de algumas pessoas, sempre habitou as páginas de referências de textos especializados.

Contudo, os desafios do século XXI parecem oferecer nova atualidade para Rosa Luxemburgo. Em 2003, David Harvey apropriou-se de algumas de suas ideias na elaboração do seu *O novo imperialismo*.[98] A obra teve ampla repercussão mundial e demonstrou a atualidade de diversas ideias de Luxemburgo. Trata-se de um exemplo de possíveis usos. A questão é que as últimas crises econômicas, o recrudescimento do imperialismo, a catástrofe ambiental etc. trazem novo fôlego à obra de Luxemburgo, tornando sua leitura mais rica. Quem sabe, a inteligência brasileira encontre renovada riqueza na autora nessa segunda década do século XXI.

---

98 David Harvey, *The New Imperialism*, Oxford, Oxford University Press, 2003. (Ed. bras.: *O novo imperialismo*, São Paulo, Loyola, 2004.)

ROSA LUXEMBURGO OU A OUSADIA E A CRIATIVIDADE DA CRÍTICA

Antonio V. B. Mota Filho[*]

No dia 14 de janeiro de 1919, Rosa Luxemburgo escreveu seu artigo "A ordem reina em Berlim", no qual analisou a derrota da revolução alemã e a brutal repressão que o governo social-democrata lançara sobre os revolucionários. A ordem vencera, mas, como Luxemburgo mencionou em seu texto: "A sua 'ordem' está construída sobre areia. Amanhã a revolução 'se levantará de novo ruidosamente', proclamando ao som da trompa: 'Eu fui, eu sou, eu serei!'".[1] No dia seguinte, Luxemburgo – junto com seu camarada Karl Liebknecht – tornou-se vítima da violência política do período: presa pelos *Freikorps*, milícia de extrema direita, foi levada ao Hotel Eden, onde o capitão Waldemar Pabst daria a ordem para que fosse executada.[2]

Decorridos mais de cem anos após sua execução, Luxemburgo segue sendo um símbolo da esquerda e seu legado socialista é recuperado nas

---

[*] Antonio V. B. Mota Filho é doutor em Desenvolvimento Econômico pela Universidade Estadual de Campinas. Tem experiência na área de economia política, com ênfase em História Econômica, atuando principalmente nos seguintes temas: economia política, história econômica, história do pensamento econômico e economia brasileira contemporânea.

1 Rosa Luxemburgo, *Rosa Luxemburgo: textos escolhidos*, organização de Isabel Loureiro, v. 3, São Paulo, Editora Unesp, 2011, p. 401.

2 Klaus Gietinger, *The Murder of Rosa Luxemburg*, Londres, Verso, 2019.

diferentes experiências de ascensão política das massas. Como ressalta Michael Löwy, "sempre existiu na cultura da esquerda brasileira uma corrente 'luxemburguista'". Além do próprio Löwy, diferentes expoentes da esquerda brasileira encarnaram essa cultura como Isabel Loureiro, Luiz Alberto Moniz Bandeira, Mario Pedrosa e Paul Singer. Este chama a atenção para o fato de que Luxemburgo "era uma discípula de Marx que ousava não só criticar Marx, mas mostrar um erro dele, um erro de abordagem".[3] De fato, a ousadia da crítica e a criatividade da formulação são marcos presentes em toda a obra de Luxemburgo.

Paul Singer descobriu essa ousadia de Luxemburgo em uma obra em particular: *A acumulação do capital*, publicada em janeiro de 1913. Tal livro é fruto de uma longa reflexão sobre o pensamento econômico e ponto de partida de uma grande controvérsia sobre a economia marxista, sendo um marco importante na obra de Luxemburgo. Seu ponto de partida foi a constatação de que havia um erro na formulação de Karl Marx sobre a acumulação de capital, tal como exposta no Livro II de *O capital*. Mais que um detalhe marginal, o equívoco em um elemento teórico impossibilitava a compreensão do imperialismo.

Além disso, *A acumulação do capital* é um livro que se encontra no cruzamento de diferentes âmbitos da reflexão com a história, a economia política e as relações internacionais. Trata-se de uma obra profunda, fruto de anos de reflexão e atuação política. O presente texto visa a oferecer subsídios para compreensão desse notável e complexo trabalho de Luxemburgo. Para tal, três movimentos foram elaborados. O primeiro localiza as formulações da revolucionária polonesa no âmbito do marxismo, apontando seu vínculo com Karl Marx e Friedrich Engels, mas também sua crítica a aspectos da obra de ambos. O segundo analisa a construção

---

3 Paul Singer, "Paul Singer", in Isabel Loureiro, *Socialismo ou barbárie: Rosa Luxemburgo no Brasil*, 2ª ed., São Paulo, Instituto Rosa Luxemburgo, 2009, p. 13.

de *A acumulação do capital*, atentando para sua originalidade. Por fim, apresenta-se uma breve conclusão na qual se discute a atualidade da obra de Luxemburgo.

ROSA LUXEMBURGO E O MARXISMO

Rozalia Luksenburgo nasceu em 1871 na cidade de Zamość na Polônia do Congresso.[4] Era a filha mais nova de Lina e Eljasz Luksenburgo, uma família de comerciantes judeus. Poucos anos depois, os Luksenburg se instalaram em Varsóvia, onde Rosa iniciou seus estudos secundários em 1884.

Naquele período, o movimento socialista ganhava força na Polônia, impulsionado pela ação do Partido Proletariado, uma organização política de cunho blanquista da qual Luxemburgo fora próxima durante sua juventude.[5] Esse partido se notabilizou por sua posição contrária à independência política da Polônia em relação ao Império Russo. Para o grupo, a classe trabalhadora polonesa deveria lutar junto com a classe trabalhadora russa contra o czarismo e o capitalismo. Essa perspectiva internacionalista marcou profundamente as análises de Luxemburgo.

Após uma ampla repressão das forças policiais russas, o Proletariado foi desmontado em 1885 e diversos de seus dirigentes seriam executados no ano seguinte. Em 1889, criou-se uma nova organização política, a Liga dos Operários Poloneses, da qual Luxemburgo também se aproximou. Sua presença no meio socialista logo foi percebida pela polícia. Seus camaradas de organização aconselharam-na a fugir do país, parti-

---

4 A Polônia deixou de existir oficialmente em 1795, quando foi dividida entre Rússia, Prússia e Áustria. A criação do chamado Reino da Polônia, também conhecido como Polônia do Congresso, vinculado formalmente ao Império Russo, seria estabelecida no Congresso de Viena em 1815. Jerzy Lukowski e Hubert Zawadzki, *A concise history of Poland*, Londres, Oxford, 2019.
5 Rosa Luxemburgo, "Der Sozialismus in Polen", in *Gesammelte Werke*, v. 1.1, Berlim, Dietz, 1979, p. 82.

cularmente Marcin Kasprzak, um dos antigos dirigentes do Proletariado e uma espécie de mentor político.[6]

Em 1889, Rosa Luxemburgo emigrou para a Suíça, destino da maior parte dos perseguidos políticos do Império Russo. O período em Zurique foi duplamente relevante. Em primeiro lugar, lá a autora pôde seguir seus estudos superiores, ingressando no doutorado em Economia na Universidade de Zurique. Em segundo, ajudou a criar, junto de outros exilados, a Social-Democracia do Reino da Polônia (SDKP) em 1893. Sua fundação foi uma resposta ao surgimento do Partido Socialista Polonês (PPS) no final de 1892, cujo programa nacionalista previa a independência política da Polônia e tinha a simpatia de dirigentes do socialismo internacional como Friedrich Engels.

A questão polonesa esteve no centro da atenção de Luxemburgo nos seus primeiros anos de militância. Sua primeira formulação sobre o sentido do desenvolvimento do capitalismo na Polônia se deu em 1893 no III Congresso Socialista Internacional ocorrido em Zurique. A jovem Rosa Luxemburgo, eleita delegada ao Congresso pelo jornal da SDKP, leu seu *Relatório ao Congresso de Zurique* no qual afirmava que: "A tendência patriótica, o ideal de um Estado polaco autônomo, não tem nenhuma possibilidade de conquistar para sua causa a massa trabalhadora social-democrata."[7] O documento era, portanto, uma crítica direta às formulações de Karl Marx e Friedrich Engels, que defendiam a independência da Polônia.[8]

Desde esse primeiro texto, percebe-se um aspecto que estaria sistematicamente presente em toda a obra de Luxemburgo: a recusa de aceitar as

---

6 Paul Frölich, *Rosa Luxemburgo: pensamento e ação*, São Paulo, Boitempo/Inkra, 2019, p. 28.
7 Rosa Luxemburgo, "Bericht an den III. Internationalen Sozialistischen Arbeiterkongreß in Zürich 1893 über den Stand und Verlauf der sozialdemokratischen Bewegung in Russisch-Polen 1889-1893".
8 Kevin Anderson, *Marx nas margens*, São Paulo, Boitempo, 2019.

conclusões de Marx e Engels como "dogma de fé".[9] Mais importante do que as conclusões alcançadas por tais autores a respeito da Polônia, é sua forma de analisar o contexto histórico e de formar um critério próprio baseado nas relações materiais existentes na sociedade. Dessa forma, era possível utilizar o mesmo método, mas obter resultados diferentes.[10]

Em 1898, Luxemburgo se instalou na Alemanha, onde logo ingressou na controvérsia acerca do revisionismo contra Eduard Bernstein. A necessidade de defender o "verdadeiro" marxismo levou Luxemburgo a refletir sobre a herança de Karl Marx e Friedrich Engels. Em 1902, publicou no jornal social-democrata *Vorwärts* três resenhas sobre o compêndio de obras de Marx, Engels e Ferdinand Lassalle, organizado por Franz Mehring. A autora escreveria três anos depois uma resenha bastante elogiosa da edição das *Teorias da mais-valia*, organizada por Karl Kautsky.[11]

Em 1903, lançou dois outros textos sobre o mesmo tema: "Paralisia e progresso do marxismo" e "Karl Marx". No primeiro, Luxemburgo afirma que "do ponto de vista teórico, nos encontramos no mesmo lugar em que havíamos sido deixados pelos dois criadores do socialismo científico" e se interroga sobre a origem dessa sensação de paralisia existente no movimento socialista.[12]

> Sem dúvida, não se pode negar certa influência opressora de Marx sobre a liberdade de movimento teórico de alguns de seus alunos. [...] O medo constrangedor de se desviar "do terreno do marxismo" durante o pensamento pode, em alguns casos, ter sido tão desastroso para o trabalho intelectual quanto o

---

9 Rosa Luxemburgo, *Strömungen der polnischen sozialistischen Bewegung*, in *Gesammelte Werke*, v. 1.1, op. cit., p. 14-36.
10 Lelio Basso, *El pensamiento político de Rosa Luxemburg*, Barcelona, Península, 1976, p. 59-60.
11 Rosa Luxemburgo, *A l'école du socialisme*, Marselha, Agone/Smolny, 2012.
12 *Idem*, "Paralisia e progresso do marxismo", in *Rosa Luxemburgo: textos escolhidos*, v. 1, organização de Isabel Loureiro, São Paulo, Editora Unesp, 2011, p. 124.

outro extremo – o esforço constrangedor de, justamente, por meio do abandono completo do modo de pensar de Marx, provar a qualquer custo a "autonomia do próprio pensamento".[13]

Essa citação sintetiza um aspecto presente ao longo da obra de Luxemburgo: seu vínculo com o marxismo não a impedia de formular críticas a Marx quando julgava necessário. Marx legara ao movimento socialista a percepção da classe trabalhadora como "uma categoria histórica, isto é, como uma classe com determinadas condições de existência e leis de movimentos históricas".[14] A compreensão dos determinantes históricos da realidade era o fator decisivo que permitiria à classe trabalhadora agir para tomar o poder. Um instrumento fundamental para essa tomada de poder seria a social-democracia: "Com o fio de Ariadne da teoria de Marx na mão, o partido operário é hoje o único que, do ponto de vista histórico, sabe o que faz, e, por isso, faz o que quer."[15]

Há nesses textos elementos que a autora desenvolveria posteriormente. O primeiro deles é a percepção de que a economia política burguesa chegou ao seu limite teórico. No escrito de 1903 "Karl Marx", Luxemburgo afirmou pela primeira vez que: "Desde que Marx fez valer o ponto de vista da classe trabalhadora nos domínios da filosofia, da história e da economia, cortou-se o fio da pesquisa burguesa nesses domínios. [...] A economia política científica chegou ao fim."[16] As palavras de Luxemburgo ecoavam o prefácio da segunda edição de *O capital*, na qual Marx afirmara que: "A economia política burguesa, isto é, a que vê na ordem capitalista a configuração definitiva e última da produção social, só pode assumir caráter científico enquanto a luta de classes permaneça latente

---

13 *Ibidem*, p. 124.
14 *Idem*, "Karl Marx", in *Rosa Luxemburgo: textos escolhidos*, v. 1, *op. cit.*, p. 132.
15 *Ibidem*, p. 132.
16 *Ibidem*, p. 138.

ou se revele apenas em manifestações esporádicas."[17] Conhecedora da influência das formulações da economia política clássica sobre Marx, Luxemburgo percebeu que: "A doutrina de Marx é filha da ciência burguesa, mas o nascimento desta criança custou a vida da mãe."[18]

O segundo elemento é a apreciação que faz sobre *O capital*. Para Luxemburgo, a crítica à economia política apresentada em *O capital* "encontra-se ociosa, e a teoria do materialismo histórico propriamente dita é hoje tão pouco desenvolvida e esquemática, como a deixou a mão de seu criador".[19] Era preciso, portanto, aprofundar e desenvolver aspectos que Marx apenas esboçara. Em sua apreciação sobre os três volumes, ainda que o Livro III apareça como a resolução científica da crítica ao capitalismo de Marx, os temas mais correntes da luta de classe estão presentes no livro I: "a origem da mais-valia, isto é a explicação científica da exploração, bem como a tendência à socialização do processo de produção – a explicação científica dos fundamentos objetivos da revolução socialista."[20]

Contudo, nestes primeiros textos não há menções ao Livro II de *O capital*, sobre o qual ela se concentrará durante a escrita de *A acumulação do capital*.

Em 1907, um acontecimento permitiria a Rosa Luxemburgo aprofundar suas reflexões sobre a crítica à economia política. A comissão de educação do Partido Social-Democrata da Alemanha (SPD) criara a Escola do Partido em 1906. Inicialmente, o economista austríaco Rudolf Hilferding e o astrônomo holandês Anton Pannekoek foram convidados como professores do curso de economia política, mas não puderam

---

[17] Karl Marx, *O capital: crítica da economia política*, livro 1, v. 1, Rio de Janeiro, Civilização Brasileira, 2019, p. 23.
[18] Rosa Luxemburgo, "Karl Marx", in *Rosa Luxemburgo: textos escolhidos*, v. 1, *op. cit.*, p. 139.
[19] *Ibidem*, p. 124-125.
[20] *Ibidem*, p. 126.

aceitar o posto devido a restrições impostas ao exercício da docência por estrangeiros. A cadeira foi oferecida em seguida a Karl Kautsky, que alegou ter pouco tempo para se dedicar à escola e sugeriu que Luxemburgo fosse designada para a função de professora da instituição.

Se, por um lado, o curso de Luxemburgo visava a apresentar as principais formulações de Marx sobre a economia, por outro, a autora não hesitou em cruzar ideias de Marx com investigações históricas e antropológicas sobre como o desenvolvimento do capitalismo ocorrera em diferentes regiões do mundo. Sua criatividade e sua ousadia intelectual, presentes desde seus primeiros escritos, afloraram em toda sua plenitude com a escola do partido.[21] Luxemburgo organizou suas aulas em dez seções distribuídas da seguinte forma:

1. O que é economia política?
2. O trabalho social
3. História da economia: sociedade protocomunista
4. História da economia: a cidade medieval e as corporações de ofício
5. A produção de mercadorias
6. Trabalho assalariado
7. O lucro do capital
8. A crise
9. As tendências do desenvolvimento capitalista[22]

Parte do material utilizado por Luxemburgo em suas aulas foi compilado e publicado em 1925 pelo seu advogado, Paul Levi, sob o título *Introdu-*

---

21 Em texto sobre as atividades da Escola do partido, Luxemburgo afirma: "Todo professor que não queira tornar-se uma máquina sem espírito precisa sempre aprimorar sua matéria, agregar-lhe novo material e revisar o ordenamento do conteúdo." Rosa Luxemburgo, "Escola sindical e escola partidária", in *Rosa Luxemburgo: textos escolhidos*, v. 1, *op. cit.*, p. 409.

22 Paul Frölich, *op. cit.*, p. 161.

ção à economia política.[23] Após o primeiro capítulo em que se discute a definição de economia política e se retoma largamente o argumento apresentado nos textos de 1903 sobre Marx, o livro se transforma principalmente em um estudo de história econômica.

O objetivo da autora é compreender como o modo de produção capitalista se impôs às formações econômicas até então existentes. Para isso, Luxemburgo faz uso de uma ampla bibliografia antropológica e histórica, o que lhe permite analisar, por exemplo, a organização econômica dos povos germânicos, da *obschina* russa, do povo indígena brasileiro bororo, do Império Inca e da Índia anterior à colonização britânica.

Dessa forma, Luxemburgo lançava uma crítica precisa aos economistas burgueses, que viam no modo de produção capitalista um sistema econômico natural. A *Introdução à economia política* expõe que o capitalismo fora antecedido por outras formações econômicas, tratando-se, portanto, de um sistema historicamente determinado e, para ela, a leitura crítica da história econômica seria fundamental para a ação da classe trabalhadora.[24]

Como sugerem Michael Löwy e Robert Sayre, pode-se notar um componente romântico na leitura que Luxemburgo faz das sociedades comunistas primitivas, que foram brutalmente destruídas pelo avanço do capitalismo.[25] Ainda que por vezes compartilhe em certa medida do mecanicismo presente no marxismo do início do século XX, segundo o qual seria necessário desenvolver as forças produtivas, Luxemburgo se diferencia pela sua denúncia do capitalismo como um sistema socialmente destrutivo.[26]

---

23 Rosa Luxemburgo, "Einführung in die Nationalökonomie", in *Gesammelte Werke*, v. 5, Berlim, Dietz, 1975, p. 652. (Ed. bras.: *Introdução à economia política*. São Paulo: Martins Fontes, 1969.)

24 *Ibidem*, p. 652. I

25 Michael Löwy e Robert Sayre, *Revolta e melancolia. O romantismo na contramão da modernidade*, São Paulo, Boitempo, 2015.

26 Rosa Luxemburgo, "Einführung in die Nationalökonomie", *in Gesammelte Werke*, v. 5.

Neste ponto, pode-se notar como, na *Introdução à economia política*, Luxemburgo lançou as teses que desenvolveria em *A acumulação do capital:* a reprodução do capitalismo dependia de sua expansão para meios não capitalistas. Esta constatação, contudo, punha em questão aspectos das formulações de Marx, particularmente na Parte Terceira do Livro II de *O capital*, em que o autor analisara a reprodução e a circulação de todo o capital social. Os esquemas de reprodução do capital, como expostos no Livro II, descreviam uma economia capitalista composta exclusivamente de proletários e burguesia, uma hipótese da qual Luxemburgo discordava.

Se, por um lado, as reflexões realizadas no âmbito dos seus cursos para a Escola do Partido permitiram a Luxemburgo sistematizar sua interpretação sobre o desenvolvimento histórico do capitalismo, por outro, expuseram-na a necessidade de retomar a análise de *O capital* e formular as correções necessárias às ideias de Marx. É dessa forma que, em 1912, Luxemburgo decidiu interromper temporariamente seu trabalho na escola do Partido para se dedicar à escrita de uma outra obra de economia: *A acumulação do capital*.

A CONSTRUÇÃO DE *A ACUMULAÇÃO DO CAPITAL*

Uma das primeiras menções de Luxemburgo sobre a redação de uma obra de economia encontra-se em uma carta enviada a Costia Zetkin de janeiro de 1912.[27] Em maio de 1912, outras referências sobre o processo de escrita do livro foram feitas.[28] Naquele momento, as duas primeiras seções do livro estavam prontas. Anos depois, em uma carta escrita na prisão a seu amigo e editor Hans Diefenbach, Luxemburgo confessou:

---

27 Rosa Luxemburgo, *Gesammelte Briefe*, v. 4, Berlim, Dietz, 1987, p. 156.
28 *Ibidem*, p. 210.

"Você sabia que escrevi naquela época os trinta cadernos inteiros de um jato em quatro meses – coisa inaudita! – e, sem ler o rascunho uma única vez, enviei-o diretamente para o prelo?"[29]

Ainda que em *A acumulação do capital* Luxemburgo desenvolvesse sua teoria sobre o imperialismo de forma detalhada, o tema já era tratado pelo menos desde a sua tese de doutorado, defendida em 1897 na Universidade de Zurique.[30] A questão é retomada em diversos artigos do período em que a autora se instalou na Alemanha em 1898, nos quais analisa a *weltpolitik* alemã, termo utilizado como sinônimo do "imperialismo".[31] Outra menção da autora ao imperialismo apareceu no relatório que apresentou ao Congresso Socialista Internacional de 1900 realizado em Paris. Luxemburgo fora escolhida como relatora da Comissão sobre a Paz das Nações, Militarismo e Exércitos Permanentes e, em seu relatório, afirmou que: "Está se tornando cada vez mais provável que o colapso da ordem capitalista não venha a acontecer através de uma crise econômica, mas sim através de uma crise política provocada pelo imperialismo [*weltpolitik*]."[32] Em seguida, o termo "imperialismo" seria abordado no conjunto de artigos "A questão das nacionalidades e a autonomia", publicados entre 1908 e 1909, na revista teórica do SDKPiL.[33]

Se o imperialismo já aparecera em diferentes momentos na obra de Luxemburgo, o que torna *A acumulação do capital* tão relevante? Três

---

29 Idem, *Rosa Luxemburgo: textos escolhidos*, v. 3, op. cit., p. 274.

30 Idem, "Die industrielle Entwickelung Polens. Inaugural-Dissertation", in *Gesammelte Werke*, v. 1.1, op. cit., p. 213.

31 Idem, *Fraude capitalista e outros escritos*, organização de Rosa Rosa Gomes, São Paulo, Maria Antonia, 2021, p. 70-71.

32 Idem, "Internationaler Sozialisten Kongress vom 23. bis 27. september 1900 in Paris Rede über den Völkerfrieden, den Militarismus un die stehenden Heere", in *Gesammelte Werke*, v. 1.1, op. cit., p. 807-809.

33 Idem, *A questão nacional e a autonomia*, Belo Horizonte, Oficina de livros, 1988, p. 137-138.

aspectos ajudam a explicar sua importância. Primeiramente, Luxemburgo apresentou nessa obra uma extensa discussão detalhada sobre como a reprodução da economia capitalista foi tratada dentro do pensamento econômico. Em segundo lugar, ainda que a autora tenha mencionado o imperialismo anteriormente, é em *A acumulação do capital* que Luxemburgo apresenta uma teoria sobre o assunto. Por fim, trata-se de um marco da teoria marxista que inspirou diversos estudos sobre a dinâmica do capitalismo.[34]

O estudo das formulações de Luxemburgo permite percebê-la como uma autora criativa, longe da caricatura que parte do marxismo tentou lhe impor. Articulando economia, relações internacionais, política e história, *A acumulação do capital* reinterpreta o conceito de modo de produção não apenas como um sistema econômico, mas também como modo de produção da vida social.[35] Partindo dessa perspectiva, apresenta-se a seguir uma breve exposição da estrutura da obra.

O problema da reprodução

A reprodução da economia significa a renovação do seu processo produtivo. Diferentes sociedades organizaram suas economias para garantir a reprodução de sua existência, o que envolve, por exemplo, o suprimento de matérias-primas, instrumentos de produção e força de trabalho. Vista dessa forma, a reprodução da economia aparece como um processo natural e comum a todas sociedades. Contudo, essa

---

[34] Maria Mies, *Patriarcado y acumulación a escala mundial*, Madri, Traficantes de sueños, 2018, p. 89. Hernán Ouviña, *Rosa Luxemburgo e a reinvenção da política*, São Paulo, Boitempo, 2021, p. 58.

[35] Eduardo Mariutti, "Violência e imperialismo: as interpretações de Rosa Luxemburgo e John Hobson e suas implicações para o debate contemporâneo sobre o imperialismo", tese (livre-docência), Campinas, Universidade de Campinas, 2016, p. 91.

perspectiva geral e abstrata não permite compreender como se dá a reprodução de uma economia *capitalista*. Ao contrário do que ocorrera em outras formações econômicas, não existe uma forma de decisão coletiva que estipule a produção total de que necessita a sociedade. Cada produtor atua individualmente sem saber ao certo quanto os demais produziram ou se seu produto será realmente consumido. O vínculo que se estabelece entre os produtores é indireto: são os movimentos de preço de um período que servem como parâmetro de decisão para a produção no período seguinte.

Além disso, a produção capitalista não tem como objetivo principal satisfazer as necessidades da sociedade, mas gerar lucro. Frustrada a busca pelo lucro, o produtor individual encerra sua produção, ainda que isso agrave as necessidades insatisfeitas da sociedade. Dessa forma, mostra-se possível perceber que a reprodução da economia capitalista é marcada pelo potencial surgimento de crises generalizadas.

Sem algum tipo de decisão coletiva sobre a produção, os períodos de expansão e retração da produção individual ocorrem de forma autônoma, levando a interrupções na reprodução e a crises. A autora logo alerta, contudo, que "[a] fim de expor o problema da reprodução capitalista em seu verdadeiro aspecto, temos que prescindir, pelo contrário, das alternativas periódicas de prosperidade e de crise".[36] Analisados a longo prazo, contudo, os períodos de crise seriam equilibrados pela expansão econômica. Haveria, portanto, uma grandeza média da reprodução, o que permitiria compreender como as forças de produção se desenvolvem. Ao adotar essa formulação, Luxemburgo evidenciou que o problema da reprodução *não era causado* pela crise. A questão da reprodução aparecia já no período em que a economia capitalista aparentava funcionar "normalmente".

---

36 Cf. p. 93 desta edição.

A ACUMULAÇÃO DO CAPITAL

Para obter lucro, todo capitalista deve, previamente, gerar mais-valia. A acumulação de capital aparece, assim, como um meio para aumentar a mais-valia e o lucro.[37] Se, do ponto de vista do capitalista individual, a ampliação da produção por meio da acumulação de capital é um instrumento de concorrência entre os capitais na busca de seu lucro, a realização dessa produção crescente, no entanto, envolve a ampliação do mercado, algo que o capitalista é incapaz de resolver sozinho.

Partindo dessa constatação inicial, Luxemburgo passou em análise como a acumulação foi tratada por diferentes pensadores até chegar à formulação apresentada no Livro II de *O capital*.[38] Marx iniciou o estudo da acumulação de capital na Seção VII do Livro I e o desenvolveu na Parte Terceira do Livro II na qual apresentou os esquemas de reprodução. Nesses textos, a economia foi dividida em dois departamentos de produção: o I, que produzia os meios de produção, e o II, que produzia bens de consumo. Partindo dessa base teórica, Marx desenvolveu seu modelo, em que parte da mais-valia[39] seria reinvestida no período seguinte, aumentando a produção.

Para Luxemburgo, contudo, o formalismo matemático dos esquemas de reprodução, tal como desenvolvidos por Marx, não levam em conta as condições históricas em que se reproduz a economia capitalista. O

---

37 No capítulo 21 do Livro I de *O capital*, Marx define a reprodução simples como o formato de reprodução em que o capitalista consume toda a mais-valia gerada. Karl Marx, *O capital*, livro 1, v. 1., *op. cit.*, p. 670. Já no capítulo seguinte, Marx define a reprodução ampliada, também chamada de acumulação de capital: "Aplicação de mais-valia como capital ou conversão de mais-valia em capital é o que se chama de acumulação de capital". *Ibidem*, p. 685.

38 Friedrich Engels, "Prefácio", in Karl Marx, *O capital: crítica da economia política*, v. 3, livro II, Rio de Janeiro, Civilização Brasileira, 2021, p. 14. Rosa Luxemburgo, "O segundo e o terceiro volumes d'*O capital*", in *Rosa Luxemburgo: textos escolhidos*, v. 2, organização de Isabel Loureiro, São Paulo, Editora Unesp, 2011, p. 164.

39 Contemporaneamente, teóricos brasileiros de tradição marxista optaram pela revisão de tradução e substituição de uso do termo "mais-valia" pelo termo "mais-valor". Ainda que seja atualmente mais aceito, nesta edição, decidimos manter o uso da expressão "mais-valia" em respeito à tradução de Luiz Alberto Moniz Bandeira e em consonância aos consagrados volumes de *O capital* traduzidos por Reginaldo Sant'Anna e editados pela Civilização Brasileira desde a década de 1960. [*N. da E.*]

aumento da demanda é uma condição fundamental para que a acumulação de capital possa ocorrer. Reformulada dessa maneira, a investigação da autora, que se iniciou com a questão da reprodução da economia capitalista, concentra-se na origem da demanda crescente que permite a acumulação de capital. Após descartar diferentes soluções para o problema da origem da demanda, Luxemburgo enunciou a condição central para a efetivação da acumulação de capital, a qual desenvolveria na Parte III do livro: a expansão do mercado para além dos limites da economia capitalista, ou seja, seu avanço sobre as economias não capitalistas. Marx não pôde dar a resposta para a questão da acumulação porque tomou como pressuposto que a hipótese de que as sociedades seriam compostas apenas de trabalhadores e capitalistas. Baseando sua análise nas condições históricas em que se desenvolveu a acumulação, Luxemburgo conseguiu apontar como a expansão era uma condição necessária para o desenvolvimento do capitalismo, mas também como a destruição da economia natural aparecia como um corolário dessa expansão.

Exposição histórica do problema

Na Seção II, a maior do livro, Luxemburgo realizou uma ampla análise de como a questão da acumulação foi tratada, mas jamais resolvida, por diversos autores da economia política. A primeira das formulações analisadas por Luxemburgo foi a do economista suíço Jean Charles Léonard Simonde de Sismondi,[40] iniciador da tradição que identificou no capitalismo uma tendência ao surgimento de crises, uma vez que a produção tenderia a crescer sem garantir o aumento necessário do consumo. Sem dispor de uma teoria do valor precisa que o permitisse compreender a composição da mercadoria entre capital constante, capital variável e

---

40 J.-C.-L. Simonde de Sismondi, *Novos princípios de economia política*, Curitiba, Segesta, 2009.

mais-valia, Sismondi incorreu em erros já presentes em Adam Smith. Contudo, Luxemburgo reconheceu que as formulações do economista suíço representavam "um osso duro de roer" para a economia burguesa.

Se Sismondi se notabilizou por apresentar uma tendência intrínseca do capitalismo ao surgimento de crises, diversos outros economistas burgueses iam apontar, pelo contrário, que a reprodução da economia capitalista era ilimitada. É o caso de Jean-Baptiste Say, David Ricardo, John Ramsay McCulloch e Thomas Robert Malthus.

Luxemburgo também analisa a obra de alguns economistas menos conhecidos atualmente, como Karl Rodbertus, contemporâneo de Marx e Engels. O fato de que, em seu prefácio ao Livro II de *O capital*, Friedrich Engels rebateu longamente a acusação de que Marx plagiara Rodbertus evidencia que esse contava com certo reconhecimento dentro do movimento socialista.[41] A própria Rosa Luxemburgo, em carta a Leo Jogiches de 6 de março de 1899, afirmou que "Rodbertus é o meu escritor preferido de economia".[42] Rodbertus identificava a existência de uma "taxa decrescente de salário" que faria com que a participação dos operários no produto social se tornasse cada vez menor. Para evitar a ocorrência de crises, Rodbertus defendia que o Estado fixasse uma porcentagem constante do produto social que deveria ser paga em salários.

O ponto mais interessante da Seção II encontra-se na discussão que a autora realiza do marxismo russo. Por ser militante do Reino da Polônia, que fazia parte do Império Russo, Luxemburgo conhecia bem a evolução do marxismo na região, marcada inicialmente pela polêmica se o capitalismo poderia se desenvolver ou não no país.[43]

---

41 Friedrich Engels, "Prefácio", in Karl Marx, *O capital*, op. cit., p. 15-28.
42 Rosa Luxemburgo, *Rosa Luxemburgo: textos escolhidos*, v. 3, op. cit., p. 42.
43 Idem, "Einführung in die Nationalökonomie", in *Gesammelte Werke*, v. 5, op. cit., p. 679-687.

O Império Russo deveria reproduzir o mesmo formato de desenvolvimento capitalista vivido na Europa Ocidental ou a existência da propriedade comunal, a obshchina, poderia servir de base para uma organização econômica socialista desenvolvida? Do lado dos que defendiam esta posição estavam os chamados "populistas" russos, cujos principais expoentes eram Vorontsov e Nikolai-on, também conhecido como Danielson. Este último era um profundo conhecedor da obra de Marx e Engels, com quem se correspondia recorrentemente.[44]

Entre os que percebiam que o Império Russo reunia condições para o desenvolvimento do capitalismo estava uma nova geração de marxistas, como Peter Struve, Bulgakov e Tugan-Baranovski, que compunham o chamado "marxismo legal", denominação dada em referência ao fato de que suas publicações não eram clandestinas.[45] Ao final do século XIX, as transformações econômicas ocorridas no império deram razão às formulações dos marxistas legais.

Ainda que tenham contribuído para a difusão do marxismo no Império Russo ao final do século XIX, a maior parte dos "marxistas legais" acabou se afastando do socialismo e aderindo ao liberalismo russo. Uma exceção a essa geração do "marxismo legal" seria Vladimir Lênin. A partir de 1893, o autor escrevera um conjunto de artigos críticos ao "romantismo econômico" dos populistas, os quais culminaram em seu livro *O desenvolvimento do capitalismo na Rússia*, publicado em 1899.[46] Ainda que Luxemburgo não tenha escrito um capítulo exclusivamente sobre Lênin, ela cita alguns dos primeiros textos do revolucionário russo sobre o "romantismo" do popu-

---

44 Mário Pedrosa, *A crise mundial do imperialismo*, Rio de Janeiro, Civilização Brasileira, 1979.
45 Vitorio Strada, "O 'marxismo legal' na Rússia", in Eric Hobsbawm, *História do marxismo*, v. 3. Rio de Janeiro, Paz e Terra, 1984, p. 85.
46 Vladimir Lênin, *O desenvolvimento do capitalismo na Rússia*, São Paulo, Abril Cultural, 1982.

lismo russo. Em 1912, a relação entre os dois passava por um momento particularmente difícil, mas isso não impediu Luxemburgo de reconhecer a relevância das suas formulações e, acima de tudo, de sua atuação como dirigente do Partido Operário Social-Democrata Russo.

Uma vez exposta a sua problemática e a visão de diferentes economistas que buscaram resolver o problema da acumulação de capital, Luxemburgo desenvolve na terceira e última seção sua interpretação sobre a acumulação, que é ao mesmo tempo uma teoria do imperialismo.

As condições históricas da acumulação

Luxemburgo dedicou a última seção da obra à exposição de sua teoria sobre o imperialismo. Como explicou no prefácio, seu livro visava a contribuir na "luta prática contra o imperialismo" e foi a primeira formulação sobre o tema vinda da ala à esquerda da social-democracia.[47] Após ter discutido os limites da economia política em explicar corretamente a acumulação de capital, Luxemburgo afirmou que "[o] imperialismo é a expressão política do processo de acumulação do capital, em sua luta para conquistar as regiões não capitalistas que não se encontrem ainda dominadas".[48]

Para que possa ocorrer, a acumulação precisa que o mercado se expanda para além da economia capitalista. Dessa forma, o expansionismo e o colonialismo – e, com eles, a destruição de formas de organização econômica pré-capitalistas – são componentes inerentes do imperialismo. Meios de produção e força de trabalho oriundos de economias não capitalistas

---

47 O primeiro estudo sobre o imperialismo é o livro de John A. Hobson, *Imperialismo: um estudo*, publicado em 1902. Em 1910, o economista Rudolf Hilferding, militante da social-democracia austríaca, publicou seu livro *O capital financeiro*. Rudolf Hilferding, *O capital financeiro*, São Paulo, Nova Cultural, 1985. John A. Hobson, *Imperialism a Study*, Nova York, Cosimo, 2005.

48 Cf. p. 579 desta edição.

cumprem um papel fundamental no desenvolvimento do capitalismo. Para obtê-los, o capitalismo utiliza-se de forma sistemática da violência política, a inviabilização da economia natural e a imposição de um pesado sistema fiscal por parte do Estado.

A pensadora baseou sua teoria em diferentes exemplos históricos da violência empregada pelo capitalismo para destruir as economias naturais e impor a produção de mercadorias e a sociabilidade mercantil. Nesse ponto, é perceptível o vínculo direto entre *A acumulação do capital* e a *Introdução à economia política*. Diferentes exemplos citados pela autora em seus cursos na escola do partido são retomados.

A pensadora também analisou o papel que os empréstimos internacionais desempenhavam na acumulação de capital. A autora se dedicou longamente à análise do caso da economia do Egito a partir da segunda metade do século XIX, período em que o quediva Ismail Pasha iniciou a construção de Suez. O empreendimento financiado por empréstimos externos acabou destruindo a antiga economia egípcia. Em 1876, Ismail Pasha criou a Caixa da Dívida Pública do Egito, que era administrada diretamente por funcionários franceses e ingleses. Assim, a economia de todo o país passou a ser administrada pelo capital externo com o objetivo de "sugar até a última gota de sague do felá" e garantir o cumprimento dos empréstimos firmados entre o governo egípcio e o capital europeu. O tema da finança internacional ocupou apenas um capítulo no livro de Luxemburgo, mas, de acordo com Jan Toporowski:

> a visão que ela retratou de um sistema financeiro que visita repetidas catástrofes na economia tradicional, no curso de sua incorporação na economia capitalista internacional moderna, antecipa muito da experiência dos países em desenvolvimento desde os anos 70.[49]

---

49 Jan Toporowski, "Rosa Luxemburg and finance", in Ricardo Bellofiore (org.), *Rosa Luxemburg and the Critique of Political Economy*, Londres, Palgrave, 2009, p. 90.

A ACUMULAÇÃO DO CAPITAL

Ainda que escrito no início do século XX, o livro de Luxemburgo lança luz sobre aspectos do capitalismo contemporâneo, como o militarismo. Desde a polêmica com Bernstein, Luxemburgo escrevera diversos artigos sobre o tema, e um dos capítulos de *A acumulação do capital* trata do assunto. A questão era particularmente relevante para a social-democracia, uma vez que em 1898 o Império Alemão colocara em prática uma corrida armamentista. Entre 1898 e 1906 foram aprovadas três "leis navais" que autorizavam o financiamento da expansão naval com o fim de aproximar o tamanho da marinha de guerra alemã com a britânica.[50] Ao longo de todo esse período, nota-se uma preocupação permanente da bancada parlamentar do SPD com a expansão do orçamento militar, particularmente devido à sua forma de financiamento: por meio do aumento de impostos indiretos. Além disso, dado que a execução dos planos de expansão militar passava diretamente pelo planejamento direto do Estado, desde sua elaboração até seu financiamento, explicitava-se, assim "essa amálgama da economia e da política [que] é manipulada pelo Estado, ou, antes, é o Estado em sua total integridade".[51]

Apoiado pelos Estados, valendo-se amplamente da finança internacional e do militarismo como instrumento de imposição da economia capitalista, o imperialismo acirrava as tensões entre as potências capitalistas em sua disputa pelo controle das economias não capitalistas. Assim, Luxemburgo explicitava o que já era debatido na II Internacional desde 1900: o imperialismo trazia consigo a possibilidade crescente de conflitos internacionais generalizados. No Congresso Socialista Internacional de 1907, realizado em Stuttgart, Luxemburgo, juntamente com Lênin e Martov, propôs uma emenda à resolução sobre conflitos internacionais que previa que os socialistas deveriam agir para pôr fim a eventuais guerras imperialistas e usar todas as suas forças para se utilizar da crise

---

50 Paul Frölich, *Rosa Luxemburgo: pensamento e ação*, op. cit., p. 15.
51 Mário Pedrosa, *A crise mundial do imperialismo*, op. cit. p. 79.

econômica e política criada pelo conflito para agitar a classe trabalhadora e precipitar a queda da dominação capitalista. O mesmo sentido revolucionário foi reforçado no congresso extraordinário, ocorrido em 1912, em Basileia, do qual Luxemburgo participou como delegada. Assim, é possível ler em diferentes momentos e ao final do livro a convicção de Luxemburgo, de que o imperialismo geraria seus "próprios coveiros".

Se após a publicação de *A acumulação do capital* Luxemburgo visava a concluir a redação de *Introdução à economia política*, diferentes circunstâncias a impediram de seguir seu plano original. Poucas semanas após a eclosão da guerra, Luxemburgo foi presa. Da prisão, ela redigiria a resposta às críticas que seu livro recebera de alguns expoentes do movimento socialista europeu. Com exceção de amigos próximos, como Franz Mehring e Julian Marchlewski, a recepção foi fria. O livro fora alvo de críticas tanto de militantes de alas à direita da social-democracia, como Otto Bauer, ao centro, como Gustav Eckstein, e mesmo à esquerda, como Lênin.

Em carta do dia 27 de dezembro de 1915 endereçada à redação da revista *Neue Zeit*, Luxemburgo informou que, para defender seu livro sobre a acumulação, estava escrevendo uma *Anticrítica* e que gostaria que fosse publicada como suplemento à revista.[52] Alegando dificuldades financeiras, o comitê editorial recusou o pedido da autora. Por fim, o texto acabou sendo lançado pela editora de Johann Heinrich Wilhelm Dietz.

Referindo-se à *Anticrítica*, Luxemburgo afirmou que: "esta é uma obra da qual, eu, em certa medida, me orgulho e que certamente sobreviverá a mim".[53] Sem retomar os esquemas de reprodução, a *Anticrítica* seria uma obra de mais fácil compreensão, ainda que o leitor tenha de "conhecer de a economia política em geral e, em particular, a economia marxista de cor e salteado".[54]

---

52 Rosa Luxemburgo, *Gesammelte Briefe*, v. 5, *op. cit.*, p. 96.
53 Idem, *Rosa Luxemburgo: textos escolhidos*, v. 3, *op. cit.*, p. 15-144; 246.
54 *Ibidem*, p. 246.

A polêmica envolvendo o livro de 1913 de Luxemburgo evidenciou, acima de tudo, a força da sua crítica à formulação de Marx. A hipótese da incorporação de economias não capitalistas como condição *sine qua non* para a acumulação de capital levou a que diferentes economistas marxistas retomassem a análise da reprodução do modo de produção e acabou culminando com a formulação de uma análise macroeconômica marxista.[55]

O livro *A acumulação do capital* também teve impacto para além do movimento socialista. Um exemplo foi o fato de a economista inglesa Joan Robinson, professora da Universidade de Cambridge e expoente da chamada economia pós-keynesiana, escrever a introdução de uma das edições inglesas do livro de Luxemburgo e, alguns anos depois, produzir um livro com o mesmo título e profundamente influenciado pela autora. Outro economista de Cambridge influenciado pelas ideias de Luxemburgo é o polonês Michal Kalecki. Como ressalta Jorge Miglioli, da mesma forma como John Hobson influenciou o pensamento de Keynes, Luxemburgo inspirara Kalecki.[56]

CONCLUSÃO

Dirigente política, militante partidária e teórica socialista, Luxemburgo marcou a história da esquerda revolucionária. Como afirmou Clara Zetkin em um texto de homenagem a ela: "Esta mulher rara tinha apenas uma ambição, uma missão na vida – preparar-se para a revolução, o caminho

---

55 Michael Krätke, "On the Beginnings of Marxian Macroeconomics", in Wolf F. Dellheim J. (org.), *Rosa Luxemburg: a Permanent Challenge for Political Economy*, Londres, Palgrave Macmillan, 2016, p. 133-134.

56 Jorge Miglioli, "Acumulação de capital e demanda efetiva", tese (livre-docência), Campinas, Unicamp, 1979, p. V.

para o socialismo."[57] Em dois momentos Luxemburgo pôde viver de perto a experiência da revolução. Durante a Revolução Russa de 1905, Luxemburgo foi à Polônia, onde seria presa pela polícia czarista. Deportada para a Finlândia, de onde voltou à Alemanha, escreveu em carta a Louise e Karl Kautsky que "a revolução é grande e forte quando a social-democracia não a destrói!".[58]

A segunda experiência revolucionária de Luxemburgo foi a revolução alemã, esmagada pelo governo do SPD, partido que por anos simbolizara o socialismo internacional. Nos dois casos, seu principal instrumento de atuação política foi a caneta e o papel. Crítica a todo tipo de ação blanquista, em que uma minoria tomaria o poder, a formação política e ação das massas eram centrais para Luxemburgo.

Assim, em uma metáfora de Georges Didi-Huberman, o "luxemburguismo" seria uma espécie de barricada de papel. No caso da revolução alemã, os insurgentes montaram verdadeiras barricadas desse tipo. Nas fotografias de Willy Römer, pode-se ver como, após terem ocupado o prédio do jornal oficial do SPD, o *Vorwärts*, os espartaquistas utilizaram os gigantescos rolos de papel como barricadas contra as tropas oficiais do governo social-democrata, bem equipadas e preparadas para a guerra civil. Como analisa Didi-Huberman:

> Jornais, revistas e livros são barricadas de papel. Para o melhor ou para o pior. Um jornal que se barricou por trás de suas certezas e sua prática de mentir para sacrificar tudo para um fim político cego, eis o pior. Isto é o que os espartaquistas não perdoaram ao órgão oficial do Partido Social-Democrata Alemão, o *Vorwärts*, porque ele se tornou muito rapidamente o próprio instrumento de mentiras contrarrevolucionárias: uma imprensa que se tornou "burguesa". [...] Barricadas de papel: isto é o que teve que ser erguido em janeiro de 1919 para

---

57 Cf. www.marxists.org/archive/zetkin/1919/09/rosa.htm.
58 Rosa Luxemburgo, *Gesammelte Briefe*, v. 2, Berlim, Dietz, 1999, p. 261.

defender a ocupação do *Vorwärts*. As fotografias de Willy Römer tiradas em 11 de janeiro de 1919 em frente à gráfica Mosse em Schützenstraße dão uma ideia do *frágil poder* que animou a insurreição espartaquista no "bairro dos jornais" de Berlim. Era *frágil* porque era feita de papel: em outras palavras, uma armadura muito fraca contra a artilharia dos *Freikorps* equipados e treinados que a atacavam, daí sua inevitável derrota militar. Mas também era *poderosa* porque era feita de papel: o que poderia ser melhor do que papel para voar por toda parte, para espalhar, para ser impresso, para ser copiado, para permanecer.[59]

Ainda que Luxemburgo tenha sido brutalmente assassinada alguns dias depois da derrota da insurreição de janeiro, sua obra é um exemplo da força da barricada de papel. Tendo voado por toda parte, inspirou diferentes gerações de militantes de diferentes regiões. Exemplo de criatividade e ousadia, sua obra segue atual. Sua palavra de ordem "Socialismo ou barbárie" explicitava sua convicção de que apenas a revolução socialista poderia salvar a humanidade da barbárie inerente ao desenvolvimento do modo de produção capitalista. Se naquela época a barbárie tomava a forma da guerra, atualmente somam-se a ela o avanço de forças políticas neofascistas, a fome, a crise ecológica, entre tantos outros exemplos.

Se, como ressalta Michael Löwy, sempre existiu uma corrente "luxemburguista" na esquerda brasileira, isso se deve ao fato de que, em sua obra, mais do que fórmulas prontas, encontram-se ousadia e criatividade. Quando diferentes autores brasileiros e latino-americanos se voltam para Luxemburgo como uma fonte de inspiração para compreender as contradições do capitalismo contemporâneo, testemunham exatamente a criatividade da abordagem da autora.

Encontramo-nos na interseção de diferentes crises: econômica, sanitária, política e ecológica. Mais uma vez, "os dividendos estão subindo

---

59 Georges Didi-Huberman, *Imaginer. Recommencer*, Paris, Les Éditions de Minuit, 2021, p. 190.

e os proletários caindo". Ainda que não conheçam a vida ou a obra de Rosa Luxemburgo, os movimentos negros, feministas, indígenas e de trabalhadores que protagonizam a luta cotidiana contra o modo de produção capitalista reafirmam, na prática, sua ousadia e criatividade e ecoam a frase que a revolucionária polonesa mencionava em seu último texto: "Eu fui, eu sou, eu serei!"

DO CENTRO À PERIFERIA
A atualidade de Rosa Luxemburgo

Fabio Mascaro Querido[*]

> Somente quem soubesse considerar o próprio passado como fruto da coação e da necessidade seria capaz de fazê-lo, em cada presente, valioso ao máximo para si. Pois aquilo que alguém viveu é, no melhor dos casos, comparável à bela figura à qual, em transportes, foram quebrados todos os membros, e que agora nada mais oferece a não ser o bloco precioso a partir do qual ele tem de esculpir a imagem de seu futuro.
>
> Walter Benjamin[1]

Rosa Luxemburgo (1871-1919) é daquelas figuras que, aparentemente, dispensam apresentações. Daquelas que, antes mesmo de conhecermos efetivamente a sua história ou o seu pensamento, temos uma ideia geral (e simplificada) a seu respeito. Ícone revolucionário, militante profissional, mulher obstinada, Rosa tem lugar de destaque no panteão reservado aos grandes marxistas do final do século XIX e início do XX. Ao lado de Lênin, Trótski ou do alemão Karl Liebknecht, pertenceria ao que Perry Anderson[2] designou como a terceira geração do marxismo "clássico",

---

[*] Fabio Mascaro Querido é professor no Departamento e do Programa de Pós-Graduação em Sociologia da Universidade Estadual de Campinas. Autor de *Michael Löwy: marxismo e crítica da modernidade*, publicado no Brasil e na Argentina (Boitempo/Fapesp, 2016; Herramienta, 2019).

[1] Walter Benjamin, *Rua de mão única*, São Paulo, Brasiliense, 2000, p. 41.

[2] Perry Anderson, *Considerações sobre o marxismo ocidental/Nas trilhas do materialismo histórico*, São Paulo, Boitempo, 2019.

moldada no interesse quase exclusivo pelas grandes questões econômicas e políticas de uma transição socialista que, afinal, parecia estar à espreita.

O enquadramento não é de todo enganoso. De fato, como muitos dos seus colegas comunistas da época, Rosa levou às últimas consequências a aposta de que um outro mundo era não apenas possível como também cada vez mais necessário. E, a despeito de suas ressalvas quanto à possibilidade da barbárie caso o socialismo faltasse ao encontro, Rosa jamais abandonou um certo fatalismo histórico, ao qual acrescentava – e assim o nuançava – a crença nas virtudes libertadoras da práxis das classes subalternas. O engajamento na tragédia quase anunciada que resultaria no seu assassinato, em janeiro de 1919, decorria dessa fé inabalável tanto nas "leis férreas da dialética histórica"[3] quanto, com não menos intensidade, na capacidade das massas de acelerá-las, mesmo quando o cenário parecia adverso.

Se por certo revelam aspectos decisivos da figura de Rosa Luxemburgo, visões como essa pouco ajudam, porém, na tarefa de compreender de modo mais circunscrito os escritos teóricos e políticos da marxista polonesa, tarefa essencial para o dimensionamento de sua importância no âmbito da tradição plural e heterogênea da qual faz parte. Por isso mesmo, longe de turvar a legitimidade de sua reflexão, ou de invalidar a coerência geral de sua obra, a identificação das tensões que atravessam o pensamento de Rosa atesta, justamente, a sua relevância e, mais ainda, a sua singularidade no quadro das grandes personagens do marxismo da época.

Tensões que estão presentes não apenas na antinomia entre, de um lado, a afirmação teórica da necessidade histórica do socialismo e, de outro, a aposta voluntarista na ação revolucionária das massas, antino-

---

[3] Rosa Luxemburgo, "Carta a Franz Mehring, 27 de fevereiro de 1916", in Isabel Loureiro (org.), *Rosa Luxemburgo. V. III. Cartas*, São Paulo, Editora Unesp, 2011, p. 203.

mia magistralmente explorada por Isabel Loureiro, em seu estudo sobre o pensamento político da marxista polonesa.[4] Elas saltam aos olhos também em seus textos econômicos, em particular em *A acumulação do capital*, em muito boa hora reeditado pela Civilização Brasileira.

Publicado originalmente em 1913 por uma jovem intelectual e militante cujo brilho não poderia deixar de incomodar os varões da política partidária, o livro – escrito "como que num estado de embriaguez", como disse em carta a Luise Kautsky[5] – não peca por falta de ousadia. Rosa não hesitou em apontar os limites da abordagem de Marx a respeito do problema da acumulação capitalista, e mesmo que as soluções encontradas nem sempre tenham sido satisfatórias, tampouco isentas de equívocos teóricos, lançou novas questões para a compreensão marxista da dinâmica do capital.

No plano geral, Rosa redobrou, sobre novas bases, a hipótese de Marx acerca dos limites insuperáveis do capitalismo, os quais, em perspectiva histórica, só poderiam ser superados numa direção "progressista", na forma da transição socialista. Mas assim o fez sublinhando ao mesmo tempo o caráter violento e destrutivo do capitalismo moderno, em cuja necessidade de reprodução sempre ampliada Rosa anteviu a reiteração civilizatória da barbárie, sobretudo na periferia do sistema. Nesses países, muitos dos quais submetidos por séculos à espoliação colonial-mercantil, o avanço do capitalismo não significou uma etapa do processo em cujo fim estaria o socialismo, visto como única solução possível frente à irracionalidade do capital. Ao contrário, quase sempre implicou na atualização não menos perversa de mecanismos de despossessão que, a julgar

---

4 Isabel Loureiro, *Rosa Luxemburgo: os dilemas da ação revolucionária*, 3ª ed., São Paulo, Editora Unesp, 2019.

5 Rosa Luxemburgo, "Carta a Luise Kautsky, 18 de setembro de 1915", in Isabel Loureiro (org.), *Rosa Luxemburgo. V. III. Cartas*, op. cit., p. 199.

pela perspectiva "progressista" (e, no caso, "dualista"), estavam fadados a desaparecer.

Se, no nível formal e abstrato, como demonstrou Marx, o processo de acumulação capitalista se realiza de modo relativamente pacífico, por meio do contrato em torno da regulação e distribuição do mais-valor, no seu conteúdo histórico-concreto, em especial nas relações entre o capital e as formas de produção ainda não capitalistas, o capital jamais dispensou a utilização sistemática da violência política como modo de obtenção de novos mercados. É bem verdade que Marx não deixou de abordar essa dimensão histórica do capitalismo, como se observa, por exemplo, no capítulo sobre a acumulação primitiva em *O capital*, ou em outros textos da maturidade,[6] mas o seu foco estava, indubitavelmente, na crítica ao funcionamento "lógico" do modo de produção capitalista no Ocidente. Não o de Rosa.

Nas palavras da marxista polonesa:

> Certamente, Marx aborda detalhadamente tanto o processo de ampliação dos meios de produção não capitalistas como o processo de transformação dos camponeses em proletariado capitalista [...]. No último processo, a descrição marxista do saque dos países coloniais pelo capital europeu é sumamente valiosa. Mas tudo isso, note-se, apenas do ponto de vista da "acumulação primitiva". Os processos indicados só servem em Marx para ilustrar a gênese, o momento em que nasce o capital. Descrevem as dores do parto, no momento em que a produção capitalista surge do seio da sociedade feudal. Quando expõe a análise teórica do processo do capital – produção e circulação – retorna constantemente a sua hipótese: domínio geral e exclusivo da produção capitalista.

Percebemos, não obstante, que o capitalismo está ligado, em seu pleno amadurecimento, à existência coetânea de camadas e sociedades não capitalistas.[7]

---

6 Ver, por exemplo, Kevin Anderson, *Marx nas margens: nacionalismo, etnia e sociedades não ocidentais*. São Paulo, Boitempo, 2019.
7 Cf. p. 481 desta edição.

Com efeito, quando o capitalismo é compreendido como um sistema mundial desigual e (mal) combinado, que necessita fagocitar de modo permanente as "camadas e sociedades não capitalistas", as expectativas em torno da modernização dos países periféricos se revelam bloqueadas pela constatação de que, à diferença do que sugeria o próprio Marx, a acumulação primitiva não é tão "primitiva" assim, vindo a tornar-se uma característica do mundo do capital, mesmo no seu "período de maturidade". Não há acumulação no centro sem a espoliação permanente da periferia.

Nessa chave, as diversas formas de resistência das populações autóctones à violência capitalista adquirem nova feição política, não sendo mais tomadas como meros obstáculos à marcha inexorável da história. Elas indicam a resistência possível em defesa das suas próprias condições de sobrevivência, de sua própria "economia moral", para dizer como o historiador britânico Edward Palmer Thompson.[8] É nesse prisma "periférico" que reside a atualidade de *A acumulação do capital*. Deslocando o olhar para os vencidos no concerto global das nações, Rosa Luxemburgo abriu a possibilidade de uma leitura a contrapelo da gênese e da dinâmica da acumulação do capital, na contramão do compromisso de muitos marxistas – e, parcialmente, do seu próprio – com as visões neoiluministas do progresso histórico.

Tanto na terceira e última parte de *A acumulação do capital* quanto no menos conhecido *Introdução à economia política*, resultado de cursos que ministrou na escola de formação do Partido Social-Democrata Alemão, a revolucionária polonesa nos mostra que não há desenvolvimento das forças produtivas que justifique a violência a que foram (e continuaram sendo) submetidas as comunidades "tradicionais". Nem mesmo a promessa futura do socialismo!

---

8 E. P. Thompson, "A economia moral da multidão inglesa no século XVIII", in E. P. Thompson, *Costumes em comum. Estudos sobre a cultura popular tradicional*, São Paulo, Companhia das Letras, 1998, p. 150-202.

A ACUMULAÇÃO DO CAPITAL

Não é por acaso que, enquanto muitos marxistas adeptos do fetichismo das forças produtivas se viram desmoralizados pelos rumos do "progresso" capitalista ao longo do século XX, o pensamento de Rosa Luxemburgo não apenas permaneceu como referência para a reflexão sobre o socialismo democrático e sobre a acumulação do capital como foi ganhando ainda mais proeminência. A atualidade de Rosa é a atualidade da crítica às visões autoritárias do socialismo e, em particular, da crítica à violência ainda presente no processo de acumulação capitalista, notadamente na periferia, mas não só.

É o que pensa, por exemplo, o geógrafo estadunidense David Harvey, cuja noção de "novo imperialismo" – baseado na "acumulação por despossessão" – inspira-se diretamente em Rosa Luxemburgo, ao mesmo tempo que busca atualizá-la diante da nova onda de mercantilização do mundo. Para Harvey, à diferença da época de Rosa, quando as fronteiras da expansão capitalista eram sobretudo territoriais, o capitalismo contemporâneo invade as mais distintas esferas da vida, inclusive a da subjetividade, subordinando-as aos imperativos da lógica mercantil. Agora, a mercantilização avança sem complexos no interior do próprio capitalismo, privatizando os bens comuns da humanidade: saúde e previdência pública, natureza, educação, cultura e assim por diante.[9]

Nesse cenário, à luz dos desafios do presente, Rosa Luxemburgo torna-se uma grande fonte de inspiração para uma releitura a um só tempo marxista e decolonial (e, por que não?, ecológica) do capitalismo moderno, condição para se repensar o socialismo não como desdobramento do progresso, mas sim como superação qualitativa de um sistema cuja amplitude é global, e sob o qual não há mais espaço para qualquer salto civilizatório. É nesse "encontro secreto" entre passado e presente, de que falava Walter Benjamin, que a figura de Rosa salta ao centro da cena. Ela

---

9 David Harvey, *O novo imperialismo*, São Paulo, Loyola, 2004.

é peça decisiva de uma tradição – a "tradição dos oprimidos", como diria o filósofo alemão, com quem Rosa apresenta improváveis afinidades[10] – que continua a se reinventar a cada novo "tempo-de-agora".

Evidentemente, esse movimento de atualização exige que, com Rosa, caminhemos também para além de Rosa, de modo a filtrá-la de seus resquícios deterministas, apenas nuançados com o impacto da Primeira Grande Guerra, quando lançou o alerta na forma da alternativa entre socialismo ou barbárie.[11] E, para isso, não há sombra de dúvida de que este livro é fundamental, razão pela qual não podemos senão saudar a iniciativa da editora Civilização Brasileira de reeditá-lo. Lendo-o hoje, mais de um século depois que foi escrito, Rosa se apresenta a nós em sua grandeza e tenacidade. Vemos em ação a reflexão rigorosa e sem concessões de uma mulher (e) revolucionária num campo que, à parte a retórica igualitária, era também (e ainda é) dominado pelos homens.

Cabe a nós, leitores e leitoras, portanto, degustar o seu pensamento com a consciência de que nem mesmo Rosa Luxemburgo estará a salvo caso a sua aposta não seja atualizada. Rememorá-la, no presente, é fazer justiça a todos os vencidos que tombaram pelo caminho, na esperança de que nada tenha sido em vão. Mesmo porque, se mudar o mundo é ainda também interpretá-lo, e vice-versa, Rosa jamais deixará de ter o que nos dizer, e este livro assim o comprova.

---

10 Fabio M. Querido, "Rememoração revolucionária: Rosa Luxemburgo e Walter Benjamin numa era de crise civilizatória", *Margem Esquerda*, n. 18, 2012, p. 106-121.

11 Rosa Luxemburgo, "A crise da social-democracia", in Isabel Loureiro (org.), *Rosa Luxemburgo. Textos escolhidos. V. II (1914-1919)*, São Paulo, Editora Unesp, 2011, p. 15-144.

A ACUMULAÇÃO DO CAPITAL

PRÓLOGO

A ideia deste trabalho surgiu da elaboração de *Introdução à economia política*, obra de divulgação que há muito tempo venho preparando, constantemente interrompida pelas minhas atividades na escola do Partido e pelas campanhas partidárias. Em janeiro deste ano, após as eleições para o Reichstag [parlamento alemão], tentei terminar esse trabalho de divulgação da teoria econômica de Marx, mas me defrontei com uma dificuldade inesperada. Não conseguia expor com suficiente clareza o processo global da produção capitalista em seu aspecto concreto, nem seus limites históricos objetivos. Aprofundando-me no assunto, cheguei à conclusão de que não se tratava simplesmente de uma dificuldade de exposição. A dificuldade envolvia um problema teoricamente relacionado com a doutrina do volume II de *O capital* de Marx. Além disso, vincula-se estreitamente com a atual política imperialista e suas raízes econômicas. Tentei formular com toda a exatidão científica esse problema. Se o consegui, meu trabalho não tem somente interesse teórico puro, mas encerra, também, em minha opinião, certa importância para nossa luta prática contra o imperialismo.

R.L.
Dezembro de 1912

PRIMEIRA SEÇÃO
O problema da reprodução

I
Objeto desta investigação

Um dos serviços imperecíveis prestados por Marx à economia política teórica foi o seu modo de expor o problema da reprodução do capital social em conjunto. É significativo que na história da economia política somente apareçam duas tentativas de exposição exata desse problema: no começo, a do pai da escola fisiocrática, Quesnay,[1] e, no final, a de Karl Marx. Durante o período intermediário, o problema não deixou de preocupar a economia política burguesa, porém esta não chegou sequer a expô-lo em sua pureza, colocando isolado dos problemas semelhantes que com ele se cruzam, nem muito menos a resolvê-lo. Dada a importância fundamental desse problema, cabe afirmar até certo ponto que somente levando em conta essas tentativas é possível seguir em geral as vicissitudes da ciência econômica.

Em que consiste o problema da reprodução do capital social?

Reprodução, no sentido literal da palavra, é simplesmente produção nova, repetição, renovação do processo de produção. À primeira vista, parece que não se vê a necessidade de distinguir o conceito de reprodução do conceito de produção, para todos compreensível, nem por que se deve empregar para designá-lo uma expressão especial. Mas, justamente, a repetição, a renovação constante do processo de produção, é que comporta um elemento especial muito importante. Em primeiro

---

[1] O cirurgião francês François Quesnay (1694-1774) foi o fundador da Escola de Fisiocratas com o *Tableau économique*, que publicou em 1758 – o primeiro exemplo de um circuito macroeconômico descrevendo a produção e circulação da riqueza. Os Fisiocratas eram uma escola econômica francesa do século XVII para a qual a agricultura era a única fonte de riqueza de uma nação. [*N. da E.*]

lugar, a repetição regular da produção é a base e a condição geral do consumo regular e, portanto, da existência cultural da sociedade humana em todas as suas formas históricas. Nesse sentido, o conceito da reprodução encerra um elemento histórico-cultural. A produção não poderia repetir-se, a reprodução não poderia ocorrer, se, como resultado dos períodos de produção anteriores, não ficassem de pé determinadas condições, tais como ferramentas, matérias-primas, força de trabalho. Contudo, nas fases primitivas da civilização, quando o homem começa a dominar a natureza exterior, essa possibilidade de renovar a produção depende em maior ou menor escala do acaso. Enquanto a caça e a pesca constituem a base principal da existência da sociedade, a repetição regular da produção vê-se frequentemente interrompida por períodos de fome geral. Em alguns povos primitivos,[2] os requisitos para que a reprodução seja um processo regular encontram muito cedo expressão tradicional e socialmente obrigatória em certas cerimônias de caráter religioso. Assim, segundo as minuciosas investigações de Spencer e Gillen,[3] o culto dos totens dos negros australianos não é, no fundo, mais do que a tradição cristalizada em cerimônias religiosas de certas medidas, repetidas regularmente desde tempos imemoriais, para aquisição e conservação de sua subsistência animal e vegetal. Porém, somente o cultivo da terra, a utilização dos animais domésticos e o rebanho para fins de alimentação tornam possível a alternativa regular de produção e consumo que constituem a nota característica da reprodução. Nesse sentido, o conceito da reprodução encerra algo mais que a mera repetição; ele já implica certo

---

[2] As palavras "primitivo" e "tribo" são empregadas em muitos momentos neste *A acumulação do capital*. Optou-se por manter esses termos, uma vez que a perspectiva teórica de Rosa Luxemburgo está imbuída de teleologias. [*N. da E.*]

[3] O biólogo e antropólogo britânico, sir Walter Baldwin Spencer (1860-1929) é o autor de numerosos estudos sobre a fauna, flora e povos da Austrália. O autodidata australiano Francis James Gillen (1855-1912) juntou-se a um grupo de aborígines da Austrália Central e depois tornou-se colaborador de Spencer durante várias expedições. [*N. da E.*]

OBJETO DESTA INVESTIGAÇÃO

nível de domínio da natureza exterior pela sociedade ou, em termos econômicos, certo nível na produtividade do trabalho.

Por outro lado, o processo da produção é, em todos os graus da evolução social, uma unidade formada por dois elementos distintos, embora intimamente relacionados: as condições técnicas e as condições sociais, isto é, as condições da relação dos homens com a natureza e das relações dos homens entre si. A reprodução depende em igual grau de ambos os fatores. Já dissemos até que ponto ela se acha subjugada às condições técnicas do trabalho humano e resulta de certo nível da produtividade do trabalho. Não menos decisivas são, porém, as formas sociais de produção dominante. Numa tribo agrária comunista primitiva, a reprodução e todo o plano da vida econômica correrão a cargo do conjunto total dos que trabalham e de seus órgãos democráticos. A decisão de começar os trabalhos, sua organização, a busca de condições preliminares – matérias-primas, instrumentos e forças de trabalho – e, finalmente, a fixação das dimensões e distribuição da reprodução resultam da colaboração, organizada por todos dentro da comunidade. Numa exploração à base de escravos ou num feudo senhorial, a reprodução é imposta à força e está regulamentada em todos os seus detalhes pelo regime de domínio pessoal, regime que não conhece outra fronteira além do direito do chefe ou do senhor, dispondo sobre maior ou menor quantidade de força de trabalho alheia. Na sociedade organizada à base da produção capitalista, a reprodução apresenta um aspecto completamente peculiar, como se pode verificar à simples vista de certos fenômenos. Em todas as demais formas de sociedade historicamente conhecidas, a reprodução se processa regularmente na medida em que as condições permitem, isto é, em que existam os meios de produção e as forças de trabalho necessários. Só influências exteriores como uma guerra devastadora ou uma grande peste, que despovoam ou provocam o aniquilamento em massa da força de trabalho costumam interromper, totalmente ou quase totalmente, durante períodos mais ou menos longos a reprodução onde antes havia civilização. Fenômenos semelhantes podem ocorrer em parte quando se determina o plano da produção despoticamente. Quando o capricho de um faraó do antigo Egito acorrentava, durante décadas, milhares de felás à empresa de levantar pirâmides, ou quando, no Egito moderno, um Ismael Paxá[4] manda 20 mil felás trabalhar como servos no canal de Suez, ou quando o imperador Chih-huang-ti, fundador da dinastia Ts'in, duzentos anos antes da era cristã, deixava morrer, de fome e esgotamento, 400 mil homens e punha uma geração inteira para levantar a Grande Muralha, na fronteira setentrional da China. Nessas condições, grande extensão de terra ficava sem cultivo e a vida econômica normal se interrompia durante longos anos. Essas interrupções do processo de produção decorriam em todos esses casos visível e claramente a partir da intervenção unilateral, fundada na relação de domínio de um indivíduo sobre o plano de reprodução em geral. Nas sociedades capitalistas, as coisas ocorrem de outro modo. Durante certas épocas, vemos que, embora havendo todos os meios materiais de produção e todas as forças de trabalho necessárias para levar a cabo a reprodução, as necessidades da sociedade ficam insatisfeitas, a reprodução se interrompe totalmente ou só se desenvolve dentro de limites reduzidos. Aqui, a responsabilidade pelas dificuldades em que tropeça o processo da reprodução não provém das intromissões despóticas de ninguém na vida econômica. Longe disso, a reprodução nesses casos não depende somente das condições técnicas, mas de uma condição puramente social: a de que se produzam aqueles artigos que podem contar com a segurança absoluta de encontrar comprador, de ser trocados por dinheiro, e não de qualquer modo, mas com um lucro de tipo usual. O lucro como fim útil e determinante é, pois,

---

[4] Ismail Paxá (1830-1895) foi quediva do Egito e ficou conhecido pela construção do canal de Suez, obra iniciada em abril de 1859 e inaugurada em 1869. [*N. da E.*]

OBJETO DESTA INVESTIGAÇÃO

o fator que preside, nessa sociedade, não só a produção, mas também a reprodução; não só o processo de trabalho e distribuição dos produtos, mas também a questão de saber a dimensão, o alcance e o sentido em que o processo de trabalho há de renovar-se, uma vez terminado o período anterior de trabalho. *"Se a produção tiver forma capitalista, a reprodução também terá."*[5]

O processo de reprodução da sociedade capitalista como um todo torna-se, devido a tais elementos puramente histórico-sociais, um problema muito singular e complexo. Já nas expressões externas do processo de reprodução capitalista percebe-se a sua peculiaridade histórica específica total, pois abrange não somente a produção, mas também a circulação (processo de troca), unindo-as num todo.

A produção capitalista é essencialmente uma produção de incontáveis produtores privados sem plano regulador algum, sendo a troca a única ligação social que os vincula. Portanto, para a determinação das necessidades sociais, a reprodução só pode contar com as experiências do período de trabalho anterior; essas experiências, porém, são particulares, de produtores individuais que não chegam a constituir uma expressão social geral. Não são experiências positivas e diretas sobre as necessidades da sociedade, mas experiências indiretas e negativas que unicamente permitem, partindo do movimento dos preços, tirar conclusões sobre o excesso ou carência dos produtos elaborados em relação com a demanda. A reprodução se renova sempre pelos produtores privados, aproveitando essas experiências extraídas do período de produção anterior. Assim, no período seguinte só pode verificar-se, igualmente, um excesso ou uma falta, seguindo cada ramo da produção seu próprio caminho, podendo resultar em excesso em uns e escassez em outros. Levando em conta, sem dúvida, a mútua dependência técnica de quase todos os ramos da produ-

---

5 Marx, *Das Kapital*, I, 4ª ed., 1890, p. 529.

ção, um aumento ou uma diminuição dos valores de uso produzidos em alguns dos grandes ramos diretores provoca o mesmo fenômeno na maior parte dos restantes. Assim, ocorre que regularmente uma superabundância geral sucede a uma falta geral de produtos em relação à demanda da sociedade. Tudo isso faz que a reprodução na sociedade capitalista adote uma forma peculiar, diferente de todos os tipos históricos de produção que a precederam. Em primeiro lugar, cada um dos ramos produtivos realiza um movimento até certo ponto independente que, de tempos em tempos, provoca interrupções mais ou menos longas na reprodução. Em segundo lugar, os desvios da reprodução em diversos ramos com respeito às necessidades sociais se somam numa crise geral, provocando, periodicamente, uma interrupção geral da reprodução. A reprodução capitalista oferece, portanto, uma fisionomia muito peculiar. Enquanto a reprodução, em qualquer outra formação econômica – sem considerar as violentas intervenções externas – transcorre como um círculo sem interrupção, uniforme, a reprodução capitalista só pode ser representada, para empregar uma conhecida expressão de Sismondi, como uma série contínua de espirais, cujas curvas, pequenas a princípio, aumentam cada vez mais e se tornam consideravelmente grandes no final, quando se verifica uma contração, e a próxima espiral começa de novo com curvas pequenas, para percorrer o mesmo ciclo, até que este se interrompa.

A periodicidade com que ocorrem a maior extensão da reprodução e sua contração e interrupção parcial, isto é, o que se designa como o ciclo periódico de conjuntura baixa, conjuntura alta e crise é a peculiaridade mais evidente da reprodução capitalista.

É muito importante determinar, antecipadamente, que, se a periodicidade de conjunturas de prosperidade e de crise representa um elemento importante da reprodução, ela não constitui o problema da reprodução capitalista em sua essência. As alternativas periódicas de conjuntura ou de prosperidade e de crise são as formas específicas que adota o movimento

OBJETO DESTA INVESTIGAÇÃO

no sistema capitalista, mas não o próprio movimento. A fim de expor o problema da reprodução capitalista em seu verdadeiro aspecto, temos que prescindir, pelo contrário, das alternativas periódicas de prosperidade e de crise. Por estranho que pareça, esse é um método perfeitamente racional. Mais ainda: o único método científico possível de investigação. Para focalizar e resolver, em sua pureza, o problema do valor, temos que prescindir das oscilações dos preços. Vemos que a economia vulgar trata sempre de resolver o problema do valor com base nas oscilações da oferta e da procura. A economia clássica de Smith a Marx tratou o tema de modo oposto, colocando que as oscilações interdependentes entre a oferta e a procura só podem ser explicadas atentando-se a como o preço se desvia do valor, mas não a partir do próprio valor. Para encontrar o valor das mercadorias, temos que abordar o problema, supondo que a oferta e a procura se equilibram, isto é, que o preço e o valor das mercadorias coincidem. O problema científico do valor, portanto, começa justamente ali onde cessa a ação da oferta e da procura. O mesmo sucede com o problema da reprodução do capital social no seu conjunto. As conjunturas de prosperidade e de crise periódicas fazem com que a reprodução capitalista, via de regra, oscile em torno das necessidades e do poder aquisitivo da sociedade, afastando-se delas algumas vezes por cima e outras vezes por baixo, chegando quase à paralisação total do processo. Quando se toma, entretanto, um período considerável, todo um ciclo com diferentes conjunturas de prosperidade e de crise, ou seja, de suprema tensão da reprodução e de relaxamento e interrupção, vemos que se equilibram, e a média do ciclo nos dá a magnitude média da reprodução. Essa média não é só um produto mental, teórico, mas também um fato real, objetivo. Pois, apesar das intensas oscilações das conjunturas, apesar das crises, as necessidades da sociedade se satisfazem bem ou mal, a reprodução segue o seu caminho ondulante e as forças produtivas se desenvolvem cada vez mais. Como isso se realiza, se prescindimos das alternativas de crises e de prosperidade? Aqui começa a verdadeira questão. Alguns tentam resolver o problema da reprodução tomando como ponto de partida a periodicidade das crises, o que é próprio, no fundo, da economia vulgar, assim como a tentativa de resolver o problema do valor pelas oscilações da oferta e da procura. Não obstante, veremos como a economia política, ao expor mais ou menos conscientemente, ou pelo menos suspeitando, o problema da reprodução, apresenta sempre a tendência de acumulação como um problema de crise, sem perceber o seu erro, afastando-se, com isso, da solução. Quando falarmos da reprodução capitalista adiante, deve-se entender sempre a média resultante das oscilações ocorridas dentro de um ciclo.

A produção capitalista realiza-se através de um número ilimitado e corrente de produtores particulares, independentes, sem nenhum controle social, salvo a observância das oscilações dos preços, e sem outro nexo além da troca de mercadorias. Como resulta realmente esses movimentos incontáveis e desconexos na produção total? Ao colocar assim a questão e esta é a primeira forma sob a qual se apresenta o problema esquece-se que, nesse caso, os produtores privados não são meros produtores de mercadorias, senão produtores *capitalistas*, do mesmo modo que a produção total da sociedade não é uma produção dirigida, em geral, para a satisfação das necessidades de consumo nem uma simples produção de mercadorias, mas, sim, produção *capitalista*. Vejamos quais alterações no problema implica essa omissão.

O produtor, que não somente produz mercadorias, mas também capital, está obrigado a produzir, antes de tudo, mais-valia. A mais-valia é o fim último e o motivo que impulsiona o produtor capitalista. As mercadorias elaboradas, uma vez vendidas, não só devem fornecer aquele capital antecipado, mas um excedente sobre ele, uma quantidade de valor a que não corresponde gasto algum de sua parte. Do ponto de vista dessa criação de mais-valia, independentemente das fábulas que invente para si e para o resto do mundo sobre capital fixo e capital circulante, o capital adiantado pelo capitalista se divide em duas partes: uma, que representa seus gastos em meios de produção, locais de trabalho, matérias-primas, auxiliares etc.; outra, que se inverte em salários. A primeira parte, que, mediante o processo de trabalho, transfere sem alteração seu valor ao produto, Marx denomina *capital constante*. A segunda, que se avoluma, com apropriação de trabalho não pago, criando mais-valia, chama-se *capital variável*. A partir desse ponto de vista, a composição do valor de toda mercadoria produzida no sistema capitalista corresponde normalmente à fórmula:

$c + v + m$

c expressando o valor do capital constante, isto é, a parte de valor incorporada à mercadoria pelo trabalho objetivado, a força de trabalho contida nos meios de produção; v, o capital variável, isto é, a parte do capital investida em salários; m, a mais-valia [*Mehrwert*], o aumento de valor procedente da parte não paga do trabalho assalariado. As três partes do valor acham-se reunidas na figura concreta da mercadoria produzida, considerando-se como unidade cada um dos exemplares, assim como a massa total de mercadorias, sejam elas tecidos de algodão ou representações de *ballet*, tubos de ferro ou jornais liberais. A produção de mercadorias não constitui um fim para o produtor capitalista e sim um meio para apropriar-se da mais-valia. Mas, enquanto a mais-valia permanece contida na forma concreta da mercadoria, ela é inútil para o capitalista. Depois de produzi-la, ele necessita realizá-la, transformá-la em sua expressão de valor, ou seja, em dinheiro. Para que isso aconteça e o capitalista se aproprie da mais-valia em sua forma de dinheiro, todo o capital antecipado deve perder a forma de mercadoria e voltar para ele em forma de dinheiro. Só então, quando a massa total de mercadorias for trocada, conforme seu valor, por dinheiro, conseguir-se-á o fim da produção. A fórmula $c + v + m$, que antes se referia à composição quantitativa do valor das mercadorias, aplica-se agora do mesmo modo ao dinheiro obtido com sua venda: uma parte (*c*) restitui ao capitalista suas despesas em meios de produção consumidos; outra parte (*v*), suas despesas em salários; a terceira parte (*m*) representa o restante esperado, isto é, o "lucro líquido" em espécie do capitalista.[6] Essa transformação do capital deriva, de sua forma original – que constitui o ponto de partida de toda produção capitalista –, meios de produção inanimados e vivos (isto é, matérias-primas, instrumentos e mão de obra) através do processo produtivo em mercadorias, mediante a incorporação do trabalho vivo e posteriormente em dinheiro, por meio do processo de troca, numa quantidade maior que a lançada à circulação na etapa inicial; essa rotação do capital não apenas é necessária para a produção e apropriação da mais-valia. A verdadeira finalidade e impulso motriz da produção capitalista não é conseguir mais-valia em geral, numa só apropriação, em qualquer quantidade, mas de forma ilimitada, em quantidade crescente. Isso, porém, não pode realizar-se mais que pelo meio mágico enunciado: pela produção capitalista, isto é, pela apropriação de trabalho assalariado não pago no processo de produção das mercadorias e pela sua venda. É por isso que a produção constantemente renovada, a reprodução como fenômeno regular, constitui, na sociedade capitalista, um elemento totalmente novo, desconhecido nas formações econômicas anteriores. Em todos os demais modos de produção historicamente conhecidos, o elemento determinante da reprodução são as necessidades da sociedade, sejam estas as necessidades de consumo, da totalidade dos trabalhadores, democraticamente estabelecidas numa cooperativa agrária comunista, ou as necessidades de uma sociedade de classes antagônicas, de uma econo-

---

[6] Nesta exposição supomos que a mais-valia é idêntica ao lucro do empresário, o que é certo com referência à produção total, que é a que unicamente nos interessa em seguida. Também prescindimos da divisão da mais-valia em seus elementos: lucro do empresário, juros do capital, renda da terra, já que carece de importância para o problema da reprodução.

mia baseada na escravidão, num feudo despoticamente criado etc. No sistema capitalista, o produtor individual – e somente dele aqui se trata – não considera as necessidades da sociedade, sua capacidade de consumo. Para ele, só existe a demanda com poder aquisitivo e este unicamente como fator imprescindível para a realização da mais-valia. Por tudo isso, a produção de mercadorias para o consumo, que satisfaçam às necessidades permitidas pelo poder aquisitivo da sociedade, é um mandato iniludível para o capitalista individual, mas é também um desvio do ponto de vista do impulso motriz propriamente dito, que se coloca como a realização da mais-valia. É esse o motivo que o impulsiona a renovar constantemente a produção. A produção da mais-valia é o que na sociedade capitalista faz da reprodução das necessidades vitais em geral um *perpetuum mobile*. Por outro lado, a reprodução, cujo ponto de partida no sistema capitalista é sempre o capital, e o capital em sua forma pura de valor, isto é, em sua forma de dinheiro, só pode seguir seu curso quando os produtos do período anterior, as mercadorias, se transformam por sua vez em dinheiro, mediante a venda. Para os produtores capitalistas, portanto, a primeira condição do processo reprodutivo é a realização das mercadorias fabricadas no período de trabalho anterior.

Focalizemos agora outro aspecto substancial do problema. A determinação da grandeza do processo reprodutivo depende – no sistema econômico capitalista – do arbítrio e do critério do empresário individual. Seu impulso é a apropriação da mais-valia em progressão geométrica. Dessa forma, maior rapidez na apropriação da mais-valia só é possível em virtude de um incremento na produção capitalista que a cria. Na produção de mais-valia, a grande empresa encontra-se em todos os sentidos em posição vantajosa diante da pequena empresa. Assim o sistema capitalista não só gera uma tendência permanente à produção geral, mas também ao incremento constante do processo reprodutivo, renovando-se a produção em escala sempre crescente.

Há algo mais. No sistema capitalista não é só a busca da mais-valia em si o que impulsiona incessantemente a reprodução. O processo reprodutivo transforma-se numa exigência, numa condição de existência econômica iludível para os capitalistas individuais. Sob o regime da concorrência, a mais importante arma do capitalista individual, em sua luta pelo mercado, é o barateamento das mercadorias. Contudo, todos os métodos duradouros para reduzir os custos de produção das mercadorias – que não conseguem, pela redução dos salários ou pelo prolongamento da jornada de trabalho, um aumento da mais-valia e podem tropeçar com diversos obstáculos – resolvem-se numa ampliação da produção. Quer se trate de poupar instalações e instrumentos, quer de usar meios de produção de maior rendimento, quer de substituir em grande escala o trabalho manual por máquinas, quer de aproveitar rapidamente uma oportunidade favorável do mercado para adquirir matérias-primas baratas. A grande empresa oferece em todos os casos vantagens diante da pequena e da média.

Essas vantagens aumentam proporcionalmente à extensão da empresa. Por essa razão, a própria concorrência impõe às outras empresas, necessariamente, um progresso análogo ao realizado por uma parte das explorações capitalistas ou, pelo contrário, as condena ao enfraquecimento e extinção. Resulta assim uma tendência incessante de ampliar a reprodução que se estende mecanicamente, como as ondas, sobre toda a superfície da produção privada.

Para o capitalista individual, o incremento da reprodução ocorre quando ele transforma em capital uma parte da mais-valia apropriada, quando ele a *acumula*. A acumulação, ou seja, a transformação da mais-valia em capital ativo, é a expressão capitalista da reprodução ampliada.

A reprodução ampliada não é uma invenção do capital. Constitui uma regra desde a Antiguidade, em toda formação social histórica, na qual se verifica um progresso econômico e cultural. A reprodução simples – a simples repetição invariável e constante do processo produtivo – é certamente possível e podemos observá-la durante longos períodos da evolução social. Assim, por exemplo, nas comunidades agrárias primitivas o crescimento da população equilibra-se não pelo aumento gradual da produção, mas pela emigração periódica, criação de novas comunidades, igualmente reduzidas e autossuficientes. Igualmente, na Índia ou na China, as antigas pequenas oficinas de artesãos oferecem o exemplo de uma repetição tradicional do processo produtivo, adotando idêntica forma e amplitude através das gerações. Contudo, em todos esses casos a reprodução simples é o fundamento e um índice seguro do estancamento econômico e cultural predominante. Todos os progressos decisivos do processo de trabalho e os monumentos de civilizações mortas – como as grandes obras hidráulicas do Oriente, as pirâmides egípcias, as estradas militares romanas, as artes e ciências gregas, o desenvolvimento dos ofícios e as cidades da Idade Média – seriam impossíveis sem uma reprodução ampliada, pois só o aumento gradual da produção, em maior escala que o das necessidades imediatas, e o crescimento constante da população e de suas necessidades criam a base econômica, que é pré-requisito indispensável para todo progresso cultural. Particularmente a troca, e com ela o aparecimento da sociedade dividida em classes e seus progressos históricos, até o aparecimento do sistema capitalista, tudo isso seria inconcebível sem reprodução ampliada. Na sociedade capitalista, porém, incorporam-se à reprodução ampliada alguns caracteres novos. Em primeiro lugar, ela se converte, como já se disse, numa exigência iniludível para o capitalista individual. A reprodução simples e, inclusive, o retrocesso na reprodução não se excluem, certamente, do sistema de produção capitalista. Antes, constituem momentos em toda crise, depois das tensões, igualmente periódicas, e da reprodução ampliada na conjuntura máxima. O movimento geral da reprodução por cima das oscilações e alternativas cíclicas tende para a ampliação incessante. A impossibilidade de marchar no compasso desse movimento geral significa, para o capitalista individual, a eliminação da luta pela concorrência, a morte econômica.

Estudemos outro ângulo da questão. Em todas as formações sociais em que predomine ou exista, com toda a sua força, uma economia natural – numa comunidade agrária da Índia, numa cidade romana escravista, ou num domínio feudal da Idade Média –, o conceito e o fim da reprodução ampliada baseiam-se somente na quantidade de produtos, na massa dos artigos de consumo produzidos. O consumo como fim domina a extensão e o caráter tanto do processo de trabalho em particular quanto da reprodução em geral. No sistema capitalista, pelo contrário, a produção não visa ao consumo como fim, mas sim à produção de valor. As relações de valor dominam em todo o processo da produção e da reprodução. A produção capitalista não é produção de artigos de consumo nem de mercadorias em geral, porém de mais-valia. Portanto, para os capitalistas, reprodução ampliada significa o incremento da produção de mais-valia. É certo que a produção de mais-valia se realiza sob a forma de produção de mercadorias e, em última análise, de produção de artigos para o consumo. Na reprodução, entretanto, esses dois pontos de vista – o da produção de mais-valia e o da produção de artigos para o consumo – separam-se constantemente da produtividade do trabalho. A mesma grandeza de capital e de mais-valia existirá aumentando-se a produtividade numa quantidade maior de artigos de consumo. O incremento do processo produtivo e a produção de maior massa de valores de uso ainda não são, por si sós, reprodução no sentido capitalista. Contrariamente, o capital pode, até certos limites, conseguir maior mais-valia, sem alterar a produtividade do trabalho, intensificando o grau de exploração – baixando, por exemplo, os salários –, sem aumentar a quantidade de produtos. Neste, como naquele caso, porém, também se cria o necessário à reprodução ampliada, a saber: mais-valia, tanto como dimensão de valor quanto como qualidade de soma de meios materiais de produção. Geralmente se consegue o aumento de produção de mais-valia investindo-se mais capital, isto é, transformando-se em capital uma parte da mais-valia apropriada. Nesse sentido, é indiferente que a mais-valia capitalista se aplique na ampliação da antiga empresa ou se destine a novas explorações independentes. Portanto, a reprodução ampliada, no sentido capitalista, expressa, especificamente, o crescimento do capital pela acumulação progressiva da mais-valia ou, segundo a expressão de Marx, pela acumulação do capital. A fórmula geral da reprodução ampliada sob o regime capitalista é, pois, a seguinte:

$$(c + v) + \frac{m}{x} + m'$$

sendo *m/x* a parte capitalizada de mais-valia apropriada no período anterior de produção e *m'* a mais-valia nova extraída do capital assim acrescido. Essa mais-valia nova se capitaliza por sua vez em parte. O fluxo constante dessa apropriação e capitalização de mais-valia, que se condicionam mutuamente, constitui o processo de reprodução ampliada no sentido capitalista.

Estamos, no entanto, apenas diante da fórmula geral abstrata da reprodução. Consideremos mais de perto as condições concretas que a sua realização requer.

A mais-valia apropriada, uma vez que, no mercado, perdeu a forma de mercadoria, apresenta-se como determinada soma de dinheiro. E sob essa forma assume a figura absoluta do valor com que pode começar sua carreira como capital. Com dinheiro não se pode criar mais-valia alguma. Para que a parte da mais-valia destinada à acumulação se capitalize realmente, ela deve assumir forma concreta que a possibilite atuar como capital produtivo, isto é, como capital que permita a apropriação de nova mais-valia. Para isso é necessário que, da mesma forma como o capital anteriormente empregado, ela se divida em duas partes; uma constante, expressa em meios de produção; e uma variável, expressa em salários. Somente então ela poderá ser compreendida, como o capital primitivamente adiantado, dentro da fórmula $c + v + m$.

Não basta para isso apenas a vontade de acumular do capitalista, tampouco sua "poupança" e "sobriedade" que lhe permitem destinar à produção a maior parte de sua mais-valia, em vez de gastá-la toda, alegremente, em luxo pessoal. Dele se exige mais apropriadamente que se encontrem no mercado as formas concretas em que realizará o novo aumento de capital, isto é, em primeiro lugar: os meios de produção materiais – matérias-primas, máquinas etc. – necessários ao tipo de produção por ele planejado e escolhido, para dar, enfim, à parte constante do capital forma produtiva. Mas também, em segundo lugar, é preciso que possa transformar aquela porção de capital que constitui a parte variável, e para isso são necessárias duas coisas: em primeiro lugar, que no mercado de trabalho haja em quantidade suficiente a força de trabalho que lhe faz falta para realizar a nova adição de capital; e em segundo lugar, pois os operários não podem viver de dinheiro, a existência no mercado dos meios de subsistência que os novos trabalhadores ocupados poderão trocar pela parte variável do capital recebida dos capitalistas.

Dadas essas condições prévias, o capitalista pode movimentar a sua mais-valia capitalizada e fazê-la, como capital, engendrar no processo nova mais-valia. Com isso, porém, não está resolvido definitivamente o problema. No momento, o novo capital e a mais-valia criada ainda se encontram sob a forma de uma nova massa adicional de mercadorias de qualquer gênero. O novo capital apenas se adiantou e a mais-valia por ele criada se acha sob uma forma inútil para o capitalista. Para que cumpra sua finalidade, o novo capital deverá apagar a sua figura de mercadoria e voltar junto com a mais-valia por ele criada, sob a sua forma pura de valor em dinheiro, às mãos do capitalista. Se isso não é conseguido, o novo capital e a nova mais-valia estão perdidos, inteira ou parcialmente, a capitalização da mais-valia fracassa e a acumulação não se realiza. Para que a acumulação se realize efetivamente é, pois, absolutamente necessário que a massa adicional de mercadorias produzidas pelo novo capital conquiste um posto no mercado a fim de ser realizada.

Vemos, assim, que a reprodução ampliada sob condições capitalistas – ou, o que é o mesmo, a acumulação do capital – está ligada a uma série de condições específicas, que são as seguintes. *Primeira condição*: a produção deve criar a mais-valia, pois a mais-valia é a única forma em que é possível sob o sistema capitalista o incremento da produção. Essa condição deverá cumprir-se no próprio processo de produção, na relação entre capitalista e operário, na produção de mercadorias. *Segunda condição*: para que haja a apropriação da mais-valia destinada à ampliação da reprodução, uma vez cumprida a primeira condição, ela deverá realizar-se, transformando-se em dinheiro. Essa condição nos leva ao mercado, onde as probabilidades de troca decidem sobre o destino ulterior da mais-valia e, portanto, também da futura reprodução. *Terceira condição*: supondo que se consiga realizar a mais-valia, e uma parte da mais-valia realizada se transforme em capital destinado à acumulação, o novo capital terá que tomar forma produtiva, isto é, transformar-se em meios de produção materiais e força de trabalho. Além disso, a parte de capital trocada pela força de trabalho adotará por sua vez a forma de meios de subsistência para os trabalhadores. Essa condição conduz de novo ao mercado de bens e ao mercado de trabalho. Se tudo isso então ocorre e se sobrevêm a reprodução ampliada das mercadorias, soma-se a *quarta condição*: a massa adicional de mercadorias, que apresenta o novo capital, junto com a nova mais-valia, deve ser realizada, transformada em dinheiro. Somente quando isso ocorre, então se verificará a reprodução ampliada no sentido capitalista. Esta última condição remonta mais uma vez ao mercado de bens.

Assim, a reprodução capitalista, do mesmo modo que a produção, vai constantemente da indústria ao mercado, da oficina particular à fábrica e ao mercado – às quais está "proibido o acesso" e nas quais a vontade soberana do capitalista individual é a lei suprema –, para os quais ninguém estabelece leis e onde não há vontade ou razão que se imponham. Mas justamente na arbitrariedade e na anarquia que reinam no mercado é que o capitalista individual sente sua dependência com respeito à totalidade dos membros individuais, produtores e consumidores, que compõem a sociedade. Para ampliar sua reprodução, o capitalista necessita de meios de produção adicionais e de força de trabalho, assim como de meios de subsistência para os operários; dessa forma, a existência de tudo isso depende de elementos, circunstâncias, processos que se realizam independentemente de sua vontade. Para poder vender sua massa de produtos aumentada, ele necessita de um mercado mais amplo, porém o aumento da demanda de mercadorias, em geral, e das mercadorias produzidas por ele, em particular, é um fato diante do qual ele é totalmente impotente.

As condições enumeradas, que expressam a contradição imanente entre produção e consumo privados e o vínculo social existente entre ambos, não são elementos novos, apresentando-se pela primeira vez na reprodução. São as contradições gerais da produção capitalista. Manifestam-se, no entanto, como dificuldades particulares do processo de reprodução e isso pelas seguintes razões: do ponto de vista da reprodução e, particularmente, da reprodução ampliada, o sistema capitalista aparece em seu desenvolvimento como um processo não só em seus caracteres fundamentais, mas também num determinado ritmo de movimento. Nesse processo, aparece a engrenagem específica das rodas dentadas individuais de seus períodos de produção. Por conseguinte, a partir desse ponto de vista, o problema não se apresenta nestes termos gerais: como pode encontrar cada capitalista individual os meios de produção e os trabalhadores de que necessita, como pode dar saída no mercado para as mercadorias que produziu, se não há controle nem planos sociais que harmonizem a produção e a demanda? A isso se contesta: o apetite de mais-valia dos capitalistas individuais e a concorrência estabelecida entre eles, assim como os efeitos automáticos da exploração e concorrência capitalistas, encarregam-se tanto de que se produzam todo o gênero de mercadorias e, portanto, meios de produção, como também de que, em geral, haja à disposição do capital uma massa crescente de proletários. Por outro lado, a falta de plano manifesta-se no fato de que o funcionamento da demanda e da oferta, em todas as esferas, só se realiza tendo constantes desvios de sua coincidência, mediante oscilações dos preços, de hora em hora, e oscilações da conjuntura, que levam a crises periódicas.

Do ponto de vista da reprodução, o problema se apresenta de outra maneira: como é possível o suprimento do mercado com meios de produção e mão de obra que se realizam sem planejamento algum? Como é possível que as condições do mercado, que variam sem plano nem cálculo possível, assegurem ao capitalista individual meios de produção, mão de obra e possibilidades de mercado, que correspondem, em cada caso, às necessidades de sua acumulação e aumentam, portanto, numa determinada medida? Precisemos mais a coisa. Segundo a fórmula por nós conhecida, o capitalista produz, digamos, na seguinte proporção:

$40c + 10v + 10m,$

sendo o capital constante quatro vezes maior que o variável e a taxa de exploração 100%. Nesse caso, a massa de mercadorias representará um valor de 60. Suponhamos que o capitalista se encontre em situação de capitalizar a metade de sua mais-valia e a acrescente ao antigo capital, conservando este a mesma composição. O período de produção expressar-se-ia na fórmula:

$44c + 11v + 11m = 66$

Suponhamos que o capitalista se encontre novamente em situação de capitalizar a metade de sua mais-valia e assim por diante nos demais anos. Para isso ele deve encontrar, não só em geral, mas na progressão determinada, meios de produção, mão de obra e mercado que correspondam aos progressos de sua acumulação.

II
Análise do processo de reprodução segundo Quesnay e Adam Smith

Até agora consideramos a reprodução do ponto de vista do capitalista individual, o representante típico, o agente da reprodução, que se realiza através de uma série de empresas privadas. Esse modo de focalizar o problema já nos apresentou muitas dificuldades. Não obstante, elas são poucas, comparadas com as que aparecem logo que passamos da consideração do capitalista individual para a da totalidade dos capitalistas.

Uma olhada superficial mostra que a reprodução capitalista, como um todo social, não pode ser concebida, mecânica e simplesmente, como a soma das diversas reproduções capitalistas privadas. Vimos, por exemplo, que um dos supostos fundamentais da reprodução ampliada do capital individual é uma ampliação correspondente de sua possibilidade de venda no mercado. Assim, o capitalista individual pode lograr essa ampliação não por extensão absoluta dos limites do mercado em geral, mas pela concorrência, à custa de outros capitalistas individuais; de modo que um aproveita o que significa perda para outro ou para vários outros capitalistas excluídos do mercado. Como consequência desse processo, o que para um capitalista é reprodução ampliada, constitui para o outro uma baixa da reprodução. Um capitalista poderá realizar a reprodução ampliada, outros nem sequer a simples, e a sociedade capitalista em conjunto só poderá registrar um deslocamento local, mas não uma transformação quantitativa da reprodução. Analogamente, a reprodução ampliada de um capitalista pode realizar-se através dos meios de produção e dos operários que foram liberados pelas falências, isto é, pela cessação total ou parcial da reprodução de outros capitalistas.

Esses acontecimentos diários provam que a reprodução do capital social é algo distinto da reprodução aumentada ilimitadamente do capitalista individual, que os processos de reprodução dos capitais individuais se entrecruzam, incessantemente, e que a cada momento podem anular-se entre si em maior ou menor grau. Portanto, antes de investigar o mecanismo e as leis da produção capitalista, é necessário expor aqui a seguinte questão: o que devemos compreender como reprodução do capital social? Isso em primeiro lugar; e, depois, se é possível representarmos um quadro da produção social, separando-o da confusão dos movimentos incontáveis dos capitais individuais e levando em conta que se modificam a cada instante, conforme as leis incontroláveis e numerosíssimas, que algumas vezes correm paralelas, enquanto outras se cruzam e se aniquilam. Será que existe, em geral, um capital social? E, se existe, o que representa esse conceito na realidade? Esse é o primeiro problema que o investigador científico deverá estabelecer ao estudar as leis de produção. O pai da escola fisiocrática, Quesnay, que, com impavidez e simplicidade clássicas, abordou o problema, no amanhecer da economia política e da ordem econômica burguesa, aceitou como subentendida a existência do capital social com uma dimensão real, atuante. Seu famoso *Tableau économique,* não decifrado por ninguém até Marx, põe às claras, em poucos números, o movimento de reprodução do capital social, que, na opinião de Quesnay, se deve conceber sob a forma da troca de mercadorias, isto é, como processo de circulação. O *Tableau économique* de Quesnay mostra, em poucos traços gerais, de que maneira o produto anual da produção nacional, que se expressa como determinada grandeza de valor, se distribui como consequência da troca, de tal modo que sua reprodução simples pode ser feita. Os incontáveis atos de troca individuais reúnem-se, em resumo, na circulação entre grandes classes sociais funcionalmente determinadas.[1]

Segundo Quesnay, a sociedade compõe-se de três classes: a produtiva, formada pelos lavradores; a estéril, abarcando todos que trabalham fora da agricultura: na indústria, no comércio, nas profissões liberais; e a classe dos proprietários territoriais, junto com o soberano e os recebedores de dízimos. O produto nacional total aparece em mãos da classe produtiva, em forma de massa de meios de subsistência e matérias-primas, no valor de 5 bilhões de libras. Destes, 2 bilhões constituem o capital de exploração anual da agricultura, 1 bilhão, por desgaste anual do capital fixo, e 2 bilhões a renda líquida que vai para os proprietários territoriais. À parte esse produto total, os lavradores – que aqui se representam como arrendatários de modo puramente capitalista – têm em suas mãos 2 bilhões de libras em dinheiro. A circulação realiza-se de maneira que a classe de arrendatários paga como renda aos proprietários 2 bilhões em dinheiro (o resultado do período de circulação anterior). O proprietário territorial emprega 1 bilhão para adquirir dos arrendatários meios de subsistência e com os outros 1 bilhão compra da classe estéril produtos industriais. Por sua vez, os arrendatários com o 1 bilhão, que lhes correspondem, compram produtos industriais. E a classe estéril, dos 2 bilhões que se achavam em suas mãos, emprega 1 bilhão em matérias-primas etc. para substituir o capital de exploração anual e com os outros 1 bilhão compra meios de subsistência. Assim, no final, o dinheiro voltará ao seu ponto de partida, à classe de arrendatários, e o produto se dividiu entre todas as classes de tal modo que se assegurou o consumo de todos, enquanto a classe produtiva e a classe estéril renovam seus meios de produção e a dos proprietários recebe sua renda. Ocorreram todos os pressupostos da

---

1 *Das Kapital*, II, 2ª ed., 1893, p. 332.

reprodução, cumpriram-se todas as condições da circulação e a reprodução pode seguir seu curso regular.[2]

Veremos no curso da investigação o quanto é deficiente e primitiva essa exposição, apesar de toda a genialidade do pensamento. Deve-se destacar aqui que Quesnay, no umbral da economia política científica, não guardou dúvidas sobre a possibilidade de demonstrar a circulação do capital social e sua reprodução. Com Adam Smith, porém, na medida em que se faz uma análise mais profunda das condições do capital, começa a confusão nos claros e grandes traços da representação fisiocrática. Smith derrubou todo o fundamento científico do processo total capitalista, elaborando aquela falsa análise do preço, que, durante tão longo tempo, dominou a economia burguesa; segundo ele, o valor das mercadorias expressa a quantidade de trabalho nelas empregado; porém, ao mesmo tempo, o preço só está formado por três componentes, a saber: salário, lucro do capital e renda da terra. Com isso, evidentemente, também se refere à totalidade das mercadorias, ao produto nacional, defrontamo-nos com a desconcertante descoberta de que o valor das mercadorias elaboradas pela produção capitalista, em sua totalidade, representa, é certo, todos os salários pagos e os lucros do capital juntamente com a renda, isto é, a mais-valia total, e pode, portanto, substituí-la; mas, ao mesmo tempo, constatamos que nenhuma parte do valor das mercadorias corres-

---

2 Ver *Analyse du Tableau économique no Journal de l'Agriculture, du Commerce et des Finances,* editado por Du Pont, 1766, p. 305 ss. da edição publicada por Oncken das Œuvres de Quesnay. Quesnay observa expressamente que a circulação por ele descrita supõe duas condições: uma circulação comercial, sem obstáculos, e um sistema tributário no qual só pesa a renda. *"Mais ces données ont des conditions sine quabus non; elles supposent que la liberte du commerce soutient le débit des productions à um bom prix..., elles supposent d'ailleurs que le cultivateur n'ait à payer directement ou indirectement d'autres charges que le revenu, dont une partie, par exemple les deux septièmes, doit former le revenu du souverain."* [Esses requisitos, porém, são condições sine quabus non; supõem que a liberdade de comércio sustenta a venda dos produtos a um bom preço. E supõem, por outro lado, que o agricultor não tem que pagar, direta ou indiretamente, outros encargos que pesem sobre a renda. Uma parte da qual, por exemplo, as duas sétimas partes devem constituir a receita do soberano.] (*Op. cit.*, p. 311.)

ponde ao capital constante empregado na produção dessas mercadorias: $v + m$, tal é, segundo Smith, a fórmula de valor do produto capitalista total. "Essas três partes" – diz Smith, explicando seu pensamento com o exemplo do trigo –

> (salário do trabalho, lucro e renda da terra) parecem constituir imediatamente, ou, em última instância, a totalidade do preço dos cereais. Caberia, talvez, considerar necessária ainda uma quarta parte para compensar o desgaste dos animais de trabalho e das ferramentas. Mas se deve levar em conta que o preço de todos os meios de produção se constitui, por sua vez, na mesma forma; o preço de um cavalo destinado ao trabalho assim se forma: primeiro, pela *renda* do solo em que é alimentado; segundo, pelo trabalho empregado em sua criação, e, terceiro, pelo lucro capitalista do arrendatário que adiantou tanto a renda do solo como os *salários*. Portanto, se o preço do cereal contém o valor do cavalo assim como seu alimento, mediata ou imediatamente, ele se resolve nos três elementos mencionados: renda da terra, trabalho e lucro do capital.[3]

Smith, enviando-nos desse modo de Herodes a Pilatos, como diz Marx, decompõe sempre o capital constante em $v + m$. É certo que Smith teve, ocasionalmente, dúvidas e recaídas na opinião oposta. No segundo livro, diz:

> Mostrou-se no primeiro livro que o preço da maior parte das mercadorias se divide em três partes, uma das quais paga o salário, outra, o lucro do capital, e, uma terceira, a renda da terra, cobrindo assim os gastos de produção da mercadoria e do seu transporte para o mercado... Se esse é o caso para cada uma das mercadorias consideradas particularmente, o mesmo poderá dizer-se das mercadorias que representam, em conjunto, o rendimento anual da terra e o trabalho de cada país. O preço ou valor total de troca desse rendimento anual poderá decompor-se nas mesmas três partes e redistribuir-se entre os diversos habitantes do país como salário de seu trabalho, lucro de seu capital ou renda de sua terra.

---

3 Adam Smith, *Natur und Ursachen des Volkswohlstandes*, v. 1, 2ª ed., p. 53.

Nesse ponto, Smith vacila e segue imediatamente:

> Mas, ainda que o valor total da mencionada produção anual se distribua assim entre os diversos habitantes e constitua uma renda por si, temos que distinguir, como se se tratasse da renda de uma fazenda particular, entre renda bruta e renda líquida.
> A renda bruta de uma fazenda particular compõe-se do que paga o arrendatário e a líquida do que resta ao proprietário, deduzidos os gastos de administração, reparações e outras despesas; ou do que pode destinar, sem prejuízo de sua fazenda, de seu orçamento reservado, ao consumo imediato, à mesa, casa, mobiliário e diversões. Sua verdadeira riqueza não está em relação com sua renda bruta, mas com sua renda líquida.
> A renda bruta de todos os habitantes de um grande país abrange a produção anual do subsolo e trabalho na totalidade; e a renda líquida, o que resta depois de deduzir os gastos de sustento; primeiro, de seu capital fixo e, em seguida, de seu capital circulante, ou seja, aquela parte de seu patrimônio destinada ao consumo imediato e que eles podem gastar em sustento, comodidades e prazeres. Sua verdadeira riqueza igualmente não se acha, pois, em relação com sua renda bruta, mas sim com sua renda líquida.[4]

Smith, porém, introduz aqui uma parte de valor do produto total correspondente ao capital constante, para voltar a excluí-la, através da fórmula que se resolve em salários, lucros e rendas. Finalmente se atém à sua explicação:

> Da mesma forma que as máquinas, instrumentos etc., que constituem o capital fixo do indivíduo ou da comunidade, não representam uma parte da renda bruta e da líquida, assim o dinheiro, por meio do qual a renda total na sociedade se distribui regularmente entre todos os seus membros, não representa em si mesmo um elemento daquela renda.[5]

---

4 *Op. cit.*, p. 291-292.
5 *Op. cit.*, p. 95.

ANÁLISE DO PROCESSO DE REPRODUÇÃO SEGUNDO QUESNAY E ADAM SMITH

O capital constante (ao qual Smith chama fixo) – na tradução imprecisa de Loewenthal: imóvel [*festliegend*] – coloca-se, por conseguinte, no mesmo plano que o dinheiro e não entra no produto total da sociedade (sua "renda bruta"), não existe como uma parte do valor do produto total.

Com tão frágeis fundamentos, sua teoria cai por terra ao mais ligeiro embate da crítica. É evidente que da circulação, da troca do produto total assim composto, só se pode conseguir a realização de salários (v) e da mais-valia (m), mas não se pode substituir o capital constante, e a repetição do processo reprodutivo torna-se assim impossível. É certo que Smith sabia perfeitamente, e nem sequer lhe ocorreu negá-lo, que todo capitalista individual necessita, para a exploração, não apenas de um fundo de salários – isto é, capital variável –, mas também de um capital constante. Mas na análise do preço, mencionada para a produção capitalista, desaparecia, enigmaticamente, sem deixar vestígios, o capital constante, que, como o problema da reprodução do capital total, estava mal focalizado desde o princípio. É óbvio que, se o aspecto mais elementar do problema, a explicação do capital social, naufragasse, a análise inteira desmoronaria. A teoria errônea de Adam Smith, posteriormente, foi retomada por Ricardo, Say, Sismondi e outros, e todos tropeçaram ao considerar o problema da reprodução com esta dificuldade elementar: a explicação do capital social.

Outra dificuldade somava-se à anterior desde o começo da análise científica. O que é o capital social? A coisa é clara quando se trata do indivíduo: seus gastos de exploração são seu capital. O valor de seu produto – dentro do capitalismo, isto é, do regime de trabalho assalariado – proporciona-lhe, descontados os gastos totais, um excedente, a mais-valia, que não substitui seu capital, mas constitui sua renda líquida, e ele pode consumi-la inteira sem prejuízos para o seu capital, isto é, de seu fundo de consumo. Decerto que o capitalista pode "economizar" uma parte dessa renda líquida, não gastá-la e convertê-la em capital. Mas isso é outra coisa, é um novo processo, a formação de novo capital, que por sua vez é substituído junto com o excedente na reprodução seguinte. Sempre, porém, o capital do indivíduo é o que se necessita antecipar para produzir, e renda é o que consome o capitalista. Se perguntamos a um empresário o que são os salários que paga a seus operários, a resposta será: são, evidentemente, uma parte do capital de exploração. Mas se perguntamos o que são esses salários aos operários que os recebem, a resposta não pode ser: são capital; para os operários os salários recebidos não são capital, mas renda, fundo de consumo. Tomemos outro exemplo: um capitalista produz máquinas em sua fábrica: seu produto é, anualmente, certo número de máquinas. Mas nesse produto anual, em seu valor, encerra-se tanto o capital adiantado pelo fabricante como a renda líquida obtida. Portanto, uma parte das máquinas por ele fabricadas representa sua renda e está destinada a constituir essa renda no processo de circulação, na troca. No entanto, quem compra de nosso fabricante suas máquinas não o faz evidentemente como renda, para consumi-las, mas para utilizá-las como meios de produção; para ele essas máquinas constituem capital. Com esses exemplos chegamos ao seguinte resultado: o que para um é capital, para o outro é renda, e vice-versa. Nessas condições, como pode conceber-se algo que seja o capital social? Realmente quase toda a economia científica até Marx concluía que não existia capital social algum.[6] Ainda observamos em Smith titubeios e contradições nesse ponto, como também de Ricardo. Quanto a Say, este diz categoricamente:

> Desse modo, distribui-se o valor total dos produtos na sociedade. Digo o valor *total*; pois, se meu lucro só representa uma parte do capital do produto em cuja elaboração tomei parte, o resto constitui o lucro dos que contribuíram para produzi-lo. Um fabricante de tecidos compra lá a um arrendatário; paga salários

---

[6] A propósito de Rodbertus, com seu conceito específico de "capital nacional", ver adiante a Segunda Seção.

a diversas categorias de operários e vende o pano assim produzido a um preço que lhe reembolsa seus gastos e lhe deixa lucro. Considera como lucro, como fundo de sua renda, tão somente o líquido que lhe fica, depois de deduzidos seus gastos. Mas esses gastos não eram mais que adiantamentos que fez aos outros produtores, das diversas partes da venda, e dos quais se compensa com o valor bruto do pano. O que pagou ao arrendatário pela lã era renda bruta do lavrador, de seus empregados, do proprietário da fazenda. O arrendatário só considera como seu produto líquido o que lhe fica, uma vez pagos os seus operários e o proprietário da terra; mas o que lhes pagou constitui uma parte da renda desses últimos: era o salário dos operários, o preço do arrendamento do proprietário, era, portanto, para uns, a renda do trabalho; para o outro, a renda de sua terra. E o que substitui tudo isso é o valor do pano. Não cabe representar uma parte do valor desse pano que não serviu para satisfazer a uma renda. Seu valor inteiro esgotou-se nisso.

Vê-se, por isso, que a expressão *produto líquido* só pode aplicar-se quando se trata de empresários individuais, mas que a renda de todos os indivíduos reunida ou da sociedade é igual ao produto bruto nacional da terra, dos capitais e da indústria (Say chama assim o trabalho). Isso aniquila (*ruine*) o sistema dos economistas do século XVIII (fisiocratas) que só consideravam como renda da sociedade o produto líquido do solo e deduziam daí que a sociedade só podia consumir um valor correspondente a esse produto líquido, como se a sociedade não pudesse consumir todo o valor por ela criado![7]

Say fundamenta essa teoria de modo peculiar. Adam Smith tratava de fornecer a prova, colocando cada capital privado em seus lugares de produção, para resolvê-lo como simples produto do trabalho. Mas o concebia, com rigor capitalista, como soma de trabalho pago e não pago, como $v + m$, e chegava assim a resolver, finalmente, o produto total da sociedade com a fórmula $v + m$. Say, por outro lado, transforma rapidamente esses erros clássicos em vulgares equívocos. A demonstração de Say apoia-se na suposição de que o empresário, em todos os estágios produtivos, *paga* os meios de produção (que constituem um capital para ele) a outras pes-

---

7 J.-B. Say, *Traité d'économie politique*, 8ª ed., livro II, cap. V, Paris, 1876, p. 376.

soas, aos representantes de fases anteriores da produção, e de que essas pessoas guardam para si uma parte do que lhes foi pago como sua renda propriamente dita e empregam outra parte como reembolso dos gastos por elas financiados, a fim de pagar suas rendas a outras pessoas. A cadeia indefinida de processos de trabalho de Smith transforma-se, em Say, numa cadeia indefinida, também de mútuos adiantamentos sobre renda e devolução desses adiantamentos, retirada da renda dos produtos; aqui o operário aparece inteiramente equiparado ao empresário; no salário, recebe, como *"adiantamento"*, sua renda e paga por sua vez com trabalho realizado. Assim o valor definitivo do produto total social é uma soma de rendas *"adiantadas"*; e o processo da troca, a entrega e devolução desses adiantamentos. A superficialidade de Say torna-se patente quando, para ilustrar a engrenagem social da reprodução capitalista, utiliza o exemplo da fabricação de relógios, um ramo que era então (e, não obstante, ainda o é em parte) simples manufatura, na qual os *"operários"* figuram, por sua vez, como pequenos empresários, e o processo de produção da mais-valia se acha dissimulado por uma série de atos correspondentes à produção simples de mercadorias.

Desse modo, Say agrava ainda mais a confusão de Adam Smith: toda a massa de artigos, produzida anualmente pela sociedade, resolve-se como pura renda; portanto, ela se consome, anualmente, em sua totalidade. A repetição da produção sem capital, sem meios de produção, aparece como um enigma. A reprodução capitalista aparece como um problema insolúvel.

Quando se estuda a trajetória, que seguiu o problema da reprodução desde os fisiocratas até Adam Smith, não se pode desconhecer a existência de um processo parcial neutralizado por um retrocesso também parcial. A característica do sistema econômico dos fisiocratas era sua suposição de que só a agricultura engendrava o excedente, isto é, mais-valia, sendo, portanto, o trabalho agrícola o único produtivo – em sentido capitalista.

ANÁLISE DO PROCESSO DE REPRODUÇÃO SEGUNDO QUESNAY E ADAM SMITH

De acordo com isso, vemos no *Tableau économique* que a classe *"estéril"* dos operários manufatureiros só cria os 2 bilhões de valor que consome em matérias-primas e meios de subsistência. Em consequência, na troca, as mercadorias manufaturadas se dividem integralmente entre as classes dos arrendatários e a dos proprietários, enquanto a classe manufatureira não consome nem mesmo seus próprios produtos. Assim, pois, a classe manufatureira só reproduz propriamente no valor de suas mercadorias o capital circulante consumido, sem criar uma renda. A única renda da sociedade, que excede a todos os gastos de capital e passa à circulação, é produzida na agricultura e consumida pela classe dos proprietários na figura da renda da terra, enquanto os arrendatários só recebem seu capital antecipado: 1 bilhão como juros de capital fixo e 2 bilhões de capital de exploração circulante. Em segundo lugar, chama a atenção o fato de que Quesnay só aceita a existência do capital fixo na agricultura, e o denomina *avances primitives,* diferenciando-os dos *avances annuelles.* Segundo ele, ao que parece, a manufatura trabalha sem capital fixo algum, só emprega capital circulante em seu giro anual e, portanto, sua massa de mercadorias cada ano não deixa uma parte de valor para compensação do desgaste de capital fixo (edifícios, instrumentos de trabalho etc.).[8]

Diante dessas deficiências, a escola inglesa clássica significa, sobretudo, o progresso decisivo, porque considera como produtivo todo gênero de trabalho, isto é, descobre a criação de mais-valia tanto na manufatura como na agricultura. Dissemos a escola clássica inglesa, porque Smith nesse ponto, ao lado de declarações claras e decisivas no

---

8 Além disso, deve-se anotar que Mirabeau, em suas *Explications ao Tableau*, menciona numa passagem, expressamente, o capital fixo da classe estéril: "*Les avances primitives de cette classe pour établissement de manufactures, pour instruments, machines, moulins, forges et autres usines... 2.000.000.000 l.*" [Os *avances primitives* dessa classe, para estabelecimento de manufaturas, instrumentos, máquinas, moinhos, forjas e outras fábricas... 2.000.000.000 libras.] (*Tableau économique avec ses explications*, 1760, p. 82). É certo que, em seu desconcertante esboço do *Tableau*, o próprio Mirabeau não leva em conta esse capital fixo da classe estéril.

A ACUMULAÇÃO DO CAPITAL

sentido indicado, cai outras vezes, tranquilamente, no modo de ver dos fisiocratas; só com Ricardo a teoria do valor pelo trabalho recebe a mais alta e consequente elaboração que podia alcançar dentro dos limites da concepção burguesa. Desde então temos que admitir, na manufatura, a produção anual de um incremento do capital antecipado, de uma renda líquida, isto é, de mais-valia, assim como na agricultura.[9] Por outro lado, Smith, levando as suas conclusões lógicas à descoberta de que todo gênero de trabalho, tanto na manufatura como na agricultura, é produtivo e cria mais-valia, descobre que também o trabalho agrícola, além da renda para a classe dos proprietários da terra, deverá criar um excedente para a classe de arrendatários por cima de seus gastos totais de capital. Assim surgiu também, junto com o reembolso de capital antecipado, uma renda anual para a classe dos arrendatários.[10] Finalmente, Smith, trabalhando sistematicamente com os conceitos empregados por Quesnay de *avances primitives* e *avances annuelles*, sob os nomes de *capital fixo* e *circulante*, esclareceu, entre outras coisas, que

---

9 Smith formula isso em termos gerais no volume 1. "O valor [não a "mais-valia", como Loewenthal traduz arbitrariamente – R.L.] que os operários agregam aos materiais se divide, portanto, neste caso, em duas partes, uma das quais paga seus salários, e a outra, os lucros de seu empresário sobre a totalidade do capital adiantado para materiais e salários." (A. Smith, *op. cit.*, v. 1, p. 51). No original: "*The value which the workmen add to the materials, therefore, resolves, itself in this case into two parts; of which the one pays their wages, the other the profits of their employer upon the whole stock of materials and wages which he advanced*" (*Wealth of Nations*, Ed. MacCulloch, 1828, v. 1, p. 83). No livro II, cap. III, referindo-se especialmente ao trabalho industrial: "O trabalho de um operário de fábrica acrescenta ao valor das matérias-primas por ele produzidas o do seu próprio sustento e o lucro do seu empresário; em troca, o de um criado não aumenta o valor de nada. Ainda que o operário de fábrica receba de seu empresário por adiantado o salário, não lhe causa ônus algum, pois, em regra geral, lhe devolve o lucro adicional pelo valor aumentado do objeto produzido." (*Op. cit.*, v. I, p. 341.)

10 "Os homens dedicados ao trabalho agrícola... reproduzem... não só um valor igual a seu próprio consumo ou ao dos capitais que lhes dão ocupação, junto com o lucro do capitalista, como os operários de fábrica, mas um muito maior. Além do capital do arrendatário, juntamente com todo o seu lucro, reproduzem também regularmente a renda para o proprietário do solo." (*Op. cit.*, v. I, p. 377.)

ANÁLISE DO PROCESSO DE REPRODUÇÃO SEGUNDO QUESNAY E ADAM SMITH

a produção manufatureira necessita, além do capital circulante, de um capital fixo, exatamente como a agricultura, e, portanto, necessita também de uma parte correspondente de valor para substituir o desgaste daquele capital. Assim, pois, Smith se encontrava no melhor caminho para ordenar os conceitos de capital e renda da sociedade e expressá-los com exatidão. A maior clareza a que chegou nesse aspecto se evidencia na segunda fórmula:

> Ainda que o produto anual total da terra e do trabalho de um país se destine, indubitavelmente, em último lugar, ao consumo de seus habitantes e a lhes fornecer uma renda, ao sair do solo ou das mãos dos trabalhadores, divide-se naturalmente em duas partes. Uma delas, amiúde a maior, destina-se, antes de tudo, a substituir um capital ou a renovar os meios de subsistência, matérias-primas e mercadorias produzidas, e outra parte, a criar uma renda, ou para o proprietário desse capital como lucro seu ou para outro como sua renda da terra.[11]
>
> A renda bruta de todos os habitantes de um grande país abrange o produto total anual de seu solo e seu trabalho, e sua renda líquida é que cai depois de deduzidos: primeiro, os custos de manutenção de seu capital imóvel (fixo) e, depois, de seu capital circulante, ou o que podem destinar sem prejuízo de seu capital ao consumo imediato, ao seu sustento, comodidade e prazer. Sua riqueza efetiva não está, pois, em relação com sua renda bruta, mas com sua renda líquida.[12]

---

11 *Op. cit.*, v. 1, p. 342. Certamente, Smith já no parágrafo seguinte transforma o capital completamente em salários, em capital variável: "*That part of the annual produce of the land and labour of any country which replaces a capital never is immediately employed to maintain any but productive hands. It pays the wages of productive labour only. That which is immediately destined for constituting a revenue, either as profit or as rent, may maintain indifferently either productive or unproductive hands.*" [A parte da produção anual da terra e do trabalho de qualquer país que substitui o capital nunca é imediatamente empregada para manter outras mãos que não sejam produtivas. São pagos salários somente do trabalho produtivo. Aquela que é imediatamente destinada a constituir receita, seja como lucro ou como renda, pode manter indiferentemente mãos produtivas ou improdutivas.] (Ed. MacCulloch, v. II, p. 98.)

12 *Op. cit.*, v. I, p. 292.

A ACUMULAÇÃO DO CAPITAL

Aqui os conceitos de capital e renda totais aparecem formulados de modo mais geral e rigoroso que no *Tableau économique*. Libertada a renda de seu enlace unilateral com a agricultura, o capital, em suas duas formas de fixo e circulante, converte-se em base da produção social total. Em vez da divisão, que induz a erro, de dois setores produtivos, agricultura e manufatura, passaram ao primeiro lugar outras categorias de significação funcional: a diferença entre capital e renda, a diferença entre capital fixo e circulante. A partir daí, Smith passa à análise da relação mútua das transformações dessas categorias em sua dinâmica social: na produção e na circulação, isto é, no processo de reprodução da sociedade. Ela salienta aqui uma distinção radical entre o capital fixo e o capital circulante, do ponto de vista social:

> Todos os custos de manutenção do capital imóvel (quer dizer: fixo) devem ser evidentemente eliminados da renda líquida da sociedade. Nem as matérias-primas necessárias para a produção de suas máquinas, instrumentos, edifícios etc., nem o produto do trabalho empregado em sua criação podem constituir uma parte dessa renda. O preço desse trabalho constituirá, é certo, uma parte da renda líquida total, pois os trabalhadores ocupados poderão aplicar os salários à parte de seu orçamento reservado ao consumo imediato; mas, em outras categorias de trabalho, tanto seu preço como seu produto corresponderão a essa parte da despesa: seu preço ao dos operários, e seu produto a outras pessoas cujos meios de subsistência, comodidades e distrações são aumentados pelo trabalho daqueles operários.[13]

Aqui se encontra Smith com a importante distinção entre trabalhadores que fabricam meios de produção e os que produzem meios de consumo. A respeito dos primeiros, faz notar que a parte de valor que criam como compensação de seus salários surge sob a forma de meios de produção (como matérias-primas, máquinas etc.), isto é, que a parte do produto

---

13 *Op. cit.*, v. I, p. 292.

destinada à renda dos trabalhadores existe numa forma natural que não pode servir para o consumo. No que se refere à última categoria de trabalhadores, Smith observa que, nesse caso, ao inverso, o produto inteiro, isto é, tanto a parte de valor nele contida, que substitui os salários (a renda) dos trabalhadores, como a parte restante (Smith não o diz assim, porém sua conclusão devia ser: assim como a parte que representa o capital fixo consumido) aparecem sob a forma de artigos de consumo. Veremos mais adiante quão próximo Smith esteve aqui do ponto cardeal da análise, partindo do qual Marx atacou o problema. Contudo, a conclusão geral, a que se refere Smith, sem indagar mais sobre a questão fundamental, é esta: em todo caso, o que se destina à conservação e renovação do capital fixo da sociedade não pode ser contado como renda líquida da sociedade.

Outra coisa acontece com o capital circulante.

> Ainda quando os gastos totais de manutenção do capital imóvel (fixo) fiquem assim excluídos, necessariamente, da renda líquida da sociedade, isso não ocorre com o capital circulante. Dos quatro elementos do último – dinheiro, subsistências, matérias-primas e artigos produzidos –, os três últimos se subtraem, como se observou, regularmente e se aplicam, quer ao capital imóvel (fixo), quer ao fundo de consumo. Qualquer parte dessas mercadorias de consumo, que não se aplica à conservação do capital imóvel (fixo), concorre para o fundo de consumo e forma uma parte da renda líquida da sociedade. Por conseguinte, a manutenção dessas três partes do capital circulante não retira da renda líquida da sociedade nenhuma outra porção do produto anual além desta que é necessária para manter o capital fixo.[14]

Vê-se que Smith misturou tudo na categoria do capital circulante, tudo menos o capital fixo já empregado, e tanto os gêneros alimentícios e as matérias-primas como o valor de mercadorias não realizadas ainda (isto

---

14 *Op. cit.*, v. I, p. 294.

é, incluindo uma vez mais os mesmos gêneros alimentícios e matérias-primas, e sem levar em conta que algumas dessas mercadorias, conforme a sua forma natural, servem para substituir o capital fixo), tornando confusa e duvidosa sua análise do capital circulante. Mas, ao lado dessa confusão e apesar dela, ele faz outra distinção importante:

> A respeito disso, o capital circulante da sociedade comporta-se de maneira distinta do capital de um particular. O capital de um indivíduo não forma, de modo algum, parte de sua renda líquida, que tem de sair exclusivamente do lucro. Mas, ainda que o capital circulante de cada qual forme uma parte do capital de sua comunidade, ele não está excluído tão completamente, por isso, da renda líquida dessa comunidade.

Smith explica-o com o exemplo seguinte:

> Embora todas as mercadorias que um comerciante tenha em sua loja não possam ser incluídas dentro do patrimônio reservado para seu consumo imediato, podem sê-lo para outras pessoas, que, com a ajuda de uma renda obtida em outras fontes e sem diminuir seu capital, podem restituir ao comerciante o valor de suas mercadorias juntamente com o lucro.[15]

Com isso, Smith levantou categorias fundamentais a respeito da reprodução e do movimento do capital social total. Capital fixo e circulante, capital privado e social, renda privada e renda social, meios de produção e de consumo aparecem postos em relevo como grandes categorias, em parte indicadas em seu cruzamento real, de maneira objetiva, em parte asfixiadas nas contradições subjetivas, teóricas, da análise de Smith. O esquema sóbrio, severo e de transparência clássica dos fisiocratas aqui se dissolve numa confusão de conceitos e relações que parecem um caos,

---

15 *Op. cit.*, v. I, p. 294.

à primeira vista, mas, nesse caso, já se notam traços do processo de reprodução social, novos, mais profundos, modernos e vivos do que em Quesnay, embora incompletos, como o escravo de Michelangelo em seu bloco de mármore.

Esse é um dos aspectos que Smith estuda a respeito do problema. Mas, ao mesmo tempo, considera-o de outro ângulo completamente distinto, do ponto de vista da análise do valor. Justamente a teoria segundo a qual todo trabalho é criador de valor, assim como a distinção rigorosamente capitalista de todo trabalho em trabalho pago (que substitui o salário) e não pago (que cria mais-valia), assim como, finalmente, a estrita divisão da mais-valia em suas categorias fundamentais (lucro e renda da terra) – todos esses progressos sobre a análise fisiocrática induziram Smith à sua curiosa afirmação de que o valor de todas as mercadorias consta de salário, lucro e renda da terra, ou, sucintamente, na fórmula marxista, de $v + m$. Daí deduzia que também a totalidade das mercadorias produzidas anualmente pela sociedade se dividia em seu valor total nestas duas partes: salários e mais-valia. Desaparece assim de pronto, completamente, a categoria capital, e a sociedade não produz mais que renda, mais que artigos que são totalmente por ela consumidos. A produção sem capital se erige em enigma e a análise do problema em conjunto dá um passo atrás com respeito aos fisiocratas.

Os sucessores de Smith tomam sua dupla teoria pelo lado mais errôneo. Enquanto as importantes sugestões para um delineamento exato do problema, que Smith dá no livro segundo, permanecem intactas até Marx, a análise do preço no primeiro livro, fundamentalmente falsa, é recebida como herança preciosa pela maioria de seus sucessores; ou é aceita sem reflexão, como o faz Ricardo, ou é elevada a um simples dogma, como o faz Say. Onde em Smith havia dúvidas frutíferas e contradições sugestivas, em Say aparece um arrogante e imóvel filisteísmo. Para Say, a observação de Smith – o que para um é capital, pode ser para outro renda – converte-se num motivo para declarar absurda toda distinção entre capital e renda com um critério social. Por outro lado, o absurdo de que o valor total da produção anual se converta em renda e seja consumida é elevado por Say à categoria de dogma com validez absoluta. Como, segundo ele, a sociedade consome anualmente seu produto total, o processo reprodutivo, que atua sem meios de produção, converte-se numa repetição anual do milagre bíblico: a criação do mundo a partir do nada.

Nesse estado permaneceu o problema da reprodução até Marx.

III
Crítica da análise de Smith

Os resultados a que havia chegado a análise de Smith podem resumir-se nos seguintes pontos:

1. Há um capital fixo da sociedade, e nenhuma de suas partes entra na renda líquida dela. Compõem esse capital fixo "as matérias-primas que suprirão o trabalho das máquinas, os utensílios e os equipamentos industriais", além "do produto do trabalho requerido para transformar essas matérias-primas na forma procurada". A partir do momento em que Smith opõe esse capital fixo ao destinado à produção de meios diretos de subsistência, transforma perfeitamente o capital fixo no que Marx chamou de *constante*, isto é, naquela parte do capital que consiste em todos os meios de produção materiais em contraposição ao trabalho.
2. Há um capital circulante da sociedade. Eliminada, porém, a parte "fixa" (entenda-se constante), só resta a categoria dos meios de subsistência, que não constituem para a sociedade capital algum, mas renda líquida, fundo de consumo.
3. O capital e a renda líquida dos indivíduos não coincidem com o capital e a renda líquida da sociedade. O que para a sociedade só é capital fixo (entendendo-se constante), para os indivíduos não pode ser capital, mas renda, fundo de consumo, que se apresenta nas partes de valor do capital fixo, salários para os operários e lucros para os capitalistas. Ao contrário, o capital circulante dos indivíduos pode não ser para a sociedade capital, e sim renda, enquanto representa meios de subsistência.

4. O produto social anualmente elaborado não contém em seu valor nem um átomo de capital, mas se converte em três classes de renda: salários de trabalho, lucros do capital e renda da terra.

Aquele que quisesse, partindo dos fragmentos de ideias aqui mencionadas, apresentar o quadro da reprodução anual do capital social e seu mecanismo, logo desistiria disso. Como, porém, o capital social se renova constantemente, todos os anos, o consumo de todos é assegurado pela renda e, ao mesmo tempo, os indivíduos mantêm seus pontos de vista em relação ao capital e à renda, aparece então aqui a solução. É mister, no entanto, apresentar toda a confusão de ideias e a variedade de pontos de vista para dar consciência da enorme importância da contribuição de Marx para a solução do problema.

Comecemos com o último dogma de Smith, que por si só bastava para fazer com que fracassasse a economia política clássica no estudo do problema da reprodução. A raiz da bizarra representação de Smith, segundo a qual o valor do produto total da sociedade tinha que esgotar-se plenamente em salários, lucros e rendas da terra, encontra-se justamente em sua concepção científica da teoria do valor. O trabalho é a fonte de todo o valor. Considerada como valor, toda mercadoria é produto de trabalho e nada mais. Todo o trabalho, porém, realizado como trabalho assalariado – essa identificação do trabalho humano com o trabalho assalariado capitalista é justamente o aspecto clássico em Smith – é ao mesmo tempo substituição dos salários pagos e excedente de trabalho não pago, que constitui um lucro para os capitalistas e uma renda para os proprietários. O que é certo em relação a cada mercadoria há de sê-lo também para a totalidade. A provisão total de mercadorias anualmente produzida pela sociedade (não é, como valor, mais que o produto do trabalho, tanto pago como não pago) divide-se, portanto, em salários, lucros e rendas. Sem dúvida, cada trabalho necessita, além disso, de matérias-primas, instrumentos etc. Essas matérias-primas e esses instrumentos, entretanto, não são também mais que produtos de trabalho, em parte pago, em parte não pago. Por muito que retrocedamos, no valor ou preço de todas as mercadorias, não encontraremos nada que não seja puro trabalho humano. Mas todo trabalho se divide em uma parte que substitui os salários e em outra que vai chegar aos capitalistas e proprietários territoriais. Não há mais que salários e lucros; mas, não obstante, há capital, capital dos indivíduos e capital da sociedade. Como sair dessa evidente contradição? O que prova que nos achamos diante de uma grande dificuldade teórica é o fato de que o próprio Marx se dedicou muito ao estudo do problema, sem adiantar nem encontrar uma solução, como é fácil observar em sua *Theorien über den Mehrwert* (Teorias sobre a mais-valia ou história das doutrinas econômicas). Conseguiu, porém, achar brilhantemente a solução, e isso baseado na sua teoria do valor. Smith tinha plena razão: o valor de todas as mercadorias em particular e de todas elas reunidas não representa mais que trabalho. Também tinha razão ao dizer: todo trabalho (do ponto de vista capitalista) divide-se em trabalho pago (que substitui os salários) e trabalho não pago (que vai como mais-valia para as diversas classes proprietárias dos meios de produção). Mas esquecia, ou melhor, abordava superficialmente o fato de que o trabalho, com a propriedade de criar valor novo, possui também a de transferir o antigo valor, materializado nos meios de produção, às novas mercadorias produzidas com o seu auxílio. Uma jornada de trabalho de 10 horas não pode criar um valor superior a 10 horas, e essas 10 horas, do ponto de vista capitalista, se dividem em horas pagas e não pagas, em $v + m$. A mercadoria produzida, porém, nessas 10 horas representará um valor maior que o da jornada de 10 horas. Conterá, além disso, o valor da farinha de trigo, o desgaste do forno, dos locais de trabalho, combustíveis etc.; em suma, todos os meios de produção necessários à padaria. O valor da mercadoria só ficaria expresso plenamente em $v + m$ se o homem trabalhasse no ar, sem matérias-primas, sem instrumentos de trabalho, sem oficinas. Mas como todo trabalho material pressupõe algum meio de produção, por sua vez produto de um trabalho anterior, ele tem que transferir também ao novo produto esse trabalho anterior.

Não se trata aqui de um processo que só ocorre na produção capitalista, mas um dos princípios básicos em que se assenta o trabalho humano, com absoluta independência da forma histórica da sociedade. A operação com instrumentos de trabalho produzidos por ela mesma é o traço característico e fundamental da sociedade humana. O conceito de trabalho anterior, que precede ao novo e lhe serve de base de operação, expressa o enlace progressivo entre o homem e a natureza, a cadeia duradoura dos esforços sociais, cujo começo se perde na aurora das origens do homem e cujo término só pode chegar com o aniquilamento de toda a humanidade. Havemos, portanto, de falar de todo trabalho humano como realização por meios que são, igualmente, produto de um trabalho anterior. Por conseguinte, em todo produto encontra-se não só o trabalho vivo, presente, que lhe dá a sua última forma, mas também o anterior, incorporado à matéria e que o instrumento lhe transfere. Na produção do valor, isto é, na produção de mercadorias, à qual pertence também a produção capitalista, esse fenômeno não desaparece, mas adquire uma forma específica. Manifesta-se no duplo caráter do trabalho produtor de mercadorias, que, de um lado, como trabalho útil, concreto, de certo gênero, cria o objeto útil, o valor de uso; e, de outro, como trabalho abstrato, geral, socialmente necessário, cria valor. Em sua primeira condição, faz o que o trabalho humano sempre fez; incorporar ao novo produto o trabalho anterior, que se encontra nos meios de produção utilizados, com a diferença de que esse trabalho anterior aparece agora como valor, como valor antigo. Em sua segunda condição, cria novo valor, que, no sistema capitalista, se divide em trabalho pago e não pago, $v + m$. Assim, pois, o valor de toda mercadoria deve conter tanto valor antigo – que o trabalho em sua condição de trabalho útil, concreto, transfere dos meios de produção à mercadoria – como valor novo que o mesmo trabalho, em sua condição de socialmente necessário, cria, ao consumir-se, materializado no produto.

Smith não podia fazer essa distinção, porque não diferenciava esse duplo caráter do trabalho em sua função criadora de valor; Marx, numa passagem, crê, inclusive, que nesse erro fundamental da teoria do valor, apresentada por Smith, encontra-se a origem de seu estranho dogma, segundo o qual todo valor se esgota em $v + m$.[1] A não distinção entre ambos os aspectos do trabalho produtor de mercadorias, o concreto, útil, e o abstrato, socialmente necessário, constitui, com efeito, uma das notas mais relevantes, não só da teoria do valor de Smith, mas de toda a escola clássica.

Sem preocupar-se com as consequências sociais que pudessem resultar, a economia clássica reconheceu que o trabalho humano era o único agente criador de valor e elaborou essa teoria até o grau de clareza com que se nos apresenta em Ricardo. Mas a diferença essencial entre a teoria do valor de Ricardo e a de Marx – diferença que não só os economistas burgueses não perceberam, mas também a maioria dos popularizadores da doutrina passa por alto – está em que Ricardo, de acordo com sua concepção geral da economia à maneira do direito natural, acreditava que a criação de valor era também uma qualidade natural do trabalho humano, do trabalho concreto do indivíduo.

Essa concepção se evidencia de modo mais patente ainda em Smith, que, por exemplo, considera "o instinto de troca" uma particularidade da natureza humana, depois de havê-la procurado em vão entre os animais, entre os cães etc.

Além do mais, Smith, ainda que duvide da existência do "instinto de troca" nos animais, reconhece no trabalho animal a propriedade de criar

---

[1] *Das Kapital*, v. II, p. 351.

valor da mesma forma que o trabalho humano, particularmente ali onde ocasionalmente reincide na concepção fisiocrática.

> Nenhum outro capital da mesma grandeza põe em movimento uma quantidade maior de trabalho produtivo que o do lavrador. Não só seus empregados, mas também seus animais de trabalho são trabalhadores produtivos. Segundo esse ponto de vista, os homens e os animais empregados no trabalho agrícola não só reproduzem, como os operários de fábricas, um valor igual ao seu próprio consumo ou ao dos capitais empregados, juntamente com o lucro do capitalista, mas um valor muito maior. Além do capital do colono e do seu lucro, reproduzem também, regularmente, a renda da terra.[2]

Aqui se revela de modo patente que Smith considerava a criação do valor uma qualidade fisiológica do trabalho, uma expressão do organismo animal do homem. Como a aranha tira do seu corpo a teia, o operário cria valor. O trabalhador, que cria objetos úteis, é, por natureza, produtor de mercadorias; do mesmo modo a sociedade humana descansa por natureza na troca, sendo a produção de mercadorias a forma econômica normal do homem.

Só Marx reconheceu no valor uma relação social particular, produzida sob determinadas condições históricas, chegando assim a distinguir os dois aspectos do trabalho produtor de mercadorias: o concreto, individual, e o trabalho social indiferenciado, com cuja distinção a chave do enigma aparece numa claridade deslumbrante.

Para discernir *estaticamente*, no centro da economia burguesa, o duplo caráter do trabalho, e distinguir o homem trabalhador do produtor de mercadorias, criador de valor, necessitava Marx, antes, distinguir *dinamicamente*, na sucessão histórica, o produtor de mercadorias do homem de trabalho em geral, isto é, reconhecer a produção de mercadorias

---

2 A. Smith, *op. cit.*, v. 1, p. 376.

simplesmente como forma histórica determinada da produção social. Numa palavra, para decifrar o hieróglifo da economia capitalista, Marx teve que abordar a investigação em direção oposta à que seguiram os clássicos, partindo não da crença de que a forma de produção burguesa era o normal humano, mas do convencimento de que se tratava de algo historicamente perecível; teve que transformar a indagação metafísica dos clássicos no seu contrário: a dialética.[3]

Com isso se compreende que para Smith era impossível distinguir claramente os dois aspectos do trabalho criador de valor, que, de um lado, transfere ao produto novo o valor materializado nos meios de produção, e, de outro, cria um valor novo. Parece-nos, não obstante, que seu dogma, segundo o qual o valor total se esgota na fórmula $v + m$, procede, além disso, de outra fonte. Não se pode supor que Smith perdeu de vista o fato de que toda mercadoria produzida contém não só o valor criado em sua produção imediata, mas também o valor de todos os meios de produção empregados para fabricá-la. Precisamente ao enviar-nos, com sua redução do valor total a $v + m$, de um estado de produção a outro anterior, de Herodes a Pilatos, como diz Marx, demonstra que tem consciência plena do fato. O assombroso nele é unicamente que converte constantemente o antigo valor dos meios de produção em $v + m$, fazendo com que, finalmente, se esgote na fórmula todo o valor contido na mercadoria.

Assim, na passagem já citada a propósito do preço dos cereais, ele observa:

> No preço dos cereais, por exemplo, uma parte paga a renda da terra para o proprietário, outra, os salários ou o sustento dos operários e dos animais de trabalho, e a terceira, o lucro do colono. As três parecem esgotar, imediatamente ou em último lugar, o preço inteiro do cereal. Poder-se-ia quiçá considerar-se necessária uma

---

[3] Rosa Luxemburgo, *Die Neue Zeit*, XVIII, t. II, p. 184. Neste capítulo, Luxemburgo retomou parte do argumento que desenvolvera em seu artigo "De volta a Adam Smith", publicado em 1899 na revista teórica *Die Neue Zeit*. [N. da E.]

quarta parte para compensar o desgaste do gado e dos instrumentos de trabalho. Mas é preciso considerar que o preço de todos esses instrumentos está integrado também pelas mesmas três partes: 1ª) a renda da terra em que o cereal brotou; 2ª) o trabalho empregado nele; e 3ª) o lucro do colono que foi adiantado, tanto a renda da terra como os salários. Se o preço do cereal contém tanto o preço do cavalo como o de seu sustento, ele se converterá, mediata ou imediatamente, nos três elementos mencionados: renda da terra, trabalho e lucro do capital.

O que confundia Smith era, no nosso entender, o seguinte:

1. Todo trabalho se realiza com determinados meios de produção. O que, porém, num trabalho dado é meio de produção (matéria-prima, instrumentos etc.) é, por sua vez, produto de um trabalho anterior. Para o padeiro, a farinha é um meio de produção ao qual incorpora novo trabalho. Mas a própria farinha saiu do trabalho do moedor, no qual não era meio de produção e sim exatamente o mesmo que o pão é agora: produto. Nesse produto, o trigo era meio de produção, porém, se retrocedermos um grau mais, acharemos que, para o lavrador, o trigo não era meio de produção, mas produto. Não se pode encontrar nenhum meio de produção que contenha valor que não seja produto de um trabalho anterior.
2. No modo de produção que estudamos, todo capital empregado, desde o princípio até o fim, na produção de qualquer mercadoria, pode reduzir-se, em último lugar, a certa quantidade de trabalho materializado.
3. Assim, pois, o valor total das mercadorias, compreendendo todos os gastos de capital, reduz-se simplesmente a certa quantidade de trabalho. E o que rege para cada mercadoria deve reger também para a totalidade da massa de mercadorias produzidas anualmente pela sociedade: também seu valor total converte-se numa quantidade de trabalho realizado.

4. Todo trabalho realizado na forma capitalista decompõe-se em duas partes: trabalho pago, que substitui os salários, e trabalho não pago, que gera lucro e rendas, isto é, mais-valia. Todo trabalho realizado na forma capitalista corresponde à fórmula $v + m$.[4]

Todas as teses anteriores são perfeitamente exatas e irrefutáveis. O fato que Smith as compreenda assim prova o rigor de sua análise científica e seu progresso em relação aos fisiocratas na maneira de conceber o valor e a mais-valia. Só que, ao chegar à terceira tese, cometia ele, na conclusão, o grosseiro erro de sustentar que o valor total da massa de mercadorias produzidas anualmente se reduzia à quantidade de trabalho realizado no ano, enquanto em outras passagens mostra saber perfeitamente que o valor das mercadorias produzidas pela nação em um ano encerra, necessariamente, também o trabalho de anos anteriores, isto é, o trabalho materializado nos meios de produção consumidos.

E, sem dúvida, a conclusão tirada por Smith, das quatro teses perfeitamente exatas e anteriormente enunciadas, segundo a qual o valor total de cada mercadoria, como o da massa anual de mercadorias da sociedade, se esgota na fórmula $v + m$, tinha que ser completamente falsa. Smith identifica a tese verdadeira – todo o valor das mercadorias não expressa mais que trabalho social – com a falsa – todo valor não expressa mais que $v + m$. A fórmula $v + m$ expressa a ficção do trabalho sob condições econômicas capitalistas, sua dupla função de substituir, por um lado, o capital variável (salários) e criar, por outro, mais-valia para os capitalistas. O trabalho assalariado realiza essa função durante seu emprego pelos capitalistas e, ao realizar em dinheiro o valor da mercadoria, o capita-

---

[4] Aqui não consideramos que em Smith também se encontra a concepção inversa, segundo a qual o preço das mercadorias não se equaciona em $v + m$, e sim o valor das mercadorias converte-se nessa fórmula. Esse *quid pro quo* é mais importante pela teoria smithiana do valor no âmbito de nossa análise de sua fórmula $v.m$.

lista, ao mesmo tempo que recorre ao capital variável adiantado para os salários, guarda no seu bolso a mais-valia. Assim, pois, $v + m$ expressa a relação entre trabalhador assalariado e capitalista, uma relação que termina com a produção da mercadoria. Uma vez vendida a mercadoria e transformada em dinheiro pelos capitalistas, a relação $v + m$ se extingue sem deixar vestígio. Na mercadoria e no seu valor não se nota em que proporção seu valor foi criado pelo trabalho pago ou não pago. O único fato indiscutível é a circunstância de que a mercadoria contém certa quantidade de trabalho socialmente necessário, o que se evidencia na troca. Assim, pois, para a troca, como para o consumo da mercadoria, é completamente indiferente que o trabalho que representa se decomponha em $v + m$ ou não. Só sua quantidade de valor representa um papel na troca e só sua estrutura concreta representa um papel no consumo. A fórmula $v + m$ não faz mais que expressar, para dizê-lo assim, a relação íntima entre capital e trabalho. As coisas ocorrem de outro modo em relação à parte do capital empregado em meios de produção, ou seja, ao capital constante. O capitalista, além de trabalho assalariado, tem que adquirir meios de produção, porquanto em todo trabalho necessita de certas matérias-primas, instrumentos, instalações. O caráter capitalista, que possui também essa condição do processo produtivo, manifesta-se no fato de que esses meios de produção aparecem como c, como capital, isto é: 1º) como propriedade de uma pessoa distinta do trabalhador, separada da força de trabalho, como propriedade dos que não trabalham; 2º) como simples adiantamento, inversão de capital para criar mais-valia. O capital constante, c, só aparece aqui como base de $v + m$. Mas o capital constante expressa ainda algo mais, a função dos meios de produção no processo de trabalho humano, independentemente de toda forma histórico-social. Matérias-primas e instrumentos para o trabalho são necessários, na mesma medida, tanto para o habitante da Terra do Fogo, a fim de fabricar sua canoa familiar, quanto para os camponeses da Índia, a fim de lavrar suas terras, tanto para o felá egípcio, a fim de cultivar as suas, como para os construtores das pirâmides, tanto para o escravo grego, na pequena manufatura ateniense, quanto para o servo da gleba feudal e o moderno trabalhador assalariado. Os meios de produção, criados pelo trabalho humano, expressam o seu contato com a natureza e constituem, portanto, uma condição prévia geral, eterna, do processo produtivo. Assim, pois, a grandeza da fórmula $c + v + m$ traduz determinado papel dos meios de produção, que não cessa ao terminar o trabalho. Enquanto, tanto para a troca como para o consumo das mercadorias, é totalmente indiferente que resultem de trabalho pago ou não pago, de trabalho assalariado, de escravos, de servos ou de qualquer outro trabalho, para o consumo das mercadorias é de importância decisiva que sejam meios de produção ou artigos necessários à vida. O fato de que para produção de certa máquina se empregue trabalho pago e não pago só importa para o fabricante da máquina e de seus operários; para a sociedade que adquire a máquina através de troca só importa sua qualidade de meio de produção, sua função no processo produtivo. Nenhuma sociedade pode esquecer o importante papel dos meios de produção, como tampouco a necessidade de construir os meios de produção necessários ao período seguinte. E é só assim que a sociedade capitalista pode apossar-se todos os anos de sua produção de valor, segundo a fórmula $v + m;$ isto é, só assim é que se pode realizar a exploração do trabalho assalariado quando existe a quantidade de meios de produção necessários para formar o capital constante, como resultado do período de produção anterior. Smith ignorou essa relação específica de cada um dos períodos de produção com o seguinte, relação que constitui o elemento básico e fundamental do processo de reprodução na sociedade e consiste em que uma parte dos produtos de cada período se destina a criar meios de produção para o seguinte. Nos meios de produção não lhe interessava sua função específica, dentro do processo produtivo, mas tão só o fato de que era um produto do trabalho assalariado capitalista, como qualquer outra mercadoria. A função capitalista específica do trabalho assalariado, no processo de produção da mais-valia, ocultava-lhe totalmente o papel básico fundamental dos meios de produção no processo de trabalho. Sua visão, empanada pelos preconceitos burgueses, não penetrava na relação social particular entre trabalho assalariado e capital e na relação geral entre homem e natureza. Aqui parece achar-se a verdadeira origem do dogma de Adam Smith, segundo o qual o valor da produção social anual, em totalidade, converte-se na fórmula $v + m$. Smith esquecia que c, como membro da fórmula $c + v + m$, é a expressão necessária de um fato social básico: a exploração capitalista do trabalho assalariado.

Assim, pois, o valor de toda mercadoria há de expressar-se na fórmula: $c + v + m$. Pergunta-se agora em que sentido pode aplicar-se essa fórmula à totalidade das mercadorias de uma sociedade. Examinemos as dúvidas de Smith, particularmente no que se referem ao fato de que o capital fixo e circulante, assim como a renda do indivíduo, não coincide com as mesmas categorias do ponto de vista social; o que para uns é capital circulante não é para outros capital, mas renda, como, por exemplo, os adiantamentos para salário. Essa afirmação baseia-se num erro. Quando o capitalista paga os salários, não entrega capital variável, que passa às mãos dos operários, para transformar-se em renda, mas entrega a forma de valor de seu capital variável contra sua forma natural, a força de trabalho. O capital variável está sempre em poder do capitalista: primeiro, em forma de dinheiro, depois em forma do trabalho que comprou, mais tarde, na figura de uma parte do valor das mercadorias produzidas, para voltar a ele, finalmente, depois da transformação das mercadorias em dinheiro, mais o incremento. Por outro lado, o operário nunca chega a possuir o capital variável. Para ele, a força de trabalho nunca é capital, mas patrimônio (patrimônio para trabalhar, o único que possui). Quando a aliena, recebendo o dinheiro em forma de salário, esse dinheiro não é tampouco para ele capital, mas o preço da mercadoria que vendeu. Finalmente, o fato de que o operário compre gêneros alimentícios com os salários recebidos tem tão pouco a ver com a função que esse dinheiro desempenhou como capital variável nas mãos do capitalista, como o uso particular que faz cada vendedor com o dinheiro recebido pela mercadoria. Por conseguinte, não é o capital variável do capitalista o que se converte em renda do trabalhador, mas o preço da mercadoria vendida pelo operário, sua força de trabalho, enquanto o capital variável continua antes e depois em poder do capitalista e como tal funciona.

Tão falsa como essa é a ideia de que a renda (mais-valia) do capitalista, por exemplo, contida em máquinas ainda não vendidas, como sucede amiúde com seus fabricantes, é capital fixo para o comprador. O que constitui a renda do fabricante de máquinas não são as máquinas ou parte delas, mas sim a mais-valia nelas encerrada, isto é, o trabalho não pago de seus trabalhadores assalariados. Depois da venda da máquina, essa renda continua, como antes, em poder do fabricante de máquinas; não fez mais do que trocar sua aparência, transformando-se de máquina em dinheiro. Ao contrário, o comprador da máquina não adquire, pela compra, a propriedade de seu capital fixo. Ele já o tinha em seu poder sob a forma de certo capital monetário. Ao comprar a máquina, não fez mais do que dar a seu capital a figura material de que necessitava para fazê-lo funcionar produtivamente. Antes da venda da máquina, como depois dela, a renda (mais-valia) continua em poder do fabricante e o capital fixo em poder do outro, do comprador. Exatamente como no primeiro exemplo, o capital variável está sempre em poder do capitalista e a renda em poder do operário.

O que provocou a confusão de Smith e de todos os seus sucessores foi misturar na troca capitalista de mercadoria a forma de uso das mercadorias com suas relações de valor e, além disso, não separar os diversos movimentos da circulação de capital e das mercadorias, que se entrecruzam constantemente. O mesmo ato de troca de mercadorias pode ser visto, num aspecto, como circulação de capital e, em outro, como simples troca de mercadorias para satisfação das necessidades de consumo. A afirmação falsa – o que para um é capital, é para o outro renda e vice-versa – reduz-se, pois, à afirmação exata; o que para um é circulação de capital, para o outro é simples troca de mercadorias e vice-versa. Isso não faz mais que demonstrar a capacidade de transformação do capital, no seu curso, e o entrelaçamento de diversas esferas de interesses, no processo de troca social. Mas não anula a existência bem delimitada do capital, tanto na sua figura de capital constante como na de capital variável, em contraposição à renda.

E, não obstante, Smith, com a sua afirmação de que o capital e a renda de indivíduo não coincidem plenamente com essas categorias da sociedade, aproxima-se muito da verdade: mas para descobrir claramente o nexo necessitaria de mais alguns elos intermediários.

IV
O esquema marxista da reprodução simples

Consideremos a fórmula $c + v + m$ como expressão do produto social. Temos que vê-la simplesmente como uma construção teórica, como um esquema abstrato, ou esta fórmula possui um sentido real em sua aplicação na sociedade? Ela possui, por acaso, uma existência social objetiva?

O capital constante c foi apresentado pela primeira vez por Marx como categoria de significação fundamental. Mas o próprio Smith, que trabalha exclusivamente com as categorias de capital fixo e circulante, transforma de fato e inconscientemente o capital fixo num capital constante, isto é, define como tal não só os meios de produção cujo desgaste demora vários anos, mas também outros que anualmente se consomem inteiramente na produção.[1] Seu próprio dogma, segundo o qual o valor total se equaciona em $v + m$, e a argumentação empregada para demonstrá-lo levam-no a distinguir duas categorias das condições de produção, o trabalho vivo e todos os meios de produção inanimados. Por outro lado, quando, tirando-o dos capitais e rendas individuais, trata de construir o processo de reprodução social, só fica como capital "fixo", na realidade, o capital constante.

Cada capitalista individual emprega, na produção de suas mercadorias, certos meios de produção materiais: instalações, matérias-primas, equipamentos. Para a produção da totalidade das mercadorias é evidentemente necessária a totalidade dos meios de produção empregados

---

1 Nesta passagem, como nas seguintes, para simplificar, falamos sempre de produção anual, o que, na maioria dos casos, só pode aplicar-se à agricultura. A produção industrial e o giro do capital não necessitam coincidir com as passagens de ano.

pelos capitalistas individuais. A existência desses meios de produção na sociedade é um fato completamente real, ainda que existam na forma de capitais privados. Manifesta-se aqui a condição geral absoluta de toda produção social, qualquer que seja sua forma histórica. O que caracteriza a forma capitalista específica dessa produção é o fato de que os meios de produção materiais atuam como c, como capital, isto é, como propriedade dos que não trabalham, como polo oposto das forças de trabalho proletárias, como contrapartida do trabalho assalariado. O capital variável v é a soma dos salários pagos de fato na sociedade, durante a produção anual. Esse fato possui também uma existência objetiva, real, ainda quando se manifesta em número ilimitado de salários individuais. Em toda sociedade, o número dos operários empregados no processo produtivo e sua conservação anual constituem uma questão de importância fundamental. A forma capitalista específica dessa categoria como capital variável, v, quer dizer: 1) que os meios de subsistência se oferecem aos operários como salário, isto é, como preço de sua força de trabalho, que passa a ser propriedade do capitalista, de outros que não trabalham, mas possuem os meios de produção materiais; 2) que, embora apareça como soma de dinheiro, é simplesmente forma de valor dos meios de que os operários necessitam para sua subsistência. O v também expressa que os operários são "*livres*" – em duplo sentido: livres pessoalmente e *livres* de todos os meios de produção –, sendo a produção de mercadorias a forma geral de produção na sociedade de que se trata.

Finalmente, m – mais-valia – representa a soma total de todas as mais-valias obtidas pelos capitalistas individuais. Em toda sociedade, realiza-se o sobretrabalho, que existirá, por exemplo, inclusive na sociedade socialista. E isso em três sentidos: para manter os que não trabalham (incapazes para o trabalho, menores, velhos, inválidos, funcionários públicos e profissionais que não intervêm diretamente no processo de

O ESQUEMA MARXISTA DA REPRODUÇÃO SIMPLES

produção);[2] como reserva contra acidentes fortuitos, que põem em perigo o recolhimento anual da massa de produtos (más safras, incêndios, inundações), e, finalmente, como fundo acumulativo, para atender ao crescimento da população ou agravamento das necessidades. A forma capitalista apresenta-se de dois modos: 1) no fato de que o sobretrabalho se realiza como mais-valia, isto é, na forma de mercadoria realizável em dinheiro; 2) no fato de que aparece como propriedade de possuidores dos meios de produção que não trabalham.

Por último, os dois termos $v + m$ representam, igualmente, uma grandeza objetiva geralmente válida: a soma total do trabalho vivo executado pela sociedade no transcurso de um ano. Toda sociedade humana, qualquer que seja sua forma histórica, tem que se interessar por esse fato, tanto em relação aos resultados obtidos como em relação aos trabalhadores existentes e disponíveis em geral. Também a divisão em $v + m$ é algo geral, independente das formas históricas da sociedade. O caráter capitalista dessa divisão não só se manifesta nas particularidades qualitativas de ambos os elementos que já se realçaram, mas também em sua relação quantitativa, em que v mostra a tendência de cair para o mínimo fisiológico e social necessário à existência dos trabalhadores e em que m, por sua vez, tende a crescer à custa de v e em proporção com ele.

Finalmente, a última circunstância expressa a peculiaridade dominante da produção capitalista: o fato de que a criação e a apropriação da mais-valia constituem o verdadeiro fim e o impulso motriz dessa produção.

---

2 Numa sociedade regida de acordo com um plano e baseada na propriedade comum dos meios de produção, não é mister que a divisão entre o trabalho intelectual e o material esteja ligada a categorias particulares da população. Mas se manifestará constantemente na existência de certo número de pessoas que trabalham intelectualmente e necessitam ser sustentadas materialmente. Os indivíduos poderão revezar-se no exercício dessas diversas funções.

A ACUMULAÇÃO DO CAPITAL

Como se vê, as relações que servem de base à fórmula capitalista do produto total são geralmente válidas e, em toda forma econômica organizada segundo um plano, são objeto de uma organização consciente por parte da sociedade; seja pela totalidade dos trabalhadores, por intermédio de seus órgãos democráticos, numa sociedade comunista, seja pelos possuidores e seu poder despótico numa sociedade que se baseie na dominação de classe. Na forma de produção capitalista, não existe, essencialmente, uma regularização planificada. A totalidade dos capitais e das mercadorias da sociedade consiste realmente numa soma de incontáveis capitais e mercadorias individuais disseminadas.

Assim, resta saber se essas somas implicam, na sociedade capitalista, algo mais que um mero agregado estatístico, inexato e oscilante. Porém, do ponto de vista de toda a sociedade, vê-se que a existência individual, completamente autônoma e independente, das empresas capitalistas privadas é simplesmente a forma historicamente condicionada, enquanto o vínculo social é a base. Embora os capitais individuais atuem com plena independência e falta total de uma regularização social, o movimento de todos os capitais realiza-se como um todo unitário. Também esse movimento total manifesta-se em formas especificamente capitalistas. Enquanto em toda forma de produção organizada de acordo com um plano, a regularização se refere, antes de tudo, à relação entre o trabalho total, realizado e a realizar, e os meios de produção (nos termos de nossa fórmula: entre $[v + m]$ e c), ou entre a soma dos meios de subsistência necessários e os meios de produção necessários, no regime capitalista, o trabalho social necessário à conservação dos meios de produção inanimados, assim como o trabalho vivo, representa capital, ao qual se contrapõe a mais-valia realizada, m. O vínculo entre essas duas grandezas m e $(c + v)$ é uma proporção real, objetiva, tangível, da sociedade capitalista, é a sua cota média de lucro, que corresponde a cada capital privado como

O ESQUEMA MARXISTA DA REPRODUÇÃO SIMPLES

parte de um todo comum, o capital social, que consigna o lucro, como parte que lhe corresponde, por sua grandeza, da mais-valia total criada pela sociedade, sem considerar a quantidade de fato conseguida por ele. Por conseguinte, o capital social e sua contrapartida, a mais-valia social, não constituem somente grandezas reais de existência objetiva, mas a sua relação, o lucro médio, é que dirige e guia – por meio do mecanismo da lei do valor – a troca inteira, isto é, as relações quantitativas de troca dos diversos tipos de mercadoria, independentemente de suas relações de valor. E rege, por sua vez, o lucro médio: a divisão social do trabalho, isto é, o reparte de proporções correspondentes de capital e trabalho entre esferas produtivas individuais e o desenvolvimento da produtividade do trabalho, estimulando, por um lado, os capitais individuais e incitando-os a aumentar a exploração, a fim de superar para si o nível do lucro médio e, por outro, incorporando os progressos conseguidos pelo indivíduo à produção total etc. Em uma palavra: o capital social domina, completamente, por meio da cota média de lucro, os movimentos aparentemente independentes dos capitais individuais.[3]

Assim, pois, a fórmula $c + v + m$ não só se acomoda à composição de valor de cada mercadoria individual, mas também à totalidade das mercadorias produzidas numa sociedade capitalista. Mas isso se refere tão somente à relação de valor. Mais além acaba a analogia.

A mencionada fórmula é completamente exata quando queremos analisar em seus elementos o produto total de uma sociedade que produz

---

[3] "Quando se trata de considerar as coisas do ponto de vista social, isto é, quando se considera o produto social, que compreende tanto a reprodução do capital social como o consumo individual, deve-se evitar o erro de Proudhon, na sua servil imitação da economia burguesa, ao aceitar que a sociedade capitalista, considerada em bloco, como totalidade, perde por isso seu caráter específico, econômico-histórico; quando, pelo contrário, temos nesse caso que tomá-la como capitalista total. O capital total aparece como o capital por ações de todos os capitalistas individuais. E essa sociedade por ações tem de comum com muitas outras sociedades por ações que todo mundo sabe o que investe nelas, mas não o que retira." (*Das Kapital*, v. II, p. 409.)

em forma capitalista, como produto do trabalho de um ano; c mostra-nos que quantidade de trabalho realizado anteriormente entra, sob a figura de meios de produção, no produto desse ano; $v + m$ designa a parte do produto criada exclusivamente no último ano pelo novo trabalho; finalmente, a relação entre v e m indica a repartição da quantidade anual de trabalho social entre os operários e os que não trabalham. Essa análise é exata e decisiva também para a reprodução do capital individual, sem consideração alguma com a figura material do produto por ele criado. Entre os capitalistas da indústria de maquinaria, o c como o v e o m reaparecem indistintamente na figura de máquinas e acessórios. No ramo açucareiro, c, v e m saem do processo com a forma de açúcar. Quando se trata de proprietários de um circo, apresentam-se nos encantos corporais das bailarinas e dos palhaços. Diferenciam-se entre si, no produto indistinto, só como suas alíquotas de valor. E isso basta perfeitamente para a reprodução do capital individual. Pois a reprodução do capital individual começa com a figura do capital, seu ponto de partida é certa soma de dinheiro, que brota da realização do produto elaborado. A fórmula $c + v + m$ é a base para a distribuição daquela soma de dinheiro em uma parte destinada à compra de meios de produção materiais, em outra, à compra de trabalho, e em uma terceira, ao consumo pessoal do capitalista, no caso de que, como supomos, se realize a reprodução simples; ou, em parte, ao consumo pessoal e, em parte, ao incremento do capital, caso se tratasse de uma reprodução acumulativa. Compreende-se que para iniciar a reprodução de fato é preciso ir ao mercado, a fim de adquirir os materiais de produção, com o capital assim dividido: matérias-primas, equipamentos etc., assim como trabalhadores. Logo que o capitalista individual encontre efetivamente, no mercado, os meios de produção e os trabalhadores de que necessita para seu negócio, isso parece tão obrigatório ao capitalista individual como ao seu ideólogo científico, o economista vulgar.

O ESQUEMA MARXISTA DA REPRODUÇÃO SIMPLES

Outra coisa acontece com a produção total social. Do ponto de vista social, a troca de mercadorias só pode efetuar a mutação unilateral das diversas partes do produto total, mas não pode alterar sua composição objetiva. Mesmo antes e depois dessa mutação, a reprodução de capital total só pode ter lugar quando, no produto total, saído do último processo produtivo, se encontrem: 1) meios de produção suficientes; 2) meios de subsistência em quantidade para a sustentação do número anterior de operários; 3) *last not least,* os meios necessários para o sustento da classe capitalista conforme o seu estado.

Aqui passamos a uma nova esfera; passamos de puras relações de valor a aspectos materiais da questão. O que importa agora é a figura que adota, no consumo, o produto total social. O que para os capitalistas individuais é completamente indiferente, para a totalidade dos capitalistas é motivo de sérios cuidados. Entretanto, ao capitalista individual é, em absoluto, indiferente que a mercadoria por ele produzida seja máquina, açúcar, adubo químico ou jornal liberal, sempre que consiga o retorno do seu capital, junto com a mais-valia. À totalidade dos capitalistas importa, extraordinariamente, que seu produto total tenha uma figura de consumo determinado, que nesse produto total se encontrem três coisas: meios de produção para a repetição do processo de trabalho, meios de subsistência simples para a sustentação da classe operária e meios de subsistência de qualidade, com o luxo necessário, para a sustentação da totalidade dos capitalistas. Mais ainda: a necessidade, nesse sentido, não é algo geral e vago, mas se acha determinada, quantitativamente, com plena exatidão. Se perguntamos qual será a quantidade dos artigos, dessas três categorias, de que necessita a totalidade dos capitalistas, obtemos um cálculo exato – supondo sempre a reprodução simples, que tomamos como ponto de partida – na composição de valor do produto total do ano útil. A fórmula $c + v + m$, que até agora tomamos, tanto para o capital total como para o capital individual, como simples divisão quantitativa do valor total, isto é, da quantidade de trabalho encerrada no produto anual da sociedade, aparece agora, também, como base da divisão material do produto. É evidente que, para realizar a reprodução com a mesma amplitude, o capitalista total há de achar, em seu novo produto total, tantos meios de produção correspondentes à grandeza c, tantos meios de subsistência simples, para os operários, que correspondam à soma de salários v e tantos meios de subsistência de qualidade superior que correspondam à grandeza m. A composição de valor do produto social anual traduz-se na figura material desse produto da seguinte maneira: o c total da sociedade deve reaparecer sob a forma de determinada quantidade de meios de produção, o v, de meios de subsistência para os operários, e o m, de artigos de consumo para os capitalistas, a fim de que seja possível a reprodução simples.

Aqui chegamos a uma diferença tangível entre o capitalista individual e o conjunto dos capitalistas. O primeiro reproduz sempre seu capital variável e constante e a mais-valia: 1) aparecendo as três partes no produto unitário da mesma forma material; 2) numa forma completamente diferente, cuja estrutura varia em cada capitalista individual. O conjunto dos capitalistas reproduz cada parte de valor do seu produto anual numa forma material diferente: c, como meios de produção, v, como meios de subsistência dos trabalhadores, e m, como artigos de consumo para os capitalistas. Vimos que para a reprodução do capital individual só eram decisivas as relações de valor, pressupondo-se condições materiais da troca de mercadorias. Para a reprodução do capital social, unem-se relações de valor às considerações materiais. Além disso, é claro que o capital individual só pode atender a pontos de vista de puro valor, sem ocupar-se das condições materiais, enquanto o capital social, inversamente, leva em conta o aspecto material da questão. Se o c total da sociedade não se reproduz, anualmente, na forma da mesma massa de meios de produção, seria inútil que o capitalista individual viesse ao mercado com seu c realizado em dinheiro; não acharia as condições materiais

O ESQUEMA MARXISTA DA REPRODUÇÃO SIMPLES

necessárias para sua reprodução individual. Portanto, do ponto de vista da reprodução, não salvamos a situação com a fórmula geral $c + v + m$ para o capital social, o que, por sua vez, constitui uma prova de que o conceito de reprodução é objetivo e algo mais que uma mera descrição superficial do conceito de produção. Devemos, pois, fazer distinções de caráter material e, em vez de considerar o capital social como um todo unitário, representá-lo em suas três subdivisões fundamentais ou, para simplificar, e como isso teoricamente não produz, momentaneamente, prejuízo algum, em duas divisões: como produção de meios de produção e como produção de meios de subsistência para trabalhadores e capitalistas. Deve-se considerar cada uma dessas divisões, separadamente, sem faltar em nenhuma delas as condições fundamentais da produção capitalista. Mas, ao mesmo tempo, do ponto de vista da reprodução, temos que ressaltar o vínculo que une ambas as divisões. Pois, somente consideradas em suas relações recíprocas é que se apreendem as bases da reprodução do capital social em conjunto.

Assim, pois, na exposição do capital social e seu produto total verifica-se certa modificação, se partimos do capital individual. Quantitativamente, como grandeza de valor, o c da sociedade compõe-se exatamente da soma dos capitais individuais constantes, e se refere, de igual modo, às outras duas cifras v e m. Mas sua forma de manifestação se modifica. Enquanto o c dos capitais individuais reaparece, depois do processo de produção, como partícula de valor de um infinito e heterogêneo número de objetos de consumo, no produto total aparece, para dizer assim, concentrado numa determinada massa de meios de produção. E igualmente v e m, que nos capitais individuais reaparecem como parte integrante da mais heterogênea massa de mercadorias, no produto total aparecem concentrados em quantidades correspondentes de meios de subsistência para trabalhadores e capitalistas. Esse é também um fato com o qual esteve a ponto de tropeçar Smith, em suas considerações sobre a não congruência

A ACUMULAÇÃO DO CAPITAL

das categorias de capital fixo, capital circulante e renda nos capitalistas individuais e na sociedade.

Chegamos assim aos seguintes resultados:

1. A produção total da sociedade pode expressar-se, como a do capitalista individual, na fórmula $c + v + m$.
2. A produção social divide-se em dois setores: meios de produção e subsistência.
3. Ambos os setores são objeto de uma exploração capitalista, isto é, baseiam-se na produção de mais-valia e, portanto, a fórmula $c + v + m$ pode aplicar-se também a cada um deles.
4. Ambas as seções acham-se em mútua dependência e, portanto, haverá entre elas determinadas relações de quantidade. Uma delas elabora todos os meios de produção dos dois setores, e a outra, todos os meios de subsistência para os trabalhadores e capitalistas de ambos.

Partindo desses pontos de vista, Marx constrói a fórmula seguinte da reprodução capitalista:[4]

I. $4.000\ c + 1.000\ v + 1.000\ m = 6.000$ meios de produção
II. $2.000\ c +\ \ \ 500\ v +\ \ \ 500\ m = 3.000$ meios de consumo

Os números dessas fórmulas expressam grandezas de valor, isto é, quantidades de dinheiro, que, em si mesmas, são arbitrárias e cujas proporções, porém, são exatas. As duas divisões distinguem-se pela figura que adota o uso das mercadorias. Sua circulação respectiva realiza-se do seguinte modo: a I divisão provê meios de produção para toda a produção, isto é, tanto para si como para a II; daqui já se infere que, para a reprodução

---

4 *Das Kapital*, p. 371.

processar-se normalmente (supõe-se sempre que se trata da reprodução simples – nas antigas dimensões), o produto total da primeira divisão (6.000 I) deve ser igual, em valor, à soma dos capitais constantes de ambas as divisões (I 4.000 c + II 2.000 c). De modo análogo, a segunda divisão provê meios de subsistência para a sociedade inteira, isto é, tanto para os próprios trabalhadores como para os da primeira divisão. Daqui também se infere que, para o consumo e a produção normais e para a sua renovação nas dimensões anteriores, é necessário que a quantidade total de meios de subsistência proporcionada pela segunda divisão seja igual, em valor, à importância das rendas de todos os operários empregados e capitalistas da sociedade (nesse caso, 3.000 II = [1.000 v + 1.000 m] I + [500 v + 500 m] II).

Na realidade, não fizemos aqui mais que expressar, em relações de valor, o que constitui a base não somente da reprodução capitalista, mas da reprodução de toda a sociedade. Em toda sociedade produtora, qualquer que seja sua forma social – nas primitivas comunidades dos Bacairis[5] do Brasil, no grande *oikos* com escravos de Timon de Atenas ou nos domínios feudais do império de Carlos Magno[6] – a quantidade de trabalho disponível da sociedade deverá distribuir-se de tal modo que se produzam, em número suficiente, tanto meios de produção como de subsistência. E os primeiros deverão atender tanto à produção direta de meios de subsistência como à substituição futura dos mesmos meios de produção; e quanto aos meios de subsistência, deverão ser em quantidade suficiente para o sustento dos operários, ocupados em sua fabricação e na dos meios de produção, e também para o sustento de

---

5 Os Bacairi são um povo indígena do estado de Mato Grosso. Rosa Luxemburgo soube de sua existência através de sua leitura do etnólogo alemão Karl von den Steinen (1855-1929), cujo trabalho a autora cita em *Introdução à economia política*. [N. da E.]

6 A organização da economia do Império de Carlos Magno foi analisada por Luxemburgo no primeiro capítulo de *Introdução à economia política*. [N. da E.]

todos os não trabalhadores. Nesse sentido, o esquema de Marx dá em toda a sua amplitude a base geral, absoluta, da reprodução social, aparecendo aqui o trabalho socialmente necessário como valor, os meios de produção como capital constante, o trabalho necessário para o sustento dos operários como capital variável e o necessário para o sustento dos não trabalhadores como mais-valia.

Mas, na sociedade capitalista, a circulação entre as duas grandes divisões descansa sobre a troca de mercadorias, sobre a troca de equivalentes. Os operários e os capitalistas da seção I só podem receber da seção II tantos meios de subsistência como os que podem fornecer seus meios de produção. A demanda de meios de produção da seção II, porém, se mede pela grandeza de seu capital constante. Conclui-se aqui, pois, que a soma do capital variável e da mais-valia, na produção dos meios de produção (nesse caso $1.000\ v + 1.000\ m$ I), deve ser igual ao capital constante na produção dos meios de subsistência.

Deve-se acrescentar ainda uma advertência substancial ao que foi anteriormente exposto. O capital constante, que figura em suas duas divisões, não é, na realidade, mais que uma parte do capital constante empregado pela sociedade. Este se divide em capital fixo – instalações, instrumentos, animais de trabalho – que atua em vários períodos da produção, mas só entra em cada um deles no produto com uma parte de seu valor – em relação com seu desgaste – e capital circulante – matérias-primas, matérias auxiliares, combustíveis e iluminação – que em cada período de produção entra no novo produto com todo o seu valor. Para a reprodução só conta a parte dos meios de produção que entram, realmente, na criação de valor; deve-se levar em conta a parte restante do capital fixo, que permanece fora do produto e continua atuando, mas não pode incorporar-se a uma exposição exata da circulação social, sem prejudicá-la. Isso se pode provar facilmente.

O ESQUEMA MARXISTA DA REPRODUÇÃO SIMPLES

Suponhamos que o capital constante 6.000 *c* da I e II divisões, que entra de fato no produto anual, se compõe de 1.500 *c* capital fixo e de 4.500 *c* capital circulante, representando os 1.500 *c* fixo o desgaste anual dos edifícios, máquinas, animais de trabalho etc. Suponhamos que esse desgaste anual seja igual a 10% do valor total do capital fixo de ambas as seções. Teríamos então, nas duas divisões, 15.000 *c* de capital fixo + 4.500 *c* de capital circulante e, portanto, o capital total social seria 19.500 *c* + 1.500 *v*. Mas o capital fixo, cuja duração (com um desgaste anual de 10%) é de dez anos, deverá ser substituído depois que esses anos transcorrerem. Entretanto, cada ano passa à produção social uma décima parte de seu valor. Se o capital total fixo da sociedade se desgastasse na mesma proporção e tivesse a mesma duração, nesse exemplo haveria de renovar-se totalmente a cada dez anos. Mas não é esse o caso. As distintas formas de consumo determinam que partes desse capital fixo durem menos ou mais e que o desgaste e a duração sejam completamente distintos para os diversos integrantes do capital fixo. Resulta assim que tampouco é necessário, de modo algum, renovar o capital fixo em sua figura concreta, em sua totalidade. Mas continuamente, em distintos pontos da produção social, verifica-se uma substituição de partes do capital fixo, enquanto outras partes continuam atuando na sua antiga forma. Por conseguinte, o desgaste de 10% do capital fixo, suposto em nosso exemplo, não significa que, em cada dez anos, se verifique de uma vez a reprodução do capital fixo, pelo valor de 15.000 *c*, mas que, anualmente, em média se realizam a renovação e a substituição de uma parte do capital social, que corresponde à décima parte do valor desse capital. Isto é, na divisão I, que cobrirá a totalidade dos meios de produção utilizados pela sociedade, será possível verificar, anualmente, junto com a reprodução de todas as matérias-primas e complementos etc., do capital circulante, pelo valor de 4.500, a fabricação de objetos de uso de capital fixo, a saber, instalações, máquinas etc., no valor de 1.500, que corresponde ao desgaste efetivo do referido capital; em resumo, o total 6.000 *c*, que figura no esquema. Se a divisão primeira continua renovando assim, anualmente, uma décima parte do capital fixo, vê-se que em cada dez anos se substitui o capital fixo inteiro da sociedade e que, portanto, no esquema, se levou perfeitamente em conta também a reprodução daquela de suas partes que deixamos de lado quanto a seu valor.

Na prática, esse processo se manifesta no fato de que cada capitalista, uma vez vendidas as mercadorias, retira, de sua produção anual para amortização de capital fixo, certa quantidade de dinheiro. Essas diversas quantidades anuais alcançarão uma cifra de certa importância para que o capitalista renove, com efeito, seu capital fixo, isto é, substitua-o por outros exemplares de maior rendimento. Mas essa atividade alternativa, em que por um lado se separam, anualmente, quantidades de dinheiro para renovação do capital fixo e, por outra, se aplica, periodicamente, a soma acumulada para a renovação efetiva, não coincide entre vários capitalistas individuais, de modo que, quando uns ainda estão acumulando, outros já realizaram a substituição. Assim se verifica cada ano a renovação de uma parte do capital fixo. A forma monetária do processo não faz, nesse caso, mais que mascarar o processo real que caracteriza a reprodução do capital fixo.

E isso é perfeitamente explicável quando analisado detidamente. O capital fixo intervém sem disputa no processo de produção em sua totalidade, mas só como massa de objetos de uso. Edifícios, máquinas, animais de trabalho utilizam-se no processo de trabalho em toda a sua materialidade. Do mesmo modo, na produção de valor – e nisso consiste justamente sua peculiaridade como capital fixo – só entram com uma parte de seu valor. Como no processo da reprodução (supondo a reprodução simples) somente importa substituir os valores consumidos de fato, tanto em meios de subsistência quanto em meios de produção, repondo-os em sua forma natural, o capital fixo só importa para a re-

O ESQUEMA MARXISTA DA REPRODUÇÃO SIMPLES

produção na medida em que entre nas mercadorias produzidas. O resto do valor incorporado na totalidade do capital fixo tem uma importância decisiva para a produção como processo de trabalho, mas não existe para a reprodução anual da sociedade como processo de capitalização.

Além do mais, o processo, que aqui se apresenta em proporções de valor, aplica-se exatamente a qualquer outra sociedade que não produza para o mercado. Se, por exemplo, para a construção do famoso lago Méris, junto com os canais do Nilo que o complementam no Antigo Egito, aquele lago maravilhoso a que Heródoto se refere, "feito com as mãos", foi necessário, digamos, um trabalho de mil felás, durante dez anos; e se, para a conservação da maior obra hidráulica do mundo, se precisava do trabalho de outros cem felás (já se compreende que as cifras são arbitrárias), cabe dizer que a represa de Méris, com seus canais, reproduzia-se a cada cem anos, sem que, na realidade, a sua construção se fizesse, de uma só vez, em cada século. E isso é tão certo que, com as alternativas tormentosas da história política e das invasões estrangeiras, sobrevinha o habitual abandono das antigas obras de cultura, como, por exemplo, se observa, inclusive, na Índia inglesa. Quando desapareceu o sentido da necessidade de manter a antiga cultura, arruinou-se também com o tempo o lago Méris, com água, diques e canais, com as duas pirâmides no centro, o colosso sobre elas e outras maravilhas, sem deixar vestígio algum, como se não houvesse nunca existido. Dez linhas em Heródoto, mancha no mapa do mundo de Ptolomeu e reminiscências de antigas culturas e grandes povos e cidades só atestam que um dia brotou vida abundante da grandiosa obra hidráulica, ali onde se estendem desertos de areia na Líbia interior ou pantanais abandonados ao largo da costa.

Somente num caso poderia parecer-nos insuficiente ou com lacunas o esquema marxista da reprodução simples, do ponto de vista do capital fixo. E o é, se retroagirmos ao período de produção em que foi criado o capital fixo total. Com efeito, a sociedade possui mais trabalho realizado que a parte do capital fixo que entra no valor do produto anual e é substituído. Nos números de nosso exemplo, o capital social não equivale a 6.000 *c* + 1.500 *v*, como no esquema, mas a 19.500 *c* + 1.500 *v*. Certamente, no capital fixo, que, segundo supomos, ascende a 15.000 *c*, se reproduzem por ano 1.500 *c*, na forma de meios de produção correspondentes. Outro tanto, porém, é consumido também, anualmente, na mesma produção. Aos dez anos, sem dúvida, renovar-se-á, absolutamente, todo o capital fixo como uma soma de objetos. Mas, aos dez anos, como dentro de cada ano, a sociedade possui um capital fixo de 1.500 *c*, enquanto só produz, anualmente, 1.500 *c*. Ou seja, possui um capital constante total de 19.500, mas que somente produz 6.000 *c*. Esse excedente de 13.500 de capital fixo, evidentemente, será produzido com seu trabalho; possui mais trabalho anterior acumulado que o resultante de nosso esquema da reprodução. Toda a jornada de trabalho anual social apoia-se, como se fosse sua base, numa jornada de trabalho anual previamente acumulada. Mas essa questão a propósito do trabalho anterior, a base de todo o trabalho atual, leva-nos ao "começo de todos os começos" que rege a evolução econômica do homem, como a evolução natural da matéria. O esquema da reprodução não quer nem deve representar o momento inicial, o processo social em *statu nascendi*, mas um aspecto de seu desenvolvimento, um anel na infinita cadeia da existência. O trabalho anterior é sempre a condição do processo social da reprodução, por mais remota que seja a época. Assim como não tem fim, o trabalho social tampouco tem começo. O princípio das bases do processo de reprodução perde-se naquele crepúsculo legendário da história da civilização onde também se some a história do lago de Heródoto. Com o progresso técnico, o desenvolvimento da cultura transforma os meios de produção: paleolíticos toscos cedem lugar a instrumentos polidos; ferramentas de pedra elegantes a utensílios de bronze e ferro; instrumentos manuais a máquinas a vapor. Mas em meio de toda a mudança na forma dos meios de produção e nas formas sociais do processo produtivo, a sociedade possui, constantemente, certa quantidade de trabalho anterior materializado que serve de fundamento para a reprodução anual.

No modo de produção capitalista, o trabalho anterior acumulado nos meios de produção toma a forma de capital e, ao indagar as origens do trabalho anterior, que constitui o fundamento do processo reprodutivo, vemo-nos obrigados a indagar a gênese do capital. Esta é muito menos legendária que a do capital da chamada acumulação primitiva: acha-se registrada na história moderna com caracteres sangrentos. Mas o fato de que não podemos representar a reprodução simples de outra maneira senão sob o pressuposto do trabalho anterior acumulado, que excede a massa de trabalho produzida anualmente para a manutenção da sociedade, toca o ponto débil da reprodução simples e prova que é mera ficção não só para a produção capitalista, mas também para o progresso da cultura em geral. Para representarmos exatamente essa ficção – no esquema – temos que aceitar, como condição, os resultados de um processo produtivo anterior, impossível de limitar-se à reprodução simples e que melhor se achava encaminhado para a reprodução ampliada. Para explicar esse fato com um exemplo, podemos comparar o capital fixo total da sociedade com uma ferrovia. A duração e também o desgaste anual das diversas partes da ferrovia variam muito. Algumas partes, como viadutos e túneis, podem durar séculos, as locomotivas, decênios, o resto do material rodado será consumido em prazos muito breves, uma parte dele em poucos meses. Resulta, sem dúvida, certo desgaste médio que será, digamos, de trinta anos e que, portanto, anualmente supõe a perda de 1/30 do total. Assim, pois, essa perda de valor se substitui, constantemente, pela reprodução parcial da ferrovia (que pode figurar no capítulo de reparações), enquanto hoje se renova um vagão, amanhã, uma parte da locomotiva, depois de amanhã, um trecho de trilhos. Dessa maneira, ao fim de trinta anos (em nossa hipótese), a antiga ferrovia cede lugar a uma nova, rendendo à sociedade, um ano após outro, a mesma quantidade de trabalho e efetuando-se, portanto, a reprodução simples. Só assim é que se pode reproduzir simplesmente a ferrovia, mas não se produzir. Para utilizá-la e substituir lentamente seu desgaste gradual pelo uso, é preciso ter sido inteiramente construída alguma vez. Podem-se reparar trechos da ferrovia, mas não se pode utilizá-la fragmentariamente – hoje um eixo, amanhã um vagão. Pois é isso justamente o que caracteriza o capital fixo, o que entra constantemente como valor de uso, em cada momento, no processo de produção. Por conseguinte, para dar-lhe sua forma de uso, a sociedade tem que concentrar uma vez consideráveis quantidades de trabalho em sua construção. Tem que concentrar, em dois ou três anos, na construção da ferrovia – para empregar números de nosso exemplo – a massa de trabalho de trinta anos, igual à empregada nas reparações. Nesse período, portanto, tem que render uma quantidade de trabalho superior à média, isto é, tem que recorrer à reprodução ampliada, depois do que – construída a ferrovia – pode voltar à reprodução simples. Evidentemente não é preciso que o capital fixo total, empregado em cada caso pela sociedade, seja produzido de uma vez. Os instrumentos de trabalho mais importantes, edifícios, meios de transportes, construções agrícolas etc., requerem, entretanto, para sua construção, um dispêndio de trabalho concentrado, que pode aplicar-se tanto à moderna ferrovia e ao aeroplano quanto à massa de pedra sem polimento e ao moinho manual. Do exposto, deduz-se que a reprodução simples, em si mesma, só se pode conceber alternando com a reprodução ampliada, o que não só está condicionado pelo crescimento da população em geral como também pela forma econômica do capital fixo ou dos meios de produção que, em toda sociedade, correspondem ao capital fixo.

Marx não se ocupa diretamente dessa contradição entre a forma do capital fixo e da reprodução simples. Faz ressaltar unicamente a necessidade de uma *superprodução* constante, isto é, de uma reprodução

O ESQUEMA MARXISTA DA REPRODUÇÃO SIMPLES

ampliada, em conexão com a taxa irregular de desgaste do capital fixo, que, em alguns anos, é maior, em outros, menor, e ocasionaria um déficit na reprodução, caso se praticasse rigorosamente a reprodução simples. Assim, pois, considera-se aqui a reprodução ampliada do ponto de vista do fundo de seguros da sociedade para o capital fixo e não do ponto de vista de sua produção em si.[7]

Numa conjuntura diversa, Marx confirma, conforme entendemos, de modo indireto, a assertiva acima formulada. Na análise da transformação da renda em capital, no volume II, 2ª parte das *Theorien über den Mehrwert* (Teorias sobre a mais-valia ou história das doutrinas econômicas), trata da singular reprodução do capital fixo, cuja renovação em si mesma já fornece um fundo de acumulação, e tira as seguintes conclusões:

> Mas aqui desejamos chegar ao seguinte: se o capital total, empregado na construção de máquinas, fosse bastante grande para substituir o desgaste anual da maquinaria, produziria muito mais máquinas do que anualmente se necessitam, pois o desgaste existe em parte apenas teoricamente e, em realidade, só há de substituir-se *in natura* ao fim de uma série de anos. Esse capital, assim empregado, fornece, anualmente, uma quantidade de maquinaria para novas aplicações de capital e se antecipa a elas. Por exemplo: durante esse ano, o fabricante de máquinas começa a sua produção. Durante o ano fornece 12 mil libras esterlinas de maquinaria. Assim, durante os onze anos seguintes, com reprodução simples da maquinaria produzida por ele, somente, teria que produzir um valor de mil libras esterlinas e, inclusive, essa produção anual não se consumiria anualmente. Ainda menos se emprega todo esse capital. Para que ele mantenha o seu curso e se limite a reproduzir-se, anualmente, de forma constante, é necessária uma ampliação contínua da fabricação dessas máquinas. Ainda mais se ele mesmo se acumula. Por conseguinte, ainda quando nessa esfera de produção o capital nela investido se limite a reproduzir-se, nas demais esferas de produção é necessária uma acumulação constante.[8]

---

[7] *Das Kapital*, v. II, p. 443-445. Ver sobre a necessidade da reprodução ampliada do ponto de vista do fundo de seguros em geral, *op. cit.*, p. 148.

[8] Theorien, *op. cit.*, p. 248.

Podemos considerar o fabricante de máquinas, do exemplo de Marx, como a esfera de produção do capital fixo da sociedade. Nesse caso deduz-se que, mantendo nessa esfera a reprodução simples, isto é, que se a sociedade aplica, anualmente, a mesma quantidade de trabalho para a produção do capital fixo (o que é praticamente impossível), deverá realizar, anualmente, nas demais esferas, uma ampliação da produção. Mas, se somente realiza a reprodução simples, só deve empregar para a mera substituição do capital fixo, uma vez criado, uma parte pequena de capital dedicado à sua criação. Ou – formulando inversamente o problema – para realizar grandes inversões de capital fixo, ainda na hipótese da reprodução simples, a sociedade tem que recorrer a uma reprodução ampliada periódica.

Com o progresso da cultura, deteriora-se não somente a forma, mas também o valor dos meios de produção, ou, mais exatamente, o trabalho social neles acumulado. A sociedade necessita, além do trabalho para sua sustentação imediata, cada vez de mais jornadas de trabalho e de mais operários para a criação de meios de produção em escala cada vez maior. Como se expressa isso no processo de reprodução? Como a sociedade tira – falando em termos capitalistas – de seu trabalho anual mais capital do que antes possuía? Essa questão leva-nos à reprodução ampliada, da qual ainda não temos que nos ocupar.

V
A circulação do dinheiro

Até agora, ao considerar o processo de reprodução, deixamos de lado, totalmente, o problema da circulação do dinheiro. Não prescindimos do dinheiro, como expressão e medida de valor; antes, pelo contrário, todas as relações do trabalho social se mediam e se expressavam em dinheiro. Mas agora é também necessário examinar o esquema da reprodução simples do ponto de vista do dinheiro como meio de troca.

Como acreditava o velho Quesnay, para compreender o processo da produção da propriedade social, além de certos meios de produção e consumo, é preciso pressupor certa soma de dinheiro.[1] Assim, com referência a esse postulado, cabe perguntar duas coisas: em que mãos se acha essa soma e qual será o seu valor? Em primeiro lugar, não há dúvida de que os operários assalariados recebem o salário em dinheiro, para adquirir com ele os meios de subsistência. Socialmente, no processo de reprodução, isso significa que os operários recebem um simples vale sobre um

---

[1] Em sua sétima consideração sobre o Tableau, François Quesnay diz, depois de polemizar com a teoria mercantilista sobre o dinheiro, que, em sua opinião, é idêntico à riqueza: "*L'amasse d'argent ne peut accroître dans une nation qu'autant que cette reproduction elle-même s'y accroît ; autrement, l'accroissement de l'amasse d'argent ne pourrait se faire qu'au préjudice de la reproduction annuelle des richesses… Ce n'est donc pas patr le plus ou le moins d'argent qu'on doit juger de l'opulence des États: aussi estime-t-on qu'un pécule, égal au revenu des propriétaires des terres, est beaucoup plus que suffisant pour une nation agricole où la circulation se fait régulièrement et où le commerce s'exerce avec aconfiance et en pleine liberté.*" [A massa de dinheiro não pode aumentar num país senão à medida que cresça a reprodução; de outro modo, o incremento da massa de dinheiro não podia realizar-se mais senão em prejuízo da reprodução anual das riquezas. Não é, pois, pela maior ou menor quantidade de dinheiro que se deve julgar a opulência dos Estados: assim se estima que um pecúlio igual à renda dos proprietários das terras é muito mais que suficiente para um país agrícola, em que a circulação se faça regularmente e o comércio se exerça com confiança e em plena liberdade.] (*Analyse du Tableau économique*, Ed. Oncken, p. 324-325).

fundo de meios de subsistência, que se lhes atribuem em toda sociedade, qualquer que seja sua forma de produção histórica. Mas a circunstância de que os trabalhadores não recebem, nesse caso, diretamente seus meios de subsistência, senão pela troca de mercadorias, é tão essencial para a forma capitalista de produção como o fato de que os operários não estejam diretamente sob o jugo dos possuidores dos meios de produção, numa relação pessoal de dependência de trabalho, mas por meio da troca de mercadorias, vendendo a sua força de trabalho. A venda da força de trabalho e a compra livre dos meios de subsistência pelos operários constituem os elementos essenciais da produção capitalista. Ambos se expressam pela forma monetária do capital variável v.

O dinheiro, portanto, entra antes de tudo na circulação sob a forma do pagamento dos salários. Por conseguinte, os capitalistas de ambas as seções, todos os capitalistas, têm que lançar antes de tudo dinheiro à circulação, cada qual segundo o montante dos salários que pagam. Os capitalistas da seção I devem possuir 1.000 em dinheiro; os capitalistas da seção II, 500, para pagar a seus operários. Desse modo, no nosso esquema, entram na circulação duas quantidades de dinheiro: I 1.000 v e II 500 v. Ambas transformam-se para os operários em meios de subsistência, isto é, em produtos da seção II. Assim se mantém o trabalho, isto é, reproduz-se o capital variável da sociedade, em sua forma natural, e esse capital constitui a base do resto da reprodução. Assim, ao mesmo tempo, os capitalistas da seção II colocam 1.500 de seu produto total, 500 aos próprios operários, 1.000 aos da outra seção. Os capitalistas da seção II adquirem em virtude dessa troca 1.500 em dinheiro, dos quais 500 voltam a eles como próprio capital variável, que poderá voltar a circular como tal, isto é, que fechará logo o seu ciclo. Porém 1.000 representam uma nova aquisição, tirada da realização de uma terceira parte do próprio produto. Com esses 1.000 em dinheiro, os capitalistas da seção II adquirem dos capitalistas da seção I meios de produção para renovar o capital constante desgastado. Com essa aquisição, a seção II renova a metade do capital constante necessário (II *c*) na forma natural e em troca dele a soma de dinheiro 1.000 passa aos capitalistas da seção I. Para estes não é mais que seu próprio dinheiro, pago como salário a seus operários, que volta, depois da troca, para poder funcionar logo como capital variável, com o qual se esgota logo o movimento dessa soma de dinheiro. Sem dúvida, a circulação social não chega ao seu fim. Os capitalistas ainda não realizaram sua mais-valia, que toma a forma de meios de produção, para comprar meios de subsistência para si; e os capitalistas da seção II ainda não renovaram a outra metade de seu capital constante. Esses dois atos de troca coincidem tanto em sua soma de valor como materialmente, pois os capitalistas da seção I obtêm os meios de subsistência da seção II, para a realização de sua mais-valia, I 1.000 *m*, fornecendo em troca aos capitalistas da seção II os meios de produção, II 1.000 *c* que lhes faltam. Mas, para que se verifique essa troca, necessita-se de uma nova soma de dinheiro. É certo que podemos lançar à circulação, algumas vezes mais, as quantias de dinheiro, anteriormente postas em movimento, ao que nada haveria de objetar teoricamente. Na prática, porém, não é possível, porque as necessidades de consumo dos capitalistas hão de satisfazer-se com tanta continuidade como as dos operários; ambas correm, portanto, paralelas com o processo de reprodução e requerem somas particulares de dinheiro para a troca. Assim, os capitalistas de ambas as seções, todos os capitalistas, além de uma quantidade de dinheiro para o capital variável, necessitam dispor de dinheiro para realizar a mais-valia em objetos de consumo. Por outro lado, na produção e antes da realização do produto total, é necessário também proceder-se à aquisição continuada de certas partes do capital constante, sua parte circulante (matérias-primas e complementos, iluminação etc.). Resulta assim que, como os capitalistas da seção I deverão dispor de certa quantidade de dinheiro para cobrir seu próprio consumo, os capitalistas da seção II deverão tê-las também à sua disposição, para satisfazer as suas necessidades de capital constante. Portanto, a troca de (I) 1.000 *m* em meios de produção contra (II) 1.000 *c* em meios de subsistência adota forma de dinheiro, adiantado em parte pelos capitalistas da seção I para suas necessidades de consumo e em parte pelos capitalistas da seção II para suas necessidades de produção (I).[2] Da soma de dinheiro 1.000 necessária para essa troca, cada uma das seções capitalistas pode adiantar 500, ou pode-se dividi-la em outra proporção. Em todo caso, há duas coisas seguras: 1º) A soma total comum de que disponham deverá ser suficiente para realizar a troca entre I 1.000 *m* e II 1.000 *c*. 2º) Seja qual for o modo como se acha distribuída a soma de dinheiro, uma vez realizada a troca social, cada um dos grupos capitalistas volta a ter em suas mãos a mesma soma de dinheiro que lançou na circulação. Isso pode aplicar-se em geral à circulação social total. Uma vez realizada a circulação, o dinheiro volta sempre a seu ponto de partida, de modo que, realizadas todas as trocas, os capitalistas conseguem duas coisas: em primeiro lugar, trocam seus produtos, cuja forma natural lhes era indiferente, por outros, cuja forma natural necessitam, ou como bem de produção, ou como bem de consumo, e, em segundo lugar, voltou a suas mãos o dinheiro, lançado à circulação, para efetuar essas trocas.

Do ponto de vista da circulação simples de mercadorias, esse é um fenômeno incompreensível. Pois, pelo contrário, mercadoria e dinheiro trocam constantemente de lugar. A posse da mercadoria exclui a posse do dinheiro, e o dinheiro ocupa, constantemente, o posto que a mercadoria deixa vago e vice-versa. Isso é perfeitamente aplicável a todo ato individual da troca de mercadorias, sob cuja forma se realiza a circulação social. Ela, porém, é algo mais que troca de mercadorias: é circulação de

---

2 Para essa troca, Marx (*Das Kapital, v. II, p. 391*) supõe, como ponto de base, que somente os capitalistas (II) lancem dinheiro. Como F. Engels anota corretamente na nota de rodapé, isso não altera nada no resultado final da circulação, mas a suposição não é exata como condição prévia da circulação social. A exposição por si de Marx é mais correta. (*Op. cit.*, p. 374.)

A CIRCULAÇÃO DO DINHEIRO

capital e lhe é característico e essencial não só que volta às mãos dos capitalistas o capital, como grandeza de valor, aumentado pela mais-valia, como também que, ao mesmo tempo, sirva à reprodução social; isto é, que assegure a forma natural do capital produtivo (meios de produção e trabalho) e a sustentação dos não trabalhadores. Como todo o processo social da circulação parte dos capitalistas que se acham tanto com a posse dos meios de produção como do dinheiro necessário para a circulação, ao final de cada ciclo, o capital social deve voltar a encontrar-se todo em suas mãos, distribuído entre cada grupo e cada capitalista individual, na medida de seus investimentos. Em mãos dos trabalhadores, o dinheiro só se encontra passageiramente, para facilitar a troca entre a forma monetária e a forma natural do capital variável; em mãos dos capitalistas, é a forma em que se manifesta uma parte de seu capital, e, portanto, deve voltar a eles constantemente. Até agora só consideramos a circulação enquanto se verifica entre as duas grandes seções da produção. Mas fica todavia como excedente: do produto da primeira seção, 4.000 em forma de meios de produção, que permanecem nela para renovar seu próprio capital constante, 4.000 c; na segunda seção, 500 em meios de subsistência, que permanecem igualmente na mesma seção, como bens de consumo da própria classe capitalista no valor de sua mais-valia II 500 m. E como a produção é, em ambas as seções capitalistas, isto é, produção privada não regulada, a distribuição do próprio produto de cada seção entre seus capitalistas individuais – dos meios de produção da seção I ou dos bens de consumo da seção II – só pode realizar-se através da troca de mercadorias, isto é, através de um grande número de atos de compra e venda entre capitalistas da mesma seção. Essa troca, portanto, requer, igualmente, a existência de certas quantidades de dinheiro em poder de capitalistas de ambas as seções, tanto para a substituição dos meios de produção em 14.000 c como para a reposição dos bens de consumo da classe capitalista em II 500 m. Essa parte da circulação não oferece em si nenhum interesse particular, pois assume o caráter de circulação simples de mercadorias, porquanto, nela, tanto compradores como vendedores pertencem à mesma categoria de agentes de produção e só determinam o deslocamento de dinheiro e mercadorias dentro da mesma classe e seção. Analogamente, o dinheiro necessário para essa circulação acha-se de antemão em mãos da classe capitalista e constitui uma parte de seu capital.

Até agora, a circulação do capital total social, ainda considerando a circulação do dinheiro, não oferecia em si nada de extraordinário. Que para essa circulação é necessário que a sociedade disponha de certa soma de dinheiro deve parecer evidente, de antemão e por duas razões. Em primeiro lugar, a forma geral da produção capitalista é a produção de mercadorias, o que leva consigo a circulação de dinheiro. Em segundo lugar, a circulação do capital baseia-se na transformação constante de suas três formas: capital dinheiro, capital produtivo e capital mercadoria. Para haver essas transformações é preciso existir dinheiro que possa representar o papel de capital monetário. E, finalmente, como esse dinheiro funciona como capital – em nosso esquema só analisamos a produção capitalista –, isso implica que ele, sob qualquer de suas formas, deve achar-se em poder da classe capitalista, que o lança à circulação, para reavê-lo finalmente.

Só um detalhe pode chocar à primeira vista. Se todo o dinheiro, que circula na sociedade, é lançado pelos capitalistas, resulta que os capitalistas devem adiantar o dinheiro para a realização de sua mais-valia. O problema apresenta-se como se os capitalistas, enquanto classe, tivessem que pagar sua própria mais-valia, com o seu próprio dinheiro e como este deve achar-se em poder da classe capitalista, antes da realização do produto de cada período de produção, pode parecer, à primeira vista, que a apropriação de mais-valia não descansa, como ocorre de fato, sobre o trabalho não pago dos operários assalariados, e sim que resulta da simples troca de mercadorias, para a qual a própria classe capitalista fornece o dinheiro em igual quantidade. Uma breve reflexão dissipa a falsa aparência.

A CIRCULAÇÃO DO DINHEIRO

Uma vez terminada a circulação, a classe capitalista retém, como antes, a posse do dinheiro, que volta a ela ou permanece em suas mãos, mas, por outro lado, adquiriu e consumiu meios de subsistência pelo mesmo custo. Leve-se em conta que nos mantemos sempre fiéis à suposição fundamental do esquema da reprodução: reprodução simples, isto é, renovação da produção na antiga escala, e emprego de toda mais-valia produzida em artigos de consumo para a classe capitalista.

Além do mais, a falsa aparência desaparece, completamente, se, em vez de estacionarmos num período de reprodução, considerarmos vários períodos em sua sucessão e encadeamento. O que os capitalistas põem hoje em circulação, como dinheiro, para realizar sua própria mais-valia, não é outra coisa senão a mais-valia procedente do período de produção anterior, sob a forma de dinheiro. Embora o capitalista deva adiantar dinheiro de seu próprio bolso para comprar seus meios de subsistência – enquanto a nova mais-valia produzida se encontra em forma natural, inaproveitável, ou em sua forma natural aproveitável em mãos estranhas –, o dinheiro, que agora se adianta a si mesmo, vem a seu bolso como resultado da realização de sua mais-valia, obtida no período anterior. E esse dinheiro lhe voltará novamente quando se realizar a nova mais-valia, que agora aparece sob a forma de mercadoria. Por conseguinte, no transcurso de vários períodos, resulta que a classe capitalista tira regularmente da circulação, além de todas as formas naturais de seu capital, seus próprios bens de consumo, permanecendo em seu poder, ao mesmo tempo, a mesma quantidade de dinheiro originária.

O capitalista individual, em consequência do caráter da circulação do dinheiro, não pode nunca transformar, integralmente, seu capital monetário em meios de produção, mas precisa deixar sempre uma parte de seu capital, sob a forma de dinheiro, para o pagamento dos salários, como capital variável, e outra para a aquisição corrente de meios de produção, no transcurso do período produtivo. Outras reservas de dinheiro ele deve destinar ao seu consumo pessoal.

Daqui resulta para o processo de reprodução do capital social total a necessidade da produção e reprodução do material monetário. Às duas grandes seções da produção social – a produção de meios de produção e a produção de bens de consumo – deveria acrescentar-se, como seção terceira, a produção de meios de troca, dos quais é característico que não servem nem para a produção nem para o consumo, mas que representam o trabalho social em mercadorias que não são suscetíveis de uso. É verdade que o dinheiro e a produção de dinheiro, assim como a troca e a produção de mercadorias, são muito mais antigos que a forma de produção capitalista.

Mas somente nessa última a circulação de dinheiro se converteu na forma geral da circulação social e com isso em elemento básico do processo de reprodução social. Esta é somente a representação da produção e reprodução do dinheiro em seu entrelaçamento orgânico com as outras duas seções da produção social, que forneceria o esquema completo do conjunto do processo capitalista em seus aspectos essenciais.

Aqui, no entanto, nos separamos de Marx. Marx incorpora a produção de ouro (para simplificar se reduz à produção do ouro a produção total de dinheiro) à primeira seção da produção social. "A produção de ouro, como a produção de qualquer metal, pertence à classe primeira, à categoria que abrange a produção de meios de produção."[3]

Isso só é certo na medida em que se trata de produção de ouro no sentido de produção de metal, quer dizer, de metal para fins industriais (joias, dentes de ouro etc.). Mas, enquanto dinheiro, o ouro não é metal e sim a encarnação do trabalho social abstrato, e, como tal, não é meio de produção nem bem de consumo. Além do mais, uma olhada no esquema da

---

3 *Das Kapital*, v. 2 p. 446.

reprodução mostra a que erros devia conduzir a confusão dos meios de troca com meios de produção. Se, juntamente com as duas seções da produção social, colocamos a representação esquemática da produção anual de ouro (no sentido de dinheiro), obtemos as três séries seguintes:

I. $4.000\ c + 1.000\ v + 1.000\ m = 6.000$ meios de produção.
II. $2.000\ c +\ \ \ 500\ v +\ \ \ 500\ m = 3.000$ meios de consumo.
$\ \ \ \ 20\ c +\ \ \ \ \ 5\ v +\ \ \ \ \ 5\ m =\ \ \ \ \ 30$ meios de circulação.

A grandeza de valor (escolhida por Marx como exemplo) não corresponde de maneira alguma à quantidade de dinheiro que circula anualmente na sociedade, mas tão somente à parte anualmente reproduzida, isto é, ao desgaste anual de material monetário, que é grandeza constante sempre que não variem a escala da reprodução social, a duração da circulação do capital ou a rapidez da circulação de mercadorias. Se, como deseja Marx, consideramos a terceira equação como parte integrante da primeira, resulta a seguinte dificuldade: o capital constante da terceira seção, $20\ c$, consiste em meios de produção reais, concretos, como nas outras duas (edifícios, instrumentos, matérias complementares, recipientes etc.); mas o produto dessa seção, $30\ mci$, que representa dinheiro, não pode funcionar em nenhum processo de produção em sua forma natural como capital constante. Se, pois, acrescentamos esse produto $30\ mci$ como parte integrante ao produto da primeira seção $6.000\ mp$, teremos um déficit social de meios de produção do mesmo valor, o que tornará impossível a reprodução na mesma escala, tanto na seção I como na seção II. Segundo o suposto até aqui – que constitui a base de todo esquema marxista –, o produto de cada uma das duas seções, em sua forma material, destinada ao uso, é o ponto de partida da reprodução em conjunto, e as proporções do esquema se baseiam nessa hipótese, sem a qual se dissolvem no caos. Assim, a primeira composição de valor fundamental repousava na equação: I $6.000\ mp = 14.000\ c +$ II $2.000\ c$.

A ACUMULAÇÃO DO CAPITAL

Isso não pode valer para o produto III 30 *mci*, pois o dinheiro não pode ser empregado (na proporção I 20 *c* + II 10 *c*) pelas duas seções como meio de produção. A segunda composição fundamental, derivada da primeira, repousava na equação I 1.000 *v* + 1.000 *m* = II 2.000 *c*. Para a produção de ouro, isso significaria que extrai tantos bens de consumo da seção II quantos meios de produção lhe fornece. Mas isso tampouco é exato. A produção do ouro, é certo, retira do produto social total tanto meios de produção concretos, que utiliza como capital constante, quanto bens de consumo concretos, para seus operários e capitalistas, pelo custo de seu capital variável e sua mais-valia. Mas seu próprio produto não pode funcionar como meio de produção, em nenhuma produção, como não pode entrar como meio de subsistência no consumo do homem. A inclusão da produção de dinheiro na seção I vulneraria, por conseguinte, todas as proporções materiais e de valor do esquema de Marx e lhe tiraria toda a significação.

A tentativa de Marx de introduzir a produção de ouro como parte da seção I (meios de produção) leva a resultados perigosos. O primeiro ato de circulação dessa nova subseção, que Marx chama I *mci*, e a seção II (meios de consumo) consiste, como de ordinário, no que os operários da seção I *mci*, com a soma (5 *v*), recebida como salários dos capitalistas, compram meios de consumo da seção II. O dinheiro assim utilizado não é ainda produto da nova produção, senão um fundo de reserva acumulado dos capitalistas I *mci*, oriundo da massa de dinheiro que se achava anteriormente no país. E isso é correto. Porém agora Marx faz com que os capitalistas da seção II, com os 5 recebidos em dinheiro, comprem I *mci* por 2 de ouro "como mercadoria", saltando assim a produção de dinheiro à produção industrial de ouro, o que se relaciona tanto com o problema da produção de dinheiro quanto com a produção de escovas para os sapatos. Mas, como desses I *mci* 5 *v* restam sempre 3, com o qual os capitalistas da seção II não sabem o que fazer, pois não podem utilizá-la como capital constante, Marx faz com que essa soma de dinheiro se acumule. Mas para que não se produza com isso nenhum déficit no capital constante da seção II, que deverá ser trocado totalmente contra meios de produção I $(v + m)$, Marx recorre à seguinte solução:

> Assim, esse dinheiro deve passar completamente de II c a II m. Pouco importa que exista logo em meios de subsistência necessários ou em artigos de luxo, e, pelo contrário, deve ser transferido um valor em mercadorias correspondente de II m a II c. Resultado: uma parte da mais-valia é acumulada em dinheiro.[4]

Tudo isso é bastante estranho. No começo não havíamos levado em conta mais que a reprodução de desgaste anual do material monetário, e aparece, bruscamente, uma acumulação de dinheiro, isto é, um excedente do citado material. Esse excedente surge – não se sabe por que – a custo dos capitalistas da seção produtora de meios de subsistência, que deverão privar-se – não para ampliar sua própria produção de mais-valia, mas para que haja meios de subsistência suficientes para os trabalhadores – da produção de ouro.

Mas essa virtude cristã recompensa bastante mal os capitalistas da seção II. Não somente eles não podem, malgrado sua *abstinência,* ampliar sua produção, como também não estão em condições de mantê-la nas mesmas dimensões. Pois, ainda que o valor mercantil se transfira de II m a II c, não importa só o valor, mas a forma real, concreta, desse valor, e como agora uma parte do produto de I consiste em dinheiro, que não se pode utilizar como meio de produção, a seção II, apesar da abstinência, não pode renovar completamente seu capital constante. Dessa maneira, ficaria rompida a suposição do esquema, a reprodução simples, em duas direções: acumulação da mais-valia e déficit do capital constante. Esses resultados, obtidos por Marx, provam que é impossível que a produção de ouro se inclua numa das duas seções do esquema, sem destruir nem

---
4 *Das Kapital*, v. II, p. 448.

vulnerar sua essência. Isso acontece em consequência da primeira troca entre as seções I e II. O estudo da troca de ouro novamente produzido dentro do capital constante da seção I, a que Marx se propôs, não se encontrava no manuscrito, como ressalta Engels (capítulo 2, p. 449, nota 55). As dificuldades aumentariam ainda mais. Além do que, Marx mesmo confirma nosso ponto de vista e esgota a questão com duas palavras, ao dizer tão sóbria como acertadamente: "O dinheiro em si mesmo não é um elemento da reprodução efetiva."[5]

Existe, além do mais, uma razão importante para expor a produção do dinheiro como uma seção III particular da produção total social. O esquema marxista da reprodução simples rege como base o ponto de partida do processo de reprodução, não só para a economia capitalista, mas também – *mutatis mutandis* – toda ordem econômica racional, como, por exemplo, o modo de produção socialista. Pelo contrário, a produção de dinheiro desaparece com a forma de mercadoria dos produtos, isto é, com a propriedade privada dos meios de produção. Representa os "falsos custos" da economia anárquica do capitalismo, um peso específico da sociedade baseada na economia capitalista, que se traduz no gasto anual de uma quantidade considerável de trabalho para a elaboração de produtos que não servem para a produção nem para o consumo. Esse gasto de trabalho, específico do regime capitalista, e que desaparece numa economia racional, encontra uma expressão mais exata como seção independente no processo geral da reprodução do capital total. E é indiferente, nesse sentido, imaginarmos um país que produz ouro ou que o importa do estrangeiro. No último caso, unicamente ocorre que se troca por ouro uma quantidade de trabalho materializado que é diretamente necessária à sua produção.

---

5 *Das Kapital*, v. II, p. 466.

A CIRCULAÇÃO DO DINHEIRO

Vê-se pelo exposto que o problema da reprodução do capital total não é tão simples quanto se imagina, frequentemente do ponto de vista das crises, delineando-se a questão, aproximadamente, nesses termos: como é possível que, numa economia de incontáveis capitais individuais, sem plano elaborado, a produção total da sociedade possa cobrir suas necessidades totais? A isso responde-se com as oscilações permanentes da produção em relação à demanda, isto é, nas alternativas periódicas de prosperidade e crise. Nessa concepção, que considera o produto social total como quantidade indiferenciada de mercadorias e a necessidade social de maneira velada, esquece-se do mais essencial: a *differentia specifica* do modo capitalista de produção. Como vimos, o problema de reprodução capitalista encerra um bom número de proporções exatas, que se referem tanto às categorias capitalistas específicas como – *mutatis mutandis* – às categorias gerais de trabalho humano e cuja combinação, tanto em sua contradição quanto em sua coincidência, constitui o verdadeiro problema. O esquema de Marx é a solução científica do problema.

Perguntamos agora que significação real tem o esquema do processo de reprodução analisado. Segundo esse esquema, o produto social entra, sem problemas, totalmente na circulação, satisfazem-se todas as necessidades de consumo, a reprodução realiza-se sem obstáculos, a circulação do dinheiro segue a circulação de mercadorias, o ciclo do capital social encerra-se exatamente. Como ocorre isso na vida? As proporções do esquema dão uma base exata da divisão do trabalho social dentro de uma produção metodicamente regulada – sempre do ponto de vista da reprodução simples, isto é, de uma produção cuja grandeza é constante. Na economia capitalista não existe a organização planificada da produção. Por isso nada transcorre nele exatamente como a fórmula matemática, como ocorre no esquema. O ciclo da produção realiza-se em meio a constantes desvios das proporções do esquema, o que assim se revela:

a) na oscilação diária dos preços;
b) nas constantes altas e baixas dos lucros;
c) nas incessantes flutuações do capital de um ramo de produção a outro;
d) num movimento pendular, periódico, cíclico, da reprodução entre prosperidade e crise.

Apesar de todos esses desvios, o esquema representa a média social necessária em torno da qual se efetuam aqueles movimentos, e a que sempre tendem depois de afastar-se dela. Essa média impede que os movimentos vacilantes dos capitalistas individuais degenerem num caos e os reconduz a uma certa ordem, que assegura a existência da sociedade, não obstante o seu caráter anárquico.

Se se compara o esquema marxista da reprodução com o *Tableau économique* de Quesnay, salta à vista a grande diferença que os separa. Esses dois esquemas assinalam o princípio e o fim da economia política clássica e são as duas únicas tentativas para expressar exatamente o movimento geral do consumo e da produção capitalistas, no seu entrelaçamento mútuo e em suas relações com os incontáveis produtores e consumidores individuais. Ambos reduzem a desordenada confusão, obra do movimento dos capitais individuais, àqueles delineamentos básicos em que está ancorada a possibilidade de existência e desenvolvimento da sociedade capitalista, não obstante seu funcionamento anárquico sem sujeição a qualquer regra. Ambas reúnem o duplo ponto de vista, que se acha no fundo do movimento total do capital social: ser ao mesmo tempo, como o movimento de capital, produção e apropriação de mais-valia e, como movimento social, produção e consumo de necessidades materiais da existência cultural humana. Em ambas, a circulação dos produtos, como circulação de mercadorias, caracteriza o processo total e, em ambas, o movimento do dinheiro apresenta-se como expressão externa, aparente, da circulação de mercadorias.

Mas na exposição desses delineamentos fundamentais há uma profunda diferença. O *Tableau* de Quesnay converte, sem dúvida, em ponto crucial da produção total a produção de mais-valia, mas concebe ainda a mais-valia sob a forma ingênua feudal da renda da terra e é, portanto, parcial na análise de conjunto.

Faz, igualmente, da distinção material na massa do produto total outro ponto básico da reprodução social, mas a concebe dentro da ingênua oposição entre produtos agrícolas e manufaturados, apresentando assim diferenças exteriores, nas matérias com que se defrontará o operário, como categorias fundamentais do processo de trabalho humano em geral.

Assim, pois, apresenta-se a produção de mais-valia, em Marx, em sua forma pura, geral e absoluta. Ao mesmo tempo, as condições materiais externas da produção são levadas em conta com a distinção fundamental entre meios de produção e bens de consumo e a proporção entre ambas é reduzida a uma proporção exata de valor.

Se se pergunta por que a solução do problema, tão felizmente iniciada por Quesnay, fracassou nos economistas burgueses posteriores, e de que se necessitava para chegar ao enorme progresso que significa a análise marxista, encontramos duas razões prévias e substanciais. Antes de tudo, o esquema marxista da reprodução repousa na distinção clara e precisa, em ambos os aspectos do trabalho, na produção de mercadorias: o trabalho concreto, útil, que cria determinados valores de uso, e o trabalho abstrato geral humano, que cria valores sociais necessários. Esse pensamento genial da teoria do valor de Marx, que entre outras coisas tornou possível a solução do problema do dinheiro, conduz também à separação e união dos dois pontos de vista, dentro do processo total da produção: o ponto de vista do valor e o das relações materiais. Em segundo lugar, o esquema tem como base a distinção precisa entre capital constante e variável, que permite descobrir o mecanismo interior da produção de mais-valia e estabelecer uma proporção de valor exata entre ela e as outras duas categorias da produção: meios de produção e bens de consumo.

De todos esses pontos de vista se aproximou a economia clássica posterior a Quesnay e particularmente em Smith e Ricardo. Em Ricardo, a teoria do valor recebeu aquela forma rigorosa, que frequentemente é confundida inclusive com a marxista. Do ponto de vista de sua teoria do valor, Ricardo viu também que era falsa a resolução do preço de todas as mercadorias em $v + m$, tentada por Smith, e que produziu tantos prejuízos à análise da reprodução, mas não se preocupou mais com isso, como, em geral, não deu grande importância ao problema da reprodução total. E, inclusive, a análise de Ricardo significou, em certo sentido, um retrocesso em relação a Smith, do mesmo modo que este, em parte, representou um retrocesso em relação aos fisiocratas. Se Ricardo elaborou com mais precisão e unidade as categorias fundamentais da Economia burguesa – valor, salário, mais-valia, capital – que seus predecessores, traçou-as, por outro lado, de modo mais rígido. Smith tinha muito mais compreensão para as relações vitais, para o grande movimento do todo. Se não lhe importava, algumas vezes, dar ao mesmo problema duas soluções, ou inclusive três ou quatro, como ocorre com o problema do valor, e contradizer-se, tranquilamente, nas diversas fases da análise, justamente por isso suas contradições levavam-no a pegar o todo, de diversos pontos de vista, e a compreendê-lo em sua dinâmica. A barreira em que ambos – Smith e Ricardo – deveriam tropeçar era o seu horizonte burguês limitado. Para compreender as categorias fundamentais da produção capitalista, valor e mais-valia, em seu movimento vivo, como um processo social de reprodução, dever-se-ia tomar esse movimento historicamente e considerar essas mesmas categorias como formas historicamente condicionadas de relações gerais de trabalho. Assim fica esclarecido que só um socialista podia resolver o problema da reprodução do capital total. Entre o *Tableau économique* e o esquema da reprodução do segundo volume de *O capital,* encontra-se, não só no tempo, mas também no conteúdo, o apogeu e a morte da economia burguesa.[6]

---

6 Luxemburgo retoma parte da argumentação apresentada ao final do primeiro capítulo de *Introdução à economia política*. [N. da E.]

VI
A reprodução ampliada

As deficiências do esquema da reprodução simples são claras: ele apresenta as leis de uma forma de reprodução que, dentro das condições capitalistas de produção, não pode realizar-se senão em caráter excepcional. O fundamental para a economia capitalista, mais que para qualquer outra, não é a reprodução simples, mas a reprodução ampliada.[1] O esquema conserva, entretanto, toda a sua significação científica. Em dois sentidos: praticamente, mesmo na reprodução ampliada, a imensa maioria do produto social decresce, do ponto de vista da reprodução simples. Esta constitui a ampla base sobre a qual se verifica, em cada caso, a extensão da produção, além dos seus limites anteriores. Assim mesmo, teoricamente, a análise da reprodução simples constitui o ponto de partida inevitável de toda a exposição científica, exata, da reprodução ampliada. Por tudo isso, o esquema da reprodução simples do capital social total conduz, inevitavelmente, ao problema da reprodução do capital social.

Já conhecemos a peculiaridade histórica da reprodução ampliada sobre base capitalista: ela tem que ser acumulação do capital; isso é forma específica e, ao mesmo tempo, condição de sua existência. Isto é, a produção total social – que sobre base capitalista é uma produção de mais-valia –

---

1 "A hipótese da reprodução simples, segundo a qual I $(v + m)$ = II c, é incompatível com a produção capitalista. Mas isso não exclui que, tomando um ciclo industrial de 10-11 anos, um ano apresente uma reprodução total menor que a anterior, ou seja, que não haja nem mesmo reprodução simples. Mas, dentro do crescimento anual natural da população, só poderia haver reprodução simples se um número correspondente de servidores improdutivos consumisse os 1.500, que representam a mais-valia total. A acumulação do capital, isto é, a verdadeira produção capitalista, seria impossível." (*Das Kapital*, v. II, p. 497.)

somente pode ser ampliada em cada caso no sentido e na medida em que o capital, até então ativo da sociedade, se incremente como resultado da mais-valia por ele produzida. O destino de uma parte da mais-valia, e de uma parte crescente, com finalidades produtivas e não de consumo pessoal da classe capitalista, constitui a base da reprodução ampliada.

O elemento da reprodução ampliada do capital social total – igualmente como na reprodução simples antes suposta – é a reprodução do capital individual, já que a produção total – considerando-a como simples e como ampliada –, de fato, só se realiza sob a forma de incontáveis movimentos independentes de reprodução de capitais privados e individuais. A primeira análise profunda da acumulação do capital individual está escrita no volume I de *O capital*, de Marx, seção VII, capítulos 22 e 23. Trata da divisão da mais-valia em capital e renda, das circunstâncias que, independentemente da divisão da mais-valia em capital e renda, determinam a acumulação do capital como grau de exploração dos operários e produtividade do trabalho, de crescimento do capital fixo em proporção ao circulante como elemento da acumulação e, finalmente, da formação progressiva do exército industrial de reserva como consequência e requisito, ao mesmo tempo, do processo de acumulação. Marx analisa duas anedotas da economia burguesa com relação à acumulação: a "teoria da abstinência", da economia vulgar, interessada em demonstrar que a divisão da mais-valia em capital e renda, e, portanto, a própria acumulação, é um ato heroico dos capitalistas, e o "erro", da economia clássica, segundo o qual toda a parte capitalizada da mais-valia se destina exclusivamente "a ser consumida por trabalhadores improdutivos", ou seja, é empregada em salários para novos operários. Essa premissa errônea, que esquece totalmente que toda ampliação da produção manifestar-se-á não somente no aumento do número dos trabalhadores ocupados, mas também no aumento dos meios materiais de produção (edifícios, instrumentos, pelo menos e sempre as matérias-primas), baseava-se evidentemente no falso "dogma" de Adam Smith, já tratado. Na confusão, em virtude da qual o

A REPRODUÇÃO AMPLIADA

preço de todas as mercadorias restringe-se – prescindindo totalmente do capital constante – a salários e mais-valia, baseava-se também na crença de que, para ampliar a produção, bastava empregar mais capital em salários. É curioso que Ricardo, apesar de ter penetrado, ao menos ocasionalmente, no erro da doutrina smithiana, haja aceito sua equivocada conclusão, quando afirma:

> Tem-se que compreender que todos os produtos de um país são consumidos; mas há uma enorme diferença quando são consumidos por aqueles que produzem outro valor ou pelos que não o produzem. Quando dizemos que se economizou renda e que esta se converteu em capital, queremos dizer que a parte da renda que se diz convertida em capital é consumida por trabalhadores produtivos em vez de sê-lo por trabalhadores improdutivos.

Por trás dessa estranha representação que faz consumir todos os produtos elaborados pelos homens e que, portanto, não deixa espaço algum no produto social total para meios de produção, instrumentos e máquinas, matérias-primas e edifícios, não perecíveis, a reprodução ampliada realiza-se de um modo estranho; em vez de se produzirem objetos de luxo para a classe capitalista com a parte capitalizada da mais-valia, produzem-se meios de subsistência simples para novos operários. Para a teoria clássica, a substituição maior é a que ocorre dentro da reprodução dos meios de consumo na reprodução ampliada. Que para Marx foi uma brincadeira destruir esse erro elementar de Smith e Ricardo, é fácil compreender. Da mesma maneira que na reprodução simples, ao mesmo tempo que a elaboração dos meios de subsistência em quantidade suficiente para os capitalistas e operários, verificar-se-á a substituição regular do capital constante (dos meios de produção materiais), do mesmo modo na reprodução ampliada, uma parte do novo capital destinar-se-á ao aumento da parte constante do capital, isto é, dos meios de produção materiais. Tem que se levar em conta também outra lei descoberta por Marx: a parte constante do capital, sempre esquecida pela economia clássica, aumenta continuamente em relação à parte variável empregada em salários. Essa é somente a expressão capitalista dos efeitos gerais da produtividade crescente do trabalho. Com o progresso técnico, o trabalho está em condições de pôr em movimento, cada vez em menor tempo, meios de produção progressivamente maiores e convertê-los em produtos. No sistema capitalista, isso significa um decréscimo crescente dos gastos de trabalho, da quantia empregada em salários, em relação aos gastos empregados em meios de produção. Portanto, a reprodução ampliada, contrariamente à suposição de Smith e Ricardo, não só começará sempre com a distinção da parte capitalizada da mais-valia em capital constante e variável, como se destinará, devido ao progresso técnico da produção, uma parte cada vez maior ao capital constante e uma relativamente menor ao variável. Essa constante mudança qualitativa na composição do capital constitui a manifestação específica da acumulação do capital, isto é, da reprodução ampliada sobre base capitalista.[2]

---

[2] "A forma de produção específica capitalista, o desenvolvimento correspondente da força produtiva do trabalho, a mudança por ele determinada na composição orgânica do capital, não só acompanham o ritmo do progresso da acumulação ou do crescimento da riqueza social; marcham muito mais depressa, porque a acumulação simples ou a extensão absoluta do capital total vão acompanhadas da centralização de seus elementos individuais; e a transformação técnica do capital adicional vai acompanhada da do capital original. Com o progresso da acumulação modifica-se, pois, a relação entre a parte constante e a variável do capital, de modo que se a relação originariamente era 1:1, logo será 2:1, 3:1, 4:1, 5:1, 7:1 etc., de maneira que ao crescer o capital em vez de destinar a metade de seu valor total aos operários e a metade aos meios de produção, àqueles se destina progressivamente 1/3, 1/4, 1/5, 1/6, 1/8 etc., e a estes em troca 2/3, 3/4, 4/5, 5/6, 7/8, como a demanda do trabalho não está determinada pela quantidade do capital total, mas por sua parte variável, decresce progressivamente com o incremento do capital total, em vez de aumentá-lo proporcionalmente, como se supunha. Certo é que, ao crescer o capital total, cresce também sua parte variável, isto é, o trabalho nela convertido, mas numa proporção decrescente constante. As pausas intermediárias, nas quais a acumulação atua como mera ampliação da produção sobre a base técnica dada, reduzem-se. Requer uma acumulação do capital total, acelerada em progressão crescente, para absorver um número de trabalhadores adicionais de certa quantidade, ou inclusive para dar ocupação aos que já trabalham, por causa das contínuas metamorfoses do antigo capital. Por outro lado, essa acumulação e centralização crescentes convertem-se em uma fonte de novas mudanças na composição do capital ou de novos decréscimos acelerados de sua parte variável em comparação com a constante." (*Das Kapital*, v. I, p. 593).

A REPRODUÇÃO AMPLIADA

O outro aspecto dessa constante substituição, na relação existente entre o capital constante e o variável, é o que Marx denomina como sendo a formação de um excesso relativo de população operária, isto é, em relação às necessidades médias e ao aproveitamento do capital, e, portanto, supérflua ou suplementar. A produção desta reserva sempre presente de operários industriais não ocupados (no sentido amplo da palavra, com inclusão dos proletários que dependem do capital comercial), que é a suposição necessária para as súbitas ampliações da produção, nas épocas de conjuntura favorável, está contida nas condições específicas da acumulação do capital.[3]

Por conseguinte, temos que subtrair da acumulação do capital individual os seguintes quatro elementos da reprodução ampliada:

1. A extensão da reprodução ampliada é, dentro de certos limites, independente do crescimento do capital, podendo excedê-lo. Os métodos que conduzem a ele são: aumento da exploração dos trabalhadores e das forças naturais, aumento da produtividade do trabalho (na última está incluído o aumento da eficácia do capital fixo);
2. O ponto de partida de toda acumulação efetiva é a divisão da parte da mais-valia que se capitalizará em capital constante e variável;
3. A acumulação como processo social vem acompanhada de uma substituição constante da relação entre o capital constante e o variável, aumentando continuamente a parte do capital investida em instrumentos de produção num ritmo mais acelerado do que a parte investida em salários;

---

[3] "O curso característico da indústria moderna, a forma de ciclos de dez anos interrompidos por pequenas oscilações, de períodos de prosperidade, superprodução, crises e paralisação, descansa na constante formação, na maior ou menor absorção e renovação do exército de reserva industrial ou superpopulação relativa. Por sua vez, as alternativas do ciclo industrial recrutam a superpopulação e se convertem num de seus agentes mais enérgicos de reprodução." (*Das Kapital*, v. I, p. 594.)

4. O outro fator e condição do processo acumulativo é a formação do exército industrial de reserva.

Esses elementos, já extraídos do movimento de reprodução do capital individual, constituem um grande passo para a análise da economia burguesa. Agora trata-se, porém, de expor a acumulação do capital total, partindo do movimento do capital individual. Conforme o esquema da reprodução simples, seria necessário colocar agora para a reprodução ampliada como relação exata, sob a acumulação, tanto os pontos de vista do valor de uma produção de mais-valia como os pontos de vista materiais do processo do trabalho (produção de meios de produção e produção de meios de consumo).

A diferença decisiva que existe entre a reprodução ampliada e a simples fundamenta-se em que, nesta, a classe capitalista consome toda a mais-valia, enquanto naquela uma parte da mais-valia cabe ao consumo pessoal de seus proprietários, não para ser entesourada, mas para converter-se em capital ativo, a fim de ser capitalizado. Mas para que isso ocorra realmente se faz necessário que o novo capital adicional encontre as condições materiais que tornem possível seu funcionamento. Por conseguinte, terá que se levar em conta a composição concreta do produto total social. Tenha-se presente o que Marx já afirma no volume I de *O capital,* quando considera a acumulação do capital individual:

> Em primeiro lugar, a produção anual deve fornecer todos os objetos (valores de consumo) que substituirão os elementos materiais do capital gasto no curso de um ano. Após essa dedução, temos o produto líquido ou o sobreproduto, no qual está contida a mais-valia. Em que consiste esse sobreproduto? Consistirá de objetos destinados à satisfação das necessidades e caprichos da classe capitalista, e que passam, portanto, a seu fundo de consumo? Se assim fosse, a mais-valia se diluiria, e teríamos, então, uma reprodução simples. Para acumular, há que transformar em capital uma parte do sobreproduto.
> Mas, sem fazer milagres, somente podem transformar-se em capital coisas suscetíveis de emprego no processo de trabalho, isto é, meios de produção, e,

A REPRODUÇÃO AMPLIADA

> além disso, coisas que sustentam os operários, ou seja, meios de subsistência. Por conseguinte, uma parte do sobretrabalho anual deve ser empregada na elaboração dos meios de produção e subsistência suplementares, maior do que a quantidade que é necessária para substituir o capital antecipado. Em suma, a mais-valia só é transformável em capital porque o sobreproduto, cujo valor constitui, já contém os elementos materiais de um novo capital.[4]

Logo, não bastam meios de produção adicionais e meios de subsistência adicionais para os operários, requerem-se também operários adicionais para dar início à produção ampliada. Mas essa condição não oferece, segundo Marx, dificuldade alguma.

> O mecanismo da produção capitalista já se incumbiu desse fato, ao produzir a classe trabalhadora como classe dependente de salário, cujo percebimento, comumente, é suficiente para assegurar seu sustento e também sua multiplicação. O capitalista somente necessita incorporar a esses operários adicionais, que lhe fornece a classe trabalhadora anualmente em diferentes idades, os meios de produção adicionais já contidos na produção anual – e pronto processa a transformação da mais-valia em capital.[5]

Temos aqui a primeira solução dada por Marx ao problema da acumulação do capital total. No volume I de *O capital* não volta a ocupar-se desse aspecto da questão, e somente no final do volume II de sua obra fundamental trata novamente do problema: o último capítulo (21) está consagrado à acumulação e à reprodução ampliada do capital social.

Consideremos agora, detalhadamente, a exposição esquemática da acumulação feita por Marx. Seguindo o modelo do esquema da reprodução simples, que já conhecemos, Marx constrói um esquema da reprodução ampliada. Uma comparação entre ambos nos permitirá destacar com clareza sua diferença.

---

4 *Das Kapital*, v. I, p. 543.
5 *Op. cit.*, 544.

Suponhamos que o produto total anual da sociedade constitui um valor total de 9.000 (podendo entender-se milhões de horas de trabalho, ou expresso sob forma capitalista, em dinheiro, a quantidade que se quiser). Suponhamos que esse produto total esteja distribuído do seguinte modo:

I. 4.000 c + 1.000 v + 1.000 m = 6.000
II. 2.000 c +   750 v +   750 m = 3.000
Total   9.000

A primeira seção representa meios de produção; a segunda, meios de subsistência. É suficiente determo-nos um instante nesse caso para verificarmos a existência de uma reprodução simples. Os meios de produção elaborados na seção I são iguais à soma dos meios de produção consumidos realmente nas duas seções, cuja simples renovação é necessária para que se repita a produção na escala anterior. Por outro lado, o produto inteiro da seção de meios de subsistência é igual à soma dos salários e mais-valia de ambas as seções; isso demonstra que os meios de subsistência de que se dispõe só permitem a ocupação do número anterior de trabalhadores, e que, ao mesmo tempo, empregou-se toda a mais-valia em meios de subsistência, isto é, gastou-se no consumo pessoal da classe capitalista.

Tomemos, agora, o mesmo produto total de 9.000 na seguinte composição:

I. 4.000 c + 1.000 v + 1.000 m = 6.000
II. 1.500 c +   750 v +   750 m = 3.000
Total   9.000

Duas discrepâncias saltam aos nossos olhos. A quantidade de meios de produção elaborada (6.000) excede em 500 ao valor dos efetivamente consumidos na sociedade (4.000 c + 1.500 c). Ao mesmo tempo, a quantidade dos meios de subsistência elaborados (3.000) em comparação com a soma de salários pagos, isto é, as necessidades dos operários (1.000 v + 750 v) e a mais-valia obtida (1.000 *m* + 750 *m*) representa um déficit de 500. Segue-se daí – visto que fica excluída a diminuição do número de operários empregados – que o consumo da classe capitalista deve ser menor do que a mais-valia por ela percebida. Com isso cumpriram-se as duas condições prévias necessárias na produção capitalista para que se dê uma produção ampliada: uma parte da mais-valia apropriada não se consome, mas destina-se a fins produtivos, e ao mesmo tempo elaboram-se em maior quantidade meios de produção para que a mais-valia capitalizada possa destinar-se efetivamente à ampliação da produção.

Tratando-se do esquema da produção simples, falamos que suas condições sociais básicas se encerram na seguinte proporção exata: o valor da soma dos meios de produção elaborados (produtos da seção I) deve ser igual ao capital constante de ambas as seções, enquanto a soma dos meios de subsistência elaborados (produtos da seção II) é igual à soma do capital variável e da mais-valia em ambas as seções; na reprodução ampliada, temos que aceitar uma dupla relação inversa. O suposto geral da reprodução ampliada é: o valor do produto da seção I é maior do que o capital constante de ambas as seções juntas, o valor do produto da seção II é, ao contrário, menor que a soma do capital variável e da mais-valia de ambas as seções.

Com isso não esgotamos, mas apenas nos iniciamos, certamente, na análise da reprodução ampliada.

Agora, cabe-nos seguir as proporções derivadas do esquema, em seu funcionamento ulterior, no curso da circulação e na continuidade do processo reprodutivo. Enquanto a reprodução simples pode comparar-se a um círculo que se percorre constantemente de novo, a reprodução ampliada se assemelha, segundo Sismondi, a uma espiral que cada vez ascende mais. Consideraremos detalhadamente as curvas dessa espiral. Agora, a primeira questão básica que se propõe é a seguinte: como se realiza, dados os supostos já conhecidos, a acumulação efetiva nas duas seções, de modo que os capitalistas capitalizem uma parte de sua mais-valia e ao mesmo tempo encontrem as condições prévias materiais necessárias da produção ampliada?

Marx explica o problema com a ajuda da seguinte exposição esquemática:

Suponhamos que a metade da mais-valia I é acumulada. Teremos então que os capitalistas acumulam 500 para seu consumo, e convertem em capital outros 500. Como sabemos, para funcionar, esse capital adicional de 500 tem que se dividir em constante e variável. Suponhamos que, apesar da maior amplitude da produção, a proporção entre ambos continue sendo a mesma que no capital original, isto é, 4:1. Nesse caso, os capitalistas da seção I distribuirão seu capital adicional de 500 de tal modo que adquiram novos meios de produção no valor de 400 e novos operários no valor de 100. A compra de novos meios de produção por 400 não oferece nenhuma dificuldade, pois sabemos que a seção I elaborou 500 meios de produção excedentes. Portanto, 4/5 deles foram empregados dentro da seção I para realizar a ampliação da produção. Mas o aumento correspondente do capital variável de 100, em dinheiro, não basta; os trabalhadores adicionais devem encontrar, também, os meios de subsistência correspondentes, e estes só podem ser extraídos da seção II. Por conseguinte, agora se deslocará a circulação entre as duas grandes seções. Primeiramente, na produção simples, a seção I extraía da segunda o valor de 1.000 meios de subsistência para os próprios trabalhadores, agora necessita sacar mais 100. Por conseguinte, a seção I começará dessa maneira a reprodução ampliada:

$$4.400\ c + 1.100\ v$$

Por seu lado, a seção II, com a venda dos 100 meios de subsistência adicionais, encontra-se em situação de adquirir uma quantidade equivalente de meios de produção suplementares da seção I. De fato, na seção I ficaram justamente 100 do excedente total do produto, e os adquire a seção II, para proceder, por sua vez, a uma ampliação da produção.

A REPRODUÇÃO AMPLIADA

Mas tampouco pode fazer-se grande coisa com o aumento de meios de produção: somente para pô-los em movimento são necessários operários adicionais. Suponhamos, também, que se mantém a composição anterior do capital e que, portanto, a relação entre o capital constante e variável é de 2:1; nesse caso, para que atuem os 100 meios de produção adicionais, requerem-se novos operários no valor de 50. Mas para esses novos operários tornam-se necessários, também, novos meios de subsistência, na importância de seus salários, meios que a própria seção II fornece. Portanto, do produto total da seção II empregaram-se, além dos meios de subsistência adicionais no valor de 100 para os novos operários da seção I, mais outros 50, para os próprios operários da seção II. Por conseguinte, a seção II começa a reprodução ampliada com os seguintes termos:

1.600 c + 800 v

Agora, o produto total da seção I (6.000) entrou completamente na circulação: 5.000 foram necessários para a simples renovação dos meios de reprodução antigos de ambas as seções, 400 foram empregados para ampliar a produção da seção I, 100 para o mesmo objetivo na seção II. No que concerne ao produto total da seção II (3.000), 1.900 foram empregados para o aumento de operários em ambas as seções. Os 1.000 restantes servem para o consumo dos capitalistas, que gastam assim sua mais-valia nesta distribuição: 500 na seção I, 600 para os capitalistas na seção II, que de sua mais-valia de 750 somente capitalizaram 150 (100 para meios de produção e 50 para salários de seus trabalhadores).

Pode-se, agora, verificar a produção ampliada. Se conservarmos a mesma cota de exploração que no capital original, 100%, no período seguinte teremos:

I. 4.400 c + 1.100 v + 1.100 m = 6.600
II. 1.600 c +   800 v +   800 m = 3.200
Total   9.800

A ACUMULAÇÃO DO CAPITAL

O produto total da sociedade passou de 9.000 para 9.800, a mais-valia da seção I de 1.000 para 1.100; a da seção II de 750 para 800; o objetivo da ampliação capitalista da produção, a produção aumentada de mais-valia, foi conseguido. Ao mesmo tempo, a composição material do produto total social dá um excedente de meios de produção (6.600) sobre os efetivamente consumidos (4.400 + 1.600), assim como um déficit de meios de subsistência (3.200) em comparação com os salários pagos (1.100 v + 800 v) e a mais-valia conseguida (1.100 m + 800 m). Com isso surgem tanto um fundamento material como a necessidade de empregar uma parte da mais-valia não no consumo da classe capitalista, mas na ampliação renovada da produção.

A segunda ampliação da produção e o acréscimo da obtenção da mais-valia comprovam-se por si mesmos, com suas proporções matemáticas exatas. A acumulação do capital, uma vez iniciada, leva mecanicamente além de si mesma. O círculo transformou-se em uma espiral que continua ascendendo cada vez mais, como sob a pressão de uma lei natural suscetível de medida matemática. Se para os anos seguintes supusermos a mesma capitalização da metade da mais-valia na seção I, conservando a composição do capital e o grau de exploração, teremos a seguinte progressão na produção do capital social:

Segundo ano:

I. $4.840\ c + 1.210\ v + 1.210\ m =\ 7.260$
II. $1.760\ c +\ \ \ 880\ v +\ \ \ 880\ m =\ \underline{3.520}$
Total $\ 10.780$

Terceiro ano:

I. $5.324\ c + 1.331\ v + 1.331\ m =\ 7.986$
II. $1.936\ c +\ \ \ 968\ v +\ \ \ 968\ m =\ \underline{3.872}$
Total $\ 11.858$

Quarto ano:

I. 5.856 c + 1.464 v + 1.464 m = 8.784
II. 2.129 c + 1.065 v + 1.065 m = 4.249
Total   13.033

Quinto ano:

I. 6.442 c + 1.610 v + 1.610 m = 9.662
II. 2.342 c + 1.172 v + 1.172 m = 4.686
Total   14.348

Assim, em cinco anos, a acumulação do produto total social passou de 9.000 para 14.318, o capital total social, de 5.400 c + 1.750 v = 7.150 para 8.784 c + 2.782 v = 11.566, e a mais-valia, de 1.000 m + 500 m = 1.500 m para 1.464 m + 1.065 m = 2.529 m, havendo aumentado a mais-valia consumida pessoalmente, passando de 1.500 m no princípio da acumulação para 732 + 958 = 1.690 no último ano.[6] Por conseguinte, a classe capitalista capitalizou mais, sofrendo mais "abstinência", e, entretanto, viveu com maior largueza. A sociedade enriqueceu materialmente; enriqueceu em meios de produção, em meios de subsistência, e ao mesmo tempo em sentido capitalista: produz uma mais-valia cada vez maior. O produto total entra completamente na circulação social, destinando uma parte à ampliação da produção, outra, a fins de consumo. As necessidades de acumulação do capital cobrem-se, ao mesmo tempo, com a composição material do produto social total. Ocorre, como Marx expôs no primeiro volume de *O capital:* a mais-valia produzida pode ser convertida em capital, porque o sobreproduto social vem de antemão ao mundo na figura de meios de produção, uma figura que só permite o seu emprego no processo de produção. Paralelamente, realiza-se a ampliação da repro-

---

6 Das *Kapital*, v. II, p. 487-490.

dução observando estritamente as leis da circulação: o fornecimento mútuo de ambas as seções da produção com meios de produção e meios de subsistência adicionais verifica-se por meio da troca de equivalentes, de mercadoria, possibilitando e condicionando a acumulação de uma seção à acumulação da outra. O complicado problema da acumulação transformou-se, assim, em progressão esquemática de assombrosa simplicidade. A série de acumulações anteriormente iniciadas pode prosseguir até o infinito. Basta para isso observar as seguintes regras: ao aumento do capital constante na primeira seção deve corresponder sempre um aumento determinado de seu capital variável, mas com este deu-se, de antemão, a quantia que pode ter o aumento do capital constante na seção II; por sua vez, esse deve ir acompanhado de um aumento correspondente de capital variável. Finalmente, com a magnitude do capital variável aumentado, dá-se sempre a parte da soma total de meios de subsistência, que fica disponível para o consumo pessoal da classe capitalista. Também se falará que essa quantidade de meios de subsistência que fica para o consumo privado dos capitalistas coincide exatamente, em seu valor, com o da parte não capitalizada da mais-valia em ambas as seções.

    A continuação do desenvolvimento esquemático da acumulação sob as duas simples regras anunciadas não tem limites, como ficou dito. Será que não chegamos a resultados tão assombrosamente simples porque nos limitamos a fazer meros exercícios de adição e subtração que não podiam oferecer-nos surpresas? Não comprovamos que a acumulação pode prolongar-se até o infinito sem obstáculo algum, porque o papel permite, paciente, que nós o enchamos de equações matemáticas. A fim de esclarecer sobre a veracidade desses fatos, consideraremos as condições sociais concretas da acumulação.

VII
Análise do esquema da reprodução ampliada de Marx

A primeira ampliação da reprodução oferecia este aspecto:

I. $4.400\ c + 1.100\ v + 1.100\ m = 6.600$
II. $1.600\ c + 800\ v + 800\ m = \underline{3.200}$
Total $\phantom{1.600\ c + 800\ v + 800\ m = }9.800$

Aqui, manifesta-se claramente a mútua dependência da acumulação em ambas as seções. Mas essa dependência tem uma natureza particular. A acumulação parte da seção I, a seção II apenas acompanha o movimento, e a amplitude da acumulação está determinada unicamente pela seção I. Marx realiza a acumulação enquanto capitaliza em I a metade da mais-valia e em II somente a que é necessária para assegurar a produção e a acumulação em I. Ao mesmo tempo, faz com que os capitalistas da seção II consumam 600 m, embora os capitalistas da seção I que apropriam um valor duplo e uma mais-valia muito maior só consumam 500 m. No ano seguinte faz com que os capitalistas da seção I capitalizem novamente a metade de sua mais-valia e "obriga" os capitalistas da seção II a capitalizarem mais que no anterior, arbitrariamente tanto quanto necessite a seção I, na qual ficam para os capitalistas da II, desta vez, 560 menos que no ano anterior, o que constitui sem dúvida um resultado bastante estranho da acumulação. Marx descreve o processo do seguinte modo:

> Prossegue-se acumulando sob I na mesma proporção; isto é, 550 m gastam-se como renda, 550 m se acumulam. Primeiramente, 1.100 I v são substituídos por 1.100 II c, logo, serão convertidos a 550 I m na importância das mercadorias da

seção II, isto é, no total 1.650 I $(v + m)$. Mas o capital constante de II que deve ser substituído é somente = 1.600 e, portanto, os 50 restantes (!) terão que ser deslocados, sacando-os de 800 II m. Primeiramente, se dispensamos o dinheiro teremos como resultado esta transação:

    I. 4.400 c + 550 m (que é preciso capitalizar); ao mesmo tempo no fundo de consumo dos capitalistas e trabalhadores 1.650 $(v + m)$ realizados em mercadorias da seção II c.

    II. 1.650 c (50 acrescentados segundo o dito antes de II m) mais 800 v, 750 m (fundo de consumo dos capitalistas).

Mas se a seção II mantém a antiga relação v a c, terá que inverter para 50 c outros 25 v, os quais terão de ser tomados dos 750 m; teremos, pois:

    II. 1.650 c + 825 v + 725 m.

Sob I tem-se que capitalizar 550 m; mantém-se a proporção anterior, 440 são capital constante, e 110, capital variável. Esses 110 terão de ser retirados eventualmente (!) de 725 II m, ou seja, meios de consumo no valor de 110 são consumidos pelos operários da seção I em vez de sê-lo pelos capitalistas da II, vendo-se, portanto, estes últimos forçados (!) a capitalizar esses no m, que não podem consumir. Com isso, dos 725 II m ficam 615 II m. Mas, se a seção II transforma esses 110 em capital constante adicional, necessita de um capital variável adicional de 55, este, por sua vez, terá que se comparar com sua mais-valia; subtraído de 615 II m, ficam 560 para o consumo dos capitalistas da seção II, e realizadas todas as transposições atuais e potenciais do capital, teremos:

    I. (4.400 c + 440 c) + (1.100 v + 110 v) = 4.840 c + 1.210 v = 6.050

    II. (1.600 c + 50 c + 110 c) + (800 v + 25 v + 55 v) = 1.760 c + 880 v = 2.640

Total   8.690[1]

Incluímos essa longa citação porque mostra claramente de que modo Marx nesse ponto impõe à acumulação na seção I a despesa dos trabalhadores da seção II. Com a mesma dureza procede com os capitalistas da seção de meios de subsistência nos anos seguintes. No terceiro ano, segundo a mesma regra, faz com que se acumulem 264 m e que consu-

---

1 *Das Kapital*, v. II, p. 488.

mam 616, mais que nos dois anos anteriores. No quarto ano faz com que se capitalizem 290 *m* e se consumam 678, no quinto acumulam 320 *m* e consomem 745.

Ao mesmo tempo, Marx acrescenta:

> Para que a coisa se realize normalmente, a acumulação na seção II terá que se verificar com mais rapidez que na primeira porque a parte de I $(v + m)$ que se transformará em mercadorias II *c* cresceria, ao contrário, mais depressa que II *c*, que é a única na qual pode converter-se.[2]

Mas as cifras enumeradas mostram que na seção II não se verifica uma acumulação mais rápida, porém uma acumulação oscilante, podendo tomar-se como regra o seguinte: Marx faz avançar a acumulação fazendo com que a seção I produza sobre uma base mais ampla; a acumulação da seção II somente aparece como consequência e condição da outra, em primeiro lugar, para fazer-se carga dos meios de produção excedentes e, em segundo, para fornecer o excedente dos meios de consumo requeridos para os trabalhadores adicionais. A iniciativa do movimento parte constantemente da seção I, a II desempenha um papel passivo. Assim, os capitalistas da seção II somente podem acumular tanto quanto o necessário para a acumulação da I e têm que consumir com a mesma importância. Ao passo que a seção I capitaliza sempre a metade da mais-valia e consome a outra metade, o que tem como resultado uma ampliação regular da produção e do consumo pessoal da classe capitalista, o duplo movimento da seção II verifica-se do seguinte modo:

Em 1 ano se capitaliza 150 e se consome 600
Em 2 anos se capitaliza 240 e se consome 660
Em 3 anos se capitaliza 254 e se consome 626

---

[2] *Das Kapital*, v. II, p. 489.

Em 4 anos se capitaliza 290 consome e se 678
Em 5 anos se capitaliza 320 consome e se 745

Não existe nenhuma regra visível nessa acumulação e nesse consumo, ambos limitam-se a seguir as necessidades da acumulação na seção I. O fato de não se levar em conta que os números absolutos do esquema de cada uma das equações sejam arbitrários não diminui seu valor científico. O que importa são as proporções que devem expressar relações exatas. Mas as proporções de acumulação da seção I, ditadas por uma clara construção, parecem viciadas com uma edificação totalmente arbitrária das proporções da seção II; essa circunstância nos induz a um exame que nos permite aprofundar na análise.

Poderia, entretanto, supor-se que se trata somente de um exemplo mal escolhido. O próprio Marx não se conforma com o esquema citado, e acrescenta em seguida um segundo exemplo para explicar o movimento da acumulação. Os números da equação aparecem dispostos da seguinte maneira:

$$
\begin{aligned}
\text{I.} \quad & 5.000\,c + 1.000\,v + 1.000\,m = 7.000 \\
\text{II.} \quad & 1.430\,c + 285\,v + 285\,m = \underline{2.000} \\
\text{Total} \quad & 9.000
\end{aligned}
$$

Aqui vemos que, diferindo do exemplo anterior, dá-se em ambas as seções a mesma composição do capital, sendo a relação do constante ao variável de 5:1. Isso pressupõe: desenvolvimento já considerável da produção capitalista e em consequência da produtividade do trabalho; considerável ampliação, já anterior, da escala produtiva; finalmente, desenvolvimento de todas as circunstâncias que produzem uma relativa superpopulação da classe operária. Não fazemos, pois, como no primeiro exemplo, a primeira transição da produção simples à ampliada, que só tem, aliás, um valor teórico abstrato, mas tomamos o movimento da acumulação em pleno andamento, em um grau de evolução já elevado. Em si mesmos esses supostos são perfeitamente admissíveis e não modificam tampouco as regras que nos guiaram a desenvolver a espiral da produção. Também aqui, Marx toma como ponto de partida a capitalização da metade da mais-valia da seção I:

> Suponhamos, agora, que a classe capitalista da seção I consuma metade da mais-valia = 500 e que acumule a outra metade. Nesse caso teria que transformar (1.000 v + 500 m) I = 1.500 em 1.500 II c. Como II c só é = 1.430, terá que adicionar 70 de mais-valia; deduzindo isso de 285 I m, ficam 215 II m. Teremos, pois:
> I. 5.000 c + 500 (a capitalizar) + 1.500 ($v + m$) no fundo de consumo dos capitalistas e operários.
> II. 1.430 c + 70 m (a capitalizar) + 285 v + 215 m.
> Como aqui 70 II m acrescentam-se diretamente a II c, para pôr em movimento esse capital constante adicional requer-se um capital de 70/5 = 14; por conseguinte, esses 14 subtraem-se também de 215 II m; ficam, pois, 201 II m, e temos:
> II. (1.430 c + 70 c) (285 v + 14 v) + 201 m.

Por meio dessas disposições pode realizar-se a capitalização. Verifica-se do seguinte modo:

Na seção I, os 500 m que se capitalizam dividem-se em 5/6 = 417 c + 1/6 = 83 v. Os 83 v subtraem uma importância igual de II m que compra elementos do capital constante, ou seja, que se incorpora a II c. Um aumento em 83 II c determina um aumento de II v em 1/5 de 83 = 17. Temos, portanto, o movimento:

I. (5.000 c + 417 m) + (1.000 v + 83 m) v = 5.417 c + 1.083 v = 6.500
II. (1.500 c + 83 m) + (299 v + 17 m) v = 1.583 c + 316 v = 1.899
Total   8.399

Na seção I, o capital aumentou de 6.000 para 6.500, ou seja, em 1/12; na seção II, de 1.715 para 1.899, ou seja, nem sequer em 1/9.

A reprodução sobre essa base, no ano seguinte, dá no fim do ano:

I. 5.417 c + 1.083 v + 1.083 m = 7.583
II. 1.583 c +   316 v +   316 m = 2.000
Total   9.798

Se se continua acumulando na mesma proporção, teremos no fim do segundo ano:

I. 5.869 c + 1.173 v + 1.173 m = 8.215
II. 1.715 c +   342 v +   342 m = 2.399
Total   10.614

E no fim do terceiro ano:

I. 6.358 c + 1.271 v + 1.271 m = 8.900
II. 1.858 c +   371 v +   371 m = 2.600
Total   11.500

Em três anos, o capital total social aumentou de 6.000 I + 1.715 II = 7.715 para 7.629 I + 2.229 II = 9.858, o produto total passou de 9.000 para 11.500.

Diferentemente do que ocorria no primeiro exemplo, a acumulação progredia uniformemente em ambas as seções; na primeira como na segunda seção, desde o segundo ano em diante se capitalizava uma metade da mais-valia e se consumia outra metade. Por conseguinte, o caráter arbitrário do primeiro exemplo parece firmar-se unicamente nas séries de números mal escolhidos. Entretanto, temos que examinar a marca sem obstáculo da acumulação e constatar se realmente representa algo mais que operações matemáticas realizadas com números habilmente escolhidos.

O que salta aos olhos como regra geral da acumulação, tanto no primeiro como no segundo exemplo, é sempre o seguinte: para que possa realizar-se a acumulação, a segunda seção necessita ampliar o capital

ANÁLISE DO ESQUEMA DA REPRODUÇÃO AMPLIADA DE MARX

constante na mesma proporção em que a primeira realiza o aumento da parte consumida da mais-valia, e igualmente deve aumentar o capital variável. Como se vê no exemplo do primeiro ano, o capital constante da segunda seção deve realizar uma adição de 70. Por quê? Porque esse capital representava até então 1.430. Mas, se os capitalistas da seção I querem acumular a metade de sua mais-valia (1.000) e consumir a outra metade, necessitam para si e para seus operários de meios de subsistência pelo valor de 1.500, e somente podem adquiri-los trocando na seção II com seus próprios produtos, os meios de produção. Mas, como a seção II somente cobria sua própria necessidade de meios de produção pela importância do próprio capital constante (1.430), a *troca* somente pode verificar-se no caso de a seção II resolver aumentar em 70 seu capital constante, ou seja, ampliar a própria produção, o que só pode realizar-se com a capitalização de uma parte correspondente da mais-valia. Se essa importa na seção II em 285 *m*, 70 serão transformados em capital constante. Aqui dá-se o primeiro passo na ampliação da produção na seção II como condição e consequência de uma ampliação do consumo dos capitalistas da seção I. Prossigamos. Até agora a classe capitalista está capacitada para gastar em seu consumo pessoal a metade da mais-valia (500). Para capitalizar a outra metade tem que distribuir os 500 conforme a composição anterior, isto é, destinando 417 ao capital constante e 83 ao variável. A primeira operação não oferece nenhuma dificuldade: os capitalistas da seção I possuem em seu próprio produto um excedente de 500, que consiste em meios de produção cuja figura natural os possibilita ser admitidos diretamente no processo de produção; assim forma-se uma ampliação do capital constante da seção I, baseada na importância correspondente do próprio produto dessa seção. Mas, para que os 83 correspondentes possam funcionar como capital variável, é necessário contar com a mesma importância para meios de subsistência para os novos operários. Aqui se manifesta pela segunda vez a dependência em que se encontra a acumulação da seção I da que tem lugar na seção II: a primeira é obrigada a tomar da segunda meios de subsistência para seus operários no valor de 83 mais do que antes. Como isso, por sua vez, só acontece mediante a troca de mercadorias, essa necessidade da seção I só pode ser satisfeita sob a condição de que, por sua parte, a seção II se declare disposta a aceitar os produtos da primeira, ou seja, meios de produção no valor de 83. Como com os meios de produção não se pode fazer outra coisa senão empregá-los no processo da produção, resulta para a seção II a possibilidade e ao mesmo tempo a necessidade de ampliar uma vez mais o capital constante no valor de 83, com o qual se pagam 83 da mais-valia dessa seção ao consumo pessoal e se aplicam à capitalização. O segundo passo no incremento da produção da seção II está condicionado pelo aumento do capital variável na primeira. Tendo-se, então, na seção I, todas as condições materiais da acumulação, pode verificar-se a reprodução ampliada. Em troca, a segunda só realizou, momentaneamente, uma dupla ampliação do capital constante. Dele resulta que, se os meios de produção novamente adquiridos serão realmente utilizados, é necessário um aumento correspondente do número de operários. Mantendo as proporções aceitas até aqui, para o novo capital constante de 153, requer-se um novo capital variável de 31. Com isso fica dito que é preciso capitalizar uma importância equivalente de mais-valia. Logo, o fundo de consumo dos capitalistas da seção II resulta, como consequência do resto da mais-valia (285 m), depois de deduzir o duplo aumento do capital constante (70 + 83) e do aumento correspondente do variável (31), no total 184 pelo valor de 101. Através dessas operações semelhantes no segundo ano da acumulação na seção II, a mais-valia se distribui em 158 para a capitalização e 158 para o consumo dos capitalistas; no terceiro ano, 172 e 170.

Temos considerado o processo com tanta atenção, e o temos seguido passo a passo, porque se deduz com clareza que a acumulação da seção II dele depende completamente e está dominada pela acumulação da primeira. É certo que essa dependência não se manifesta nos deslocamentos arbitrários na distribuição da mais-valia na seção II, como sucedia no primeiro exemplo do esquema de Marx. Mas o fato em si persiste ainda quando a mais-valia se reparte, como agora, tão exatamente em metades: uma para fins de capitalização e outra para fins de consumo pessoal. Apesar da nivelação numérica da classe capitalista em ambas as divisões, vê-se claramente que todo o movimento de acumulação é originado e realizado ativamente pela seção I, embora a seção II se limite a acompanhá-la passivamente. Essa dependência encontra também expressão exata na seguinte regra: a acumulação somente pode verificar-se em ambas as seções ao mesmo tempo, sob a condição de que a seção de meios de subsistência amplie seu capital constante na mesma proporção em que os capitalistas da seção de meios de produção ampliem seu capital variável e seu fundo pessoal. Essa proporção (incremento II c = incremento I v + incremento I $m\ k$) é a base matemática do esquema da acumulação de Marx, quaisquer que sejam as proporções numéricas em que se formule.

Temos que examinar, agora, se essa regra rigorosa da acumulação capitalista possui realidade objetiva.

Voltemos, primeiramente, à reprodução simples. Como se recorda, o esquema de Marx era o seguinte:

I.   4.000 c + 1.000 v + 1.000 m = 7.000 meios de produção
II. 2.000 c +   500 v +   500 m = 2.000 meios de produção
Total   9.000 meios de produção

Aqui, estabelecemos também determinadas proporções em que se baseia a reprodução simples. Essas proporções eram:

1. O produto da seção I é igual, em valor, à soma dos capitais constantes das seções I e II.

2. Resulta da proposição anterior que o capital constante da seção II é igual à soma do capital variável e da mais-valia da seção I.
3. E das duas precedentes que o produto da seção II é igual à soma dos dois capitais variáveis e mais-valia de ambas as seções.

Essas proporções do esquema correspondem às condições da produção capitalista (reprodução simples). Assim, por exemplo, a proporção 2 está condicionada pela produção de mercadorias, isto é, pela circunstância de que os empresários de cada seção somente podem obter os produtos da outra sob troca de equivalentes. O capital variável e a mais-valia da seção I juntos expressam os meios de subsistência de que necessita essa seção. Esses meios serão completados aos produtos da seção II, mas só podem ser obtidos por meio da troca de valores iguais do produto I, ou seja, meios de produção. Como a seção II não pode fazer com este equivalente, por causa de sua natureza, outra coisa que empregá-lo no processo de produção como capital constante, dá-se com isso a ampliação do capital constante da seção II. Se existisse aqui uma desproporção; se, por exemplo, o capital constante de II fosse maior que $(v + m)$ I, não poderia ser transformado completamente em meios de produção, pois a seção I necessitaria de poucos meios de subsistência. Se o capital constante fosse menor que $(v + m)$ I, os operários dessa seção não poderiam ser ocupados na escala anterior, ou os capitalistas não poderiam consumir inteiramente a sua mais-valia. Em qualquer dos casos estariam prejudicadas as hipóteses da reprodução simples.

Mas essas proporções não são meros exercícios matemáticos, nem estão condicionadas meramente para que a produção seja uma produção de mercadorias. Para nos convencermos disso, temos um meio simples. Por um momento, representemos em vez da produção capitalista a socialista, isto é, uma economia planificada, em que a divisão social do trabalho substituiu a troca. Nessa sociedade, haveria mesmo assim uma divisão do

ANÁLISE DO ESQUEMA DA REPRODUÇÃO AMPLIADA DE MARX

trabalho na produção de meios de produção e na produção de meios de subsistência. Suponhamos, além disso, que o nível técnico do trabalho determina que 2/3 de trabalho social se destinem à elaboração de meios de produção e um terço à de meios de subsistência. Suponhamos que essas condições são necessárias para o sustento de toda a parte trabalhadora da sociedade, anualmente, 1.500 unidades de trabalho (dias, meses ou anos) assim distribuídas: 1.000 na seção de meios de produção, 500 na de meios de subsistência; gastando-se em cada ano meios de produção de períodos de trabalho anteriores, que representam o produto de 3.000 unidades de trabalho.

Mas essa tarefa de trabalho não basta para a sociedade, pois o sustento de todos os membros não trabalhadores (no sentido material, produtivo) da sociedade – crianças, velhos, enfermos, funcionários públicos, artistas e cientistas – exige um suplemento considerável de trabalho. Além disso, toda sociedade civilizada necessita de um fundo de reserva contra acidentes de natureza elementar. Suponhamos que o sustento dos não trabalhadores, junto com o fundo de reserva, demanda tanto trabalho quanto o sustento dos trabalhadores. Nesse caso, resultará o seguinte esquema de uma produção planificada:

I. $4.000\ c + 1.000\ v + 1.000\ m = 6.000$ meios de produção
II. $2.000\ c +\ \ \ 500\ v +\ \ \ 500\ m = 3.000$ meios de subsistência

representando c os meios de produção materiais utilizados explicitamente na jornada de trabalho social, v, a jornada de trabalho socialmente necessária para o sustento dos trabalhadores, m, a necessária para o sustento dos não trabalhadores, junto com o fundo de reserva.

Se examinarmos as proporções do esquema teremos os seguintes resultados. Aqui não há produção de mercadoria, nem portanto troca, mas apenas divisão do trabalho social. Os produtos da seção I se destinam na quantidade necessária aos trabalhadores da II; os da seção II, aos trabalhadores e não trabalhadores (de ambas as seções), assim como ao fundo de seguros, não pela troca de equivalentes, mas em virtude de a organização social dirigir planificadamente o processo total, sendo necessário que sejam cobertas as necessidades existentes, já que a produção não conhece outro fim que o de completar justamente as necessidades sociais.

Entretanto, as proporções conservam sua validez absoluta. O produto da seção I tem que ser igual a I c + II c, o que significa simplesmente que na seção I é necessário renovar, anualmente, todos os meios de produção gastos pela sociedade em seu processo de trabalho anual. O produto da seção II tem que ser igual à soma $(v + m)$ I + $(v + m)$ II; isso significa que a sociedade elabora anualmente os meios de subsistência que correspondem às necessidades de todos os seus membros, trabalhadores e não trabalhadores, junto com reservas para o fundo de seguros. As proporções do esquema aparecem igualmente naturais e necessárias em um sistema econômico planificado ou em um sistema capitalista baseado na troca de mercadorias e no anarquismo. Com isso, demonstrou-se a validade social objetiva do esquema. Embora, por ser justamente reprodução simples, tanto na sociedade capitalista como na planificada, esse esquema seja um mero postulado teórico, e na prática somente se apresente como exceção.

Tratemos agora de examinar da mesma maneira o esquema da reprodução ampliada.

Representemos uma sociedade capitalista e tomemos o esquema do segundo exemplo de Marx. Do ponto de vista da sociedade planificada, não se olhará naturalmente para a seção I, e sim para a seção II. Simbolizemos que a sociedade cresce rapidamente, do que resulta uma demanda crescente de meios de vida para trabalhadores e não trabalhadores. Essa demanda cresce tão rapidamente que – deixando, momentaneamente, de lado os progressos da produtividade do trabalho – é necessária uma quantidade constantemente aumentada de trabalho para a elaboração de meios de subsistência. Suponhamos que a quantidade de meios de subsistência necessários, expressa no trabalho social a ela incorporado, aumenta de ano para ano; digamos, na proporção de 2.000, 2.215, 2.399, 2.600 etc. Para elaborar essa quantidade crescente de meios de subsistência, requer-se tecnicamente uma massa crescente de meios de produção que aumenta de ano para ano – medida em jornada de trabalho social – na seguinte proporção: 7.000, 7.583, 8.215, 8.900 etc. Suponhamos que seja necessário para essa ampliação da produção um rendimento de trabalho anual de 2.570, 2.798, 3.030, 3.284 [os números correspondem às somas respectivas de $(v + m)$ 1+ $(v + m)$ II], e, finalmente, que a distribuição de trabalho anual seja tal que a metade se aplique ao sustento dos trabalhadores, uma quarta parte, ao sustento dos não trabalhadores, e uma última quarta parte, à ampliação da produção do ano seguinte. Temos, assim, para a sociedade socialista as proporções do segundo esquema de Marx e a reprodução ampliada. De fato, somente é possível uma ampliação da produção em qualquer sociedade, e, portanto, na planificada, quando: 1º) a sociedade dispõe de um número cada vez maior de operários; 2º) o sustento imediato da sociedade em cada período de trabalho não requer toda a sua jornada de trabalho, de modo que se possa dedicar uma parte ao futuro e suas exigências; 3º) quando anualmente se elabora uma massa de meios de produção crescente, sem a qual não é possível realizar uma ampliação progressiva da reprodução.

Considerado desse ponto de vista, o esquema marxista da reprodução ampliada conserva, *mutatis mutandis,* também sua validade objetiva para a sociedade planificada.

Examinemos, agora, essa validade do esquema para a economia capitalista. Nesse caso, perguntemo-nos, antes de mais nada, qual é o ponto de partida da acumulação. Sob esse aspecto, temos que seguir a dependência relativa do processo de acumulação em ambas as seções da produção. Sem dúvida, na sociedade capitalista, a seção II depende da seção I, uma vez que sua acumulação está condicionada pela existência de uma quantidade correspondente de meios de produção adicionais, enquanto a acumulação da seção I o está pela necessidade que tem de uma quantidade adicional correspondente de meios de subsistência para novos operários. Mas isso não significa que basta o cumprimento dessas condições para que se realize efetivamente a acumulação em ambas as seções e se verifique anualmente de um modo completamente automático como parece segundo o esquema de Marx. As condições indicadas da acumulação são apenas condições sem as quais a acumulação não pode verificar-se. Também a ordem de acumulação pode dar-se tanto na seção I como na II. Mas a ordem e as condições técnicas prévias da acumulação não bastam em uma economia capitalista. Para que haja uma acumulação de fato, ou seja, para que a produção se amplie, é necessária outra condição: que se amplie a demanda com capacidade de pagamento de mercadorias. Agora, de onde vem a demanda constantemente crescente em que se fundamenta a ampliação progressiva da produção no esquema marxista?

À primeira vista, uma coisa é clara: não é possível que provenha dos capitalistas das seções I e II, ou seja, de seus consumos pessoais. Pelo contrário, a acumulação consiste justamente em que os capitalistas não consomem pessoalmente uma parte – e uma parte crescente pelo menos em valor absoluto – da mais-valia, e sim criam com elas bens. Certamente, o consumo pessoal dos capitalistas cresce com a acumulação, pode crescer inclusive segundo o valor consumido, mas, em todo caso, o que se destina ao consumo dos capitalistas é só uma parte da mais-valia. O fundamento da acumulação é justamente que os capitalistas não consumam a mais-valia. Para quem produz essa outra parte acumulada da mais-valia? Segundo o esquema de Marx, o movimento parte da seção I, da produção de meios de produção. Quem necessita desses meios de produção aumentados? O esquema nos responde: necessita-os a seção II para poder elaborar mais meios de subsistência. Quem necessita dos meios de subsistência aumentados? Novamente o esquema nos responde: justamente a seção I, porque agora ocupa mais operários. Movemo-nos indubitavelmente em um círculo vicioso. Elaborar mais meios de consumo simplesmente para poder alimentar mais operários, e elaborar mais meios de produção simplesmente para dar ocupação àquele aumento de operários, é um absurdo do ponto de vista capitalista. Certamente, para o capitalista individual o operário é tão bom consumidor, ou seja, tão bom comprador de sua mercadoria – se pode pagar – como um capitalista ou qualquer outro. No preço da mercadoria que vende ao operário, o capitalista individual realiza sua mais-valia exatamente da mesma maneira que no preço de qualquer mercadoria vendida a outro comprador. Mas, considerando a classe capitalista como um todo, isso não acontece. Esta somente dá à classe operária um vale sobre uma parte exatamente determinada do produto total pela importância do capital variável. Portanto, se os operários podem comprar meios de subsistência, eles acabam por devolver à classe capitalista a soma de salários que receberam dela na importância do capital variável. Não podem dar nem um centavo a mais, talvez um pouco menos, no caso de "pouparem", para se tornarem independentes, fazendo-se pequenos proprietários, o que constitui, entretanto, uma exceção. Uma parte da mais-valia é consumida pela própria classe capitalista, em forma de meios de subsistência, que guarda no bolso o dinheiro mutuamente trocado. Mas quem adquire os produtos em que está incorporada a outra parte capitalista da mais-valia? O esquema nos responde: em parte, os próprios capitalistas quando elaboram novos meios de produção para ampliá-los, em parte, novos operários que são necessários para o emprego daqueles novos meios de produção. Mas no sistema capitalista, para fazer com que novos operários trabalhem com novos meios de produção, é necessário que haja um fim para a ampliação da produção, uma nova demanda dos produtos que se quer elaborar.

Talvez a resposta seja: essa demanda crescente é proporcionada pelo aumento natural da população. De fato, em nossa investigação hipotética da reprodução ampliada numa sociedade socialista, partimos do crescimento da população e suas necessidades. Mas as necessidades da sociedade socialista são base suficiente, como também o objetivo final da produção. Na sociedade capitalista o problema apresenta outro aspecto. De que população se trata quando falamos de seu aumento? Conhecemos aqui – no esquema de Marx – apenas duas classes de população: capitalistas e operários. O aumento da classe capitalista fica compreendido na ampliação absoluta crescente da parte por ela consumida da mais-valia. Entretanto, nunca pode consumir inteiramente a mais-valia, pois, assim, voltaríamos à reprodução simples. Restam os operários. A classe operária também aumenta por crescimento natural. Mas esse crescimento em si mesmo não interessa à economia capitalista como ponto de partida de necessidades crescentes.

A produção de meios de subsistência para cobrir as necessidades de I v e II v não é um fim em si mesma, como acontece numa sociedade em que os trabalhadores e a satisfação de suas necessidades constituem o fundamento do sistema econômico. Na economia capitalista não se produzem na seção II tantos meios de subsistência para que seja alimentada a classe trabalhadora das seções I e II. Ao contrário. Podem alimentar-se em cada caso tantos operários nas seções I e II porque sua capacidade de trabalho pode ser utilizada nas condições existentes do mercado. Isto é, o ponto de partida na produção capitalista não é um número determinado de operários e suas necessidades, e sim que estas mesmas ampliações são "variáveis dependentes", oscilando constantemente em virtude das possibilidades de lucro dos capitalistas. Pergunta-se, pois, se o crescimento natural da classe trabalhadora significa também um novo crescimento da demanda, com capacidade de pagamento maior que o capital variável.

ANÁLISE DO ESQUEMA DA REPRODUÇÃO AMPLIADA DE MARX

Não pode ser esse o problema. Em nosso esquema, a única fonte de dinheiro para a classe trabalhadora é o capital variável. Portanto, o capital variável compreende, previamente, o crescimento da classe trabalhadora. De duas uma: ou os salários estão calculados de tal modo que sustentam também a descendência dos trabalhadores, e, nesse caso, a descendência não pode incluir-se novamente como base do consumo ampliado ou isso não acontece, e então os operários jovens (a descendência) devem fornecer trabalho para receber salários e meios de subsistência. Nessa hipótese, a descendência trabalhadora se acha incluída no número de operários ocupados. O crescimento natural da população não pode explicar-nos, portanto, o processo de acumulação no sistema marxista.

Mas, alto! A sociedade – ainda sob o regime capitalista – não se compõe somente de capitalistas e operários assalariados. Além dessas duas classes há uma grande massa da população: proprietários territoriais, empregados, membros das profissões liberais (médicos, advogados, artistas, cientistas); a Igreja com seus ministros; e, finalmente, o Estado com seus funcionários e exército. Todas essas camadas de população não podem ser consideradas como capitalistas nem operários assalariados no sentido exato e, entretanto, terão de ser alimentadas e sustentadas pela sociedade. Será, pois, a demanda dessas camadas da população, que não são nem capitalistas nem trabalhadoras, a que torna necessária a ampliação da produção. Mas, considerada mais rigorosamente essa resposta, nota-se a sua falsidade. Os proprietários territoriais como consumidores da renda – isto é, de uma parte da mais-valia capitalista – serão contados evidentemente entre a classe capitalista, e seu consumo já terá sido levado em conta no das classes capitalistas, uma vez que consideramos a mais-valia em sua forma primária indivisível. Os membros das profissões liberais recebem seu dinheiro, ou seja, seus créditos contra uma parte do produto social quase sempre, direta ou indiretamente, das mãos dos capitalistas que os satisfazem com migalhas de sua mais-valia. Nesse sentido, seu consumo pode ser contado dentro da classe capitalista. O mesmo ocorre com os sacerdotes, salvo se estes recebem, por outro lado, emolumentos também dos trabalhadores, e, portanto, dos salários. Finalmente, o Estado com seus funcionários e exército mantêm-se por meio dos impostos; e isso sobrecarrega tanto a mais-valia como os salários. Em geral não há – dentro dos limites do esquema de Marx – mais de duas fontes de renda na sociedade: salários dos trabalhadores e mais-valia. Assim, todas as camadas da população enumeradas além dos capitalistas e dos operários só podem figurar dentro de uma das duas classes enquanto consumidores. O próprio Marx faz, com uma evasiva, referência a essas "terceiras pessoas" como compradores:

> Os membros da sociedade que não participam diretamente na reprodução, com ou sem trabalho, somente podem perceber sua parte do produto de mercadoria anual – ou seja, seus meios de consumo – das classes a quem o produto corresponde de modo direto: operários produtivos, capitalistas industriais e proprietários de terras. Nesse sentido, suas rendas procedem *materialiter* do salário (dos operários produtivos), do lucro do empresário e da renda da terra, aparecendo, portanto, como derivadas daquelas rendas originais. Mas, por outro lado, os que recebem as rendas, nesse sentido, derivadas, recebem-nas por intermédio de suas funções sociais de reis, sacerdotes, professores, prostitutas, soldados etc.; portanto, suas funções podem ser consideradas como as fontes originais de suas rendas.[3]

No que se refere aos consumidores de interesse do capital e renda da terra como compradores, Marx acrescenta:

> Mas se a parte da mais-valia das mercadorias que o capitalista industrial concederá, como renda da terra ou interesse do capital a outros coproprietários da mais-valia, não é realizável ao longo da renda das próprias mercadorias, ter-

---

3 *Das Kapital*, v. II, p. 346.

> mina-se com o pagamento de rendas e interesses, e, portanto, os proprietários territoriais ou os lobistas não podem aproveitar-se da alienação dessas rendas para converter em dinheiro qualquer parte da reprodução anual. O mesmo ocorre com os gastos dos chamados trabalhadores improdutivos, funcionários do Estado, médicos, advogados etc., e todos os demais que em forma de "*grand public*" prestam "serviços" aos economistas políticos para explicar o que não foi explicado por eles.[4]

Desse modo, não se podem descobrir, dentro da classe capitalista, clientes visíveis para as mercadorias em que se incorpora a parte acumulada da mais-valia, só nos resta um recurso: o comércio exterior. Entretanto, surgem várias objeções contra esse método de considerar o comércio exterior como uma cômoda saída para os produtos, com os quais não se sabe o que fazer no processo de reprodução. A referência ao comércio exterior vai unicamente transferir de um país para outro a dificuldade com que se tropeçou na análise, mas sem resolvê-la. A análise do processo de reprodução não se refere, em geral, a um só país capitalista, mas ao mercado capitalista mundial, para o qual todos os países contribuem. Marx ressalta isso no primeiro volume de *O capital*, quando trata da acumulação:

> Faz-se aqui a abstração do comércio de exportação, por meio do qual uma nação pode transformar meios de luxo em meios de produção ou subsistência, ou vice-versa. Para fazer realmente a investigação, temos que considerar o mundo total do comércio como uma nação e supor que a produção capitalista se estabeleceu em todas as partes e se apoderou de todos os ramos da indústria.[5]

A análise oferece a mesma dificuldade, se a consideramos sob outro aspecto. No esquema marxista da acumulação, pressupõe-se que a parte

---

4 *Das Kapital*, v. II, p. 432.
5 *Das Kapital*, v. II, p. 544.

da mais-valia social destinada a capitalizar-se vem ao mundo na forma natural, que condiciona e permite sua aplicação na acumulação. "Em uma palavra, a mais-valia somente é transformável em capital porque o sobreproduto, cujo valor integra, já contém os elementos materiais de um novo capital."[6] Expresso nas cifras do esquema, temos:

I. $5.000\ c + 1.000\ v + 1.000\ m = 7.000$ meios de produção
II. $1.430\ c +\ \ \ 285\ v +\ \ \ 285\ m = 2.000$ meios de consumo

Pode-se, assim, capitalizar a mais-valia na quantia de 570 m, pois consiste de antemão em meios de produção. Mas a essa massa de meios de produção corresponde uma massa excedente de meios de subsistência no valor de 114 m, e, portanto, em conjunto podem ser capitalizadas 684 m. Mas o processo da simples transformação dos meios de produção, correspondentes ao capital constante, e dos meios de subsistência ao capital variável, contradiz as bases da produção capitalista de mercadorias. A mais-valia, qualquer que seja sua forma, não pode deslocar-se diretamente da produção à acumulação, mas terá que ser previamente realizada, trocada por dinheiro.[7] A mais-valia da seção I no valor de 500 pode ser capitalizada, porém para esse fim é preciso que seja primeiramente realizada, necessitando modificar sua forma natural e assumir sua pura forma de valor antes de transformar-se em capital produtivo. Isso se refere a todos os capitalistas individuais, aplicando-se também à totalidade dos capitalistas, pois a realização da mais-valia em pura forma de valor é uma das condições fundamentais da produção capitalista, e no estudo completo da reprodução:

---

6 *Das Kapital*, v. II, p. 544.

7 Prescindimos, neste ponto, de casos nos quais uma parte do produto – por exemplo, o carvão nas minas de carvão – pode voltar diretamente, sem troca, ao processo produtivo. Esses casos constituem exceção no conjunto da produção capitalista. Ver Marx, *Theorien ueber den Mehrwert*, v. II, p. 255.

ANÁLISE DO ESQUEMA DA REPRODUÇÃO AMPLIADA DE MARX

> não cairemos no erro de Proudhon, ao copiar servilmente a economia burguesa quando considera que uma sociedade de formação capitalista, apreciada em conjunto, como um todo, perde seu caráter específico histórico-econômico. Pelo contrário, temos que construí-la com a totalidade dos capitalistas.[8]

Portanto, a mais-valia adotará incondicionalmente a forma de dinheiro, necessitando desprender-se da forma de sobreproduto antes de voltar a adotá-la para o fim de acumulação. O que é e quem adquire o sobreproduto das seções I e II? Para realizar a mais-valia das seções I e II já existe um mercado. Entretanto, com isso só se transformou a mais-valia em dinheiro. Para que essa mais-valia realizada possa ser empregada rapidamente na ampliação da produção, na acumulação, requer-se a probabilidade de um mercado futuro ainda maior, que se encontra igualmente fora das seções I e II. Esse mercado para o sobreproduto aumentará cada ano proporcionalmente à cota acumulada da mais-valia. Ou, ao contrário, a acumulação somente pode verificar-se na proporção em que aumenta o mercado fora das seções I e II.

---

8 *Das Kapital*, II, p. 409.

VIII
Tentativas de solução da dificuldade apresentada por Marx

Pensamos que o fato de prescindir completamente da circulação do dinheiro no esquema da reprodução ampliada, que nos fez parecer tão simples o processo da acumulação, sofre grandes dificuldades. Na análise da reprodução simples, esse procedimento achava-se completamente justificado. Ali, onde a produção se realiza unicamente para o consumo, sendo calculada sobre ele, o dinheiro só servia de intermediário, prestes a desaparecer da distribuição do produto social entre os diversos grupos de consumidores e da renovação do capital. Aqui, na acumulação, a forma monetária adquire uma função essencial: já não serve meramente como intermediária na circulação de mercadorias, mas como forma em que se apresenta o capital, como elemento da circulação do capital. A transformação da mais-valia sob a forma de dinheiro é a hipótese econômica essencial da acumulação capitalista, embora não seja um elemento essencial da reprodução efetiva. Portanto, entre a produção e a reprodução há duas metamorfoses do sobreproduto: o desprendimento da forma de uso e a adoção da forma natural correspondente aos fins da acumulação. Não importa que haja lapsos de tempo entre os diversos períodos da produção. Poderiam ser, igualmente, períodos mensais, ou as metamorfoses da mais-valia nas seções I e II poderiam cruzar-se em sua sucessão, cronologicamente. O que essas sucessões de anos significam na realidade são transformações econômicas e não espaços de tempo. Mas essa sucessão manter-se-á, seja maior ou menor o tempo em que se verifique, se permanecer, também, o caráter capitalista da acumulação.

A ACUMULAÇÃO DO CAPITAL

Por esse caminho, chegamos novamente à questão: quem realiza a mais-valia acumulada?

O próprio Marx sente que há uma lacuna em seu sistema exteriormente perfeito da acumulação e encara várias vezes o problema de diversos aspectos. Escutemos:

> Descrevemos no livro I como transcorre a acumulação para os capitalistas individuais. Pela transformação em dinheiro do capital-mercadoria, transforma-se igualmente em dinheiro o sobreproduto em que a mais-valia se expressa. Essa mais-valia transformada em dinheiro é convertida pelo capitalista em elementos naturais adicionais de seu capital produtivo. No ciclo imediato da produção, o capital aumentado oferece um produto aumentado. Mas o que aparece no capital individual aparecerá, também, na produção anual total, da mesma maneira que, como temos visto ao examinar a reprodução simples, a sucessiva transformação – no capital individual – de seus elementos fixos consumidos em dinheiro, que se acumula, expressa-se na reprodução social anual.[1]

Mais adiante, Marx estuda o mecanismo da acumulação justamente desse ponto de vista, ou seja, do ponto de vista de que a mais-valia antes de ser acumulada terá que passar pela forma monetária.

> Quando, por exemplo, o capitalista A vende a B durante um ano, ou um número considerável de anos, as quantidades de mercadorias por ele produzidas sucessivamente, transforma também, com isso, a parte do produto que se incorporou à mais-valia – o sobreproduto –, isto é, a mais-valia produzida por ele sob a forma de mercadoria se transforma sucessivamente em dinheiro, que entesourado, gradualmente, forma assim potencialmente novo capital-dinheiro; potencialmente por sua virtude e destino de ser transformado em elementos de capital produtivo, mas, de fato, só realiza um simples entesouramento que não constitui um elemento da reprodução total. Sua autoridade apenas consiste, primordialmente, em subtrair dinheiro circulante da circulação, não ficando excluída a possibilidade de que o dinheiro circulante por ele detido fosse parte

---

[1] *Das Kapital*, v. II, p. 465.

de outro tesouro, antes de seu ingresso na circulação. O dinheiro é subtraído à circulação e acumulado como tesouro por vendas de mercadorias, sem compras subsequentes. Se essa operação se realiza de modo geral, não se observa de onde sairão os compradores, já que nesse processo – há de ser concebido genericamente, enquanto todo o capital individual pode encontrar-se em processo de acumulação – todos querem vender para entesourar e ninguém comprar.

Se imaginarmos o processo da circulação, que se dá entre as diversas partes da reprodução anual, como uma linha reta, o que é falso, uma vez que, com poucas exceções, consiste em um movimento de vaivém – devíamos começar pelo produtor de ouro (ou prata) que compra sem vender e supor que os demais vendem a ele. Nesse caso, caber-lhe-ia todo o sobreproduto social anual (o portador da mais-valia total), e todos os demais capitalistas repartiriam mediante rateio seu sobreproduto existente por natureza em dinheiro, sua mais-valia feita de ouro; pois, a parte do produto do produtor de ouro que substituirá seu capital consumível já estará em outro lugar, onde será utilizada. Nesse caso, a mais-valia produzida em ouro, dos produtores de ouro, seria o único fundo do qual todos os demais capitalistas obteriam a matéria para converter em ouro seu sobreproduto anual. Por conseguinte, o valor devia ser igual ao da mais-valia social anual, que unicamente em forma de entesouramento pode manifestar-se. Essas suposições tão mal escolhidas só servem para explicar um entesouramento geral coetâneo, com o qual nada se acrescentaria à produção, do ponto de vista dos produtores de ouro.

Antes de resolver *essa aparente dificuldade* terá que se distinguir...[2]

Chama Marx de aparente a dificuldade de realizar a mais-valia. Mas toda investigação ulterior até fins do segundo volume de *O capital* está dedicada à superação dessa dificuldade. Primeiramente, Marx trata de resolver a questão fazendo referência ao entesouramento inevitável que resulta, na produção capitalista, da separação de diversos capitais constantes no processo de circulação. Como diversas inversões individuais se encontram em épocas distintas, e uma parte das inversões só se renova no fim de um período considerável, resulta que, periodicamente, alguns capitalistas

---

2 *Das Kapital*, v. II, p. 466-468.

individuais renovem suas inversões, embora outros, em troca, constituam reservas da venda de suas mercadorias até que estas cheguem à quantia necessária para a renovação do capital fixo. Assim, sob a base capitalista, o entesouramento está sempre em paralelo com o processo reprodutivo social, como expressão da rotação do capital fixo.

> A vende, por exemplo, 600 = (400 c + 100 v + 100 m) a B (que pode representar mais de um comprador). Vendeu o valor de 600 por 600 em dinheiro, dos quais 100 representam uma mais-valia que subtrai à circulação entesourando-a como dinheiro; mas esses 100 em dinheiro são a forma monetária do sobreproduto que era portador de um valor de 100. [Para abordar o problema em sua profundidade, supõe Marx que se capitalize toda a mais-valia, prescindindo, portanto, completamente, daquela parte da mais-valia destinada ao consumo pessoal dos capitalistas; ao mesmo tempo, tanto A', A", A"', como B', B", B"' pertencem à seção I.] O entesouramento não é em geral produção, não constituindo, assim, um seu incremento. A atividade do capitalista reduz-se a subtrair à circulação dinheiro obtido com a venda do sobreproduto pelo valor de 100. Essa operação não só se verifica por parte de A, e sim em numerosos pontos da periferia da circulação, por outros capitalistas, A', A", A"'. [...] Mas A só realiza esse entesouramento quando – com relação a seu sobreproduto – aparece somente como vendedor e não como comprador. Por conseguinte, sua produção sucessiva de sobreproduto – portador de sua mais-valia realizável em dinheiro – é o suposto de seu entesouramento. No caso dado, a saber, aquele em que a circulação apenas é considerada dentro da categoria I, a forma natural do sobreproduto, como a do produto total do qual constitui uma parte, é forma natural de um elemento do capital constante da seção I, isto é, pertence à categoria da produção de meios de produção. O que se faz dele, ou seja, que funções realiza em mãos dos compradores B', B", B"' etc., veremos em seguida. Mas o que precisa ser fixado no momento é que ainda quando A subtrai à circulação dinheiro em troca da mais-valia e o entesoura, por outro lado, lança nessa mesma circulação mercadorias, sem subtrair em troca outras mercadorias, com o qual B, B', B" etc. por sua vez se põem em condições de lançar à circulação dinheiro e subtraí-lo em troca de mercadorias. Nesse caso, essas mercadorias por sua forma natural e seu destino entram como elemento fixo ou circulante no capital constante de B, B' etc.[3]

---

3 *Das Kapital*, v. II, p. 469.

TENTATIVAS DE SOLUÇÃO DA DIFICULDADE APRESENTADA POR MARX

Todo o processo aqui descrito não é novidade. Marx já o expôs detalhadamente ao tratar da reprodução simples, já que é imprescindível para explicar de que modo o capital constante da sociedade se renova sob as condições da reprodução capitalista. Por essa razão, não se ressalta com facilidade como esse processo ajudar-nos-á a resolver a dificuldade particular com que tropeçamos na análise da reprodução ampliada. A dificuldade era a seguinte: uma parte da mais-valia não é consumida pelos capitalistas, e sim converte-se em capital para ampliar a produção, isto é, dedica-se à acumulação. Agora, pergunta-se onde estão os compradores desse produto excedente que os capitalistas não consomem, e que os trabalhadores podem consumir talvez menos, pois seu consumo se acha coberto com a importância do capital variável em cada caso. Onde está a demanda para a mais-valia acumulada, ou, como denota a fórmula de Marx, de onde procede o dinheiro para pagar a mais-valia acumulada? Em vão faz-se referência, para contestar, ao processo de entesouramento, consequência obrigatória da renovação separada, gradual e temporal do capital constante nos diversos capitalistas, pois não se vê a relação dessas coisas entre si. Se B, B', B" etc. compram meios de produção de seus colegas A, A', A", para renovar o capital constante efetivamente consumido, encontramo-nos nos limites da produção simples, o que nada tem a ver com nossa dificuldade. Mas, se se supõe que a aquisição de meios de produção por B, B', B" etc. serve ao incremento de seu capital constante para fins de acumulação, suscitam-se em seguida várias perguntas. Antes de tudo, de onde obtém B, B', B" o dinheiro para comprar o sobreproduto excedente de A, A', A"? Eles, por sua vez, só podiam conseguir dinheiro pela venda do próprio sobreproduto. Antes de adquirirem novos meios de produção para ampliar suas empresas, ou seja, antes de que apareçam como compradores do sobreproduto que se vai acumular, é necessário que se desprendam de seu próprio sobreproduto, isto é, que apareçam como vendedores. E a quem venderam B, B', B" seu sobreproduto?

A ACUMULAÇÃO DO CAPITAL

Como se vê, a dificuldade não se suprimiu, mas somente foi deslocada de A, A', A" para B, B', B".

Há, entretanto, um momento na análise em que parece resolvida a dificuldade. Após um pequeno parêntese, Marx relembra o fio da investigação da seguinte maneira:

> No caso aqui considerado o sobreproduto consiste de antemão em meios de produção. Somente em mãos de B, B', B" (I) atua esse sobreproduto como capital constante adicional, mas está *virtualiter*, antes de ser vendido, nas mãos dos entesouradores A, A', A" (I). Se considerarmos tão somente a amplitude da reprodução do lado da seção I, encontramo-nos ainda dentro dos limites da reprodução simples, pois não se colocou em movimento nenhum capital suplementar para criar esse capital constante virtualmente suplementar (o sobreproduto), e tampouco nenhum sobretrabalho maior que o empregado sobre a base da reprodução simples. A diferença *somente* se apresenta aqui sob a forma do sobretrabalho aplicado, na natureza concreta de sua maneira útil. Gastou-se em meios de produção para I c e não para II c, em meios de produção para meios de produção, em vez de meios de produção para meios de consumo. Ao tratar da reprodução simples supõe-se que toda a mais-valia da seção I se gastava como renda, isto é, em mercadorias II; por conseguinte, somente consistia em meios de produção dos que têm que deslocar o capital constante II em sua forma natural. Portanto, para que se verifique o trânsito da reprodução simples à ampliada, a reprodução da seção I se achará em situação de elaborar menos elementos do capital constante para a seção II, mas, em troca, outros tantos mais para a seção I. De tudo isso deduz-se que somente quanto à magnitude de valor – dentro da reprodução simples se produz o substrato material da reprodução ampliada. É simplesmente sobretrabalho da classe operária da seção I, gasto diretamente na produção de meios de produção, na criação do capital adicional da seção I. Assim, pois, a formação do capital monetário adicional da parte de A, A', A" (I) por vendas sucessivas de seu sobreproduto, que se formou sem inversão de dinheiro capitalista, é aqui a mera forma monetária dos meios de produção adicionais da seção I.[4]

---

4 *Das Kapital*, v. II, p. 473.

TENTATIVAS DE SOLUÇÃO DA DIFICULDADE APRESENTADA POR MARX

Aqui, parece haver-se desvanecido a dificuldade. A acumulação não necessita de novas fontes de dinheiro; anteriormente os capitalistas gastavam para si próprios sua mais-valia, e necessitavam, portanto, ter em seu poder uma quantidade de dinheiro correspondente, pois já sabemos pela análise da reprodução simples que a classe capitalista necessita pôr em circulação o dinheiro necessário para a realização de sua mais-valia. Agora, a classe capitalista emprega uma parte de seu dinheiro (B, B', B" etc.) para adquirir, em vez de meios de consumo, novos meios adicionais de produção para ampliar sua produção. Por isso, concentra-se dinheiro na mesma quantidade em mãos da outra parte de capitalistas (A, A', A" etc.). "Esse entesouramento não supõe de modo algum riqueza adicional de metais preciosos, mas *somente* uma função modificada de dinheiro já circulante. Antes funcionava como meio de circulação e agora como tesouro, como novo capital-dinheiro que se está formando."[5]

Com isso resolvemos, ao que parece, a dificuldade. Mas não é difícil encontrar que circunstância nos facilitou a solução: Marx surpreende aqui a acumulação em sua evolução primária *in statu nascendi,* quando acaba de brotar da reprodução simples. A importância do valor da produção não se ampliou ainda, unicamente sua circulação e seus elementos materiais foram ordenados de outro modo. Não é, pois, surpreendente que apareçam também suficientes as fontes de dinheiro. Mas a solução de que falamos tem uma existência efêmera: é somente válida para o trânsito da reprodução simples à ampliada, ou seja, para um caso puramente teórico que não se dá na realidade. Agora, uma vez estabelecida a acumulação e arrastando cada período de produção ao mercado uma massa de valor maior que o anterior, pergunta-se: onde estão os compradores para esses valores adicionais? A solução que apresentamos absolutamente não nos serve nesse caso. Considerada de perto nos abandona no mesmo

---

5 *Das Kapital*, v. II, p. 474.

momento em que parecia haver-nos tirado as dúvidas. Se considerarmos a acumulação justamente no momento em que está brotando do seio da reprodução simples, seu primeiro suposto será uma diminuição do consumo da classe capitalista. No mesmo momento em que achamos a possibilidade de efetuar, com os meios de circulação anteriores, uma ampliação da reprodução, perdemos na mesma proporção consumidores antigos. Portanto, para quem se fará a ampliação da produção, isto é, quem comprará amanhã a B, B', B" (I) o excesso de produção elaborado – "a força de economizar dinheiro" – para adquirir com ele novos meios de produção de A, A', A" (I)?

Como se vê, a solução – não a dificuldade – foi imaginária, e o próprio Marx volta imediatamente à questão de que maneira B, B', B" obtêm o dinheiro para comprar a A, A', A" seu sobreproduto.

> À medida que os produtos fabricados por B, B', B" (I) voltam *in natura* a seu processo, é evidente que, portanto, uma parte de seu próprio sobreproduto se transfere diretamente (sem interpor-se a circulação) a seu capital produtivo e entra ali como elemento adicional do capital constante. Portanto, não convertem em ouro o sobreproduto de A, A', A" etc. (I). Prescindindo disso, de onde vem o dinheiro? Sabemos que constituíram seu tesouro como A, A', A" etc. pela venda de seus respectivos sobreprodutos e concluíram que seu tesouro acumulado adicional, que era somente capital-dinheiro virtual, funcionará como capital adicional efetivo. Mas desse modo nos movemos em um círculo vicioso. Continua de pé o problema. E nos interrogamos: de onde procede o dinheiro que B (I) sacou anteriormente da circulação e da acumulação?[6]

A resposta que Marx dá em seguida parece ser também de surpreendente simplicidade.

> Mas, já sabemos, por nossa análise da reprodução simples, que se encontrará certa massa de dinheiro em poder dos capitalistas de I e II para transformar seu

---

6 *Das Kapital*, v. II, p. 476.

TENTATIVAS DE SOLUÇÃO DA DIFICULDADE APRESENTADA POR MARX

sobreproduto. Ali, o dinheiro que serviu para ser gasto em meios de consumo volta aos capitalistas, na medida em que o haviam adiantado para o despacho de suas respectivas mercadorias; aqui, volta a aparecer o mesmo dinheiro, mas com função modificada. Os A e os B (I) oferecem alternativamente o dinheiro para a transformação do sobreproduto em capital virtual adicional em dinheiro e põem em circulação o novo capital em dinheiro como meio de compra.[7]

Voltamos a cair na reprodução simples. É exato que os capitalistas A e os capitalistas B acumulam sempre uma previsão de dinheiro para renovar, de tempo em tempo, seu capital constante (fixo) e se ajudam mutuamente para realizar seu produto. Mas esse tesouro que assim se acumula não cai do céu. Não é mais que a lenta acumulação do valor do capital fixo transferido gradualmente aos produtos, que se realiza por fragmentos com a venda daqueles. Desse modo, o tesouro acumulado só pode bastar para a renovação do antigo capital e é impossível que sirva, além disso, para adquirir um capital constante adicional. Não havíamos saído dos limites da reprodução simples. Agrega-se, como nova fonte adicional de dinheiro, uma parte dos meios de circulação que até agora serviam aos capitalistas para seu consumo pessoal e que agora se capitalizaram. Mas, com isso, voltamos ao momento excepcional, breve, só teoricamente concebível: o trânsito da reprodução simples à ampliada. A acumulação não avança até além desse salto, não fazemos com efeito mais que nos movermos em um círculo.

O entesouramento capitalista, portanto, não nos pode ajudar a solucionar a dificuldade. E era possível prever, pois o deslocamento mesmo da questão se apresenta de forma equívoca. No problema da acumulação não se trata de saber de onde vem o dinheiro, mas de onde vem a demanda para o produto adicional que brota da mais-valia capitalizada. Não é uma questão técnica da circulação do dinheiro, mas uma questão econômica do

---

7 *Das Kapital*, v. II, p. 476.

capital total social. Pois, ainda quando prescindimos da questão de que unicamente se ocupou, até agora, Marx: de onde sacam B, B', B" etc. (I) dinheiro para comprar meios de produção adicionais de A, A', A", etc. (I)? Por trás da acumulação efetuada surge a questão muito mais importante: a quem vão vender agora B, B' seu sobreproduto aumentado? Finalmente, Marx faz com que vendam uns aos outros seus produtos!

> Os diversos B, B', B" etc. (I), cujo novo capital virtual funciona como ativo, podem comprar-se e vender-se reciprocamente seus produtos (parte de seus sobreprodutos). Portanto, o dinheiro adiantado para a circulação do sobreproduto – no curso normal – volta aos diversos B na mesma proporção em que o haviam adiantado para a circulação de suas respectivas mercadorias.[8]

Portanto, essa não é uma solução, pois, no fim, os B, B', B" etc. (I) não renunciaram a uma parte do consumo e ampliaram a sua produção para comprar imediatamente uns aos outros seu produto aumentado – em meios de produção. Por outro lado, isso só é possível em proporções limitadas. Segundo o suposto de Marx, dentro de I existe certa divisão do trabalho conforme a qual A, A', A" etc. elaboram meios de produção de meios de produção, enquanto B, B', B" etc. elaboram meios de produção de meios de consumo. Portanto, se o produto de A, A' etc. puder permanecer dentro da seção I, o produto de B, B' etc., por sua forma natural, está destinado de antemão à seção II (elaboração de meios de subsistência). A acumulação de B, B' etc. leva-nos, pois, à circulação entre as seções I e II. Com isso, a própria marcha da análise marxista confirma que se realizará acumulação dentro da seção I, como conclusão – direta ou indiretamente – existirá uma demanda aumentada de meios de produção na seção de meios de subsistência. Aqui, pois, entre os capitalistas da seção II temos que buscar os que adquiriram os produtos adicionais da seção I.

---

8 *Das Kapital*, v. II, p. 477.

TENTATIVAS DE SOLUÇÃO DA DIFICULDADE APRESENTADA POR MARX

De fato, o segundo intento de Marx para resolver o problema dirige-se à demanda dos capitalistas da seção II. Sua demanda de meios de produção adicionais somente pode ter sentido se aumentam seu capital constante II c. Mas, então, vê-se claramente toda a dificuldade.

> Suponhamos que A (I) converta em dinheiro seu sobreproduto pela venda a B da seção II. Isso somente pode ocorrer quando A (I), depois de haver vendido a B (II) instrumentos de produção, não compra meios de consumo, ou seja, quando de sua parte somente há venda unilateral. Mas temos que II c pode deixar a forma de capital-mercadoria para tomar a forma natural de capital constante produtivo, unicamente porque não só uma parte de I v, mas também, pelo menos, uma parte de I m se troca por uma parte de II c, que existe sob a forma de meios de consumo; mas como A converte em dinheiro seu I m não realizando essa troca, e sim, ao contrário, separando da circulação o dinheiro obtido de II pela venda de seu I m, em vez de trocá-la vendendo-o pelos meios de consumo de II c, de modo que, por parte de A (I), existe formação de capital-dinheiro virtualmente adicional; mas, por outro lado, uma parte do capital constante de B (II), igual em valor, se fixa na forma de capital-mercadoria sem poder adquirir a forma natural de capital constante produtivo. Em outras palavras: uma parte das mercadorias de B (II), e *prima facie*, uma parte sem cuja venda não pode transformar seu capital constante inteiro em forma produtiva, tornou-se inegociável; portanto, no que diz respeito a ele, há superprodução, que ainda impede em relação a ele a reprodução inclusive na mesma escala.[9]

A tentativa de acumulação por parte da seção I pela venda do sobreproduto excedente à seção II conduziu a um resultado totalmente inesperado; um déficit da parte dos capitalistas II, que nem sequer podem renovar a produção simples. Chegando a esse ponto, Marx aprofunda a análise para atingir a sua substância:

---

9 *Das Kapital*, v. II, p. 478.

A ACUMULAÇÃO DO CAPITAL

Consideremos, agora, a acumulação verificada na seção II mais de perto. A primeira dificuldade com referência a II *c*, isto é, sua nova transformação de um elemento do capital-mercadoria II à forma natural de capital constante II, atinge a reprodução simples. Utilizemos o esquema anterior:

(1.000 *v* + 1.000 *m*) I se trocam por 2.000 II *c*.

Se agora, por exemplo, a metade do sobreproduto I, isto é, 1.000/2 *m* ou 500 I *m*, volta-se a incorporar como capital constante à seção I, essa parte do sobreproduto conservada em I não pode deslocar nenhuma parte de II *c*. Em vez de transformar-se em meios de consumo servirá de meio de produção adicional em I. Não pode realizar essa função ao mesmo tempo em I e II. O capitalista não pode gastar o valor de seu sobreproduto em meios de consumo e ao mesmo tempo consumir produtivamente o sobreproduto, isto é, incorporá-lo a seu capital produtivo. Portanto, em vez de 2.000 I (*v* + *m*), somente são transformáveis em 2.000 II *c* 1.500, ou seja, (1.000 *v* + 500 *m*) I; por conseguinte, 500 II *c* se transformaram de sua forma de mercadoria em capital II produtivo (constante).[10]

Até agora, cada vez mais nos convencemos da existência da dificuldade, mas não adiantamos passo algum para sua solução. Além disso, pelo fato de Marx, na análise, empregar sempre para esclarecer o problema da acumulação, como base, a ficção de um trânsito inicial da reprodução simples à ampliada, ou seja, o momento em que nasce a acumulação, em vez de colhê-la no decorrer de seu curso. Essa ficção, que enquanto considerávamos a acumulação dentro da seção I nos ofereceu, por um momento apenas, uma solução aparente, os capitalistas da seção I se encontraram, prontamente, renunciando a uma parte de seu consumo privado de ontem, com uma nova provisão de dinheiro nas mãos, com a qual podiam começar a capitalização; a mesma ficção ao considerar a seção II não faz mais do que aumentar a dificuldade. Pois, aqui, a "renúncia" da parte dos capitalistas da seção I traduz-se em uma dolorosa perda de consumidores, sobre cuja demanda havia calculado sua produção. Os capitalistas da seção II, com os

---
10 *Das Kapital*, v. II, p. 480.

TENTATIVAS DE SOLUÇÃO DA DIFICULDADE APRESENTADA POR MARX

quais queríamos experimentar, se não constituíam os adquirentes tão procurados do produto excedente da acumulação na seção I, não nos podem tirar da dificuldade, tanto mais que eles mesmos se encontram em apuros e no momento não sabem ainda onde socorrer-se com seu próprio produto não vendido. Vê-se a que dificuldades conduz fazer que uns capitalistas realizem a acumulação à custa de outros.

Marx logo recorre a uma tentativa para superar a dificuldade, mas de imediato ele mesmo a refaz como um subterfúgio. Caberia, talvez, considerar o excedente inegociável, que resulta da acumulação da seção I, como uma reserva de mercadoria necessária para o ano seguinte. A isso, Marx replica com sua escrupulosidade habitual:

> 1º) Esse armazenamento e sua necessidade vigoram para todos os capitalistas, tanto da seção I como da seção II. Considerados como simples vendedores de mercadorias, unicamente se diferenciam porque vendem mercadorias de diversas classes. À reserva de mercadorias da seção II corresponde uma reserva anterior de mercadorias da seção I. Se, por um lado, descuidamos dessa reserva, temos que fazê-lo também pelo outro. E, se o tomamos em consideração por ambos os lados, o problema não se altera. 2º) Do mesmo modo que esse ano termina na seção II, com uma reserva de mercadorias para o seguinte, começou também com uma reserva de mercadorias procedente do ano anterior. Portanto, na análise da reprodução anual, referindo-se à sua expressão mais abstrata, temos que levar em conta ambas as parcelas. Deixando a esse ano toda a sua produção, isto é, também o que deixa para o ano seguinte como reserva de mercadorias, deixamos, por outro lado, a reserva de mercadorias recebida do ano anterior, e, por conseguinte, temos de fato diante de nós como objeto de análise o produto total de um ano médio. 3º) A simples circunstância de que a dificuldade da qual se quer livrar não nos apareceu, ao considerar a reprodução simples, prova que se trata de um fenômeno específico, que somente se deve ao distinto agrupamento (com referência à reprodução) dos elementos da seção I, agrupamento modificado sem o qual não se pode realizar nenhuma reprodução ampliada.[11]

---

11 *Das Kapital*, v. II, p. 482.

Essa última observação, no entanto, dirige-se contra o próprio intento de Marx, pretendendo resolver a dificuldade específica da acumulação por elementos que já pertencem à reprodução simples, isto é, como aquele entesouramento em poder dos capitalistas ligado com a lenta rotação do capital fixo, que antes, dentro da seção I, devia explicar-nos a acumulação.

Marx passa à exposição esquemática da reprodução ampliada, mas, imediatamente, na análise de seu esquema, tropeça com a mesma dificuldade de forma modificada. Supõe que os capitalistas da seção I acumulam 500, mas que, por sua vez, os da seção II têm que transformar 140 m em capital constante para fazer a acumulação daqueles, e pergunta:

> II tem, pois, que comprar em dinheiro efetivo 140 I m, sem que esse dinheiro volte para ele pela venda subsequente de suas mercadorias a I. E esse é um processo constante que se repete em toda nova produção anual, desde que seja de produção ampliada. De onde obtém a seção II o dinheiro para isso?[12]

No que se segue, Marx tenta encontrar fonte de dinheiro por diferentes direções. Primeiramente, considera de perto o gasto dos capitalistas da seção II com capital variável. Esse se dá certamente na forma de dinheiro, mas não pode atingir seu fim, que é a compra de trabalhadores para servir àqueles meios de produção adicionais. "Esse afastamento constantemente repetido (do capital variável) do ponto de partida e a volta a ele – ao bolso dos capitalistas – não aumenta de modo algum o dinheiro que atua nesse círculo. Portanto, essa não é uma fonte de acumulação do dinheiro." Marx passa em revista todas as razões concebíveis para refazê-las. "Mas, alto lá! Não haverá aqui nenhum lucrinho?" Exclama e investiga se os capitalistas não poderiam chegar a economizar capital variável, e, portanto, achar uma nova fonte de dinheiro para fins de

---

12 *Das Kapital*, v. II, p. 484.

TENTATIVAS DE SOLUÇÃO DA DIFICULDADE APRESENTADA POR MARX

acumulação, fazendo decrescer os salários de seus operários abaixo da média normal. Mas logo despreza esse sucesso fortuito. "Agora, não se deve esquecer que o salário normal realmente pago (que *ceteris paribus* determina a magnitude do capital variável) não se paga de modo algum por bondade, e sim porque nas circunstâncias dadas tem que ser pago. Com isso fica suprimida essa explicação."[13] Estuda inclusive métodos dissimulados de "economias" no capital variável para fazer notar no final: é a mesma operação que sob I, só que dissimulada e realizada dando-se uma volta. Portanto, será retardada da mesma maneira que aquela.[14] Desse modo, todas as tentativas para tirar do capital variável uma nova fonte de dinheiro para fins de acumulação não oferecem resultados: "por conseguinte, com 376 II *v* nada se pode fazer para o fim mencionado".

Continuando, Marx se dirige à reserva de dinheiro que os capitalistas da seção II guardam no bolso para a circulação de seu próprio consumo, para ver se acha aqui uma quantidade de dinheiro para ser capitalizada. Mas ele mesmo qualifica essa tentativa de "mais inconveniente" que as anteriores: "aqui aparecem *somente* frente a frente capitalistas da mesma classe, que se compram e se vendem mutuamente os meios de produção por eles produzidos. O dinheiro necessário para que isso funcione unicamente como meio de circulação, no curso normal, tem que voltar aos interessados na medida em que o hajam adiantado à circulação para percorrer novamente a mesma trajetória." Logo segue-se, todavia, uma tentativa que naturalmente pertence à categoria daqueles subterfúgios que Marx refaz sem contemplação: o de explicar a acumulação do capital em dinheiro em mãos de um capitalista da seção II enganando a outros capitalistas da mesma seção, na venda mútua de meios de consumo. Não vale a pena ocupar-se dessa suposição.

---

13 *Das Kapital*, v. II, p. 485.
14 *Das Kapital*, v. II, p. 486.

Veremos, agora, uma tentativa séria: "Uma parte de II m, que se manifesta em meios de produção necessários, se transformará diretamente em novo capital variável dentro da seção II."[15]

Como utilizaremos essa resposta à dificuldade, isto é, como se colocará em marcha a acumulação, não é de todo claro. Pois: 1º) A formação do capital variável adicional na seção II de nada nos serve, já que ainda não produzimos o capital excedente II e precisamente estamos tratando de fazê-lo possível. 2º) Na investigação tratava-se de descobrir em II uma fonte de dinheiro para adquirir meios de produção excedentes de II na própria produção. 3º) Se a tentativa significa que os meios de subsistência de que se trata podem ser aplicados de novo como capital variável na produção de II, "diretamente", ou seja, sem o intermédio do dinheiro, com o qual ficaria livre para fins de acumulação a quantidade correspondente de capital variável, temos que refazê-la. A produção capitalista exclui em condições normais a remuneração direta do trabalhador com meios de subsistência; a forma monetária do capital variável, a transação autônoma entre o operário como comprador de mercadorias e os produtores de meios de consumo, é um dos fundamentos essenciais da economia capitalista. O próprio Marx acentua-o com outro motivo: "Sabemos que o capital variável efetivo é o trabalho, e, portanto, também o adicional. Não é o capitalista I que compra ou acumula meios de subsistência necessários de II para os operários adicionais que tenha que empregar, como o faria o dono de escravos. São os próprios trabalhadores os que tratam com a seção II."[16] O fato pode aplicar-se aos capitalistas da série II, exatamente como aos da série I. Com isso, esgota-se o mencionado esquema de Marx.

---

15 *Das Kapital*, v. II, p. 487.
16 *Das Kapital*, v. II, p. 492.

TENTATIVAS DE SOLUÇÃO DA DIFICULDADE APRESENTADA POR MARX

Para terminar, façamos referência à última parte de *O capital*, 21, no volume II, em que Engels colocou sob IV, como "anexo", onde encontramos essa breve explicação:

> A fonte de dinheiro originária da seção II é $v + m$ da produção de ouro da seção I trocada por uma parte de II c; *somente* assim o produtor de ouro armazena mais-valia ou a transforma em meios de produção da seção I, isto é, amplia sua produção, não entra em II seu $v + m$; por outro lado, enquanto a acumulação de dinheiro por parte do próprio produtor de dinheiro conduz finalmente à reprodução ampliada, uma parte da mais-valia da produção de ouro, não gasta como renda, entra em II como capital variável adicional do produtor de ouro, fomenta, aqui, novo entesouramento, ou dá novos recursos para comprar a I, sem vender a ele diretamente.[17]

Assim, fracassadas todas as tentativas possíveis para explicar a acumulação, depois de sermos levados de Herodes a Pilatos, de A I a B I, de B I a B II, nos encontramos, finalmente, entre os mesmos produtores de ouro, cuja intervenção qualificava Marx de "mau gosto" no início de sua investigação. Com isso, termina a análise do processo de reprodução e o volume II de *O capital*, sem haver dado à dificuldade a solução por tanto tempo procurada.

---

17 *Das Kapital*, v. II, p. 499.

IX
A dificuldade do ponto de vista do processo de circulação

A nosso ver, a análise teve o defeito de Marx pretender resolver o problema equivocadamente empregando a questão das "fontes de dinheiro". Na realidade, trata-se de uma demanda efetiva, de uma ampliação para mercadorias, não das fontes de dinheiro necessárias para seu pagamento. Com relação ao dinheiro como meio de circulação, ao considerar o processo da reprodução em conjunto, temos de supor que a sociedade capitalista dispõe sempre da quantidade de dinheiro necessária para seu processo circulatório, ou que sabe buscar sucedâneos para ela. O que é preciso explicar são os grandes atos de mudanças sociais provocados por necessidades econômicas reais. Certamente, não se deve esquecer que a mais-valia capitalista, antes de poder ser acumulada, passará incondicionalmente por sua forma-dinheiro. Entretanto, acharemos a demanda econômica do sobreproduto sem nos preocuparmos com a procedência do dinheiro. Pois, como o próprio Marx diz em outra passagem: "O dinheiro de um lado provoca a reprodução ampliada do outro, porque sua possibilidade existe sem o dinheiro, já que o dinheiro em si mesmo não é um elemento da reprodução efetiva."[1]

Que a questão da "fonte de dinheiro" para a acumulação é uma colocação estéril do problema, vê-se no próprio Marx, com outro motivo.

A mesma dificuldade já o preocupava no volume II de *O capital* ao investigar o processo da circulação. No estudo da reprodução simples, ao chegar à circulação desta, pergunta:

---
[1] *Das Kapital*, v. II, p. 466.

> Mas o capital-mercadoria se converteu em dinheiro antes de transformar-se em capital produtivo e antes de gastar a mais-valia que nele se encerra. De onde vem o dinheiro necessário para isso? Essa questão parece difícil à primeira vista e nem Tooke nem nenhum outro resolveu-a até agora.[2]

Resolutamente, vai até a essência do problema:

> Suponhamos que o capital circulante de 500 libras esterlinas adiantado em forma de capital em dinheiro, não importando seu período de rotação, seja o capital circulante da sociedade, isto é, da classe capitalista. Suponhamos que a mais-valia consista em 100 libras esterlinas. Bem, como pode a classe capitalista no seu total retirar constantemente 600 libras esterlinas da circulação, se somente acrescenta a ela 500?

Nota-se que estamos na reprodução simples, na qual a mais-valia total é empregada pela classe capitalista em seu consumo pessoal. Por conseguinte, a questão deveria formular-se de antemão de modo mais preciso: como podem os capitalistas, após haverem posto em circulação, para o capital constante e variável, um total de 500 libras esterlinas em dinheiro, fazer com seus meios de consumo mais o valor da mais-valia uma importância igual a 100 libras esterlinas? Vê-se, em seguida, que as 500 libras esterlinas, que servem constantemente para aquisição de meios de produção e o pagamento dos operários, não poderiam servir, ao mesmo tempo, para cobrir o consumo pessoal dos capitalistas. De onde vem, pois, o capital adicional de 100 libras esterlinas que os capitalistas necessitam para a realização de sua mais-valia? Marx despreza em seguida todos os artifícios teóricos que poderiam ser tentados para resolver a questão:

---

2 *Das Kapital*, v. II, p. 304.

A DIFICULDADE DO PONTO DE VISTA DO PROCESSO DE CIRCULAÇÃO

Não se trata de contornar a dificuldade com evasivas.

Por exemplo: no que se refere ao capital constante circulante é claro que nem todos o empregam ao mesmo tempo. Enquanto o capitalista A vende sua mercadoria, ou seja, o capital por ele empatado toma a forma de dinheiro, para o comprador B, ao contrário, o capital existente em forma de dinheiro toma a forma de seus meios de produção que precisamente A produz. Na mesma transação, em virtude da qual A recupera, em forma de dinheiro, o seu capital produzido em mercadorias, B volta a dar ao seu a forma produtiva, transformando-o da forma monetária em meios de produção e trabalhadores; a mesma soma de dinheiro atua no duplo processo como em qualquer compra simples M-D (mercadoria-dinheiro). Por outro lado, quando A transforma novamente o dinheiro em meios de produção, compra a C e esse paga com isso a B etc. Segundo esse raciocínio, o processo estaria explicado. Mas: "todas as leis formuladas com referência à quantidade de dinheiro circulante na circulação de mercadorias (volume I, capítulo III) não se modificam de modo algum pelo caráter capitalista do processo de produção".

Por conseguinte, quando se diz que o capital circulante da sociedade, empatado sob a forma de dinheiro, ascende a 500 libras esterlinas, já se levou em conta que essa é uma parte da soma empatada, mas que, por outro lado, essa soma põe em movimento mais capital produtivo que 500 libras esterlinas, porque serve alternadamente como fundo de dinheiro de diversos capitalistas produtivos. Portanto, essa explicação pressupõe o dinheiro cuja existência deveria explicar.

Também, poder-se-ia dizer: o capitalista A produz artigos que o capitalista B consome individual e improdutivamente. Portanto, o dinheiro de B converte em numerário o capital-mercadoria de A, e, assim, a mesma soma de dinheiro serve para converter em numerário o sobreproduto de B e o capital circulante de A. Mas, nesse caso, a solução ao problema apresentado está supostamente mais direta ainda. De onde recebe B o dinheiro de que necessita para sua renda pessoal? Como converteu em numerário essa parte da mais-valia de seu produto?

Também se poderia dizer que a parte do capital variável circulante, que A adianta continuadamente a seus operários, flui constantemente da circulação, permanecendo comumente em seu poder apenas uma parte para pagamento dos salários. Pois, entre esse pagamento e o refluxo da quantidade paga transcorre certo período, durante o qual o dinheiro pago em salários poderia servir também para converter em numerário a mais-valia. Mas, em primeiro lugar, sabemos que quanto maior for esse período, tanto maior terá que ser a reserva de dinheiro que o capitalista A precisará ter constantemente em seu poder. Em segundo lugar, o operário gasta o dinheiro, compra com ele mercadorias, convertendo, assim, a mais-valia que encerram essas mercadorias. Portanto, o mesmo dinheiro que se adianta em forma de capital variável serve também para converter mais-valia em numerário. Sem nos aprofundarmos mais nessa questão, diremos, ainda, que o consumo de toda a classe capitalista e das pessoas improdutivas dela dependentes caminha paralelo ao da classe trabalhadora. Por conseguinte, ao mesmo tempo que se coloca o dinheiro em circulação para os trabalhadores, tem que se colocar também para os capitalistas a fim de que possam gastar a mais-valia em seu consumo pessoal e, portanto, terá que se subtrair dinheiro para a mesma circulação. A explicação dada só diminuirá, pois, a quantidade necessária, sem, entretanto, suprimi-la.

Finalmente, poder-se-ia dizer: na primeira inversão do capital fixo coloca-se constantemente em circulação o dinheiro, que somente se subtrai da circulação, lentamente e por partes, no transcurso de anos. Essa soma não pode servir para converter em dinheiro a mais-valia? A isso se responderá que, talvez, na soma de 500 libras esterlinas (na qual já está compreendido o dinheiro necessário para o fundo de reserva) já se encerre a aplicação dessa soma como capital fixo, por quem a pôs em circulação ou por qualquer outro. Mas, além disso, na soma que se gasta para adquirir os produtos de capital fixo, já está implícito que se pagou a mais-valia contida nessas mercadorias e o que se pergunta é, justamente, de onde vem tal dinheiro.

A essa última afirmação temos que, de passagem, dedicar uma atenção particular, pois Marx nega-se a recorrer ao entesouramento para a renovação periódica do capital fixo como explicação da realização da mais-valia, inclusive na reprodução simples. Mais tarde, quando se trata da realização muito mais difícil de mais-valia na acumulação, recorre, como vimos, por tentativas, repetidamente, a essa explicação, que ele mesmo havia desprezado como "subterfúgio plausível".

Logo vem a solução, que parece um pouco imprevista:

> A resposta geral já foi dada; nada altera a quantidade da soma de dinheiro necessária para a circulação de uma massa de mercadorias de X vezes 1.000 libras

A DIFICULDADE DO PONTO DE VISTA DO PROCESSO DE CIRCULAÇÃO

esterlinas, contendo ou não o valor dessa massa de mercadorias mais-valia; tendo sido ou não, essa massa de mercadorias, produzida de forma capitalista. Portanto, não existe o problema colocado. Dadas as demais condições, velocidade de rotação do dinheiro etc., requer-se uma determinada quantidade de dinheiro para a circulação no valor em mercadorias de X vezes 1.000 libras esterlinas, com uma completa independência da circunstância de que corresponde muito ou pouco esse valor aos produtores imediatos dessas mercadorias. Se existe, aqui, o problema coincide com o problema geral: De onde vem a quantidade de dinheiro necessária em um país para a circulação das mercadorias?[3]

A resposta é perfeitamente exata. A questão, de onde vem o dinheiro para a circulação da mais-valia, acha-se compreendida na questão geral de onde vem o dinheiro para pôr em circulação certa massa de mercadorias em um país. A divisão do valor dessas mercadorias em capital constante, capital variável e mais-valia não existe do ponto de vista da circulação de dinheiro como tal, nem tem sentido nesse ponto de vista. Por conseguinte, do ponto de vista da circulação do dinheiro ou da simples reprodução das mercadorias, "não existe o problema", mas existe do ponto de vista da reprodução social em conjunto; logo, não se deve formular a pergunta de maneira que a resposta nos leve à circulação simples de mercadorias, onde o problema não se apresenta. Portanto, não se perguntará: de onde vem o dinheiro necessário para realizar a mais-valia? Mas: onde estão os consumidores para a mais-valia? Que o dinheiro se acha em mãos dos consumidores e que será por estes colocados na circulação se compreende por si mesmo, tanto que Marx volta constantemente ao problema, apesar de há pouco tê-lo declarado inexistente:

> Porém, somente existem dois pontos de partida: o capitalista e o operário. Todas as terceiras categorias de pessoas recebem dinheiro por prestação de serviços a essas duas classes, ou são coproprietários da mais-valia sob a forma de renda da

---

[3] *Das Kapital*, v. II, p. 306.

terra, interesses do capital etc. O fato de a mais-valia não permanecer íntegra nos bolsos do capitalista industrial, sendo repartida por ele com outras pessoas, nada tem a ver com a questão anterior. Pergunta-se como ele converte em dinheiro sua mais-valia e não como o dinheiro obtido se distribui mais tarde. Consequentemente, para o nosso caso, o capitalista será considerado como único proprietário da mais-valia. Mas, no que se refere ao operário, já foi dito que é apenas um ponto de partida secundário, sendo o capitalista o primário, do dinheiro posto pelo operário na circulação. O dinheiro adiantado primeiramente como capital variável realiza seu segundo giro quando o operário o gasta para pagar seus meios de consumo.

A classe capitalista é, pois, o único ponto de partida da circulação do dinheiro. Se, para pagar os meios de produção, necessita 400 libras esterlinas e, para pagar aos operários, 100 libras esterlinas, ele tem que colocar em circulação 500 libras esterlinas. Entretanto, a mais-valia contida no produto, numa cota de mais-valia de 100%, é igual a um valor de 100 libras esterlinas. Como pode tirar constantemente da circulação 600 libras esterlinas, se apenas coloca nela 500? Nada sai do nada. A totalidade da classe capitalista não pode tirar da circulação nada que não haja colocado antes.

Mais adiante, Marx argumenta contra uma saída que poderia tentar-se para a explicação do problema, ou seja, recorrer à velocidade de circulação do dinheiro que permite, com menos dinheiro, pôr em circulação uma massa maior de valor. O recurso não conduz naturalmente a nada, pois a velocidade de circulação do dinheiro já se considera quando se supõe que, para a circulação da massa de mercadorias, são necessárias tantas libras esterlinas. A isso segue-se, finalmente, a solução do problema.

> De fato, e por paradoxal que possa parecer, a própria classe capitalista coloca em circulação o dinheiro que serve para a realização da mais-valia contida nas mercadorias. Mas não o põe como dinheiro adiantado, isto é, como capital. Portanto, não é adiantado por ela, embora seja o ponto de partida da circulação.[4]

---

4 *Das Kapital*, v. II, p. 308.

A DIFICULDADE DO PONTO DE VISTA DO PROCESSO DE CIRCULAÇÃO

Essa solução clara e conclusiva é a melhor prova de que o problema não era aparente. Tampouco repousa no fato de havermos descoberto uma nova "fonte de dinheiro" para realizar a mais-valia, mas de termos encontrado os consumidores dessa mais-valia. Segundo o suposto marxista, estamos ainda no terreno da simples reprodução. Isso significa que a classe capitalista emprega toda a sua mais-valia em seu consumo pessoal. Como os capitalistas são consumidores da mais-valia, não é paradoxal, e, ao contrário, evidente, que tenham no bolso o dinheiro necessário para apropriar-se da forma natural da mais-valia, os objetos de consumo. O ato da circulação de troca apresenta-se como uma necessidade pelo fato de que os capitalistas individuais não podem consumir – como os proprietários de escravos – diretamente sua mais-valia individual, ou o sobreproduto individual. Em regra geral, sua figura natural material exclui esse consumo. Mas, a mais-valia total de todos os capitalistas expressa-se – sob o suposto da reprodução simples – no produto total social, em uma massa correspondente de meios de consumo para a classe capitalista, do mesmo modo que à soma total dos capitais variáveis corresponde uma massa de igual valor de meios de subsistência, para a classe trabalhadora, e que ao capital constante de todos os capitalistas corresponde uma massa de igual valor de meios de produção materiais. Para trocar a mais-valia, que não pode ser consumida individualmente pela massa correspondente de meios de subsistência, é necessário um ato duplo da circulação de mercadorias: a venda do próprio sobreproduto e a compra dos meios de subsistência do sobreproduto social. Com isso, dois atos se verificam exclusivamente dentro da classe capitalista, entre capitalistas individuais: o dinheiro intermediário passa das mãos de um capitalista às de outros, mantendo-se sempre dentro do "bolso" da classe capitalista. Como a reprodução simples troca constantemente as mesmas massas de valores, serve para a circulação da mais-valia todo ano a mesma quantidade de dinheiro; em suma, com um escrúpulo excepcional poderia colocar-se a questão: como veio parar nos bolsos dos capitalistas essa massa de dinheiro que serve de intermediário ao próprio consumo dos capitalistas? Essa questão, porém, se resolve em outra mais geral: de onde veio, para as mãos dos capitalistas, o primeiro capital em dinheiro, aquele capital em dinheiro, uma parte do qual necessita para seu consumo pessoal, depois de aplicá-lo em diversas inversões produtivas? Mas, empregada dessa maneira, a questão entra no capítulo da chamada "acumulação primitiva", ou seja, da gênese histórica do capital, transcendendo da análise do processo da circulação e da reprodução.

O problema é, pois, claro e inequívoco, *nota bene*: desde que nos mantenhamos no terreno da reprodução simples. O problema da realização da mais-valia está resolvido pelo próprio suposto, propriamente já está antecipado no conceito da reprodução simples. Essa repousa justamente no fato de que toda a mais-valia é consumida pela classe capitalista e com isso fica dito que será também comprada por ela, ou seja, que os capitalistas individuais a adquiriram uns dos outros.

"Nesse caso", diz o próprio Marx:

> supunha-se que a soma de dinheiro que o capitalista lança à circulação até o primeiro refluxo de seu capital para satisfazer ao consumo individual é exatamente igual à mais-valia por ele produzida e que, portanto, tem que converter em dinheiro. Essa é uma suposição evidentemente arbitrária, no que se refere aos capitalistas individuais. Mas tem que ser exata com respeito à totalidade da classe capitalista, sob o suposto da reprodução simples. Não faz mais do que expressar o que diz esse suposto, que a mais-valia total, mas *somente* ela, isto é, nenhum fragmento do estoque originário, é consumida improdutivamente.[5]

Mas a reprodução simples com base capitalista é, na economia teórica, uma magnitude imaginária, uma magnitude tão justificada e impres-

---

5 *Das Kapital*, v. II, p. 309.

A DIFICULDADE DO PONTO DE VISTA DO PROCESSO DE CIRCULAÇÃO

cindível cientificamente como a $\sqrt{-1}$ na Matemática. Mas o problema da realização da mais-valia não fica com isso de modo algum resolvido na realidade, isto é, para a reprodução ampliada ou acumulada, e isso é confirmado pelo próprio Marx, pela segunda vez, tão logo prossegue sua análise.

De onde vem o dinheiro para a realização da mais-valia, sob o suposto da acumulação, isto é, no consumo, da capitalização de uma parte da mais-valia? A primeira resposta dada por Marx diz o seguinte:

> No que toca primeiramente ao capital dinheiro excedente, requerido para funcionar como capital produtivo crescente, é oferecido pela parte da mais-valia posta em circulação, pelos capitalistas em forma de capital dinheiro, em vez de dedicá-la ao consumo pessoal. O dinheiro já está em poder dos capitalistas. O que varia é seu destino.

Essa explicação já conhecemos pela investigação do processo de reprodução, e conhecemos igualmente a sua insuficiência. A resposta apoia-se exclusivamente no momento do primeiro trânsito da reprodução simples à acumulação; ontem os capitalistas consumiam toda a sua mais-valia, portanto, tinham no bolso a soma de dinheiro correspondente para sua circulação. Hoje decidem "acumular" e investir produtivamente uma parte de sua mais-valia, em lugar de gastá-la despreocupadamente. Para isso, basta-lhes empregar uma parte de seu fundo pessoal de dinheiro, pressupondo que haja produzido meios de produção em vez de luxo. Mas o trânsito da reprodução simples à ampliada é uma ficção teórica, como o é a reprodução simples do capital. Marx vai além em seguida:

> Em consequência do capital produtivo excedente, coloca-se em circulação como produto seu uma massa adicional de mercadorias. Com essa massa adicional de mercadorias, lançou-se ao mesmo tempo à circulação uma parte do dinheiro adicional necessário para a sua realização, enquanto o valor dessa massa de mercadorias é igual ao valor do capital produtivo consumido em sua produção.

Essa massa de dinheiro foi adiantada justamente com capital dinheiro adicional e, portanto, volta aos capitalistas devido à rotação de seu capital. Surge aqui a mesma questão que antes. De onde procede o dinheiro adicional para realizar a mais-valia excedente, agora sob a forma de mercadorias?

Agora, o problema está novamente empregado com toda a precisão, e, em vez de uma solução, apresenta-nos a seguinte resposta inesperada:

> A resposta geral é também a mesma. A soma de preços da massa de mercadorias circulantes aumentou, não porque subiu o preço de uma massa dada de mercadorias, e sim porque a massa de mercadorias que agora circula é maior do que a das que circulavam antes, sim, porque se produziu um equilíbrio por um decréscimo dos preços. O dinheiro adicional adquirido para a circulação dessa maior massa de mercadorias, de maior valor, será adquirido ou por uma maior economização da massa de dinheiro circulante, seja por compensação dos pagamentos, seja pela aceleração do giro das mesmas moedas, ou pela transformação de dinheiro entesourado em circulante.[6]

Essa solução vem resumir a seguinte explicação: a reprodução capitalista sob as condições de uma acumulação que se acha em curso e que está crescendo lança ao mercado um valor cada vez maior de mercadorias. Para pôr em circulação essa massa de mercadorias, cujo valor aumenta, é necessária uma quantidade cada vez maior de dinheiro. Essa massa crescente de dinheiro será adquirida. Tudo isso é indubitavelmente exato e claro, mas com isso o problema de que se tratava não ficou resolvido, mas se evaporou.

Das duas, uma. Ou se considera o produto social total (da economia capitalista) simplesmente como uma massa de mercadorias de determinado valor, como um "purê" de mercadorias, ou sob as condições da acumulação somente se vê um crescimento dessa massa indistinta de

---

6 *Das Kapital*, v. II, p. 318.

A DIFICULDADE DO PONTO DE VISTA DO PROCESSO DE CIRCULAÇÃO

mercadorias e seu valor. Nesse caso, bastará constatar que para a circulação dessa massa de valor é necessária uma quantidade de dinheiro correspondente, que essa quantidade de dinheiro aumenta quando a massa de valor cresce, salvo se o incremento de valor estiver compensado pelo aceleramento do giro e por economias. E se se pergunta, finalmente, de onde vem o dinheiro, poderia responder-se com Marx: das minas de ouro. Esse é também um ponto de vista, o da circulação simples de mercadorias. Para isso não era preciso introduzir conceitos como o de capital constante e variável, mais-valia etc., que não pertencem à circulação simples de mercadorias e sim à circulação do capital e à reprodução social, e então não seria preciso perguntar de onde vem o dinheiro para realizar a mais-valia social; em primeiro lugar, para a reprodução simples, e por último, para a ampliada. Semelhante questão não tem sentido nem conteúdo, do ponto de vista da circulação simples de mercadorias e de dinheiro. Mas colocadas essas perguntas e levadas à investigação pelo rastro da circulação de capital e o da reprodução simples, não se pode buscar a resposta na esfera da circulação simples de mercadorias para declarar depois – já que, aqui, o problema não existe, nem pode ser resolvido: o problema está resolvido faz tempo, não existe.

Por conseguinte, Marx, ao formular a pergunta, estava equivocado desde o início. Não havia finalidade alguma perguntar: de onde vem o dinheiro para realizar a mais-valia? Sendo a pergunta que deve ser formulada a seguinte: de onde vem a demanda, onde está a necessidade que pode pagar a mais-valia? Se a questão houvesse sido apresentada assim, desde o princípio, não seriam necessários tantos rodeios para manifestar claramente se se podia ou não resolver. Sob o suposto da simples reprodução a coisa é bastante simples: visto que a mais-valia total é consumida pelos capitalistas, são eles os adquirentes, constituem a demanda para a mais-valia social em toda a sua amplitude e, portanto, devem ter no bolso o dinheiro necessário para a circulação da mais-valia. Mas justamente do mesmo fato resulta, com evidência, que em se tratando da acumulação, isto é, da capitalização de uma parte da mais-valia, é impossível que a própria classe capitalista compre toda a sua mais-valia e a realize. É exato que se faz necessário procurar dinheiro bastante para realizar a mais-valia capitalizada, se é que será realizada. Mas não é possível que esse dinheiro saia do próprio bolso dos capitalistas. Precisamente pelo suposto da acumulação não são compradores de sua mais-valia ainda que – em abstrato – tivessem dinheiro bastante no bolso. Mas, então, quem constituirá a demanda das mercadorias na qual se contém a mais-valia capitalizada?

> Além dessa classe – os capitalistas – só há, segundo supomos – domínio geral e exclusivo da produção capitalista – a dos trabalhadores. Tudo o que compra a classe trabalhadora é igual à soma de seus salários, a soma do capital variável antecipado pela classe capitalista.

Por conseguinte, os operários estão ainda menos capacitados para realizar a mais-valia capitalizada dos capitalistas. Mas é necessário que alguém a compre para que os capitalistas recobrem o capital acumulado antecipado. E, entretanto, salvo os capitalistas e os operários, não se pode pensar em nenhum outro comprador. "Logo, como irá acumular o dinheiro toda a classe capitalista?"[7]

A realização da mais-valia, fora das duas únicas classes existentes na comunidade, parece tão necessária como impossível. A acumulação do capital caiu em um círculo vicioso. No segundo volume de *O capital* não achamos tampouco solução alguma para o problema.

Bem, se se pergunta por que não se acha a solução desse importante problema da acumulação capitalista em *O capital*, de Marx, terá que se levar em conta, antes de tudo, a circunstância de que o segundo volume

---

7 *Das Kapital*, v. II, p. 322.

A DIFICULDADE DO PONTO DE VISTA DO PROCESSO DE CIRCULAÇÃO

de *O capital* não é uma obra terminada, e sim um manuscrito interrompido em plena tarefa.

Já a fôrma externa, sobretudo do último capítulo desse volume, mostra que se trata mais de anotações para sua reflexão do que resultados finais destinados ao esclarecimento dos problemas. Confirma-nos, suficientemente, esse fato o testemunho de maior exceção, do organizador do segundo volume, Friedrich Engels. Em sua introdução ao segundo volume, informa ele da seguinte maneira sobre o estado dos trabalhos preparatórios e manuscritos deixados por Marx, que deviam ser a base desse volume:

> A simples enumeração do material manuscrito para o segundo volume, deixada por Marx, mostra com que escrúpulo e com que severa crítica de si mesmo se esforçava ele em formular, antes de publicar, seus grandes descobrimentos econômicos até chegar à extrema perfeição. Autocrítica que somente raras vezes permitiu acomodar a exposição, em conteúdo e forma, a seu horizonte constantemente ampliado para novos estudos. Esse material consta do seguinte:
>
> Em primeiro lugar, um manuscrito intitulado *Crítica da economia política*, 1.472 páginas *in quarto*, em 23 cadernos, escrito desde agosto de 1861 até junho de 1873. É a continuação do caderno do mesmo título publicado em Berlim em 1859... Por mais valioso que fosse esse manuscrito, não pôde ser utilizado para a presente edição do livro II.
>
> O manuscrito que se segue, pela data pertence ao livro III.
>
> Do período seguinte – depois da publicação do livro I – há para o livro II quatro manuscritos em folhas numeradas pelo próprio Marx, de I a IV. Desses, o manuscrito I (150 páginas), provavelmente datando de 1865 ou 67, é a primeira elaboração mais ou menos fragmentária do livro II, tal como hoje aparece dividido. Mas tampouco nele havia alguma coisa utilizável. O manuscrito III compõe-se em parte de uma reunião de citações e referências aos cadernos de Marx – a maior parte referente à primeira seção do livro II – em parte a um trabalho sobre pontos particulares, especialmente a crítica das doutrinas de Adam Smith sobre o capital fixo e circulante e as fontes do benefício dos empresários; contendo também uma exposição da relação da cota da mais-valia com a de benefício que pertence ao livro III. As referências ofereciam poucas

novidades, foram superadas, pois essas versões, tanto para o livro II como para o III, por redações mais recentes e, portanto, teriam que ser separadas também. O manuscrito IV é uma redação, feita para a imprensa, dos capítulos I e II da segunda seção do livro II, e foi utilizado por sua vez. Embora redigido antes do manuscrito II, pôde ser utilizado vantajosamente para a parte correspondente do livro, por sua maior perfeição na forma; bastou fazer-lhe umas complementações tiradas do manuscrito II. Este último manuscrito é a única redação de certo modo terminada do livro II e foi encerrado em 1870. As notas referentes à redação final, às quais nos referiremos a seguir, dizem expressamente: "a segunda redação deve servir de base".

Depois de 1870 veio uma pausa, que obedece principalmente a motivos de saúde. Como de costume, Marx dedicou esse tempo a estudos, como agronomia, o problema agrícola americano e russo, o mercado de dinheiro e os bancos, as Ciências Naturais: Geologia e Física, além de trabalhos originais de investigação matemática, que constituem o conteúdo de numerosos cadernos de apontamentos dessa época. Em princípio de 1877, sentiu-se tão restabelecido que pôde voltar a seu verdadeiro trabalho. De fins de março de 1877 datam as referências e notas dos quatro manuscritos mencionados como base de uma nova versão do livro II cujo começo temos no manuscrito V (56 p. em formato grande). Compreende os quatro primeiros capítulos e está ainda pouco elaborado. Vários pontos essenciais são tratados em forma de notas de pé de página; a matéria está mais bem reunida do que selecionada, mas é, de todas as maneiras, a primeira exposição completa dessa parte, a mais importante da primeira seção. Uma primeira tentativa de preparação para a imprensa encontra-se no manuscrito VI (posterior a outubro de 1877 e anterior a julho de 78), somente 17 páginas e *in quarto*, que abrangem a maior parte do primeiro capítulo; uma segunda e última tentativa encontra-se no manuscrito VII (2 de julho de 1878), que somente tem sete páginas e em formato grande.

Por essa época, Marx deu-se conta de que sem uma melhoria radical de seu estado de saúde não chegaria nunca a terminar uma reelaboração dos livros II e III de modo que o satisfizesse. Com efeito, os manuscritos V-VIII mostram com grande frequência vestígios de uma luta violenta contra a doença que o fazia desfalecer. A parte mais difícil da seção primeira, a parte final dessa seção, foi refeita no V, e toda a segunda seção (excetuando o capítulo XVIII) não oferece grandes dificuldades teóricas; em troca, a seção III, que se refere à reprodução e circulação do capital social, parecia-lhe necessitada de uma reelaboração urgente. No manuscrito II tratava-se da reprodução, sem levar em conta a circulação do

A DIFICULDADE DO PONTO DE VISTA DO PROCESSO DE CIRCULAÇÃO

dinheiro, que serve de intermediária, e logo voltava-se a tratar do mesmo assunto no que se referia a ela. Teria que se suprimir isso e em geral modificar toda a seção, de modo que correspondesse à ampla perspectiva do autor. Assim surgiu o manuscrito VII, um caderno com apenas 70 páginas *in quarto*. Aprecia-se o que Marx supôs concentrar nesse espaço se se leva em conta que constituem a seção III aqui impressa, prescindindo das passagens intercaladas procedentes do manuscrito II.

Esse manuscrito é apenas um estudo profissional do objeto no qual, sobretudo, se tratava de fixar e desenvolver os novos pontos de vista frente ao manuscrito II, prescindindo daqueles pontos sobre os quais não havia nada novo a acrescentar. Também intercala-se e amplia-se um trecho essencial do capítulo XVII da segunda seção, que já entra por outro lado de algum modo no campo da terceira seção. A sucessão lógica interrompe-se com frequência, o trabalho tem trechos em lacunas e principalmente no final é completamente fragmentário. Mas o que Marx queria dizer disse-o de um modo ou de outro.

Este é o material para o livro II, com o qual, segundo o que disse Marx à sua filha Leonor pouco antes de sua morte, eu teria que "fazer algo".

Há de se admirar "algo" que Engels soube fazer com um material assim estruturado. Mas de sua detalhada informação resulta com clareza o que nos interessa; que, das três seções que formam o tomo II, as que estavam mais preparadas para a imprensa eram as duas primeiras, a que tratava do ciclo do capital em dinheiro e mercadorias e o custo da circulação e do giro do capital. Em troca, para a terceira seção, que trata da reprodução do capital social, só existe um conjunto de fragmentos que pareciam ao próprio Marx "necessitar urgentemente" de uma reelaboração. Mas, justamente o último capítulo dessa seção, o XXI, que trata da acumulação e da reprodução ampliada, é o menos acabado de todo o livro. Só compreende um total de 35 páginas impressas e fica interrompido na metade da análise.

Além dessa circunstância externa, teve grande influência, a nosso entender, outro fator. Marx retira a investigação do processo de reprodução social, como vimos, da análise de Adam Smith, que fracassou entre outras coisas por aceitar a afirmação de que o preço de todas as mercadorias é composto de $v + m$. A discussão desse dogma domina toda a análise do processo de reprodução de Marx. Ele dedica toda a sua atenção para demonstrar que o produto total social serviu não somente ao consumo pela importância das diversas fontes de renda, mas também à renovação do capital constante. Mas, como a forma teórica mais pura para essa argumentação não ocorre na reprodução simples e sim na ampliada, Marx considera predominantemente a reprodução do ponto de vista justamente oposto à acumulação: sob a suposição de que a mais-valia total é consumida pelos capitalistas. Testemunho de que até que ponto a análise de Marx se acha dominada pela polêmica contra Smith é o fato de que no curso de todo o seu trabalho volta a essa polêmica um número incontável de vezes. Assim, já no volume I estão consagradas a ela a seção 7, capítulo XXII, p. 551-554, no volume II, às p. 335 a 370, 383, 409-412, 451-453. No volume III, Marx insiste no problema da reprodução total, mas se precipita em seguida sobre o enigma de Smith e consagra-lhe todo o capítulo XLIX (p. 387-388) e também o capítulo L (p. 388 a 413). Finalmente, na *Theorien über den Mehrwert* (Teorias sobre a mais-valia ou história das doutrinas econômicas), encontramos novamente ataques minuciosos ao dogma smithiano no volume I, p. 164-253, volume II, p. 92, 95, 126, 233-262. Repetidamente, o próprio Marx acentua e ressalta que via justamente no problema da substituição do capital constante, tirada do produto social total, a questão mais difícil e importante da reprodução.[8] Desse modo, o outro problema, o da acumulação, da realização da mais-valia com a finalidade de capitalização, ficou em segundo plano e finalmente apenas foi superficialmente tratado por Marx.

---

8 *Das Kapital*, v. II, p. 343, 424, 431.

A DIFICULDADE DO PONTO DE VISTA DO PROCESSO DE CIRCULAÇÃO

Dada a grande importância desse problema para a economia capitalista, é estranho que os economistas burgueses só se hajam ocupado dele algumas vezes. As tentativas de resolver a questão vital da economia capitalista, a de se a acumulação do capital é praticamente possível, voltam constantemente no curso da história da economia. Vamos ocupar-nos agora dessas tentativas históricas para resolver a questão, tanto das anteriores como das posteriores a Marx.

SEGUNDA SEÇÃO
Exposição histórica do problema

PRIMEIRA POLÊMICA
Controvérsias entre Sismondi-Malthus
e Say-Ricardo-MacCulloch

X
A teoria sismondiana da reprodução

As primeiras dúvidas sérias de que a ordem capitalista fosse algo semelhante à divindade surgiram na ciência econômica burguesa sob a impressão imediata das primeiras crises inglesas de 1815 e 1818-19. Entretanto, as circunstâncias que haviam conduzido a essa crise eram propriamente externas e aparentemente casuais. Eram devidas, em parte, ao bloqueio continental napoleônico, que separou a Inglaterra artificialmente durante algum tempo de seus mercados europeus e favoreceu, em um período pequeno, um desenvolvimento importante da indústria dos Estados continentais, e, em parte, ao esgotamento material do continente pela longa guerra, o qual ao findar-se o bloqueio diminuiu a demanda que se esperava para os produtos ingleses. Entretanto, essas primeiras crises bastaram para colocar diante dos olhos dos contemporâneos o verso da medalha da melhor de todas as formas sociais com todas as suas consequências. De um lado, mercados saturados, depósitos cheios de mercadorias que não encontravam comprador, numerosas falências; e, do outro, uma terrível miséria das massas operárias – tudo isso surgia pela primeira vez diante dos olhos dos teóricos que se haviam feito portadores entusiastas das belezas harmoniosas do *laissez-faire* burguês. Todos os anúncios comerciais, revistas, narrações de viajantes contemporâneos falam das perdas dos comerciantes ingleses. Na Itália, Alemanha, Rússia, Brasil, os ingleses liquidavam suas mercadorias com prejuízo de 1/4 e até 1/3. Em 1818, lamentava-se no cabo da Boa Esperança que todas as tendas estavam cheias de mercadorias europeias, que se ofereciam a preços mais baixos que na Europa e mesmo assim não se conseguia se desfazer delas. Lamentações semelhantes vinham de Calcutá. Carregamentos inteiros de mercadorias

A ACUMULAÇÃO DO CAPITAL

voltavam da Nova Holanda[1] para a Inglaterra. Nos Estados Unidos não havia, segundo informações de um viajante contemporâneo, "de um cabo a outro deste enorme e florescente território, nenhuma cidade nem mercado em que a quantidade das mercadorias expostas para a venda excedesse enormemente as possibilidades dos compradores, embora os vendedores se esforçassem para atrair os clientes com amplos créditos e numerosas facilidades de pagamento, pagamentos a prazo e permuta".

Ao mesmo tempo, ressoava na Inglaterra o grito de desespero dos trabalhadores. A *Edinburgh Review* de maio de 1820 contém a solicitação dos tecelões de Nottingham, que diz o seguinte:

> Com uma jornada de 14 a 16 horas diárias de trabalho somente ganhamos de 4 a 6 *shillings* por semana, com cuja soma temos que alimentar nossas esposas e nossos filhos. Fazemos constar, além disso, que apesar de ter substituído por pão e água ou batatas e sal a sadia alimentação que antes se via em abundância nas mesas inglesas, frequentemente somos obrigados, depois de um dia inteiro de trabalho extenuante, a enviar nossos filhos para a cama com fome para não os ouvir gritar pedindo pão. Declaramos solenemente que, durante os últimos 18 meses, somente uma vez nos sentimos alimentados.[2]

---

[1] Entende-se Austrália. [*N. da E.*]

[2] O interessante documento encontra-se reproduzido no escrito *Observations on the Injurious Consequences of the Restrictions upon Foreign Commerce. By a Member of the Late Parliament*. Londres, 1820. Este documento pinta, em geral com as mais sombrias cores, a situação dos operários da Inglaterra. Expõe, entre outros, os seguintes fatos: "*The manufacturing classes in Great Britain – have been suddenly reduced from affluence and prosperity to the extreme of poverty and misery. In one of the debates in the late Session of Parliament, it was stated, that the wages of weavers of Glasgow and its vicinity, which, when highest, had averaged about 25 s. or 27 s. a week, had been reduced in 1816 to 10 s.; and in 1819 to the wretched pittance of 5 s. 6 d. or 6 s. They have not since been materially augmented.*" [As classes manufatureiras da Grã-Bretanha reduziram-se, subitamente, da abundância e prosperidade aos extremos de pobreza e miséria. Em um dos debates da última seção do Parlamento, comprovou-se que os salários dos tecelões de Glasgow e seus arredores, que quando estavam mais altos haviam ascendido a uma média de 25 ou 26 *shillings* semanais, se haviam reduzido a 10 *shillings* em 1816 e em 1819 à mísera esmola de 5 *shillings* e 6 pennies ou 6 *shillings*. Desde então, não aumentaram.] No Lancashire, as jornadas semanais dos tecelões oscilavam, segundo o mesmo testemunho, entre 6 e 12 *shillings*, com uma jornada de 15 horas, enquanto "crianças meio famintas" trabalhavam de 12 a 16 horas diárias por 2 a 3 *shillings* por semana. A miséria no Yorkshire era ainda maior do que se possa imaginar. No que diz respeito à solicitação dos operários de Nottingham, diz o autor, que havia estudado pessoalmente seu estado, chegando à conclusão de que as manifestações dos operários não exageravam nos menores detalhes. (*The Edinburgh Review*, maio de 1820, p. 331 ss.)

A TEORIA SISMONDIANA DA REPRODUÇÃO

Quase ao mesmo tempo, levantaram suas vozes, em uma repulsa violenta contra a sociedade capitalista, Owen na Inglaterra e Sismondi na França.[3] Mas enquanto Owen, como inglês prático e do primeiro Estado industrial, fez-se o apóstolo de uma reforma social em grande escala, o pequeno-burguês suíço perdeu-se em amplas acusações contra as imperfeições da ordem social existente e contra a economia clássica. Mas, justamente por isso, Sismondi deu maiores desprazeres à economia burguesa de que Owen, cuja atividade prática, fecunda, dirigiu-se diretamente ao proletariado.

Que foi a Inglaterra, e particularmente a primeira crise inglesa, que deu ocasião a Sismondi para a sua crítica social, ele próprio o descreve detalhadamente no prólogo da primeira edição de seus "*Nouveaux principes d'économie politique, ou de la richesse dans ses rapports avec la population*". (A primeira edição apareceu em 1819, a segunda, oito anos depois.)

> Foi na Inglaterra que resolvi esse problema. A Inglaterra produziu os economistas mais famosos. Suas doutrinas se expõem ainda hoje ali com redobrado entusiasmo. A concorrência generalizada, ou o desejo de produzir cada vez mais e cada vez a preço mais barato, é desde há muito tempo o sistema dominante na Inglaterra. Ataquei esse sistema como perigoso, esse sistema que acelerou os enormes progressos da indústria inglesa, mas cujo curso precipitou os operários em uma espantosa miséria. Julguei ser meu dever situar-me junto a essas convulsões da riqueza, para refletir mais uma vez sobre minhas afirmações e compará-las com os fatos.
>
> O estudo da Inglaterra fortaleceu em mim as teses mantidas nos "novos princípios". Nesse surpreendente país, que encerra uma grande experiência

---

3 Sismondi, Jean Charles Léonard de (1773-1842), grande teórico da economia, nascido na Suíça; representa uma das figuras fundadoras da teoria do subconsumo; seus princípios *Nouveaux d'économie politique* (1819) contestaram Smith e Ricardo por presumirem que os ciclos comerciais conduzem ao equilíbrio econômico e pleno emprego. A primeira tradução da obra de Sismondi foi publicada em 2009. J.-C.-L. Simonde de Sismondi. *Novos princípios de economia política*. Curitiba: Segesta, 2009. O empresário e reformador britânico Robert Owen (1771-1858) propôs uma nova lei trabalhista que ele queria aplicar em uma colônia comunitária fundada por ele na América. De volta à Inglaterra, continuou a defender teorias comunistas utópicas em sua revista, *The New Moral World*. [*N. da E.*]

suscetível de ser aproveitada pelo resto do mundo, viu-se aumentar a produção e diminuir a procura. A massa do povo parece esquecer ali, como os filósofos, que o crescimento das riquezas não é o fim da economia política, e sim o meio que serve para favorecer a sorte de todos. Procurei essa sorte em todas as classes, mas não consegui achá-la em nenhuma. Com efeito, a alta aristocracia inglesa atingia um grau de riqueza e luxo que sobrepuja, como se pode ver, todos os demais povos. Mas ela própria não desfruta a abundância que parece haver adquirido à custa das outras classes; falta-lhe a segurança: nota-se mais em cada família a privação do que a abundância... Entre essa aristocracia de título e a não titulada, ocupa o comércio uma posição sobressalente, suas empresas abrangem o mundo inteiro, seus empregados desafiam o gelo polar e os rigores do trópico, enquanto os chefes, que dispõem de milhões, reúnem-se na bolsa. Ao mesmo tempo, as tendas expõem mercadorias em todas as ruas de Londres e das demais cidades da Inglaterra, suficientes para o consumo do universo. Mas brinda, por acaso, a riqueza o comerciante inglês com algum gênero de sorte? Não, em nenhum país são tão frequentes as falências como na Inglaterra. Em nenhuma outra parte dissipam-se com tanta rapidez, em todos os cantos, esses enormes patrimônios, cada um dos quais seria suficiente para um empréstimo à nação, para a conservação de um reino ou de uma república. Todos se lamentam de que os negócios são difíceis e pouco produtivos. Há poucos anos, duas crises terríveis arruinaram uma parte dos banqueiros, e os danos estenderam-se a todas as manufaturas inglesas. Ao mesmo tempo, outra crise arruinou os colonos, fazendo sentir sua repercussão no pequeno comércio. Por outro lado, esse comércio, não obstante sua enorme extensão, não pode oferecer emprego aos jovens, todos os setores estão ocupados, e, tanto nas camadas altas da sociedade como nas baixas, a maior parte oferece trabalho, mas sem pagar salário.

Foi vantajoso para os pobres esse bem-estar nacional cujos progressos materiais deslumbram à vista de todos? Nada mais falso. O povo na Inglaterra não tem comodidade no presente nem segurança no futuro. Já não há lavradores no campo; foram substituídos por jornaleiros; apenas há nas cidades artesãos ou pequenos industriais independentes, somente existem operários de fábricas. O peão [leia-se trabalhador assalariado – R.L.], para empregar uma palavra criada por esse sistema, não tem ofício; percebe simplesmente um salário e, como esse salário não é uniforme em todas as épocas, quase todos os anos ele se vê forçado a pedir esmola ao fundo dos pobres.

A TEORIA SISMONDIANA DA REPRODUÇÃO

Essa rica nação achou mais vantajoso vender todo o ouro e a prata que possuía, a realizar toda a sua circulação por meio do papel-moeda. Dessa maneira, privou-se da principal vantagem do meio de pagamento, a estabilidade dos preços; os possuidores de crédito bancário correm diariamente o perigo de ver-se arruinados pelas frequentes e, de certo modo epidêmicas, falências bancárias, e o Estado inteiro se acha exposto às maiores oscilações, em suas relações patrimoniais, quando uma invasão estrangeira ou uma revolução perturba o crédito do banco nacional. A nação inglesa achou mais econômico renunciar aos sistemas de cultivo que requeriam muito mais trabalho manual e despediu a metade dos cultivadores que habitavam seus campos; o mesmo sucedeu aos artesãos das cidades; os tecelões deixam o posto para as *power looms* e sucumbem de fome; achou mais econômico submeter todos os operários ao salário mais baixo, apenas para que possam subsistir, de modo que os operários, que não são nada mais do que proletários e que não têm medo de precipitar-se cada vez mais na miséria, criam famílias cada vez mais numerosas; achou mais econômico nutrir os irlandeses apenas com batatas e dar-lhes trapos para se vestir, e assim cada barco traz diariamente legiões de irlandeses que trabalham a preços mais baixos do que os ingleses e expulsam esses de todas as indústrias. Quais são, pois, os frutos dessa enorme riqueza acumulada? Teve outro efeito que o de comunicar a todas as classes inquietações morais, privações e o perigo de uma destruição completa? Não sacrificou a Inglaterra o fim aos meios, ao esquecer os homens pelas coisas?[4]

Tem que se confessar que esse modelo, posto diante da sociedade capitalista há quase cem anos, nada deixa a desejar em clareza e plenitude. Sismondi coloca o dedo em todas as chagas da economia burguesa; ruína da pequena indústria, despovoamento do campo, proletarização das classes médias, empobrecimento dos operários, substituição dos operários pelas máquinas, interrupção de explorações industriais, perigos do sistema de crédito, contrastes sociais, existência insegura, crises, anarquia. Sua doutrina rigorosa e penetrante caiu, como nota

---

4 J.-C.-L. Sismonde de Sismondi, *Neue Grundsätze der Politischen Ökonomie* [*Nouveaux principes d'economie politique*], traduzido [ao alemão, *N. do T.*] por Robert Prager, Berlim 1901, v. 1, p. XIII.

discordante, no amplo otimismo da repetição fastidiosa das harmonias econômicas, que já se expandia na Inglaterra com MacCulloch e na França com J-B. Say e que dominava toda a ciência oficial. É fácil compreender-se que profundas e dolorosas impressões causavam declarações como as seguintes:

> O luxo só é possível quando comprado com trabalho alheio, só se consegue se se trabalhar com coragem, quando se busca a satisfação das necessidades vitais e não alegrias passageiras. (v. I, p. 60.)

> Embora a invenção das máquinas, que multiplica as forças do homem, seja benéfica para a humanidade, a distribuição injusta de seus donos a converte em açoite para os pobres. (v. I, p. XXI.)

> O lucro do empresário não é senão o roubo ao operário; ele não ganha porque sua empresa produz a preço maior do que o de custo e sim porque não paga o que realmente custa, porque concede ao operário uma remuneração insuficiente por seu trabalho. Tal empresa é um mal social, precipita os trabalhadores na maior miséria, enquanto assegura o benefício corrente do capital ao que o dirige. (v. I, p. 71).

> Entre os que repartem a renda nacional entre si, uns adquirem cada ano um novo direito a ela, outros já tinham adquirido um direito permanente por um trabalho anterior que torna mais produtivo o trabalho anual. (v. I, p. 86.)

> Nada pode impedir que cada nova invenção da mecânica aplicada faça diminuir a população trabalhadora. Essa fica constantemente exposta a esse perigo, e a sociedade não encontra nenhum remédio para tal mal. (v. II, p. 258.)

> Sem dúvida, virá o tempo em que nossos netos nos considerarão, por haver deixado sem garantias a classe trabalhadora, tão bárbaros como as nações que tratavam essas mesmas classes como escravas. (v. II, p. 337.)

A TEORIA SISMONDIANA DA REPRODUÇÃO

Sismondi ataca, pois, de maneira contundente a economia clássica; despreza toda tentativa de embelezar e todo subterfúgio que trate de desculpar os lados sombrios, por ele descobertos, do enriquecimento capitalista, como danos temporais de um período de transição e termina sua investigação com a seguinte nota contra Say:

> Há sete anos venho expondo essa enfermidade do corpo social e já faz sete anos que continua aumentando. Num sofrimento tão prolongado, não pode haver meros transtornos que acompanham sempre os períodos de transição, e creio que chegamos à origem da renda, mostrando que os males que sofremos são consequência necessária de defeitos de nossa organização, que de modo algum estão prestes a terminar.[5]

Sismondi vê a fonte de todos os males na desproporção entre a produção capitalista e a distribuição da renda por ela condicionada e assim atinge o problema da acumulação que nos interessa.

O *leitmotiv* de sua crítica à economia clássica é o fato de que a produção capitalista tende a uma ampliação ilimitada sem se importar com o consumo, sendo esse medido pela renda.

> Todos os economistas modernos [acrescenta ele] reconheceram de fato que o patrimônio público, quando é apenas um conjunto do patrimônio privado, nasce, aumenta, distribui-se, aniquila-se pelos mesmos fenômenos que o de qualquer particular. Todos sabiam muito bem que num patrimônio particular a parte que merece cuidado particular é a renda, que o consumo ou os gastos serão regidos pela renda, se não se pretende destruir o capital. Mas, como no patrimônio público o capital de um se converte na renda do outro, encontram-se perplexos para decidir quem é o capital e quem é a renda e por isso resolveram simplesmente deixar o último à parte de seus cálculos. Esquecendo de determinar uma dimensão tão importante, Say e Ricardo chegaram à crença de que o consumo é uma potência ilimitada, ou pelo menos que seus limites se acham

---

5 *Op. cit.*, v. 2., p. 358.

condicionados unicamente pela produção, logo de fato está limitado pela renda. Acreditaram que toda riqueza produtiva encontra sempre consumidores e isso animou os produtores a colocar no mercado essa superprodução que hoje causa a miséria do mundo civilizado, em vez de fazer-lhe ver que só podiam contar com os consumidores que possuem uma renda.[6]

Por conseguinte, Sismondi coloca como base de sua concepção uma teoria da renda. "O que é renda e o que é capital?" A essa distinção dedica uma grande atenção e a chama "a questão mais abstrata e difícil da economia política". O quarto capítulo do livro II é consagrado a esse problema. Sismondi começa, como de costume, a investigação com uma robinsonada. Para o "homem individual", a distinção entre capital e renda era "ainda obscura", somente em sociedade se fez "fundamental". Mas também na sociedade essa distinção torna-se muito difícil, por causa da já conhecida ficção da economia burguesa, segundo a qual "o que para um é capital se converte em renda para outro" e vice-versa. Sismondi repete essa confusão e justificação legítima da preguiça mental e da superficialidade causada por Smith e que Say elevou a dogma fielmente:

> a natureza do capital e a da renda mesclam-se constantemente em nosso espírito; vemos o que para um é renda converter-se em capital para outro, e o mesmo objeto ao passar de uma mão para a outra recebe as mais diversas designações; enquanto seu valor, que separa do objeto consumido, parece ter uma dimensão suprassensível, que um gasta e o outro troca, que num parece com o próprio objeto e noutro renova-se e dura tanto como a circulação.

Através dessa introdução que tanto promete, lança-se ao difícil problema e declara: toda riqueza é produto do trabalho. A renda é uma parte da riqueza, logo deve ter a mesma origem. É "corrente" reconhecer três classes de renda: a renda da terra, o lucro do empresário e os salários, que

---

6 *Op. cit.*, v. 1, p. XIX.

procedem de três fontes distintas: "... a terra, o capital acumulado e o trabalho". No que se refere à primeira afirmação, é, desde logo, errônea; no sentido social entende-se por riqueza a soma de objetos úteis, valores de uso que não são unicamente produtos do trabalho, mas também da natureza que oferece matéria para tal e apoia o trabalho humano com suas forças. Em troca, a renda constitui um conceito de valor, é a amplitude da disposição do indivíduo ou dos indivíduos sobre uma parte da riqueza ou do produto social total. Ao considerar Sismondi a renda social como uma parte da riqueza social, poder-se-ia supor que ele entendia por renda da sociedade seu fundo de consumo efetivo anual. A parte restante não consumida da riqueza seria em tal caso o capital social, e assim teríamos, pelo menos em contornos imprecisos, a distinção procurada entre capital e renda sobre a base social. Mas, no momento seguinte, Sismondi aceita a distinção "corrente" das três classes de renda, sendo que só uma procede do "capital acumulado", enquanto nas outras, ao lado do capital, intervêm "a terra" e "o trabalho". O conceito de capital volta, em seguida, a perder-se numa nebulosa. Entretanto, sigamos com Sismondi. Esforça-se o autor em explicar a origem das três classes de renda que denunciam uma base social antagônica. Acertadamente, toma como ponto de partida certo grau de produtividade do trabalho: "Graças ao progresso da indústria e da ciência, que submeteram todas as forças da natureza ao homem, os operários podem elaborar todos os dias muito mais do que necessitam para seu consumo."

Mas, após ressaltar justamente a produtividade do trabalho como uma suposição imprescindível e o fundamento histórico da exploração, dá, sobre a origem efetiva da exploração, uma explicação típica no sentido da economia burguesa: "Mas, ao mesmo tempo que seu [do trabalhador] trabalho cria riqueza, esta, se a possuísse, o faria menos capaz para o trabalho, assim a riqueza quase nunca fica em poder daquele que se vê obrigado a empregar suas mãos para ganhar a vida."

Depois de fazer desse modo, completamente de acordo com os ricardianos e malthusianos, da exploração e da posição da classe o incentivo imprescindível da produção, cai no verdadeiro fundamento da exploração: a separação da força de trabalho dos meios de produção:

> Geralmente, o operário não pode conservar a propriedade da terra, e o solo tem uma força produtiva que o trabalho humano regulou segundo as necessidades do homem. Aquele que possui terras, que são trabalhadas, retém, como remuneração das vantagens obtidas através dessa força produtiva, uma parte dos frutos do trabalho, de cuja produção suas terras participaram.

Essa é a renda. E segue:

> No estado atual da civilização, o operário não pode conservar a propriedade de uma grande quantidade, suficiente, de meios de consumo, de que necessita para subsistir o tempo que há entre a execução de seu trabalho e o momento em que encontra um comprador para ele. Não possui as matérias-primas, que frequentemente são trazidas de muito longe. Não possui, também, as máquinas caríssimas que aliviaram seu trabalho e o tornaram infinitamente mais produtivo. O rico, que possui esses alimentos, essas matérias-primas, essas máquinas, não precisa trabalhar, pois de certo modo é senhor do trabalho que pode oferecer para si próprio os meios de que necessita. Como compensação das vantagens que oferece ao operário, rouba-lhe a maior parte do fruto do trabalho.

Este é o lucro do capital. O salário do trabalhador, a renda do trabalhador, é o que resta da riqueza depois de se haver pago ao proprietário da terra e ao capitalista. E Sismondi acrescenta: "Consome-se, pois, sem que se renove."

Sismondi considera, tanto em relação ao salário como à renda, o não se renovar como característica da renda, diferentemente do capital. Isso só é exato, porém, no que se refere à renda da propriedade e à parte consumida do lucro do capital; ao contrário, a parte do produto social consumida como salário renova-se, na força de trabalho do operário assalariado, sendo para ele a mercadoria que pode levar sempre, de novo, ao mercado para viver de sua renda. Para a sociedade é o capital variável que reaparecerá sempre na reprodução total anual se não houver déficit.

Até agora, só constatamos dois fatos: a produtividade do trabalho permite a exploração dos trabalhadores por não trabalhadores, e que o trabalhador está separado dos meios de produção, o que faz da exploração do trabalho o verdadeiro fundamento da distribuição da renda. O que ainda não sabemos é o que é renda e o que é capital, mas Sismondi se propõe explicar. Assim como existem pessoas que só sabem dançar se começam no canto da chaminé, Sismondi tem que partir sempre de seu Robinson.

> Para o homem individual... a riqueza não era outra coisa senão uma reserva acumulada provisoriamente. Entretanto, já distinguia duas partes nesse armazenamento: uma parte que empregava depois em seu consumo imediato ou quase-imediato, e outra que empregaria numa nova produção. Assim, uma parte de seu trigo alimentava-o até a próxima colheita, e outra parte, destinada à semeadura, produziria frutos no ano seguinte. A formação da sociedade e a introdução do sistema de troca permitiam aumentar quase infinitamente essa semente, essa parte fecunda da riqueza acumulada: a isso se chama capital.

Isso só tem um qualificativo: galimatias. Sismondi identifica, por analogia, semente com meios de produção e capital, o que é falso em dois sentidos. Em primeiro lugar, os meios de produção só são capital sob circunstâncias históricas perfeitamente determinadas e não por si mesmos; em segundo lugar, o conceito de capital não se esgota com o de meios de produção. Na sociedade capitalista – supondo-se tudo de que Sismondi prescindiu – os meios de produção são apenas uma parte do capital, o capital constante.

Sismondi perdeu-se, evidentemente, ao tentar pôr em harmonia o conceito de capital com pontos de vistas materiais da reprodução social. Anteriormente, quando estudava os capitalistas individuais, contava entre os elementos do capital, além dos meios de produção, os meios de subsistência do trabalhador, o que é um equívoco do ponto de vista da reprodução do capital individual. Mas, quando tenta colher os fundamentos materiais da reprodução social, e faz uma verdadeira distinção entre meios de consumo e de produção, o conceito de capital lhe escapa.

O próprio Sismondi sente que só com meios de produção não podem verificar-se a produção nem a exploração; ainda mais, tem a justa sensação de que o ponto central da relação de exploração se acha precisamente na troca com o próprio trabalho. Antes reduzia o capital a capital constante, agora o reduz a capital variável:

> O cultivador, que havia separado todo o trigo que acreditava necessitar até a próxima colheita, percebeu que lhe seria mais vantajoso vender o excedente para alimentar outros homens que lhe trabalhassem a terra e fizessem nascer novos cereais; outros que fiassem seu linho e tecessem sua lã [etc.] "Nessa atividade, o cultivador trocava parte de sua renda por capital, e, realmente, o capital novo sempre se forma assim.[7] O grão colhido, acima de suas necessidades de alimentação, trabalhando por si próprio e acima do que necessitava semear para manter a mesma exploração, constituía uma riqueza que poderia gastar, dilapidar, consumir na ociosidade, sem empobrecer com isso. Era uma renda. Mas, se a utilizava para o sustento de novos trabalhadores ou a trocava por trabalho ou pelos frutos do trabalho de seus operários manuais, de seus tecedores, de seus mineiros, convertia-se num valor duradouro que se multiplicava e podia crescer; convertia-se em capital".

Vemos, nisso tudo, a verdade e o erro mesclados em confusão sem fim. Para manter a antiga produção, isto é, para a reprodução simples impõe-se a necessidade do capital constante, embora esse capital constante se

---

7 *"En faisant cette opération, le cultivateur changeait une partie de son revenu en un capital; et c'est en effet toujours ainsi qu'un capital nouveau se forme."* [Ao fazer essa operação, o cultivador trocava uma parte de sua renda por capital; com efeito; e esse é sempre o modo de se formar capital novo.] (*Nouveaux principes*, 2ª ed., v. 1, p. 88.)

reduza exclusivamente a capital circulante (sementes), descuidando, em troca, inteiramente a reprodução do fixo. Entretanto, para a reprodução, para a acumulação, é também, aparentemente, supérfluo o capital circulante: toda a parte capitalizada da mais-valia troca-se em salários para novos operários, que trabalham manifestamente desinteressados sem nenhum meio de produção. Sismondi formula a mesma ideia mais claramente em outra passagem:

> O rico cuida do bem-estar do pobre quando economiza sua renda e acumula seu capital, pois, ao repartir a produção anual, guarda para seu consumo tudo a que chama renda e abandona tudo o que chama capital ao pobre como renda.[8]

Mas, em tempo, Sismondi ressalta acertadamente o obscuro do lucro do empresário e o momento em que nasce o capital: a mais-valia nasce da troca entre capital e trabalho, do capital variável, o capital nasce da acumulação da mais-valia.

Com tudo isso, não nos adiantamos muito na distinção entre capital e renda. Sismondi tenta, então, colocar os diversos elementos da produção e da renda distribuídos em proporções correspondentes ao produto social total:

> O empresário, como o cultivador, não destina toda a sua riqueza produtiva à semente, emprega-lhe uma parte em edifícios, máquinas, ferramentas, que tornam o trabalho mais fácil e fecundo; da mesma maneira que uma parte da riqueza do cultivador aflui aos trabalhadores permanentes que aumentam a fertilidade do solo. Assim vemos nascer as diversas classes de riquezas e depois separarem-se pouco a pouco. Uma parte da riqueza que a propriedade acumulou, seus possuidores empregam anualmente para tornar mais compensador o trabalho, fazendo que seja consumida aos poucos, e incorporando ao trabalho humano as forças cegas da

---

8 *Op. cit.*, v. I, p. 84.

natureza. Chama-se a isso capital fixo, que compreende os novos arroteamentos, a canalização da água, as fábricas e todos os tipos de máquinas. Outra parte da riqueza destina-se a ser consumida para renovar-se no valor já criado, mudando sem cessar sua figura, mas conservando o seu valor; essa parte chama-se capital circulante e compreende as sementes, as matérias-primas destinadas à elaboração e aos salários. Finalmente, uma terceira parte separa-se dessa segunda: o valor na qual a obra acabada supera os adiantamentos feitos. Esse valor, chamado renda do capital, destina-se a ser consumido sem reprodução.

Depois de tentar laboriosamente a divisão do produto social em categorias incomensuráveis como capital fixo, capital circulante e mais-valia, destaca-se o seguinte: Sismondi, quando fala do capital fixo, se refere, realmente, ao capital constante, e quando fala do capital circulante se refere ao variável, pois "todo o elaborado" destina-se ao consumo humano, mas o capital fixo só se consome "indiretamente". Em troca, o capital circulante: "serve ao fundo destinado ao sustento do trabalhador na forma de salário."

Com isso parece que nos aproximamos novamente da divisão do produto total em capital constante (meios de produção), capital variável (meios de subsistência do operário) e mais-valia (meios de subsistência dos capitalistas). Entretanto, até agora as explicações de Sismondi sobre esse problema, que ele próprio qualifica de fundamental, não são suficientemente claras, não conseguindo nessa confusão nenhum progresso além do "bloqueio de ideias" de Adam Smith.

O próprio Sismondi percebe o problema ao dizer, suspirando, que: "esse movimento da riqueza é plenamente abstrato e exige uma grande atenção para que possa ser compreendido."

Procura esclarecê-lo, "tratando-o de modo mais simples". Voltemos agora ao "canto da chaminé", ou seja, a Robinson, embora este já seja pai de família e pioneiro da política colonial.

A TEORIA SISMONDIANA DA REPRODUÇÃO

Um granjeiro, ilhado numa colônia longínqua, ao lado de um deserto, conseguiu em um ano 100 sacos de grão. Não há nos arredores nenhum mercado aonde possa levá-los. É necessário que esse grão seja consumido no prazo de um ano para que possa ter valor para o granjeiro; mas esse, juntamente com sua família, só pode consumir 30 sacos; tal será seu gasto, a troca de sua renda. Esses 30 sacos não serão reproduzidos nunca. Mais tarde atrairá operários, os fará lavrar bosques, secar pântanos e cultivar uma parte do deserto. Esses operários consumirão outros 30 sacos. Para eles, isso será um gasto e estarão em condições de fazê-lo como preço de sua renda, isto é, de seu trabalho. Para o granjeiro, isso será uma troca, ele trocará esses 30 sacos por capital fixo. [Aqui Sismondi transforma o capital variável em fixo. Isso quer dizer: por 30 sacos que recebem como salários, os operários elaboram meios de produção que o granjeiro empregará na ampliação de seu capital fixo.] Restam-lhe ainda 40 sacos que semeará esse ano, em vez dos 20 semeados no ano anterior; esse será seu capital de giro, que se duplicará. Desse modo, serão consumidos 100 sacos, mas 70 foram colocados em segurança e reaparecerão consideravelmente aumentados, uns na próxima colheita, os demais nas colheitas seguintes. O isolamento do granjeiro, que escolhemos como exemplo, adverte-nos ainda melhor dos limites dessa atividade. Se nesse ano só 60 sacos dos 100 puderam ser consumidos, quem comerá no ano seguinte os 200 sacos produzidos com o aumento da semente? Dir-se-á que foi sua família que se multiplicou. Certamente, mas as gerações humanas não se multiplicam depressa como as substâncias. Se nosso granjeiro tivesse braços suficientes para dobrar anualmente sua atividade, dobraria a cada ano sua colheita, enquanto sua família só poderia fazê-la pelo menos a cada 25 anos.

Apesar de sua puerilidade, o exemplo levanta no final a questão decisiva: onde estão os compradores para a mais-valia capitalizada? A acumulação do capital pode aumentar ilimitadamente a produção da sociedade. Mas o que sucede com o consumo da sociedade? Esse acha-se condicionado à renda de diversas classes. A importante matéria é exposta por Sismondi no capítulo V do livro II: "Divisão da Renda Nacional entre as Diversas Classes de Cidadãos."

Aqui, Sismondi tenta novamente dividir o produto total da sociedade:

> Desse ponto de vista, a renda nacional divide-se em duas partes. Uma compreende a produção anual, é a utilização da riqueza. A segunda é a capacidade de trabalho que resulta da própria vida. Com o nome de riqueza compreendemos agora tanto a propriedade territorial como o capital, e com o nome de utilidade compreendemos tanto a renda líquida, que se entrega aos proprietários, como o lucro dos capitalistas.

Portanto, todos os meios de produção considerados "riquezas" são separados da "renda nacional"; mas a última divide-se em mais-valia e força de trabalho ou, mais exatamente, em equivalente do capital variável. Não teríamos, depois disso, distinguido claramente a classificação em capital constante, capital variável e mais-valia. Continuando a regra, vemos que Sismondi entende por "renda nacional" o produto total anual:

> Igualmente, a produção anual ou o resultado de todos os trabalhos do ano consta de duas partes: uma é a utilidade que se deriva da riqueza, a outra é a capacidade de trabalhar que equiparamos à parte da riqueza com a qual é dada, ou aos meios de subsistência dos trabalhadores.

O produto total da sociedade divide-se, de acordo com seu valor, em duas partes: capital variável e mais-valia; o capital constante desaparece e nos encontramos dentro do dogma smithiano, segundo o qual todas as mercadorias se resolvem em $v + m$ (ou se compõem de $v + m$) ou, em outras palavras, o produto total consiste somente em meios de consumo (para operários e capitalistas).

Partindo desse ponto, Sismondi aborda o problema da realização do produto total. Como, por um lado, a soma da renda da sociedade compõe-se de salários e de lucros do capital, como também de rendas da terra, isto é, está representada por $v + m$, enquanto, por outro lado, o produto total da sociedade também se resolve por $v + m$, "a renda nacional e a produção anual se equilibram" e têm que ser iguais (em valor):

toda a produção anual é consumida no seu decorrer, mas, como é consumida em parte por operários que dão em troca seu trabalho, transformando-a em capital (variável) e produzindo-a novamente, a outra parte é consumida por capitalistas que dão em troca sua renda.

Ou "a totalidade da renda anual está destinada a ser trocada pela totalidade da produção anual".

Finalmente, Sismondi extrai de tudo isso no seu capítulo VI do livro II "A mútua determinação da produção pelo consumo dos gastos pela renda", formula a seguinte lei correta da produção: "A renda do ano passado deve pagar a produção deste ano."

Sob essas suposições, como se realizará a acumulação capitalista? Se o produto total for consumido completamente pelos operários e capitalistas, não saímos da reprodução simples, logo o problema da acumulação é insolúvel. Quem comprará o produto excedente no caso da ampliação da produção, se toda a demanda social é representada pela soma dos salários dos operários e pelo consumo pessoal dos capitalistas? Por isso, Sismondi formula a impossibilidade objetiva da acumulação na seguinte afirmação:

> Devido a isso, dizer-se-ia que é impossível trocar a totalidade da reprodução de um ano (havendo reprodução ampliada) pela totalidade do ano anterior. Se a produção cresce anualmente de forma graduada, a troca de cada ano acusará uma ligeira perda, que, com o correr do tempo, representará uma bonificação para o futuro.

Em outras palavras: a acumulação deve produzir todos os anos, ao elaborar o produto total, um excedente inevitável. Sismondi espanta-se, porém, diante dessa última consequência e se desvencilha na "linha média" de modo pouco compreensível:

> Se a perda é pequena e bem distribuída, todos suportam sem lamentar sua renda. Isso constitui, justamente, a economia do povo, e a série desses pequenos sacrifícios aumenta o capital e o patrimônio nacional.

A ACUMULAÇÃO DO CAPITAL

Se, ao contrário, realiza-se a acumulação sem essas considerações, o excedente que não se pode vender aumenta, adquirindo características de calamidade pública, e tem-se a crise. Logo, a solução proposta por Sismondi constitui o remédio pequeno-burguês da atenuação da acumulação. A polêmica contra a escola clássica, que defendia o desenvolvimento ilimitado das forças produtivas e a ampliação da produção, é o tema com o qual se compromete Sismondi, e toda a sua obra está consagrada a lutar contra as consequências fatais do impulso ilimitado até a acumulação.

A exposição de Sismondi demonstrou sua incapacidade para compreender, como um todo, o processo de reprodução. Sem considerar o fracasso de sua tentativa de distinguir socialmente as categorias capital e renda, sua teoria da reprodução apresenta um erro fundamental, copiado de Adam Smith, de crer que o produto total anual desaparece inteiramente no consumo pessoal, sem deixar uma parte para a renovação do capital constante da sociedade, assim como supor que a acumulação consiste apenas em transformar a mais-valia capitalista em capital variável adicional. Entretanto, quando críticos posteriores a Sismondi, como por exemplo o marxista russo Ilyin,[9] creem poder desdenhar com um sorriso superior a teoria da acumulação de Sismondi, considerando-a como uma "insensatez" e, ao sublinhar seu erro fundamental na análise do valor do produto total, somente provam que, por sua vez, não conseguiriam alcançar o problema crucial de que tratava em sua obra. Que o simples fato de que no produto total o valor que corresponde ao capital constante em nada resolve o problema da acumulação, Marx provou melhor do que ninguém mais tarde com sua análise, sendo o primeiro a descobrir aquele grosseiro erro de Adam Smith. Mas o destino reservou às teorias de Sismondi uma circunstância que o provou ainda mais claramente. Com sua concepção,

---
9 Vladimir Ilyich [Lênin], *Estudos e artigos econômicos*, São Petersburgo, 1899.

A TEORIA SISMONDIANA DA REPRODUÇÃO

Sismondi viu-se envolvido na controvérsia incisiva com os representantes e vulgarizantes da escola clássica: Ricardo, Say e MacCulloch. Ambas as facções representavam pontos de vista opostos: Sismondi, a impossibilidade da acumulação; Ricardo, Say e MacCulloch, ao contrário, sua ilimitada possibilidade. Mas, no que se refere ao erro smithiano, ambos os partidos se encontravam no mesmo terreno. Como Sismondi, seus oponentes prescindiam também do capital constante na reprodução e ninguém converteu tão pretensiosamente em dogma inalterável a confusão smithiana em relação à resolução do produto total como Say.

Essa hilariante circunstância deveria bastar para demonstrar que não estamos, de todo, em condição de resolver o problema da acumulação do capital, apenas, por saber, graças a Marx, que o produto total social, além de meios de subsistência para o consumo de operários e capitalistas ($v + m$), contém meios de produção (c) para a substituição do consumido e, por conseguinte, a acumulação não consistia simplesmente no aumento do capital variável, mas, também, no do constante. Mais tarde veremos que um novo erro, em relação à acumulação, conduziu à intensa acentuação da parte do capital constante no processo de reprodução. Basta indicar aqui o fato de que o erro smithiano, em relação à reprodução do capital, não constituía um defeito especial da posição de Sismondi, mas o terreno comum em que teve lugar a primeira controvérsia em torno do problema da acumulação. Segue-se que a economia burguesa acolheu o complicado problema da acumulação sem ter resolvido o problema elementar da reprodução simples. É que a investigação científica, frequentemente, marcha em estranhas linhas ziguezagueantes e empreende os últimos andares de um edifício sem haver terminado os alicerces. Em todo caso, indica as dificuldades que Sismondi havia imposto, com sua crítica, à economia burguesa, e que essa não conseguiu vencê-lo apesar das transparentes deficiências de sua dedução.

XI
MacCulloch contra Sismondi

As imprecações de Sismondi contra a desconsiderada extensão do capitalismo na Europa provocaram uma oposição resoluta de três lados: na Inglaterra, a escola de Ricardo; na França, J. B. Say, que deu um ar vulgar às doutrinas de Smith; e as saint-simonianas. Enquanto o raciocínio do inglês Owen, que acentuavam os aspectos sombrios do sistema industrial, e particularmente as crises, coincidiam em muitos pontos com o de Sismondi, a escola de outro grande utopista, Saint-Simon, que se preocupava principalmente com o pensamento açambarcador do mundo, a expansão da grande indústria, o desenvolvimento ilimitado das forças produtivas de trabalho humano, sentiu-se vivamente intranquilizada pelas repreensões de Sismondi. Mas o que nos interessa é a controvérsia entre Sismondi e os ricardianos, fecunda do ponto de vista teórico. Em nome dos ricardianos, em outubro de 1819, ou seja, logo depois do aparecimento dos *Nouveaux principes,* empreendeu MacCulloch[1] na *Edinburgh Review* uma polêmica anônima contra Sismondi, que ao aparecer foi aprovada pelo próprio Ricardo.[2] A essa polêmica replicou Sismondi em 1820 nos *Annales de*

---

[1] John Ramsay MacCulloch (1789-1864) foi um economista escocês, jornalista, editor de Smith e Ricardo, dos quais ele foi o principal propagandista. [*N. da E.*]

[2] O artigo da *Edinburgh Review* era dirigido propriamente contra Owen. Em 24 páginas impressas, ele ataca energicamente os seguintes tópicos: *A New View of Society, or Essays on the Formation of Human Character, Observations on the Effects of the Manufacturing System, Two Memorials on Behalf of the Working Classes, presented to the. Governments of America and Europe*; e, finalmente, *Three Tracts and an Account of Public Proceedings relative to the Employment of the Poor.* O autor anônimo trata de fazer ver, claramente, a Owen que suas ideias de reforma de modo algum conferem com as verdadeiras causas da miséria do proletariado inglês, pois essas causas são: o trânsito ao cultivo de terrenos improdutivos (teoria ricardiana da renda da terra!), os direitos aduaneiros sobre os grãos e os grandes impostos que

Jurisprudence de Rossi sob o título de "Indagações do problema: a capacidade de consumir cresce, na sociedade, juntamente com a capacidade de produzir?"[3]

O próprio Sismondi contesta em sua resposta que a polêmica girava em torno de aspectos sombrios das crises comerciais.

> A verdade que ambos buscamos [além disso, Sismondi não sabia ao contestar quem era o anônimo da *Edinburgh Review*] é nos momentos atuais da mais alta importância. Pode considerar-se como fundamental para a economia política. Impõe-se no comércio, nas manufaturas e em alguns países, inclusive na agricultura, uma decadência geral. O dano é tão prolongado, tão extraordinário, o infortúnio penetrou em tantas famílias, e em todas a inquietude e o desalento, que parecem em perigo as bases da ordem econômica. Apresentam-se outras

---

pesam tanto sobre os colonos como sobre os fabricantes. Por conseguinte, o livre câmbio e o laissez-faire são – o princípio e o fim! Se não se coloca obstáculo à acumulação, cada aumento da produção criará por si só um aumento da demanda. Acusa-se Owen, com referência a Say e James Mill, de "plena ignorância": "*In his reasonings, as well as in his plans, Mr. Owen shows himself profoundly ignorant of all the laws which regulate the production and distribution of wealth*" [Tanto em seu raciocínio como em seus planos, Sr. Owen mostra-se profundamente ignorante de todas as leis que regulam a produção e distribuição da riqueza.] Do argumento de Owen passa-se ao de Sismondi e formula-se a controvérsia nos seguintes termos: "*He* [Owen] *conceives that when competition is unchecked by any artificial regulations, and industry permitted to flow in its natural channels, the use of machinery may increase the supply of the several articles of wealth beyond the demand for them, and by creating an excess of all commodities, throw the working classes out of employment This is the position which we hold to be fundamentally erroneous; and as it is strongly insisted on by the celebrated Mr. de Sismondi in his* Nouveaux principes d'économie politique, *we must entreat the indulgence of our readers while we endeavor to point out its fallacy, and to demonstrate, that the power of consuming necessarily increases with every increase in the power of producing*" [Ele (Owen) crê que, quando a concorrência não está obstaculizada por normas artificiais e permite-se à indústria fluir por seus canais naturais, o uso da maquinaria pode aumentar a existência de alguns artigos de riqueza acima da demanda, criando um excesso de todos os artigos, e deixar sem trabalho as classes operárias. Essa posição é para nós fundamentalmente falsa, e como o célebre M. Sismondi insiste vigorosamente nela em seus *Nouveaux principes d'économie politique*, temos que solicitar licença a nossos leitores para declarar seu engano e demonstrar que o poder aquisitivo aumenta, necessariamente, à medida que o faz a força de produção] (*Edinburgh Review*, outubro de 1819, p. 470).

3 O título do artigo consta no original: "Examen de cette question: Le pouvoir de consumer s'accroit-il toujours dans la société avec le pouvoir de produire?" Foi impossível conseguir os *Annales de Rossi*, mas o artigo é reproduzido na íntegra por Sismondi em sua segunda edição dos *Nouveaux principes*.

explicações opostas dessa decadência que produziu tão grande desordem. Trabalharam demasiado, dizem uns; trabalharam pouquíssimo, dizem outros. O equilíbrio, dizem os primeiros, só se estabelecerá, somente retomarão a paz e o bem-estar, quando consumirem todo o excedente de mercadorias não vendidas que pesam sobre o mercado, e quando no futuro acomodarem a produção à demanda dos compradores; o equilíbrio só se estabelecerá, dizem os outros, se duplicarem esforços para acumular e reproduzir. Enganam-se, crendo que nossos mercados estão demasiado cheios; somente está cheia a metade de nossos armazéns, enchamos também a outra metade; essas novas riquezas serão trocadas umas pelas outras e se infundirá nova vida ao comércio.

Sismondi destacou e formulou aqui com clareza o ponto crucial da controvérsia.

De fato, toda a posição de MacCulloch está ligada à afirmação de que a troca é na realidade troca de mercadorias por mercadorias. Portanto, cada mercadoria representa uma oferta e uma demanda. O diálogo tomava a seguinte forma, MacCulloch:

> Demanda e oferta são somente expressões correlatas e mutáveis. A oferta de uma categoria de bens determina a demanda de bens de outra. Assim, produz-se uma demanda de uma determinada quantidade de produtos agrícolas quando se oferece em troca uma quantidade de produtos industriais, cuja elaboração acarretou também uma despesa, e, por outro lado, surge uma demanda efetiva dessa quantidade de produtos industriais quando se oferece em troca uma quantidade de produtos agrícolas que originou os mesmos gastos.[4]

A atitude do discípulo de Ricardo é clara: prescinde da circulação do dinheiro e faz com que as mercadorias sejam compradas e pagas imediatamente como mercadorias.

Vemo-nos prontamente transportados das condições de uma produção capitalista, altamente desenvolvida, para a época da troca primitiva

---

4 *Op. cit.*, p. 470.

tal como hoje se apresenta ainda no interior da África. A origem da mistificação fundamenta-se na circulação simples de mercadorias, o dinheiro só desempenha o papel de intermediário. Mas, precisamente, a intervenção desse intermediário, que na circulação M-D-M (mercadoria-dinheiro-mercadoria) separou ambos os atos, a compra e a venda, fazendo-os independentes temporal e espacialmente, determina não ser obrigatório que toda venda seja seguida imediatamente de compra, e, em segundo lugar, que a compra e a venda não se liguem de modo algum às mesmas pessoas, ao contrário, só em casos excepcionais teriam lugar entre as mesmas *personae dramatis*. Mas MacCulloch faz justamente essa suposição contraditória, ao contrapor como compradores e vendedores a indústria à agricultura. A generalidade das categorias que introduz na troca, tomadas em sua totalidade, insere aqui a verdadeira decomposição dessa divisão social do trabalho, que conduz a incontáveis atos de troca privada, nos quais a coincidência das compras e vendas das mercadorias recíprocas pertence a casos excepcionais.

A concepção simplista, que tem MacCulloch, da troca de mercadorias torna totalmente incompreensível o significado econômico e o aparecimento histórico do dinheiro, pois atribui-lhe uma capacidade imediata de troca.

A resposta de Sismondi é, no entanto, pouco sagaz. Para nos convencer de que a exposição de troca de mercadorias feita por MacCulloch não serve para a produção capitalista, leva-nos à feira de livros de Leipzig:

> À feira de livros de Leipzig concorrem todos os livreiros da Alemanha; cada um expõe quatro ou cinco obras, havendo, de cada, uma edição de 500 ou 600 exemplares. Cada um deles troca os seus livros por outros e retorna à casa com 2.400 volumes, que correspondem aos 2.400 que havia levado para a feira. Só que haviam levado apenas quatro obras distintas e voltam com exemplares de 200. Essa é a correlativa e mutável demanda e produção do discípulo de Ricardo: um compra ao outro, um paga ao outro, um é consequência do outro, em nossa opinião, porém, na do livreiro e do público, a demanda e o consumo ainda não

começaram. O mau livro, ainda que trocado em Leipzig, permanece sem ser vendido [grave erro de Sismondi este! – R.L.]; ficará nos armários do livreiro, ou porque ninguém sente necessidade dele ou porque essa necessidade já foi satisfeita. Os livros trocados em Leipzig só serão vendidos se os livreiros encontrarem particulares que se interessem por eles ou então que estejam dispostos a realizar um sacrifício retirando-os da circulação. Unicamente estes constituem uma verdadeira demanda.[5]

Apesar de sua ingenuidade, o exemplo mostra claramente que Sismondi não se deixa enganar pela simulação de seu adversário e sabe perfeitamente do que se trata.

MacCulloch faz uma tentativa de passar da consideração da troca abstrata de mercadorias a realidades sociais concretas:

> Suponhamos, por exemplo, que um lavrador adiantou a 100 operários alimentos e vestuário, e que estes produziram para ele alimentos suficientes para 200 homens; enquanto um fabricante, por seu lado, adiantou a 100 operários alimentos e vestuário, havendo aqueles elaborado vestuário para 200 pessoas. Nesse caso, o lavrador, subtraídos o alimento e o vestuário para seus próprios operários, disporá ainda de alimentos para outros 100, enquanto o fabricante, subtraído o vestuário de seus próprios operários, disporá de outros 100 para o mercado. Logo, ambos os artigos serão trocados, as substâncias alimentícias excedentes constituem a demanda de vestuário, e o excesso de vestuário, a de substâncias alimentícias.

Não se sabe o que admirar mais nessa hipótese; o mau gosto na construção que inverte o que se sucede na realidade ou a falta de escrúpulo em afir-

---

[5] Aliás, a feira de livros de Leipzig, utilizada por Sismondi como microcosmo do mercado capitalista mundial, celebrou uma gloriosa ressurreição 55 anos mais tarde no Sistema científico de Eugênio Dühring. Engels, em sua crítica ao infortunado gênio universal, explica essa ocorrência, dizendo que Dühring aparece nela como "um autêntico literato alemão", enquanto trata de esclarecer crises industriais efetivas com crises imaginárias do mercado de livros de Leipzig, a tormenta no mar com a tempestade no copo d'água; mas não suspeita de que o grande pensador nesse caso, como em muitos outros, apenas se aproveitou tranquilamente do outro.

mar nas premissas o que demonstraria mais tarde, dando-a depois como "demonstrada". A feira de livros de Leipzig aparece ao lado disso como um modelo de pensamento profundo e realista. Para provar que para todo gênero de mercadorias pode criar-se a cada momento uma demanda ilimitada, MacCulloch toma como exemplo os produtos que pertencem às mais obrigatórias e elementares necessidades de todos os homens: o alimento e o vestuário. Para demonstrar que se podem trocar as mercadorias em qualquer quantidade, sem levar em conta as necessidades da sociedade, escolhe um exemplo no qual duas quantidades de produto se acomodam de antemão exatamente às necessidades, e nas quais, portanto, não há, socialmente, nenhum excedente. Não obstante, chama de um "excedente" a quantidade socialmente necessária, um excedente medido pela necessidade pessoal dos produtores de seu próprio produto, e demonstra assim brilhantemente que qualquer "excedente" de mercadorias pode ser trocado por um "excedente" correspondente de outras mercadorias. Para demonstrar, finalmente, que a troca entre mercadorias produzidas privadamente, apesar, naturalmente, da distinção de suas quantidades, gastos de produção e importância na sociedade, pode não obstante realizar-se, traz como exemplo de antemão duas quantidades de mercadorias exatamente iguais e uma necessidade geral para a sociedade, também exatamente igual. Em suma, para demonstrar que na economia privada capitalista, que funciona sem planificação, não pode haver crises, constrói uma produção rigorosamente regulada, na qual não existe nenhuma superprodução.

Mas a principal brincadeira do MacCulloch está em outro ponto. O debate gira em torno do problema da acumulação. O que obcecava Sismondi e preocupava Ricardo e seus discípulos era o seguinte: onde se encontram os compradores para o excedente de mercadorias, quando uma parte da mais-valia, em vez de ser consumida privativamente pelo capitalista, capitaliza-se, isto é, emprega-se em ampliar a produção acima da renda da sociedade? O que se faz da mais-valia capitalista? Quem compra as mercadorias nas quais se incorpora? Isso tudo perguntava Sismondi. A pérola da escola de Ricardo, seu representante oficial na cátedra da Universidade de Londres, a maior autoridade para os ministros ingleses do Partido Liberal e para a *City* de Londres, o magnífico MacCulloch respondia, construindo um exemplo no qual se produz nenhuma mais-valia. Seus "capitalistas" somente trabalham para a agricultura e a indústria; o produto social total, junto com o excedente, só cobre as necessidades dos operários, os salários; enquanto o "lavrador" e o "fabricante" famintos e nus dirigem a produção e a troca.

Diante disso, Sismondi exclama com impaciência justificada:

> No momento em que estamos investigando o que se faz do excedente de produção sobre o consumo dos operários, não se pode prescindir desse excedente que constitui o benefício necessário do trabalho e a pacificação necessária do empresário.

Mas o economista vulgar multiplica sua falta de gosto fazendo crer ao leitor "que há milhares de lavradores e fabricantes" que procedem tão genialmente como aquele. Como é natural, a troca verifica-se com o consenso de todos. Finalmente, "em consequência de um emprego mais hábil do trabalho e a introdução de máquinas" faz com que dobre a produtividade do trabalho e isso de tal maneira

> que em cada ano um dos mil lavradores, que adiantam a seus 100 operários alimentação e vestuário, recebe substâncias alimentícias para 200 pessoas além de açúcar, tabaco, vinho, iguais em valor a esse alimento.

Enquanto cada fabricante consegue, por um procedimento análogo, junto à quantidade de roupas que recebia, "cintas, rendas e tecidos de linho", os quais "para serem produzidos necessitaram de uma soma igual, por conseguinte, terão um valor de troca igual a essas 200 roupas". Vê-se que desse modo inverteu totalmente a perspectiva histórica, supondo primeiro a propriedade privada capitalista com trabalho assalariado, e logo, em um estudo ulterior, o grau de produtividade do trabalho que torna possível a exploração, supõe que esses progressos da produtividade do trabalho se realizam em todos os terrenos com o mesmo ritmo, que o sobreproduto de cada ramo da produção contém exatamente o mesmo valor, que se distribuiu exatamente entre o mesmo número de pessoas; pois a continuação faz com que os diversos sobreprodutos se troquem entre si.

E vejo só: troca-se tudo sem dificuldade, sem nenhum excedente, a gosto de todos. Nisso, MacCulloch acrescenta às muitas peregrinações de sua hipótese o fazer que seus "capitalistas", que até então viviam de ar e exerciam sua profissão em trajes de Adão, alimentem-se exclusivamente de açúcar, tabaco e vinho, cobrindo seus corpos unicamente com cintas, rendas e roupas de linho.

O mais engenhoso, porém, é a pirueta com que ilude o verdadeiro problema. O que se faz da mais-valia capitalizada, isto é, da mais-valia que se aplica ao incremento da produção e não ao consumo dos capitalistas? Esse era o problema. MacCulloch responde-o, ora prescindindo totalmente da produção da mais-valia, dedicando-a toda à nova produção de artigos de luxo. Quem adquire, agora, a nova produção de artigos de luxo? Segundo o exemplo de MacCulloch, evidentemente, os capitalistas (seus lavradores e fabricantes), pois além deles só restam em seu exemplo trabalhadores. Logo, encontramo-nos com o consumo da mais-valia total para fins pessoais dos capitalistas, ou, em outras palavras, com a reprodução simples. Assim, pois, MacCulloch responde à pergunta acerca da capitalização da mais-valia prescindindo completamente dela, ou supondo, no momento em que surge a mais-valia, a reprodução simples em vez da acumulação. O fato de falar de reprodução ampliada é apenas, como anteriormente ao tratar da suposição de "excedente", uma simulação.

Constrói, primeiramente, um caso absurdo, para sugerir depois ao leitor o aparecimento do sobreproduto como um incremento da produção.

Sismondi não era capaz de seguir esses movimentos do homem-serpente escocês. Depois de haver instigado, passo a passo, e lhe demonstrado seu "evidente equívoco", confunde-se a si mesmo ao chegar no ponto decisivo da controvérsia. À afirmação anterior deveria contestar tranquilamente seu adversário:

> Distinto amigo, meus respeitos para sua flexibilidade espiritual, mas você trata de iludir o problema como uma raposa. Minha pergunta é a seguinte: quem adquirirá o produto excedente se os capitalistas em vez de dissipar toda a sua mais-valia a aplicam para fins de acumulação, isto é, para ampliar a produção? E você responde-me: pois bem, realizaram essa aplicação em objetos de luxo, os quais serão naturalmente consumidos por eles próprios. Mas isso é uma escamoteação. Pois se os capitalistas gastam a mais-valia em objetos de luxo para eles próprios, consomem-na e não a acumulam. Mas trata-se aqui de constatar se a acumulação é possível e não o luxo pessoal dos capitalistas. Portanto, dê-me – se é capaz – uma resposta clara, ou vá para onde crescem o vinho e o tabaco, ou se preferir a pimenta.

Em vez de proceder desse modo com seu adversário, Sismondi passa prontamente a considerações éticas, patéticas e sociais e exclama:

> Quem representará a demanda, quem a desfrutará, os senhores rurais e urbanos ou seus operários? Em sua nova hipótese [de Mac], temos um excedente de produtos, uma renda proveniente do trabalho. A quem corresponde?

Ele mesmo contesta com a seguinte verborreia:

> Sabemos certamente – e a história do comércio nos ensina suficientemente – que não é o operário que obtém proveito da multiplicação dos produtos do trabalho: seu salário permanece o mesmo. O próprio Ricardo concluiu uma vez que desse modo não poderia ser se o incremento da riqueza pública continuasse. Uma experiência cruel nos ensina que, pelo contrário, os salários quase sempre são

diminuídos em relação a esse crescimento. Mas em que consiste, então, o efeito do aumento das riquezas para o bem-estar público? Nosso autor supôs que o desfrutam milhares de lavradores, enquanto milhões de operários trabalham no campo; mil fabricantes que enriquecem, enquanto milhares de trabalhadores estão às suas ordens. Portanto, a sorte que resulta do aumento dos gozos supérfluos do luxo somente é atribuída à centésima parte da nação. Estaria essa centésima parte destinada a consumir o excedente total do produto da classe operária e em situação de fazê-lo também se essa produção pelo progresso das máquinas e dos capitais crescesse sem cessar? Pela suposição do autor, o lavrador ou o fabricante, cada vez que duplica o produto nacional, tem que centuplicar seu consumo. Se a riqueza nacional é hoje, graças à invenção de tantas máquinas, cem vezes maior que na época em que se limitava a cobrir os gastos de produção, cada senhor necessita consumir produtos que seriam suficientes para o sustento de 100 mil operários.

Sismondi crê haver aqui apreendido a iniciação das crises:

> Suponhamos literalmente que um rico pode consumir os produtos elaborados por 10 mil operários, entre eles as cintas, vestidos de linho, artigos de seda, cuja origem nos revelou o autor. Mas um homem somente não poderia consumir os produtos da agricultura, os vinhos, o açúcar, as espécies que Ricardo faz surgir na troca [Sismondi, que somente posteriormente supôs quem era o anônimo da *Edinburgh Review,* suspeita evidentemente a princípio de Ricardo] seriam demasiadas para a mesa de um único homem. Não poderia vender-se, ou, melhor, não poderia manter-se a proporção entre os produtos agrícolas e industrializados que aparece como base de todo o seu sistema.

Advertimos, pois, como Sismondi se deixa enganar pela simulação de MacCulloch. Em vez de procurar esquivar-se da pergunta sobre a acumulação com uma referência à produção de luxo, segue seu adversário nesse terreno sem notar o desvio do campo, e só encontra duas coisas para objetar-lhe. Em primeiro lugar, faz uma reprovação moral a MacCulloch por defender que a mais-valia favorece os capitalistas e não à massa dos trabalhadores e perde-se assim, em uma polêmica contra as bases da economia capitalista. Em segundo lugar, partindo desse desvio, volta inesperadamente de novo ao caminho do problema original que agora coloca do seguinte modo: ou seja, que os próprios capitalistas consomem toda a mais-valia em objetos de luxo. Está bem. Mas será que um homem pode ampliar seu consumo tão rapidamente quanto os progressos da produtividade do trabalho aumentam o sobreproduto? Sismondi abandona seu próprio problema, em vez de fixar a dificuldade da acumulação capitalista, na falta de outros consumidores que não sejam capitalistas nem operários, encontra um obstáculo para a reprodução simples nos limites físicos da capacidade de consumo dos próprios capitalistas. Como a capacidade aquisitiva dos capitalistas não se desenvolve paralelamente à produtividade do trabalho, isto é, ao incremento da mais-valia, resultará superprodução e crises. Já assinalamos nos *Nouveaux principes* de Sismondi esse raciocínio, e nele temos a prova de que ele próprio não via sempre com absoluta clareza o problema. Não é estranho. Somente é possível penetrar completamente no problema da acumulação quando já se resolveu o problema da reprodução simples. E já constatamos que esse não era o caso de Sismondi.

Apesar de tudo, Sismondi, nesse primeiro encontro com os epígonos da escola clássica, manifestou sua qualidade fazendo-se superior a seus adversários, aos quais acabou vencendo. Se Sismondi desconhecia os fundamentos mais elementares da reprodução social e descuidava-se, no sentido do dogma smithiano, do capital constante, seu inimigo não fazia melhor: para MacCulloch tampouco existe capital constante, seus lavradores e fabricantes somente "adiantam" alimentos e vestuário para seus operários, e o produto total da sociedade consiste unicamente em alimentos e vestuário. Embora coincidentes nesse erro elementar, Sismondi sobrepuja infinitamente MacCulloch por seu agudo sentido social, que lhe permite captar contradições da forma de produção capitalista. O discípulo de Ricardo ficou finalmente sem responder à incredulidade de Sismondi quanto à possibilidade de realização da mais-valia. Sismondi é igualmente superior quando lança ao rosto do apologista da harmonia sua fartura satisfeita, pois para o mesmo "não há nenhum excesso da produção sobre a demanda, nenhuma contradição do mercado, nenhuma dor", o grito de angústia dos proletários de Nottingham, quando ele comprova que a introdução de máquinas cria necessariamente "uma população excedente", e finalmente e em particular, quando dá relevância à tendência geral do mercado mundial capitalista com suas contradições. MacCulloch nega totalmente a possibilidade de uma superprodução geral, e contra a superprodução parcial tem no bolso um remédio seguro.

"Pode-se objetar", acrescenta ele,

> que a suposição de que a demanda aumenta sempre em relação à produção não pode explicar as contradições e desequilíbrios que engendra um comércio desordenado. Ao que contestamos tranquilamente: uma contradição é a consequência do crescimento de uma classe particular de mercadorias, à qual não corresponde um crescimento proporcional das mercadorias que lhe servem de contravalor. Enquanto nossos mil lavradores e outros tantos fabricantes trocam seus produtos e oferecem-se mutuamente um mercado, mil novos capitalistas somam-se à sociedade, cada um dos quais ocupando no cultivo cem operários, produzindo sem dúvida uma contradição imediata do mercado de produtos agrícolas, porque falta um crescimento simultâneo da produção de mercadorias manufaturadas que deveriam ser trocadas pelos produtos agrícolas. Mas se a metade desses novos capitalistas se tornarem fabricantes, produzirão artigos manufaturados suficientes para adquirir o produto bruto da outra metade. Assim, o equilíbrio estabelece-se novamente. 1.500 lavradores trocarão seus produtos correspondentes com os 1.500 fabricantes, com a mesma facilidade com que anteriormente os mil lavradores trocavam os seus produtos com os mil fabricantes.[6]

---

6 MacColloch, *op. cit.*, p. 471-472.

Sismondi responde a essa farsa grotesca que move a vara na névoa "muito tranquilamente" referindo-se aos deslocamentos e revoluções reais que no mercado mundial se realizavam diante de seus olhos:

> [...] Foi estendida a cultura a países selvagens, e as revoluções políticas, as mudanças no sistema financeiro, a paz; prontamente fizeram ancorar nos portos dos antigos países agrícolas barcos com carregamentos que equivaliam à quase totalidade de suas colheitas. As enormes províncias que a Rússia civilizou modernamente na costa do mar Negro, o Egito que sofreu uma troca de governo, a Berbéria onde se proibiu a pirataria, esvaziaram prontamente os celeiros de Odessa, Alexandria e Túnis, nos portos da Itália trouxeram consigo tanto trigo que, ao longo de toda a costa, os lavradores tiveram prejuízos. Inquieta o resto da Europa a possibilidade de que uma revolução semelhante, causada pela nova extensão da terra cultivada na orla do Mississipi, pudesse ocorrer. Até a influência da Nova Zelândia pode vir a se tornar prejudicial para a indústria inglesa, pois embora não haja perigo em relação às substâncias para as quais o transporte é demasiado, ele existe em relação à lã e aos demais produtos agrícolas cujo transporte é mais fácil.

Qual era o conselho de MacCulloch diante dessa crise agrária no sul da Europa? Que se tornasse fabricante a metade dos novos lavradores! Sismondi responde-lhe: "Esse desejo só se concretizará para os tártaros da Crimeia ou felás egípcios", e acrescenta: "não chegou ainda o momento de se implantarem novas fábricas nos países ultramarinos ou na Nova Zelândia".

Vê-se que Sismondi compreendia claramente que a industrialização dos países de ultramar era apenas uma questão de tempo. Mas vê também, perfeitamente, que a extensão do mercado mundial não é uma solução da dificuldade, mas a causa de maiores produções que acarretarão crises ainda mais profundas. Sente de antemão que o inverso da tendência expansionista do capital é uma intensificação ainda maior da concorrência, uma anarquia ainda maior da produção. E, inclusive, coloca o dedo sobre a causa fundamental das crises, formulando claramente em uma passagem a tendência da produção capitalista a desenvolver-se acima e apesar do próprio mercado: "Anunciou-se frequentemente", diz no final de sua réplica a MacCulloch,

> que se restabeleceria novamente o equilíbrio e começaria o trabalho, mas sempre uma única demanda desenvolveu um movimento que se deu devido às necessidades reais do comércio, e a essa nova atividade sucedeu uma contradição ainda mais penosa.

À profundidade de visão de Sismondi, à sua análise das contradições efetivas do movimento do capital, o vulgar economista da cátedra de Londres opôs apenas seu palavrório sobre a harmonia e sua dança entre os mil lavradores adornados de cintas e os mil fabricantes animados pelo vinho.

XII
Ricardo contra Sismondi

Para Ricardo, evidentemente, o assunto não ficava liquidado com a réplica de MacCulloch às objeções teóricas de Sismondi. Diferentemente do "farsante escocês", como o chama Marx, Ricardo procurava a verdade e observava a modéstia genuína de um grande pensador.[1] A prova de que a polêmica de Sismondi, contra ele próprio e contra seu "discípulo", impressionou enormemente a Ricardo foi a sua mudança diante do problema das máquinas e seus efeitos. Pertence justamente a Sismondi o mérito de haver colocado diante dos olhos da escola clássica o reverso da medalha na debatida questão da harmonia. No livro IV de seus *Nouveaux principes,* no capítulo 4, que trata "da divisão do trabalho e das máquinas", assim como no livro VII, capítulo 7, que tem o título significativo "As máquinas produzem uma população excedente", atacou Sismondi a doutrina a que os apologistas de Ricardo haviam prestado sua adesão e segundo a qual as máquinas ofereciam aos operários assalariados tanto ou mais trabalho que a totalidade do trabalho vivo despedido por ela. Sismondi combate com ardor essa chamada teoria da compensação. Seus *Nouveaux principes* foram publicados em 1819, dois anos depois da obra fundamental de Ricardo. Na terceira edição de seus *Principles,* no ano de 1821, isto é, já depois da polêmica entre MacCulloch e Sismondi,

---

[1] É característico o fato de Ricardo, que já gozava então de grande prestígio por seus trabalhos econômicos, ter escrito a um amigo, quando em 1819 se elegeu para o Parlamento: "Saiba você que me sento na Câmara dos Comuns. Temo que não sirva, ali, realmente. Tentei duas vezes falar, mas fazia-o com grande sobressalto e desespero de não poder dominar o medo que me acomete ao ouvir o som de minha voz." Sem dúvida, semelhantes "sobressaltos" eram completamente desconhecidos para o tagarela MacCulloch.

adicionou Ricardo um novo capítulo no qual reconhece valorosamente seus erros e se declara de acordo com Sismondi:

> Que a opinião da classe trabalhadora, segundo a qual a aplicação das máquinas é evidentemente daninha a seus interesses, não repousa em prejuízo nem erro, pois coincide com as leis fundamentais da economia pública e do Estado.

Com o tempo, sentiu-se induzido, como Sismondi, a se defender da acusação de que combatia o progresso técnico, porém, como era menos radical do que Sismondi, salvou-se concluindo que o mal se produz apenas lentamente:

> Para esclarecer a lei fundamental, supôs que a melhoria na maquinaria foi descoberta e aplicada rapidamente em toda a sua extensão. Mas, na realidade, essas invenções aparecem gradualmente, atuando melhor como aplicação de capital poupado e acumulado do que se fossem retiradas de suas inversões anteriores.

Ricardo inquietava-se, sem sossego, com os problemas das crises e da acumulação. No último ano de sua vida, em 1823, esteve alguns dias em Genebra para discutir pessoalmente com Sismondi sobre esse assunto, e, como fruto desse colóquio, apreciou em maio de 1824, na *Revue encyclopédique,* o artigo de Sismondi "Sur la balance des consommations avec les productions".[2] Em seus *Principles,* Ricardo aceitou a doutrina de Say sobre a relação entre produção e consumo. No capítulo 21, escreve ele:

---

2 Sismondi conta-nos a propósito dessa discussão: "Sr. Ricardo, cuja recente morte afligiu profundamente sua família, amigos e também a todos os que havia ilustrado com seu saber, aquecidos com seus nobres sentimentos, deteve-se alguns dias em Genebra no último ano de sua vida. Discutimos, por duas ou três vezes, sobre essa questão fundamental em torno da qual divergíamos. Ele demonstrou em seu exame delicadeza, boa-fé, o amor à verdade, que o caracterizavam, e uma clareza que havia surpreendido a seus próprios discípulos, habituados aos esforços de abstração que lhes exigia em seu gabinete." O artigo "Sur la balance" figura na segunda edição dos *Nouveaux principes,* v. II, p. 408.

> Say demonstrou, suficientemente, que não há capital, por maior que seja, que não possa ser aplicado num país, pois a demanda somente tem a produção como limite. Ninguém produz, salvo com a intenção de consumir pessoalmente seu produto ou de vendê-lo, e apenas vende-se com a intenção de comprar outros bens que sirvam imediatamente para seu consumo ou de empregar em uma produção futura. Por conseguinte, quem produz será consumidor de seu próprio produto ou comprador ou consumidor dos produtos dos outros.

Sismondi já havia polemizado vivamente contra essa concepção de Ricardo em seus *Nouveaux principes,* e o debate oral girou em torno dessa questão. Ricardo não podia negar um fato: as crises que se produziam na Inglaterra e em outros países. Tratava-se unicamente de sua explicação. É digna de nota a clara e precisa posição que ambos adotaram, Sismondi e Ricardo, no início dos debates, ao eliminar a questão do comércio exterior. Sismondi compreendia perfeitamente o significado e a necessidade do comércio exterior para a produção capitalista e sua necessidade de expansão. Nesse ponto, não era em nada inferior à escola do livre comércio de Ricardo. Inclusive, sobrepujava-as consideravelmente pela concepção dialética dessa tendência expansionista do capital, afirmando, em consequência, "que a indústria se vê forçada a buscar saída para seus produtos em mercados estrangeiros, onde a ameaçam transformações ainda maiores";[3] profetizou, como vimos, o aparecimento de uma concorrência perigosa para a indústria europeia nos países ultramarinos, que, sem dúvida, teria um mérito considerável até o ano de 1820, mostrando a profunda visão de Sismondi sobre as relações do capital dentro da economia mundial. Não obstante, Sismondi estava muito longe de fazer depender o problema da realização da mais-valia, o problema de acumulação, do comércio exterior, como única possibilidade

---

3 Livro IV, capítulo 4: "A riqueza comercial segue o aumento da renda".

de salvação, como lhe atribuíam críticos ulteriores. Pelo contrário, Sismondi acrescenta expressamente no livro II, capítulo 4:

> Para seguir com maior facilidade esses cálculos e para simplificar essas questões, não consideramos até agora o comércio exterior, e, supondo-se que uma nação viva completamente isolada, a própria sociedade humana é essa nação, ou seja, tudo o que é verdade em relação a uma nação sem comércio o é também para o gênero humano.

Em outras palavras, Sismondi colocava o problema nos mesmos termos em que Marx colocaria mais tarde, considerando todo o mercado mundial como uma sociedade que produz exclusivamente sob a forma capitalista. Nisso ele também esteve de acordo com Ricardo: "Eliminemos", acrescenta ele,

> do problema a circunstância de que uma nação venda mais do que compra do estrangeiro, e assim ache um mercado exterior crescente para uma produção interna crescente... Não temos de decidir sobre se as alternativas de uma guerra ou da política oferecem, ou não, a uma nação novos consumidores. Precisamos provar que é ela própria quem os cria, quando aumenta sua produção.

Sismondi formulou, desse modo, o problema da realização da mais-valia com toda a precisão, tal como aparece muito mais tarde na economia política. Por seu lado, Ricardo sustenta o fato – seguindo como vimos, e ainda veremos, as pegadas de Say – que a produção cria seu próprio mercado.

A tese formulada por Ricardo na controvérsia com Sismondi afirmava:

> Suponhamos que 100 cultivadores produzam 1.000 sacos de cereais e 100 fabricantes de lã elaborem 1.000 varas de tela. Não consideremos todos os demais produtos que sejam úteis ao homem, todos os encadeamentos intermediários

entre eles. Suponhamos, além disso, que estejam isolados no mundo e que trocam suas 1.000 varas pelos seus 1.000 sacos. Aceitando-se que as forças produtivas do trabalho progridam em um décimo em consequência dos progressos da indústria, os mesmos homens trocarão 1.100 varas por 1.100 sacos, e cada um ficará mais bem vestido e mais bem nutrido, um novo progresso eleva a troca a 1.200 varas por 1.200 sacos e assim sucessivamente. O crescimento da produção eleva sempre os lucros dos produtores.[4]

Profundamente envergonhados, reconhecemos que as deduções do grande Ricardo se acham possivelmente num nível mais baixo do que as do "arqui-farsante-mentiroso" escocês MacCulloch. Estamos novamente convidados a assistir como espectadores a uma harmoniosa e graciosa contradança entre "varas" e "sacos" na qual se pressupõe simplesmente aquilo que deveria ser provado: sua proporcionalidade. Ainda mais, deixaram-se de lado todas as suposições do problema considerado. A questão, o objeto da controvérsia – para que não se esqueça – consistia em determinar quem consome e adquire o excedente de produtos que surge, quando os capitalistas elaboram mercadorias acima do consumo de seus operários e do seu próprio, isto é, quando capitalizam uma parte da mais-valia, destinando-a à ampliação da produção, ao aumento do capital. Ricardo responde a isso sem aludir sequer ao aumento de capital. O que nos mostra nas diversas etapas da produção é uma elevação gradual da produtividade do trabalho. Conforme sua suposição, com o mesmo número de trabalhadores, produzem-se no começo mil sacos de cereais e mil varas de telas, depois 1.100 sacos e 1.100 varas, logo 1.200 sacos e 1.200 varas, e assim sucessivamente. Prescindindo da aborrecida representação dessa marcha uniforme, como a de um exército, e, inclusive, da coincidência do número de objetos entre os

---

4 *Nouveaux principes*, 2ª ed., p. 416.

quais se efetuará a troca, não há nenhuma referência ao incremento do capital. O que temos diante de nós é, apenas, reprodução simples e nunca ampliada, na qual cresce unicamente a massa dos valores de uso e nunca o valor do produto total social. Entretanto, o que importa para a troca não é a massa de valores de uso. É, simplesmente, a magnitude de seu valor, e essa, no exemplo de Ricardo, permanece invariável, imóvel, embora aparentemente se realize uma ampliação do processo produtivo. Finalmente, não existem em Ricardo as categorias da reprodução de que se trata. MacCulloch estabelece que seus capitalistas produzam sua mais-valia e vivam de ar, mas, pelo menos, reconhece a existência dos trabalhadores e menciona seu consumo. Em Ricardo, nem sequer se fala de trabalhadores, e a distinção entre capital variável e mais-valia não existe. Em decorrência disso, pouco importa que Ricardo não leve em conta o capital constante, tal como seu discípulo, quando pretende resolver o problema da realização da mais-valia e da acumulação do capital, partindo do fato de que existe certa quantidade de mercadorias que se trocam umas pelas outras.

Sismondi, sem perceber o total deslocamento do campo de batalha, esforça-se honradamente em pôr em terra firme as fantasias de seu famoso hóspede e contraditor, cujas suposições, como ele lamenta, "prescindem do tempo e do espaço, como somente fazem os metafísicos alemães", e em desconhecê-las em suas contradições invisíveis. Realiza a hipótese ricardiana segundo a qual "a sociedade, em sua organização efetiva, inclui trabalhadores usurpados cujos salários são fixados pela concorrência e que podem ser despedidos quando seu senhor não necessite mais deles", pois Sismondi observa com acerto e modéstia: "justamente sobre essa organização econômica apoiam-se nossos argumentos". Descobre as várias dificuldades e conflitos que estão ligados aos processos da produtividade do trabalho no regime capitalista. Demonstra que as transformações das técnicas do trabalho, aceitas por Ricardo, conduziram socialmente às seguintes alternativas: ou despede-se uma parte correspondente de operários, em relação ao crescimento da produtividade, e, nesse caso, teremos de um lado um excedente de produtos, e de outro, falta de trabalho e miséria, isto é, um reflexo fiel da sociedade presente; ou emprega-se o produto excedente no sustento de operários em um novo ramo da produção: a produção de luxo. Sismondi mostra, nesse ponto, decisiva superioridade sobre Ricardo. Recorda prontamente a existência do capital constante, lançando-se, então, num corpo a corpo contra o clássico inglês:

> Para fundar uma nova manufatura, uma manufatura de luxo, requer-se, também, um novo capital; terá que se fabricar máquinas, encomendar matérias-primas: será preciso estabelecer um comércio longínquo, pois os ricos não se conformam de bom grado com os objetos produzidos em suas vizinhanças. E onde encontramos esse novo capital que é na verdade muito mais considerável do que o necessário à agricultura? Nossos operários de luxo nem de longe chegaram a comer o grão de nossos cultivadores, a gastar as roupas de nossas manufaturas, que talvez nem hajam nascido ainda, suas indústrias não funcionam, as matérias-primas que têm que elaborar ainda não chegaram da Índia; todos aqueles a quem distribuíram seu pão aguardam inutilmente.

Sismondi leva em conta, agora, o capital constante na produção de luxo, mas também na agricultura e, mais adiante, argumenta diante de Ricardo:

> Será necessário não considerar o tempo para se supor que aquele cultivador que, por uma invenção mecânica ou da indústria rural, possa aumentar em 1/3 a força produtiva de seus operários, encontrando, também, capital suficiente para aumentar em 1/3 sua produção, suas ferramentas, implementos agrícolas, gado, celeiro e o capital circulante imprescindível para esperar sua receita.

Sismondi rompe, assim, com a fábula da economia clássica, segundo a qual, quando há ampliação de capital, todo capital suplementar se gasta exclusivamente em capital variável. Afasta-se, com isso, claramente, da teoria de Ricardo, o que não o impediu de deixar passar sem retoques, três anos mais tarde, na segunda edição de seus *Nouveaux principes*, todos os erros nos quais se apoiava aquela doutrina. Sismondi opõe, à simples doutrina da harmonia, dois pontos decisivos: de um lado, as dificuldades objetivas do processo da reprodução ampliada, que na realidade capitalista não se reproduz com a facilidade manifestada na hipótese absurda de Ricardo, e, por outro lado, o fato de que todo progresso técnico, e o subsequente aumento da produtividade do trabalho social, sob condições capitalistas, impõe-se sempre à custa da classe trabalhadora e compra-se com seus sofrimentos. Sismondi mostra sua superioridade sobre Ricardo ainda num terceiro ponto importante: frente às limitações desse, que não lhe permitiam conceber fora da economia burguesa outra forma social, Sismondi observa o amplo horizonte histórico com uma concepção dialética:

> Nossos olhos – exclama ele – habituaram-se de tal modo a essa nova organização da sociedade, a essa concorrência geral que degenera em antagonismo entre a classe rica e a trabalhadora, que não podemos imaginar nenhum outro gênero de existência. É absurdo opor-me às falhas dos sistemas anteriores. Com efeito, sucederam-se dois ou três na organização das classes inferiores; mas por que, após haver feito um bem no princípio, causaram em seguida horríveis tormentos ao gênero humano, concluindo que hoje – vivemos no sistema justo, não descobrimos o defeito capital do sistema dos assalariados, como descobrimos o do sistema da escravidão, da vassalagem e dos grêmios? Quando vigoravam esses três sistemas, tampouco conhecia-se sua substituição: qualquer melhora da ordem existente parecia tão impossível quanto ridícula. Entretanto, chegará a época em que nossos netos nos considerarão tão bárbaros como consideramos as nações que trataram como escravos a classe trabalhadora.

Sismondi demonstrou plenamente a profundidade de sua visão histórica ao distinguir, com precisão epigramática, o papel do proletariado na sociedade moderna. Com não menos profundidade expõe, diante de Ricardo, o caráter econômico peculiar do sistema escravista e da economia feudal, respectivamente, assim como a relatividade de sua significação histórica, e, finalmente, ao afirmar que a tendência geral dominante da economia burguesa é "a separação completa entre todo o gênero de propriedade e todo o gênero de trabalho". Contudo, o segundo encontro de Sismondi com a escola clássica marcou um triunfo para seu adversário.[5]

---

5 Portanto, quando o senhor Tugan-Baranovsky, no interesse da teoria de Say-Ricardo, afirma que Sismondi se viu "forçado a reconhecer a exatidão da doutrina por ele combatida e fazer ao seu adversário todas as concessões necessárias", que Sismondi "abandonou sua própria teoria que contava até agora com tantos adeptos" e que "o triunfo nessa conversa pertenceu a Ricardo" (*Estudo sobre a teoria e história das crises comerciais da Inglaterra*, 1901, p. 176), incorre em afirmações apressadas, assim as chamamos, das quais não se conhecem muitos exemplos em obras científicas sérias.

XIII
Say contra Sismondi

O artigo contra Ricardo, publicado por Sismondi na *Revue encyclopédique* de maio de 1824, atraiu, por fim, à palestra o então "príncipe da ciência econômica", o pretenso representante, herdeiro e divulgador da escola smithiana no continente: J. B. Say. Em julho do mesmo ano, Say, que já havia polemizado contra a concepção de Sismondi em suas cartas a Malthus, replicou, na *Revue Encyclopédique* com um artigo intitulado "Sobre o equilíbrio entre o consumo e a produção", ao qual Sismondi respondeu com uma breve réplica. Assim, a questão dos torneios polêmicos desenvolvia-se na realidade de modo inverso à linha genealógica das teorias. Porque foi Say o primeiro que comunicou a Ricardo aquela doutrina do equilíbrio, pela graça de Deus, entre produção e consumo e este a transmitiu, por sua vez, a MacCulloch. Com efeito, já em 1803 Say havia escrito em seu *Traité d'économie politique*, livro I, capítulo 22: "Dos mercados", o seguinte princípio lapidar, "[...] pagam-se produtos com produtos. Por conseguinte, quando uma nação tem demasiados produtos de uma classe, o meio de dar-lhes saída é criar produtos de outra classe".[1] Aqui temos a fórmula mais conhecida da mistificação que a escola de Ricardo e a economia vulgar aceitaram como a pedra angular da doutrina da harmonia.[2]

---

[1] "O dinheiro desempenha apenas um papel passageiro nessa dupla troca. Terminadas as trocas, observa-se que se pagaram produtos com produtos. Por conseguinte, quando uma nação tem demasiados produtos de uma classe, o meio de dar-lhes saída é criar produtos de outra classe." (J. B. Say, *Traité d'économie politique*, Paris, 1803, v. I, p. 154.)

[2] Na realidade, o único mérito de Say nada mais era que a fixação, pretensiosa e dogmática, do pensamento expresso por outros. Como notou Bergmann, em sua *História das teorias das crises* (Stuttgart, 1895), já em Josiah Tucker (1752), Turgot (em suas notas na edição francesa do livro de Tucker),

A obra principal de Sismondi era, no fundo, uma contínua polêmica contra o princípio. Na *Revue Encyclopédique,* Say arremete com a arma do adversário, dando de forma desconcertante a seguinte réplica:

> Se se admite que toda a sociedade humana, graças à inteligência e às vantagens que lhe oferecem as forças da natureza e as artes, pode produzir todas as coisas necessárias à satisfação de suas necessidades e à multiplicação de seus prazeres, numa quantidade superior à que essa sociedade é capaz de consumir, então, eu perguntaria: como é possível que não conheçamos nenhuma nação completamente provida, e, que, inclusive aquelas sete oitavas partes da população, que passam por prósperas, careçam de uma série de produtos indispensáveis, tendo até mesmo as suas famílias ricas uma vida bem modesta? Moro momentaneamente numa vila situada numa das comarcas mais ricas da França. Todavia, entre 20 casas, 19 recebem uma alimentação precária e carecem de tudo o que corresponde ao bem-estar da família, de todas as coisas que os ingleses chamam "confortáveis".[3]

Admira-se o atrevimento do esclarecido Say. Foi ele quem afirmou que na economia capitalista não poderia haver dificuldades, nem excedentes, nem crises, nem miséria, pois as mercadorias, sendo mutuamente compradas, bastava produzir cada vez mais para resolver tudo de modo satisfatório. Em suas mãos, esse princípio havia-se convertido em dogma da teoria da harmonia, que sustenta a economia vulgar. Sismondi, em troca, havia protestado energicamente, expondo a falta de fundamento deste critério;

Quesnay, Dupont de Nemours e em outros encontram-se manifestações completamente análogas acerca da identidade entre oferta e demanda, assim como do equilíbrio natural entre ambas. Não obstante, o "lamentável" Say, como foi chamado por Marx numa ocasião, reclama para si, como super-harmônico, a honra do grande descobrimento da "théorie des debouchés" (a teoria da saída de produtos) e, modestamente, compara a sua obra com o descobrimento da teoria do calor, da alavanca e do plano inclinado! (Ver a introdução e o índice de assuntos na 6ª edição de seu *Traité,* 1841: *"C'est la théorie des échanges et des débouchés – telle qu'elle est développée dans cet ouvrage – qui changera la politique du monde"* [A teoria dos câmbios e da saída de produtos – tal como se desenrola nesta obra – é a que transformará a política do mundo], p. 51 e 616.) James Mill desenvolve o mesmo ponto de vista em seu *Commerce defended,* publicado em 1808. Marx denomina-o o verdadeiro pai da teoria do equilíbrio entre produção e venda.

3 *Revue Encyclopédique,* XXIII, julho de 1824, p. 20.

assinalou que nem qualquer quantidade de mercadorias é realizável, pois a renda da sociedade (*v* + *p*), em um dado momento, representa o limite extremo de realização da quantidade de mercadorias. Porém, como os salários dos trabalhadores eram reduzidos ao mínimo necessário para a existência, e a capacidade de consumo da classe capitalista teria também seus limites naturais, o crescimento da produção levava à paralisação do mercado e, consequentemente, a uma crise e a uma miséria ainda maiores para as massas populares. Então, surge Say e replica com ingenuidade magnificamente fingida: "Se você afirma que se podem produzir bastantes produtos, como é possível que haja em nossa sociedade tantos indigentes, tantos esfarrapados, tantos famintos? Explica-me, conde Oerindur,[4] esse absurdo da natureza." Say, cuja própria posição se baseia no truque de prescindir da circulação do dinheiro, operando com uma troca direta de mercadorias, atribui agora a seu adversário o falar de um excesso de produtos não em relação aos meios aquisitivos da sociedade, mas em relação às suas necessidades efetivas. Entretanto, Sismondi não havia deixado a menor dúvida, principalmente sobre esse ponto fundamental de suas deduções. No livro II, capítulo 11, de seus *Nouveaux principes,* diz expressamente: "ainda no caso de contar a sociedade com um grande número de pessoas mal alimentadas, mal vestidas, mal alojadas, ela somente deseja aquilo que pode comprar com sua renda."

Mais adiante, o próprio Say reconhece, mas ao mesmo tempo acusa o seu opositor de uma nova empulhação. "O que falta numa nação", diz,

> não são os consumidores, mas os meios para que comprem os produtos. Sismondi crê que esses meios serão mais consideráveis se os produtos forem mais raros, portanto, mais caros, e sua fabricação exija operários com salários maiores.[5]

---

4 Personagem dramático da peça *Die Schuld* [*A culpa*], de Adolf Müllner, publicada em 1817. [*N. do T.*]
5 *Revue Encyclopédique*, p. 21.

Say insiste, deste modo, em reduzir à vulgaridade de seu próprio sistema, ou, melhor, de sua própria charlatanice, a teoria de Sismondi, na qual havia atacado os fundamentos da organização capitalista, a anarquia de sua produção e todo o seu sistema de distribuição. Transforma, assim, os *Nouveaux principes* num legado a favor da escassez de mercadorias e dos preços altos. Diante dele entoa um hino em louvor à marcha triunfal da acumulação capitalista. Afirma que, sendo mais estimulada a produção e mais numerosos os operários, aumentará em volume a produção e as nações estarão mais bem providas de modo geral, elogiando a situação dos países de maior desenvolvimento industrial comparada com a miséria medieval. Pelo contrário, as regras de Sismondi seriam muito perigosas para a sociedade burguesa.

> Por que pede a investigação de leis que obrigam o empresário a garantir a existência dos operários que emprega? Semelhante investigação paralisaria o espírito da empresa, pois o menor indício de que o Estado pudesse imiscuir-se em contratos privados constituiria um flagelo, pondo em perigo o bem-estar de uma nação.[6]

Diante desse palavreado apologético de Say, Sismondi reage debatendo uma vez mais a sua base:

> Sem dúvida alguma, não pretendo negar que a França tenha dobrado a sua população e multiplicado o seu consumo desde os tempos de Luís XIV, como ele

---

6 *Revue Encyclopédique*, p. 29. Say acusa Sismondi, com a seguinte afirmação patética, de ser o inimigo mortal da sociedade burguesa: "*C'est contre l'organisation moderne de la société; organisation qui, en dépouillant l'homme qui travaille de toute autre propriété que celle de ses bras, ne lui donne aucune garantie contre une concurrence dirigée à son préjudice. Quoi! parce que la société garantit à toute espèce d'entrepreneur la libre disposition de ses capitaux, c'est à dire de sa propriété, elle dépouille l'homme qui travaille! Je le répète: rien de plus dangereux que des vues qui conduisent à régler l'usage des propriétés.*" [É contra a organização moderna da sociedade, organização essa que, despojando o homem que trabalha de toda propriedade, salvo da dos seus braços, não lhe dava nenhuma garantia contra uma concorrência dirigida em seu prejuízo. Porque a sociedade, que garante a todo gênero de empresário a livre disposição de seus capitais, isto é, de sua propriedade, despojara o homem que trabalha! Repito: nada mais perigoso que as ideias que conduzem à regulamentação do uso da propriedade.] Porque "*les bras et les facultés*" – "*sont aussi des propriétés!*" [os braços e as faculdades – são também propriedades!].

me censura, somente quero afirmar que a multiplicação dos produtos constitui um bem quando esses mesmos produtos são desejados, pagos, usados, e que constitui, em troca, um mal, quando não são desejados e toda a esperança do produto consiste em usurpar os consumidores de uma indústria em concorrência com a sua. Procuro mostrar que o curso natural das nações consiste no aumento progressivo de sua fortuna e, portanto, da demanda de novos produtos e dos meios para pagá-los. Porém, os efeitos de nossas instituições, de nossa legislação, que têm despojado a classe trabalhadora de toda propriedade e de toda garantia, estimularam, simultaneamente, um trabalho desordenado que não está em proporção com a demanda nem com a capacidade aquisitiva e que, consequentemente, intensifica ainda mais a miséria.

E encerra o debate convidando o presunçoso a refletir sobre a situação

> que apresentam os povos ricos, nos quais a miséria do povo aumenta incessantemente ao mesmo tempo que a riqueza material, nos quais a classe que tudo produz vê-se dia a dia em condições de não poder gozar nada.

Com essa polarização das contradições capitalistas, termina o primeiro colóquio em torno do problema da acumulação do capital.

Como síntese dos resultados da primeira controvérsia podem-se comprovar dois pontos:

1. Apesar de toda a confusão de sua análise, Sismondi manifesta-se superior tanto diante da escola de Ricardo como diante do suposto chefe da escola smithiana. Sismondi considera os problemas partindo da reprodução, e, na medida do possível, procura abranger, em suas relações recíprocas no processo total da sociedade, conceitos de valor, como capital e renda, e elementos objetivos, como meios de produção e meios de consumo. É nesse sentido que mais se aproxima de Adam Smith. Contrariamente, destaca, apenas, como elemento fundamental de sua análise, as contradições do processo total, que em Smith aparecem como contradições teóricas subjetivas, e formula

o problema da acumulação do capital como ponto central e de dificuldade fundamental. Nisso, Sismondi apresenta um progresso fabuloso em relação a Smith. Ao contrário, Ricardo, com seus discípulos, e Say não conseguem sair durante todo o debate dos conceitos da circulação simples de mercadorias. Segundo este último, somente existe a fórmula *M-D-M* (mercadoria-dinheiro-mercadoria), que, além disso, é falsificada numa troca direta de mercadorias. E pretendem esgotar com essa sabedoria estéril todos os problemas do processo de reprodução e acumulação. Isso significa retroceder até Smith, e, diante de tal estreitamento intelectual, Sismondi leva uma enorme vantagem. Precisamente como crítico social, mostra muito mais sensibilidade para as categorias da economia burguesa do que os apologistas convictos dessa economia. Do mesmo modo, como mais tarde mostrou, em detalhe, o socialista Marx uma compreensão infinitamente mais profunda da "diferença específica" do mecanismo econômico capitalista do que toda a escola da economia política burguesa. Quando Sismondi exclama contra Ricardo no livro VI, capítulo VII: "Como, a riqueza é tudo e o homem nada!" Tanto se manifesta a debilidade "ética" de sua concepção pequeno-burguesa, em comparação com a objetividade rigorosamente clássica de Ricardo, como também o olhar do crítico que, levando em conta o sentimento social, percebe as conexões sociais vivas da economia e, em consequência, suas contradições e dificuldades. Com isso, mina a rigidez da concepção abstrata de Ricardo e de sua escola. A controvérsia só serviu para constatar que Ricardo e os discípulos de Smith não estavam em situação de compreender o enigma da acumulação, que Sismondi lhes havia proposto, quanto mais de resolvê-lo.

2. A solução do enigma não foi possível, porque toda a discussão enveredou por caminhos secundários e versou, apenas, sobre o

problema das crises. O estouro da primeira crise, como é natural, dominava a discussão, impedindo, desse modo, que ambas as partes tomassem consciência de que as crises não constituíam o problema da acumulação, mas somente sua forma específica exterior, apenas um elemento na forma cíclica da reprodução capitalista. A discussão resumiu-se a um inútil palavrório: uma das partes deduzia diretamente das crises a impossibilidade da acumulação, a outra deduzia diretamente da troca de mercadorias a impossibilidade das crises. O desenrolar da evolução capitalista deveria mostrar o absurdo de ambas as deduções.

Mas, como tudo, a crítica de Sismondi continua sendo de grande importância histórica como primeiro alarme teórico contra a dominação do capital. Essa crítica mostra a decomposição da economia clássica, incapaz de resolver os problemas que ela mesma havia engendrado. Ao alertar contra as consequências do regime capitalista, Sismondi não age como um reacionário entusiasta da situação pré-capitalista, embora algumas vezes exalte as formas patriarcais da produção na agricultura e na indústria, frente ao regime capitalista. Contra semelhante injustiça defende-se, repetida e energicamente, como, por exemplo, em seu artigo, contra Ricardo, da *Revue Encyclopédique:*

> Afirmo, inicialmente, que não me oponho ao aperfeiçoamento da agricultura, das artes e de todos os progressos do homem; que prefiro sem dúvida a barbárie à civilização, já que o arado é uma máquina e a enxada outra ainda mais antiga, e que, se vigorasse o meu sistema, o homem só deveria trabalhar a terra com suas próprias mãos. Nunca eu disse nada parecido, e, de uma vez por todas, protesto que se incorporem ao meu sistema resultados a que nunca cheguei. Não fui compreendido pelos que me atacam nem pelos que me defendem e, com muita frequência, sinto-me ruborizado tanto diante de meus adversários como diante de meus aliados... Entenda-se bem: minhas objeções não são contra as máquinas, nem contra o pro-

gresso da civilização, nem contra as invenções, mas dirigem-se contra a organização atual da sociedade, uma organização que, despojando os trabalhadores de toda a propriedade com exceção apenas dos braços, não lhes proporciona a menor garantia contra a concorrência, contra o comércio insensato que acaba sempre por subjugá-la, condenando-o, irremediavelmente, à condição de vítima.

Como ponto de partida da crítica de Sismondi estão os interesses do proletariado, o que lhe dá plenos direitos de formular a sua tendência fundamental: "O que desejo é investigar os meios para assegurar os frutos do trabalho àqueles que o realizam, os proveitos da máquina àqueles que a põem a funcionar." Na verdade, quando tenta explicar mais detalhadamente a organização social a que aspira, apenas alude à questão e reconhece sua incapacidade:

> O que deveríamos fazer é uma questão de dificuldade ilimitada que não temos agora, de modo algum, a intenção de tratar. Desejamos convencer os economistas, assim como já nos convencemos, de que sua ciência seguiu até agora um caminho falso. Mas não nos sentimos bastante confiantes para mostrar-lhes o verdadeiro caminho. Seria pretender de nosso espírito um esforço demasiado, ao pedir-lhe que exponha a organização da sociedade tal como deve ser. Onde haveria um homem bastante forte para imaginar uma organização que ainda não existe, para ver o futuro, quando já é um grande esforço conseguir ver a existente!

Essa confissão franca de sua incapacidade para penetrar além do capitalismo, para o futuro, não é desonrosa para Sismondi, que a fazia em 1820, numa época em que o domínio do capital industrial acabava de ultrapassar o umbral da história e quando a ideia de socialismo só era possível em forma de utopia. Como Sismondi não podia ir além do capitalismo, tampouco retroceder, sua crítica ficava no caminho intermediário pequeno-burguês. Sua descrença a respeito da possibilidade do desenvolvimento pleno do capitalismo, e, portanto, das forças produtivas, conduz Sismondi a pedir barreiras para a acumulação, a pedir

SAY CONTRA SISMONDI

moderação na expansão do regime capitalista. E nisso encontra-se o lado reacionário de sua crítica.[7]

---

[7] Marx, ao historiar a oposição contra a escola de Ricardo e sua decomposição, alude apenas brevemente a Sismondi, numa passagem: "Excluo aqui Sismondi de minha retrospectiva histórica, porque a crítica de suas opiniões corresponde a uma parte de que somente poderei tratar após este texto, ao movimento real do capital (concorrência e crédito)" (*Theorien über den Mehrwert*, v. 3, p. 52). Entretanto, mais além, tendo em vista Malthus, Marx dedica também a Sismondi uma passagem que o caracteriza completamente: "Sismondi possui o sentimento íntimo de que a produção capitalista está em contradição consigo mesma; de que, por um lado, suas forças, suas relações de produção, estimulam o desenvolvimento desenfreado da força produtiva e da riqueza, de que, por outro lado, essas relações se acham condicionadas; de que as contradições entre valor de uso e valor de troca, mercadoria e dinheiro, compra e venda, produção e consumo, capital e trabalho assalariado etc. assumem proporções cada vez maiores, à medida que se desenvolvem as forças produtivas. Sente sobretudo a contradição fundamental; de um lado, desenvolvimento desenfreado das forças produtivas e aumento da riqueza, que, consistindo em mercadorias, se reduz a dinheiro. De outra parte, a limitação da massa de produtores aos meios de subsistência necessários. Por isso, para ele, as crises não obedecem, como para Ricardo, às leis do acaso, pois são o desencadear em grande escala e em períodos determinados de contradições imanentes. Porém, Sismondi, às vezes, vacila, como nessa passagem: 'Deve o Estado encadear as forças produtivas para adequá-las às condições da produção ou, ao contrário, adaptá-las à produção das forças produtivas?' Quando encontra dificuldades se refugia, geralmente, no passado, convertendo-se em *laudator temporis acti* [aquele que louva o tempo passado]. Para evitar as contradições, ele gostaria de regular de outro modo a renda em relação ao capital ou a distribuição em relação à produção, sem compreender que as relações de distribuição nada mais são do que as de produção *sub alia specie*. Julga, resolutamente, as contradições da produção burguesa, mas não compreende o processo de sua decomposição [e como poderia compreendê-lo, se esta produção estava apenas se formando? – R.L.]. O que existe, porém, no centro de sua doutrina é o pressentimento de que, às forças produtivas desenvolvidas no seio da sociedade capitalista, devem corresponder condições materiais e sociais de criação da riqueza e novas formas de apropriação dessa riqueza; de que as formas burguesas dessa apropriação são transitórias e contraditórias e que, nelas, a riqueza apenas recebe uma existência antitética, aparecendo sempre simultaneamente a seu oposto. É uma riqueza que tem sempre como condição a pobreza e que só se desenvolve desenvolvendo esta". (*Op. cit.*, p. 55).

Em *Das Elend der Philosophie*, Marx opõe, em algumas passagens, Sismondi a Proudhon, mas somente se expressa sobre ele no parágrafo seguinte: "Os que, como Sismondi, querem voltar a proporções adequadas da produção, conservando ao mesmo tempo os fundamentos atuais da sociedade, são reacionários, pois, para serem consequentes, devem aspirar também ao retorno de todas as demais condições da indústria de épocas anteriores." Na *Kritik der Politischen Ökonomie* menciona, rapidamente, duas vezes Sismondi, numa delas julga-o como o último clássico da economia burguesa da França, igualando-o a Ricardo na Inglaterra. Em outra passagem, destaca que Sismondi acentuou contra Ricardo o caráter social específico do trabalho que cria valor. Finalmente, no *Das Kommunistische Manifest*, cita Sismondi como o chefe do socialismo pequeno-burguês.

XIV
Malthus

Ao mesmo tempo que Sismondi, Malthus sustentava uma luta parcial com a escola de Ricardo. Tanto na segunda edição de sua obra, como durante sua polêmica, Sismondi refere-se diversas vezes a Malthus como testemunho principal. Na *Revue Encyclopédique,* identifica a sua campanha com a de Malthus:

> Por outro lado, Malthus, na Inglaterra, sustentou (contra Ricardo e Say), como tentei fazer no continente, que o consumo não é a consequência necessária da produção, que as necessidades e os desejos dos homens são certamente ilimitados; mas essas necessidades e esses desejos só podem ser satisfeitos quando caminham unidos aos meios de troca. Temos afirmado que não basta criar esses meios de troca para que passem às mãos dos que têm esses desejos ou necessidades, pois, inclusive, é frequente crescerem os meios de troca enquanto diminui a demanda de trabalho, ou o salário e, como consequência, os desejos e necessidades de uma parte da população não podem ser satisfeitos, reduzindo-se também o consumo. Finalmente, temos sustentado que o índice de melhores condições da sociedade não é a produção crescente de riqueza, mas a demanda crescente de trabalho, ou a oferta crescente do salário que se paga como compensação ao trabalho. Ricardo e Say não negaram que a demanda crescente de trabalho seja um indício de bem-estar, mas sustentaram que essa demanda teria que nascer do crescimento da produção.
> Malthus e eu negamos isso. Afirmamos que esses dois aumentos são consequências de causas independentes entre si, e, inclusive, em algumas ocasiões, opostas. Em nossa opinião, o mercado encontra-se excessivamente cheio quando a uma produção não se segue uma demanda de trabalho. Nesse caso, uma produção causará carências e não satisfações.

Com essas manifestações, poderíamos pensar em uma larga concordância e identidade de armas entre Sismondi e Malthus, pelo menos no que diz respeito à oposição que ambos fazem contra Ricardo e sua escola. Marx considera os *Principles of Political Economy*, de Malthus, publicados em 1820 como um plágio dos *Nouveaux principes*, que foram publicados um ano antes. Entretanto, na questão que nos interessa, existe entre ambos, em muitos casos, uma verdadeira oposição.

Sismondi critica a produção capitalista, lançando-se impetuosamente contra ela, é seu acusador. Malthus é seu apologista e não porque, como MacCulloch ou Say, negue suas contradições, mas porque as eleva inescrupulosamente à categoria de lei natural, declarando, além disso, que são sagradas. O ponto de vista de Sismondi são os interesses dos trabalhadores, o fim a que se propõe, ainda que de forma ampla e vaga, é uma reforma radical da distribuição. Malthus é o ideólogo dos interesses daquela camada de parasitas da exploração capitalista, que se alimentam da renda da terra e do Estado, e o fim que defende é a atribuição de maior quantidade possível de mais-valia a esses "consumidores improdutivos". O ponto de vista geral de Sismondi é predominantemente ético, de reforma social. "Corrige" os clássicos, ressaltando diante deles que "o único fim da acumulação é o consumo", propondo que se atenue a acumulação. Malthus, ao contrário, declara rudemente que a acumulação é o único fim da produção e defende a acumulação sem limite, por parte dos capitalistas, que quer ver completa e segura pelo consumo ilimitado de seus parasitas. Finalmente, o ponto de partida de Sismondi era a análise do processo de reprodução, a relação entre o capital e a renda com uma medida social. Malthus parte em sua oposição a Ricardo de uma absurda teoria do valor e de uma teoria vulgar da mais-valia dela derivada, que pretende explicar o lucro capitalista pelo aumento do preço sobre o valor das mercadorias.[1]

---

1 Ver Marx, *Theorien über den Mehrwert*, v. III, p. 1-29, onde se analisa a teoria do valor e do lucro de Malthus.

Malthus combate, numa crítica detalhada, o princípio da identidade entre oferta e demanda no capítulo VI de suas *Definitions in Political Economy*, que dedica a James Mill.[2] Este último escrevia em seus *Elements of Political Economy*, p. 233:

> O que se pensa, necessariamente, quando dizemos que oferta e demanda se acomodam uma à outra [*accomodated to one another*]? Dizemos que bens elaborados com uma grande quantidade de trabalho se trocam por bens elaborados com a mesma quantidade de trabalho.
>
> Se se aceita essa suposição, tudo se torna claro. Assim, se um par de sapatos é elaborado com a mesma quantidade de trabalho que um chapéu, ao trocar entre si o chapéu e os sapatos acomodaram-se, uma à outra, a oferta e a demanda. Se ocorresse a queda dos sapatos em comparação com o chapéu, isso significaria que haviam sido levados ao mercado mais sapatos do que chapéus. Nesse caso, existiriam mais sapatos do que o necessário. Isso teria ocorrido porque certa quantidade de trabalho, em sapatos, já não poderia ser mais trocada por uma quantidade idêntica de trabalho, em outros produtos. E, pela mesma razão, haveria uma quantidade insuficiente de chapéus, pois se trocaria uma quantidade de trabalho, em chapéus, por uma soma maior de trabalho, em sapatos.

Contra essas banais tautologias, Malthus emprega dois argumentos. Em primeiro lugar, adverte Mill que sua construção não tem base alguma. Pode ocorrer de fato que, mantendo-se inalterável a proporção da troca entre chapéus e sapatos, possam existir, não obstante, ambos, em uma quantidade excessiva em comparação com a demanda. Isso manifestar-se-á no fato de que ambos serão vendidos a preços abaixo do custo da produção (com um lucro reduzido).

---

2 O historiador, economista e filósofo britânico James Mill (1773-1836) teve David Hume (1711-1776) como seu mestre de filosofia e Jeremy Bentham (1748-1832) como seu mestre de moralidade e economia política. [*N. da E.*]

"Pode dizer-se, nesse caso", pergunta ele,

> que a oferta de chapéus corresponde à demanda de sapatos ou a de sapatos à de chapéus, se tanto um como outro existem em quantidades excessivas, já que não podem ser trocados sob as condições que asseguram sua oferta constante?"[3]

Por conseguinte, Malthus contrapõe a Mill a possibilidade de uma superprodução geral: "Em comparação com os custos da produção, podem subir ou baixar todas as mercadorias (na oferta) ao mesmo tempo."[4]

Em segundo lugar, ele protesta contra a maneira tão em uso, tanto em Mill como em Ricardo e seus discípulos, de acomodar suas teses à troca direta de produtos.

"O cultivador de cevada", acrescenta ele,

> que leva, por exemplo, ao mercado 100 sacos de cevada pensa tanto na oferta de sapatos como na de chapéus como nas manchas solares. No que pensa, então? E o que quer receber em troca de sua cevada? Mr. Mill parece crer que revelaria a maior ignorância de economia política quem respondesse que aquele deseja dinheiro. Entretanto, não vejo nenhum inconveniente, ainda que corra o perigo de ser acusado de total ignorância, de declarar que é justamente de dinheiro que ele [o cultivador] necessita.

Pois tanto a renda que tem que pagar ao dono da terra como as jornadas dos trabalhadores, e, finalmente, como as matérias-primas e os instrumentos de que necessita para cultivar suas plantações, somente podem ser pagos com dinheiro. Nisso insiste Malthus com grande decisão. Inclusive, julga "admirável" que economistas de fama preferiram escolher exemplos audaciosos e impossíveis a aceitar a troca em dinheiro.[5]

---

3 Malthus, *Definitions in Political Economy*, 1827, p. 51.
4 *Op. cit.*, p. 64.
5 "*I suppose they are affraid of the imputation of thinking that wealth consists in money. But though it is certainly true that money is a most powerful agent in the distribution of wealth, and those who, in a cou-*

Além disso, Malthus conforma-se em descrever o mecanismo, em virtude do qual uma oferta demasiada origina uma limitação da produção, e, ao contrário, pela caída dos preços abaixo do custo da produção. "A tendência de terminar, pelo curso natural das coisas, a superprodução ou a subprodução não prova que não existem esses males."

Vê-se que Malthus, apesar de seu ponto de vista oposto na questão das crises, move-se no mesmo círculo que o de Ricardo, Mill, Say e MacCulloch: para ele somente existe, igualmente, a troca de mercadorias. O processo produtivo da sociedade em suas grandes categorias e relações, que ocupava por completo a atenção de Sismondi, não é levado por ele em conta.

Devido a tantas oposições na concepção fundamental, o comum entre a crítica de Sismondi e a de Malthus consistia, simplesmente, no que se segue:

1. Ambos discordam dos ricardianos e de Say sobre o princípio do equilíbrio preestabelecido entre consumo e produção;
2. Ambos sustentam a possibilidade de crises gerais e parciais.

Com isso, finda-se a identidade. Se Sismondi busca a causa das crises no baixo nível dos salários e na limitada capacidade de consumo dos capitalistas, Malthus, pelo contrário, converte os salários baixos em lei natural do movimento da população, pois encontra substituição para o consumo limitado dos capitalistas no consumo dos parasitas da mais-valia, como a nobreza territorial e o clero, cuja capacidade de absorção de riqueza e de luxo não tem limite: a Igreja tem bom estômago.

---

ntry where all exchanges are practically effected by money, continue the attempt to explain the principles of demand and supply, and the variations of wages and profits, by referring chiefly to hats, shoes, corn, suits of clothing, &c., must of necessity fail." [Suponho que temem ser acusados de pensar que a riqueza consiste apenas em dinheiro. Mas se é verdade que o dinheiro não constitui riqueza, também é verdade que o dinheiro é o agente mais poderoso na distribuição da riqueza. E todos aqueles que num país, onde a totalidade das trocas é feita praticamente com dinheiro, continuem tratando de explicar os princípios da demanda e da oferta e as variações de salários e lucros, referindo-se principalmente a chapéus, sapatos, cereais, roupas etc., têm que fracassar necessariamente.] (*Op. cit.*, p. 60, nota.)

Ambos, Malthus e Sismondi, para poderem explicar a acumulação, buscam uma categoria de consumidores que compram sem vender. Sismondi utiliza-a para dar saída ao excedente do produto social, sobre o consumo dos operários e dos capitalistas, isto é, a parte capitalizada da mais-valia. Malthus, para que se produza o lucro. Além disso, os rentistas e os beneficiários do Estado têm que receber seus meios de compra principalmente das mãos dos capitalistas, ajudando estes a apropriarem-se do lucro pela aquisição de mercadorias com um superpreço, nisso constitui-se o segredo de Malthus. Com tantas oposições, a identidade de opiniões entre Malthus e Sismondi foi bastante superficial. E como escreveu Marx, Malthus converteu em caricatura malthusiana os *Nouveaux principes* de Sismondi, e este tenta *sismondizar* demasiado as críticas de Malthus contra Ricardo, acabando, apenas, por ressaltar o que de comum há entre eles. Em muitas ocasiões, inclusive, sucumbe à influência de Malthus, como quando expõe como de sua autoria a teoria malthusiana dos gastos do Estado, como um remédio da acumulação, contradizendo abertamente seu próprio ponto de partida.

Em resumo, Malthus não acrescenta nada de original a respeito do problema da reprodução tampouco o compreende. Pois sua controvérsia com os ricardianos gira, como estes em sua controvérsia com Sismondi, em torno dos conceitos da circulação simples de mercadorias. No debate entre ele e a escola de Ricardo, tratava-se do consumo improdutivo dos parasitas da mais-valia, era uma querela pela repartição da mais-valia, não uma luta em torno dos fundamentos sociais da reprodução capitalista. A construção de Malthus rui assim que descobrimos seus erros na teoria do lucro. A crítica de Sismondi mantém-se, mas seu problema fica sem solução, embora aceitemos a teoria do valor, de Ricardo, em todas as suas consequências.

SEGUNDA POLÊMICA
Controvérsia entre Rodbertus e von Kirchmann

XV
A teoria da reprodução de von Kirchmann

Assim como a primeira, a segunda polêmica sobre o problema da acumulação foi reforçada pelos acontecimentos da época. Da mesma forma que Sismondi havia utilizado, em sua oposição à escola clássica, a primeira crise inglesa e os danos produzidos à classe operária, Rodbertus, quase 25 anos mais tarde, recebe o impulso, para sua crítica da produção capitalista, do movimento operário revolucionário que estava surgindo. O levante dos tecelões de seda de Lyon e o movimento dos cartistas na Inglaterra constituem um protesto contra a mais perfeita de todas as formas da sociedade; muito mais enérgicos que as difusas imagens que foram extraídas de cenas da primeira crise.[1] O primeiro trabalho de Rodbertus sobre temas econômicos-sociais, que data provavelmente de fins do IV decênio e que foi escrito para a *Augsburger Allgemeine Zeitung*, mas que não foi publicado periodicamente, ostenta o significativo título: *Die Forderungen der arbeitenden Classen* (*As reivindicações das classes trabalhadoras*), começando com as seguintes palavras:

> Que querem as classes trabalhadoras? Poderão as demais impedi-las de fazê-lo? Desejam a quebra total da cultura moderna? Que essas questões seriam apresentadas, com grande êxito, pela história às pessoas que refletem um pouco já se sabia há muito tempo. As assembleias dos cartistas e as cenas de Birmingham mostraram-no a todo mundo.[2]

---

[1] Os "canuts", como eram conhecidos os tecelões de Lyon, levantaram-se duas vezes, uma em 1831 e outra em 1834. Essas insurreições, as primeiras revoltas proletárias de grande escala da era moderna, tiveram um eco muito forte na época e marcaram gerações de militantes revolucionários. [N. da E.]

[2] O movimento cartista, que surgiu nos anos 1830 na Inglaterra e durou até 1848, foi o primeiro movimento político de massa da classe trabalhadora na Grã-Bretanha. O objetivo era, em particular, combater o sufrágio censitário e fazer o Parlamento adotar as resoluções contidas em uma "Carta do Povo". [N. da E.]

Pouco depois, em meados do século, o fermento de ideias revolucionárias manifestar-se-ia, na França, nas mais diversas sociedades secretas e escolas socialistas – os proudhonistas, blanquistas, os partidos de Cabet, Louis Blanc etc., e produziria na Revolução de fevereiro, na proclamação ao "direito ao trabalho" em junho, a primeira grande batalha entre os dois mundos da sociedade capitalista.[3] Uma explosão das contradições sociais.

No que se refere a outra parte visível dessas contradições, as crises, dispunha-se, na época da segunda controvérsia, de possibilidades de observação muito mais abundantes do que em fins do primeiro quarto do século. O debate entre Rodbertus e von Kirchmann[4] teve lugar sob as impressões imediatas das crises de 1837, 1839, 1847 e, inclusive, da primeira crise mundial de 1857 (o interessante trabalho de Rodbertus, "Die Handelskrisen und die Hypothekennoth der Grundbesitzer" (As crises comerciais e as dificuldades hipotecárias dos proprietários territoriais", data do ano de 1858).[5] Por conseguinte, as contradições internas

---

3 Pierre-Joseph Proudhon (1809-1865), frequentemente considerado o fundador do anarquismo, tinha como ideal uma sociedade de pequenos produtores independentes do Estado. Os seguidores de Blanqui (1805-1881) acreditavam que uma revolução proletária poderia ser desencadeada pela ação resoluta de uma vanguarda de conspiradores que atacam o poder estatal. Étienne Cabet (1788-1856) foi socialista utópico, um dos primeiros a reivindicar o uso do termo "comunista", e é mais conhecido por seu livro, *Voyage en Icarie* (1840); o historiador e socialista francês Louis Blanc (1811-1882), é o autor do livro *L'Organisation du travail* e foi um dos dirigentes dos Ateliês nacionais. [*N. da E.*]

4 Julius Hermann von Kirchmann (1807-1884), advogado e político alemão, foi eleito para a Assembleia Nacional Prussiana em 1848 como parte do centro de esquerda liderado por Rodbertus. [*N. da E.*]

5 A crise econômica de 1836-1837 foi uma crise de superprodução: foi causada pela inundação do mercado estadunidense com bens de consumo ingleses, que levaria à queda nos preços, lucros e salários, no período que a Inglaterra impôs aumento nas taxas de juros como tentativa de reabastecer suas reservas de moeda metálica. Nos Estados Unidos, o desemprego aumentou acentuadamente e a desaceleração econômica continuou até meados da década de 1840. A crise de 1839 foi uma crise cambial, causada pela liquidação do Banco dos Estados Unidos em 1839, resultante da especulação no comércio de algodão da Pensilvânia, que correu mal. A crise de 1847 foi uma crise financeira e de crédito, ligada à especulação sobre a ferrovia e agravada por uma crise de subsistência, causada por uma série de safras ruins e queda na produção agrícola: se transformou em uma crise comercial e industrial que afetou particularmente a França e a Inglaterra. A primeira crise econômica mundial, ocorrida entre 1857 e 1859, começou nos Estados Unidos e depois afetou a Europa. [*N. da E.*]

da economia capitalista ofereciam-se aos estudos de Rodbertus de modo bastante diferente do que nos tempos em que Sismondi ergueu a sua voz, significando uma crítica reforçada das doutrinas harmônicas dos clássicos ingleses e seus divulgadores, tanto na Inglaterra como no continente.

Além disso, uma citação de um estudo antigo de Sismondi serve para testemunhar que a crítica de Rodbertus estava sob a influência direta da daquele. Rodbertus conhecia perfeitamente a literatura francesa contemporânea de oposição à escola clássica, e ainda, não tão bem, a numerosa literatura inglesa, o que constitui, como é do conhecimento de muitos, as débeis raízes da lenda que circula no mundo dos professores alemães sobre a chamada "prioridade" de Rodbertus, em relação a Marx, na "fundamentação do socialismo". Assim, o professor Diehl[6] escreve em seu esboço sobre Rodbertus no dicionário de ciência do Estado:

> Rodbertus deve ser considerado como o verdadeiro fundador do socialismo na Alemanha, pois, antes de Marx e Lassalle, havia oferecido em seus trabalhos dos anos de 1839 e 1842 um sistema socialista completo, uma crítica do smithianismo, uma nova base teórica e um protesto de reforma social.

Tudo isso, tranquilamente e no maior temor a Deus no ano de 1901 (2ª edição), depois de tudo, e apesar de tudo, o que haviam escrito Engels, Kautsky[7] e Mehring[8] para destruir a lenda dos professores. Compreende-se, facilmente, que o "socialista" Rodbertus, monárquico, nacionalista, prussiano, o comunista para daqui a quinhentos anos e partidário atual de

---

6 O economista e professor alemão Karl Diehl (1864-1943) era um especialista em Proudhon e no movimento anarquista. [N. da E.]

7 O amigo e discípulo de Engels Karl Kautsky (1854-1938) desempenhou um papel decisivo como um teórico do SPD, tendo sido o principal expoente de sua ala "centrista" e da Segunda Internacional. [N. da E.]

8 Tendo desempenhado um papel de liderança nos primeiros tempos da social-democracia alemã, Franz Mehring (1846-1919) tornou-se um dos líderes da ala esquerda do partido. Publicou uma biografia de Marx em 1918 e participou, ao lado de Rosa Luxemburgo, dos primeiros passos do que viria a se tornar o Partido Comunista. Faleceu poucos depois do assassinato de seus camaradas. [N. da E.]

um coeficiente fixo de exploração de 200%, teria que conseguir, de uma vez por todas, o troféu da "prioridade", ante o "demolidor" internacional Marx, da consideração de todos os sábios alemães da economia política. Esse tipo de sentença não pode ser modificado nem por demonstrações das mais congruentes. Interessa-nos, porém, outro aspecto da análise de Rodbertus. O próprio Diehl continua seus elogios do seguinte modo:

> Rodbertus abriu caminho ao socialismo e impulsionou toda a ciência econômica, particularmente a ciência política teórica, pela crítica aos economistas clássicos, pela nova teoria da distribuição da renda, pela distinção das categorias lógicas e históricas do capital etc.

Ocupar-nos-emos em seguida das últimas façanhas de Rodbertus e em particular do "etc.".

A controvérsia entre Rodbertus e von Kirchmann foi provocada pelo trabalho fundamental do primeiro, *Para o conhecimento de nossa situação econômica política*, do ano de 1842. Von Kirchmann replicou nas *Folhas Democráticas* em dois artigos: "Sobre a renda da terra no aspecto social" e "A sociedade de troca". Houve tréplica de Rodbertus, em 1850 e 1851, com as "Cartas sociais". A discussão estabeleceu-se no mesmo campo teórico em que se havia desenvolvido, trinta anos antes, a polêmica entre Malthus-Sismondi e Say-Ricardo-MacCulloch. Rodbertus expressou, em seu primeiro trabalho, o pensamento de que na sociedade atual, com a produtividade crescente de trabalho, o salário representa uma cota cada vez menor do produto nacional. Pensamento que fez aparecer como de sua autoria e que desde então, até a sua morte, trinta anos depois, não fez mais do que reproduzir nas mais diversas variações. Nessa cota decrescente do salário, Rodbertus vê a raiz comum de todos os males da economia atual, principalmente o pauperismo e as crises, que ele denomina "a mais importante questão social do presente".

A TEORIA DA REPRODUÇÃO DE VON KIRCHMANN

Von Kirchmann não está de acordo com essa explicação. Atribui o pauperismo aos efeitos da renda da terra e as crises à falta de saída dos produtos. Sustenta que "a maior parte dos males sociais não está na falta de condição social, mas no armazenamento dos produtos", nos quais, "quanto mais pode um país produzir, quanto mais meios tem à sua disposição para satisfazer a todas as necessidades, tanto mais exposto está aos perigos da miséria e privação".

A questão operária também está incluída aqui, pois "o suposto direito ao trabalho resolve-se em última instância com a saída dos produtos". "Vê-se", conclui von Kirchmann,

> que a questão social é quase idêntica à questão da venda de produtos. Até os perigos da concorrência desapareceriam se houvesse saída segura dos produtos, restando, apenas, o que de melhor existe na concorrência, isto é, o estímulo para produzir mercadorias boas e baratas, desaparecendo a luta a sangue e fogo que tem como causa o que foi antes enunciado.[9]

A diferença entre os pontos de vista de Rodbertus e von Kirchmann é clara. Rodbertus vê a raiz do mal numa distribuição deficiente do produto nacional, von Kirchmann, nos limites do mercado da produção capitalista. Entretanto, a confusão de von Kirchmann, particularmente a sua representação idílica do estímulo que pode ocorrer, com uma concorrência capitalista reduzida, para que se produzam mercadorias melhores e mais baratas, bem como a solução do problema de mercados do "famoso direito ao trabalho", mostra, em parte, menos incapacidade para ver o ponto vulnerável da produção capitalista, a limitação do mercado, que Rodbertus quando se apega à questão da distribuição. É, pois, von Kirchmann quem retoma, desta vez, o problema que Sismondi

---

[9] Rodbertus cita literalmente, em trechos longos, os argumentos de Kirchmann. Segundo afirmação do editor, não se pode encontrar um exemplar completo das *Folhas Democráticas* com o artigo original.

anteriormente colocou na ordem do dia. Embora von Kirchmann faça parte dos opositores de Sismondi quando tenta esclarecer o problema proposto por esse último. Von Kirchmann aceita a teoria ricardiana da renda, o dogma smithiano "de que o preço das mercadorias se compõe apenas de duas partes, o interesse do capital e o salário do trabalho" (pois, troca a mais-valia por "interesse do capital"), mas também o princípio de Say e Ricardo, segundo o qual se compram produtos dando-se em troca apenas outros produtos, constituindo a produção o próprio mercado, de tal modo que, quando se produz demasiado de um lado, é porque de outro se produziu pouco. Vê-se que von Kirchmann, em sua edição alemã, segue as pegadas dos clássicos em todas as suas afirmações e exceções. Assim, von Kirchmann escreve, primeiramente, que a lei formulada por Say e o equilíbrio natural entre produção e demanda "não esgota a realidade", acrescentando:

> Há, além disso, outras leis no tráfico que impedem a realização desses princípios e cuja descoberta virá explicar o atual excesso dos mercados, permitindo descobrir a maneira de remediar esse grande dano. Acreditamos que haja três circunstâncias no sistema social presente, que mostram as contradições entre a lei indiscutível de Say e a realidade.

Essas circunstâncias são as seguintes: "[a] distribuição demasiado desigual dos produtos" – como vemos nessa passagem, von Kirchmann aproxima-se, de certo modo, do ponto de vista de Sismondi –; as dificuldades que oferece a natureza do trabalho humano na produção bruta; e, finalmente, as deficiências do comércio como operador intermediário entre a produção e o consumo. Sem entrar nos dois últimos "obstáculos" da lei de Say, consideraremos a argumentação de von Kirchmann, referindo-nos ao primeiro ponto:

> Podemos expressar a primeira circunstância, afirmando que os salários são baixos e que, com isso, advém uma contradição no mercado. Para quem conclui que os

preços das mercadorias se compõem apenas de duas partes, o interesse do capital e o salário, essa afirmação pode parecer estranha: se o salário é baixo são baixos também os preços das mercadorias, se estes forem altos aqueles também o serão. [Vê-se que von Kirchmann aceita o dogma smithiano, inclusive em sua forma mais absurda, isto é, que o preço não *resulta* de salários e mais-valia, mas que é apenas uma simples soma deles. Dessa forma, Smith afastou-se como nunca da sua teoria do valor.] Assim, pois, salário e preço acham-se em proporção direta e equiparam-se. A Inglaterra apenas suprimiu os direitos de importação aos cereais, à carne, e outras substâncias alimentícias para fazer baixar os salários e colocar os fabricantes em situação de vencer, graças ao barateamento das mercadorias no mercado mundial, todos os seus competidores. Entretanto, isso só é exato em parte, quando se refere à proporção em que se reparte o produto entre capital e trabalho. Na distribuição desigual entre ambos, encontra-se a primeira e principal razão do não cumprimento da lei de Say na realidade, isto é, apesar da produção em todos os ramos, os mercados, em conjunto, sofrem excesso de mercadorias.

Von Kirchmann ilustra detalhadamente essa afirmação com um exemplo. Seguindo o modelo da escola clássica, encontramo-nos, naturalmente, transportados para uma sociedade ilhada, imaginária, que oferece às experiências de economia política um objeto sem resistência, ainda que não seja grato.

Imaginemos um lugar – sugere-nos von Kirchmann – que tenha exatamente 903 habitantes, 3 empresários com 300 operários cada um. O lugar satisfaz a todas as necessidades de seus habitantes, produzindo para si próprio. Possui, como já foi dito, três empresas, uma das quais se ocupa com vestuário, a segunda, com a alimentação, iluminação, combustível e matérias-primas, cabendo à terceira a habitação, o mobiliário e o instrumental necessário. Em cada um desses três ramos, o empresário oferece o "capital e as matérias-primas". A remuneração do operário faz-se, em cada uma delas, de modo que esses recebem, como salário, a metade do produto anual, e o empresário, a outra metade, "como interesse de seu capital e como lucro de empresário". A quantidade de produtos oferecida por cada empresa basta para cobrir, exatamente, todas as necessidades dos 903 habitantes. Assim, pois, esse lugar "encerra todas as condições de bem-estar geral" para o total dos habitantes e, portanto, todos trabalham alegremente. Aos poucos, porém, alegria e satisfação são substituídas por lamentações e resmungos; ocorre algo na venturosa ilha de von Kirchmann que equivale ao desmoronamento do século, surge uma verdadeira crise comercial moderna. Os 900 operários têm apenas vestuário, alimentação e habitação que lhes são necessários, enquanto os três empresários se encontram com os armazéns repletos de vestuários, matérias-primas e com seus imóveis desocupados. Lamentam-se, então, da falta de mercado. Os operários, ao contrário, queixam-se de satisfazer insuficientemente a suas necessidades. De onde e por quem vêm *illae lacrimae*? Talvez porque, como supõem Say e Ricardo, haja mais produtos de uma classe do que de outra. Isso não ocorre de modo algum, responde von Kirchmann: no "lugar há quantidades proporcionais de todas as coisas, que, reunidas, bastariam exatamente para satisfazer à totalidade das necessidades sociais". Como surge, porém, o "obstáculo", a crise? O obstáculo encontra-se única e exclusivamente na distribuição. Mas isso deve ser constatado nas próprias palavras de von Kirchmann:

> o obstáculo que impede a verificação dessa simples troca se encontra exclusivamente na distribuição desses produtos. A distribuição não é a mesma para todos, pois os empresários conservam em seu poder, como interesse do capital e lucro, a metade, dando somente aos operários a outra metade. É claro, portanto, que os operários de vestuários só poderão trocar com a metade de seu produto a metade dos produtos de alimentação e habitação, e assim sucessivamente. Torna-se claro que os empresários não poderão desfazer-se de suas outras metades, porque nenhum operário possuirá qualquer produto para trocá-lo por elas. Os empresários não sabem aonde ir com seu acúmulo de mercadorias, e os operários não sabem a quem dirigir-se com sua fome e sua nudez.

E os leitores – acrescentamos – não sabem aonde ir com as elucubrações do senhor von Kirchmann. A puerilidade de seu exemplo leva-nos de um enigma a outro.

Em primeiro lugar, não existe maneira de saber com que fundamento e com que fim se finge essa tríplice distribuição. Os exemplos análogos de Ricardo e MacCulloch, em que, frequentemente, se opõem lavradores e fabricantes, provêm, a meu entender, da representação antiquada que os fisiocratas tinham da reprodução social. Representação que foi absorvida por Ricardo, apesar de que em sua teoria do valor, oposta à dos fisiocratas, perderia todo valor, e apesar de que Smith já adiantara terreno no conhecimento dos fundamentos reais e efetivos do processo de reprodução social. Não obstante, vimos que aquela distinção fisiocrata entre economia e indústria manteve-se, tradicionalmente, na economia teórica como base da reprodução, até quando Marx introduziu sua decisiva distinção entre os capítulos sociais: produção de meios de produção e produção de meios de consumo. Como vimos, as três divisões de von Kirchmann não apresentam nenhum sentido compreensível. Misturam-se os instrumentos com móveis, as matérias-primas, as substâncias alimentícias e as vestimentas formam uma seção à parte. É evidente, portanto, que essa classificação não está fundamentada em pontos de vista objetivos da reprodução, devendo ser classificada como pura fantasia. Poder-se-ia possível inventar qualquer outro tipo de produtos como uma seção de substâncias alimentícias, vestimentas e edifícios, outra de drogas medicinais e uma última de escova de dentes. É evidente que, para von Kirchmann, apenas importava indicar a divisão social do trabalho e pressupor, com fim de troca, alguma quantidade de produtos, na medida do possível, nas mesmas dimensões. Embora toda a argumentação gire em torno da troca, ela mesma não desempenha qualquer papel no exemplo de von Kirchmann, pois o que se distribui não é valor, mas apenas massa de mercadorias com valor de uso. Por outro lado, no interessante "lugar" criado pela fantasia de von Kirchmann verifica-se primeiro a distribuição de produtos, para ocorrer depois a troca geral, enquanto no terreno real da produção capitalista, como é notório, dá-se o inverso, a troca é que inaugura e equilibra a distribuição dos produtos. Na distribuição de von Kirchmann passam-se coisas bastante estranhas. É verdade que os preços dos produtos e, portanto, o do produto social total também se compõem apenas, "como se sabe", de "salário e interesse do capital", apenas de $v + m$, logo o produto total social chega íntegro à distribuição individual de empresários e operários. Von Kirchmann recorda, porém, para sua perdição, que toda produção requer instrumentos e matérias-primas. Com efeito, introduz como contrabando, em seu "lugar", matérias-primas entre as substâncias alimentícias e instrumentos entre móveis. Pergunta-se, então, a quem corresponderam na distribuição essas coisas indigeríveis: aos operários como salário ou aos capitalistas como lucro de empresário? Em semelhantes condições, surge o ponto culminante da fantasia: a troca entre operários e capitalistas. O ato fundamental da troca entre operários e empresários é transformado por von Kirchmann, de uma troca entre trabalho vivo e capital, numa troca de produtos. A troca entre a força de trabalho e o capital variável não é o primeiro ato, mas o segundo: a realização do salário, obtido do capital variável, que está no centro do mecanismo. Inversamente, toda troca de mercadorias da sociedade capitalista reduz-se a essa realização do salário. Vejamos, agora, o ponto mais extraordinário: considerando atentamente essa troca entre trabalhadores e empresários, que é a mola vitalizante da economia, não há troca, esta não se verifica. Pois, uma vez que todos os operários receberam seus salários em espécie, isto é, na metade de seu próprio produto, só poderá realizar-se troca entre os próprios operários; estes trocam entre si seus salários que se constituem de vestimentas, alimentos e móveis, de modo que cada operário realiza a terça parte de seus salários em vestimentas, alimentos e móveis. Essa troca nada mais tem a ver com os empresários. Estes ficam com a sua mais-valia, que constitui a metade das vestimentas, dos alimentos e dos móveis elaborados pela sociedade, sem saber o que fazer com essas bugigangas. Nessas circunstâncias, a obra de von Kirchmann não obteria nenhuma saída, por mais laboriosa que fosse a distribuição do produto. Ao contrário, quanto maior for a quantia do produto social atribuída aos operários, tanto menor será a troca efetuada por esses com os empresários. Aumentaria, apenas, a troca entre os operários. Certamente modificar-se-ia, em proporções correspondentes, o montante de mais-valia que cabe aos capitalistas; porém, isso não ocorreria porque houvesse sido facilitada a troca desses sobreprodutos, mas porque a própria mais-valia diminuíra. Nem antes nem depois, poderia falar-se de troca entre operários e empresários. É realmente desalentador que a quantidade de puerilidades e absurdos econômicos estejam reunidos em espaço relativamente pequeno e que exceda, inclusive, a medida que se pode conceder a um fiscal prussiano. Entretanto, von Kirchmann, depois dessa preliminar que tão pouco promete, entra diretamente no assunto. Compreende que o fato de não poder dar saída à mais-valia depende de sua própria premissa, da forma concreta que adota para usar o sobreproduto. Como resultado, seus empresários, com a metade da quantidade de trabalho social de que se apoderaram, como mais-valia, passam a elaborar mercadorias de luxo em vez de "mercadorias ordinárias". Como "é condição da mercadoria de luxo tornar possível ao consumidor usufruir mais capital e mais forças de trabalho do que as mercadorias ordinárias", esses três empresários apenas conseguem consumir toda a metade do trabalho feito pela sociedade sob a forma de carruagens elegantes, rendas e objetos semelhantes. Não há nada que não se venda, a crise foi superada afortunadamente, terminou para sempre a superprodução. Capitalistas e operários vivem com segurança. O remédio que von Kirchmann utilizou para realizar todos esses benefícios chama-se luxo! Em outras palavras, o conselho que o bom homem dá aos capitalistas que não sabem o que fazer com o excedente de suas mais-valias é o seguinte: que eles próprios o consumam. Entretanto, na sociedade capitalista o luxo não é uma invenção recente. Apesar dele, surgem as crises. Como surgem? "A resposta só pode ser", ensina-nos von Kirchmann, "que essa paralisação do mercado no mundo real procede porque ainda há muito pouco luxo, ou porque os capitalistas consomem pouco, apesar de possuírem meios para aumentar seu consumo." Essa sobriedade inadequada dos capitalistas decorre de uma virtude falsamente aconselhada pela economia política de se acumular visando ao "consumo produtivo". Resumindo, temos como tese fundamental de von Kirchmann *que as crises procedem da acumulação*, que esse demonstra com um exemplo demasiado sintético. Suponhamos o caso, acrescenta, "considerado o mais favorável na economia política", dos empresários não quererem gastar seus últimos centavos em pompa e luxo, querendo investi-los em nova produção. Isso significará que estabelecerão empresas novas de todas as classes e nas quais se elaborarão produtos, com cuja renda poderão conseguir (K. refere-se a lucro) os interesses do capital acumulado das rendas não consumidas dos três empresários. Assim sendo, os três empresários decidem consumir apenas o produto de 100 operários, isto é, limitar consideravelmente o seu luxo, empregando a força de trabalho dos 350 operários restantes, com o capital que estes utilizaram para montar novas empresas produtoras. Qual o ramo de atividade em que empregarão seus fundos? "Os três empresários só poderão optar por duas saídas, ou implantam empresas de produtos ordinários ou empresas de produtos de luxo", uma vez que, segundo von Kirchmann, o capital constante não se reproduz e o produto social total consiste apenas em meios de consumo. Com isso, os empresários veem-se colocados diante do dilema já conhecido: produzindo "mercadorias ordinárias" surgem as crises, pois, como possuem apenas a metade do valor do produto, os operários não podem consumir esses meios

A TEORIA DA REPRODUÇÃO DE VON KIRCHMANN

de subsistência excedentes; ou, se produzem mercadorias de luxo, têm eles próprios que as consumir. *Tertius non datur*. Tampouco o comércio exterior modifica o dilema, uma vez que o efeito do comércio consiste apenas em "aumentar a multiplicidade das mercadorias do mercado interno" ou em incrementar a produtividade.

> Portanto, se essas mercadorias exteriores são ordinárias, o capitalista não as compra, e o operário não pode comprá-las porque não possui meios para tal. Ou, então, se são mercadorias de luxo, nunca, com maior razão ainda, serão compradas pelos operários, e os capitalistas, também não as compram, por causa de sua tendência a acumular.

Por primitiva que seja a argumentação, expressa-se, claramente, nela o pensamento fundamental de von Kirchmann e a obsessão da economia teórica. Numa sociedade composta exclusivamente de trabalhadores e capitalistas, a acumulação parece impossível. Em consequência, von Kirchmann combate resolutamente a "poupança", o "consumo produtivo" da mais-valia, polemizando ativamente com a economia política clássica, que defende esses erros, enaltecendo o aumento do luxo e da produtividade do trabalho como remédio contra as crises. Vê-se, claramente, que von Kirchmann, em suas premissas teóricas, era uma caricatura de Ricardo e Say, e, em suas conclusões, passa a ser uma caricatura de Sismondi. Não obstante, foi necessário esclarecer a formulação do problema feita por von Kirchmann para entender-se a réplica de Rodbertus e o resultado da controvérsia.

XVI
Crítica da escola clássica por Rodbertus

Rodbertus se aprofunda mais que von Kirchmann, ao buscar as raízes do mal nos próprios fundamentos da organização social, e declara guerra encarniçada à escola da livre concorrência que era a dominante.[1] Seus ataques não atingem o livre-comércio de mercadorias ou a liberdade industrial, que aceita plenamente, mas se dirigem aos manchesterianos, ao *laissez-faire* nas relações sociais intrínsecas da economia. Naquela época, depois do período entusiasta da escola clássica, predominou uma apologia sem qualquer conteúdo científico, cuja expressão mais firme se encontra no economista incrivelmente vulgar, ídolo de todos os filisteus, o senhor Frédéric Bastiat,[2] com suas "harmonias". Prontamente grassaram diversos Schulzes,[3] medíocres imitações alemãs do profeta francês da harmonia. Contra "esses gajos vendedores ambulantes do livre comércio" sem escrúpulos dirige-se a crítica de Rodbertus.

> Cinco sextos da nação [escreve em sua "Erster Socialer Brief an von Kirchmann" [Primeira carta social a von Kirchmann], 1850, estão até agora excluídos, pela escassez de suas rendas, da maior parte dos progressos da civilização e, além disso, sucumbem amiúde aos mais terríveis males da miséria real, estando sempre expostos a esses perigos ameaçadores. No entanto, são eles os criadores de toda riqueza social. Seu trabalho começa ao raiar do sol e só termina quando este

---

1 O economista alemão Johann Karl Rodbertus (1805-1875) foi um dos principais promotores do socialismo de Estado. [*N. da E.*]
2 Frédéric Bastiat (1801-1850) foi um economista e político francês, defensor do livre mercado. Economistas como Friedrich Hayek (1899-1992) reivindicaram seu legado. [*N. da E.*]
3 Refere-se a Hermann Schulze-Delitzsch (1808-1883), manchesteriano alemão. [*N. da E.*]

se põe; prolonga-se, muitas vezes, até a noite, e nada pode mudar esse destino. Sem conseguirem aumentar suas rendas, perdem inclusive o tempo que poderiam dedicar para cultivar seus espíritos. Supomos que o progresso da civilização exigiu, até agora, como sustentáculo, tantos sofrimentos. Subitamente, advém a possibilidade de modificar essa triste situação com uma série de inventos admiráveis; inventos que fazem multiplicar a capacidade de trabalho humano. A riqueza nacional – o patrimônio nacional em relação à população – aumenta, em consequência, em proporção crescente. Vejamos, então: pode haver uma consequência mais natural, uma demanda mais justa, que a de proporcionar alguma vantagem com esse crescimento para os criadores da antiga e da nova riqueza? Não terão direito a que aumentem sua renda ou diminuam sua jornada de trabalho? Ou que ascendam, cada vez em maior número, às fileiras daqueles afortunados que gozam principalmente dos frutos do trabalho? A economia política ou, melhor, a economia Nacional, só conseguiu realizar o inverso. Enquanto cresce a riqueza, cresce, também, a pobreza daquelas classes, sendo necessário, inclusive, leis que impeçam o aumento da jornada de trabalho. Finalmente, em termos de população, as classes trabalhadoras crescem em proporção maior que a das outras classes. Mas não é só isso! A capacidade de trabalho multiplicada não pode aliviar os cinco sextos da nação e, além disso, o pavor da última sexta parte atinge a sociedade como um todo.

Que contradições existem, particularmente, no terreno econômico e no terreno social, em geral! A riqueza social aumenta e esse aumento vem acompanhado de uma acentuação da riqueza! Aumenta o poder de criação dos meios de produção e como consequência provoca a sua paralisação. A situação pede a elevação do nível material de vida das classes trabalhadoras ao mesmo nível político que ocupa, mas o que vemos é o seu rebaixamento. A sociedade necessita que sua riqueza cresça sem entraves, e os atuais dirigentes da produção têm que conter a produção para não aumentar a pobreza. Só existe uma coisa em harmonia! Ao absurdo da situação corresponde o da classe dominante, absurdo que consiste em buscar o fundamento desse mal onde não se encontra. O egoísmo, que com demasiada frequência se envolve em uma roupagem da moral, denuncia como causa do pauperismo os vícios dos trabalhadores. Atribui à sua suposta má administração e desleixo o que é obra de fatos inevitáveis, quando só lhe resta reconhecer a culpabilidade, e eleva à categoria de teoria a necessidade da pobreza. Prega sem descanso aos operários o *ora et labora*; considera como dever seu a sobriedade e a poupança, e, em suma, acrescenta à miséria do trabalhador essa violação do direito que vai constituir os cofres da acumulação. Não vê que um poder cego converte a oração do trabalhador numa maldição contra a falta de trabalho; que a parcimônia é uma impossibilidade ou uma crueldade e que, finalmente, como sabe o poeta, a moral nunca surte efeito em boca de quem a prega, pois "bebem secretamente vinho e, em público, aconselham beber água".[4]

Essas valorosas palavras, escritas trinta anos depois de Sismondi e Owen, vinte anos depois das acusações dos socialistas ingleses à escola de Ricardo, e, finalmente, depois do movimento cartista da batalha de junho e, *last not least*, da publicação do *Manifesto comunista*, não podem pretender uma inovação; entretanto, é impossível negar-lhes sua importância na fundamentação científica de tais acusações. Rodbertus desenvolve um sistema, que pode ser reduzido às seguintes proposições de forma sintética.

O desenvolvimento a que, historicamente, chegou a produtividade do trabalho, em conjunto com as "instituições do direito positivo", ou seja, a propriedade privada, graças às leis de um "tráfico abandonado a si mesmo", produziram uma série de fenômenos absurdos e imorais, que são:

1.

O valor de troca em lugar do "valor constituído", "normal", e com ele o atual dinheiro metálico em lugar do dinheiro de papel "de acordo com sua ideia" ou "dinheiro de trabalho".

> A primeira [verdade] é que todos os bens econômicos são *produtos do trabalho*, ou, como se costuma dizer, que só o trabalho é produtivo. Mas esse princípio significa que o valor do produto é sempre igual ao custo de um trabalho, ou, em outras palavras, que o trabalho já poderia constituir hoje uma medida de valor. A verdade, entretanto, é que "isso não é um *fato* da economia política, mas apenas uma *ideia*."[5]

---

4 Karl Rodbertus-Jagetzow, *Schriften*, Berlin, 1899, v. III, p. 172-174 e 184.
5 *Op. cit.*, v. II, p. 104-105.

Se o dinheiro pudesse constituir-se levando em conta o trabalho empregado no produto, caberia representá-lo; seria como um recibo escrito sobre a matéria menos dispendiosa, sobre trapos, como uma folha arrancada do livro de contabilidade geral que contivesse o valor produzido por cada qual, e que servisse como crédito, contra uma quantidade de valor igual à parte do produto nacional que chegasse à distribuição. Se o valor por qualquer circunstância não pôde ser constituído, ou ainda não pôde sê-lo, o dinheiro tem que trazer intrinsecamente aquele valor, que liquidará levando-o como prenda ou fiança, ou seja, o dinheiro terá que constituir um bem valioso, em ouro ou prata.[6]

Mas tão logo surge a produção capitalista inverte-se a ordem das coisas: a constituição do valor terá que ser levada em conta, porque já pode ser apenas valor de troca.[7]

E "porque o valor não pode ser constituído, tampouco o dinheiro pode ser meramente dinheiro, nem responder plenamente a sua ideia".[8] "Se houvesse uma compensação justa na troca, o valor de troca dos produtos teria que ser igual à quantidade de trabalho nele empregado, seriam trocados, nos produtos, quantidades de trabalho sempre iguais." Supondo-se, ainda, que cada um produziu justamente os valores de uso de que outro necessita, "seria necessário, pois se tratava de conhecimentos e vontades humanas, um cálculo da compensação e fixação exatas das quantidades de trabalho contidas nos produtos trocados e, também, a existência de uma lei, à qual se submeteriam os que efetuam a troca".[9]

Como é sabido, Rodbertus acentuava com insistência sua prioridade sobre Proudhon no descobrimento do "valor constituído", prioridade que pode conceder-se tranquilamente. Essa "ideia" até então era um fantasma, que há muito tempo antes de Rodbertus havia produzido, teoricamente,

---

[6] *Op. cit.*, v. I, p. 99.
[7] *Op. cit.*, v. I, p. 175.
[8] *Op. cit.*, v. I, p. 176.
[9] *Op. cit.*, v. II, p. 65.

seus frutos na Inglaterra, tendo sido enterrada na prática. Essa "ideia" era apenas uma transmutação utópica da teoria do valor de Ricardo. Isso foi demonstrado suficientemente por Marx, em *Miséria da filosofia*, e por Engels, no prólogo a esse mesmo livro. Não é necessário, portanto, continuar insistindo nessa "música do futuro" tocada numa trombeta infantil.

2.

A "economia de troca" resulta na "degradação" do salário à categoria de mercadoria, o salário sendo determinado pelo "valor do custo do trabalho" em vez de ser cota fixa do produto total. Rodbertus, com um atrevido salto histórico, deriva sua lei do salário, diretamente, da escravatura, com a qual considera o caráter específico que a produção de mercadorias impõe à exploração como uma mentira enganosa e o condena do ponto de vista moral.

> Enquanto os próprios produtores eram os donos dos não produtores, na época da escravidão, exclusivamente a vantagem do "senhor" determinava literalmente a magnitude daquela parte (a participação do operário). Basta que os produtores alcancem a liberdade individual para ambas as partes concordarem previamente sobre o salário. O salário é, como se entende hoje, objeto de um "contrato livre", isto é, da concorrência. Com isso o salário é submetido, naturalmente, às mesmas leis de valor de troca que os produtos, pois estes recebem valor de troca e as suas proporções dependem do jogo da oferta e procura.

Depois de haver invertido as coisas dessa maneira e deduzido da concorrência o valor de troca do trabalho, aos poucos deduz, também, o valor do trabalho de seu valor de troca:

> sob o império das leis do valor de troca, o trabalho recebe uma espécie de "valor de custo", que exerce uma força de atração sobre seu valor de troca: a

importância do salário. É essa a magnitude do salário necessária para "manter em uso" a força de trabalho, isto é, outorgar-lhe a força para seu próprio sustento, ainda que seja apenas para seus descendentes: o chamado "sustento necessário".

Rodbertus, com isso, tampouco fixa leis objetivas, pois o que vimos não passa de indignação moral. Rodbertus chama de "cínica" a afirmação da escola clássica segundo a qual "o trabalho tem apenas o valor do salário que lhe é pago", propondo-se a descobrir "a série de erros que conduziram a essa conclusão indesculpável e imoral".[10]

> Uma apreciação tão desonrosa como a que faz estimar o salário como sustento necessário, ou como se se tratasse da reparação de uma máquina, existiu também em relação ao trabalho convertido em mercadoria de troca. Esse princípio geral de um "preço natural" ou de "custo", como se se tratasse do próprio produto, colocou esse preço natural, esse custo do trabalho, na quantidade de bens necessária para voltar a levar o trabalho ao mercado.

Esse caráter de mercadoria e a correspondente valorização da força de trabalho são, apenas, interpretações errôneas da escola do livre câmbio que não insistem, como os discípulos ingleses de Ricardo, na contradição que existe no seio da produção capitalista de mercadorias, entre a determinação do valor *do* trabalho e a determinação do valor *pelo* trabalho. Rodbertus, como bom prussiano, acusa a produção capitalista de mercadorias de contradizer-se... com o direito político vigente. "Que insensata, indescritível contradição a daqueles economistas", exclama ele, "quererem que os operários decidam sua posição jurídica dentro dos destinos da sociedade e continuam tratando-os economicamente como simples mercadorias!"[11]

---

10 *Op. cit.*, v. I, p. 182-184.
11 *Op. cit.*, v. II, p. 72.

Só nos resta objetar: por que os operários consentem uma injustiça tão evidente? Objeção que Hermann, por exemplo, apresentava contra a teoria do valor de Ricardo. A isto, Rodbertus responde: Que fizeram os operários que, ao ficarem livres, não consentiram naquela medida? Imagine sua situação! Deram aos operários a liberdade, embora estivessem nus ou maltrapilhos e contassem apenas com sua força de trabalho. Com o desaparecimento da escravidão e da servidão, havia desaparecido também a obrigação jurídica do senhor de alimentá-los ou de cuidar de suas necessidades mais elementares. Entretanto, suas necessidades existiam e tinham que viver. De onde iriam retirar o necessário para subsistir? Colher uma parte do capital existente na sociedade e produzir com ela o necessário para seu sustento?

Mas o capital da sociedade pertencia a outros e os "guardiães" do "direito" não consentiriam. Que lhes restava fazer? Só havia uma alternativa: ou derrubar a ordem imperante na sociedade ou voltar às condições econômicas semelhantes às anteriores, embora variasse a situação jurídica. Retornar a seus antigos senhores, os possuidores da terra e do capital, e receber, como salário, o que antes recebiam como sustento. Para sorte da humanidade e do Estado-Direito prussiano, os trabalhadores foram "bastante prudentes" para não "subverter a ordem" da civilização, preferindo submeter-se inteiramente às miseráveis exigências de "seus antigos senhores". Surgiu, assim, o sistema capitalista do salário e a lei do salário "aproximada da escravidão", como um produto do abuso do poder dos capitalistas e da situação angustiante, assim como da docilidade dos operários, se considerarmos as inovadoras explicações teóricas do próprio Rodbertus que, como se sabe, foi "roubado" teoricamente por Marx. Em relação a essa teoria do salário é indiscutível a prioridade de Rodbertus, pois os socialistas ingleses e outros críticos haviam analisado os sistemas de salários muito menos grosseira e primitivamente. O mais original, em tudo isso, é que Rodbertus não utiliza todo o aparato de sua indignação moral sobre a origem e as leis econômicas do sistema de salário para pedir, como consequência, a supressão da espantosa injustiça, "da contradição insensata e indescritível". De forma alguma! Repetidamente tranquiliza seus congêneres para que não considerem uma tragédia seus gritos contra a exploração, pois ele não é o leão, mas, simplesmente, Snug, o marceneiro.[12] Só nos interessa a teoria ética do salário para que possamos tirar a seguinte conclusão:

3.

Da determinação do salário pelas "leis de valor de troca" resulta que, com o progresso da produtividade do trabalho, a participação do operário no produto é cada vez menor. Chegamos aqui ao ponto de Arquimedes do sistema de Rodbertus. A "cota decrescente de salários" é a mais importante ideia "original", que ele repete desde o seu primeiro trabalho social (provavelmente em 1839) e que "reclama" como de sua propriedade. É certo que essa "ideia" era uma simples consequência da teoria de valor de Ricardo, é certo que se acha implícita na teoria do fundo de salários, que dominou a economia burguesa até o aparecimento de *O capital* de Marx. Entretanto, Rodbertus crê haver sido, nessa "descoberta", uma espécie de Galileu da economia política, e recorre à sua "cota decrescente dos salários" para explicar todos os males e contradições da economia capitalista. Da cota decrescente dos salários deduz, antes de tudo, o pauperismo, que para ele constituiu, justamente com as crises, "a mais importante questão social". Seria necessário recomendar aos inclinados assassinados contemporâneos de Marx o fato de não ter sido Marx, mas Rodbertus, que se encontra entre eles, quem formulou uma teoria do empobrecimento.

---

12 *Op. cit.*, v. IV, p. 225.

CRÍTICA DA ESCOLA CLÁSSICA POR RODBERTUS

Dando a essa teoria uma forma grosseira, fazendo dela, diferentemente de Marx, não um fenômeno complementar, mas o ponto central da "questão social". Ver, por exemplo, sua demonstração do empobrecimento absoluto da classe operária na "Primeira carta social a von Kirchmann". Logo, a "cota decrescente dos salários" deve servir também para explicar o outro fenômeno fundamental da "questão social": as crises. Rodbertus estuda o problema do equilíbrio entre consumo e produção, tocando em todos os pontos debatidos entre Sismondi e a escola de Ricardo.

O conhecimento das crises acha-se apoiado, em Rodbertus, naturalmente, em um material de observação muito mais abundante que Sismondi. Em sua "Erster socialer Brief" (Primeira carta social), ele dá uma descrição detalhada das quatro crises: 1818-19, 1825, 1837-39 e 1847. Graças a uma observação mais ampla, Rodbertus pode parcialmente ver a essência das crises com mais profundidade do que foi possível a seus predecessores. Assim, já em 1850, formula a periodicidade das crises, seu retorno com intervalos cada vez menores e com maior intensidade:

> em proporção ao aumento das riquezas, aumentaram também essas horríveis crises, fizeram-se mais numerosas as vítimas que elas devoram. A crise de 1818-19, apesar de já haver despertado o comércio e causado preocupações na ciência, foi relativamente insignificante, comparada com a de 1825-26. A última acarretou tantos danos ao patrimônio da Inglaterra que os mais famosos economistas duvidavam de que conseguissem restabelecer-se completamente. Apesar disso, ainda foi sobrepujada pela de 1836-37. E, por sua vez, as crises de 1839-1840 e 1846-47 produziram maiores estragos que as precedentes.
>
> A julgar pelas experiências de que dispomos até aqui, as crises voltam com intervalos cada vez mais breves. [...]. Desde a primeira à terceira crise transcorreram dezoito anos; desde a segunda à quarta, catorze; desde a terceira à quinta, doze. Aumentam os sintomas de uma próxima e nova desgraça, embora indubitavelmente o ano de 1848 impeça seu desencadeamento.[13]

---

13 *Op. cit.*, v. III, p. 110-111.

Mais adiante, Rodbertus observa que, em geral, os anos precursores das crises podem ter um florescimento extraordinário da produção, grandes progressos técnicos da indústria: "todas as crises vieram depois de um período de florescimento industrial".[14] Utilizando a história das crises, descreve como "as mesmas se produzem somente depois de um incremento da produtividade".[15] Rodbertus combate a opinião vulgar que pretende reduzir as crises à dificuldade de dinheiro e crédito e critica toda a legislação equivocada de Peel sobre os bilhetes de banco; fundamenta detalhadamente sua opinião no artigo "Die Handelskrisen und die Hypothekennoth" (As crises comerciais e as dificuldades hipotecárias), do ano de 1858, no qual, entre outras coisas, escreve: "é, pois, também, errado considerar as crises comerciais apenas como crise de dinheiro, de bolsa ou de crédito. Só se apresentam assim externamente no início." Também é notável a apreciação de Rodbertus quando se refere à significação do comércio exterior em conexão com o problema das crises.[16] Como Sismondi, constata a necessidade de expansão para a produção capitalista, mas acrescenta ao mesmo tempo que com isso só se consegue que cresçam as dimensões das crises periódicas. "O comércio exterior", escreve ele em "Para o esclarecimento da questão social", segunda parte, caderno I, "mantém com o entorpecimento do mercado interno uma relação análoga à da beneficência em relação ao pauperismo, isto é, apenas cresce com aquele."[17] No artigo citado, "As crises comerciais e as dificuldades hipotecárias", a única coisa que se pode fazer para prevenir futuros desencadeamentos das "crises" funciona como uma faca de dois gumes e que consiste em desenvolver o mercado exterior.

---

14 *Op. cit.*, v. III, p. 108.
15 *Op. cit.*, v. I, p. 62.
16 *Op. cit.*, v. IV, p. 226.
17 *Op. cit.*, v. III, p. 186.

CRÍTICA DA ESCOLA CLÁSSICA POR RODBERTUS

Na maior parte das vezes, o violento impulso que caracteriza esse desenvolvimento é semelhante à excitação doentia de um órgão enfermo. No mercado interno, um dos fatores, a produtividade, aumenta eternamente, ao passo que o outro, "o poder de compra", mantém-se de maneira estática para a maior parte da nação. O comércio deve tratar de suprir, através do mercado exterior, a limitação do último. Isso adiará pelo menos um novo aparecimento do mal. Cada novo comércio exterior equivale, por isso, a uma trégua da questão social. Do mesmo modo, atuam os colonizadores em suas colônias. A Europa cria um mercado onde antes não havia. Essa solução, porém, apenas entretém o mal. Quando os novos mercados estão saturados, a questão volta a seu ponto de partida: a limitação do poder de compra que se contrapõe ao crescimento ilimitado da produtividade. O que se fez foi, apenas, afastar as crises do mercado menor para que apareça no maior, em dimensões ainda mais amplas e com choques ainda mais violentos. E como a terra é limitada e, portanto, cessará a conquista de novos mercados, cessará, também, o simples adiamento da questão. Terá que ser resolvida, definitivamente, algum dia.[18]

---

[18] *Op. cit.*, v. I, p. 233. É interessante observar como Rodbertus, apesar de suas lamentações éticas sobre a sorte das infelizes classes trabalhadoras, na prática apresenta-se como um profeta extraordinariamente frio e realista da política colonial capitalista, no sentido e espírito dos atuais "pangermanistas". "Desse ponto de vista", escreve numa nota da passagem citada, "constata-se a importância da abertura da Ásia e, principalmente, da China e do Japão, os mercados mais ricos do mundo, e a manutenção da Índia sob o domínio inglês. A questão social ganha, assim, tempo [o brado de vingança dos explorados proporciona, ingenuamente, aos usurpadores da exploração o meio de conservar, o maior tempo possível, seu 'insensato e criminoso erro', sua concepção 'imoral', sua 'injustiça clamorosa'! – R.L.], pois [essa resignação filosófica é incomparável – R.L.] os tempos presentes são impotentes para resolver o problema do desinteresse e seriedade moral e, também, da penetração. É certo que uma vantagem econômico-política não é um título jurídico suficiente para justificar invasões violentas. Mas, por outro lado, é insustentável a estrita aplicação do moderno Direito Natural e Internacional a todas as nações da Terra, quaisquer que sejam os graus de cultura que possuam. [Quem não se lembra das palavras de Dorina em *Tartufo*, de Molière?: '*Le ciel défend, de vraie, certains contentements, mais il y a avec lui des accomodements...*' – R.L.] Nosso Direito Internacional é um produto da cultura ético-cristã, logo, uma vez que todo direito se baseia na reciprocidade, refere-se apenas às relações entre nações que pertencem à mesma cultura. Sua aplicação, além desses limites, é sentimentalismo natural e internacional, que os horrores praticados pelos índios deveriam ter-nos curado. A Europa cristã deve assimilar o sentimento que moveu os gregos e romanos a considerar como bárbaros todos os outros povos da Terra. Então, despertaria nas modernas nações europeias o impulso universal, que levou os antigos a difundir sua cultura pelo *orbis terrarum*. Conquistaria a Ásia numa ação comum. A essa comunidade seguir-se-iam os maiores progressos sociais, a sólida fundamentação da paz europeia, a redução dos exércitos, uma colonização da Ásia no estilo da antiga Roma. Em outras palavras, uma verdadeira solidariedade dos interesses, em todos os campos da vida social." O profeta dos explorados

Também levou em conta a anarquia da produção capitalista privada, como fator das crises, embora considerando-a entre outros fatores não como a verdadeira causa das crises em geral, mas a fonte de um determinado tipo de crise. Assim, sobre o aparecimento das "crises" no "lugar" imaginário de von Kirchmann comenta:

> Esse gênero de paralisação não acontece na realidade. O mercado hoje é enorme, as necessidades e ramos da produção são muitos, a produtividade é importante, os "apetites" são obscuros e enganosos, os empresários desconhecem mutuamente a extensão de sua produção – logo pode acontecer facilmente que se equivoquem ao medirem uma determinada necessidade de mercadorias, levando-a em excesso ao mercado.

Rodbertus também declara, categoricamente, que essas crises só podem ser remediadas com uma planificação da economia, uma "inversão total" das atuais relações de propriedade e reunião de todos os meios de produção "em mãos de uma única autoridade social". Acrescenta, em seguida,

---

converte-se quase num poeta diante da visão da expansão colonial capitalista. Esse ímpeto poético é tão digno de consideração como a "cultura ética, cristã", pois esta cobria-se, justamente nessa época, de glória, com fatos como a guerra do ópio contra a China e os "horrores chineses", ou seja, as matanças praticadas pelos ingleses durante a sufocação sangrenta dos levantes dos cipaios. Em sua "Segunda carta social", do ano de 1850, Rodbertus dizia, é certo, que a sociedade não possuía "força moral" para resolver a questão social. Isto é, "para modificar a distribuição de riqueza, a história teria que voltar a descarregar sobre ela o açoite da revolução". (*Op. cit.*, v. II, p. 83.) Oito anos mais tarde, prefere brandir o açoite da política colonial ético-cristã nos indígenas desses países. É, também, congruente que ele, "verdadeiro fundador do socialismo científico na Alemanha", demonstre ser um fervoroso partidário do militarismo, e sua frase sobre a "redução do militarismo" só pode ser considerada como uma licentia poetica, no fragor da eloquência. Em seu *Zur Beleuchtung der Socialen Frage* [Para o esclarecimento da questão social], 2ª parte, caderno I, expõe que "o peso dos impostos nacionais tende constantemente a baixar tão logo aumentam os preços dos bens comprados com salário, fazendo pressão sobre o dinheiro pago em salário". Pois o serviço militar obrigatório, "considerado do ponto de vista de um grande Estado, não pode ser considerado como um imposto, porque equivale ao confisco, por vários anos, de toda a renda". Acrescenta ele em seguida: "para não dar lugar a interpretações errôneas advirto que sou um partidário decisivo de nossa constituição atual militar (isto é, da constituição militar prussiana da contrarrevolução), apesar de oprimir as classes trabalhadoras e por mais elevados que pareçam os sacrifícios econômicos que se pedem às classes acomodadas". (*Op. cit.*, v. III, p. 34). Não, Snug decididamente não é um leão!

para tranquilizar os ânimos, que prejudicar a possibilidade de semelhante situação é possível, "sendo a única maneira de impedir essa classe de paralisações do mercado". Constata-se, pois, que responsabiliza a anarquia da produção atual apenas como uma forma parcial, determinada, das crises.

Rodbertus zomba do princípio do equilíbrio natural entre produção e consumo de Ricardo-Say e, como Sismondi, dá ênfase ao poder aquisitivo da sociedade, que faz depender da distribuição da renda. Entretanto, não aceita a teoria das crises de Sismondi, colocando-se em oposição, sobretudo em suas conclusões finais. Enquanto Sismondi via a causa do mal na extensão ilimitada da produção, sem levar em conta a limitação da renda, dedicando-se em consequência à canalização da produção, Rodbertus defende o inverso, a maior e ilimitada extensão possível da riqueza, das forças produtivas. Para ele, a sociedade precisa aumentar sua riqueza sem nenhuma ordem de obstáculos. Quem despreza a riqueza da sociedade, despreza seu poder, seu progresso e, com isso, sua virtude. Quem põe obstáculos a seu incremento os põe a seu progresso. Todo o aumento do saber, poder e querer da sociedade está unido ao aumento da riqueza.[19]

Partindo dessa concepção, Rodbertus foi um ardoroso defensor do sistema de emissão bancária, que considerava como base imprescindível para a rápida e ilimitada atividade de inversão de capitais. Tanto seu artigo sobre as dificuldades hipotecárias, do ano de 1858, como o seu trabalho publicado em 1845 sobre a crise monetária prussiana, dedicam-se a essa demonstração. Neles dirige-se, polemicamente, às advertências de Sismondi, escrevendo, também nesse ponto, de sua maneira ético-utópica.

"Os empresários", declara ele,

> são essencialmente funcionários econômico-políticos, cumprem apenas com seu dever, mandando trabalhar, pondo em tensão todas as forças, os meios de produção nacionais que lhes foram confiados pela instituição da propriedade. O capital, repito, só existe para a produção.

---

19 *Op. cit.*, v. III, p. 182.

Mais tarde, com maior objetividade, afirma ele:

> Pretender que eles [os empresários] convertam em crônicos os danos casuais é aconselhar-lhes que empreguem, no início e constantemente, forças menores do que possuem realmente, para conseguir, dessa maneira, um grau mais baixo de violência em troca de uma duração incessante do mal. Mesmo que fôssemos bastante insensatos para dar-lhes esse conselho, eles não poderiam segui-lo. Pois como iriam reconhecer os limites, já deturpados, do mercado? Todos produzem sem saber nada uns dos outros, nos rincões mais afastados da terra, para um mercado localizado a centenas de quilômetros, com forças tão gigantescas que a produção de um mês bastaria para ultrapassar aqueles limites. Como poderão pensar que uma produção tão vasta e tão poderosa pode alcançar, em tempo, seu equilíbrio exato? Onde estão, por exemplo, as instituições, as "oficinas de estatística" que os ajudem em semelhante tarefa? O mais grave ainda é que o preço é o único que possui a sensibilidade do mercado com suas altas e baixas. Só que o preço não é como um barômetro que anuncia, de antemão, a temperatura do mercado, mas parece-se com o barômetro que apenas mede. Tão logo baixa o preço, o limite já está ultrapassado e o mal já está presente![20]

Essas observações, essencialmente diferentes na concepção das crises, dirigidas indubitavelmente contra Sismondi, demonstram por que Engels escreveu no *Anti-Dühring* que a explicação das crises causadas por deficiência de consumo, enunciada por Rodbertus, procede de Sismondi. A rigor, porém, isso não é exato. Rodbertus só tem em comum com Sismondi a disposição contra a escola clássica e a explicação das crises em geral pela distribuição da renda. Mas, também nesse ponto, Rodbertus apresenta suas "manias" peculiares. Não é o nível baixo das rendas da massa operária o que ocasiona a superprodução, nem tampouco a capacidade limitada de consumo dos capitalistas, como dizia Sismondi, mas simplesmente o fato de que a renda dos trabalhadores representa, com o progresso da produtividade, uma parte cada vez menor do valor

---

20 *Op. cit.*, v. III, p. 231.

do produto. Rodbertus adverte claramente a seu contraditor que as paralisações do mercado não procedem da escassez das participações das classes trabalhadoras:

> Imagine você [ensina a von Kirchmann], essas participações tão pequenas que só servem a seus possuidores para cobrir as necessidades mínimas da vida: mas se você limitar-se a fixar as participações na cota que representam dentro do produto nacional faz com que aumente logo a produtividade, terá o recipiente fixo de valor capaz de recolher um conteúdo cada vez maior, e bem-estar crescente da classe trabalhadora. Ao contrário, se se imaginam as participações da classe trabalhadora tão grandes como se quiser, de modo que, aumentando a produtividade, decresçam representando uma cota cada vez menor do produto nacional, essas participações, se não tiverem retrocedido como atualmente se encontram, poderão proteger seus possuidores de grandes privações, pois o conteúdo produtivo será sempre consideravelmente maior do que hoje: mas, logo que comece a baixar, traz a insatisfação que culmina em nossas crises comerciais, e que, sem que se possam culpar os capitalistas, apenas se produzem porque estes ajustam as dimensões de sua produção às medidas dadas pelas participações.[21]

Por conseguinte, a verdadeira causa das crises é a "cota decrescente dos salários", e o único remédio contra ela é a disposição legal segundo a qual a participação dos operários em um produto nacional deve representar uma cota fixa e imutável. Terá que ser bem entendida essa bizarra ocorrência, para dar-se o devido valor ao seu conteúdo econômico.

---

21 *Op. cit.*, v. I, p. 59.

XVII
Análise da reprodução por Rodbertus

O que significará, antes de tudo, que a diminuição da participação do trabalhador produzirá "em seguida" superprodução e crises comerciais? Essa maneira de compreender só é possível se se pressupõe que Rodbertus representa o "produto nacional" como composto de duas partes, a participação dos trabalhadores e a dos capitalistas, isto é, $v + m$, que se trocam mutuamente. Com efeito, Rodbertus fala, às vezes, quase nesse sentido, como quando, por exemplo, escreve na "Erster Socialer Brief" (Primeira carta social):

> A pobreza das classes trabalhadoras não permite nunca que sua renda seja uma base para uma produção incrementada. O excesso de produtos que, se em mãos dos operários melhoraria sua posição e, com o tempo, constituiria um passo para o aumento do valor do excedente que ficava para os empresários, colocando estes em posição de continuar a exploração nas mesmas proporções, diminui tanto em poder dos empresários, que perde valor o produto total e, no melhor dos casos, abandona os operários à sua indigência habitual.[1]

O "peso" que, nas mãos dos operários, "aumenta o valor do resto que fica em mãos dos empresários" significa a demanda. Com isso chegamos, felizmente, ao famoso "lugar" de von Kirchmann, no qual os operários realizam com os capitalistas uma troca de salário por sobreproduto e que, por causa disso, as crises surgem quando o capital variável é pe-

---
1 *Op. cit.*, v. III, p. 176.

queno, e a mais-valia, grande. Dessa estranha representação já se falou anteriormente. Entretanto, em outras passagens, Rodbertus afirma uma concepção distinta. Na "Quarta carta social", interpreta sua teoria no sentido de que o constante jogo entre a proporção da demanda, representada pela participação da classe operária e a constituída pela participação da classe capitalista é a causa de uma desproporção crônica entre a produção e o consumo.

> O que ocorreria, se os empresários mantivessem constantemente dentro de seus limites aquelas participações e se as outras fossem diminuindo constantemente, pouco a pouco, para os operários, que constituem a maioria da sociedade de um modo imperceptível, mas verdadeiro? Que sucederia se diminuísse, nessas classes, na mesma proporção em que aumentasse a produtividade? Sucederia que enquanto os capitalistas organizavam e tinham que organizar a produção, conforme as dimensões anteriores das participações para generalizar a riqueza, produziriam, não obstante, acima das participações existentes até então, causando assim uma insatisfação constante que terminaria com uma paralisação do mercado?[2]

Portanto, temos que explicar as crises do seguinte modo: o produto nacional é composto por um número de "mercadorias ordinárias", como dizia von Kirchmann, para os operários, e de mercadorias de luxo, para os capitalistas. A quantidade das primeiras está representada pela quantidade de salários, e a das últimas, pela mais-valia total. Se os capitalistas organizam sua produção de acordo com esse princípio, e a produtividade continua aumentando, o momento seguinte terá que ser de desacordo. Pois a participação de operários, hoje, não é a mesma da de ontem, porém, menor; se ontem a demanda de "mercadorias ordinárias" formava 6/7 partes do produto nacional, hoje só forma 5/7 partes, e os empresários,

---

2 *Op. cit.*, v. 1., p. 53, 57

que haviam organizado sua produção contando com os 6/7 de mercadorias ordinárias, constatarão, com dolorosa surpresa, que elaboraram 1/7 a mais. Mas, se, ensinados por essa experiência, organizarem amanhã de tal modo sua produção que só elaboram mercadorias ordinárias no valor de 5/7 do produto nacional total, previram novamente errado, pois amanhã a participação do salário, no produto nacional, representará apenas 4/7, e assim sucessivamente.

Essa teoria original levanta, em seguida, uma série de dúvidas. Se nossas crises comerciais só procedem da "cota dos salários" da classe operária, o capital variável constitui uma parte cada vez menor do valor total do produto nacional; a lei fatal traz, em si mesma, o remédio para o mal, pois a superprodução refere-se a uma parte cada vez menor do produto total. Rodbertus gosta, é certo, de empregar as expressões "enorme maioria" dos consumidores, "grande massa popular" de consumidores, cuja participação é cada vez maior; entretanto, na demanda, não importa o número de cabeças, mas o valor que representam. E esse valor constitui, segundo o próprio Rodbertus, um valor cada vez menor do produto total. Desse modo, a base econômica das crises fica cada vez mais reduzida, e nos resta saber como é possível que, apesar desse fato, as crises sejam, como assegura Rodbertus, mais gerais e mais violentas? Ainda citando Rodbertus, se a "cota dos salários" é uma das partes do produto nacional, a outra é a mais-valia. O que a classe operária perde em poder aquisitivo passa, consequentemente, para os capitalistas; se v é cada vez menor, m, em troca, é cada vez maior. Segundo o esquema de Rodbertus, isso não altera o total do poder de compra da sociedade. Pois ele mesmo acrescenta:

> Sei perfeitamente que, à medida que diminui a quantidade de participação dos operários, cresce a participação dos "donos das rendas" [para Rodbertus "renda" equivale à mais-valia]; logo, a longo prazo, e em conjunto, o poder de compra

permanece o mesmo. As crises sobrevêm, de modo geral, antes que o produto levado ao mercado possa ter sofrido o efeito daquele incremento.[3]

Portanto, em suma, pode ser que, assim como nas "mercadorias ordinárias", haja sempre um excesso e nas mercadorias de luxo surjam constantemente, para os capitalistas, problemas. Rodbertus, inesperadamente, segue o mesmo caminho da teoria Say-Ricardo, tão ardorosamente combatida por ele: a de que a superprodução de um setor corresponde sempre à subprodução do outro. E como as participações no valor do produto nacional, da classe trabalhadora e dos capitalistas, acarretam, constantemente, prejuízo para os primeiros, resultaria que nossas crises comerciais, no conjunto, teriam cada vez mais o caráter de subprodução periódica e não de superprodução! Mas deixemos esse enigma. O que ficou claro de tudo isso é que Rodbertus compreende o produto nacional, quanto a seu valor, como composto unicamente de duas partes: v e m, aceitando totalmente, assim, a concepção tradicional da escola clássica, a que combate com tanto rancor, embelezando-a, ainda mais, com a ideia de que a mais-valia total é consumida pelos capitalistas. Declara isso, com palavras precisas, em várias passagens, como, por exemplo, na "Quarta carta social":

> De acordo com o princípio, para falar primeiro precisamente do princípio da renda em geral [da mais-valia], o *princípio da divisão do produto do trabalho em salário e renda*, é necessário abstrair os fundamentos que determinam a divisão da renda em geral em renda da terra e do capital.[4]

Na "Dritter [socialer] Brief" (Terceira carta [social]):

---

3 *Op. cit.*, v. I, p. 206.
4 *Op. cit.*, v. I, p. 19.

ANÁLISE DA REPRODUÇÃO POR RODBERTUS

> Renda da terra, lucro do capital e salário, repito-o, são rendas. Proprietários capitalistas e operários querem *viver* delas, isto é, satisfazer com elas suas próprias necessidades humanas imediatas. Por conseguinte, os bens em que se recebem as rendas têm que ser úteis para este fim.

Ninguém formulou, em termos mais flagrantes, a falsificação da economia capitalista com uma produção destinada a fins de consumo direto, e nesse ponto Rodbertus merece, sem dúvida, a palma da "prioridade", diante de Marx e de todos os economistas vulgares. Para não deixar a menor dúvida no ânimo do leitor sobre essa confusão, mais adiante, na mesma carta, coloca a mais-valia capitalista como categoria econômica, comparando-a com a renda do antigo dono de escravos:

> No primeiro estado [a escravidão], temos a economia mais simples; a parte do produto do trabalho que se retirou para a renda do operário, ou escravo, e que constitui propriedade do senhor ou empresário, será atribuída, integralmente, como renda ao proprietário da terra, do capital, dos operários e do produto do trabalho; conceitualmente, nem sequer distinguir-se-á entre renda da terra e lucro do capital. Com o segundo estado, surge a economia monetária mais complexa. A parte do produto do trabalho liberada para renda dos operários livres, que corresponde à propriedade da terra e do capital, repartir-se-á, por sua vez, entre os proprietários do produto bruto e os do produto fabricado. Finalmente, a única renda do estado anterior dividir-se-á em renda da terra e lucro do capital.[5]

A maior diferença econômica, entre a exploração sob o regime escravista e a moderna exploração capitalista, está, para Rodbertus, na divisão da mais-valia, "retirada" do "rendimento" dos trabalhadores em renda da terra e lucro do capital. O fato decisivo da reprodução capitalista não é a forma histórica específica da distribuição do novo valor entre capital e trabalho, mas a repartição indiferente da mais-valia, para o processo

---

5 *Op. cit.*, v. II, p. 144.

de produção, entre seus diversos usufrutuários! Salvo essa repartição, a mais-valia capitalista, no conjunto, continua sendo a mesma que a "renda única" do proprietário de escravos: um fundo privado de consumo do explorador!

Rodbertus volta a contradizer-se, em outras passagens, recordando-se do capital constante e da necessidade de renovação no processo de reprodução. Toma, pois, em vez da divisão do produto total em $v + m$, a divisão em $c + m + v$. Em sua "Dritter [socialer] Brief" (Terceira carta [social]), escreve, sobre as formas de reprodução da economia escravista:

> Como o dono se preocupa que uma parte do trabalho dos escravos se destine a manter no mesmo estado ou a melhorar os campos, os rebanhos e instrumentos na agricultura e fabricação, o que hoje se chama "substituição do capital" se realizará de modo que uma parte do produto nacional se aplique imediatamente à economia, sem a intervenção da troca e nem sequer do valor de troca, para manter em seu estado anterior o patrimônio.[6]

E passando à reprodução capitalista:

> Portanto, emprega-se uma *parte do valor* do produto do trabalho para manter o estado atual do patrimônio ou para "substituir o capital"; destinando-se uma *parte do valor* representada pelo dinheiro que os trabalhadores recebem como salário para seu sustento, e, finalmente, ficará uma *parte do valor* em mãos dos proprietários de terra, capital e produto do trabalho, como receita ou renda destes.[7]

Temos aqui formulada, expressamente, a divisão tripartida: capital constante, capital variável e mais-valia. E também a fórmula outra vez expressa, nessa "Dritter [socialer] Brief" (Terceira carta [social]), da peculiaridade de sua "nova" teoria:

---

6 *Op. cit.*, v. II, p. 146.
7 *Op. cit.*, v. II, p. 155.

ANÁLISE DA REPRODUÇÃO POR RODBERTUS

> Assim, pois, segundo essa teoria, sendo a produtividade suficiente, a parte do valor que fica como renda, após a substituição do capital, distribuiu-se em função das propriedades da terra e do capital, entre operários e proprietários, como salário e renda etc.[8]

Nesse ponto, Rodbertus fez, a meu ver, um grande progresso na análise do valor do produto total em relação à escola clássica, pois, com efeito, mais adiante critica diretamente o "dogma" de Smith. Causa assombro, inclusive, que os sábios admiradores de Rodbertus, os senhores Wagner, Dietzel, Diehl e companhia, não notassem a "prioridade" de seu favorito em relação a Marx, num ponto tão importante da teoria econômica. Na realidade, essa prioridade é tão aparente como a da teoria do valor. Rodbertus, porém, após chegar a um conhecimento verdadeiro, não consegue sustentar-se nem um instante, pois imediatamente faz uma má interpretação, ou, pelo menos, uma deformação. Além disso, vê-se claramente que Rodbertus não sabia o que fazer com a divisão tripartida do produto nacional, à qual havia chegado, tateando, precisamente, por sua crítica ao dogma smithiano, pois escreve:

> Vocês sabem que todos os economistas, desde Adam Smith, dividem o valor do produto em salário, renda da terra e lucro do capital, e que, portanto, a ideia de fundamentar a renda das diversas classes e, particularmente, as partes da renda numa divisão do produto não é nova. Os economistas, porém, acabam perdendo o rumo. Todos eles – inclusive a escola de Ricardo – não concebem, antes de tudo, o produto total, como uma unidade, o bem terminado, o produto nacional total do qual participam os operários, proprietários e capitalistas, considerando a divisão do produto bruto como uma divisão particular em que só tomam parte dois coparticipantes. Assim, esses sistemas chegam ao mero produto bruto e ao mero produto fabricado, isolados entre si, como bens par-

---

8 *Op. cit.*, v. II, p. 223.

ticulares de renda. Erram, em *segundo lugar* – com exceção de Ricardo e Smith, nesse caso – ao tomarem o fato natural da colaboração imprescindível entre o trabalho e a matéria, isto é, a terra por um fato econômico; e o fato social de que na divisão do trabalho se emprega o capital no sentido atual da palavra por um fato originário. Assim, fingem uma relação econômica fundamental, na qual, tendo considerado a divisão da propriedade da terra, do capital e do trabalho, concebe também as participações desses distintos proprietários, de tal modo que a renda da terra provenha da participação do solo (que o proprietário territorial empresta para a produção), o lucro do capital da participação do capital empregado nela pelo capitalista e, finalmente, o salário da participação do trabalho. A escola de Say, que desenvolveu esse erro, de modo mais apurado, elaborou, inclusive, um conceito de serviço produtivo da terra, do capital e do trabalho para explicar com semelhante princípio produtivo a participação no produto. Nisso liga-se, finalmente, em *terceiro lugar,* à incongruência de que, enquanto o salário e as participações da renda se subtraem do valor do produto, este, por sua vez, se subtrai do salário e das participações da renda, baseando-se assim, reciprocamente, um no outro. Em alguns, essa incongruência manifesta-se tão claramente que merece relevo em dois capítulos sucessivos: "A influência da renda sobre os preços de produção" e "A influência dos preços de produção sobre a renda".[9]

Ao lado dessas excelentes observações críticas, sendo a última particularmente aguda, Rodbertus, que em certo sentido antecipa a crítica correspondente do volume II de *O capital* de Marx, aceita tranquilamente o erro fundamental da escola clássica e de seus servidores vulgares: o total esquecimento da parte do valor do produto total necessário para a substituição do capital constante da sociedade. Essa confusão abriu-lhe caminho para empenhar-se numa estranha luta contra a "cota decrescente dos salários".

O valor do produto total social, na forma de produção capitalista, divide-se em três partes, uma das quais corresponde ao valor do capital

---

9 *Op. cit.*, v. II, p. 226.

constante; a outra, à soma de salários, isto é, ao capital variável; e a terceira, à mais-valia total da classe capitalista. Dentro dessa composição do valor, a parte que corresponde ao capital variável diminui cada vez mais por duas razões. Em primeiro lugar, dentro de c + v + m, a relação de c + a (v + m), ou seja, do capital constante ao valor novo, desloca-se tornando c cada vez relativamente maior, e (v + m) menor. Esta é uma simples expressão da produtividade crescente do trabalho humano, que é válida para todas as sociedades economicamente progressistas, com independência de suas formas históricas, e significa apenas que o trabalho vivo está em situação de elaborar, cada vez mais, meios de produção em um tempo cada vez menor, convertendo-os em objetos de uso. Como (v + m) decresce em relação ao valor total do produto, decresce também v como parte do valor do produto total. Resistir, querer conter esse decréscimo equivale, em outras palavras, a opor-se ao progresso da produtividade do trabalho e seus efeitos gerais. Com o tempo, produz-se um deslocamento no sentido de v tornar-se relativamente menor, e m, relativamente maior, isto é, que do novo valor criado corresponde aos salários uma parte cada vez menor e os capitalistas se apropriam de uma parte cada vez maior como mais-valia. Esta é a expressão capitalista específica da produtividade crescente do trabalho, a qual, dentro das condições capitalistas de produção, apresenta a mesma validade absoluta que aquela primeira lei. Pretender impedir, por meios estatais, que v seja cada vez menor que m, equivale a proibir que a produtividade crescente do trabalho, que diminui o custo da produção de todas as mercadorias, se refira também à mercadoria fundamental, força de trabalho; significa querer abrir exceção para essa mercadoria quanto aos efeitos econômicos do progresso técnico. E mais: "a cota decrescente dos salários" é apenas uma expressão da cota crescente da mais-valia que representa o meio mais forte e efetivo para conter o decréscimo do coeficiente de lucro, representando, por isso, o motivo impulsionador da produção capitalista, em geral, como também do progresso técnico, dentro dessa produção. Suprimir, por conseguinte, a "cota decrescente dos salários", por meio de legislação, equivale a eliminar o motivo existente da economia capitalista e privá-la de seu princípio de vida. Apresentemos, contudo, a questão concretamente. O capitalista individual, a propriedade capitalista, não considera como o valor do produto uma soma de trabalho social necessário e não está em situação de concebê-lo desse modo. O capitalista considera-o como uma forma derivada e exacerbada pela concorrência dos custos da produção. Enquanto o valor do produto se divide nas partes do valor $v + c + m$, os custos de produção na consciência do capitalista compõem-se inversamente de $c + v + m$. Nessa forma transmutada e derivada aparecem: 1º) como desgaste de seu capital fixo; 2º) como a soma de seus gastos de capital circulante, junto com os salários dos operários; 3º) como a cota média "habitual", isto é, média de lucro de seu capital total. Suponhamos, agora, que o capitalista seja forçado, por uma das leis que Rodbertus elaborou, a sustentar uma "cota fixa de salário frente ao valor total do produto". Isso seria tão assombroso como se se pretendesse fixar, por uma lei, que na elaboração de todas as mercadorias a matéria-prima não variaria nunca em 1/3 do preço total das mercadorias. É claro que a ideia fundamental de Rodbertus, da qual estava tão orgulhoso, comparando-a inclusive a uma nova descoberta de Arquimedes, com o que queria resolver radicalmente o problema da produção capitalista, considerada em seu terreno e em todos os seus aspectos, é um contrassenso patente, a que só se pode chegar devido à confusão sobre a teoria do valor que culmina em Rodbertus na incomparável afirmação: "O produto deve ter agora [na sociedade capitalista] valor de troca, como deveria ter tido valor de uso na antiga economia."[10] Na antiga sociedade, tinha-se que comer

---

10 *Op. cit.*, v. II, p. 156.

pão e carne para se viver com sua produção, mas atualmente o indivíduo se satisfaz ao saber o preço da carne e do pão! O que se manifesta claramente com a ideia persistente da "cota de salário fixa", de Rodbertus, é sua incapacidade para compreender a acumulação capitalista.

Das citações feitas até aqui, pode-se deduzir que Rodbertus, de acordo com sua conclusão errônea de que o fim da produção capitalista é a elaboração de objetos de consumo para satisfazer às "necessidades humanas", tem, exclusivamente, em estudo a reprodução simples. Fala, apenas, da "substituição do capital" e da necessidade de capacitar os capitalistas para que prossigam em suas "explorações no mesmo grau que até aqui". Sua ideia fundamental, porém, é diretamente oposta à acumulação do capital. Fixar a cota de mais-valia, impedir seu crescimento, equivale a paralisar a acumulação do capital. De fato, tanto para Sismondi como para von Kirchmann, a questão do equilíbrio entre produção e consumo era uma questão de acumulação, isto é, de reprodução capitalista ampliada, cujas possibilidades negavam os dois. Ambos derivavam da acumulação os transtornos que se produzem no equilíbrio da reprodução. Apenas um recomendava como remédio a atenuação das forças produtivas, em geral, e o outro sua aplicação crescente à produção de luxo; o consumo total da mais-valia. Rodbertus segue seus próprios caminhos. Enquanto aqueles tentam explicar, com mais ou menos êxito, o *fenômeno* da acumulação capitalista, Rodbertus luta contra o *conceito*.

"Os economistas repetem desde A. Smith, formulando como verdade geral e absoluta, que o capital só surge da poupança e da acumulação."[11] Rodbertus combate essa "aberração" bem armado e em sessenta páginas impressas demonstra, detalhadamente, que o capital não surge da poupança, mas do trabalho; que o "erro" dos economistas sobre a "poupança"

---

11 *Op. cit.*, v. I, p. 240.

provém de que eles acreditavam equivocadamente que a produtividade era condição do capital, e esse erro origina-se de outro: o de crer que o capital... é capital.

Von Kirchmann compreendia perfeitamente o que era a "poupança" capitalista. Muito claramente explica:

> A acumulação não consiste, como se sabe, no mero amontoamento de provisões, ou na coleção de metais preciosos e dinheiro, para tê-los inaproveitadamente no sótão dos proprietários, pois o que poupa aplica-o novamente com proveito, por si mesmo ou por intermédio de outros, uma vez que a soma acumulada como capital lhe dará novas rendas. Essas rendas são possíveis apenas se esses capitais forem aplicados em novas empresas capazes de render, por meio de seus produtos, aqueles interesses indispensáveis. Um constrói um barco; outro, uma granja; o terceiro cultiva um pasto; o quarto encomenda uma nova máquina de fiar; o quinto compra mais couro e contrata mais empregados para sua sapataria etc. Nessa aplicação só representa interesse o capital poupado [equivale a lucros], o que constitui o fim último de toda poupança.[12]

O que von Kirchmann descreve aqui com palavras desajeitadas, mas, em geral, com exatidão, é o processo da capitalização da mais-valia, da acumulação capitalista que constituiu o único sentido da "poupança", propagada com instinto correto pela economia clássica "desde Adam Smith". De seu ponto de vista, é perfeitamente consequente quando ataca a acumulação, a "poupança", uma vez que, segundo sua concepção – igual à de Sismondi – as crises resultam diretamente da acumulação. Rodbertus é, também aqui, o mais "profundo". Por sorte sua, retirou da teoria do valor de Ricardo a ideia de que o trabalho é a única fonte de valor, e, portanto, também de capital. E esse saber elementar basta para deslumbrá-lo, não o deixando compreender as relações complicadas da

---

12 *Op. cit.*, v. II, p. 25.

produção do capital e dos movimentos do capital. Como o capital surge pelo trabalho, a acumulação de capital, isto é, "a poupança", a capitalização de mais-valia, é meramente um disparate.

Para desmanchar essa complicada rede de erros "dos economistas desde Adam Smith", ele recorre, como era de esperar, a um "homem ilhado" e, em uma profunda análise, averigua tudo o que lhe faz falta. Encontra, aqui, o capital, ou seja, o famoso "primeiro bastão", com o qual a economia política "desde Adam Smith" colhe, da árvore do conhecimento, os frutos de sua teoria do capital. Será que o bastão surge da "poupança"?, pergunta Rodbertus. E como homem normal compreende que da "poupança" não sai nenhum bastão, assim Robinson tem que fazer o bastão de madeira, ficando provado que a teoria da "poupança" é completamente falsa. Sigamos. O homem ilhado tira com o bastão um fruto da árvore, esse fruto é sua "renda".

> Se o capital fosse a fonte da renda, essa relação deveria manifestar-se nesse primeiro processo originário do modo mais simples possível. Cabe, porém, sem nenhuma distorção das coisas ou dos conceitos, chamar o bastão de fonte de renda ou de uma parte da renda, que consiste no fruto tirado da terra? Essa renda que se refere toda ou em parte ao bastão como causador será considerada, totalmente ou não, como produto do bastão?[13]

Seguramente, não. E como o fruto não é o produto do bastão, com o qual foi jogado ao chão, mas da árvore que o criou, Rodbertus demonstrou como todos os economistas, desde Adam Smith, equivocaram-se grosseiramente ao afirmarem que a renda provinha do capital. Uma vez que se esclareceram dentro da economia de "Robinson" todos os conceitos fundamentais da economia política, Rodbertus transfere a verdade

---

13 *Op. cit.*, v. I, p. 250.

adquirida dessa maneira primeiro a uma sociedade suposta "sem capital nem propriedade da terra", ou seja, com propriedade comunista e, mais tarde, à sociedade com "capital e propriedade da terra", isto é, a sociedade atual. E veja só: todas as leis da economia de Robinson cumprem-se também, ponto a ponto, nessas duas formas de sociedade. Formula, então, Rodbertus, para culminar sua fantasia utópica, uma teoria do capital e da renda. Como descobriu em Robinson que "o capital" se constitui simplesmente de meios de produção, identifica, também, na economia capitalista, capital e meios de produção e, uma vez reduzido desse modo, o capital constante, protesta, em nome da justiça e da moral, que os meios de subsistência dos operários, seus salários, sejam considerados como capital. Contra o *conceito* de capital variável luta ardorosamente, pois esse conceito é o culpado de todo o mal!

"Oxalá os economistas", implora ele,

> prestem atenção nesse ponto e examinem desapaixonadamente quem tem razão, eles ou eu! Aqui está o núcleo de todos os erros do sistema vigente sobre o capital, o último fundamento da injustiça, tanto teórica como prática, de que são vítimas as classes trabalhadoras.[14]

A "justiça" pede que os "bens reais do salário" dos trabalhadores não sejam considerados como capital, mas sejam inseridos na categoria das

---

14 *Op. cit.*, v. I, p. 295. Rodbertus, ao longo de toda a sua vida, apenas ruminou as ideias que expôs, em 1842, em *Zur Erkenntniß* [*unserer staatswirthschaftlichen Zustände*] [Para o conhecimento (de nossa situação macroeconômica)]: "Com referência ao estado atual, chegou-se a considerar, entre os custos dos bens, o salário, a renda e o lucro do empresário. Por isso, essa opinião merece ser amplamente refutada. Baseia-se em dois pontos:
"a) Uma falsa representação do capital, na qual o salário se computa ao capital do mesmo modo que o material e os instrumentos, achando-se, assim, no mesmo plano que a renda e o lucro do empresário.
b) Uma confusão do custo do produto com os gastos do empresário ou custo da exploração." (*Zur Erkenntniß* [Para o conhecimento], Neubrandenburg e Friedland, G. Bamewitz, 1842, p. 14.)

rendas. Rodbertus sabe perfeitamente que, para os capitalistas, uma parte dos salários "adiantados" por eles é uma parte de seu capital, exatamente o mesmo que a outra parte adiantada em meios de produção. Mas, segundo Rodbertus, isso refere-se unicamente ao capital individual. Tão logo trata do produto social total e da produção total, declara que as categorias capitalistas da produção são ilusão, mentira perversa e "injustiça". Completamente distinto do capital *em si,* os objetos do capital, o capital, do ponto de vista da nação, é o *capital privado,* o capital *patrimônio,* o capital *propriedade,* que hoje se compreende ordinariamente por "capital".[15] Os capitalistas individuais produzem sob a forma capitalista, mas a sociedade total produz como Robinson, isto é, como um proprietário único, sob a forma comunista:

> Que, agora, o produto nacional total em todos os diversos graus da produção pertence, em partes maiores ou menores, a pessoas privadas, que não podem ser contadas entre os produtores propriamente ditos; que os produtores propriamente ditos elaboram esse produto nacional a serviço desses poucos proprietários, não sendo coproprietários de seu próprio produto, não constitui diferença alguma, tendo em vista a sociedade como um todo.

Teremos, certamente, particularidades que resultarão da relação, inclusive para a sociedade no conjunto; em primeiro lugar, a "troca" com seus intermediários e, em segundo, a distribuição desigual do produto.

---

15 *Op. cit.,* v. I, p. 304. Exatamente como em *Para o conhecimento:* "Tem que ser distinguido o capital, em sentido restrito, do capital, em sentido amplo, ou fundo da empresa. Aquele abarca todo o efetivo de instrumentos e materiais, esse, todo o fundo necessário para a exploração de uma empresa, de acordo com as circunstâncias atuais da divisão do trabalho. Aquele é o capital absolutamente necessário para a produção, esse, só tem uma necessidade relativa que lhe confere as circunstâncias atuais. Aquela parte é, portanto, o capital em sentido restrito e, apenas com ela, confunde-se o conceito do capital nacional." *Op. cit.,* p. 23-24.

Mas, assim como essas consequências não impedem que, nem antes nem depois, o movimento da produção nacional e a conformação do produto nacional sejam, em geral, o mesmo [que sob o regime do comunismo], tampouco alteram, do *ponto de vista nacional*, em nenhum sentido, a oposição anteriormente formulada entre capital e renda.

Sismondi, Smith e muitos outros esforçaram-se, suando intensamente, para esclarecer os conceitos de capital e renda, retirando-os das contradições da produção capitalista. Rodbertus, no entanto, se dá menos trabalho: simplesmente prescinde, dentro da sociedade, de todas as determinações formais da produção capitalista e chama "capital" aos meios de produção, e "renda", aos meios de consumo – basta! "A propriedade da terra e do capital só têm sentido real em relação aos indivíduos que comerciam. Se se considera, pois, a nação como uma unidade, desaparecem seus efeitos sobre os indivíduos."[16] Vê-se que Rodbertus, logo após chegar ao verdadeiro problema da produção total capitalista e seus movimentos, mostra o menosprezo do utopista pelas particularidades históricas da produção. Para ele dirige-se, como um anel ao dedo, a observação que Marx faz a propósito de Proudhon, reprovando-lhe que, tão logo fala da sociedade em conjunto, o faz como se esta deixasse de ser capitalista. No exemplo de Rodbertus vê-se, mais uma vez, quão torpemente se movia a economia política anterior a Marx, em seus esforços para harmonizar pontos de vista materiais do processo de trabalho com pontos de vista valorizadores da produção capitalista, formas do movimento do capital individual com as do capital total. Oscilam, geralmente, esses esforços entre dois extremos: o da concepção vulgar de Say e MacCulloch, para a qual há apenas pontos de vista do capital individual, e o da concepção utópica de Proudhon e Rodbertus, para a qual apenas existem perspec-

---

16 *Schriften*, v. I, p. 292.

tivas no processo de trabalho. Assim aprecia-se que enorme luz lançou Marx sobre o assunto com o esquema da reprodução simples, onde se concertam todos os pontos de vista em suas harmonias e contradições, e onde a confusão irremediável de incontáveis livros se resolve em duas séries numéricas de desconcertante simplicidade.

Facilmente se compreende que, com semelhante concepção de capital e renda, a apropriação capitalista se torna inexplicável. Rodbertus declara-a, simplesmente, "roubo" e acusa-a diante do foro do direito de propriedade, cuja vulnerabilidade representa.

> Pois se essa liberdade pessoal [do trabalhador], que juridicamente envolve a propriedade do valor e o produto do trabalho, é a consequência da pressão exercida sobre os trabalhadores pela propriedade da terra e do capital – que na prática conduz à alienação daquela pretensão de propriedade – como se um temor instintivo, que a história transmite com seus servos e implacáveis silogismos, pudesse impedir aos proprietários confessar essa grande e geral injustiça.[17] [...]
>
> Por isso, finalmente, essa teoria [a de Rodbertus] é, em todas as suas particularidades, uma prova completa de que aqueles "louvadores" do atual regime de propriedade sobre o trabalho se acham em plena contradição com o seu próprio princípio. Ela demonstra que o regime atual de propriedade se apoia justamente sobre uma violação geral desse princípio e que aqueles grandes patrimônios individuais, que se acumulam hoje, na sociedade, aumentam, em cada novo trabalhador, o latrocínio já desde sempre acumulado na sociedade.[18]

E, se dessa maneira se declara como "roubo" a mais-valia, a cota crescente de mais-valia aparece como "uma grande falta na atual organização econômica nacional". Proudhon teceu a frase paradoxal e brutal, mas de ressonância revolucionária, de Brissot: a propriedade é um roubo. Rodbertus

---

17 *Op. cit.*, v. II, p. 136.
18 *Op. cit.*, v. II, p. 225.

demonstra que o capital é um roubo à propriedade. Comparando-se com isso, no primeiro volume de *O capital* de Marx, o capítulo sobre a transformação das leis de propriedade em leis da apropriação capitalista, que constitui uma obra-prima de dialética histórica, comprova-se mais uma vez a "prioridade" de Rodbertus. Em todo caso, Rodbertus, com suas declarações contra a apropriação capitalista, do ponto de vista do "direito de propriedade", encerrou a compreensão do nascimento da mais-valia como obra do capital, como anteriormente, com suas declarações contra a "poupança", havia encerrado a compreensão da origem do capital procedente da mais-valia. Assim, Rodbertus perde todas as possibilidades para a compreensão da acumulação capitalista, ficando, inclusive nesse ponto, em posição inferior à de von Kirchmann.

Em suma, Rodbertus quer uma ampliação limitada da produção, mas sem nenhuma "poupança", isto é, sem acumulação capitalista. Quer um aumento ilimitado das forças produtivas e, ao mesmo tempo, quer que as leis do Estado fixem um coeficiente de mais-valia. Em uma palavra, mostra que não compreende absolutamente os fundamentos propriamente ditos da produção capitalista que pretende reformar, nem os resultados mais importantes da economia política clássica à qual dirige sua crítica.

Por isso, naturalmente, o professor Diehl diz que Rodbertus fez história na economia política teórica, com sua "nova teoria da renda" e com a distinção das categorias lógicas e históricas do capital (daquele *capital em si* consciente em contraposição ao capital individual). E por essa razão, Adolph Wagner chama-o de "o Ricardo do socialismo econômico", para provar, assim, de um só golpe, sua própria ignorância em relação a Ricardo, a Rodbertus e ao socialismo. Por outro lado, Lexis[19] proclama que Rodbertus é, pelo menos, igual "a seu rival britânico" na força do pensamento abstrato, mas que o supera, amplamente, no "vir-

---

19 Estatístico e economista, Wilhelm Lexis (1837-1914) foi um crítico de Marx. [*N. da E.*]

tuosismo da descoberta das conexões mais profundas dos fenômenos", na "vivacidade da fantasia" e, antes de tudo, em seu "ponto de vista ético diante da vida econômica".

Porém, o que realmente Rodbertus fez na economia política, além de sua crítica da renda de Ricardo, sua distinção por vezes completamente clara entre mais-valia e lucro do capital; tratar da mais-valia como um todo, distinguindo-a, conscientemente, de suas manifestações parciais, sua crítica excelente, em parte, do dogma smithiano sobre a conexão do valor das mercadorias; sua formulação precisa da periodicidade das crises e a análise das formas em que se apresentam valiosos pontos de partida para sobrepujar a análise de Smith-Ricardo, que fracassaram pela confusão dos conceitos fundamentais – tudo isso é desconhecido da maioria dos admiradores oficiais de Rodbertus. Franz Mehring aludiu à curiosa sorte de Rodbertus: a de ter sido colocado nas nuvens por seus supostos merecimentos em economia política e o de ser tratado "como um moço tolo" pelas mesmas pessoas quando se referiam a seus méritos políticos efetivos. Em nosso caso não se trata, sequer, da oposição à sua obra econômica e política. No próprio campo da economia política teórica, onde trabalhava com entusiasmo inútil de um utopista, seus "louvadores" levantaram-lhe um grande monumento sobre a areia, enquanto os modestos pedaços de terreno onde havia deixado algumas sementes fecundas foram arrasados pelas ervas daninhas e esquecidos.[20]

---

20 O pior monumento foi o que lhe ergueram seus editores póstumos. Estes sábios senhores: o professor Wagner, o doutor Kozak, Moritz Wirth e os demais que nos prólogos de dois volumes de Rodbertus se combatem como um grupo de servidores mal-educados na antecâmara, reluzem suas desavenças pessoais e seus ciúmes, injuriando-se pública e reciprocamente. Nem sequer tiveram o cuidado e a consideração necessária para determinar a data dos manuscritos de Rodbertus. Assim, por exemplo, Mehring fez-lhes ver que o mais antigo manuscrito de Rodbertus não datava do ano de 1837, como o havia decretado tão soberanamente o professor Wagner, mas do ano de 1839, pois que em suas primeiras linhas escreve sobre acontecimentos históricos do movimento cartista, ocorrido no

A ACUMULAÇÃO DO CAPITAL

O problema da acumulação não logrou nenhum resultado, desde a primeira controvérsia na discussão prussiano-pomeriana até a época de nosso trabalho. A doutrina da harmonia sofreu uma queda, de Ricardo a Bastiat-Schulze, e a crítica social, de Sismondi a Rodbertus. Enquanto a crítica de Sismondi no ano de 1819 representava um ato histórico, as ideias de reformas emitidas por Rodbertus eram um lamentável retrocesso, desde sua primeira forma até suas posteriores repetições.

Na polêmica entre Sismondi e Say-Ricardo, uma das partes provou a impossibilidade da acumulação em consequência das crises e advertiu sobre o perigo do desenvolvimento das forças produtivas. A outra demonstrou a impossibilidade das crises e opinou pelo desenvolvimento ilimitado da acumulação. Cada uma delas era consequente a seu modo, não obstante o absurdo do ponto de partida de seus estudos. Kirchmann e Rodbertus partem ambos, e não era possível de outra maneira, das

---

ano de 1839, e cujo conhecimento era, por assim dizer, dever iniludível para um professor de economia política. O professor Wagner, que nos prólogos a Rodbertus não cessa de dar-se importância e de falar de suas inúmeras ocupações e que, em geral, fala com seus colegas com a cabeça bem erguida, recebeu em silêncio, como um grande homem, a lição de Mehring. Por seu lado, o professor Diehl apenas corrigiu, em silêncio, no *Dicionário das ciências do Estado,* a data de 1837, substituindo-a por 1839, sem indicar ao leitor, nem com uma sílaba, quando e como o havia averiguado.

O cúmulo de tudo isso é, sem dúvida, a "nova edição econômica" destinada ao "povo" e publicada por Puttkammer e Muhlbrecht, em 1899. Esta traz uma reunião amigável de alguns dos editores que se haviam desentendido, colocando nos prólogos suas discussões. Edição na qual, por exemplo, o antigo volume II de Wagner converte-se em volume I, embora Wagner na introdução do volume III continue falando tranquilamente no volume II. Tradução na qual a "Primeira carta social" está colocada no volume III, a segunda e terceira, no II, e a quarta, no I; na qual a sucessão das "Cartas sociais", "Controvérsias", conexões cronológicas e lógicas constituem um caos total, mais inexplicável que as camadas da crosta terrestre que trazem várias erupções vulcânicas. A edição feita em 1899 ainda conserva, sem dúvida por consideração ao professor Wagner, para o mais antigo manuscrito de Rodbertus a data de 1837, apesar das retificações de Mehring publicadas em 1894. Comparando-se com isso os escritos póstumos de Marx, nas edições de Mehring e Kautsky em Dietz, observa-se como, em coisas aparentemente sem importância, refletem-se conexões profundas. Dessa forma, cuidou-se da herança científica do mestre do proletariado consciente e, como foi demonstrado, os sábios oficiais da burguesia destroçaram a herança de um homem que, conforme suas próprias lendas interesseiras, era um gênio de primeira ordem. *Suum cuique* [a cada um o que é seu], era o lema de Rodbertus.

364

crises. E, apesar destas [crises] trazerem a experiência histórica de meio século, justamente por sua periodicidade, mostraram apenas que eram formas de movimento da reprodução capitalista, identificando, também, plenamente, o problema da reprodução ampliada do capital total, da acumulação, com o problema das crises. Foram parar assim no caminho já morto do descobrimento de um remédio contra as crises. Uma parte vê o remédio no consumo total da mais-valia pelos capitalistas, isto é, na renúncia da acumulação; a outra, na fixação legal da cota da mais-valia, ou seja, renúncia, igualmente, à acumulação. Rodbertus espera que sem acumulação capitalista se produza um aumento ilimitado capitalista das forças produtivas, o que recomenda. Numa época em que o elevado grau de prudência da produção capitalista havia possibilitado sua análise fundamental por Marx, a última tentativa da economia burguesa de resolver o problema da reprodução acaba numa utopia infantil e de mau gosto.

TERCEIRA POLÊMICA
Struve-Bulgakov-Tugan-Baranovski contra
Vorontsov-Nikolai-on

XVIII
Nova colocação do problema

A terceira controvérsia sobre a questão da acumulação desenvolveu-se em um marco histórico completamente distinto das outras duas. Dessa vez a época da ação era o começo do nono decênio até meados do décimo, sendo seu palco a Rússia. A evolução capitalista já havia amadurecido na Europa ocidental. A concepção dos clássicos Smith-Ricardo, da época em que a sociedade burguesa brotava, tinha-se dissipado havia bastante tempo. Também havia emudecido o otimismo interesseiro da doutrina da harmonia manchesteriana vulgar sob o impacto esmagador da catástrofe mundial dos anos 1870,[1] assim como sob os golpes impiedosos da luta de classes deflagrada nesses anos em todos os países capitalistas.[2] Inclusive das harmonias da reforma social que, particularmente na Alemanha, floresceram no começo do oitavo decênio, restam apenas a recordação. Os "12 anos" de prova da lei de exceção contra a social-democracia trouxeram consigo um cruel congelamento, rasgaram todos os véus da harmonia, descobrindo com toda a crueldade a pura realidade das oposições capitalistas.[3] Desde então, o otimismo só é possível para

---

[1] Em maio de 1873, três bancos vienenses entraram em falência, o que acabou gerando uma crise financeira que logo afetaria a economia alemã e a economia mundial. [*N. da E.*]

[2] A escola de Manchester refere-se à tendência econômica que defende o máximo de livre comércio e a ausência de leis ou mecanismos reguladores. O termo teve origem em um grupo de industriais influenciados pelo utilitarismo que defendiam a revogação das Leis dos Cereais. [*N. da E.*]

[3] Em 1878 foram aprovadas as leis antissocialistas, que tinham por objetivo sustar o crescimento do então (PSOA). Ainda que a organização tenha continuado a participar das eleições, seu funcionamento passou a ser fortemente controlado. A legislação seguiu em vigor até setembro de 1890. Ao fim do período, o partido mudou de nome para Partido Social-Democrata da Alemanha (SPD). [*N. da E.*]

a classe operária ascendente e para seus representantes teóricos. Não um otimismo em relação ao equilíbrio natural ou artificial da economia capitalista e sua duração eterna, mas no sentido de que o desenvolvimento das forças produtivas por ela fomentadas poderosamente oferecia, justamente por suas contradições internas, um excelente terreno histórico para o desenvolvimento produtivo da sociedade, com novas formas econômicas e sociais. A tendência negativa, deprimente, do primeiro período do capitalismo, que Sismondi viu primeiramente e que Rodbertus percebeu depois nos anos de 1840 e 1850, achava-se agora compensada pela ascensão triunfante e cheia de esperança da classe operária, com sua ação sindical e política.

Tal era o aspecto da Europa ocidental. Mas outra era a situação, pela mesma época, na Rússia. Ali o oitavo e nono decênios representavam em todos os sentidos uma época de transição, um período de crises internas com todos os seus horrores. A grande indústria acabava de triunfar pela própria ação do período de elevada proteção aduaneira. Constitui o começo de uma nova etapa o capitalismo forçado pelo governo absolutista, que introduz a alfândega em ouro no ano de 1877. A "acumulação primitiva" florescia na Rússia favorecida por todo gênero de subsídios, garantias, prêmios e encargos do Estado e proporcionava lucros que, no Ocidente, pertenciam, naquela época, ao reino da fábula. Ao mesmo tempo, a situação do interior da Rússia oferecia um quadro bem pouco atrativo e que não engendrava esperanças. No campo, a decadência e decomposição da economia camponesa sob a pressão fiscal e da economia monetária gerava situações horríveis, fome e motins periódicos de camponeses. Por outro lado, o proletariado fabril das cidades ainda não estava consolidado, social e espiritualmente, para formar uma classe operária moderna. Particularmente o grande distrito industrial central Moscou-Vladimir, sede mais importante da indústria têxtil russa, estava mesclado em parte com a agricultura e era camponês. Tais formas primitivas de exploração deram lugar a formas primitivas de defesa. Em princípio do nono decênio surgiram os tumultos espontâneos fabris do distrito de Moscou, durante os quais se destruíram máquinas, e que proporcionaram o primeiro impulso das bases de uma legislação fabril no império dos czares.

Se, dessa maneira, o aspecto econômico da vida pública na Rússia mostrava a cada passo as dissonâncias de um período de transição, correspondia a ele uma crise espiritual. O socialismo russo "populista" nacional, que teoricamente se baseava nas peculiaridades da constituição agrária russa, viu-se falido politicamente depois do fracasso de sua máxima expressão revolucionária: o partido terrorista da *Narodnaia Volia*. Por outro lado, os primeiros trabalhos de Jorge Plekhanov,[4] que daria entrada ao marxismo na Rússia, só foram publicados em 1883 e 1885, e durante um decênio tiveram, ao aparecer, pouca aceitação. Durante o nono decênio e até começos do décimo, a vida espiritual dos intelectuais russos, particularmente dos oposicionistas, socialistas, achava-se dominada por uma mistura de resquícios "nacionais" do populismo com elementos soltos da doutrina de Marx. Mistura cujo traço mais destacado era o ceticismo em relação às possibilidades do desenvolvimento do capitalismo na Rússia.

A questão de a Rússia seguir a evolução capitalista nos moldes da Europa ocidental preocupou por longo tempo a *intelligentsia* do país. Esta via apenas na Europa ocidental o lado ruim do capitalismo: sua ação dissolvente sobre as formas de produção patriarcais, sobre o bem-estar e a segurança da existência de amplas massas do povo. De outro lado, parecia que a propriedade comunal russa da terra, a famosa *obshchina,* poderia chegar a ser um

---

[4] Fundador do grupo Emancipação do Trabalho, Georgi Valentinovitch Plekhanov (1856-1918) propagou o marxismo na Rússia e foi um dos principais críticos do populismo. Tendo passado grande parte de sua vida no exílio e escrito vários livros, também foi tradutor de Marx e Engels. Foi um dos fundadores do jornal *Iskra* e se juntou aos mencheviques após o Segundo Congresso do Partido Operário Social-Democrata Russo, realizado em Londres em 1903. [*N. da E.*]

ponto de partida impossível para um desenvolvimento social mais elevado da Rússia, que, evitando o estádio capitalista com suas falhas, chegasse por um caminho mais curto e menos doloroso que o percorrido pelos países da Europa ocidental à terra prometida do socialismo. Perder-se-ia essa afortunada situação excepcional, essa ocasião única, aniquilando as formas de propriedade e de produção camponesas por um transplante forçado da produção capitalista, sob a proteção estatal, abrindo totalmente as portas à proletarização, à miséria, à insegurança da existência das classes trabalhadoras?

Esse problema fundamental dominava a *intelligentsia* russa desde a reforma agrária, e, unidos, desde Herzen e sobretudo desde Tchernichevski, constituíam o eixo central em torno do qual se formou toda uma concepção singular do mundo: a "populista". Essa corrente espiritual manifestada nas diversas classes e tendências – desde as doutrinas claramente reacionárias do eslavofilismo, até a teoria revolucionária do partido terrorista – produziram na Rússia uma enorme literatura. Fomentou o aparecimento de um abundante material de investigação sobre as formas econômicas da vida russa, particularmente sobre a "produção popular" e suas formas peculiares; sobre a agricultura das comunidades camponesas, a indústria doméstica camponesa, o *artel*, assim como sobre a vida espiritual dos camponeses, suas seitas e outras manifestações análogas. Surgiu uma literatura peculiar como reflexo artístico das circunstâncias sociais contraditórias, que continham o antigo e o novo e na qual a cada passo se via o desenrolar de problemas difíceis. Finalmente, nos decênios oitavo e nono brotou da mesma raiz uma original filosofia caseira da história: "o método subjetivo na Sociologia", que queria fazer do "pensamento crítico" o fator decisivo da evolução social, ou, mais exatamente, da *intelligentsia* desvinculada de classes, o portador do progresso histórico e cujos representantes foram: Peter Lavrov, Nicolai Michailowsky, o professor Kareiev e V. Vorontsov.

NOVA COLOCAÇÃO DO PROBLEMA

De toda essa literatura populista, tão ampla e ramificada, só nos interessa um aspecto: a contenda de opiniões sobre as possibilidades da evolução capitalista na Rússia, e, assim mesmo, apenas quando se apoiava sobre as considerações gerais, sobre as condições sociais da forma de produção capitalista. Pois essas considerações também vieram a desempenhar um grande papel na literatura polêmica russa dos anos 1880 e 1890.

Tratava-se, portanto, do capitalismo russo e suas possibilidades, mas o debate aqui originado passou, naturalmente, aos problemas gerais do capitalismo: o exemplo e as experiências do Ocidente desempenharam, então, o papel mais importante como material probatório.

Um fato teve importância decisiva no conteúdo teórico da subsequente descrição: a análise marxista da produção capitalista, tal como expressa no volume I de *O capital,* era patrimônio comum da Rússia culta, senão o volume II do mesmo livro, com a análise da reprodução do capital total, que havia sido publicado em 1885. A seguir, o problema das crises não vai ocultar, como nos casos anteriores, o verdadeiro eixo da discussão. Pela primeira vez, converteu-se no ponto central da polêmica a questão da reprodução do capital total, da acumulação pura. Tampouco a análise perdeu-se em torno dos conceitos de renda e capital, capital individual e capital total. A polêmica sustenta-se sobre o firme alicerce do esquema marxista da reprodução total. E, finalmente, não se trata dessa vez de uma polêmica entre manchesterianismo e reforma social, mas entre os diversos matizes do socialismo. O ceticismo em relação à possibilidade da evolução capitalista está representado no espírito de Sismondi e, em parte, no de Rodbertus, pelo matiz pequeno-burguês confuso e "populista" do socialismo russo, o qual, não obstante, apela com frequência para Marx; o otimismo, pela escola marxista russa. Produziu-se, pois, uma mudança total no cenário.

Dos dois representantes principais da direção "populista", um deles, Vorontsov, era conhecido na Rússia principalmente sob o pseudônimo de "V. V." (suas iniciais). Era um "estranho santo", que tinha ideias muito confusas sobre economia política e que não podia ser levado a sério como teórico. Em troca, o outro, Nicolai-on (Danielson), era um homem de grande cultura, que conhecia a fundo o marxismo; era o editor da tradução russa do volume I de *O capital,* amigo pessoal de Marx e Engels, com quem mantinha intensa correspondência (impressa em russo em 1908). Vorontsov, principalmente, havia exercido, no nono decênio, uma grande influência sobre a *intelligentsia* russa; contra ele desenvolveu-se, em primeiro lugar, a batalha do marxismo na Rússia. Na questão das possibilidades gerais de desenvolvimento do capitalismo, o que nos interessa, ambos os representantes do ceticismo dos anos 1890 se encontravam diante de uma série de contradições. Uma nova geração de marxistas russos, preparados com a experiência histórica e com o conhecimento da Europa ocidental, entrou na batalha ao lado de Georges Plekhanov: os professores Kablukov, Manuilov, Issaiev, Skovorzov e Vladimir Ilyin [Lênin], Peter von Struve, Bulgakov, Tugan-Baranovski e outros. Limitar-nos-emos principalmente aos três últimos, uma vez que cada um deles ofereceu uma crítica mais ou menos acabada daquela teoria, no terreno que nos interessa. Esse torneio, que em parte foi brilhante, manteve em tensão, até fins do século, a *intelligentsia* russa e terminou com um triunfo indiscutível da escola marxista, inaugurando oficialmente o ingresso do marxismo como teoria econômica na ciência russa. O marxismo "legal" ocupou então, publicamente, posição de cátedra nas revistas e no mercado econômico dos livros. Daquela plêiade de otimistas marxistas, dez anos mais tarde, quando as possibilidades de desenvolvimento do capitalismo russo mostraram seu reverso otimista, com a ascensão revolucionária do proletariado, não se encontrou nenhum – com uma exceção – ao lado dos operários.

XIX
O senhor Vorontsov e seu "excedente"

O que conduziu os representantes da teoria "populista", na Rússia, ao problema da reprodução capitalista foi a convicção de que o capitalismo não teria, ali, nenhuma possibilidade em consequência da falta de mercados. V. Vorontsov expôs sua doutrina a esse respeito na revista *Memórias pátrias* e em outras revistas, em uma série de artigos que, reunidos num livro, foram publicados em 1882 sob o título *O destino do capitalismo na Rússia*; mais tarde, num artigo do caderno de maio da mesma revista, sob o título "O excedente no abastecimento do mercado com mercadorias"; no quarto caderno da revista *Pensamento Russo* em 1889; num artigo sobre "Militarismo e capitalismo", em 1893, no livro *Nossas correntes*; finalmente, em 1895, no livro *Elementos da Teoria de economia política*. A atitude de Vorontsov, diante da evolução capitalista na Rússia, é difícil de ser compreendida em todo o seu conjunto. Pois, nem aceita a teoria puramente eslavófila, que atribuía às "peculiaridades" da estrutura econômica russa e ao "espírito do povo" a impossibilidade do capitalismo e o seu aspecto nocivo para a Rússia, nem a dos marxistas, que viam na evolução capitalista uma etapa histórica inevitável, que poderia abrir, também, para a sociedade russa o único caminho possível para o progresso social.

Vorontsov, por sua vez, sustentava que o capitalismo era impossível na Rússia, pois não teria estabilidade nem futuro. Para ele, era tão absurdo maldizê-lo como desejá-lo, pois faltavam na Rússia as condições de vida de uma evolução capitalista, logo todos os esforços, feitos pelo Estado, para que ele surgisse na Rússia, eram tempo perdido. Considerando o problema mais de perto, vemos que Vorontsov limita muito claramente essa afirmação por ele sustentada. Se se deixa de lado a acumulação de riqueza capitalista e se pensa na proletarização capitalista dos pequenos proprietários, na existência insegura dos operários, nas crises periódicas, Vorontsov não duvida de que todos esses fenômenos se apresentam na Rússia. Pois declara, claramente, no prólogo a *Os destinos do capitalismo na Rússia*: "ao negar a possibilidade do domínio capitalista na Rússia, como forma de produção, não me refiro a seu futuro como uma forma de exploração das forças populares". Portanto, Vorontsov pensava que o capitalismo não podia alcançar, na Rússia, o grau de maturidade do Ocidente, mas, em troca, poderia ocorrer na Rússia o processo de separação dos produtores imediatos dos meios de produção. Vorontsov vai mais longe. Não discute a possibilidade do desenvolvimento de formas capitalistas, em certos ramos da indústria russa, nem sequer a exportação capitalista da Rússia para os mercados estrangeiros. Vê-se isso no artigo "O excedente no abastecimento do mercado", onde declara: "A produção capitalista desenvolve-se rapidamente [entenda-se no sentido russo da palavra – R.L.] em alguns ramos da indústria."[5]

> É bem provável que a Rússia tenha, como outros países, certas vantagens naturais, em consequência das quais possa prover com determinados gêneros de mercadorias o mercado estrangeiro; é possível que o capital queira aproveitar-se dessa situação e tomar sob seu poder os ramos da produção correspondentes, isto é, a divisão nacional do trabalho. Facilitando, assim, ao nosso capitalismo a tarefa de se ocupar de certos ramos. Mas não se trata disso agora. Não falamos da participação casual do capital e da organização industrial do país, mas perguntamos se é verossímil que a produção total russa possa restabelecer-se sobre uma base capitalista.[6]

---

5 *Memórias pátrias*, 1883, v. V, *Panorama Contemporâneo*, p. 4. (Título original: Отечественные записки. [*N. do T.*])
6 *Op. cit.*, p. 10.

O SENHOR VORONTSOV E SEU "EXCEDENTE"

Dessa forma, o ceticismo do senhor Vorontsov adquire uma fisionomia bastante diferente do que se poderia crer à primeira vista. Ele duvida de que a forma capitalista de produção possa chegar a apoderar-se totalmente da produção na Rússia. Mas isso ainda não ocorreu em nenhum país do mundo, nem mesmo na Inglaterra. Por conseguinte, semelhante ceticismo com respeito ao futuro do capitalismo russo deveria ser considerado, em primeiro lugar, num sentido internacional. E, de fato, a teoria de Vorontsov manifesta-se, nesse ponto, com considerações gerais sobre a natureza e condições da vida do capitalismo. Apoia-se em concepções teóricas gerais sobre o processo de reprodução do capital total social. Vorontsov formula de modo claro a conexão particular da forma de produção capitalista com a questão dos mercados:

> A divisão social do trabalho, a distribuição de todos os ramos industriais entre os países que intervêm no comércio mundial, nada têm a ver com o capitalismo. O mercado que se forma desse modo, a demanda de produtos diversos que resulta da divisão do trabalho entre os povos, nada têm em comum, em seu caráter, com o tipo de mercado de que necessita a forma de produção capitalista... Os produtos da indústria capitalista vão ao mercado com outro fim: não importa se estão satisfazendo a todas as necessidades, o importante é que ofereçam incondicionalmente ao empresário outros produtos materiais que sirvam para seu consumo. Seu fim principal é realizar a *mais-valia contida neles.* Que mais-valia será essa que interessa, por si mesma, aos capitalistas? Desse ponto de vista particular, a mais-valia mencionada é o excesso da produção sobre o consumo no interior do país. Todo operário produz mais do que consome, e o excedente reúne-se em poucas mãos; os possuidores desse excedente os consumirão, sejam quais forem os fins em virtude dos quais os troquem dentro do país ou no estrangeiro pelos mais diversos meios de subsistência e objetos de luxo. Mas, por muito que comam, bebam e dancem não conseguem dilapidar toda a mais-valia, resta uma fração importante que não trocam por produtos, mas convertem em dinheiro. Como não existe ninguém a quem endossar tudo isso, exporta-se para o estrangeiro e aqui temos a causa pela qual os países de capitalização ascendente não conseguem viver sem mercados estrangeiros para seus produtos.[7]

---

7 *Op. cit.*, p. 14.

A ACUMULAÇÃO DO CAPITAL

O leitor tem na citação anterior, que traduzimos literalmente, com todas as particularidades da terminologia de Vorontsov, uma mostra que já pode dar uma ideia do ingênuo teórico russo, cuja leitura oferece os mais deliciosos momentos.

Vorontsov reuniu mais tarde – em 1895 – essas mesmas opiniões em seu livro *Elementos da teoria de economia política*. Ataca as doutrinas de Say e Ricardo, e muito especialmente as de J. St. Mill, que negam a possibilidade de uma superprodução geral.[8] Ao fazê-lo, descobre o que ninguém havia percebido ainda: acha a fonte de todas as distorções da escola clássica, em relação ao problema das crises. Essa fonte está na errada teoria dos custos da produção, professada pela Economia burguesa. Segundo ele, não se pode explicar o lucro do empresário nem as crises, tendo como base os custos da produção (que Vorontsov supõe sem lucro, o que ninguém havia feito ainda). Mas esse pensador original merece ser gozado com suas próprias palavras:

> De acordo com a doutrina da economia política burguesa, o valor do produto acha-se determinado pelo trabalho empregado em sua elaboração. Mas, depois de formular essa determinação de valor, ele a esquece e em todas as explicações seguintes dos fenômenos de troca se apoia em outra teoria, na qual o trabalho é substituível pelo custo da produção. Assim, dois produtos trocam-se entre si por quantidades que equivalem ao custo da produção de ambos, que precisam ser correspondentes. Com semelhante concepção de troca, não há lugar algum no país onde se tenha um excedente de mercadoria. O produto anual de um trabalho aparece desse ponto de vista como representação de uma quantidade da matéria de que é feito, do desgaste dos instrumentos e dos produtos que serviram para o seu sustento, durante a elaboração do produto. E quando aparece no mercado tem [provavelmente "o produto"! – R.L.] a finalidade de modificar sua forma de uso, de voltar a transformar-se em matéria, em produtos para os operários no valor necessário para a renovação dos instrumentos. Sob esse

---

[8] John Stuart Mill (1806-1873) foi um filósofo e economista britânico defensor do liberalismo e do utilitarismo. [*N. da E.*]

processo de sua decomposição começará o processo de sua recomposição, no desenvolvimento da produção, durante o qual se consomem todos os valores enumerados, surgindo em troca um novo produto, que constitui um traço de união entre a produção passada e a futura.

A essa tentativa bem particular de representar a produção social como um processo contínuo, do ponto de vista da teoria da produção dos custos, tira-se, inesperadamente, a seguinte conclusão:

> Se considerarmos, pois, a massa total dos produtos, não acharemos nenhuma mercadoria que exceda a demanda da sociedade, o excedente não encontra colocação, sendo, portanto, impossível sob o ponto de vista da teoria do valor da economia política burguesa.

Uma vez que Vorontsov eliminou assim, contradizendo a "teoria burguesa do valor", do custo da produção o lucro do capital, converte essa omissão numa magnífica descoberta: "Para a aduzida análise, descobre outro traço na teoria do valor dominante na época: resulta que no campo dessa teoria não há lugar para o lucro do capital."

Continua com uma demonstração desconcertante pela sua brevidade e simplicidade:

> Com efeito, se meu produto, cujo custo da produção foi 5 rublos, troca-se com outro produto do mesmo valor, o percebido por mim bastará apenas para cobrir meus gastos, mas, por outro lado, não receberia nada para minha abstinência [literalmente – R.L.].

Vorontsov chegou, agora, à raiz do problema:

> Decorre disso que, no desenvolvimento lógico das ideias da economia política burguesa, o destino do excedente de mercadorias no mercado e o destino do lucro do capitalista é o mesmo. Essa circunstância autoriza-nos a concluir que ambos os fenômenos se acham em mútua dependência; que a possibilidade de

um está condicionada pela presença do outro. E, com efeito, enquanto não há lucro, não há tampouco excedente de mercadorias... Ocorre outro fato, porém, quando no país se forma lucro do capital. Este não se acha em nenhuma concepção orgânica com a produção. É um fenômeno que não se une à última por condições técnico-naturais, mas por sua forma exterior, social. A produção necessita para a sua continuação apenas de matérias-primas, instrumentos e meios de subsistência para os operários e, por isso, apenas consome a parte correspondente dos produtos. Para o excedente, que forma o lucro, e para o elemento constante da vida industrial [na produção] não há espaço, serão buscados outros consumidores que não estão ligados organicamente à produção. Consumidores, até certo ponto, ocasionais. Pode achar [o excedente] tais consumidores, mas também é possível que não os ache na medida necessária e, nesse caso, teremos um excedente de mercadorias no mercado.[9]

Vorontsov, com essa explicação, isto é, convertendo o sobreproduto em uma invenção do capital, e os capitalistas, em consumidores "casuais", não ligados "organicamente" à produção capitalista, parte para explicar as crises, diretamente, pela mais-valia com base na teoria do valor "consequente" de Marx, que conforme sua declaração "utilizou", prosseguindo do seguinte modo:

> Se o que entra nos custos da produção, em forma de salário, é consumido pela parte trabalhadora da população, a mais-valia, retirada a parte destinada à ampliação da produção exigida pelo mercado, é consumida pelos próprios capitalistas [literalmente – R.L.]. Se estão em situação de fazê-lo, e o fazem, não haverá excedente algum de mercadorias, em caso contrário teremos superprodução, crise industrial, expulsão dos operários das fábricas e demais males.

Para o senhor Vorontsov, o que acarreta esses males é "*a insuficiente elasticidade do organismo humano,* que não pode ampliar sua capacidade de consumo na mesma proporção em que cresce a mais-valia". Repetidas

---

[9] *Elementos de uma teoria de economia política*, São Petersburgo, 1895, p. 157 ss.

vezes formula este pensamento genial com as seguintes palavras: "assim, pois, o calcanhar de aquiles da organização industrial capitalista funda-se na capacidade do empresário de consumir toda a sua renda."

Por conseguinte, após haver "utilizado" a teoria do valor de Ricardo, na forma "consequente" de Marx, Vorontsov chega à teoria sismondiana das crises, da qual se apropria de forma bem mais simplista. Mas enquanto repete a concepção de Sismondi, crê, naturalmente, aceitar a de Rodbertus: "O método indutivo de investigação influenciou ao mesmo tempo a teoria das crises e o pauperismo, formulado objetivamente por Rodbertus",[10] declara triunfalmente. O que Vorontsov compreende por "método indutivo de investigação" que contrapõe ao "objetivo" não está totalmente claro, mas é possível que se trate da teoria de Marx. Tampouco Rodbertus, porém, consegue sair sem correção das mãos do original pensador russo. A correção que faz à sua teoria elimina o que em Rodbertus constituía o ponto central de todo o sistema: a fixação da cota dos salários em proporção ao valor do produto total. Segundo o senhor Vorontsov, essa medida contra as crises é um paliativo, pois

> a causa imediata dos fenômenos mencionados (superprodução, desemprego etc.) não é o fato de que a participação das classes trabalhadoras, na renda nacional, é muito pequena, mas que a classe capitalista não está em situação de consumir a massa de produtos que lhe é destinada.[11]

Entretanto, depois de haver rebatido a reforma da distribuição da renda, proposta por Rodbertus, desemboca Vorontsov, finalmente, na "rigorosa consequência lógica" que lhe é própria, com a seguinte profecia dos futuros destinos do capitalismo:

---

10 "Militarismo e capitalismo", *Pensamento Russo*, 1889, v. IX, p. 78. (Títulos originais, respectivamente: *"Милитаризмъ и капитализмъ"* e *Русская Мысль*. [*N. do T.*])

11 *Op. cit.*, p. 80.

> Se, depois de tudo o que foi dito, a organização industrial que reina na Europa ocidental continuar florescendo e prosperando, será apenas porque ainda se encontram meios para aniquilar [literalmente – R.L.] aquela parte da renda nacional que excede a capacidade de consumo da classe capitalista e que, entretanto, cai em suas mãos. A solução mais simples para essa questão seria uma modificação correspondente da distribuição da renda nacional entre os coparticipantes da produção. O regime capitalista asseguraria uma longa vida se os empresários reservassem apenas o que necessitam para a satisfação de todos os seus desejos e caprichos, deixando o restante de todo o incremento da renda nacional à classe operária, isto é, à massa da população.[12]

Assim, o ragu formado com Ricardo, Marx, Sismondi e Rodbertus acaba com a descoberta de que a produção capitalista ficaria radicalmente curada da superprodução "e floresceria e prosperaria" por toda a eternidade, se os capitalistas renunciassem à capitalização da mais-valia e fizessem aos operários donativos de uma parte correspondente dela. Entretanto, enquanto os capitalistas se fazem bastante razoáveis para acatar o bom conselho do senhor Vorontsov, recorrem a outros meios para "aniquilar" anualmente uma parte de sua mais-valia. A esses meios pertence, entre outros, o moderno capitalismo, já que o senhor Vorontsov sabe alterá-lo com toda a segurança e moral, justamente na medida em que os custos com o militarismo aumentam não com meios da classe operária, mas com a renda da classe capitalista. Contudo, em primeiro lugar, o meio de salvação do capitalismo é o *comércio exterior*. E aqui temos o "calcanhar de aquiles" do capitalismo russo. Sendo um dos últimos a participar do mercado mundial, não pode alternar na concorrência com os países capitalistas ocidentais mais antigos e, assim, o capitalismo russo perde, com a possibilidade de mercados estrangeiros, a condição mais importante para a sua vida. A Rússia continua sendo o "reino dos camponeses" e da "produção popular".

---

12 *Op. cit.*, p. 83, *Elementos da teoria de economia política*, p. 196. (Título original: *Очерки теоретической экономии*. [*N. do T.*])

O SENHOR VORONTSOV E SEU "EXCEDENTE"

Se esse raciocínio é verdadeiro – termina V. V. seu artigo sobre "Excedente no abastecimento do mercado com mercadorias" –, também resultarão dele os limites para a implantação do capitalismo na Rússia: a agricultura não pode dirigi-la. E, com relação à indústria, seu desenvolvimento não conseguirá ser tão aniquilador para a indústria doméstica [!], que em virtude das nossas condições climáticas é indispensável para o bem-estar de uma grande parte da população. Se, diante disso, o leitor argumentasse que o capitalismo se aventuraria a contrair tais compromissos, responderemos: tanto pior para ele.

Desse modo, o senhor Vorontsov "lava as mãos no final" e se desvincula de toda a responsabilidade pessoal em relação aos destinos internos da evolução econômica russa.

XX
Nikolai-on

O segundo teórico da crítica "populista", Nikolai-on, procede com maior conhecimento da matéria e com uma formulação diferente. Era um dos conhecedores mais aprofundados da situação econômica russa e, já em 1880, chamara atenção por seu trabalho sobre a capitalização da renda agrícola, publicado na revista *Slovo*. Três anos mais tarde, estimulado pela grande miséria russa do ano de 1891, escreveu o livro *Esboço de nossa economia social desde a Reforma*, prosseguindo na sua primeira investigação e tendo como base um gráfico de amplas proporções; fundamentado num abundante material de fatos e cifras referentes à evolução do capitalismo na Rússia, demonstra que essa evolução foi a causa de todos os males do povo russo e, também, da fome da época. Nikolai-on baseia suas ideias sobre os destinos do capitalismo na Rússia numa determinada teoria relativa às condições de desenvolvimento da produção capitalista em geral, e essa teoria é, justamente, a que nos interessa.

Para a economia capitalista, o mercado é de importância capital. Toda nação capitalista trata, por essa razão, de assegurar o maior mercado possível para seus produtos. Para consegui-lo recorre, como é natural, primeiramente a seu mercado interno. Mas em certa altura da evolução de uma nação capitalista o mercado interno esgota-se, e isso pelas seguintes razões: o novo produto anual do trabalho social divide-se em duas partes, uma que é recebida pelos operários, sob a forma de salário, e outra que é apropriada pelos capitalistas. A primeira parte apenas retira da circulação uma quantidade de meios de subsistência correspondente à soma dos salários pagos em todo o país. A economia capitalista tem como tendência o rebaixamento, cada vez maior, dessa parte. Os métodos de que para isso se serve são: prolongação da jornada de trabalho, aumento da intensidade do trabalho, aumento de sua produtividade por meio dos aperfeiçoamentos técnicos, que tornam possível substituir por mulheres e crianças os homens e expulsar, em parte, do trabalho os operários adultos. Embora o salário dos operários ocupados aumente, o aumento nunca será igual à importância da acumulação que os capitalistas obtêm com aquela transformação. Resulta disso que o poder da classe operária, como compradora no mercado interno, é cada vez menor. Paralelamente, realiza-se outro processo: a produção capitalista apodera-se, aos poucos, das indústrias que eram, para a população agrícola, uma ocupação suplementar, privando desse modo os camponeses de uma fonte de aquisição e assim sucessivamente. Dessa forma, o poder de compra da população camponesa diante dos produtos da indústria diminui cada vez mais, contraindo-se também, ao mesmo tempo, o mercado interno. Mas, se examinarmos a participação da classe capitalista, constataremos que ela também não pode consumir todo o novo produto. Por maiores que possam ser as necessidades de consumo dessa classe, não pode ela consumir pessoalmente todo o sobreproduto anual, primeiro porque uma parte dele será dedicada ao aumento da produção, à melhoria na técnica, à qual todo empresário se vê forçado pela concorrência. Em segundo lugar, porque, com o incremento da produção capitalista, crescem também os ramos que se dedicam à elaboração de meios de produção, como a mineração, a fabricação de máquinas etc., cujo produto exclui, por sua constituição de uso, o consumo pessoal e o faz funcionar como capital. Em terceiro lugar, porque a maior produtividade do trabalho e o maior acúmulo de capital que se consegue na produção em série, de mercadorias mais baratas, encaminham-se, justamente, cada vez em maior escala, à fabricação daqueles produtos destinados às massas que não podem ser consumidos por um grupo de capitalistas.

Ainda que a mais-valia de um capitalista possa realizar-se com o sobreproduto de outros capitalistas, e mesmo quando se dá o contrário, refere-se a produtos de um ramo determinado da produção de meios de subsistência. O motivo fundamental, porém, da produção capitalista não é satisfazer às necessidades pessoais de consumo. E isso acarreta a desproporção cada vez maior da produção de meios de consumo em relação à de meios de produção.

> Desse modo, vemos como o produto de cada fábrica excede às necessidades dos operários nela ocupados e mesmo às dos empresários em relação a esse produto. Logo, o produto total de uma nação capitalista excede às necessidades da totalidade da população industrial ocupada. Isso ocorre, precisamente, porque a nação é capitalista, e pelo fato de a distribuição social de suas forças não se encaminhar à satisfação das necessidades reais da população, mas à satisfação das necessidades apenas daqueles que podem pagá-las. Assim, do mesmo modo que um fabricante individual não pode existir, nem um dia, como capitalista, se seu mercado se limita às suas necessidades e às de seus operários, uma nação capitalista desenvolvida também não pode conformar-se apenas com seu mercado interno.

Portanto, a evolução capitalista tem como tendência causar obstáculos a si mesma, depois de certo desenvolvimento. Esses obstáculos ocorrem porque a produtividade progressiva do trabalho, devido à separação existente entre produtores imediatos e meios de produção, beneficia apenas uma parte da sociedade, os empresários, enquanto a massa de força e tempo de trabalho que é "liberada" por esse processo fica supérflua, não somente tornando-se perdida para a sociedade, mas até mesmo significando um peso para a mesma. As necessidades reais da população só podem ser mais bem satisfeitas quando for implantada a reforma de produção "populista" baseada na união de produtores com os meios de produção. Mas o capitalista pretende, justamente, apoderar-se dessas esferas da produção, destruindo assim o fator principal de sua prosperidade. Em consequência, por exemplo, as fomes periódicas que se produziam a cada dez ou onze anos eram uma das causas da periodicidade das crises industriais na Inglaterra. Nessa contradição cai, mais cedo ou mais tarde, toda nação que evolui para o capitalismo, uma vez que é intrínseca a essa forma de produção. Quanto mais tarde uma nação se torna capitalista, tanto mais intensa será a contradição, pois, tendo esgotado o mercado interno, não consegue achar substituição no exterior, pois esse encontra-se tomado por concorrentes mais antigos.

Pode-se concluir de tudo o que foi dito que os limites do capitalismo são marcadas pela pobreza crescente, determinada por sua evolução, pelo excesso de operários liberados que perdem todo poder de compra. À produtividade crescente do trabalho, que satisfaz com extraordinária rapidez a todas as necessidades dos que possuem "poder aquisitivo" na sociedade, corresponde um aumento da população cada vez mais impossibilitada de satisfazer a suas necessidades fundamentais. Há um excesso de mercadorias que não conseguem colocação no mercado. Existe uma massa numerosa que não tem condições para obter o mínimo necessário para seu sustento.

Essas são as opiniões gerais de Nikolai-on.[1] Vê-se que ele conhece e aproveitou os primeiros tomos de *O capital* de Marx.[2] E, no entanto, sua argumentação é genuinamente sismondiana: o capitalismo conduz à contradição do mercado interno pelo empobrecimento das massas, todas as misérias da sociedade moderna provêm da destruição da forma de produção "populista", isto é, da pequena indústria. Inclusive o elogio à pequena indústria salvadora é dado como aspecto fundamental na

---

[1] Ver *Esboços sobre nossa economia nacional*, especialmente p. 202-205 e 338-341. (Título original: Очерки нашего пореформеннаго общественнаго хозяйства. [N. do T.])

[2] Nikolai-on conhecia em profundidade *O capital*, uma vez que traduzira para o russo esse trabalho. Além disso, correspondia-se frequentemente com Marx e Engels durante o período em que trabalhou na tradução. [N. da E.]

crítica de Nikolai-on mais clara e abertamente que na de Sismondi.³ Concluindo, temos que a venda total do produto capitalista é impossível no mercado interno da sociedade. Só poderá ocorrer com a ajuda do mercado exterior. Nikolai-on chega, nesse ponto, apesar de ter partido de pontos de vista teóricos completamente distintos, ao mesmo resultado que Vorontsov; resultado cuja moral aplicada à Rússia constitui a fundamentação econômica do ceticismo em relação ao capitalismo. Na Rússia, a evolução capitalista, que não possui mercados externos, sofreu vários inconvenientes, produzindo o empobrecimento da população. Por isso, o favorecimento do capitalismo na Rússia foi um "erro" fatal.

Neste ponto Nikolai-on exclama como um profeta do Antigo Testamento:

> Em vez de nos mantermos fiéis aos séculos de antigas tradições; de desenvolvermos o princípio herdado da união sólida entre produtores imediatos e meios de produção; de aproveitarmos os progressos da ciência ocidental europeia para aplicá-los a formas de produção que se baseiem na posse dos meios de produção pelos camponeses; de elevarmos a produtividade de seu trabalho pela concentração de meios de produção em suas mãos; de aproveitarmos, não a forma europeia ocidental de produção, mas sua organização, sua forte cooperação, sua divisão do trabalho, suas máquinas...; de desenvolvermos o princípio básico da propriedade territorial camponesa e aplicá-lo ao cultivo da terra pelos camponeses; de abrirmos, com esse fim, à classe camponesa as portas da ciência e sua aplicação; em lugar de fazermos tudo isso, seguimos o caminho oposto. Não somente não impedimos o desenvolvimento das formas capitalistas de produção, apesar de se basearem na expropriação do camponês, mas, ao contrário, favorecemos, com todas as nossas forças, o transtorno de nossa vida econômica que nos conduziu à fome do ano de 1891.

Para ele, o dano é enorme, mas ainda é possível retificá-lo. Ao contrário, ante a proletarização e desmoronamento que a ameaçam (a Rússia), uma reforma total da política econômica é tão urgente e necessária como fo-

---

3 A visível semelhança entre a posição do "populista" russo e a concepção de Sismondi foi mencionada, detalhadamente, por Vladimir Ilyin [Lênin], em 1897, no artigo *Sobre as características do romantismo econômico*. (Título original: *Къ характеристикѣ экономическаго романтизма*. [*N. do T.*])

ram, em sua época, as reformas de Alexandre após a guerra da Crimeia.[4] A reforma social recomendada por Nikolai-on é, totalmente, utópica e demonstra, muito mais claramente que a de Sismondi, o aspecto pequeno-burguês e reacionário da concepção, ainda mais se levarmos em conta que o "populista" russo escreve setenta anos mais tarde. Em sua opinião, a única tábua de salvação da Rússia, diante da inundação capitalista, é a antiga *obshchina,* isto é, a comunidade rural baseada na posse comum da terra. Seriam aplicáveis à mesma, com medidas que Nikolai-on mantém em segredo, os resultados da grande indústria e da moderna técnica científica, para que sirva de base a uma forma de produção "socializada" de alto nível. Resta apenas à Rússia a alternativa de renunciar à evolução capitalista ou perecer e morrer.[5]

---

[4] A derrota na Guerra da Crimeia em 1855 evidenciou o atraso econômico do Império Russo e seu declínio militar frente a Prússia e o Império Austro-Húngaro. A reversão desse panorama passava pela reforma da economia do país. A servidão foi abolida da Rússia em 1864 e, na Polônia, em 1864. Isso acarretou o aumento da monetização da economia campesina, tornando os antigos servos consumidores de produtos industriais. Além disso, a imposição de um regime protecionista e a expansão da rede ferroviária favoreceram o desenvolvimento industrial, em especial na Polônia, algo que Luxemburgo analisou em detalhe em sua tese de doutorado, defendida em maio de 1897. [*N. da E.*]

[5] *Op. cit.*, p. 322 ss. A situação da Rússia é vista de outro modo por Engels. Várias vezes demonstrou a Nikolai-on que, para a Rússia, a evolução industrial era inevitável e que os males lá existentes eram decorrentes das contradições intrínsecas ao capitalismo. Assim, em 22 de setembro de 1892, escreve: "Sustento que a produção industrial, atualmente, significa grande indústria, com aplicação de vapor, eletricidade, fusos e teares mecânicos e, finalmente, fabricação mecânica das próprias máquinas. Desde o momento em que na Rússia foram introduzidas as ferrovias, o uso de meios de produção mais modernos já estava decidido. Tereis que ter condições de reparar e melhorar vossas próprias locomotivas, vagões, ferrovias etc., mas, para fazê-lo sem prejuízo, tereis que estar em condições de construir tais coisas que precisam de conserto. Desde o momento em que a técnica de guerra se converteu num ramo da grande indústria (couraçado, artilharia moderna, metralhadoras e fuzis de repetição, balas blindadas, pólvora sem fumaça etc.), a grande indústria, sem a qual todas essas coisas não poderiam ser produzidas, tornou-se uma necessidade política. Todas essas coisas só podem produzir-se com uma indústria metalúrgica bem desenvolvida, e esta só pode ocorrer com um desenvolvimento correspondente dos demais ramos industriais, principalmente da indústria têxtil."
Acrescentando, mais adiante, na mesma carta: "Enquanto a indústria russa estiver voltada, apenas, para seu próprio mercado interno, seus produtos só podem cobrir essa demanda. Desse modo, crescerá muito lentamente, e, a meu ver, dadas as condições atuais da Rússia, deve até mesmo diminuir."

NIKOLAI-ON

Nikolai-on chega, após uma crítica impiedosa do capitalismo, ao remédio universal do "populismo", que, pelos anos 1850, certamente, com maior razão, era exaltado como um "penhor" específico russo da evolução social superior, cujo caráter reacionário é denunciado por Engels, em 1875, num artigo de *Volksstaat* intitulado "Flüchtlingsliteratur"

Pois uma das consequências inevitáveis do desenvolvimento da grande indústria é precisamente a de destruir o seu próprio mercado interno pelo mesmo processo que o havia criado. Cria-o, destruindo a base da indústria doméstica camponesa. Mas os camponeses não podem viver sem a indústria doméstica e veem-se arruinados como camponeses: seu poder de compra limita-se ao mínimo, e aí transformam-se em proletários com novas condições de vida, constituindo um mercado muito ruim para as fábricas modernas.

A produção capitalista é uma fase econômica cheia de contradições internas que só se desenvolvem e são percebidas no transcurso de sua própria evolução. Essa tendência de criar e anular o mercado é, justamente, uma dessas contradições. Outra contradição é a "bezvykhodnoe polozhenie" (situação sem saída) a que conduz, e que num país sem mercado exterior como a Rússia sobrevém antes do que em países que se acham mais ou menos capacitados para competir no mercado mundial. Entretanto, nesses últimos países, tais situações, aparentemente sem saída, são remediadas por medidas heroicas da política comercial, isto é, a abertura violenta de novos mercados. Tome, por exemplo, a Inglaterra! O último mercado que se abriu, desse modo, ao comércio inglês e que se manifestou apto para animar temporariamente o dito comércio foi o chinês. Por isso, o capital inglês insiste na construção de ferrovias na China. Mas as ferrovias chinesas significam a destruição de toda a base da pequena agricultura chinesa e da indústria caseira. O mal, aqui, nem sequer é compensado em certa medida pelo desenvolvimento de uma grande indústria própria, e centenas de milhões de pessoas são obrigados a viver na miséria. Em consequência, teremos uma emigração em massa de dimensão inédita, que inundará, com os odiados chineses, a América, a Ásia, a África e a Europa. Esse novo competidor concorrerá ao trabalho americano, australiano e europeu, tendo como base o nível de vida chinês, o mais baixo de todos no mundo. Se o sistema de produção europeu não foi revolucionário até então, nesse momento será necessário sê-lo." Apesar de Engels seguir, como se vê, atentamente a marcha dos acontecimentos russos, manifestando grande interesse por eles, desprezava qualquer intervenção na polêmica russa. Sobre isso, escreve em sua carta de 24 de novembro de 1894, isto é, pouco antes de sua morte:

"Meus amigos russos insistem quase que diária e semanalmente para que eu intervenha contra as revistas e os livros russos nos quais as palavras de nosso autor (assim chamava a Marx na correspondência) são interpretadas erradamente e reproduzem-se de modo inexato. Esses amigos asseguram que minha intervenção bastaria para dar ordem às coisas. Mas recuso constante e imutavelmente tais proposições, pois não posso misturar-me – sem abandonar meu próprio e sério trabalho – numa polêmica desenvolvida num país longínquo, num idioma que não consigo ler tão facilmente como nas línguas europeias ocidentais e numa literatura da qual só conheço fragmentos isolados. Não me

(Literatura dos emigrados), como uma sobrevivência inútil das instituições antiquadas.

"O desenvolvimento da Rússia no sentido burguês", escreve Engels,

> arruinaria gradualmente a propriedade comunal sem necessidade de que o governo russo intervenha com "baionetas e látegos" [como se imaginavam os populistas reacionários – R.L.]... Sob a pressão de impostos e usura, a propriedade comum da terra deixa de ser um benefício, transformando-se numa prisão. Os camponeses deixam-na, com frequência, com suas famílias ou sem elas, para substituir os operários, abandonando sua terra. Vê-se que a propriedade comum na Rússia perdeu, há muito tempo, seu florescimento e, segundo as aparências, caminha rapidamente para sua dissolução.

Com essas palavras, Engels colocou o dedo na chaga da questão da *obshchina*, dezoito anos antes do trabalho principal de Nikolai-on. Era um anacronismo histórico que Nikolai-on tivesse valor para evocar o mesmo espectro, quando um ano mais tarde o Estado acabou oficialmente com a *obshchina*. O governo absolutista que durante meio século sustentou, oficialmente, com todas as suas forças, para fins fiscais, o aparato da comunidade rural camponesa, se viu forçado a abandonar esse trabalho de Sísifo. Viu-se claramente na questão agrária, fator mais importante da revolução russa, até que ponto se dissipara, em virtude dos acontecimentos econômicos reais, a antiga ilusão dos "populistas" e, em troca, com que força manifestava sua vitalidade e seu trabalho frutífero o desenvolvimento capitalista da Rússia, o qual consideravam como incapaz de sobreviver e o qual amaldiçoavam. O curso dos acon-

---

encontro em situação de seguir a polêmica, sistemática e corretamente em suas diferentes fases. Em todas as partes existem pessoas, que, quando tomam uma determinada posição, não sentem nenhum inconveniente em recorrer à caricatura de pensamentos alheios e a todo gênero de manipulação desonrosa para defendê-la. Se isso se deu em relação ao nosso autor, temo que o mesmo aconteça comigo se me obrigarem a intervir na polêmica, primeiro para defender a outros e depois a mim mesmo." (*Op. cit.*, p. 90.)

tecimentos mostrou, mais uma vez, num meio histórico completamente diferente, que uma crítica social do capitalismo, que teoricamente parte da dúvida sobre sua capacidade de desenvolvimento, acaba sempre em utopia reacionária. Isso tanto em 1819 na França como em 1842 na Alemanha e em 1893 na Rússia.[6]

---

[6] Os defensores sobreviventes do pessimismo populista, particularmente Vorontsov, mantiveram-se fiéis à sua concepção, não obstante todas as transformações ocorridas na Rússia. Esse fato vem provar ainda mais a sua teimosia. No ano de 1902, escreve o senhor Vorontsov, referindo-se às crises dos anos de 1900-1902: "A doutrina dogmática do neomarxismo perdeu sua influência sobre os espíritos, e a falta de estabilidade dos últimos êxitos do individualismo é patente, inclusive para seus apologistas oficiais... No primeiro decênio do século XX, voltamos, pois, à mesma concepção de desenvolvimento econômico da Rússia que a geração dos anos 70 do século passado legou a seus sucessores." (Ver a revista *A economia política*, outubro de 1902, *apud A economia atual da Rússia*, 1890 a 1910, São Petersburgo, 1911, p. 2.) (Título original: *Современное хозяйство России*. [*N. do T.*]) Por conseguinte, em vez de culpar a 'falta de raiz' de suas próprias teorias, os últimos moicanos do populismo continuam culpando, até hoje, a "falta de raiz..." da realidade econômica. Eis uma refutação viva da frase de Barére: "*il n'y a que les morts qui ne reviennent pas*" [apenas os mortos não voltam].

XXI
As "terceiras pessoas" e os três impérios de Struve

Ocupar-nos-emos, agora, da crítica dos marxistas russos às opiniões anteriores.

Peter von Struve, que publicara em 1894 na *Sozialpolitisches Centralblatt* (*Folha Central de Política Social*, ano 3, nº 1), sob o título "Zur Beurtheilung der kapitalistischen Entwickelung Rußlands" [Sobre a apreciação do desenvolvimento capitalista russo], um estudo detalhado do livro de Nikolai-on, lançou mais tarde, no mesmo ano, um livro escrito em russo: *Notas críticas sobre o problema do desenvolvimento econômico da Rússia*, no qual critica sob vários aspectos as teorias "populistas". Mas, na questão que nos preocupa, Struve se limita a demonstrar, tanto diante de Vorontsov como de Nikolai-on, que o capitalismo em vez de reduzir seu mercado interno o amplia. O erro de Nikolai-on, copiado de Sismondi, é, com efeito, patente. Ambos limitavam-se a descobrir o aspecto do processo de destruição das formas de produção tradicionais da pequena indústria pelo capitalismo. Constatavam, apenas, a queda do bem-estar social que disso resultava, o empobrecimento de amplas camadas produtoras. Não avaliavam o que significava o outro aspecto desse processo: a abolição da economia natural e sua substituição pela economia de mercado no campo. Entretanto, isso significa que o capitalismo, incluindo em sua esfera, cada vez mais, círculos de produtores antes independentes, transforma em compradoras de suas mercadorias novas camadas da população que antes não o eram. Assim, a marcha da evolução capitalista é, justamente, contrária da que imaginavam os "populistas", que a adaptavam ao modelo de Sismondi. O capitalismo não aniquila seu mercado interno, mas primeiro o cria pela difusão da economia monetária.

Struve refuta, especialmente, a teoria de Vorontsov, segundo a qual a mais-valia não é realizável no mercado interno, do seguinte modo: "O fundamental da teoria de Vorontsov é que uma sociedade capitalista desenvolvida se compõe, unicamente, de empresários e operários. Nikolai-on segue, igualmente, esse princípio." Desse ponto de vista, não pode compreender a realização do produto total capitalista. A teoria de Vorontsov é exata quando "constata que a mais-valia não pode ser realizada pelo consumo dos capitalistas, nem pelo consumo dos empresários, pois pressupõe o consumo de 'terceiras pessoas'".[1] A racionalização de Vorontsov e de Nikolai-on é apenas uma ficção "que não ajuda na compreensão de nenhum processo histórico".[2] Não existe nenhuma sociedade capitalista, por mais desenvolvida que seja, que se componha exclusivamente de operários e empresários. "Inclusive na Inglaterra e no País de Gales, de cada mil habitantes que trabalham, 545 correspondem à indústria; 172, ao comércio; 140, à agricultura; 81, a trabalhos assalariados independentes e variáveis; e 62, a funcionários do Estado, profissões liberais etc." Por conseguinte, mesmo na Inglaterra, existem "massas de terceiras pessoas" e elas são as que, com seu consumo, ajudam a realizar a mais-valia da parte não consumida pelos "patrões". Struve deixa em aberto a questão de se o consumo das "terceiras pessoas" é suficiente para a realização de toda a mais-valia, escrevendo que necessitava, primeiramente, "demonstrar o contrário".[3] Com referência à Rússia, que é um grande país com uma enorme população, seguramente pode provar. A Rússia acha-se, precisamente, na feliz situação de poder prescindir do mercado exterior,

---

[1] *Notas críticas* etc., p. 251.
[2] *Op. cit.*, p. 255.
[3] *Op. cit.*, p. 252.

favorecida nisso (Struve toma emprestado, aqui, o acúmulo de ideias dos professores Wagner, Schäffle[4] e Schmoller[5]) pelo mesmo destino que os Estados Unidos da América do Norte. "Se o exemplo da União norte-americana prova algo é que, em certas circunstâncias, a indústria capitalista pode alcançar um grande desenvolvimento se apoiando, quase exclusivamente, no mercado interno."[6] Essa afirmação pode ser ilustrada quando aludimos à pequena exportação industrial dos Estados Unidos no ano de 1882. Como tese geral, Struve formula a seguinte afirmação: "Quanto maior for o território e mais numerosa a população de um país, tanto menos necessitará do mercado exterior para seu desenvolvimento capitalista." Com esse ponto de vista, prevê – ao contrário dos "populistas" – um futuro mais brilhante para o capitalismo na Rússia do que em outros países.

> O desenvolvimento progressivo da agricultura sobre a base da produção de mercadorias cria um mercado no qual se apoiará o desenvolvimento do capitalismo industrial russo. Esse mercado pode crescer indefinidamente, à medida que

---

4 Albert Eberhard Friedrich Schäffle (1831-1903): sociólogo e economista alemão, inspirou a legislação social de Bismarck. [*N. da E.*]

5 Gustav Schmoller (1838-1917) foi um dos principais representantes da escola historicista alemã e do chamado "socialismo de cátedra" (*Kathedersozialismus*). Em diferentes momentos do primeiro capítulo de *Introdução à economia política*, Luxemburgo critica as ideias de Schmoller. [*N. da E.*]

6 *Op. cit.*, p. 260. "Struve errava ao comparar a situação russa com a americana para refutar ao que denomina 'sua visão pessimista do futuro'. Escreve que as consequências maléficas da moderna evolução capitalista na Rússia serão combatidas com a mesma facilidade que nos Estados Unidos. Mas esquece que os Estados Unidos constituirão, sempre, um Estado burguês; foram fundados por pequenos-burgueses e camponeses fugitivos do feudalismo europeu que formaram uma verdadeira sociedade burguesa. Contrariamente, na Rússia, uma estrutura de base comunista arcaica, com uma sociedade gentílica anterior, que pode ser considerada um estágio pré-civilizatório, que certamente está em ruínas, mas, entretanto, serve de base para a atuação da revolução capitalista (pois esta é de fato uma revolução social). Na América, a economia monetária estabilizou-se totalmente há mais de um século, ao passo que na Rússia a economia natural, até havia pouco tempo, era a que dominava. Por isso deve ficar claro que a referida revolução terá, na Rússia, um caráter mais duro e violento que na América e virá acompanhada por sofrimentos muito maiores." (Carta de Engels a Nikolai-on, 17 de outubro de 1893.)

progrida a elevação econômica e cultural do país, verificando-se com a mesma a eliminação da economia natural. Nesse aspecto, o capitalismo encontra-se, na Rússia, em condições bem mais favoráveis que em outros países.[7]

Struve descreve, detalhadamente, um quadro magnífico sobre a abertura de novos mercados; na Sibéria, graças à ferrovia transiberiana; na Ásia central; na Ásia Menor; na Pérsia; nos países balcânicos. No ardor de suas profecias, Struve não percebeu que passou do mercado interno, "que cresce indefinidamente", a mercados exteriores perfeitamente definidos. Poucos anos depois, colocava-se politicamente ao lado desse capitalismo russo, cujo programa liberal de expansão imperialista havia fundamentado como "marxista".

A argumentação de Struve é otimista apenas em relação à capacidade ilimitada de desenvolvimento da produção capitalista. Em compensação, a fundamentação desse otimismo é bastante flexível. As "terceiras pessoas" são a principal causa da acumulação para ele. Não expôs com clareza o que entende por "terceiras pessoas", mas suas referências às estatísticas de professores ingleses mostram que se trata dos funcionários privados e públicos, dos profissionais liberais, em suma, do famoso "*grand public*", ao qual só aludiam os economistas vulgares burgueses vagamente por não compreenderem exatamente a coisa, que foi, finalmente, definida por Marx. O qual disse haver prestado aos economistas "o serviço" de explicar-lhes coisas que eles não entendiam. Quando se fala do consumo dos capitalistas e dos operários, em sentido categórico, não se pensa nos empresários como indivíduos, mas no conjunto da classe capitalista anexada de funcionários públicos, profissionais liberais e empregados. Todas essas "terceiras pessoas", que existem em todas as sociedades capitalistas, são, em sua maioria, coparticipantes da mais-valia, quando não são coparticipantes do salário. Essas camadas obtêm seus meios de compra ou

---

7 *Op. cit.*, p. 284.

AS "TERCEIRAS PESSOAS" E OS TRÊS IMPÉRIOS DE STRUVE

do salário do proletariado ou da mais-valia, ou de ambas as coisas. Mas, no conjunto, são considerados como coparticipantes do consumo da mais-valia. Seu consumo está incluído no consumo da classe capitalista. Struve as coloca camufladamente e as apresenta ao capitalista como "terceiras pessoas" a fim de tirá-las do apuro e ajudar o capitalista a realizar a mais-valia. O beneficiário reconhecerá, à primeira vista, nesse *grand public*, um grupo de parasitas que lhe rouba dinheiro, para depois comprar com ele suas mercadorias. Nada se pode fazer, por conseguinte, com as "terceiras pessoas" de Struve.

Igualmente insustentável é sua teoria sobre o mercado exterior e sua significação para a produção capitalista. Struve segue estritamente os "populistas" em sua concepção mecânica, segundo a qual um país capitalista, como em um esquema de um manual de professor, esgota primeiro seu "mercado interno" para depois buscar mercados externos. Logo após, Struve caminha, seguindo as pegadas de Wagner, Schiiffle e Schmoller, e chega à conclusão de que um país com um "grande território" e bastante populoso pode constituir, com sua produção capitalista, um "círculo fechado", bastando-se a si mesmo por um "tempo indeterminado" apenas com o mercado interno.[8] A produção capitalista é, de fato, uma produ-

---

8 O aspecto reacionário da teoria dos professores alemães, referente aos "três impérios mundiais", Grã-Bretanha, Rússia e Estados Unidos, foi expresso claramente pelo professor Schmoller (entre outros) em sua peculiar consideração sobre a política comercial, movendo amargamente sua cabeça grisalha de sábio diante das exigências "neomercantilistas", isto é, imperialistas, dos três principais celerados, e pede para "os fins de toda cultura elevada, moral e estética, assim como para o progresso social"... uma forte esquadra alemã e uma união aduaneira europeia dirigida contra a Inglaterra e a América:
"Dessa tensão da economia mundial surge, como primeiro dever para a Alemanha, o de organizar uma forte esquadra disposta a lutar como aliada das potências mundiais. Não pode, nem deve fazer uma política de conquista como a das três potências mundiais [as quais Schmoller, entretanto, não reprova "por empreenderem novamente o caminho das grandes conquistas coloniais", como acrescenta em outra passagem]. Tem que estar em condições de romper, eventualmente, um bloqueio do mar do Norte, tem que proteger suas colônias e seu grande comércio e oferecer aos Estados, que com ela se aliem, a mesma segurança. A Alemanha, unida na tríplice aliança com a Áustria-Hungria e Itália, tem, junto com a França, a missão de impor à política, extremamente ameaçadora das três potências mundiais

ção mundial e, ao contrário da fórmula pedante da sabedoria dos catedráticos alemães, começa a produzir desde a sua "infância" para o mercado mundial. Seus principais ramos, como a indústria têxtil, a indústria metalúrgica e a do carvão na Inglaterra buscaram mercados em todos os países do mundo, embora ainda vigorasse no interior o processo de decomposição da propriedade camponesa, da ruína dos mestres de oficina e da antiga produção doméstica. Tenta-se também, por exemplo, criticar as indústrias química e eletrotécnica da Alemanha, aconselhando-as a trabalhar não mais como fizeram desde seu aparecimento, isto é, para as cinco partes do mundo, mas limitando-se ao mercado interior alemão, que em muitos outros ramos não foi esgotado ainda pela indústria nacional, apesar de ser abastecido pelo exterior com uma variedade enorme de produtos. Ou aconselha-se a indústria de maquinaria alemã a não recorrer, ainda, aos mercados estrangeiros, porque, como demonstra claramente a estatística da importação alemã, uma grande parte de produtos desse ramo se satisfaz com subsídios estrangeiros na própria Alemanha. Tendo esse esquema como ponto de vista do "comércio exterior", não se conseguem perceber tais relações do mercado mundial com suas diversas ramificações e variadas formas de divisão do trabalho. O desenvolvimento industrial dos Estados Unidos – que são, hoje, um competidor perigoso da Inglaterra no mercado mundial e até mesmo em seu próprio solo –, vencendo na eletrotécnica a concorrência alemã no mercado mundial, e na própria Alemanha, demonstrou a falsidade das deduções de Struve, que, além disso, já eram antiquadas em sua própria época.

---

para os países que as cercam, a moderação como interesse do equilíbrio político, da conservação de todos os Estados; a moderação na conquista, na aquisição de colônias, na política aduaneira unilateral e exagerada, na exploração dos países mais fracos [...]. Os fins de toda cultura elevada são espirituais, morais e estéticos. O progresso social depende de que não se reparta, no século XX, a terra entre os três impérios mundiais, o que levaria à formação de um 'neomercantilismo'". ("Die Wandlungen in der europäischen Handelspolitik des 19. Jahrhunderts" [As mudanças na política comercial europeia do século XIX]. In: *Jahrbuch für Gesetzgebung, Verwaltung und Volkswirtschaft*, v. XXIV, p. 381.)

AS "TERCEIRAS PESSOAS" E OS TRÊS IMPÉRIOS DE STRUVE

Struve também aceita a grosseira concepção populista russa segundo a qual se reduzem, fundamentalmente, as preocupações normais do comerciante pelo "mercado", as relações internacionais da economia capitalista mundial com sua tendência histórica de formar um organismo vivo, unitário com divisão do trabalho social, que se apoia em toda a variedade da riqueza natural e das condições de produção do planeta. O papel fundamental do abastecimento ilimitado das indústrias capitalistas de produtos alimentícios, matérias-primas e auxiliares e operários, calculado sobre o mercado mundial, assim como a venda das mercadorias elaboradas, desaparece ou reduz-se artificialmente com a visão dos três impérios, que para Wagner e Schmoller se bastam a si próprios: a Inglaterra e suas colônias, a Rússia e os Estados Unidos – posição que também é aceita por Struve. A história da indústria algodoeira inglesa, que compreende a síntese do desenvolvimento do capitalismo e cujo campo de ação, durante todo o século XIX, foram as cinco partes do mundo, torna-se, no seu desenrolar, uma crítica contra essa infantil teoria de professores, sendo o único sentido real a justificativa do sistema de proteção aduaneira.

XXII
Bulgakov e sua complementação da análise marxista

O segundo crítico do ceticismo "populista", S. Bulgakov, despreza, instantaneamente, as "terceiras pessoas" de Struve como "tábua de salvação" da acumulação capitalista.[1] Diante delas, apenas encolhe os ombros.

> A maioria dos economistas (até Marx) [escreve ele] resolvia a questão apelando para as "terceiras pessoas", que eram necessárias para fazer o papel de *deus ex machina* e cortar o nó górdio, isto é, para consumir a mais-valia. Tais pessoas aparecem como latifundiários que se dedicam ao luxo (como em Malthus), do mesmo modo que os capitalistas. Outras vezes aparecem sob a forma de militarismo etc. Assegura-se que, sem esses meios extraordinários, a mais-valia não encontra venda, acumula-se nos mercados, causando superprodução e crises.[2] [...]
>
> Desse modo, o senhor Struve supõe que a produção capitalista pode apoiar-se, em seu desenvolvimento, sobre o consumo de terceiras pessoas hipotéticas. Mas onde esse "*grand public*" encontra a fonte de poder aquisitivo, para que cumpra sua missão especial que consiste em consumir a mais-valia?[3]

Bulgakov estuda o problema, colocando-o no terreno da análise do produto total social e sua reprodução, tal como fez Marx no segundo volume de *O capital*. Compreende, perfeitamente, que para resolver a questão da acumulação necessita começar pelo estudo da reprodução simples e entender, claramente, seu mecanismo. Nesse ponto, o que importa para ele é compreender o consumo da mais-valia e dos salários nos ramos de

---

[1] Serguei Nikolaievitch Bulgakov (1871-1944) foi um economista, filósofo e teólogo russo. [*N. da E.*]
[2] S. Bulgakov, *Sobre os mercados de produção capitalista, um estudo teórico*, Moscou, 1897, p. 15.
[3] *Op. cit.*, p. 32, nota.

produção que não elaboram produtos para o consumo, e da outra parte da circulação do produto total social, que representa o capital social investido. Essa é uma tarefa nova que os economistas não conheciam e que não foi estudada até Marx.

Para resolver esse problema, Marx divide todas as mercadorias elaboradas pela produção capitalista em duas grandes categorias essencialmente distintas: produção de meios de produção e produção de meios de consumo. Nessa classificação há mais sentido teórico do que em todas as vazias discussões anteriores sobre a teoria dos mercados.[4]

Vê-se que Bulgakov é partidário declarado e entusiasta da teoria marxista. Formula, como objetivo de seu estudo, o exame teórico da doutrina segundo a qual o capitalismo não pode existir sem mercados estrangeiros.

> Com esse objetivo, o autor utiliza a valiosa análise da reprodução social feita por Karl Marx, na segunda parte do segundo volume de *O capital*, que – sem nenhuma explicação – foi apenas aproveitado como ciência. Embora essa análise não possa ser considerada como concluída, a meu ver, oferece base suficiente para a solução do problema dos mercados, completamente distinta da apresentada pelos Senhores Nikolai-on, V. Vorontsov e outros, que é atribuída a Karl Marx.[5]

A solução que Bulgakov deduziu de Marx foi por ele formulada do seguinte modo:

> O capitalismo pode, em certas ocasiões, existir, exclusivamente, graças ao mercado interno; não há nenhuma necessidade intrínseca própria da forma de produção capitalista que, como consequência, possa oferecer saída para o excedente da produção capitalista. Essa é a conclusão a que chegou o autor, tendo como base o estudo da mencionada análise do processo reprodutivo.

---

4 *Op. cit.*, p. 27.
5 *Op. cit.*, p. 2-3.

BULGAKOV E SUA COMPLEMENTAÇÃO DA ANÁLISE MARXISTA

Aguardamos, agora, com interesse, a argumentação empregada por Bulgakov em defesa de sua tese. É de uma simplicidade inesperada. Bulgakov reproduz fielmente o esquema marxista da reprodução simples, que já conhecemos, com comentários que honram sua capacidade de compreensão. Logo depois, refere-se à reprodução ampliada, do esquema marxista, que também conhecemos, concluindo, desse modo, a argumentação desejada.

> Com base no que foi dito, torna-se fácil determinar em que consiste a acumulação: I (setor dos meios de produção) deve elaborar os meios de produção suplementares necessários para o incremento da sua própria produção, e para II (setor de meios de consumo). Enquanto isso, II deve fornecer os meios de consumo suplementares para o incremento do capital variável de I e de II. Pondo-se de lado a circulação monetária, o incremento da produção reduz-se à troca dos produtos suplementares I que II necessita e dos produtos suplementares de II que I necessita.

Bulgakov segue fielmente Marx, não se dando conta de que sua tese ainda não deixa o terreno da "folha de papel". Acredita haver resolvido com essas aplicações matemáticas o problema da acumulação. Sem dúvida, é possível aceitar-se as proporções que ele copia de Marx. Também é certo, se for necessário verificar o incremento da produção, que essas fórmulas são corretas. Bulgakov esquece, porém, o ponto fundamental: para quem se realiza o incremento, cujo mecanismo investiga? Como a acumulação pode ser representada em papel em forma de proporções matemáticas, considera-se como uma coisa já realizada. Portanto, Bulgakov, depois de declarar resolvido o problema, tenta introduzir na análise a circulação monetária, deparando, nesse ponto, com a seguinte questão: Como conseguem I e II o dinheiro necessário para a compra dos bens suplementares? Vimos em Marx, como o ponto vulnerável de sua análise, a questão sobre os consumidores da produção ampliada, que se apresenta sempre em forma de questão acerca das fontes de dinheiro suplementares. Bulgakov segue essa proposição e aceita a formulação ambígua da questão, sem advertir sobre o deslocamento que ela encerra. Afirma corretamente que: "O próprio Marx não deu uma resposta a esse problema nos cadernos *brouillon* que constituíram o segundo volume de *O capital*." Mais interessante ainda deve ser a resposta que o discípulo russo de Marx apresenta.

Diz Bulgakov:

> Parece-nos que a solução que melhor corresponde a toda a doutrina marxista é que o novo capital variável, na forma de dinheiro, que II oferece, tanto para I como para si mesmo, equivale, em mercadorias, à mais-valia II. Vimos, na consideração da reprodução simples, que os capitalistas colocam em circulação o dinheiro necessário para realizar sua mais-valia e que esse dinheiro volta, finalmente, para eles próprios. A quantidade de dinheiro necessária para a circulação da mais-valia determina-se, de acordo com a lei geral da circulação de mercadorias, pelo valor das mercadorias em que se acha contida a metade dos giros do dinheiro. A mesma lei aplica-se aqui. Os capitalistas II terão que aplicar certa soma de dinheiro para a circulação de sua mercadoria, necessitando, portanto, de certa quantidade de dinheiro; quantidade que terá de ser suficiente tanto para a circulação da parte de mais-valia expressa no fundo de consumo como para a parte que será acumulada como capital.

Continuando, Bulgakov acrescenta que, para a problemática do volume de dinheiro que falta para a circulação de um determinado montante de mercadorias no país, nada influi o fato de uma parte dessas mercadorias representar, ou não, mais-valia. "Quanto à questão geral sobre de onde vem o dinheiro para o país, resolve-se afirmando que esse dinheiro é oferecido pelos produtores de ouro." Se para o desenvolvimento da produção no país é necessário mais dinheiro, esse desenvolvimento se processará em proporções correspondentes à produção do ouro.[6] Caímos, finalmente, no produtor de ouro que em Marx desempenha o papel de *deus ex machina:*

---

6 *Op. cit.*, p. 50-55.

BULGAKOV E SUA COMPLEMENTAÇÃO DA ANÁLISE MARXISTA

Temos de confessar que Bulgakov destruiu cruelmente todas as nossas esperanças de ver surgir uma nova solução para o problema. "Sua" solução não vai um passo além da análise de Marx. Reduz-se às três seguintes proposições extremamente simples: 1) Pergunta: "Quanto dinheiro é necessário para realizar a mais-valia capitalizada?" Resposta: "Tanto quanto exige a lei geral da circulação de mercadorias." 2) Pergunta: "De onde tiram os capitalistas esse dinheiro para realizar a mais-valia capitalizada?" Resposta: "Eles mesmos devem tê-lo." 3) Pergunta: "De onde vem, geralmente, o dinheiro para o país?" Resposta: "Do produtor de ouro." Temos aqui uma explicação cuja extraordinária simplicidade é mais suspeita do que cativante.

Seria supérfluo, porém, refutar essa teoria do produtor de ouro como *deus ex machina* da acumulação capitalista. O próprio Bulgakov refutou-a perfeitamente. Oitenta páginas adiante, a propósito da teoria do fundo de salário contra o qual empreende, sem motivo visível, um amplo ataque, volta aos produtores de ouro, desenvolvendo esta clara explicação:

> Já sabemos que, entre outros produtores, existe também o produtor de ouro, que, por uma parte, ainda sob a reprodução simples, aumenta a massa absoluta do dinheiro circulante no país e, por outra, compra meios de produção e de consumo sem vender mercadorias, pagando diretamente as mercadorias compradas com o equivalente geral de troca representado por seu próprio produto. Não poderá o produtor de ouro comprar de II toda a sua mais-valia acumulada pagando-a com ouro, que II empregará para adquirir meios de produção de I e para ampliar o capital variável, isto é, para comprar força de trabalho suplementar? Diante disso, o mercado exterior seria o produtor de ouro.
>
> Mas esta é uma suposição absurda. Aceitá-la significa fazer depender o aumento da produção social do aumento da produção de ouro. [Bravo!] Isso, por sua vez, pressupõe um crescimento da produção de ouro que não corresponde de maneira alguma à realidade. Obrigar o produtor de ouro a comprar, redimir com seus operários, toda a mais-valia acumulada de II significaria que seu capital variável teria que aumentar em dias e em horas. Nesse caso cresceria, também, em proporções semelhantes, o capital constante e a mais-valia. A produção de

ouro adquiriria, então, dimensões monstruosas. [Bravo!] Em vez de examinar essa pueril suposição, com dados estatísticos (o que seria, praticamente, impossível), basta mencionar um fato, que por si só a destrói. Esse fato é o desenvolvimento do crédito que acompanha o desenvolvimento da economia capitalista. [Bravo!] O crédito tem a tendência de diminuir a quantidade de dinheiro em circulação (evidentemente, diminuição relativa e não absoluta), constituindo um complemento necessário para o desenvolvimento da troca, que de outro modo seria limitado pela falta de dinheiro metálico. Parece-me supérfluo demonstrar numericamente quão sem importância é atualmente o papel do dinheiro metálico nas relações de troca. Por conseguinte, a hipótese formulada encontra sua contradição direta e definitiva nos fatos reais e tem que ser rejeitada.[7]

Bravíssimo! Muito bem! Com isso Bulgakov "desprezou" sua única explicação feita, até agora, sobre como e por quem se realiza a mais-valia capitalista. Além disso, nessa refutação de si mesmo, apenas expôs, com mais detalhes, o que Marx havia dito com uma só palavra, classificando de "absurda" a hipótese do produtor de ouro que consome toda a mais-valia social.

A verdade é que a solução propriamente dita da questão, tanto para Bulgakov como para quase todos os marxistas russos, que se ocupavam detidamente da questão, acha-se em outra passagem. Tanto ele, como Tugan-Baranovski, como Ilyin [Lênin], insistem, principalmente, que seus adversários – os céticos – cometeram um erro capital em relação à possibilidade da acumulação na análise do valor do produto social total. Os céticos – sobretudo Vorontsov – supunham que o produto social total era constituído de meios de consumo e partiam da errônea suposição de que o consumo era o fim exclusivo da produção capitalista. Aqui – diziam os marxistas – acha-se a fonte de toda a confusão, e dela brotam as dificuldades imaginárias para a realização da mais-valia, que preocupavam os céticos.

---

7 *Op. cit.*, p. 132 ss.

> Devido a essa falsa colocação, tal escola criou para si mesma dificuldades inexistentes. Como as condições normais da produção capitalista supõem que o fundo de consumo dos capitalistas constituiu apenas uma parte da mais-valia – uma pequena parte –, ao passo que a maior parte é destinada para o incremento da produção, é evidente que as dificuldades que aquela escola "populista" imaginava não existiam.[8]

É estranha a naturalidade com que Bulgakov alude ao problema e nem sequer parece adivinhar que a suposição da reprodução ampliada torna inevitável a colocação da questão: *para quem?* Questão bastante secundária na hipótese de consumo pessoal de toda a mais-valia.

Todas essas "dificuldades imaginárias" dissipam-se como a fumaça, ante as descobertas de Marx, que seus discípulos não se cansam de contrapor a seus adversários. Em primeiro lugar, a composição do produto social não é $v + m$, mas $c + v + m$. E, em segundo, que com o progresso da produção capitalista, nessa composição, a parte c é cada vez menor em relação a v, enquanto, ao mesmo tempo, cresce constantemente na mais-valia a parte capitalizada em relação à consumida. A partir disso, Bulgakov elabora toda uma teoria sobre a relação da produção com o consumo na sociedade capitalista. Essa teoria desempenha um papel tão importante entre os marxistas russos, particularmente em Bulgakov, que é necessário conhecê-la por extenso.

> O consumo [escreve Bulgakov], a satisfação das necessidades sociais, representa apenas um aspecto secundário da circulação do capital. A magnitude da produção determina-se pela do capital e não pelas necessidades sociais. O desenvolvimento da produção não vem acompanhado do crescimento do consumo e, inclusive, cria com ele um antagonismo. A produção capitalista só reconhece como consumo o que tem capacidade de pagamento. Mas consumidores com capacidade de pagamento são só os que recebem salário ou mais-valia, corres-

---

[8] *Op. cit.*, p. 20.

pondendo sua capacidade de pagamento exatamente à grandeza dessa renda. Vimos que as leis fundamentais da produção capitalista têm a tendência de diminuir a magnitude relativa do capital variável, assim como a do fundo de consumo dos capitalistas (apesar de crescer absolutamente). Por isso, pode-se dizer que o *desenvolvimento da produção diminui o consumo.*[9]

Desse modo, as condições da produção e a do consumo são contraditórias. O incremento da produção não se realiza devido ao consumo. O incremento é uma lei interna fundamental da produção capitalista, que diante de cada capitalista individual adota a forma rigorosa da concorrência. A saída dessa contradição consiste em que o próprio mercado representa a produção ampliada, necessária para essa massa de produtos excedentes. "A contradição desfaz-se com a ampliação do campo exterior da produção." (*O capital*, III, p. 189.) (Bulgakov cita, num sentido completamente errôneo, uma afirmação de Marx, da qual falaremos agora.)

> Acabamos de demonstrar como é possível [Bulgakov refere-se à análise do esquema da produção ampliada]. A maior parte dessa ampliação corresponde, evidentemente, ao setor I, ou seja, à produção de capital constante, correspondendo uma pequena parte ao setor II, que produz bens para o consumo imediato. Nessa transferência da relação entre os setores I e II manifesta-se, com clareza suficiente, o papel que desempenha o consumo na sociedade, indicando-se também onde se encontra o mercado mais importante para as mercadorias capitalistas.[10] [...]
>
> Com esses estreitos limites [do interesse do capital e das crises], num caminho cheio de espinhos, pode ser incrementada ilimitadamente a produção capitalista, não obstante a diminuição do consumo e, inclusive, apesar dela. Na literatura russa alude-se, várias vezes, à impossibilidade de um importante crescimento da produção capitalista e dos mercados exteriores, baseando-se na distribuição do consumo. Mas, ao fazê-lo dessa maneira, estimava-se falsamente o papel que desempenha o consumo na sociedade capitalista. Viu-se

---

9 Grifado por Bulgakov.
10 *Op. cit.*, p. 161.

BULGAKOV E SUA COMPLEMENTAÇÃO DA ANÁLISE MARXISTA

> que o consumo não é, de modo algum, a finalidade da produção capitalista, não ocorrendo pelo crescimento do mesmo, mas pela ampliação do campo externo, isto é, do mercado; pelos produtos elaborados de forma capitalista. Uma série de investigadores da escola de Malthus, que não se satisfazia com a superficial teoria da harmonia da escola de Say-Ricardo, atormentava-se tentando resolver um problema insolúvel: encontrar meios para ampliar o consumo que a produção capitalista tende a diminuir. Apenas Marx analisou corretamente, mostrando que o incremento do consumo é fatalmente inferior. E tem que sê-lo, quaisquer que sejam as "terceiras pessoas" inventadas. Por essa razão, o consumo e sua grandeza não podem ser a barreira *imediata* do incremento da produção. Surgem as crises na produção capitalista, quando essa se desvia da verdadeira finalidade da produção, isso independendo do consumo. O incremento da produção só encontra limites na magnitude do capital, do qual depende exclusivamente.[11]

Atribui-se aqui diretamente a Marx a teoria de Bulgakov e de Tugan-Baranovski; tanto parecia um trabalho do mestre que os marxistas russos decidiram seguir imediatamente a doutrina de Marx e encaixar-se organicamente nela. Mais clara está a fórmula de Bulgakov em outra passagem, que diz interpretar diretamente o esquema marxista da reprodução ampliada. Uma vez que a produção capitalista entra no país, sua circulação começa a desenvolver-se de acordo com esse esquema:

> A produção do capital constante constitui o setor I da produção social, que acarreta uma demanda independente de meios de consumo à magnitude do próprio capital variável desse setor, assim como da reserva de consumo de seus capitalistas. Por seu lado, o setor II proporciona a demanda de produtos I. *Dessa maneira, já no começo da produção capitalista, surge um círculo no qual a produção capitalista não depende de mercado exterior, bastando-se a si própria, por meio da acumulação.*[12]

---

11 *Op. cit.*, p. 167.
12 *Op. cit.*, p. 210. [Grifo nosso.]

Em outra passagem, ele formula sua teoria em termos radicais: "O único mercado para os produtos da produção capitalista é a própria produção."[13]

Só se pode apreciar devidamente o atrevimento dessa teoria – que foi a arma principal dos marxistas russos, com a qual venceram seus adversários, os céticos "populistas", na questão do mercado – se se levar em conta a assombrosa contradição que ocorre com a realidade capitalista. Tem-se que admirar essa teoria, propagada como a mais pura verdade marxista, considerando-se que se baseia num simples *quid pro quo* fundamental. Trataremos, mais adiante, dessa questão ao estudarmos Tugan-Baranovski.

A essa falsa interpretação da relação entre consumo e produção na sociedade capitalista, Bulgakov contrapõe uma teoria totalmente errônea do comércio exterior. Do ponto de vista da concepção da produção anteriormente exposta, não há, efetivamente, nenhum espaço para o comércio exterior. Se o capitalismo cria, logo no começo de sua evolução, em cada país, aquele "círculo fechado", consciente de que "gira em torno do seu rabo como um gato" e de que "se basta a si mesmo" e de que se cria um mercado ilimitado e que se estimula a si mesmo para ampliar a produção; então, todo país capitalista é, também, economicamente, um círculo fechado que "se basta a si mesmo". Só num caso seria compreensível o comércio exterior: como meio de cobrir, pela importação, o déficit natural de um país com certos produtos da terra, apenas como importação forçada de matérias-primas ou substâncias alimentícias. Efetivamente, Bulgakov, invertendo a tese dos comunistas, elabora uma teoria do comércio internacional dos Estados capitalistas, na qual a exportação de produtos da agricultura é o elemento ativo fundamental, representando a exploração industrial a cobertura forçada daquela importação. O comércio internacional de mercadorias não está fundamentado na essência

---

13 *Op. cit.*, p. 238.

da produção, mas nas condições naturais dos países; teoria que não pertence a Marx, mas a autores alemães da economia política burguesa. Assim como Struve adotou de Wagner e Schäffle o esquema dos três impérios mundiais, Bulgakov adota do bem-aventurado List[14] a divisão dos Estados em categorias, segundo o "estado da agricultura e o estado da manufatura agrícola", que, com o progresso dos tempos, se transforma no "estado da manufatura" e no "estado da manufatura agrícola". A primeira categoria é castigada pela natureza, com insuficiência de matérias-primas e substâncias alimentícias próprias, vendo-se obrigada a recorrer ao comércio exterior. A última categoria é, plenamente, provida pela natureza, podendo rir-se do mercado exterior. A Inglaterra é do tipo da primeira categoria, sendo os Estados Unidos do tipo da segunda. Para a Inglaterra, a supressão do comércio exterior equivaleria à morte da economia; para os Estados Unidos significaria, apenas, uma crise passageira, sem maiores consequências: "Aqui, a produção pode ser ampliada ilimitadamente, tendo como base o mercado interno."[15] Essa teoria, herança hoje respei-

---

14 Friedrich List (1789-1846) foi um influente economista alemão. Em oposição a Smith e aos defensores do livre comércio, argumentou que era necessária uma política econômica específica para cada nação, incluindo o uso do protecionismo e da intervenção estatal. Suas ideias influenciaram a união aduaneira estabelecida pelos diferentes estados alemães, o Zollverein, e a política econômica de Otto von Bismarck. Sua principal obra é *Sistema nacional de economia política*, publicado em 1841. [*N. da E.*]

15 K. Bücher, Entstehung der Volkswirtschaft, 5ª ed., p. 147. A última façanha, nesse terreno, é a teoria do professor Sombart, segundo a qual nos afastamos, cada vez mais, da economia mundial. "Sustento que os países civilizados não estão mais ligados uns aos outros por relações comerciais (em relação com a totalidade de sua economia) de outrora, e sim, provavelmente, menos. As diversas economias nacionais não são mais, e sim menos encadeadas do que há cinquenta ou cem anos passados ao mercado mundial. Pelo menos... é falso sustentar que as relações comerciais internacionais adquirem uma importância relativamente maior para a moderna economia política. O correto é justamente o contrário." Sombart critica a suposição de uma necessidade crescente de mercados exteriores, porque o mercado interno não é capaz de promover ampliações. "Está convencido de que as diversas economias nacionais se convertem em microcosmos cada vez mais perfeitos e de que o mercado interno ganha importância, em todas as indústrias ante o mercado mundial." (*Die deutsche Volkswirtschaft im Neunzehnten Jahrhundert* [A economia política alemã no século XIX], 2ª ed., 1909, p. 399-420.) Essa esmagadora descoberta pressupõe, além disso, a aceitação do bizarro esquema inventado pelo senhor

tada da economia política alemã, não tem, evidentemente, a menor ideia das relações da economia mundial capitalista, fazendo retroceder o atual comércio mundial, aproximadamente, à época dos fenícios. Desse modo explica, também, o professor Bücher:

> É um erro acreditar que das facilidades obtidas durante a época liberal, pelo tráfico internacional, pode deduzir-se que termina o período da economia nacional, cedendo à economia mundial... Certamente, vemos hoje, na Europa, uma série de Estados que não possuem independência nacional em relação à sua provisão de bens, porque se veem obrigados a receber do estrangeiro quantidades consideráveis de artigos alimentícios e de luxo, enquanto a sua atividade industrial produtora excede as necessidades nacionais e oferece, permanentemente, excedentes para o consumo estrangeiro. Mas a coexistência de semelhantes países industriais e produtores de matérias-primas que se acham ligados uns aos outros; essa "divisão do mercado internacional" é apenas um sintoma de que a humanidade se acha a ponto de alcançar um novo grau de desenvolvimento, com o nome de economia mundial, que se oporá aos anteriores. Pois nenhum grau de desenvolvimento garantiu, por longo tempo, a satisfação autônoma das necessidades; todos tinham certas lacunas que tiveram de ser preenchidas de uma maneira ou de outra. Por outro lado, a chamada economia mundial não acarretou, ainda, fenômeno algum que se distinga, em pontos essenciais, da economia política. E pode-se duvidar que isso ocorra em um futuro previsível.[16]

---

professor, em virtude da qual apenas se considera como país exportador – não se sabe por que – o país que paga sua importância com seu excedente de produtos agrícolas, isto é, "com terra". De acordo com esse esquema, Rússia, Romênia, Estados Unidos e Argentina são "países de exportação", não o sendo Alemanha, Inglaterra e Bélgica. Como a evolução capitalista suprime-a ou dissimula-a, necessitará para o consumo interno o excedente de produtos agrícolas nos Estados Unidos e na Rússia, torna-se claro que haverá menos "países exportadores" no mundo e que a economia mundial desaparecerá, portanto. – Outra descoberta de Sombart é que os grandes países capitalistas, os "países exportadores", recebem, cada vez mais, sua importação "de graça", isto é, como interesse dos capitais exportados. Mas, para o professor Sombart, a exploração do capital e a exportação industrial de mercadorias não são necessárias, pois: "Com o tempo chegaremos, provavelmente, a importar sem exportar." (*Op. cit.*, p. 422.) Moderno, sensacional e pitoresco.

16 *Op. cit.*, p. 132.

BULGAKOV E SUA COMPLEMENTAÇÃO DA ANÁLISE MARXISTA

Tira-se dessa concepção de Bulgakov uma conclusão inesperada: sua teoria da capacidade ilimitada de desenvolvimento do capitalismo reduz-se, apenas, a certos países que possuem condições naturais favoráveis. Na Inglaterra, o capitalismo desaparecerá, brevemente, devido à saturação do mercado mundial. Os Estados Unidos, a Índia e a Rússia apresentarão um desenvolvimento ilimitado, pois "se bastam a si mesmos".

Prescindindo dessas evidentes extravagâncias, a argumentação de Bulgakov, em relação ao comércio exterior, encerra um mal-entendido fundamental. O argumento principal de Bulgakov contra os céticos, de Sismondi a Nikolai-on, que acreditavam ser imprescindível recorrer ao mercado exterior para realizar a mais-valia capitalista, é o seguinte: esses teóricos consideravam, evidentemente, o comércio exterior como "um abismo sem fundo" no qual desapareceria para nunca mais voltar o excedente da produção capitalista que não se colocasse no interior do país. Diante disso, Bulgakov objeta triunfalmente que o comércio exterior não é nenhum "abismo", muito menos ainda "sem fundo"; que ele constitui uma faca de dois gumes e que a exportação requer sempre importação, uma vez que ambas têm que se equivaler aproximadamente. Portanto, o que sai por uma fronteira entra pela outra, embora de forma distinta.

> Para as mercadorias importadas, que representam o equivalente das exportadas, terá que haver colocação no mercado interno. Mas, como essa colocação não existe, recorrer ao mercado exterior só acarreta novas dificuldades.[17]

Em outra passagem, ele acrescenta que o recurso dos populistas russos para a realização da mais-valia – e do mercado exterior – "é muito menos feliz que a solução encontrada por Malthus, von Kirchmann e mesmo

---

17 *Op. cit.*, p. 132.

Vorontsov em seu artigo sobre militarismo e capitalismo".[18] Bulgakov revela que, não obstante sua entusiasta repetição do esquema marxista da reprodução, não compreendeu o verdadeiro problema de que se ocupam os céticos desde Sismondi a Nikolai-on: despreza o comércio exterior como solução para a dificuldade, porque volta a importar a mais-valia vendida anteriormente, "embora sob outra forma". Por conseguinte, Bulgakov acredita, de acordo com a grosseira opinião de von Kirchmann e Vorontsov, que se trata de *cancelar* certa quantidade de mais-valia, de eliminá-la do planeta, não se dando conta de que se trata de sua *realização*, da metamorfose das mercadorias, isto é, justamente da mais-valia "sob outra forma".

Assim, Bulgakov, como Struve, chega, por outro caminho, à mesma Roma: sustenta que a acumulação capitalista é autossuficiente, que devora como Cronos seus próprios filhos, e se engendra, cada vez com maior potência, a si mesma. Daí havia apenas um passo para se sair do marxismo e voltar à economia burguesa. Este passo foi dado com sucesso por Tugan-Baranovski.

---

18 *Op. cit.*, p. 236. Mais resolutamente V. Ilyin [Lênin] formula o mesmo ponto de vista: "Os românticos [assim chama aos céticos – R.L.] dizem: os capitalistas não podem consumir a mais-valia, por conseguinte, têm que colocá-la no estrangeiro. E eu pergunto, então: os capitalistas dão seus produtos ao estrangeiro ou os jogam ao mar? Se os vendem, recebem um equivalente; se exportam certos produtos, por sua vez, importam outros." (*Estudos e trabalhos econômicos*, p. 26.) Além disso, Ilyin dá uma explicação do papel que desempenha o comércio estrangeiro na produção capitalista, que é muito mais correta do que a de Struve e Bulgakov.

XXIII
A "desproporcionalidade" do senhor Tugan-Baranovski

Trataremos deste teórico na parte final do livro – apesar de haver ele formulado a sua concepção em russo em 1894, antes de Struve e Bulgakov, porque só posteriormente desenvolveu sua teoria de forma mais madura em alemão, nos *Studien zur Theorie und Geschichte der Handelskrisen in England* (*Estudos sobre a teoria e a história das crises comerciais na Inglaterra*), de 1901, e nos *Theoretische Grundlagen des Marxismus* (*Fundamentos teóricos dos marxistas*), de 1905; além disso, porque foi ele quem elaborou maiores reflexões a respeito dos críticos marxistas mencionados.[1]

Tugan-Baranovski também parte, como Bulgakov, da análise marxista da reprodução social. Nessa análise encontrou a chave para guiar-se no complexo, confuso e desconcertante conjunto de problemas. Mas, enquanto Bulgakov é um adepto entusiasta da doutrina marxista, que se limita a desenvolver fielmente, atribuindo com toda a simplicidade suas conclusões ao mestre, Tugan-Baranovski, ao contrário, critica Marx por não saber utilizar sua enorme capacidade de investigação no processo de investigação. A conclusão geral mais importante à qual chega Tugan, com base nas afirmações de Marx, e que converte em ponto central de toda a sua teoria, é a de que a acumulação capitalista – diferentemente da suposição dos céticos – é possível nas formas capitalistas da renda e do consumo, sendo em geral independente da renda e do consumo. Seu

---

[1] Mikhail Ivanovitch Tugan-Baranovski (1865-1919) foi um economista russo e um dos principais representantes do "marxismo legal". Tornou-se um dos principais oponentes dos bolcheviques na Ucrânia após a Revolução Bolchevique de 1917 na Rússia. [*N. da E.*]

melhor mercado é sua própria produção e não o consumo. Por isso, a produção é idêntica ao mercado e, como o aumento da produção é em si ilimitado, a capacidade de aquisição de seus produtos, o mercado, não tem limites.

> Os referidos esquemas deviam mostrar o princípio, evidente por si mesmo; porém é facilmente refutável quando não se compreende, suficientemente, o progresso da reprodução do capital social e da produção capitalista criadora do mercado para si própria. Se é possível ampliar a produção social, se as forças produtivas são suficientes para a mesma, devido à divisão proporcional da produção social, a demanda experimentará também uma ampliação correspondente. Segundo essas condições, cada nova mercadoria produzida representa um novo poder de compra para a aquisição de outras mercadorias. Comparando a reprodução simples do capital social com a sua reprodução ampliada, pode-se tirar uma conclusão altamente importante de que, na economia capitalista, a demanda de mercadorias é, em certo sentido, independente da grandeza do consumo social. Pode, pois, decrescer o consumo total e aumentar, ao mesmo tempo, a demanda social de mercadorias, por absurdo que isso possa parecer do ponto de vista do "bom senso".[2]

Mais adiante, diz ele: "Como resultado de nossa análise abstrata do processo da reprodução do capital social, conclui-se que não pode haver nenhum produto social excedente."[3] Partindo daí, Tugan revê a teoria marxista sobre as crises, que lhe parece descansar sobre o "subconsumo" de Sismondi:

> A crença difundida, compartilhada até certo ponto por Marx, de que a miséria dos trabalhadores, que constituem a grande maioria da população, torna impossível uma realização dos produtos da produção capitalista, que aumenta constantemente por causa da insuficiência da demanda, deve ser considerada

---

[2] *Studien zur Theorie und Geschichte der Handelskrisen in England.* [Estudos sobre a teoria e a história das crises comerciais na Inglaterra], Iena, 1901, p. 25.

[3] *Op. cit.*, p. 34.

como falsa. Vimos que a produção capitalista cria para si mesma um mercado; o consumo é apenas uma das fases da produção capitalista. Se a produção social for planificada, se os dirigentes da produção tomarem conhecimento completo da demanda e tiverem o poder de transferir livremente o trabalho e o capital de um ramo para outro da produção, por escasso que seja o consumo, a oferta de mercadorias não poderá exceder a demanda.[4]

Segundo ele, a única circunstância que engendra, periodicamente, o excesso de produtos no mercado é a falta de proporcionalidade no aumento da produção. A marcha da acumulação capitalista, sob essa suposição, é descrita por Tugan do seguinte modo:

> Dada uma distribuição proporcional da produção, o que produziriam os operários? Evidentemente, os seus próprios meios de subsistência e de produção. Mas para que serviriam? Para ampliar a produção do próximo ano? A produção de que produtos? Novamente, a de meios de produção e meios de subsistência dos trabalhadores e, assim sucessivamente, *ad infinitum*.[5]

Esse jogo de perguntas e respostas, note-se, é sério, sem nenhuma intenção humorística. Para a acumulação do capital, abrem-se perspectivas indefinidas.

> Se a extensão da produção é praticamente ilimitada, temos que supor que a extensão do mercado também o é, porque, *dada a distribuição proporcional da produção social, há apenas, como limite para a extensão do mercado, as forças produtoras de que dispõe a sociedade*.[6]

Como, deste modo, a produção cria seu próprio mercado, atribui ao mercado exterior dos Estados capitalistas o singular papel mecânico que

---

4 *Op. cit.*, p. 33.
5 *Op. cit.*, p. 191.
6 *Op. cit.*, p. 231. [Grifado no original.]

já o vimos atribuir a Bulgakov. Assim, por exemplo, o mercado exterior é, absolutamente, necessário para a Inglaterra.

> Não demonstra isso que a produção capitalista cria um produto, excedente, para o qual não há lugar no mercado interno? Por que necessita a Inglaterra de um mercado exterior? A resposta é bem fácil. Porque uma parte considerável do poder de compra da Inglaterra é dirigido para a aquisição de mercadorias estrangeiras. A importação dessas mercadorias para o mercado interno da Inglaterra torna imprescindível, por sua vez, a exportação de mercadorias inglesas. Como a Inglaterra não pode existir sem nenhuma importação, a exportação é uma necessidade vital para esse país, pois, de outro modo, não teria com que pagar os produtos importados.[7]

Aqui reaparece a importação agrícola como o fator estimulante, decisivo. Da mesma forma, chegamos a duas categorias de países, "de um tipo agrícola e de um tipo industrial", destinadas, por essa razão, ao intercâmbio de produtos, efetuado do mesmo modo que o esquema dos professores alemães.

Qual é a argumentação em que se fundamenta a solução que Tugan-Baranovski dá ao problema da acumulação e com o qual esclarece, também, uma série de outros problemas, como o das crises? Talvez seja inacreditável, mas por isso mesmo é muito importante analisá-la: essa argumentação é única e exclusivamente o esquema marxista da reprodução ampliada. *Ni plus ni moins.* Tugan-Baranovski refere-se, é certo, em várias passagens, de forma um tanto jactanciosa, à sua "análise abstrata do processo da reprodução do capital social", à "lógica irresistível" de sua análise. Mas toda "análise" reduz-se a copiar o esquema marxista da reprodução ampliada, trocando, apenas, os números. Em todo o seu estudo, não se encontrarão vestígios de outra demonstração. No esquema de Marx, a acumulação, a produção, a realização, a troca, a reprodução

---

[7] *Op. cit.*, p. 35.

A "DESPROPORCIONALIDADE" DO SENHOR TUGAN-BARANOVSKI

efetuam-se sem dificuldade. Podendo prosseguir efetivamente *ad infinitum* essa "acumulação". Pode prosseguir desde que haja papel e tinta. Esse inofensivo exercício com equações aritméticas é apresentado por Tugan-Baranowski, de modo bastante sério, como uma prova de que na realidade os fatos ocorrem da mesma forma. "Os referidos esquemas devem provar com evidência..." Em outra passagem, ele refuta Hobson, defensor da impossibilidade de acumulação, do seguinte modo:

> O esquema número 2 da reprodução do capital social em escala ampliada corresponde ao caso da acumulação do capital a que se refere Hobson. Será que existe, nesse esquema, um produto excedente? De maneira alguma.[8]

Como no "esquema" não aparece nenhum produto excedente, fica refutado e a questão fica resolvida.

É claro que Tugan-Baranovski sabe, perfeitamente, que na "áspera realidade" as coisas não ocorrem tão facilmente. Existem constantes oscilações nas trocas e crises periódicas. Mas as crises sobrevivem apenas porque não existe proporcionalidade no incremento da produção, isto é, por não se planejar antecipadamente as proporções do "esquema número 2". Se procedessem assim, a produção capitalista não estaria sujeita a crises. Tudo seria simples como ao se escrever. Ora, Tugan terá que admitir que podemos com razão prescindir das crises, uma vez que estudamos o processo de reprodução como um todo, como um processo contínuo. Se bem que a "proporcionalidade" desfaz-se a cada momento, ela sempre volta a restabelecer-se na média da conjuntura, por vários desvios, por oscilações diárias de preço, e periodicamente por crises. Que essa proporcionalidade é, ao todo, mais ou menos bem mantida, *prova-o* o fato de a economia capitalista sobreviver e desenvolver-se, pois, do contrário, já teria ocorrido há muito tempo a confusão geral e a catástrofe. Por

---
8 *Op. cit.*, p. 191.

conseguinte, tendo como base a "proporcionalidade", o autor finaliza acrescentando que a realidade procede de acordo com o esquema número 2. E, como esse esquema não tem fim, a acumulação do capital pode continuar também *ad infinitum*.

O chocante nisso tudo não é o resultado a que chega Tugan-Baranovski, ou seja, de que o esquema corresponde, de fato, ao curso das coisas – vimos que também Bulgakov compartilhava essa opinião –, mas o fato de ele nem achar necessário questionar se o "esquema" está de acordo com a realidade. Pois, em vez de testar o esquema, aceita sua demonstração teórica, como se os fatos acontecessem igualmente na realidade. Bulgakov projetava, com muito esforço, sobre as circunstâncias concretas reais da economia e da troca capitalista, o esquema marxista; contornava as dificuldades que disso resultavam e, quando não conseguiu mais efetuar esse trabalho, deteve-se na análise de Marx, considerada pelo mesmo, acertadamente, inacabada, interrompida. Tugan-Baranovski não necessita de prova alguma, não quer "quebra-cabeças": como as proporcionalidades aritméticas se resolvem satisfatoriamente e se prolongam à mercê de sua vontade, isso para ele é justamente a prova de que a acumulação capitalista – a reserva da "proporcionalidade" consciente, que, como nem Tugan negará, intervém antes ou depois – pode continuar igualmente *ad infinitum*.

Tugan-Baranovski tem, é certo, uma prova indireta de que o esquema com seus estranhos resultados corresponde à realidade; representa seu espelho fiel. É o fato de que na sociedade capitalista, em completa harmonia com o esquema, o consumo é colocado em segundo plano em relação à produção. Aquele é considerado como meio, e esta, como fim em si mesma, do mesmo modo que o trabalho humano é equiparado ao "trabalho" da máquina:

> O progresso técnico manifesta-se em que a importância dos instrumentos de trabalho, da máquina, aumenta cada vez mais em comparação ao trabalho vivo, ao próprio trabalhador. Os meios de produção desempenham um papel cada

vez mais importante no processo de produção e no mercado. O operário fica em segundo plano em relação à máquina, e com o tempo passa, também, para o segundo plano a demanda originada pelo consumo do operário, em comparação à demanda que se refere ao consumo produtivo dos meios de produção. Toda a engrenagem da economia capitalista assume o caráter de um mecanismo que existe, por si só, e no qual o consumo dos homens aparece como um simples momento do processo de reprodução e da circulação do capital.[9]

Tugan considera sua descoberta como a lei fundamental da economia capitalista, e sua conformação manifesta-se num fenômeno perfeitamente exequível: com o progresso da evolução capitalista, aumenta, cada vez mais, a importância dos meios de produção, em relação aos e à custa dos meios de consumo. Como é sabido, foi justamente Marx quem formulou essa lei, e sua exposição esquemática da evolução baseia-se na mesma, embora não a tenha levado em conta no desenvolvimento ulterior de seu esquema e para simplificar as modificações por ela determinadas. Logo, no incremento autônomo do capital dos meios de produção, comparado com o dos meios de consumo, Tugan encontrou a única prova objetiva e exata de sua teoria, de acordo com a qual, na sociedade capitalista, o consumo humano é cada vez menos importante, e a produção, cada vez, em maior grau, fim em si mesma. Essas proposições são a base de todo o seu estudo teórico.

> Nos Estados industriais verifica-se o mesmo fenômeno; em toda parte, a evolução da economia política segue a mesma lei fundamental. A indústria metalúrgica que oferece os meios de produção para a indústria moderna adquire cada vez mais importância. No decréscimo relativo da exportação daqueles produtos ingleses fabricados, destinados ao consumo imediato, manifesta-se também a lei fundamental da evolução capitalista; à medida que a técnica progride, os meios de consumo passam a ocupar um lugar secundário diante dos de produção. O consumo humano desempenha um papel cada vez mais reduzido, comparado com o consumo dos meios de produção.[10]

---

9 *Op. cit.*, p. 27.
10 *Op. cit.*, p. 58.

Mesmo que Tugan tenha tomado essa "lei fundamental" diretamente de Marx, o mesmo ocorrendo com o restante de suas leis "fundamentais", enquanto representam algo exato, ele não está de acordo com ela e apressa-se a doutrinar Marx, citando-o contra ele mesmo. Uma vez mais, Marx encontrou, como uma "galinha cega", uma pérola, não sabendo o que fazer com ela. Só Tugan-Baranovski conseguiu tornar frutífera para a ciência a "fundamental" descoberta; em suas mãos, a lei encontrada ilumina toda a engrenagem da economia capitalista. Nessa lei, o crescimento dos meios de produção, à custa dos meios de consumo, demonstra de modo claro, patente, exato, incomensurável, que, para a sociedade capitalista, o consumo dos meios de produção é cada vez mais importante, que equipara o homem aos meios de produção, e que, portanto, Marx se enganava radicalmente ao supor que somente o homem criava mais-valia, e a máquina, não; que o consumo humano representa um limite para a produção capitalista, provocando hoje crises periódicas, e, amanhã, o terrível fim da economia capitalista.

Em suma, a "lei fundamental" do crescimento dos meios de produção, como consequência dos meios de consumo, reflete a sociedade capitalista em seu caráter específico, o que Marx não conseguiu compreender e que foi felizmente decifrado por Tugan-Baranovski.

Já vimos que papel decisivo desempenhava a indicada "lei fundamental" capitalista na controvérsia dos marxistas russos com os céticos. Sabemos o que Bulgakov pensava. Do mesmo modo, expressa-se, em sua polêmica contra os "populistas", outro marxista, o já citado V. Ilyin [Lênin]:

> Como sabemos, a lei da produção capitalista consiste em que o capital constante cresce mais rapidamente do que o variável, isto é, que se emprega uma parte, cada vez maior, do novo capital na fase da reprodução social que elabora meios de produção. Por conseguinte, essa fase cresce mais rapidamente do que a que elabora os meios de consumo, isto é, sobrevém justamente aquilo que Sismondi declarou ser "impossível e perigoso" etc. Logo, os meios de consumo ocupam

espaço cada vez menor na massa total da produção capitalista. Isso responde completamente à "missão" histórica do capitalismo e à sua estrutura social específica. A primeira corresponde ao desenvolvimento das forças produtivas da sociedade (produção pela própria produção), a última exclui a utilização das mesmas pela massa da população.[11]

Como é natural, Tugan-Baranovski vai, também, nesse ponto, mais além que os outros. Seu prazer pelos paradoxos leva-o, inclusive, à piada de oferecer matematicamente a prova de que a acumulação do capital e a ampliação da produção são possíveis, até mesmo com um retrocesso absoluto do consumo. Aqui K. Kautsky o surpreendeu numa manobra cientificamente incorreta, que consiste em acomodar sua atrevida dedução, apenas, a um momento específico: a passagem da reprodução simples para a ampliada, momento esse que, teoricamente, é apenas uma exceção e que na prática nem pode ser levado em conta.[12]

---

11 Vladimir Ilyin [Lênin], *Estudos e artigos econômicos. sobre a característica do romantismo econômico*, Petersburgo, 1899, p. 20. (Título original: Экономические этюды и статьи. Къ характеристикѣ экономическаго романтизма. [*N. do T.*]) (V. I. Lênin: *Zur Charakteristik der ökonomischen Romantik*. In: *Werke*, v. 2, p. 149.)

12 *Die Neue Zeit*, ano 2, "Krisentheorien" [Teorias sobre as crises], p. 116. Kautsky demonstra, estatisticamente, a Tugan que, com o prosseguimento do esquema da reprodução ampliada, o consumo tem de crescer necessária e certamente, "na mesma proporção exata que o valor dos meios de produção". Isso requer duas observações: em primeiro lugar, Kautsky não leva em conta, como Marx em seu esquema, o progresso da produtividade do trabalho com o qual o consumo aparece relativamente maior do que correspondia à realidade. Em segundo lugar, porém, o crescimento do consumo, ao qual Kautsky se refere, é consequência, resultado da reprodução ampliada, não é base nem fim: resulta, principalmente, do aumento do capital variável do emprego crescente de novos operários. O sustento desses operários não pode ser considerado como fim e missão da ampliação da reprodução, tampouco como o consumo pessoal crescente da classe capitalista. Portanto, o aparte de Kautsky destrói, sem dúvida, a mania pessoal de Tugan, que constrói uma reprodução ampliada junto com um decréscimo absoluto do consumo. Em troca, porém, não toca na questão fundamental da relação entre produção e consumo, do ponto de vista do processo de reprodução. É verdade que, em outra passagem do mesmo trabalho, podemos ler: "Os capitalistas, e os operários por eles explorados, formam um mercado que cresce constantemente com o aumento da riqueza dos primeiros e o número dos outros, mas não tão rapidamente como a acumulação do capital e a produtividade do trabalho; não constituindo isso, por si só, mercado suficiente para os meios de consumo criados pela grande indústria capitalista. Essa

A ACUMULAÇÃO DO CAPITAL

Quanto à "lei fundamental" de Tugan, Kautsky a declara ser mera aparência que resulta do fato de Tugan-Baranovski só levar em conta a configuração da produção nos antigos países da grande indústria capitalista:

> É certo que, com o aumento da divisão de trabalho, o número de sítios de produção, nos quais os produtos são finalizados diretamente para o consumo pessoal, cada vez mais cai em relação aos outros sítios de produção que fornecem ferramentas, máquinas, matérias-primas, meios de transporte etc. para eles e uns aos outros. Enquanto na economia camponesa primitiva o linho era processado e finalizado para o consumo humano pelo mesmo estabelecimento que o obtinha, usando as próprias ferramentas, hoje em dia quiçá centenas de estabelecimentos participam da produção de uma camisa, da produção do algodão em rama, da produção dos trilhos ferroviários, das locomotivas e dos vagões que o levam ao porto etc. Com a divisão internacional de trabalho, alguns países – os velhos países industriais – só podem expandir lentamente sua produção de bens de consumo pessoal, ao passo que a produção de meios de produção ainda faz rápidos progressos e torna a definir muito mais o pulso de suas vidas econômicas

---

indústria buscará um mercado suplementar, fora do seu terreno, nas sociedades e nações que ainda não produzem de forma capitalista. Encontra-o, efetivamente, e o amplia, cada vez mais, porém, não muito rapidamente. Pois esse mercado suplementar não possui a elasticidade e a capacidade de extensão do processo de produção capitalista. Tão logo a produção capitalista converte-se em grande indústria, como ocorreu na Inglaterra, no primeiro quarto do século XIX, adquire a possibilidade de se expandir, que, aos poucos, supera toda a ampliação do mercado. Assim, todo o período de prosperidade, que se segue a uma considerável ampliação do mercado, acha-se condenado, de antemão, a viver pouco, e as crises são o seu fim inevitável. Tal é, em traços leves, a teoria das crises, fundada por Marx e aceita pela generalidade dos marxistas 'ortodoxos'." (*Op. cit.*, p. 80.) Kautsky, porém, não se preocupa em harmonizar a concepção da realização do produto total com o esquema marxista da reprodução ampliada, talvez porque, como se pode deduzir da citação, trata exclusivamente o problema do ponto de vista das crises, isto é, do produto social considerado como uma massa indiferenciada das mercadorias em sua grandeza total; não do ponto de vista de sua engrenagem no processo de reprodução.

L. Budin considera, aparentemente, melhor esta última questão. Em sua brilhante crítica do mesmo Tugan-Baranovski, formula: "O sobreproduto dos países capitalistas não dificulta – com algumas exceções que serão mencionadas mais tarde – o desenrolar da produção, porque esta se acha distribuída adequadamente nas diversas esferas, ou porque a produção de tecidos de algodão se converteu numa produção regida à máquina, mas em virtude de que alguns países se desenvolveram, em sentido capitalista, antes dos outros e porque ainda existem países sem desenvolvimento capitalista. Os países capitalistas contam com um mundo fora de suas fronteiras geográficas no qual podem lançar seus produtos não consumidos, não importando que sejam tecidos de algodão ou artigos metalúrgicos. Com isso não se afirma que não tenha

A "DESPROPORCIONALIDADE" DO SENHOR TUGAN-BARANOVSKI

que a produção de meios de consumo. Quem só vê o problema do ponto de vista da respectiva nação chega facilmente à opinião de que a produção de meios de produção pode permanentemente crescer mais que a produção de meios de consumo, isto é, de que uma não seja ligada à outra.

Esse último ponto, isto é, a opinião de que a produção de meios de produção é independente do consumo, naturalmente é uma ilusão própria da economia vulgar de Tugan-Baranovski. O mesmo não ocorre com o fundamento desse sofisma, ou seja, de que a fase de meios de produção cresce mais rapidamente do que a de meios de consumo. Esse fato não se discute não apenas em relação aos antigos países industriais, como em todos os lugares onde a produção estiver dominada pelo progresso técnico. Nele baseia-se a lei fundamental mais correta da tendência decrescente do coeficiente de lucro. Mas não obstante, ou, melhor, justamente por isso, é um grande erro supor, como Bulgakov, Ilyin [Lênin] e Tugan-Baranovski,

---

importância o fato de que, nos principais países capitalistas, os tecidos assumiram o segundo plano em relação aos produtos metalúrgicos. Pelo contrário, isso é da mais alta importância, mas sua significação é, completamente, distinta da que lhe atribui Tugan-Baranovski. Significa o princípio do fim do capitalismo. Enquanto os países capitalistas exportam mercadorias para o consumo, há esperanças para o capitalismo naqueles países. Não se falava, ainda, qual seria a capacidade aquisitiva do mundo não capitalista para as mercadorias produzidas pelo capitalismo e do tempo que este duraria. O crescimento da fabricação de máquinas, à custa dos bens de consumo, mostra que territórios que antes estavam fora do capitalismo e serviam, portanto, de saída para seus produtos, entravam, agora, na engrenagem do capitalismo. Desenvolvem seu próprio capitalismo, produzindo seus próprios meios de consumo. Como se encontram atualmente na etapa inicial de seu desenvolvimento capitalista, necessitam, ainda, de máquinas produzidas pelo 'capitalismo'. Entretanto, logo não as necessitarão mais. Fabricarão seus produtos metalúrgicos do mesmo modo que agora fabricam seus tecidos e outros artigos de consumo. Assim, deixarão de ser uma saída para o sobreproduto dos países propriamente capitalistas, engendrando, por sua vez, um sobreproduto que dificilmente poderão colocar." (*Die Neue Zeit*, XXV, ano 25, "Mathematische Formeln gegen Karl Marx" [Fórmulas matemáticas contra Karl Marx], v. 1, p. 604.) Budin abre, nesse artigo, amplos horizontes no aspecto do desenvolvimento capitalista internacional. Depois chega, logicamente, por esse caminho ao problema do imperialismo. Infelizmente, no final, desvia sua profunda análise confundindo a produção militarista e o sistema de exportação internacional de capital para países não capitalizados sob o mesmo conceito de "dilapidação". Além disso, deve-se levar em conta que Budin, como Kautsky, considera uma ilusão de Tugan-Baranovski a lei de acordo com a qual o setor de meios de produção cresce mais rapidamente do que o de meios de consumo.

que com essa lei descobriram a essência específica da economia capitalista, acreditando que nela a produção é um fim em si mesma, e o consumo humano, uma coisa meramente secundária.

O crescimento do capital constante à custa do variável é a expressão capitalista dos efeitos da produtividade crescente do trabalho. A fórmula $c > v$, traduzida da linguagem capitalista para a linguagem do processo do trabalho social, significa apenas isto: quanto mais elevada for a produtividade do trabalho, tanto menor será o tempo que emprega para transformar determinada quantidade de meios de produção em produtos elaborados.[13] Essa é uma lei geral do trabalho humano que prevaleceu, igualmente, em todas as formas de produção pré-capitalista e prevalecerá, no futuro, na ordem social socialista. Essa lei, expressa na forma material que o produto social adota para o uso, tem que se manifestar no aumento cada vez maior da parte da jornada de trabalho social usada para a elaboração de meios de produção, em comparação com a elaboração de meios de consumo; esse desenvolvimento deveria verificar-se com muito mais

---

13 "Pondo-se de lado as condições naturais, tais como a habilidade dos produtores que trabalham independentes, isolados, a quem, além disso, manifestar-se-á melhor qualitativamente que quantitativamente na massa da obra realizada, o grau de produtividade social do trabalho expressa-se na medida relativa dos meios de produção que um operário transforma em produto, durante um determinado tempo e com a mesma intensidade de força de trabalho. A massa dos meios de produção, com cuja ajuda funciona, aumenta com a produtividade de seu trabalho. Nesse caso, os meios de produção desempenham um papel duplo. O crescimento de uns é consequência da produtividade crescente do trabalho; o dos outros, sua própria condição. Assim, por exemplo, com a divisão do trabalho empregado nas manufaturas e o emprego da maquinaria, elaboram-se ao mesmo tempo mais matérias-primas e, portanto, entram no processo de trabalho quantidades maiores de matérias-primas auxiliares. Esta é a consequência da produtividade do trabalho. Por outro lado, o conjunto da maquinaria empregada, dos animais de carga, dos adubos minerais, canais de irrigação etc. é condição da produtividade crescente do trabalho. O mesmo se pode dizer da concentração dos meios de produção em edifícios, altos-fornos, meios de transportes etc. Entretanto, seja condição ou consequência, o aumento da intensidade dos meios de produção, em comparação com a força de trabalho neles incorporada, expressa a crescente produtividade do trabalho. Consequentemente, o aumento dela aparece com o decréscimo do trabalho, em proporção ao conjunto de meios de produção que põe em movimento, ou com o decréscimo do fator subjetivo do processo de trabalho, em comparação com seus fatores objetivos." (*Das Kapital*, v. I, p. 586.)

rapidez numa economia planificada, como a socialista, do que na atual sociedade capitalista. Em primeiro lugar, a ampliação da técnica racional científica em alta escala, dentro da agricultura, só será possível quando forem abolidas as relações territoriais da sociedade privada. Sobrevirá, numa ampla esfera da produção, uma poderosa revolução cujo resultado geral será uma grande substituição do trabalho vivo pelo trabalho da máquina e a organização de grandes empresas de ordem técnica para as quais, hoje, faltam as condições necessárias. Em segundo lugar, o emprego da máquina, em geral, e o processo de produção adquirirão uma nova base econômica. Atualmente a máquina não compete com o trabalho vivo, mas apenas com sua parte paga. O limite inferior de possibilidade do emprego da máquina na produção capitalista é dado pelos gastos do trabalho que ele substitui. Isto é: para o capitalista, a máquina só tem aplicação quando seus gastos de produção – com o mesmo rendimento – são menores que os salários dos operários aos quais substitui. Do ponto de vista do processo de trabalho social, o único que pode decidir na sociedade capitalista, a máquina competirá com o trabalho realizado pelos operários e não com o trabalho necessário para seu sustento. Isso quer dizer que para uma sociedade que não é dirigida para o lucro do capital, mas para o acúmulo do trabalho humano, o emprego da máquina será econômico mesmo que sua fabricação custe menos trabalho que o acúmulo que significa o trabalho vivo. Prescindindo das diversas ocasiões em que entram em jogo a saúde e outros interesses dos trabalhadores, as máquinas poderão aplicar-se, mesmo sem chegar a este limite mínimo de acúmulo. Em todo caso, a distância entre a possibilidade de empregar economicamente as máquinas na sociedade capitalista e na socialista é, pelo menos, idêntica à diferença de seu trabalho vivo e de sua parte paga, isto é, que será medida, exatamente, pela totalidade da mais-valia capitalista.

Segue-se que, com a supressão do lucro capitalista e a implantação da organização social do trabalho, o limite de aplicação das máquinas muda em proporção a toda a magnitude da mais-valia capitalista. Abrir-se-á a seu emprego uma enorme perspectiva. Então, teria que se mostrar, palpavelmente, o fato de que a forma de produção capitalista que, ao aparecer, estimula o extremo desenvolvimento da técnica, apresenta de fato, como interesse de seu lucro fundamental, uma grande barreira social diante do progresso técnico. Derrubada essa barreira, o progresso técnico aumentará com tal potência que as atuais maravilhas técnicas da produção capitalista parecerão ser brinquedos de criança.[14]

---

14 "Pondo-se de lado as condições naturais, tais como a habilidade dos produtores que trabalham independentes, isolados (habilidade esta que se manifesta melhor na qualidade do que na quantidade de produtos) o grau de produtividade social do trabalho expressa-se na medida relativa dos meios de produção que um operário transforma em produto, durante um determinado tempo e com a mesma intensidade de força de trabalho. A massa dos meios de produção, com cuja ajuda funciona, aumenta com a produtividade de seu trabalho. Nesse caso, os meios de produção desempenham um papel duplo. O crescimento de uns é consequência da produtividade crescente do trabalho; o dos outros, sua própria condição. Assim, por exemplo, com a divisão do trabalho empregado nas manufaturas e o emprego da maquinaria, elaboram-se ao mesmo tempo mais matérias-primas e, portanto, entram no processo de trabalho quantidades maiores de matérias-primas auxiliares. Essa é a consequência da produtividade do trabalho. Por outro lado, o conjunto da maquinaria empregada, dos animais de carga, dos adubos minerais, canais de irrigação etc., é condição da produtividade crescente do trabalho. O mesmo se pode dizer da concentração dos meios de produção em edifícios, altos-fornos, meios de transportes etc. Entretanto, seja condição ou consequência, o aumento da intensidade dos meios de produção, em comparação com a força de trabalho neles incorporada, expressa a crescente produtividade do trabalho. Consequentemente, o aumento da mesma aparece com o decréscimo do trabalho, em proporção ao conjunto de meios de produção que põe em movimento, ou com o decréscimo do fator subjetivo do processo de trabalho, em comparação com seus fatores objetivos." (*Das Kapital*, v. I, p. 586.) Em outra passagem, Marx acrescenta: "Vimos anteriormente que, com o desenvolvimento da produtividade do trabalho, e, portanto, também com o desenvolvimento da forma de produção capitalista – que aumenta as forças subjetivas do trabalho, mais que todas as outras formas de produção anteriores – a massa dos meios de produção (edifícios, máquinas etc.) incorporados, de uma vez por todas e constantemente repetidos sob formas de meios de trabalho, ao processo para ser nele consumido num período mais ou menos longo, cresce constantemente, e que seu crescimento é devido ao desenvolvimento da força social produtiva do trabalho. O crescimento, absoluto e relativo, que se dá nessa forma (ver livro I, capítulo 23, 2) caracteriza, antes de tudo, a forma de produção capitalista. Mas as formas materiais de existência do capital constante, os meios de produção, consistem nesses meios de trabalho e, também, no material de trabalho nos mais diversos graus de elaboração e em matérias auxiliares. Ao crescer a escala da produção e aumentar a produtividade do trabalho por colaboração, divisão e maquinaria etc., cresce a massa de matérias-primas, das matérias auxiliares, que entram no processo diário de reprodução." (*Das Kapital*, v. II, p. 212.)

A "DESPROPORCIONALIDADE" DO SENHOR TUGAN-BARANOVSKI

Expressa na concepção do produto social, esse avanço da tecnologia pode significar apenas que a produção de meios de produção na sociedade capitalista – medida em jornada de trabalho – aumentará com maior rapidez que hoje, em relação à produção de meios de consumo. Desse modo, a relação entre as fases da produção social, na qual os marxistas russos acreditavam haver descoberto uma "expressão da maldade capitalista, do menosprezo das necessidades do consumo humano", é, melhor falando, a expressão exata do domínio progressivo da natureza pelo trabalho social. Expressão que se mostrará com maior relevo, justamente, quando as necessidades humanas forem o único ponto de partida da produção. Assim, pois, a única prova objetiva da "lei fundamental" de Tugan-Baranovski desmorona-se com um *quid pro quo* "fundamental", e toda a construção da qual deduziu a "nova teoria das crises" junto com a "desproporcionalidade" se reduz a uma cópia febril de Marx: ao esquema da reprodução ampliada.

XXIV
O fim do marxismo "legal" russo

É um mérito do marxismo "legal" russo, em particular, de Tugan-Baranovski, haver introduzido na ciência a análise do processo de reprodução e sua exposição esquemática escritas por Marx no segundo volume de *O capital*. Tugan-Baranovski, porém, pensou haver solucionado o problema apenas com essa exposição esquemática, isto é, com o desenvolvimento da questão. Chegou, então, a conclusões que contradizem os fundamentos da doutrina marxista.

A concepção de Tugan, segundo a qual a produção capitalista pode criar por si mesma um mercado ilimitado, independente do consumo, leva diretamente à teoria de Say e Ricardo do equilíbrio natural entre produção e consumo, demanda e oferta. A única diferença é que Say e Ricardo aludiam exclusivamente às questões do ponto de vista da circulação simples de mercadorias, enquanto Tugan transporta a mesma concepção à circulação do capital. Sua teoria de que as crises são causadas pela "desproporcionalidade" é, fundamentalmente, uma nova interpretação da antiga vulgaridade de Say: "A produção demasiada de uma determinada mercadoria prova, apenas, que a produção de outros tipos de mercadorias foi insuficiente." Tugan-Baranowski expõe essa vulgaridade na linguagem da análise marxista do processo de reprodução. E, se se contrapõe a Say declarando que é possível a superprodução geral, referindo-se à circulação do dinheiro, que fora completamente esquecida por Say, as operações que Tugan realiza com o esquema de Marx se baseiam, de fato, sobre o que foi esquecido a respeito da circulação do dinheiro observado em Say e Ricardo, ao colocar o problema das crises. O "esquema número 2" desfaz-se quando o transportamos para a circulação do dinheiro. Com o mesmo fato deparou Bulgakov ao tentar concluir a análise interrompida por Marx. Essa combinação de fórmulas tomadas de Marx e acrescidas de teorias de Say e Ricardo, Tugan denominou, modestamente, de "tentativa de síntese da teoria marxista e da economia clássica".

Assim, a teoria otimista, que defendia a possibilidade e a capacidade de desenvolvimento da reprodução capitalista contra as dúvidas pequeno-burguesas, terminou, depois de um século, e com base na teoria de Marx, nas mãos de seus defensores "legais", em seu ponto de partida, isto é, em Say e Ricardo. Os três "marxistas" terminam ao lado dos "harmonistas" burgueses da "boa época", bem próximos do pecado original que acaba com o paraíso da inocência da economia política burguesa. Completa-se o círculo.

Os marxistas "legais" russos venceram, indiscutivelmente, seus adversários, os "populistas", mas venceram demais. Os três – Struve, Bulgakov e Tugan-Baranovski – no ardor da polêmica provaram mais do que era necessário. Tratava-se, apenas, de se o capitalismo em geral e, em particular, na Rússia era suscetível de desenvolvimento, e os mencionados marxistas expuseram tão profundamente essa capacidade que chegaram a provar, inclusive, a possibilidade de duração eterna do capitalismo. Pois está claro que, quando se aceita a acumulação ilimitada do capital, prova-se também a viabilidade ilimitada do mesmo. A acumulação é o método capitalista específico de ampliação da produção; de desenvolvimento da produtividade do trabalho das forças produtivas; de progresso econômico. Se a forma de produção capitalista é capaz de assegurar o incremento ilimitado das forças produtivas, ou em processo econômico, é, então, insuperável. A afirmação objetiva mais importante da teoria socialista desmorona-se. A ação política do socialismo deixa de ser um reflexo de fenômenos econômicos. O socialismo deixa de ser uma necessidade

O FIM DO MARXISMO "LEGAL" RUSSO

histórica. A argumentação, que partiu da possibilidade do capitalismo, desemboca na impossibilidade do socialismo.

Os três marxistas russos sabiam perfeitamente que haviam mudado o terreno durante a polêmica. Struve não se preocupa com a perda de sua crença na missão cultural do capitalismo.[1] Bulgakov tenta tapar, de qualquer modo, o "buraco aberto" na teoria socialista com fragmentos dessa mesma teoria: esperava que a economia capitalista ruísse, apesar do imanente equilíbrio entre a produção e o mercado, pelo decréscimo da cota de lucro. Esse conselho, porém, é destruído, finalmente, pelo próprio Bulgakov, quando, esquecendo a última tábua de salvação que oferecia o socialismo, ensina a Tugan-Baranovski que o decréscimo relativo da cota de lucro, nos grandes capitais, é compensado com o crescimento absoluto do capital.[2]

Finalmente, Tugan-Baranovski, o mais consequente de todos, derruba, com a alegria de um "filho primitivo da natureza", todos os suportes econômicos objetivos em que se baseia a teoria socialista, e reconstrói "um mundo mais belo" fundamentado na "ética". O "indivíduo protesta contra uma ordem econômica que transforma o fim (o homem) em meio e o meio (a produção) em fim".[3]

---

[1] Numa coletânea de artigos russos publicada em 1901, escreve no prólogo: "O ano 1894, quando o autor publicou suas *Notas críticas sobre o problema do desenvolvimento econômico da Rússia*, era, em Filosofia Positivista crítica, em Sociologia e economia política, marxista declarado, embora não fosse ortodoxo. Desde então, tanto o positivismo como o marxismo, que se baseia (!) neste, deixaram de constituir a verdade para o autor, deixaram de determinar completamente sua concepção do mundo. O dogmatismo perverso, que contradiz os que pensam de outro modo, submetendo-os a uma espionagem moral e psicológica, vê apenas, em semelhante trabalho, 'instabilidade epicurista de ideias'. Não é capaz de compreender que o direito de autocrítica é um dos direitos mais importantes do ser humano. O autor não pensa em renunciar a esse direito, nem mesmo sob a ameaça de ser acusado de 'instabilidade'." (*Sobre diversos temas*, Petersburgo, 1901.) (Título original: *На разные темы*. [N. do T.])

[2] Ver Bulgakov, *op. cit.*, p. 252.

[3] *Tugan-Baranovski, Studien [zur Theorie und Geschichte der Handelskrisen in England]* (Estudos [sobre a teoria e a história das crises comerciais na Inglaterra]), p. 229.

Os três marxistas mencionados comprovaram, neles próprios, quão inconsistentes eram os novos fundamentos do socialismo, pois mal acabaram de fundar um novo socialismo, abandonaram-no. Enquanto as massas russas lutavam, expondo suas vidas, por ideais da ordem social que porão o homem como fim e a produção como meio, o "indivíduo" afastou-se da luta e achou em Kant uma completa tranquilidade filosófica e ética. Os marxistas "legais" russos acabaram, praticamente, onde os levava sua posição teórica: no campo das "harmonias" burguesas.

TERCEIRA SEÇÃO
As condições históricas da acumulação

XXV
Contradições do esquema da reprodução ampliada

No primeiro capítulo estabelecemos que o esquema marxista da acumulação não dá nenhuma resposta à questão para quem se realiza propriamente a reprodução ampliada. Tomando-se o esquema literalmente, tal como se desenvolve no final do segundo volume, parece que a própria produção capitalista realiza a totalidade de sua mais-valia e dedica a suas próprias necessidades à mais-valia capitalizada. Marx confirma-o depois com sua análise do esquema na qual tentou, diversas vezes, realizar a circulação desse esquema apenas com dinheiro, isto é, com a demanda dos capitalistas e com os operários; tentativa que o conduziu, finalmente, a introduzir os produtores de ouro, como *deus ex machina,* na reprodução. Acrescenta-se também, àquela passagem, este trecho tão importante do primeiro volume de *O capital* que deverá ser interpretado no mesmo sentido:

> Primeiramente, a produção anual deve proporcionar todos os objetos (valores de uso), com os quais se substituirão os elementos materiais do capital usados no decorrer de um ano. Após a dedução, resta o produto líquido ou sobreproduto, no qual se encontra a mais-valia. E em que consiste esse sobreproduto? Talvez em coisas destinadas a satisfazer às necessidades e aos desejos da classe capitalista, sem que, no entanto, ingressem no seu fundo de consumo? Se fosse apenas isso, consumir-se-ia alegremente a mais-valia, sem deixar resto, e apenas teríamos uma reprodução simples.

Sem fazer milagres, só podem ser transformadas em capital as coisas aproveitáveis no processo de trabalho, isto é, os meios de produção, e as que podem sustentar o operário, isto é, os meios de subsistência. Por conseguinte, uma parte do sobreproduto anual deve ser destinada à elaboração de meios de produção e subsistência suplementares, que excedam da quantidade requerida para substituir seu capital adiantado. Numa palavra: a mais-valia só é transformável em capital porque o sobreproduto já contém os elementos materiais de um novo capital.

São exigidas aqui as seguintes condições para a acumulação:

1. A mais-valia que será capitalizada aparece, de antemão, na forma natural do capital (em meios de produção suplementares e meios de subsistência suplementares para os operários).
2. A ampliação da produção capitalista realiza-se, exclusivamente, com meios de produção e de subsistência próprios (produzidos de forma capitalista).
3. As dimensões da ampliação da produção (acumulação) são previamente dadas pela quantia da mais-valia (que deve ser capitalizada) em cada caso; não pode ser maior, pois está ligada ao volume de meios de produção e subsistência que representa o sobreproduto. Tampouco, porém, pode ser menor, pois em tal caso não seria aproveitada, sem sua forma natural, uma parte do sobreproduto. Essas oscilações para cima e para baixo podem ser causa de flutuações periódicas que não abordaremos aqui. Na média, o sobreproduto destinado à capitalização deve corresponder à acumulação efetiva.
4. Como a produção capitalista é a única que adquire seu próprio sobreproduto, não pode haver limites para a acumulação do capital.

A essas condições corresponde também o esquema marxista da reprodução ampliada. A acumulação verifica-se sem que se tenha a mínima percepção, para quem e para que novos consumidores se amplia cada vez mais a produção. O esquema pressupõe esse caminho: a indústria carbonífera é incrementada para ampliar a produção de ferro. Esta se amplia para aumentar a produção de maquinaria. Esta se amplia para aumentar a produção de meios de consumo. Esta, por sua vez, se amplia para sustentar o crescente exército de operários do carvão, do ferro e da maquinaria. E, assim, em círculo *ad infinitum* conforme a teoria de Tugan-Baranovski. O esquema de Marx, *considerado em si mesmo*, permite de fato tal interpretação. A prova disso é que, segundo suas próprias e repetidas afirmações, Marx trata de expor o processo de acumulação do capital total numa sociedade composta unicamente de capitalistas e operários. As passagens que se referem a isso se encontram em todos os volumes de *O capital*.

No primeiro volume, justamente no capítulo referente à "transformação da mais-valia em capital", aparece:

> Para conservar o objeto da investigação em sua pureza, livre de circunstâncias secundárias que o perturbem, temos que considerar e pressupor aqui o mundo total comercial como uma nação; temos que admitir que a produção capitalista se estabeleceu em todas as partes e se assenhoreou de todos os ramos industriais.[1]

Essa hipótese reaparece no segundo volume, bem como no capítulo XXVII, que trata da circulação da mais-valia:

> Assim sendo, só existem dois pontos de partida: o capitalista e o operário. Todas as demais categorias de pessoas, ou recebem dinheiro por seus serviços, dessas duas classes, ou, então, são coproprietários da mais-valia em forma de rendas, juros etc. Por conseguinte, a classe capitalista é o único ponto de partida da circulação do dinheiro.[2]

Mais adiante, no mesmo capítulo, referindo-se especialmente à circulação do dinheiro sob as condições da acumulação:

---

1 *Das Kapital*, v. I, p. 544, nota 21a.
2 *Das Kapital*, v. I, p. 307.

A ACUMULAÇÃO DO CAPITAL

A dificuldade surge quando em vez de acumulação parcial consideramos uma acumulação geral de capital monetário na classe capitalista. Além dessa classe, não há, segundo nossa hipótese – domínio geral e exclusivo da produção capitalista – nenhuma outra, a não ser a operária.[3]

Reencontramos a mesma hipótese no capítulo XX:

> [...] Aqui não há mais do que duas classes: a classe operária, que só dispõe de sua força de trabalho, e a classe capitalista, que monopoliza tanto os meios sociais de produção como o dinheiro.[4]

Ao expor no terceiro volume o processo total da produção capitalista, Marx afirma expressamente:

> Imaginemos a sociedade inteira composta unicamente de capitalistas e operários industriais. Prescindamos, por outro lado, das oscilações de preços que impedem a grandes setores do capital total sua substituição em proporções médias e que, dada a conexão geral do processo inteiro de reprodução, particularmente enquanto se acha afetado pelo crédito, têm que produzir sempre paralisações momentâneas gerais. Abstraiamo-nos, igualmente, dos negócios aparentes e das rotações especulativas fomentadas pelo crédito. Em tal caso, a crise só seria explicável pela desproporção da produção nos diversos ramos e pela desproporção entre o consumo dos próprios capitalistas e sua acumulação. Dentro do estado de coisas existente, a substituição dos capitais investidos na produção depende, em sua maior parte, da capacidade de consumo das classes não produtivas, enquanto a capacidade de consumo dos trabalhadores se encontra limitada, por um lado, pela lei do salário e, por outro, pelo fato de que apenas podem ser empregados enquanto produzam lucro para a classe capitalista.[5]

---

3 *Das Kapital*, v. I, p. 321.
4 *Das Kapital*, v. I, p. 396.
5 *Das Kapital*, v. I, 2ª parte, p. 21.

CONTRADIÇÕES DO ESQUEMA DA REPRODUÇÃO AMPLIADA

Essa última citação refere-se também à questão das crises que não nos vai interessar aqui. Mostra, porém, de modo inequívoco que Marx admite a dependência do movimento de capital total "dentro do estado de coisas existente" a tão só três categorias de consumidores: capitalistas, operários e "classes improdutivas", que são uma categoria anexa da classe capitalista ("rei, padre, professor, prostituta, soldado"); no segundo volume definiu-se esta categoria, justamente, como mera representante de um poder de compra derivado e, consequentemente, representando os parasitas da mais-valia e do salário.

Finalmente, nas *Teorias sobre a mais-valia ou história das doutrinas econômicas*, volume II, 2ª parte, p. 263, Marx formula suas hipóteses gerais acerca da acumulação, no capítulo intitulado "Acumulação do capital e as crises":

> Temos que considerar aqui apenas as formas de que se reveste o capital nas diversas etapas de sua evolução. Não exporemos, pois, as circunstâncias reais dentro das quais se realiza o processo efetivo de produção. Admite-se que a mercadoria sempre é vendida conforme seu valor. Não se considera a concorrência capitalista, nem o crédito, nem a constituição real da sociedade, cuja composição não é, exclusivamente, das classes operária e capitalista. Consumidores e produtores, por conseguinte, não são idênticos, mas a primeira categoria, a dos consumidores (cujos rendimentos são em parte secundários, em parte derivados do lucro e do salário, e não primitivos), é mais ampla do que a segunda (a dos produtores), pela maneira como gasta seus rendimentos e o montante dos mesmos, é causa de grandes modificações no orçamento econômico e, particularmente, no processo de circulação e reprodução do capital.

Aqui, ainda, quando Marx aborda a "constituição real da sociedade", apenas considera os parasitas da mais-valia e do salário, ou seja, as categorias anexas àquelas fundamentais da produção capitalista.

Assim, pois, não há dúvida alguma de que Marx queria expor o processo da acumulação numa sociedade composta exclusivamente de capitalistas e trabalhadores, sob o domínio geral e exclusivo da forma de produção capitalista. Seu esquema, consequentemente, não pode ter outra interpretação senão a da produção pela própria produção.

Recordemos o segundo exemplo do esquema marxista da reprodução ampliada.

Primeiro ano:

I. 5.000 c + 1.000 v + 1.000 m = 7.000 (meios de produção)
II. 1.430 c + 285 v + 285 m = 2.000 (meios de consumo)
Total 9.000

Segundo ano:

I. 5.417 c + 1.083 v + 1.083 m = 7.583 (meios de produção)
II. 1.583 c + 316 v + 316 m = 2.215 (meios de consumo)
Total 9.798

Terceiro ano:

I. 5.869 c + 1.173 v + 1.173 m = 8.215 (meios de produção)
II. 1.715 c + 342 v + 342 m = 2.399 (meios de consumo)
Total 10.614

Quarto ano:

I. 6.358 c + 1.271 v + 1.271 m = 8.900 (meios de produção)
II. 1.858 c + 371 v + 371 m = 2.600 (meios de consumo)
Total 11.500

Aqui, a acumulação progride, ininterruptamente, de ano para ano, sendo que a metade da mais-valia conseguida é consumida pelos capitalistas e a outra é capitalizada. Na capitalização postula-se, constantemente, a mesma base técnica tanto para o capital adicional como para o original,

CONTRADIÇÕES DO ESQUEMA DA REPRODUÇÃO AMPLIADA

isto é, a mesma composição orgânica ou divisão em capital constante e variável, e a mesma taxa de exploração (sempre igual a 100%). A parte capitalizada da mais-valia, conforme a hipótese marxista do primeiro volume de *O capital,* aparece, previamente, em forma de meios de produção adicionais e meios de subsistência dos trabalhadores. Ambos servem para aumentar, cada vez mais, a produção, tanto no setor I como no setor II. Não se pode deduzir das hipóteses do esquema marxista para quem se realiza esse aumento da produção. Na realidade, paralelamente à produção, aumenta também o consumo da sociedade; aumenta o consumo dos capitalistas (no primeiro ano eleva-se no valor de 500 + 142; no segundo, de 542 + 158; no terceiro, de 586 + 171; no quarto, de 645 + 185) e aumenta também o consumo dos trabalhadores; sua expressão exata, em valor, é o capital variável que cresce, de ano para ano, em ambos os setores. Em todo caso, porém, abstraindo todo o restante, o consumo crescente da classe capitalista não pode ser considerado a meta final da acumulação; pelo contrário, enquanto esse consumo se efetiva e cresce, não se verifica nenhuma acumulação: o consumo individual dos capitalistas ajusta-se à categoria da reprodução simples. Por outro lado, pergunta-se: para quem produzem os capitalistas o que eles não consomem, aquilo de que se "privam", isto é, o que acumulam? Muito menos ainda será o sustento de um exército cada vez maior de operários o fim da acumulação ininterrupta de capital. O consumo dos trabalhadores é, no regime capitalista, uma consequência da acumulação; nunca seu meio ou seu fim, a menos que se invertessem os fundamentos da produção capitalista. Em qualquer situação, os operários só podem consumir aquela parte do produto que corresponde ao capital variável, e nada mais além disso. Quem cria, pois, a mais-valia que cresce constantemente? O esquema responde: os próprios capitalistas, e apenas eles. E o que fazem com sua mais-valia crescente? O esquema responde: utilizam-na para ampliar ainda mais sua produção. Esses capitalistas são, pois, fanáticos pela ampliação da produção pela própria ampliação da produção. Constroem constantemente novas máquinas para construir com elas, por sua vez, novas máquinas. O que resultará disso, porém, não é uma acumulação do capital, mas uma produção crescente dos meios de produção sem nenhum fim, e, torna-se necessário enfatizar a ousadia e o espírito paradoxal de Tugan-Baranovski, para supor que esse carretel incessante no espaço vazio possa ser seu fiel espelho teórico da realidade capitalista e uma verdadeira consequência da doutrina marxista.[6]

Além do projeto de análise da reprodução ampliada, interrompido no começo e que encontramos no segundo volume de *O capital*, Marx expôs de modo bem detalhado e claro sua própria concepção do curso característico da acumulação capitalista em toda a sua obra, particularmente no terceiro volume. E basta aprofundar-se nessa concepção para perceber-se que o esquema inserido no final do segundo volume é insuficiente.

Examinando-se o esquema da produção ampliada, do ponto de vista da teoria de Marx, descobre-se, necessariamente, em relação a ela contradições em vários aspectos.

Antes de mais nada, o esquema não leva em conta a produtividade crescente do trabalho. Pressupõe de ano para ano, apesar da acumulação, a mesma composição orgânica do capital, isto é, os mesmos fundamentos técnicos do processo de produção. Essa hipótese, por si só, é aceita para simplificar a análise. Prescindir-se, porém, das modificações da técnica, que caminham paralelamente ao processo da acumulação do capital, e que dele são inseparáveis, obriga, pelo menos posteriormente, sua abordagem, quando as circunstâncias objetivas da realização do produto social total e da reprodução são investigadas. Admitindo-se os progressos da produtividade do trabalho, vê-se que o volume material do

---

[6] "Não são nunca os pensadores originais os que descobrem consequências absurdas de suas teorias. Deixam essa tarefa para os Say e MacCulloch." (*Das Kapital*, v. II, p. 365.) E aos... Tugan-Baranovski, acrescentamos nós.

produto social – meios de produção e de consumo – cresce ainda muito mais rapidamente do que seu valor, como mostra o esquema. O outro aspecto desse crescimento do volume dos valores de uso é, também, uma modificação das relações de valor. Segundo a argumentação marxista, a composição orgânica do capital e a taxa da mais-valia não se alteram com o crescimento progressivo da produtividade do trabalho que se manifesta no aumento da acumulação do capital. Essa afirmação constitui uma das bases principais de sua teoria.

Pelo contrário, com o aumento da acumulação, c (capital constante) cresce em ambos os setores, tanto absoluta como relativamente, $v + m$, ou seja, o valor novo total criado (expressão social da produtividade do trabalho); ao mesmo tempo, tem que crescer o capital constante em relação ao variável e, do mesmo modo, a mais-valia em relação ao capital variável ou taxa da mais-valia (expressão capitalista da produtividade do trabalho). Não importa que essas transferências não se verifiquem literalmente todos os anos, do mesmo modo que as designações "primeiro, segundo, terceiro anos etc." do esquema de Marx não se referem, necessariamente, aos anos do calendário civil, podendo significar quaisquer períodos de tempo. Finalmente, as modificações na composição orgânica do capital assim como na taxa de mais-valia podem se situar tanto no primeiro, terceiro, quinto ano etc., como no segundo, sexto, nono etc. Devemos levar isso em conta em geral e considerá-lo como fenômenos periódicos. Se o esquema assim se completa, além desse método de acumulação, haverá anualmente um déficit crescente de meios de produção e um excedente crescente de meios de consumo. Tugan-Baranovski, que no papel vence todas as dificuldades, certamente recorre, simplesmente, à construção de um esquema com outras proporções, diminuindo o capital variável de ano para ano em 25%. Como o papel suporta pacientemente esse exercício aritmético, Tugan se acredita com direito a triunfalmente considerar "provado" que, inclusive com uma diminuição absoluta do consumo, a acumulação caminha sem nenhuma dificuldade. Finalmente, porém, o próprio Tugan admite que sua afirmação da diminuição absoluta do capital variável se encontra em total contradição com a realidade. O capital variável, ao contrário, cresce em termos absolutos em todos os países capitalistas, mas decresce relativamente em proporção com o crescimento ainda mais rápido do capital constante. Se admitirmos, conforme a marcha natural das coisas, que de ano para ano se verifica um crescimento mais rápido do capital constante e um mais lento do capital variável, o aumento da taxa de mais-valia será colocado manifestamente numa desproporção entre a composição material do produto social e a composição do valor do capital. Imaginemos, por exemplo, que no esquema de Marx, em vez da proporção permanente entre o capital constante e o variável = 5:1, admitamos uma composição progressiva mais elevada para o crescimento do capital: no segundo ano, 6:1; no terceiro, 7:1; no quarto 8:1. Suponhamos também que, correspondendo à maior produtividade do trabalho, aceitemos uma taxa crescente de mais-valia, em vez da taxa estável de 100%, e conservemos as cifras escolhidas por Marx para *m*, diminuindo gradualmente o capital variável em relação ao capital constante. Partamos, finalmente, da capitalização da metade da mais-valia apropriada (exceto no setor II, no primeiro ano que capitalizou, segundo admitiu Marx, mais da metade de sua mais-valia, isto é, 184 de 285 *m*). Em tal caso, obteremos o seguinte resultado:

Primeiro ano:

I. $5.000\ c + 1.000\ v + 1.000\ m = 7.000$ (meios de produção)
II. $1.430\ c +\ \ \ 285\ v +\ \ \ 285\ m = 2.000$ (meios de consumo)

Segundo ano:

I. $5.428\ 4/7\ c + 1.071\ 3/7\ v + 1.083\ m = 7.583$
II. $1.587\ 5/7\ c +\ \ \ 311\ 2/7\ v +\ \ \ 316\ m = 2.215$

CONTRADIÇÕES DO ESQUEMA DA REPRODUÇÃO AMPLIADA

Terceiro ano:

I.   5.903 c + 1.139 v + 1.173 m = 8.215
II. 1.726 c +   331 v +   342 m = 2.399

Quarto ano:

I.   6.424 c + 1.205 v + 1.271 m = 8.900
II. 1.879 c +   350 v +   371 m = 2.600

Se a acumulação ocorresse, resultaria num déficit de meios de produção de 16 no segundo ano; no terceiro, de 45; no quarto, de 88; e, ao mesmo tempo, num excedente de meios de consumo no segundo ano de 16; no terceiro, de 45; e, no quarto, de 88.

O déficit em meios de produção pode ser, em parte, aparente. A consequência da crescente produtividade do trabalho é o crescimento do volume dos meios de produção mais rapidamente que o de seu valor, ou, dito de outra forma, sobrevém o barateamento dos meios de produção. Como no desenvolvimento da técnica de produção, porém, o que importa, antes de mais nada, não é o valor, mas o valor de uso; os elementos materiais do capital, apesar do déficit do valor, podem ser aceitos até certo ponto, desde que haja um volume suficiente de meios de produção para uma acumulação progressiva. É o mesmo fenômeno que, entre outras coisas, contém a queda da taxa de lucro, tomando-a, apenas, uma tendência decrescente. Apesar do nosso segundo exemplo, a queda da taxa de lucro não estaria contida, mas totalmente suprimida. Por outro lado, a mesma circunstância indica que é muito maior o excedente de meios de consumo sem saída do que o que se deduz da soma de valores desse excedente. Não caberia outra solução a não ser obrigar os capitalistas do setor II a consumir eles próprios esse excedente, o que Marx admite como possível, para o qual a lei da acumulação para esses capitalistas tomaria a direção da reprodução simples, ou declarar que não há saída para esse excedente.

A ACUMULAÇÃO DO CAPITAL

Cabe argumentar, certamente, que se poderia remediar facilmente o déficit de meios de produção que aparecia no nosso exemplo: bastaria estabelecer como hipótese que os capitalistas do setor II capitalizam, em maior grau, sua mais-valia. De fato, não há nenhuma razão para se supor que os capitalistas só convertem em capital a metade de sua mais-valia, como Marx admite em seu exemplo. Ao progresso da produtividade do trabalho pode corresponder uma taxa crescente de mais-valia capitalizada. Essa conclusão é muito mais admissível do que aquela que concebe como uma das consequências do progresso técnico o barateamento dos meios de produção da classe capitalista, de tal modo que a relativa diminuição do valor da renda por eles consumida (em relação à parte capitalizada) pode manifestar-se no mesmo nível de vida e até num nível mais elevado. Assim, podemos supor, por exemplo, que o déficit de meios de produção do setor I, por nós contestado, oculta-se, expressando-se numa parte da mais-valia consumida correspondente (que, como todas as partes do valor do produto, apresenta-se em forma de meios de produção) em capital constante; no segundo ano, na quantia de 11 4/7; no terceiro, de 34; no quarto, de 66.[7] A solução de uma dificuldade, porém, só serve para aumentar outra. Percebe-se claramente que, quanto mais limitam relativamente o seu consumo os capitalista do setor I, para tornar possível a acumulação, tanto mais aparece no setor II um excedente de meios de consumo que não encontra saída, e aumentará, portanto, a dificuldade para incrementar o capital constante, mesmo sobre a base técnica anterior. A hipótese da relativa limitação progressiva do consumo pelos capitalistas do setor I deveria complementar-se com outra hipótese do relativo aumento crescente do consumo privado dos capitalistas do setor II; a aceleração da acumulação

---

[7] Essas cifras resultam como diferença entre a importância atribuída ao capital constante do setor I com uma técnica progressiva e a grandeza que lhe é atribuída no esquema de Marx (*Das Kapital*, v. II, p. 496), permanecendo inalterada a técnica.

no setor I implica o seu atraso no setor II; o progresso da técnica num implica o retrocesso do outro.

Esses resultados não são casuais. O que nos propúnhamos ilustrar com o esquema de Marx em nossos propósitos anteriores é o seguinte: segundo o próprio Marx, o progresso da técnica vai expressar-se no crescimento relativo do capital constante em comparação com o variável. Disso resulta a necessidade de uma modificação constante na distribuição da mais-valia capitalizada entre c e v. Os capitalistas do esquema marxista não estão em condições de alterar, por um simples capricho, essa distribuição, pois a capitalização depende *a priori* da *forma material* de sua mais-valia. Segundo Marx, como toda a ampliação da produção se verifica exclusivamente com os próprios meios de produção e consumo elaborados de forma capitalista – não existem outros centros nem formas de produção – nem existem tampouco consumidores além dos capitalistas e operários de ambos os setores e, como, por outro lado, se supõe que o produto total dos dois setores seja inteiramente absorvido na circulação para se atingir a acumulação, conclui-se: a conformação técnica da reprodução ampliada aparece prévia e rigorosamente indicada aos capitalistas na forma real do sobreproduto, ou, em outras palavras: a ampliação da produção, segundo o esquema marxista, só se pode realizar, em cada caso, numa base técnica tal que toda mais-valia elaborada nos setores I e II encontre aplicação, devendo-se levar em conta, além disso, que nesses dois setores só se podem chegar a seus respectivos elementos de produção através de uma mudança recíproca. Desse modo, a distribuição da mais-valia que será capitalizada entre o capital constante e o variável, assim como a distribuição dos meios de produção e de consumo (dos trabalhadores) excedentes entre os setores I e II, encontram-se, em cada caso, predeterminadas pelas relações reais e de valor dos dois setores do esquema. Essas relações reais e de valor expressam, porém, por si sós, uma conformação técnica da produção. Estabelece-se com isso que, ao prosseguir-se a acumulação sob as hipóteses do esquema marxista, a técnica da produção empregada em cada caso determina, de antemão, a técnica dos períodos seguintes da reprodução ampliada. Se supomos, com o esquema de Marx, que a ampliação da produção capitalista só se realiza com a mais-valia previamente produzida em forma de capital e, se admitimos, além disso – o que significa outro aspecto da mesma hipótese –, que a acumulação de um setor da produção capitalista progride em relação direta à acumulação do outro setor – resultará que é impossível uma modificação das bases técnicas da produção (tal como se expressa na relação de *c* e *v*).

Pode-se dizer o mesmo de outra forma. É claro que a composição orgânica progressivamente superior do capital, isto é, o maior crescimento do capital constante em comparação com o variável, tem que encontrar sua expressão material no maior crescimento da produção de meios de produção (setor I) em relação à produção de meios de consumo (setor II). Semelhante discrepância no ritmo da acumulação dos dois setores fica absolutamente excluída pelo esquema de Marx que se fundamenta numa rigorosa uniformidade de seu crescimento. Nada se opõe ao se admitir que, com o progresso da acumulação e sua base técnica, a sociedade possa investir, constantemente, uma porção maior de mais-valia capitalizada no setor dos meios de produção, em vez de investi-la no de meios de consumo. Admitindo-se que os dois setores da produção são apenas ramos da mesma produção social total, ou, se se preferir, duas sucursais pertencentes ao capitalista total, não pode haver objeções à hipótese da transferência constante de uma parte da mais-valia acumulada – conforme as exigências técnicas – de um setor para outro. Isso corresponde também à prática efetiva do capital. Essa hipótese só é válida quando consideramos a mais-valia capitalizável em termos de valor. No esquema marxista e em seu contexto, porém, essa parte da mais-valia está ligada a uma forma material destinada diretamente à capitalização. Assim, a mais-valia do setor II se apresenta sob a forma de meios de consumo. E, como estes só podem ser realizados pelo setor I, torna-se impossível a transferência de uma parte da mais-valia capitalizada do setor II para o I, em primeiro lugar, porque a forma material dessa mais-valia não pode ter nenhuma utilização no setor I e, em segundo, porque as relações de troca entre os dois setores resultam no fato de que a transferência de uma parte da mais-valia em produtos do setor II para o I tenha que corresponder a uma transferência de valor de produtos do setor I para o II. Portanto, dentro do esquema marxista, torna-se impossível um crescimento mais rápido do setor I em comparação com o II.

Seja qual for, por conseguinte, a maneira que consideremos o problema, a modificação técnica da produção no processo da acumulação não se pode alterar sem que se alterem completamente as proporções e as relações que estão na base do esquema de Marx.

Além disso e de acordo com o esquema de Marx, a mais-valia capitalizada em cada caso é absorvida imediata e totalmente pela produção no período seguinte, já que para isso assume antecipadamente uma forma material que só permite seu emprego dessa maneira (exceto a porção consumível). De acordo com esse esquema, não há possibilidade de formar e acumular mais-valia em forma de dinheiro como capital que procura inversão. O próprio Marx enumera discriminadamente para o capital individual as seguintes formas monetárias livres do capital: em primeiro lugar, a lenta obtenção de dinheiro correspondente ao desgaste do capital fixo, destinando-se a sua renovação posterior e, em segundo, o volume de dinheiro que representa a mais-valia realizada, mas que ainda não alcançou a magnitude mínima exigida para sua inversão. Nenhuma das duas fontes do capital livre em forma de dinheiro tem importância do ponto de vista do capital total. Se consideramos, pois, apenas uma parte da mais-valia social realizada em forma de dinheiro e em busca de aplicação, surgirá, em seguida, a questão: quem tirou os elementos materiais dessa mais-valia e quem forneceu o dinheiro para essa compra? Pode-se responder: outros capitalistas. Na classe dos capitalistas, porém, tal como se expressa no esquema, essa parte da mais-valia será considerada de fato investida e empregada na produção, retornando, desse modo, à inversão imediata e total da mais-valia.

O fato de uma parte da mais-valia fixar-se em certos capitalistas, em forma de dinheiro, significa que uma parcela correspondente do sobreproduto permaneceu, em sua forma material, em mãos de outro capitalista. O armazenamento do valor da mais-valia realizada por um implica a impossibilidade do outro realizar a sua, pois os capitalistas são os únicos detentores possíveis da mais-valia. Com isso, porém, permaneceria interrompida a marcha natural da reprodução e, portanto, da acumulação tal como a descreve o esquema. Teríamos uma crise, mas não uma crise por superprodução, mas por mera intenção de acumulação; uma crise como a que vagamente imaginava Sismondi.

Em uma passagem de suas *Theorien über den Mehrwert* (Teorias sobre a mais-valia ou história das doutrinas econômicas), Marx declara expressamente que

> esse ponto não especifica o caso em que se acumula mais capital do que se pode empregar na produção, deixando-o, por exemplo, sob a forma de dinheiro depositado no banco. Daqui sairiam os empréstimos para o estrangeiro etc.

Marx situa esses fenômenos no capítulo referente à concorrência. É importante, porém, observar que seu esquema exclui, diretamente, a formação de semelhante capital excedente. A concorrência, por mais amplo que seja o conceito que formulemos, não pode evidentemente criar valores, e tampouco capital, que não resultem do processo da reprodução.

O esquema exclui, portanto, desse modo, o incremento da produção por saltos. Permite apenas o incremento contínuo, que marcha exatamente ao compasso da formação da mais-valia e descansa na identidade entre sua realização e capitalização.

Pela mesma razão, o esquema contém uma acumulação que abrange uniformemente os dois setores, isto é, todos os ramos da produção capitalista. Uma ampliação do mercado por saltos parece aqui tão impossível como o desenvolvimento unilateral de ramos isolados da produção capitalista, que corram muito adiante dos outros.

O esquema pressupõe, por conseguinte, um movimento do capital total, que contradiz a marcha efetiva da evolução capitalista. A história do sistema de produção capitalista caracteriza-se, à primeira vista, por dois fatores: expansão periódica de todo o campo da produção por saltos, e, por outro lado, desenvolvimento inteiramente desigual de diversos ramos da produção. A história da indústria dos tecidos de algodão ingleses (o capítulo mais característico da história da produção capitalista do último quartel do século XVIII até os anos 70 do século XIX) torna-se totalmente inexplicável do ponto de vista do esquema de Marx.

Finalmente, o esquema contradiz a concepção do processo total capitalista e seu curso tal como aparece no volume III de *O capital* de Marx. O pensamento fundamental dessa concepção é a contradição imanente entre a capacidade ilimitada de expansão da força produtiva e a capacidade limitada de expansão do consumo social sob uma distribuição capitalista. Observemos detalhadamente como o descreve Marx no capítulo XV, intitulado "O desenvolvimento das contradições interiores da lei" (da taxa decrescente de lucro):

> A criação da mais-valia, dados os meios de produção necessários, isto é, uma acumulação suficiente de capital, não encontra outro limite além da população trabalhadora e do grau de exploração do trabalho. O primeiro, quando é dada a taxa de mais-valia, isto é, o grau de exploração do trabalho, e o segundo, quando existe a população operária. E o processo de produção capitalista consiste, essencialmente, na produção da mais-valia, representada no sobreproduto ou na

A ACUMULAÇÃO DO CAPITAL

parte alíquota das mercadorias produzidas, ou seja, trabalho não remunerado. Não se deve nunca esquecer que a produção dessa mais-valia e a reconversão de uma parte da mesma em capital ou acumulação forma uma parte integrante dessa produção de mais-valia – é o fim imediato, o motivo determinante da produção capitalista. Por conseguinte, não se deve representar essa por aquela, pois como produção não tem por fim imediato o luxo ou a criação de meios de luxo para os capitalistas [e muito menos ainda para os operários – R.L.]. Seria fazer completa abstração de seu caráter específico, de sua estrutura interna. A conquista dessa mais-valia constitui o processo imediato de produção que, como já foi dito, não tem outros limites além dos acima indicados. É suficiente que a quantidade de sobretrabalho se converta em mercadorias para que fique produzida a mais-valia. Com essa produção de mais-valia, porém, termina apenas o primeiro ato do processo de produção capitalista: o processo de produção imediata. O capital absorveu a quantidade de trabalho não remunerado. Com o desenvolvimento do processo que se manifesta no descenso da taxa de lucro, o volume de mais-valia, assim produzido, aumenta em proporções monstruosas. Segue-se depois o segundo ato do processo que abrange todo o volume de mercadorias, o produto total. Tanto a parte que substitui o capital constante e variável como a que representa a mais-valia têm que ser vendidas. Se isso não acontece, ou só acontece parcialmente, ou só com preços que estão abaixo dos preços de produção, verifica-se, e isso é certo, a exploração do trabalhador, sendo que sua exploração não se realizou em proveito do capitalista. Pode acontecer que a mais-valia não se realize ou que apenas se realize em parte, e, inclusive, que se perca parcial ou totalmente o capital. As condições da exploração imediata e de sua realização não são idênticas. Distinguem-se não apenas em virtude do tempo e do espaço, mas também conceitualmente. Umas só se encontram limitadas pela força produtiva da sociedade, outras pela proporcionalidade dos diversos ramos da produção e o poder de consumo da sociedade. Esta última, porém, não está determinada nem pela capacidade absoluta de produção nem pelo poder absoluto do consumo, mas pelo poder de consumo sobre a base de proporções antagônicas de distribuição, que o consumo da grande massa da sociedade reduz a um mínimo variável dentro de limites mais ou menos estreitos. Encontra-se também limitada pelo impulso de acumulação, impulso esse que leva a aumentar o capital e a produzir mais-valia em escala ampliada. Essa é uma lei da produção capitalista, gerada pelas revoluções constantes nos próprios métodos de produção; pela constante desvalorização do capital investido que delas procede; pela luta geral da concorrência e pela necessidade de melhorar a produção e ampliar sua escala, como único meio de conservação, sob pena de ruína. Por conseguinte, o mercado se estende constantemente, de modo que seus nexos e as condições que o regulam tomam cada vez a forma de uma lei natural, independente dos produtores, tornando-se cada vez mais incontroláveis. A contradição interior tende a ser compensada pela extensão do campo exterior da produção. Mas quanto mais se desenvolve a força produtiva, tanto mais entra em conflito com a estreita base sobre a qual descansam as relações de consumo. Sobre essa base contraditória, não é contradição dizer-se que o excesso de capital acompanha o excesso crescente da população, pois se ambas as coisas uniram-se aumentando o volume da mais-valia produzida, aumentou também a contradição entre as condições em que essa mais-valia é produzida e as condições em que é realizada.[8]

Se compararmos essa descrição com o esquema da reprodução ampliada, perceberemos que não coincidem de modo algum. Conforme o esquema, entre a produção da mais-valia e sua realização não há nenhuma contradição imanente, mas identidade imanente. A mais-valia aparece, de antemão, sob uma forma natural adequada às necessidades da acumulação. Sai da produção como capital adicional. Isso significa a realização do impulso de acumulação dos próprios capitalistas. Estes, como classe, deixam antecipadamente que a mais-valia por eles apropriada se produza, exclusivamente, na forma material que possibilite e condicione seu emprego para uma acumulação posterior. A realização da mais-valia e sua acumulação são apenas dois aspectos de um mesmo processo; conceitualmente, são idênticas. Por isso, no processo da reprodução, tal como se expressa no esquema, o poder de consumo da sociedade não constitui um limite da produção. A ampliação da produção prossegue automaticamente, de ano para ano, sem que o poder de consumo da sociedade tenha ido além de suas "relações antagônicas de distribuição". Na realidade, esse progresso automático de incremento de acumulação é

---

8 *Das Kapital*, v. III, 1ª parte, p. 224 ss.

"lei para a produção capitalista, sob pena de ruína". Segundo a análise do volume III, porém, "o mercado será, por isso, constantemente ampliado"; o mercado, evidentemente, além do consumo dos capitalistas e operários. E quando Tugan-Baranovski se apropria da seguinte afirmação de Marx: "a contradição interna compensa-se por meio da ampliação do campo exterior da produção", acredita que, ao dizer "campo exterior da produção", fala da própria produção, não apenas violenta a linguagem, mas também o claro raciocínio de Marx. O "campo exterior da produção", clara e inequivocamente, não é aqui a própria produção, mas o consumo, que tem que ser constantemente aumentado. A seguinte passagem das *Teorias sobre a mais-valia* ou da *História das doutrinas econômicas* testemunha suficientemente que esse – e nenhum outro – é o modo de pensar de Marx:

> Ricardo nega, pois, consequentemente, a necessidade de que se *amplie* o *mercado* com o incremento da produção e o crescimento do capital. Todo o capital existente num dado país pode ser empregado vantajosamente nesse país. Por isso, entra em polêmica com Adam Smith, que, após haver formulado a mesma teoria que a sua (de Ricardo), combate-o com seu instinto, como de costume sensato.[9]

Ainda há outra passagem em Marx, em que se percebe claramente que a ocorrência de uma produção pela própria produção de Tugan-Baranovski lhe era desconhecida:

> Por outro lado, já vimos (livro II, seção 3ª), há uma circulação contínua entre capital constante e capital variável (prescindindo ainda da acumulação acelerada); essa circulação é independente do consumo individual, na medida em que ela nele não participa, encontrando-se definitivamente limitada por esse último, porque a produção do capital constante não se faz nunca por si mesma, mas através das esferas de produção, cujos produtos participam no consumo individual.[10]

---

9 *Theorien*, v. II, 2ª parte, p. 305.
10 *Das Kapital*, v. III, 1ª parte, p. 289.

CONTRADIÇÕES DO ESQUEMA DA REPRODUÇÃO AMPLIADA

Na verdade, conforme o esquema do volume II, no qual unicamente se agarra Tugan-Baranovski, o mercado é idêntico à produção. Ampliar o mercado equivale a incrementar a produção, pois a produção é, aqui, seu único mercado (o consumo dos operários é apenas um elemento da produção e reprodução do capital variável). Por isso, há apenas um só limite para a extensão da produção e do mercado: a grandeza do capital social ou o grau de acumulação já conseguido. Quanto mais obtivermos mais-valia – na forma natural do capital –, tanto mais poderemos acumular, e quanto mais acumularmos, tanto mais poderemos realizar mais-valia em forma de capital, que é seu aspecto natural. Consequentemente, conforme o esquema, não existe a contradição assinalada na análise do terceiro volume. Não há aqui – no processo tal como demonstra o esquema – nenhuma necessidade de ampliar constantemente o mercado além do consumo dos capitalistas e operários, e a capacidade limitada do consumo da sociedade não é obstáculo para uma marcha normal e um incremento ilimitado da produção. O esquema admite, sem dúvida, a crise, mas, exclusivamente, por falta de proporcionalidade da produção, isto é, por falta de controle social do processo de produção. Exclui, em compensação, a profunda discrepância fundamental existente entre a capacidade de produção e do consumo da sociedade capitalista, discrepância essa gerada, justamente, pela acumulação de capital, e que é solucionada periodicamente nas crises e que impulsiona o capital a ampliar constantemente o mercado.

XXVI
A reprodução do capital e seu meio ambiente

O esquema marxista da reprodução ampliada não pode, por conseguinte, explicar-nos o processo da acumulação tal como se verifica na realidade histórica. Por quê? Tão simplesmente por causa das próprias hipóteses do esquema. Esse esquema pretende expor o processo de acumulação, sob a suposição de que capitalistas e operários são os únicos consumidores. Já vimos que Marx situa consequente e conscientemente, nos três volumes de *O capital,* como hipótese teórica de sua análise, o domínio geral e exclusivo da produção capitalista. Nessas condições, não há, mesmo no esquema, mais classes sociais além dos capitalistas e operários; todas as "terceiras pessoas" da sociedade capitalista (empregados, profissionais liberais, sacerdotes etc.) devem ser incluídos como consumidores naquelas duas classes, e, preferentemente, na capitalista. Essa hipótese, porém, é um recurso teórico; na realidade não houve nem há uma sociedade capitalista que se baste por si mesma, na qual domine exclusivamente a produção capitalista. É perfeitamente legítimo utilizar-se esse recurso teórico quando não altera as condições próprias do problema, mas pelo contrário ajuda a expô-lo em sua essência. Tal ocorre na análise da reprodução simples do capital social total. Nesse caso, o próprio problema apoia-se no seguinte artifício: numa sociedade que produz de forma capitalista, isto é, que engendra mais-valia, esta, por sua vez, é inteiramente consumida pela classe capitalista que dela se apropria. Trata-se, logo, de expor como serão configuradas, nessas condições, a produção e a reprodução sociais. Por isso, a própria colocação do problema pressupõe que a produção só conhece como consumidores os capitalistas e operários; encontra-se, pois, plenamente de acordo com a hipótese marxista sobre o domínio geral da produção capitalista. Os dois artifícios coincidem teoricamente. É legítimo também supor absoluto o domínio do capitalismo ao se tratar da análise da acumulação de capital individual, como acontece no primeiro volume de *O capital.* A reprodução do capital individual é o elemento da reprodução social total. É um elemento, porém, cujo movimento é independente e que se encontra em contradição com os movimentos dos demais. O movimento total do capital social não é uma soma mecânica dos movimentos individuais dos capitais, mas um resultado singularmente modificado. Ainda que a soma do valor dos capitais individuais, assim como de suas respectivas partes: capital constante, capital variável e mais-valia, coincida exatamente com a grandeza do valor do capital social total, de seus dois elementos e da mais-valia total, a expressão material dessas dimensões de valor, nas respectivas partes do produto social, é completamente diversa da que se obtém nas relações de valor dos capitais individuais. Assim, pois, as proporções da reprodução dos capitais individuais, enquanto na sua forma material, não coincidem nem umas com as outras, nem com as do capital total. Cada capital individual realiza sua circulação e, portanto, sua acumulação por sua própria conta e – se o processo de circulação transcorre normalmente – só depende dos outros quando necessita realizar seu produto e tem que encontrar os meios de produção necessários para sua atuação individual. O fato daquela realização e desses meios de produção serem gerados ou não num meio capitalista é totalmente indiferente para o capital individual. Pelo contrário, a hipótese teórica mais favorável para a análise da acumulação do capital individual consiste em que a produção capitalista constitui o único meio em que se realiza esse processo, isto é, onde chegou a imperar de modo geral e exclusivo.[1]

A questão que se coloca é saber se as condições válidas para o capital individual podem ser aplicadas ao capital total. Marx confirma expressamente, na seguinte passagem, que identificava de fato as condições de acumulação do capital total com as do capital individual:

> A questão deve ser formulada do seguinte modo: *admitindo-se a acumulação geral*, isto é, admitindo-se que em todos os ramos da produção se acumula capital em maior ou menor grau, o que na realidade é condição da produção capitalista, correspondendo a um instinto análogo ao do avaro que o leva a juntar dinheiro (condição necessária para o desenvolvimento da produção capitalista), quais são as *condições* dessa acumulação geral e como ela se efetua?

E responde:

> *As condições para a acumulação do capital são, por conseguinte, exatamente as mesmas que para sua produção originária e sua reprodução.* Essas condições, porém, eram aquelas que permitiam que com uma parte do dinheiro se comprasse trabalho, e com a outra, mercadoria (matérias-primas, maquinaria etc.). Portanto, a acumulação do novo capital só pode ser verificada nas mesmas condições da reprodução do capital existente.[2]

Na realidade, as condições reais que imperam na acumulação do capital total são completamente distintas da reprodução simples do capital social total como daquelas da acumulação do capital individual. O problema

---

[1] "Quanto maior o capital, quanto mais desenvolvida se encontra a produtividade do trabalho e, em geral, a escala da produção capitalista, tanto maior é também o volume de mercadorias que se encontram em circulação no mercado no período de trânsito da produção ao consumo (individual e industrial). Tanto maior é também a segurança que tem cada capital particular de encontrar, no mercado, as condições propícias para reprodução." (Marx, *Theorien über den Mehrwert*, v. II, 2ª parte, p. 251.)

[2] *Theorien über den Mehrwert* (Teorias da mais-valia), v. II, 2ª parte, p. 250, "Acumulação de capital e as crises". [Grifado por Marx.]

se coloca da seguinte maneira: como se configura a reprodução social, admitindo-se que a mais-valia não é totalmente consumida pelos capitalistas, mas que uma parte crescente se destina à ampliação da produção? Exclui-se, de antemão, que a produção social, exceto a substituição do capital constante, destine-se ao consumo dos trabalhadores e capitalistas, e essa circunstância é o elemento essencial do problema. Com isso, exclui-se, também, a possibilidade de que os próprios trabalhadores e capitalistas possam realizar o produto total. Só podem realizar o capital variável, a parte desgastada do capital constante e a parte consumida da mais-valia. Desse modo, só se podem assegurar as condições necessárias para a continuação da reprodução à mesma escala. Mas nem os operários nem os capitalistas podem realizar eles próprios a parte da mais-valia destinada à capitalização. Consequentemente, a realização da mais-valia para fins de acumulação é um problema insolúvel numa sociedade constituída apenas de operários e capitalistas. É curioso que todos os teóricos que analisaram o problema da acumulação, de Ricardo e Sismondi até Marx, partissem justamente dessa hipótese que tornava o problema insolúvel. A intuição exata de que eram necessárias "terceiras pessoas", isto é, consumidores distintos dos agentes imediatos da produção capitalista (operários e capitalistas), para a realização da mais-valia, conduziu à busca de todos os gêneros de recursos: ao "consumo improdutivo", caracterizado por Malthus na pessoa do proprietário feudal; por Vorontsov, no militarismo; por Struve, nas "profissões liberais"; em outros parasitas da classe capitalista; recorreu-se ao comércio exterior, que, para todos os céticos da acumulação, de Sismondi a Nikolai-on, desempenhava um papel preponderante como válvula de segurança. Por outro lado, a insolubilidade do problema conduziu a que indivíduos como von Kirchmann e Rodbertus renunciassem à acumulação, e outros como Sismondi e seus epígonos russos, os "populistas", tentassem atenuá-la dentro do possível.

A REPRODUÇÃO DO CAPITAL E SEU MEIO AMBIENTE

Porém, só a profunda análise e a exata exposição esquemática do processo de reprodução total de Marx e, particularmente, seu estudo genial sobre o problema da reprodução simples permitiram descobrir o ponto principal do problema da acumulação e as causas dos erros das antigas tentativas para solucioná-lo. A análise da acumulação do capital total, que Marx interrompeu logo no início e que além disso se encontra dominada, como já foi dito, pela polêmica desfavorável para o problema com a análise de Smith, não deu diretamente nenhuma solução; ao contrário, dificultou ao supor como absoluto o império da produção capitalista. A análise de Marx sobre a reprodução simples, porém, assim como a caracterização do processo total capitalista, com suas contradições internas e seu desenvolvimento (no terceiro volume de *O capital*), contêm, implicitamente, uma solução para o problema da acumulação, em conformidade com as demais partes da doutrina marxista e, assim mesmo, com a experiência histórica e a prática diária do capitalismo. Oferece, também, desse modo, a possibilidade de completar as deficiências do esquema. O esquema da reprodução ampliada, considerado mais detalhadamente, refere-se, em suas relações, a circunstâncias que se encontram fora da produção e acumulação capitalistas.

Até agora, só consideramos a reprodução ampliada num aspecto: partindo da questão de como se realiza a mais-valia. Essa era a dificuldade que preocupava exclusivamente os céticos. A realização da mais-valia é, com efeito, a questão vital da acumulação capitalista. Se, para simplificar, prescindimos totalmente dos fundos de consumo dos capitalistas, a realização da mais-valia requer, como primeira condição, um círculo de compradores que estejam fora da sociedade capitalista. Dissemos compradores, e não consumidores, porque a realização da mais-valia não define *a priori* a forma material desta. Na verdade, a mais-valia só pode ser realizada por camadas sociais ou sociedades cujo modo de produção é pré-capitalista. Cabe admitir dois casos distintos: a indústria capitalista pode produzir um excedente de meios de consumo além de suas próprias necessidades (a dos trabalhadores e capitalistas) e cujos compradores desse excedente são camadas sociais e países não capitalistas. A indústria inglesa de tecidos de algodão, por exemplo, forneceu durante os primeiros dois terços do século XIX e fornece, em parte, ainda agora tecido de algodão aos camponeses e pequenos burgueses urbanos do continente europeu e aos camponeses da Índia, América, África etc. Nesse caso, foi o consumo de camadas sociais e países não capitalistas que constituiu a base do enorme desenvolvimento da indústria de tecidos de algodão na Inglaterra.[3] Por sua vez, porém, essa indústria desenvolveu na própria Inglaterra uma extensa indústria de máquinas que fornecia fusos e teares. Favoreceu também as indústrias metalúrgicas e carboníferas etc. Nesse caso, o setor II (meios de consumo) realizava, em quantidade crescente, seus produtos nas camadas sociais não capitalistas, criando, pela própria acumulação, uma demanda crescente de produtos nacionais do setor I (meios de produção), ajudando-o, assim, a realizar sua mais-valia e alcançar uma crescente acumulação. Vejamos, agora, o caso inverso. A produção capitalista fornece meios de produção que excedem as próprias

---

3 A importância da indústria de tecidos de algodão se expressa nas seguintes cifras:
  1893: exportação total de produtos fabricados, 5.540 milhões de marcos, dos quais 1.280 milhões (23%) correspondiam aos tecidos de algodão; o ferro e os demais artigos metalúrgicos não atingiam 17%.
  1898: exportação total de produtos fabricados, 4.668 milhões de marcos, dos quais 1.300 milhões de marcos correspondiam aos tecidos de algodão (28%); ferro e artigos metalúrgicos, 22%.
  As cifras correspondentes à Alemanha, comparadas com estas, são:
  1898: exportação total, 4.010 milhões de marcos, dos quais 231,9 milhões de marcos correspondiam aos tecidos de algodão (5 e 1/4%).
  A quantidade de algodão exportado em 1898 alcançou 5 milhões e 1/4 de jardas, dos quais 2 milhões e 1/4 foram para a Índia. (E. Jaffé, "Die englische Baumwollindustrie und die Organisation des Exporthandels" [A indústria inglesa de tecidos de algodão e organização do comércio de exportação]. In: *Schmollers Jahrbücher* [*Jahrbuch für Gesetzgebung, Verwaltung und Volkswirtschaft*], XXIV, p. 1033.)
  Em 1908, só a exportação britânica de fibras de algodão alcançou 262 milhões de marcos (*Statistisches Jahrbuch für das Deutsche Reich*, 1910).

necessidades e encontra compradores nos países não capitalistas. Por exemplo, a indústria inglesa forneceu na primeira metade do século XIX material de construção de estradas de ferro para os países americanos e australianos. A construção de uma estrada de ferro não significa, por si só, o domínio da forma de produção capitalista num país. De fato, mesmo nesses casos, as estradas de ferro foram apenas uma das condições prévias para a implantação do capitalismo. A indústria química alemã, que fornece os meios de produção, como substâncias colorantes, encontra um enorme mercado em países com produção não capitalista da Ásia, África etc.[4] Nesse caso, o setor I realiza seus produtos num meio não capitalista. A ampliação progressiva que tem suas raízes no setor I acarreta uma ampliação correspondente do setor II no país de produção capitalista que fornece meios de consumo para o exército crescente dos trabalhadores do primeiro setor.

Os dois casos se diferenciam do esquema de Marx. No primeiro, é o produto do setor II que excede as necessidades dos dois setores mensurados pelo capital da parte consumida da mais-valia; e, no segundo, o produto do setor I excede a magnitude do capital constante dos dois setores, admitindo, ainda, seu aumento para fins de ampliação da produção. Nos dois casos, a mais-valia não aparece na forma material que tornaria possível e condicionaria sua capitalização num dos dois setores. Na realidade, os dois casos típicos se cruzam a cada passo, complementam-se mutuamente e transformam-se um no outro.

Em tudo isso há um ponto que não parece claro. Se, por exemplo, um excedente de meios de consumo, como tecidos de algodão, é vendido em países não capitalistas, é evidente que esses tecidos, como toda mercadoria capitalista, representam tanto mais-valia como capital cons-

---

4 Por exemplo, um quinto das cores de anilina alemãs e a metade do índigo alemão são exportados para países como China, Japão, Índia britânica, Egito, Turquia asiática, Brasil e México.

tante e variável. Parece completamente arbitrário que justamente essas mercadorias colocadas no mercado exterior só representem mais-valia. Por outro lado, podemos concluir neste caso que o outro setor (I) além de realizar sua mais-valia pode também acumular sem, não obstante, colocar seu produto fora dos dois setores da produção capitalista. As duas objeções, porém, são apenas aparentes e se refutam quando admitem a expressão proporcional do valor do volume de produtos em suas partes correspondentes. A produção capitalista contém mais-valia tanto no produto total como em cada mercadoria. Mas isso não impede que da mesma maneira que o capitalista individual, ao vender sucessivamente suas mercadorias, calcule primeiro a reposição de seu capital constante, e, em seguida, a do capital variável (ou mais impropriamente, porém de acordo com a prática: primeiro, seu capital fixo, depois, seu capital circulante), para contabilizar o resto como lucro. O produto social total pode ser também dividido em três partes, que, de acordo com seu valor, correspondem ao capital constante – consumido pela sociedade – ao capital variável e à mais-valia extorquida aos trabalhadores. Na reprodução simples, a forma material do produto total corresponde também a essas proporções de valor: o capital constante reaparece em forma de meios de produção; o capital variável, em forma de meios de subsistência para os operários; a mais-valia, em forma de meios de subsistência para os capitalistas. A reprodução simples, porém, nesse sentido categórico – o consumo de toda a mais-valia pelos capitalistas – é, como sabemos, puro artifício teórico. Quanto à reprodução ampliada ou acumulação, tem também, segundo o esquema marxista, uma rigorosa proporcionalidade entre a composição de valor do produto social e sua forma material. A mais-valia em sua forma destinada à capitalização aparece previamente, na distribuição proporcional de meios de produção materiais e meios de vida para os trabalhadores, correspondendo à ampliação da produção sob uma base técnica dada. Essa teoria, que se baseia na hipótese de uma produção capitalista isolada, bastando-se por si mesma, é insuficiente, como já vimos, quando se propõe resolver o problema da realização da mais-valia. Admitamos que a mais-valia se realize *fora* da produção capitalista; isso significa que sua forma material nada tem a ver com as necessidades da própria produção capitalista. Sua forma material corresponde às necessidades daqueles meios não capitalistas que contribuem para a sua realização. Por isso mesmo, a mais-valia capitalista pode aparecer, segundo o caso, em forma de meios de consumo, tecidos de algodão, por exemplo, ou em forma de meios de produção, material para construção de estradas de ferro. Que essa mais-valia realizada sob a forma de produtos de um setor contribua (graças à extensão consecutiva da produção) para a realização da mais-valia do outro setor não altera o fato de que a mais-valia *social* considerada como um todo tenha sido realizada, parte direta e parte indiretamente, fora dos dois setores. Esse é um fenômeno análogo àquele pelo qual um capitalista individual pode realizar sua mais-valia mesmo se o volume total de seus produtos só substitui o capital constante ou variável de outro capitalista.

Contudo, a realização da mais-valia não é o único momento da reprodução que interessa. Admitamos que o setor I realizou a mais-valia fora (dos dois setores), permitindo o movimento da acumulação. Suponhamos também que o setor I tenha em perspectiva uma nova ação dos mercados nos meios não capitalistas. Com isso, porém, teremos apenas a metade das condições necessárias para a acumulação. Entre os lábios e o contorno de um cálice muitas coisas podem-se passar. Como segunda hipótese da acumulação aparece a necessidade de encontrar elementos materiais correspondentes à ampliação da produção. Onde os encontraremos, uma vez que acabamos de transformar em dinheiro o sobreproduto sob a forma de produtos do setor I, isto é, sob a forma de meios de produção e que vendemos para fora da sociedade capitalista? A transação, que permitiu realizar a mais-valia, destruiu, ao mesmo tempo, a possibilidade de converter essa mais-valia realizada em capital produtivo. E, desse modo, parece que saímos de uma dificuldade para entrar noutra. Examinemos a coisa mais detalhadamente.

Operamos aqui com c, tanto no setor I como no setor II, como se fosse a parte do capital constante total da produção. Como sabemos, porém, isso é falso. Focalizando apenas a parte simplificada do esquema, percebendo-se que c, que figura nos setores I e II do esquema, significa apenas uma parte do capital constante total, isto é, a parte circulante no período de um ano, consumida e transferida para os produtos. Seria, porém, perfeitamente absurdo admitir-se que a produção capitalista (ou qualquer outra) despenderia naquele período de produção a totalidade de seu capital constante para criá-lo de novo no início de cada ano. Pelo contrário, na base da produção, tal como se expressa no esquema, pressupõe-se todo o enorme volume de meios de produção, cuja renovação total periódica se indica no esquema, pela renovação anual da parte consumida. Com o incremento da produtividade do trabalho e a ampliação da produção, esse volume cresce, absoluta e relativamente, com respeito à parte consumida cada ano na produção. Com isso, cresce, também, a eficácia do potencial do capital constante, abstraindo-se o crescimento de seu valor.

> Na indústria extrativa, por exemplo, na mineração, as matérias-primas não constituem um elemento dos avanços realizados pelo capital, pois que o objeto de trabalho não é produto de trabalho anterior, mas foi obtido gratuitamente através da natureza. Assim ocorreu com os minerais, o carvão mineral, as pedras etc. Por isso mesmo, o capital constante compõe-se, quase exclusivamente, de meios de trabalho que podem suportar muito bem um aumento da quantidade de trabalho (por exemplo, uma equipe diurna e outra noturna de operários). Admitindo-se, porém, que todas as demais circunstâncias sejam iguais, o valor e o volume do produto aumentarão em relação direta ao trabalho empregado. Como no primeiro dia da produção, cooperam em tal ocasião os artífices primitivos da produção e, portanto, os artífices dos elementos materiais do capital:

homem e natureza. A elasticidade da força de trabalho permitiu a ampliação da acumulação sem aumento prévio do capital adiantado. Na agricultura não se pode ampliar a terra cultivável sem aumentar as sementes e os adubos adicionais. Uma vez, porém, efetivado esse aumento, a simples ação mecânica do trabalho sobre o solo exerce um efeito maravilhoso sobre o volume do produto. Um excedente de trabalho realizado pelo mesmo número de trabalhadores aumenta, assim, a fertilidade, sem requerer o adicionamento de novos meios de trabalho. É, uma vez mais, a ação direta do homem sobre a natureza que fornece assim uma nova fonte de acumulação, sem intervenção de um capital adicional. Finalmente, na indústria propriamente dita, todo gasto adicional de trabalho pressupõe um gasto adicional correspondente de matérias-primas, porém não necessariamente de meios de trabalho. E, como a indústria extrativa e a agricultura fornecem à indústria fabril suas matérias-primas e as de seus meios de trabalho, esta aproveita, também, o excesso de produtos que aquelas criaram sem acrescentar um capital adicional. O resultado geral é que, ao incorporar-se ao capital, os dois artífices primitivos da riqueza, trabalho e terra, aquele adquire um poder de expansão que lhe permite estender os elementos de sua acumulação além dos limites aparentemente traçados por sua própria magnitude, isto é, pelo valor e volume dos meios de produção já produzidos e nos quais se manifesta sua existência.[5]

Por outro lado, não há nenhuma razão pela qual todos os meios de produção e consumo necessários deveriam ser elaborados exclusivamente em produção capitalista. Precisamente, essa hipótese é básica para o esquema marxista da acumulação, porém não corresponde à prática diária, nem à história do capital, nem ao caráter específico dessa forma de produção. Na primeira metade do século XIX, na Inglaterra, a mais-valia saía do processo de produção, em sua maior parte, em forma de tecidos de algodão. Os elementos materiais de sua capitalização, porém, eram: algodão procedente dos Estados escravistas da União americana; os cereais (meios de subsistência para os operários ingleses) procedentes dos campos russos constituídos de servos da gleba, representando sem dúvida sobreproduto,

---

5 *Das Kapital*, v. I, p. 567.

mas, de modo algum, mais-valia capitalista. O fato de a acumulação capitalista depender desses meios de produção, não produzidos pelo capitalismo, é demonstrado pela crise algodoeira inglesa gerada durante a Guerra de Secessão americana; pela crise da indústria têxtil europeia causada pela interrupção da importação de linho russo durante a guerra do Oriente. Por outro lado, é suficiente recordar o papel que na Europa a importação de cereais campestres, isto é, não produzidos de forma capitalista, desempenha para o sustento da massa de operários industriais (isto é, como elemento do capital variável) para compreender-se até que ponto a acumulação do capital, em seus elementos materiais, encontra-se ligada, de fato, a esferas não capitalistas. O próprio caráter da produção capitalista exclui a limitação aos meios de produção elaborados em forma capitalista. Um meio essencial, empregado pelo capital individual para aumentar seus lucros, é reduzir o preço dos elementos do capital constante. Por outro lado, o incremento da produtividade do trabalho, que é o fator mais importante para aumentar a taxa de mais-valia, implica e necessita da utilização ilimitada de todas as matérias-primas e recursos do solo e da natureza. O capital não permite, por sua essência e sua maneira de ser, nenhuma limitação nesse sentido. A produção capitalista, como tal, no final de vários séculos de desenvolvimento, só compreende uma pequena parte da produção mundial. Estabeleceu-se, até agora, preferentemente, na pequena Europa, onde ainda não conseguiu dominar esferas completas – como a agricultura, o artesanato independente – e vastas regiões. Ademais, estabeleceu-se em grandes regiões da América do Norte e em áreas isoladas no continente das outras partes do mundo.

Em geral, a forma de produção capitalista encontra-se limitada, até agora, principalmente aos países da zona temperada, enquanto, por exemplo, no Oriente e no Sul, verificaram-se apenas pequenos progressos. Por conseguinte, se a produção capitalista se restringisse aos elementos de produção fornecidos dentro desses estreitos limites, ter-lhe-ia sido impossível chegar a seu nível atual e não teria conseguido desenvolver-se. Desde sua origem, o capital impulsionou todos os recursos produtivos do globo. Em seu impulso para a apropriação das forças produtivas para fins de exploração, o capital recorre ao mundo inteiro; tira os meios de produção de todos os cantos da terra, colhendo-os ou adquirindo-os de todos os graus de cultura e formas sociais. A questão referente aos elementos materiais da acumulação do capital, longe de encontrar-se resolvida pela forma material da mais-valia, produzida de forma capitalista, transforma-se em outra questão: para utilizar produtivamente a mais-valia realizada, torna-se mister que o capital progressivamente disponha de maior quantidade de terra para poder fazer uma seleção quantitativa e qualitativamente ilimitada de seus meios de produção.

A súbita apropriação de nossas matérias-primas em quantidade ilimitada, para fazer frente a todas as alternativas e interrupções eventuais em sua importação de antigas fontes, como a todos os aumentos súbitos de demanda social, é uma das condições prévias, imprescindíveis, do processo de acumulação em sua elasticidade. Quando a Guerra de Secessão interrompeu a importação de algodão americano, produzindo na Inglaterra (no Lancashire) a famosa "penúria de algodão", surgiram imediatamente, como arte do encantamento, novas plantações enormes de algodão no Egito. Em tal ocasião, foi o despotismo oriental, unido ao antiquíssimo crédito pessoal dos camponeses, que criou o campo de atuação para o capital europeu. Só o capital, com seus meios técnicos, pode criar, por arte mágica, num período tão breve, semelhantes e maravilhosas revoluções. Só em países pré-capitalistas, porém, que vivem sob condições sociais primitivas, pode-se desenvolver, sobre as forças produtivas materiais e humanas, o poder necessário para realizar aqueles milagres. Outro exemplo desse gênero é o enorme incremento do consumo mundial de borracha que na atualidade equivale anualmente a um fornecimento regular de borracha bruta no valor de 1 bilhão de marcos.

As bases econômicas dessa produção de matérias-primas são os sistemas primitivos de exploração praticados pelo capital europeu, tanto nas colônias africanas, quanto na América, países que representam diversas combinações de escravidão e servidão da gleba.[6]

Note-se que, quando anteriormente supúnhamos que os setores I ou II só realizavam, em meios não capitalistas, seu sobreproduto, tornávamos o caso mais favorável para o exame do esquema de Marx, que demonstra, em sua essência, as relações da reprodução. Na realidade, nada nos impede admitir que também é realizada fora dos meios capitalistas uma parte do capital constante e variável no produto do setor correspondente. De acordo com isso, é possível realizar tanto a ampliação da produção como a renovação de parte dos elementos de produção consumidos com produtos de zonas não capitalistas. O que propúnhamos deixar claro com os exemplos anteriores é o fato de que, *pelo menos,* a mais-valia destinada à capitalização, e a parte do volume de produtos capitalistas que a ela corresponde, não podem ser realizadas dentro dos meios capitalistas e, necessariamente, buscam sua clientela fora desses meios, em camadas e formas sociais que não produzam de modo capitalista.

Assim, pois, entre cada um dos períodos de produção em que se produz mais-valia e a acumulação seguinte em que esta se capitaliza, há duas distintas transações: a da formação da mais-valia em sua forma pura de valor – a realização – e a transformação dessa forma pura de valor em forma de capital produtivo. As duas transações se verificam

---

[6] As últimas revelações do Livro Azul inglês, sobre as práticas da Peruvian Amazon Co. Ltd., em Putumayo, mostram que o capital internacional soube como acomodar os indígenas, sem necessitar lançar mão da forma política do regime colonial, no território da livre República do Peru, numa situação confinante com a escravidão, para arrebatar, assim, numa exploração em grande escala, meios de produção de países primitivos. Desde 1900 a mencionada sociedade, pertencente a capitalistas ingleses e estrangeiros, lançou umas 4.000 toneladas de borracha no mercado de Londres. No mesmo período, foram assassinados 30.000 indígenas, e dos 10.000 sobreviventes, a maioria foi espancada a ponto de se tornar inválida.

A REPRODUÇÃO DO CAPITAL E SEU MEIO AMBIENTE

entre a produção capitalista e o mundo não capitalista que a circunda. Assim, segundo os dois pontos de vista, o da realização da mais-valia e o da aquisição dos elementos do capital constante, o comércio mundial é uma condição histórica de vida do capitalismo; comércio mundial, que, nas circunstâncias concretas, é essencialmente uma troca entre as formas de produção capitalistas e as não capitalistas.

Até agora, só consideramos a acumulação do ponto de vista da mais--valia e do capital constante. O terceiro fator fundamental da acumulação é o capital variável. A acumulação progressiva é acompanhada de um capital variável crescente. No esquema de Marx aparece o produto social em sua forma material correspondendo a um volume crescente de meios de subsistência para os trabalhadores. O verdadeiro capital variável, porém, não são os meios de subsistência dos trabalhadores, mas a força de trabalho viva para cuja reprodução são necessários aqueles meios. Entre as condições fundamentais de acumulação, por conseguinte, figura uma importação de trabalho vivo adequado a suas necessidades e que é colocado em movimento pelo capital. O incremento dessa parcela consegue-se em parte, enquanto as circunstâncias o permitem – prolongando a jornada de trabalho e intensificando o trabalho. Esse aumento do trabalho vivo, porém, não se manifesta em nenhum dos dois casos, podendo-se assim exprimir raramente (como salário por horas extraordinárias) no crescimento do capital variável. Além disso, os dois métodos encontram limites determinados bastante estreitos; obstáculos, naturais e sociais, que não podem ultrapassar. O crescimento progressivo do capital variável, por conseguinte, que acompanha a acumulação, expressar-se-á num aumento do número de operários ocupados. De onde se originam esses operários adicionais?

Na análise da acumulação do capital individual, Marx responde à pergunta da seguinte maneira:

A ACUMULAÇÃO DO CAPITAL

Atualmente, a classe capitalista necessita de um suplemento de trabalho para fazer que esses elementos atuem, de fato, como capital. Se não se quer que a exploração dos operários já ocupados aumente em extensão ou em intensidade, é mister empregar operários adicionais. O mecanismo da produção capitalista tem presente essa necessidade, ao situar a classe operária como uma classe dependente do salário; salário que ao ser normal e corrente é suficiente para assegurar sua conservação e também sua multiplicação. É suficiente que o capital incorpore aos meios de produção adicionais, já contidos na produção anual, essas forças de trabalho, fornecidas anualmente pela classe trabalhadora, em todas as idades de seus componentes, para que realize a transformação da mais-valia em capital.[7]

Aqui, o incremento do capital variável é reduzido, exclusiva e diretamente, à multiplicação natural da classe operária já dominada pelo capital, também no aspecto da procriação. Isso corresponde, exatamente, também, ao esquema da reprodução ampliada que, conforme a hipótese marxista, só reconhece como as únicas classes sociais a dos capitalistas e operários, e a produção capitalista como a única e absoluta forma de produção. Com essas hipóteses, a procriação natural da classe operária é a única fonte de aumento das forças de trabalho existentes

---

[7] *Das Kapital*, v. I, p. 544. Analogamente, em outra passagem, encontra-se: "Primeiramente, uma parte da mais-valia (e do *surplus produce* correspondente em meios de subsistência) tem que ser transformado em capital variável, isto é, deve-se comprar com ele novo trabalho. Isso só é possível aumentando-se o número de trabalhadores ou prolongando-se a jornada de trabalho, durante a qual trabalham... Mas isso não pode ser considerado como meios constantes de acumulação. A população trabalhadora pode aumentar transformando, previamente, trabalhadores improdutivos em produtivos, ou trazendo para o processo de produção elementos da população que antes não trabalhavam: mulheres, crianças, mendigos (prescindimos aqui do último ponto). Finalmente, pelo crescimento absoluto da... população. Para que a acumulação constitua um processo constante, contínuo, esse crescimento absoluto da população é condição necessária, ainda que diminua relativamente diante do capital empregado. O aumento da população aparece como a base da acumulação, num processo contínuo. Isso pressupõe, porém, um salário médio que permita um crescimento constante da população trabalhadora, e não a mera reprodução da mesma." (*Theorien über den Mehrwert*, v. II, 2ª parte, capítulo "Verwandlung von Revenue in Kapital" [Transformação da renda em capital], p. 243.)

à disposição do capital. Essa concepção, porém, contradiz as leis que regem o movimento da acumulação. A procriação natural dos trabalhadores não se encontra, temporal ou qualitativamente, em proporção às necessidades do capital acumulado. Não pode marchar ao compasso, particularmente, com a imprevista necessidade de expansão do capital, como comprovou brilhantemente o próprio Marx. A procriação natural da classe operária, como base única dos movimentos do capital, excluiria a marcha da acumulação em ciclos periódicos, de hipertensão e desfalecimento. Excluiria, também, a repentina expansão do campo da produção e tornaria, com isso, impossível a própria acumulação. Essa acumulação exige, nesse aspecto, a mesma liberdade ilimitada de movimentos em relação aos elementos do capital constante e o crescimento do capital variável. Exige, portanto, possibilidade ilimitada para dispor da abundância da força de trabalho. Conforme a análise marxista, esse requisito encontra uma expressão exata na formação do "exército industrial de reserva dos trabalhadores". Sem dúvida, o esquema marxista da reprodução ampliada não a conhece, nem deixa espaço para ela. O exército industrial de reserva não pode ser formado pela procriação natural do proletariado assalariado capitalista. Tem que contar com outras reservas sociais, das quais retira operários que até então não estavam às ordens do capital e que somente, quando se torna necessário, ingressam no proletariado assalariado. Esses operários adicionais só se podem originar de camadas e países não capitalistas. Na realidade, em sua análise do exército industrial de reserva (*O capital*, I, capítulo XXIII, v. 3), Marx só toma em consideração o seguinte: 1) a eliminação dos antigos trabalhadores pela maquinaria; 2) a afluência dos trabalhadores rurais à cidade, como consequência da implantação da produção capitalista na agricultura; 3) os operários industriais com uma ocupação irregular; e, finalmente, 4) o pauperismo, a mais profunda manifestação da superpopulação relativa. Todas essas categorias constituem, de diversas formas, produtos eliminados da produção capitalista; proletários assalariados de um modo ou de outro já debilitados e em excesso. Também os operários rurais, que constantemente recorrem às cidades, são para Marx proletários assalariados que já se encontravam às ordens do capital agrícola e que agora se submetem ao capital industrial. Evidentemente, Marx pensava na situação da Inglaterra, cuja evolução capitalista se apresenta em graus superiores. Em compensação, não aborda *nesse* ponto a origem constante desse proletariado urbano e rural; não leva em conta a fonte mais importante dessa afluência, dentro do continente europeu, isto é, a proletarização constante das camadas médias rurais e urbanas; a decadência da economia camponesa e da pequena indústria artesã, isto é, trânsito contínuo de operários que passam de meios não capitalistas para o capitalista, como produtos de eliminação de formas de produtos pré-capitalistas no processo constante de seu desmoronamento e dissolução. Nesse ponto, porém, deve-se admitir não somente a decomposição da economia camponesa e o artesanato europeu, mas também a decomposição das mais diversas formas primitivas de produção e organização social em países não europeus.

Da mesma maneira que a produção capitalista não pode limitar-se aos tesouros naturais e forças produtivas da zona temperada, mas, ao contrário, requer para seu desenvolvimento a possibilidade de dispor de todas as regiões e climas, tampouco pode funcionar somente com os operários que lhe oferece a "raça" branca. O capital necessita de outras raças, para aproveitar as regiões onde a raça branca não pode trabalhar; necessita poder dispor, ilimitadamente, de todos os operários da terra, para com eles poder mobilizar todas as forças produtivas do globo, dentro dos limites da produção de mais-valia, enquanto isso seja possível. Esses operários, porém, podem ser encontrados quase sempre acorrentados a formas de produção pré-capitalistas. Devem ser, pois, previamente "libertados" para que possam "alistar-se" no exército ativo do capital. Esse processo é uma das bases históricas inevitáveis do capitalismo. A indústria inglesa de tecidos de algodão, que foi o primeiro ramo genuinamente capitalista de produção, não teria existido sem o algodão dos Estados sulistas da União norte-americana. E sem também os milhões de negros africanos trazidos à América para trabalhar nas plantações; milhões de negros que depois da Guerra de Secessão afluíram ao capitalismo para as fileiras dos operários assalariados, como proletariado livre.[8] O capital percebe na forma da chamada "questão operária nas colônias", a importância do recrutamento dos operários necessários nas sociedades não capitalistas. Para solucionar essa questão utiliza-se de todos os métodos da "violência suave", como, por exemplo, arrancar os operários de suas condições de produção e de seu meio para colocá-los à disposição do capital. Desses esforços resulta a coexistência, nos países coloniais, das mais estranhas formas mistas entre o sistema

---

8 Uma estatística publicada pouco antes da Guerra de Secessão nos Estados Unidos continha os seguintes dados sobre o valor da produção anual dos Estados escravistas e o número dos escravos nela ocupados, cuja enorme maioria trabalhava nas plantações de algodão:

	ESCRAVOS	ALGODÃO (milhões de dólares)
1800	5,2	893.041
1810	15,1	1.191.364
1820	26,3	1.543.688
1830	34,1	2.009.053
1840	74,6	2.487.255
1850	111,8	3.179.509
1851	137,3	3.200.300

(Simons, *Klassenkämpfe in der Geschichte Amerikas* [Lutas Sociais na História da América]. *Caderno Complementar de Die Neue Zeit,* nº 7, p. 39.)

A ACUMULAÇÃO DO CAPITAL

moderno de salário e os regimes primitivos de domínio.[9] Estes fatos ilustram claramente a afirmação de que a produção capitalista não pode desenvolver-se sem operários procedentes de outras formações sociais.

---

9 O ex-ministro inglês Bryce descreveu um exemplo modelo de semelhantes formas mistas nas minas sul-africanas de diamantes. Ei-lo: "O mais notável que se tem para ver em Kimberley – algo inédito no mundo – são os dois chamados 'Compounds' onde se abrigam e se enclausuram os indígenas que trabalham nas minas. São enormes recintos cercados por muros, sem telhados, mas cobertos por uma rede metálica para impedir que atirem coisas por cima dos muros. Uma galeria subterrânea conduz à mina vizinha. Trabalha-se em três turnos de oito horas, de modo que o operário não permanece além de oito horas seguidas sob a terra. No interior dos muros há cabanas onde os indígenas vivem e dormem. Existe, também, no interior do recinto, um hospital, assim como uma escola onde os operários podem aprender a ler e escrever em suas horas livres. Não se vendem bebidas alcoólicas. Todas as entradas encontram-se rigorosamente vigiadas, e não se permite a entrada a nenhum visitante indígena, ou branco. As subsistências são fornecidas por uma tenda situada dentro do recinto, que pertence à sociedade. O 'Compound' da mina De Beers abrigava, na época da minha visita, 2.600 indígenas de todas as tribos existentes, de modo que ali se encontravam os mais distintos tipos de negros, desde o de Natal e Pondoland, ao Sul, até o do lago Tanganica, no longínquo Leste. Vêm de todas as partes, atraídos pelos elevados salários – ordinariamente 18-30 M. por semana – e permanecem ali por três meses ou mais. Há ocasiões, inclusive, que por longo tempo... Nesse amplo 'Compound' quadrado coexistem os zulus do Natal, fingos, pondos, tembus, basutos, botchuanos, súditos de Gungunhana das possessões portuguesas, alguns matabeles e macalacas, e muitos dos chamados 'zambesi-boys', das tribos que vivem em ambas as margens do rio. Há, inclusive, bosquímanos, ou ao menos indígenas que deles procedem. Vivem juntos, pacificamente, e se entretêm a seu modo nas horas livres. Além dos jogos de azar, vimos um jogo parecido ao 'raposa e ganso' inglês, que se joga com pedras sobre um tabuleiro; também tocava-se música com dois instrumentos primitivos: o chamado piano dos cafres, que se compõe de umas tiras de ferro desiguais, umas junto às outras, ligadas a um marco, e com outro instrumento, ainda mais rudimentar, feito de pedacinhos de madeira desiguais e duros, que ao serem golpeados tocam rudimentos de uma melodia. Alguns liam ou escreviam cartas. Os demais se entretiam cozinhando ou conversando. Algumas tribos falavam ininterruptamente, e podiam ser ouvidos, nessa estranha retorta de negros, uns doze idiomas, ao se percorrer os grupos. Os negros, após vários meses de trabalho, costumam deixar a mina, para voltar com o salário poupado para a sua tribo, comprar uma mulher e viver como viviam antes." (James Bryce, *Impressions of South Africa*, 1897, edição alemã de 1900, p. 206.) Ver no mesmo livro a viva descrição dos métodos empregados na África do Sul para resolver a "questão operária". Soubemos que em Kimberley, em Witwateersrand, em Natal e em Matabeleland obrigam-se os negros a trabalhar nas minas e plantações usurpando-lhes a terra e o gado, isto é, seus meios de subsistência, proletarizando-os e desmoralizando-os com aguardente, quando mais tarde se encontram no albergue da capital, proibindo-os depois severamente o consumo das bebidas alcoólicas às quais os acostumaram primeiro; o objeto da exploração deve ser mantido em estado utilizável. Assim, são obrigados a entrar no "sistema assalariado" do capital, simplesmente, por meio da força, da prisão e dos açoites.

A REPRODUÇÃO DO CAPITAL E SEU MEIO AMBIENTE

Certamente, Marx aborda detalhadamente tanto o processo de ampliação dos meios de produção não capitalistas como o processo de transformação dos camponeses em proletariado capitalista. Todo o capítulo XXIV do primeiro volume de *O capital* está consagrado à descrição do nascimento do proletariado inglês, da classe dos colonos agrícolas capitalistas, assim como do capital industrial. No último processo, a descrição marxista do saque dos países coloniais pelo capital europeu é sumamente valiosa. Mas tudo isso, note-se, apenas do ponto de vista da "acumulação primitiva". Os processos indicados só servem em Marx para ilustrar a gênese, o momento em que nasce o capital. Descrevem as dores do parto, no momento em que a produção capitalista surge do seio da sociedade feudal. Quando expõe a análise teórica do processo do capital – produção e circulação – retoma constantemente a sua hipótese: domínio geral e exclusivo da produção capitalista.

Percebemos, não obstante, que o capitalismo está ligado, mesmo em seu pleno amadurecimento, à existência coetânea de camadas e sociedades não capitalistas. Essa relação não se esgota pela mera questão do mercado para o "produto excedente", que era a forma como colocavam o problema Sismondi e os posteriores críticos céticos da acumulação capitalista. O processo da acumulação de capital está ligado por suas relações de valor e materiais: ao capital constante, ao capital variável e à mais-valia e a formas de produção não capitalistas. As últimas formam o meio histórico dado daquele processo. A acumulação do capital, porém, não pode ser explanada sob a hipótese do domínio exclusivo e absoluto da forma de produção capitalista, já que, sem os meios não capitalistas, torna-se inconcebível em qualquer sentido. Na realidade, Sismondi e seus sucessores provaram possuir certo instinto em relação às condições de existência da acumulação, ao reduzir, única e exclusivamente, suas dificuldades à realização da mais-valia. Entre as condições desta última e as condições de crescimento do capital constante e variável, em sua forma material, existe uma importante diferença. O capital não pode desenvolver-se sem os meios de produção e forças de trabalho existentes no mundo inteiro. Para estender, sem obstáculos, o movimento da acumulação, necessita dos tesouros naturais e das forças de trabalho existentes na superfície terrestre. Mas como estas se encontram, *de fato*, em sua grande maioria, acorrentadas a formas de produção pré-capitalistas – este é o meio histórico da acumulação de capital – surge, então, o impulso irresistível do capital de apoderar-se daqueles territórios e sociedades. Por si só, a produção capitalista existiria, por exemplo, nas plantações de borracha da Índia. O fato de que dominem organizações sociais não capitalistas nos países onde existem aqueles ramos de produção faz que o capital se veja obrigado a subjugar aqueles países e sociedades, nos quais, por outro lado, o primitivismo das condições permite que a acumulação se desenvolva com uma violência e rapidez extraordinárias, que não seriam possíveis em sociedades de tipo puramente capitalista.

Outra coisa ocorre com a realização da mais-valia. Esta está ligada previamente a produtores e consumidores não capitalistas como tais. Portanto, a existência de compradores não capitalistas da mais-valia é uma condição de vida direta para o capital e sua acumulação. Em tal sentido, tais compradores são o elemento decisivo no problema da acumulação do capital.

Mas, de um modo ou de outro, de fato, a acumulação do capital como processo histórico depende, em muitos aspectos, de camadas e formas sociais não capitalistas.

Assim, pois, a solução para o problema em torno do qual gira, há quase mais de um século, a controvérsia na economia política, encontra-se entre os dois extremos: entre o ceticismo pequeno-burguês de Sismondi, von Kirchmann, Vorontsov, Nikolai-on, que consideravam impossível a acumulação, e o otimismo grosseiro de Ricardo, Say, Tugan--Baranovski, para os quais o capitalismo pode fecundar-se por si mesmo ilimitadamente, e, portanto – como consequência lógica – tem uma duração eterna. No sentido da doutrina marxista, a solução é encontrada nessa contradição dialética; a acumulação capitalista necessita, para seu desenvolvimento, de um meio ambiente de formações sociais não capitalistas; avança em constante troca de matérias com elas e só pode subsistir enquanto dispõe desse meio ambiente.

Partindo-se daqui, podem ser revisados os conceitos de mercado interno e externo, que representaram um papel muito importante na polêmica teórica em torno do problema da acumulação. O mercado interno e o externo desempenham, certamente, um papel relevante na marcha da evolução capitalista, porém não como conceitos da geografia política, mas da economia social. Mercado interno, do ponto de vista da produção capitalista, é mercado capitalista; é a própria produção como compradora de seus próprios produtos e fonte de aquisição de seus próprios elementos de produção. Mercado exterior para o capital é a zona social não capitalista que absorve seus produtos e lhe fornece elementos de produção e operários. Desse ponto de vista, economicamente, Alemanha e Inglaterra, na sua mútua troca de mercadorias, são principalmente mercado interno capitalista, enquanto a troca entre a indústria alemã e os consumidores camponeses alemães, como produtores para o capital alemão, representa relações de mercado exterior. Como se percebe pelo esquema da reprodução, esses conceitos são rigorosamente exatos. No tráfico interno capitalista, na melhor das hipóteses, só podem ser realizadas determinadas partes do produto social total: o capital constante gasto, o capital variável e a parte consumida da mais-valia; em compensação, a parte da mais-valia que se destina à capitalização será realizada "fora". Se a própria capitalização da mais-valia é um fim e um motivo impulsor da produção, por outro lado, a renovação do capital constante e variável (assim como a parte consumida da mais-valia) é a ampla base e a condição prévia daquela. E, ao passo que, com o desenvolvimento internacional do capitalismo, a capitalização da mais-valia se torna cada vez mais premente e precária, a ampla base do capital constante e variável, como volume, torna-se cada vez mais potente, em termos absolutos, em relação à mais-valia. Daqui tira-se um aspecto contraditório: os antigos países capitalistas constituem mercados cada vez maiores entre si, e se tornam cada vez mais indispensáveis uns para os outros, enquanto ao mesmo tempo combatem, entre si, cada vez mais acirradamente, como competidores, em suas relações com países não capitalistas.[10] As condições da capitalização da mais-valia e as condições da renovação total do capital encontram-se cada vez mais em contradição entre elas, o que não significa, afinal, mais do que um reflexo da lei contraditória da tendência decrescente da taxa de lucro.

---

10 É típica nesse sentido a relação entre a Alemanha e a Inglaterra.

XXVII
A luta contra a economia natural

O capitalismo aparece e se desenvolve historicamente num meio social não capitalista. Nos países europeus ocidentais, o capitalismo está cercado, primeiramente, pelo meio feudal de cujo seio surge – a servidão da gleba no campo, o artesanato da corporação na cidade – e, posteriormente, desaparecido o feudalismo, um meio onde predominam a agricultura camponesa e o artesanato, isto é, produção simples de mercadorias, tanto na agricultura como na indústria. Além disso, cerca o capitalismo europeu uma enorme zona de culturas não europeias, onde se encontram todas as formas sociais em diferentes graus de evolução, desde as hordas primitivas comunistas de caçadores nômades até a produção camponesa e artesã de mercadorias. É no meio desse ambiente que se abre o caminho para o processo da acumulação primitiva.

Há que se distinguir nele três partes: a luta do capital com a economia natural, a luta com a economia de mercado e a luta pela concorrência do capital no cenário mundial para conquistar o resto dos elementos para a acumulação.

O capitalismo necessita, para sua própria existência e desenvolvimento, estar cercado por formas de produção não capitalistas. Não se trata, porém, de qualquer forma. Necessita de camadas sociais não capitalistas, como mercado para colocar sua mais-valia, como fonte de meios de produção e como reservatórios de mão de obra para seu sistema assalariado. O capital não pode alcançar nenhum de seus fins com formas de produção de *economia natural*. Em todas as formações de economia natural – comunidades camponesas primitivas com propriedade comum da terra, relações de servidão feudal ou outras quaisquer – o que a define é a produção em função das necessidades domésticas, e por isso mesmo não existe ou é escassa a demanda de mercadorias estrangeiras e, de modo geral, não há excedente de produtos próprios ou pelo menos nenhuma necessidade premente de dar saída a produtos excedentes. Entretanto, o ponto essencial é o seguinte: todas as formas de produção da economia natural se baseiam, de um modo ou de outro, numa dependência, tanto dos meios de produção como das forças de trabalho. As comunidades camponesas comunistas, assim como as propriedades feudais etc., fundamentam sua organização econômica no acorrentamento do meio de produção mais importante – a terra –, assim como no dos trabalhadores, por meio do direito e da tradição.Desse modo, a economia natural oferece rígidas barreiras, em todos os sentidos, às necessidades do capital. Isso porque o capital empreende, diante de tudo e onde quer que seja, uma luta até a morte contra a economia natural na forma histórica que se apresenta, contra a escravidão, contra o feudalismo, contra o comunismo primitivo, contra a economia agrária patriarcal. Nessa luta os métodos principalmente empregados são: a violência política (revolução, guerra), a pressão tributária do Estado e o barateamento das mercadorias. Esses métodos marcham paralelamente, ou se sucedem e se apoiam mutuamente. Se na luta contra o feudalismo na Europa a violência tomou um caráter revolucionário (as revoluções burguesas dos séculos XVII, XVIII e XIX pertenciam, em última instância, a esse capítulo), nos países europeus a luta contra as estruturas sociais primitivas manifesta-se sob a forma de política colonial. Esses métodos que compreendem o sistema de impostos aplicado ao comércio nas colônias, em particular com as comunidades primitivas, aliam a violência política aos fatores econômicos.

Os fins econômicos do capitalismo em sua luta com as sociedades de economia natural são:

A LUTA CONTRA A ECONOMIA NATURAL

1. Apropriação direta de importantes fontes de forças produtivas, como a terra, a caça nas selvas virgens, os minerais, as pedras preciosas, os produtos das plantações exóticas, como a borracha etc.
2. "Libertar" operários e obrigá-los a trabalhar para o capital.
3. Introduzir a economia de mercadorias.
4. Separar a agricultura do artesanato.

Na acumulação primitiva, isto é, nos primórdios históricos do capitalismo na Europa, fins da Idade Média até a metade do século XIX, a libertação em massa dos camponeses constitui, na Inglaterra e no continente, o meio mais importante para se transformar maciçamente em capital os meios de produção e as forças de trabalho. Na política colonial moderna, porém, o capital realiza atualmente a mesma tarefa numa escala muito maior. É uma ilusão esperar que o capitalismo se conforme com os meios de produção que pode obter pelo caminho do comércio de mercadorias. A dificuldade nesse ponto consiste em que, nas grandes zonas da superfície terrestre, as forças produtivas estão em poder de formações sociais que ou não se encontram inclinadas ao comércio de mercadorias ou não oferecem os meios de produção mais importantes para o capital porque as formas econômicas ou estrutura social constituem um obstáculo. É o caso, principalmente, da terra, com todas as suas riquezas minerais no seu interior, seus prados, bosques e forças hidráulicas em sua superfície, enfim, dos rebanhos dos povos primitivos dedicados ao pastoreio. Confiar-se ao processo secular lento de decomposição interna dessas estruturas econômicas e em seus resultados equivaleria para o capital a renunciar às forças produtivas daqueles territórios. Por isso é que o capitalismo considera, como uma questão vital, a apropriação violenta dos meios de produção mais importantes dos países coloniais. Como os laços tradicionais dos indígenas constituem a muralha mais forte de sua organização social e a base de suas condições materiais de existência, o método inicial do capital é a destruição e o aniquilamento sistemáticos das estruturas sociais não capitalistas, com que tropeça em sua expansão. Isso não significa já a própria acumulação primitiva, mas seu processo continua até hoje. Cada nova expansão colonial é acompanhada, naturalmente, dessa luta encarniçada do capital contra a situação social e econômica dos indígenas que compreende a apropriação violenta de seus meios de produção e de suas forças de trabalho.

A esperança de que o capitalismo se limite exclusivamente à "concorrência pacífica", isto é, ao comércio regular de mercadorias, tal qual é praticado entre países capitalistas, como base única de sua acumulação, baseia-se na ilusão doutrinária de que a acumulação do capital se pode efetuar sem as forças produtivas, sem o consumo das populações primitivas e que pode confiar no lento processo de desintegração interna da economia natural. Do mesmo modo que a acumulação do capital, com sua capacidade de expansão repentina, não pode aguardar o crescimento natural da população operária nem conformar-se com ele, tampouco poderá aguardar a lenta decomposição natural das formas não capitalistas e sua passagem para a economia de mercado. O capital só conhece, como solução para esse problema, o uso da violência, que constitui um método permanente da acumulação de capital no processo histórico, desde sua origem até os nossos dias. Mas, para as sociedades primitivas, trata-se de uma questão de vida ou morte, e como não há outra saída, resiste e luta até o seu total esgotamento ou extinção. Como consequência, temos a constante ocupação militar das colônias, os levantes dos indígenas e as expedições coloniais enviadas para reprimi-los, que constituem fenômenos permanentes do regime colonial. O método violento é, nesse caso, o resultado direto do choque do capitalismo com as estruturas da economia natural que entravam sua acumulação. O capitalismo não pode subsistir sem seus meios de produção e suas forças de trabalho, que são indispensáveis como mercado de seu sobreproduto. E, para privar-lhes de seus meios de produção e transformar suas forças de trabalho em compradores de suas mercadorias, propõe-se conscientemente aniquilá-los como estruturas sociais autônomas. Esse método é, do ponto de vista do capital, o mais racional, por ser, ao mesmo tempo, o mais rápido e rentável. O militarismo crescente, que constitui outro aspecto de suma importância para a acumulação, será abordado mais adiante, por outro motivo. Podemos verificar a aplicação desses métodos do capital nas colônias através dos exemplos clássicos do comportamento político dos ingleses na Índia e dos franceses na Argélia.

A antiquíssima estrutura econômica dos indianos – a comunidade rural comunista – conseguiu manter-se em suas diversas formas durante decênios e mesmo durante um longo período histórico, apesar de todas as tormentas ocorridas "nas regiões políticas das alturas". No século VI a.C., os persas penetraram o território do Indo, dominando uma parte do país. Dois séculos mais tarde, vieram os gregos e deixaram, como testemunho de uma cultura totalmente estranha, as colônias alexandrinas. Os citas selvagens invadiram o país. Durante séculos, os árabes dominaram a Índia. Mais tarde, desceram das alturas do Irã os afegãos, até que também estes foram afugentados pela impetuosa investida das hordas tártaras de Transoxiana. Ruína e terror marcavam o caminho por onde passavam os mongóis. Aldeias inteiras foram massacradas e os pacíficos campos com seus ternos cálamos de arroz foram tingidos na cor da púrpura pelo sangue que corria abundantemente. Mas a comunidade rural indiana sobreviveu a tudo isso. Pois todos os conquistadores muçulmanos que se sucederam deixaram, em última instância, intactas a vida social interna da massa camponesa e sua estrutura tradicional. Limitavam-se a instalar nas províncias um lugar-tenente que controlasse a organização militar e arrecadasse os tributos impostos à população. Todos os conquistadores dedicavam-se ao domínio e exploração do país, mas nenhum se interessou em privar o povo de suas forças produtivas e aniquilar sua organização social. O camponês tinha que render anualmente, no império do grão-mogol, seu tributo em espécie, ao senhor estrangeiro, porém podia viver, se assim o desejasse, no seio de seu povo e cultivar o arroz como seus antepassados e em seu período de folga. Logo após chegaram os ingleses, e com eles o sopro pestífero da civilização capitalista, que, em pouco tempo, destruiu o que mesmo milênios e mesmo a espada dos nogais[1] não lograram destruir: toda a organização social do povo. A finalidade do capital inglês era adquirir a base da própria subsistência da comunidade indígena: a propriedade da terra.

Para atingir esse objetivo lançaram mão de uma ficção desde sempre popular com os colonizadores europeus, segundo a qual toda a terra das colônias era propriedade dos dominadores políticos. Os ingleses cederam toda a Índia, ulteriormente, como propriedade privada, ao grão-mogol e seus vice-reis para herdá-la como seus sucessores "legítimos". Os sábios mais conceituados da economia clássica, como James Mill, tentaram fundamentar essa ficção com argumentos "científicos", particularmente com esta magnífica conclusão: Não havia outra saída senão aceitar que a propriedade da terra pertencia na Índia ao soberano, "pois se admitíssemos que não era ele o proprietário, não poderíamos responder à pergunta: quem era, pois, o proprietário?"[2]

---

1 A Horda Nogai foi uma confederação de tribos turcas e mongóis. [*N. do T.*]

2 Para formular a hipótese de que em países primitivos e em todas as partes o solo sempre fora propriedade do soberano, Mill reuniu sem seleção ou crítica, em sua história da Índia Britânica, testemunhos das fontes mais diversas, como: Mungo, Park, Heródoto, Volney, Acosta, Garcilaso de la Vega, abade Grosier, Barrow, Diodoro, Estrabão etc. Mill, por analogia, aplica esse princípio à Índia, afirmando: "*From these facts only one conclusion can be drawn, that the property of the soil resided in the sovereign; for if it did not reside in him, it will be impossible to show to whom it belonged.*" [Desses fatos só se pode tirar uma conclusão: a de que a propriedade do solo reside no soberano; pois se assim não o fosse, seria impossível mostrar a quem pertencia.] (James Mill, *The History of British India*, v. I, 4ª ed., 1840, p. 311.) Sobre essa clássica conclusão do economista burguês, é interessante o comentário de seu editor, H. H. Wilson, que, como professor de sânscrito na Universidade de Oxford, conhecia, muito bem,

A LUTA CONTRA A ECONOMIA NATURAL

Já em 1793, em Bengala os ingleses transformaram os zemindares, que são os arrendatários de impostos muçulmanos e, também, os superintendentes hereditários do mercado, que eles encontraram no local, em proprietários dessas áreas, para contar, assim, com fortes partidários em sua campanha contra a massa camponesa. Exatamente, do mesmo modo, procederam também, mais tarde, em suas novas conquistas, na provín-

---

o direito da Índia Antiga. Depois de caracterizar no prólogo o autor como um partidarista que ajusta toda a história da Índia Britânica para justificar as *theoretical views of Mr. Bentham*, caricaturando, com meios de duvidosa legitimidade, o povo hindu (*a portrait of the Hindus which has no resemblance whatever to the original, and which almost outrages humanity* [um retrato dos hindus que não tem nenhuma semelhança com o original e que é quase um ultraje para a humanidade]), introduz a seguinte nota: "*The greater part of the text and of the notes here is wholly irrelevant. The illustrations drawn from Mahometan practice, supposing them to be correct, have nothing to do with the laws and rights of the Hindus. They are not, however, even accurate, and Mr. Mill's guides have misled him.*" (A maior parte do texto e as notas que lhe acompanham, nesse ponto, carecem inteiramente de valor. Admitindo-se que os exemplos tirados da prática muçulmana fossem corretos, mesmo assim nada teriam a ver com as leis e os direitos dos hindus. Além disso, porém, não são corretos, e os caminhos de Mr. Mill induziram-lhe ao erro.) Continuando, Wilson nega, totalmente, em particular no que se refere à Índia, a teoria do direito de propriedade do soberano sobre o solo. (Ver *op. cit.*, p. 305, nota.) Também Henry Maine, embora não aprovando, acreditava que os ingleses tivessem justificado sua exigência de propriedade de todo o território da Índia apoiando-se no exemplo de seus predecessores muçulmanos. "*The assumption which the English first made was one which they inherited from their Mahometan predecessors. It was, that all the soil belonged in absolute property to the sovereign, and that all private property in land existed by his sufferance. The Mohametan theory and the corresponding Mohametan practice had put out of sight the ancient view of the sovereign's rights, which, though it assigned to him a far larger share of the produce of the land than any western ruler any claimed, yet in nowise denied the existence of private property in land.*" [A afirmação feita, primeiramente, pelos ingleses foi herdada de seus predecessores muçulmanos. Era a de que todo o solo pertencia, em propriedade absoluta, ao soberano, e toda a propriedade privada existia graças à sua condescendência. A teoria muçulmana e sua prática correspondente estão em contradição com a concepção antiga dos direitos do soberano, que, embora admitisse que uma parte maior do produto do país devesse pertencer a ele, muito embora nenhum governante ocidental tenha tido tal pretensão, de modo algum negava a existência de propriedade privada no país.] (*Village Communities in the East and West*, 5ª ed., 1890, p. 104.) Diferentemente, Máximo Kovalevski demonstrou a fundo que a suposta "teoria e prática muçulmanas" não passava de uma fábula inglesa. (Ver seu excelente estudo em língua russa, *A propriedade comum da terra – causas, desenvolvimento e consequências de sua desintegração*, 1ª parte, Moscou, 1879. (Título original: Общинное землевладѣнiе, причины, ходъ и послѣдствiя его разложенiя. [*N. do T.*]) Os escritores ingleses, da mesma forma que seus colegas franceses, defendem agora uma fábula semelhante em relação à China, afirmando que todo o país era propriedade dos imperadores. (Ver a refutação dessa lenda pelo doutor O. Franke, *Die Rechtsverhältnisse am Grundeigentum in China* [O direito de propriedade territorial na China], 1903.)

cia de Agra, em Oudh, nas províncias centrais. A consequência foi uma série de insurreições camponesas, onde os arrecadadores de contribuições foram frequentemente expulsos. Os capitalistas ingleses souberam aproveitar a confusão e a anarquia geral, derivada dessas revoltas, para apoderar-se de uma parte considerável dos terrenos.

Por outro lado, elevaram-se tão brutalmente os impostos, que absorviam a quase totalidade do fruto do trabalho da população. A situação se agravou de tal modo que (segundo o testemunho oficial das autoridades tributárias inglesas no ano de 1854) nos distritos de Deli e Allahabad os camponeses preferiam simplesmente arrendar e hipotecar suas terras por um preço equivalente a seu imposto. Esse sistema de contribuição tributária, que entrou no cenário do povo indígena e que favorecia o usurário, minou como um câncer o interior da organização social.[3] Para apressar o processo, os ingleses promulgaram uma lei que contradizia todas as tradições e sistemas jurídicos da comunidade camponesa: a venda compulsória das terras dos povos por débitos tributários. A antiga comunidade familiar procurou em vão proteger-se contra essa lei, afirmando seu direito de opção sobre a compra com respeito tanto à comunidade inteira quanto às comunidades aparentadas. A dissolução estava em plena marcha. Leilões forçados, abandono das comunidades por pessoas individuais, endividamento e expropriação de camponeses eram fenômenos que se encontravam na ordem do dia.

Segundo sua tática habitual nas colônias, os ingleses procuravam demonstrar que sua política de violência – que atacou as bases do sis-

---

3 *"The partition of inheritances and execution for debt levied on land are destroying the communities – this is the formula heard now-a-days everywhere in India."* [Por todas as partes da Índia percebe-se agora a fórmula da utilização da partilha das heranças e da execução por dívidas destroçando as comunidades.] (Henry Maine, *op. cit.*, p. 113.)

tema de propriedade da terra e foi responsável pelo desmoronamento da economia dos hindus – visava ao interesse e à proteção do camponês contra o tirano e explorador indígena.[4] Primeiramente, a Inglaterra criou artificialmente, na Índia, uma aristocracia territorial baseada nos direitos de propriedade tradicionais das comunidades camponesas, para assim proteger os camponeses contra esses opressores e fazer com que a "terra usurpada ilegalmente" passasse às mãos de capitalistas ingleses.

Assim surgiu na Índia, rapidamente, a grande propriedade territorial, enquanto os camponeses se transformavam numa massa empobrecida e proletarizada de pequenos arrendatários com arrendamento a curto prazo. Enfim, o método específico da colonização capitalista revelou-se por um feito característico. Os ingleses foram os primeiros conquistadores da Índia que demonstraram uma indiferença diante das obras públicas civilizadoras de caráter econômico. Árabes, afegãos e mongóis construíram e aperfeiçoaram na Índia grandes obras de canalização;

---

4 Esse esclarecimento típico da política oficial inglesa nas colônias foi dado, por exemplo, pelo representante do poder inglês na Índia durante muitos anos, Lord Roberts of Kandhar, o qual, para explicar o levante dos sipaios, atribui a "mal-entendidos" as intenções paternas dos governantes ingleses: "culpava-se falsamente a comissão do interior de injustiça, quando, como era de seu dever, controlava o direito de propriedade da terra e os títulos em que se baseava para fazer com que o proprietário legítimo da terra pagasse a contribuição territorial... Uma vez estabelecidas a paz e a ordem, era mister examinar a propriedade territorial obtida, na maioria das vezes, por roubo e violência, como é costume dos governantes e das monarquias indígenas. Por isso, abriram-se investigações sobre o direito de propriedade etc. O resultado dessas investigações foi que muitas famílias de classe e influência se apoderavam simplesmente da propriedade de seus vizinhos menos influentes, ou lhes obrigava a pagar uma contribuição que correspondia ao valor de sua propriedade. Houve uma modificação no panorama de modo justo. Ainda que essa medida tenha sido tomada com a melhor das intenções e com a maior das considerações, tornou-se extremamente desagradável para as classes altas, além de não ter conseguido das massas um reconhecimento de gratidão. As famílias reinantes não reconheceram a intenção de implantar uma distribuição justa dos direitos e uma implantação uniforme dos tributos à propriedade territorial... Ainda que nosso governo melhorasse as condições de vida da população rural, esta não compreendeu que essas medidas visavam a melhorar sua posição." (*Forty-One Years in India*, v. I, edição alemã de 1904, p. 307.)

sulcaram o país de estradas; construíram pontes sobre os rios; cavaram poços. O ancestral da dinastia mongólica na Índia, Timur ou Tamerlão, preocupava-se com o cultivo do solo, a irrigação, a segurança das estradas e o sustento dos viajantes.⁵

> Os primitivos rajás da Índia, os conquistadores afegãos ou mongóis, cruéis em certas ocasiões para os indivíduos, realizaram, pelo menos durante seu governo, maravilhosas construções que até hoje são encontradas e parecem ser obra de uma raça de gigantes... A Companhia (a Companhia Inglesa das Índias Orientais que governou a Índia até 1858) não abriu uma fonte, nem escavou um poço, nem construiu um canal, nem mesmo uma ponte para proveito dos hindus.⁶

Em outro testemunho, o inglês James Wilson diz:

> Na província de Madrasta, todo mundo fica impressionado, involuntariamente, pelas grandiosas obras de irrigação cujos restos se conservam até nossos dias. Os rios represados formavam verdadeiros lagos, dos quais partiam canais que se estendiam até 60 e 70 milhas em torno. Nos grandes rios, havia 30 ou 40 desses diques... A água da chuva que descia das montanhas era recolhida em grandes bacias construídas com essa finalidade; a maioria deles tem de 15 a

---

5 As máximas do governo de Timur (traduzidas do persa para o inglês em 1793) contêm a seguinte passagem: *"And I commanded that that they should erect structures for the reception of travellers on the they should build places of worship, and monasteries in every city; and high roads and that they should make bridges across the rivers. And I ordained, whoever undertook the cultivation of waste lands, or built an aqueduct, or made a canal, or planted a grove, or restored to culture a deserted district, that in the first year nothing should be taken from him, and that in the second year, whatever the subject voluntarily offered should be received and that in the third year the duties should be collected according to the regulation."* [E eu ordeno que devem ser erguidas estruturas para receber os viajantes, onde devem ser construídos locais de adoração, e monastérios em toda cidade; e estradas; e devem ser construídas pontes que atravessem os rios. E eu ordeno que, a quem quer que tenha empreendido o cultivo de terras abandonadas, ou construído um aqueduto, ou feito um canal, ou plantado árvores, ou resgatado ao cultivo um distrito deserto, que no primeiro ano nada deva ser retirado dele, e que no segundo ano, o que quer que o sujeito voluntariamente ofereça seja recebido e que no terceiro ano as obrigações sejam arrecadadas conforme a lei.] (James Mill, *The History of British India*, 4ª ed., v. 2, p. 492-498.)

6 Conde Warren, *De l'état moral de la population indigène* [O estado moral da população indígena], citado por Kowalewski, *op. cit.*, p. 164.

25 milhas de circunferência. Quase todas essas construções gigantescas foram terminadas antes de 1750. Na época das guerras da Companhia com os soberanos mongóis e *durante todo o período de nosso domínio na Índia,* caíram em completa decadência.[7]

É natural que o capital inglês não se interessasse em manter as comunidades indígenas e sustentá-las, economicamente, mas, ao contrário, pretendiam destruí-las e arrancar suas forças produtivas. A cobiça crescente da acumulação que vive essencialmente de "conjunturas" do mercado, e que por isso mesmo é incapaz de pensar no dia de amanhã, não pode apreciar o valor das antigas obras públicas de uma civilização. Há pouco, no Egito, os engenheiros do capitalismo inglês quebravam a cabeça para construir grandes represas no Nilo e buscavam vestígios daqueles sistemas antigos de canalização que os próprios ingleses deixaram desaparecer completamente por uma estúpida negligência botocudesca. Os ingleses apreciavam os resultados de seus nobres esforços, mas a fome terrível, que só no distrito de Orissa matou num ano 1 milhão de pessoas, obrigou em 1867 o Parlamento inglês a determinar uma investigação sobre as causas da miséria. Atualmente o governo inglês aplicou medidas administrativas, procurando proteger o camponês contra a usura. O Punjab Alienation Act (1900) proibiu a venda ou hipoteca das terras aos camponeses em benefício dos indivíduos de outras castas distintas da lavradora e obriga que as exceções concedidas em casos particulares dependam da aprovação do arrecadador de contribuições.[8] Depois de destruir os laços protetores das antigas organizações sociais da Índia e favorecer o aparecimento da usura, cuja taxa indireta atingia habitualmente a 15%, os ingleses colocaram o

---

[7] *Historical and Descriptive Account of British India from the most Remote Period to the Conclusion of the Afghan War*, de Hugh Murray, James Wilson, Greville, professor Jameson, William Wallace e Captain Dalrymple, v. II, 4ª ed., Edimburgo, 1843, p. 427. Citado por Kovalevski, *op. cit.*
[8] Victor v. Leyden, "Constituição agrária e contribuição territorial na Índia britânica oriental", *Jahrbuch für Gesetzgebung, Verwaltung und Volkswirtschaft*, v. XXXVI, caderno 4, p. 1855.

camponês indígena arruinado e empobrecido sob a tutela do Fisco e de seus funcionários, isto é, sob a "proteção" de seus vampiros imediatos.

Ao lado do martírio da Índia britânica, a história da política francesa na Argélia merece um lugar de honra nos anais da economia capitalista colonial. Quando os franceses conquistaram a Argélia, a massa da população cabila era dominada por antiquíssimas instituições econômicas e sociais, que, apesar da longa e movimentada história do país, se conservaram até o século XIX, e parte delas até os nossos dias.

Se, nas cidades, os comerciantes, artesãos e usurários, mouros e judeus, tinham propriedades privadas; e, no campo, os turcos, já na qualidade de domínios de Estado, usurparam grandes territórios, quase a metade da terra cultivável pertencia, porém, ainda que em propriedade privada indivisa, às tribos árabes e cabilas, e nelas reinavam ainda antiquíssimos costumes patriarcais primitivos. A própria vida nômade, na realidade, era severamente regulada e monótona, muito embora aparentasse instabilidade e irregularidade. Antigamente, em todos os verões – ainda no século XIX – essa vida nômade levava muitas das tribos árabes com homens, mulheres e crianças, com rebanho e tendas de campanha, para a parte da costa que era refrescada pelos ventos marinhos do Tell e os fazia voltar no inverno ao calor protetor dos desertos. Cada tribo e cada família tinham suas zonas determinadas de emigração de acordo com as estações do ano, onde estendiam suas tendas de campanha. Entre os árabes lavradores, a terra era na maior parte do tempo propriedade coletiva das tribos; a terra em comum. E num ambiente patriarcal, de acordo com as regras tradicionais, vivia a grande família cabila sob a direção de seus chefes eleitos.

Nesse grande círculo familiar, a direção comum dos negócios domésticos estava confiada à mulher mais idosa, que podia igualmente ser eleita por outros membros da família, ou, ainda, a cada mulher sucessivamente. A grande família cabila, cuja organização à margem dos desertos africa-

A LUTA CONTRA A ECONOMIA NATURAL

nos se assemelhava à famosa "Zadruga"[9] dos países eslavos meridionais, era proprietária tanto do solo como de todos os instrumentos, armas e dinheiro necessários para o exercício da profissão de todos os seus membros e adquiridos por eles. Cada homem podia possuir um traje, e cada mulher casada, os vestidos e adornos que formavam seu enxoval de noiva. Em compensação, todos os vestidos caros e as joias eram considerados como propriedade indivisa da família e só podiam ser usados pelos indivíduos após um acordo geral. Quando a família não era demasiadamente numerosa, fazia suas refeições numa mesma mesa; as mulheres cozinhavam por turno e as mais velhas encarregavam-se da distribuição. Se o círculo de pessoas era muito grande, o chefe distribuía os alimentos todos os meses, preocupando-se sempre com a repartição igualitária. As próprias famílias encarregavam-se da preparação. Laços estreitíssimos de solidariedade, auxílio mútuo e igualdade eram as normas dessas comunidades, e os patriarcas ao morrer recomendavam a seus filhos, como último pedido, que se mantivessem fiéis à associação familiar.[10]

A dominação turca, que se estabeleceu no século XVI na Argélia, já modificara seriamente essas condições sociais. Não passou certamente de

---

9 Trata-se de uma cooperativa familiar dos eslavos meridionais que existiu até o final do século XIX. [*N. do T.*]

10 "*Presque toujours, le père de famille en mourant racommande à ses descndants de vivre dans l'indivision, suivant l'exemple de leurs aïeux: c'est là sa dernière exhortation et son vœu le plus cher.*" [Quase sempre, ao morrer, o pai de família recomenda a seus descendentes que vivam na perfeita união, seguindo o exemplo de seus avós. Esta é sua última exortação e seu voto mais ardente.] (A. Hanotaux e A. Letourneux, *La Kabylie et les coutumes kabyles*, 1873, v. II, "Droit civil", p. 468-473.) Por outro lado, os autores são capazes de reproduzir a descrição, muito saliente, desse comunismo com a seguinte frase: "*Dans la ruche laborieuse de la famille associée, tous sont réunis dans un but commun, tous travaillent dans un intérêt général; mais nul n'abdique sa liberté et ne renonce a ses droits héréditaires. Chez aucune nation on ne trouve de combination qui soit plus près de l'égalité et plus loin du communisme!*" [Na colmeia laboriosa da família associada, todos se encontram reunidos com o mesmo objetivo: todos trabalham visando ao interesse comum, mas nenhum abdica de sua liberdade, nem renuncia a seus direitos hereditários. Em nenhuma outra nação encontraríamos uma situação semelhante que estivesse tão perto da igualdade e tão longe do comunismo!]

uma fábula inventada depois pelos franceses dizer que os turcos confiscaram para o Fisco todo o território argelino. Essa absurda fantasia, que só poderia ocorrer aos europeus, encontrava-se em contradição com todo o fundamento econômico do Islã e seus fiéis. Pelo contrário, as relações de propriedade da terra das comunidades rurais e das grandes famílias não foram, em geral, tocadas pelos turcos. Apenas roubaram das tribos uma grande parte de terras não cultivadas para convertê-las em domínio do Estado e transformá-las, sob administrações locais turcas, em "beilhiques". Parte dessas terras era cultivada diretamente em benefício do Fisco com operários indígenas e a outra era distribuída em arrendamento, em troca de juros ou prestações em espécie. Ao mesmo tempo, os turcos aproveitavam todo motim e toda confusão das tribos submetidas ou para aumentar, com grandes confiscos, as possessões fiscais e nelas fundar colônias militares, ou para leiloar publicamente os bens confiscados, que caíram em sua maior parte em mãos dos usurários turcos ou de outras nacionalidades. O mesmo sucedeu na Alemanha durante a Idade Média. Para escapar dos confiscos e dos impostos, muitos camponeses se mantiveram sob a proteção da Igreja, que desse modo se tornou grande proprietária de vastas zonas. Finalmente, a distribuição da propriedade na Argélia, depois de todas essas alternativas, oferecia o seguinte quadro: os domínios que abrangiam 1,5 milhão de hectares de terra e 3 milhões de hectares de terra baldia pertenciam igualmente ao Estado como "propriedade comum de todos os fiéis" (*bled el Islam*); a propriedade privada que na época romana se encontrava sob o domínio dos berberes atingia 3 milhões de hectares e os 1,5 milhão de hectares que se encontravam sob domínio turco passaram às mãos dos particulares. Restavam ainda 5 milhões de hectares de terra que correspondiam à propriedade comum das tribos árabes. Uma parte dos 3 milhões de hectares de terra cultivável da zona do oásis do Saara era propriedade comum das grandes famílias e a outra era propriedade privada. Os 23 milhões de hectares restantes eram em sua maioria terra improdutiva.

Uma vez convertida a Argélia em colônia francesa, iniciaram os franceses com grande estrépito sua obra civilizadora. Devemos levar em conta que a Argélia ao conseguir libertar-se da Turquia nos primórdios do século XVIII se constituía num livre ninho de piratas que infestavam o Mediterrâneo e se dedicavam ao tráfico de escravos com cristãos. Particularmente a Espanha e a união norte-americana, que naquela época praticavam em alta escala o comércio de escravos, declararam uma guerra implacável contra essa perversidade dos muçulmanos. Durante a grande Revolução Francesa, também se proclamou uma cruzada contra a anarquia argelina. Consequentemente, a submissão da Argélia se consumou sob o pretexto de se combater a escravidão e implantar uma ordem civilizada. A prática veio demonstrar o que havia por trás daquilo tudo. Durante os quarenta anos transcorridos após o domínio da Argélia, nenhum país europeu experimentou tão frequentes mudanças no sistema político como a França. À Restauração sucedeu a revolução de julho e a monarquia burguesa; a esta, a revolução de fevereiro, a Segunda República e o Segundo Império e, finalmente, a derrota no ano de 1870 e a implantação da Terceira República. Sucederam-se no poder, respectivamente, a nobreza, a alta finança, a pequena-burguesia e a grande camada da média burguesia. Em meio, porém, a todas essas mudanças, a política francesa na Argélia permanecia dirigida do começo até o fim ao mesmo objetivo. Foi na orla do deserto africano que revelava de maneira mais clara que todas as revoluções do Estado francês no século XIX visavam ao mesmo interesse fundamental: o domínio da burguesia capitalista e sua forma de propriedade.

"O projeto de lei submetido a vosso estudo", dizia o deputado Humbert, em 30 de junho de 1873, na sessão da Assembleia Nacional Francesa, como relator da comissão que tratava da questão agrária na Argélia, "não passa de um acabamento de um edifício cujo alicerce foi assentado sob uma série de disposições, decretos, leis e senátus-consultos, todos dirigidos para um mesmo objetivo: o estabelecimento da propriedade privada entre os árabes."

A destruição sistemática, consciente, da propriedade comum, e sua partilha, foi o polo imutável sobre o qual girou a política colonial francesa durante meio século. Sua absoluta indiferença a todas as conflagrações na vida interna do Estado pode ser explicada através de certos fins claramente definidos: o aniquilamento da propriedade comum que devia destruir o poder das famílias árabes como comunidades sociais e enfraquecer sua resistência tenaz ao jugo francês que, não obstante a superioridade militar dos franceses, se manifestava em incessantes rebeliões das tribos e tinha como consequência um estado permanente de guerra na colônia.[11] Por outro lado, a ruína da propriedade comum era uma condição prévia para que se pudesse desfrutar economicamente o país conquistado, isto é, para que se pudesse arrancar o solo das mãos de seus proprietários árabes milenares para colocá-lo nas mãos dos capitalistas franceses. Para isso utilizou-se também, como já sabemos, de uma ficção, segundo a qual a lei muçulmana estabelecia que todo solo era propriedade do soberano. Da mesma forma que os ingleses na Índia britânica, os governadores de Luís Filipe na Argélia declararam "impossível" a existência de uma propriedade comum de famílias inteiras. Com base nessa ficção, a maior parte das terras cultivadas, como as terras comuns, bosques e prados foram declarados propriedade do Estado e empregados para fins de colonização. Em consequência, surgiu todo um sistema de colonizações internas, as chamadas *cantonnements*, através do qual se colocavam nas terras comuns os colonos franceses, reduzindo-se

---

[11] "Temos que nos apressar" – declarava em 1851, na Assembleia Nacional, o deputado Didier, como relator – "a destruir as associações familiares, pois são a alavanca de toda a oposição contra nossa dominação."

as tribos a um terreno ínfimo. Através dos decretos dos anos 1830, 1831, 1840, 1844, 1845 e 1846, fundamentaram-se "legalmente" esses roubos à propriedade comum árabe. Esse sistema, porém, não conduziu à colonização, mas limitou-se a produzir uma especulação e uma usura desenfreadas. Na maioria dos casos, os árabes readquiriram as terras que lhes haviam desapropriado. Para isso, tiveram que contrair, geralmente, grandes dívidas. A pressão fiscal francesa acentuou essa tendência. Sobretudo, a lei de 16 de junho de 1851 declarou propriedade do Estado todos os bosques, roubando assim dos indígenas 2,4 milhões de hectares (metade dos pastos, metade das brenhas), que constituíam um meio de subsistência para as tribos criadoras de gado. Sob o aguaceiro de todas essas leis, disposições e medidas, produziu-se uma indescritível confusão quanto ao que se refere às condições de propriedade da terra. Aproveitando a febril especulação de terras, e esperando poder readquiri-las, muitos indígenas venderam suas propriedades a franceses, entregando com frequência o mesmo imóvel a dois ou três compradores; imóvel esse que muitas vezes não lhes pertencia, mas era propriedade comum da tribo. Dos 20 mil hectares que uma sociedade especuladora de Rouen pensou ter adquirido, apenas 1.370 passaram a ser de sua propriedade. Em outra situação, um terreno de 1.230 hectares, após ter sido dividido, passou a ter apenas dois hectares. Seguiu-se toda uma série infinita de litígios, em que os tribunais franceses apoiavam qualquer pretensão dos compradores. Insegurança da propriedade, especulação, usura e anarquia passaram a fazer parte do cenário cotidiano.

O plano do governo francês, porém, era apoiar-se na massa de colonos franceses no meio da população árabe, o que resultou num fracasso lamentável. Por isso, a política francesa adotou, durante o Segundo Império, outra tendência: o governo, que durante trinta anos negou tenazmente a existência da propriedade comum da terra, se convenceu, finalmente, do contrário: reconheceu oficialmente a existência da propriedade indivisa. Essa medida foi tomada com o seguinte objetivo: necessidade de sua partilha pela força. O decreto de 22 de abril de 1863 tem este duplo significado: "O governo", declarou o general Allard no Conselho de Estado,

> tem em mente como objetivo geral de sua política debilitar a influência dos chefes das grandes famílias para dissolvê-las. Assim sendo, suprirá os últimos vestígios do feudalismo [!], ao que se opõem os adversários da proposta do governo... A implantação da propriedade privada, o estabelecimento de colonos europeus em meio às tribos árabes... constituem as medidas mais seguras para apressar o processo de dissolução das associações familiares.[12]

A lei do ano de 1863 criou, para estudar o problema da partilha das terras, comissões com os seguintes elementos: um general de brigada ou capitão como presidente, um vice-prefeito, um funcionário das autoridades militares árabes e um funcionário da administração dos domínios. Esses conhecedores natos da situação econômica e social da África tiveram que resolver esse triplo problema: primeiro, estabelecer exatamente os limites dos territórios das tribos; dividir o território de cada tribo entre seus diversos ramos ou grandes famílias e, finalmente, dividir também essas terras em parcelas privadas. A campanha dos generais de brigada no interior da Argélia realizou-se pontualmente; as comissões, atuando como mediadoras, repartidoras e chefes ao mesmo tempo em todas as contendas, dirigiram-se aos lugares onde se situavam as terras. O governador-geral da Argélia confirmando os planos de partilha, em última instância. Depois que as comissões trabalharam durante dez anos, denodadamente, os resultados foram os seguintes: de 1863 a 1873, dos setecentos territórios árabes das tribos, quatrocentos foram distribuídos

---

12 Citado por Kovalevski, *op. cit.*, p. 217. Como se sabe, desde a grande revolução é moda, na França, chamar toda oposição ao governo de defesa aberta ou velada do "feudalismo".

A LUTA CONTRA A ECONOMIA NATURAL

entre as grandes famílias. Já sobre essa medida, começaram a ser colocados os fundamentos da futura desigualdade: o latifúndio e as parcelas demasiadamente reduzidas, pois segundo as dimensões do território e o número de membros da tribo, correspondiam a cada pessoa tanto 1 a 4 hectares como 100 e até 180. A partilha, porém, deteve-se nas grandes famílias. A distribuição do território, apesar de todos os generais de brigada, enfrentou dificuldades insuperáveis nos domínios árabes. O objetivo perseguido pela política francesa (a criação da propriedade individual e seu domínio em poder dos franceses) fracassou totalmente, mais uma vez.

Foi a Terceira República, regime declarado da burguesia, que conseguiu com valor e cinismo suficientes atacar os problemas de frente, prescindindo de todos os rodeios e dos passos preparatórios do Segundo Império. O fim abertamente declarado da lei elaborada pela Assembleia Nacional no ano de 1873 foi a partilha direta das terras dos setecentos povos árabes em parcelas individuais e a introdução forçada da propriedade privada o mais rapidamente possível, oferecendo como pretexto, para levar a cabo essas medidas, a situação desesperadora da colônia. Da mesma forma que só a grande fome na Índia em 1866 mostrou ao povo inglês os belos resultados de sua política colonial, determinando a nomeação de uma comissão parlamentar para investigar as causas, a Europa alarmou-se, no final do sexto decênio, diante dos gritos de dor que vinham da Argélia, onde uma fome terrível e uma enorme mortandade entre os árabes eram os frutos de quarenta anos de dominação francesa. Para investigar as causas e tornar assim os árabes felizes com novas medidas, nomeou-se uma comissão que decidiu, por unanimidade, que só havia uma tábua de salvação: a propriedade privada! Só assim os árabes estariam em condições de vender ou hipotecar seu imóvel para proteger-se contra a miséria. De modo que o único meio para remediar a situação angustiosa dos árabes, situação essa produzida pelos roubos dos franceses, pelos insuportáveis impostos e pelas dívidas contraídas para satisfazer-lhes era entregar plenamente o árabe às garras do usurário. Essa farsa foi feita com inteira seriedade diante da Assembleia Nacional e a digna corporação aceitou-a também com seriedade. O descaramento dos "vendedores" da Comuna parisiense foi festejado com orgias.

Dois argumentos foram utilizados na Assembleia Nacional para justificar a nova lei. Os defensores do projeto do governo insistiam sempre que era uma necessidade dos próprios árabes a implantação da propriedade privada. Na realidade, desejavam-na; desejavam-na os especuladores de terras e os usurários da Argélia que tinham um interesse premente em "libertar" sua vítima dos laços protetores dos clãs e de sua solidariedade. Enquanto o direito muçulmano existisse na Argélia, a hipoteca das terras encontrava um obstáculo intransponível no fato de que a propriedade das tribos e das famílias era inalienável. A lei de 1863 abriu a primeira brecha. Tratava-se agora de suprimir completamente o obstáculo para deixar campo livre à usura. O segundo argumento era "científico". Procedia do mesmo arsenal espiritual de que o venerável James Mill tinha extraído sua incapacidade para compreender as relações de propriedade da Índia: a economia política inglesa clássica. "A propriedade privada é uma condição prévia para todo cultivo melhor e mais intensivo do solo na Argélia; ela impediria as crises de fome, pois é evidente que ninguém empregaria capital ou trabalho intensivo numa terra que não fosse sua e cujos frutos não fossem exclusivamente de sua propriedade individual", declamavam com ênfase os discípulos cientificamente formados de Smith e Ricardo. É evidente que os fatos falavam outra linguagem. Estes demonstravam que os especuladores franceses não utilizavam a propriedade privada, por eles criada na Argélia, para o cultivo mais intensivo e elevado do solo. Dos 400 mil hectares de terra que no ano de 1873 pertenciam aos franceses, 120 mil encontravam-se em poder das sociedades capitalistas: a Companhia Argelina e a Companhia de Sétif, que, além de não cultivar suas terras, diretamente as entregavam aos indígenas em forma de arrendamento, e estes as cultivavam com suas técnicas tradicionais. Uma quarta parte dos outros proprietários franceses nem se ocupava da agricultura. As inversões de capital e o cultivo intensivo do solo, assim como a organização capitalista, em geral, não poderiam brotar artificialmente. Essas coisas só existiam na fantasia ávida de lucro dos especuladores franceses e no nebuloso mundo doutrinário de seus ideólogos científicos. Se os pretextos e os arabescos não fossem empregados na fundamentação da lei de 1873, bastava, simplesmente, privar os árabes da terra que era a base de sua existência. E, apesar da fragilidade da argumentação e da hipocrisia manifestada na sua justificação, a lei que arruinaria a população da Argélia e liquidaria sua prosperidade natural foi aprovada quase por unanimidade a 26 de julho de 1873.

O fracasso, porém, desse golpe de força não se fez esperar muito. A política da Terceira República estilhaçou-se diante da dificuldade de introduzir precipitadamente a propriedade privada burguesa em associações comunistas primitivas. A política do Segundo Império já havia passado por essa experiência. A lei de 26 de julho de 1873, que foi complementada por uma segunda lei de 28 de abril de 1887, apresentava, no final de dezessete anos de vigência, o seguinte resultado: até 1890 gastaram-se 14 milhões de francos para se concretizar a partilha de 1,6 milhão de hectares. Calculava-se que o prosseguimento da medida deveria durar até 1950 e custaria mais 60 milhões de francos. Em compensação, a finalidade de suprimir o comunismo das grandes famílias não foi alcançada. Sem dúvida, a única coisa que realmente se conseguiu foi uma especulação desenfreada de terras, uma usura florescente e a ruína econômica dos indígenas.

O fracasso da implantação violenta da propriedade privada conduziu a uma nova experiência. Ainda que o governo-geral da Argélia nomeasse, já em 1890, uma comissão que examinou e condenou as leis de 1873 e

1887, passaram-se sete anos até que os legisladores do Sena resolvessem fazer uma reforma no interesse do país arruinado. No novo caminho adotado, prescindiu-se da introdução forçada da propriedade privada por obra do Estado. A lei de 27 de fevereiro de 1897, assim como a instrução do governador-geral argelino de 7 de março de 1898 referem-se, principalmente, ao fato de que a implantação da propriedade deve ser efetivada segundo a demanda do proprietário ou do comprador.[13] Entretanto, certas cláusulas permitem o acesso à propriedade privada a *um só* proprietário, sem o consentimento de coproprietários da terra; e, por outro lado, a pressão do usurário pode ser exercida sobre os proprietários endividados no sentido de impeli-los ao acesso "voluntário" da propriedade; assim, essa nova lei oferece as armas aos capitalistas franceses e indígenas para proceder à desintegração e à pilhagem dos territórios das tribos e das grandes famílias.

A vivissecção da Argélia, que durou cerca de oitenta anos, enfrenta menos resistência nos últimos tempos, na medida em que os árabes se encontram cada vez mais cercados pelo capital francês e a ele entregues sem salvação, em consequência da submissão, de um lado da Tunísia em 1881 e, mais recentemente, do outro lado do Marrocos. A última consequência do regime francês na Argélia é a emigração maciça dos árabes para a Turquia asiática.[14]

---

13 Cf. G. K. Anton, "Neuere Agrarpolitik in Algerien und Tunesien" [Nova política agrária na Argélia e Tunísia], *Jahrbuch für Gesetzgebung, Verwaltung und Volkswirtschaft*, 1900, p. 1341 ss.

14 No seu discurso de 20 de junho de 1912 na Câmara dos Deputados francesa, o relator da comissão para reforma do "indigenato" (da justiça administrativa) na Argélia, Albin Rozet, admitiu o fato da emigração de 1.000 argelinos do distrito de Sétif. De Tlemcen emigraram, no ano passado, em um mês, 1.200 indígenas. O centro da emigração é a Síria. Um emigrante escreve de sua pátria: "Estabeleci-me em Damasco e estou perfeitamente feliz. Encontramos agora na Síria numerosos argelinos que emigraram, como eu, e a quem o governo concedeu terras, facilitando-lhes a aquisição de meios necessários para seu cultivo." O governo argelino combate a emigração – negando a entrega dos passaportes. (Ver *Journal Officiel* de 21 de junho de 1912, p. 1594 ss.)

XXVIII
A introdução da economia de mercado

A segunda condição indispensável, tanto para a aquisição de meios de produção como para a realização da mais-valia, é a ampliação da ação do capitalismo nas sociedades de economia natural. Todas as classes e sociedades não capitalistas devem adquirir as mercadorias produzidas pelo capital e vender-lhe seus próprios produtos. Parece como se aqui começassem a "paz" e a "igualdade", o *do ut des,* a reciprocidade dos interesses, a "competição pacífica" e a "ação civilizadora". Se o capital pode arrancar pela força meios de produção das estruturas sociais estrangeiras e obrigar os trabalhadores a converter-se em objetos de exploração capitalista, não pode obrigá-los pela violência a tornar-se compradores de suas mercadorias nem forçá-los a realizar sua mais-valia. O que parece confirmar essa hipótese é a introdução de meios de transporte – estradas de ferro, navegação, canais – que constituem condição imprescindível para a difusão da economia de mercado em territórios de economia natural. A marcha triunfal da compra e venda de mercadorias pode começar pela construção de transportes modernos, como estradas de ferro, que atravessem selvas virgens e que transponham montanhas; linhas telegráficas, que passam pelos desertos; paquetes, que fazem escala nos portos do mundo inteiro. O caráter pacífico dessas transformações é meramente ilusório. As relações comerciais da Companhia das Índias Orientais com os países fornecedores de matérias-primas foram de roubo e de chantagem sob a bandeira do comércio, como são hoje em dia as relações dos capitalistas americanos com os índios do Canadá, de quem compram peles, e dos negociantes alemães com os negros africanos. O exemplo clássico do "suave" e "pacífico" comércio de mercadorias com sociedades atrasadas é a moderna história da China, onde, durante todo o século XIX, a partir do início dos anos 40, os europeus empreenderam guerras com a finalidade de abrir, pela violência, as portas da China ao tráfico de mercadorias.[1] Os métodos empregados para inaugurar o comércio de mercadorias nessa região da Ásia, que perdurou do ano 40 do século passado até a revolução chinesa, foram os seguintes: perseguições aos cristãos, provocadas pelos missionários; tumultos ocasionados pelos europeus; massacres periódicos, em que uma população de camponeses pacíficos e sem possibilidades de defesa teve de se debater com a técnica mais aperfeiçoada das forças europeias aliadas; grandes contribuições, com todo o sistema de dívida pública; empréstimos europeus; controle das finanças e ocupação das fortalezas; abertura forçada de portos livres e concessões de estradas de ferro obtidas sob pressão dos capitalistas europeus.

O período de abertura da China à civilização europeia, isto é, a troca de mercadorias com o capital europeu, iniciou-se com a guerra do ópio. A China viu-se obrigada a adquirir o veneno das plantações indígenas para convertê-lo em dinheiro que se destinaria aos capitalistas ingleses. No século XVII, a Companhia Inglesa das Índias Orientais introduziu em Bengala o cultivo do ópio e através de sua sucursal de Cantão difundiu o uso do veneno na China. No começo do século XIX, o preço do ópio baixou de tal modo que o produto se converteu rapidamente em meio de consumo para o povo. Ainda no ano de 1821 a China importava 4.628 caixas de ópio, ao preço médio de 1.325 dólares; em 1825, com a redução de 50% no preço, a importação chinesa passou para 9.621 caixas; em 1830, para 26.670 caixas.[2] Os efeitos desastrosos do veneno,

---

1 Em 1911-1912, a Revolução Xinhai colocou fim à monarquia na China. Alguns militantes do SPD, como Clara Zetkin e seu filho, Costia, acompanharam de perto os acontecimentos. Luxemburgo sugeriu a Costia escrever um documento sobre a China voltado à militância do partido. [*N. da E.*]

2 Em 1854, importaram-se 77.379 caixas. Mais tarde, a importação decresceu levemente devido à difusão da produção nacional. Entretanto, a China continua sendo a principal freguesa das plantações indígenas. Em 1873-74, a Índia produziu 6,4 milhões de quilos de ópio, sendo que 6,1 milhões foram vendidos aos chineses. Hoje em dia, a Índia exporta anualmente 4,8 milhões de quilos no valor de 150 milhões de marcos, quase exclusivamente para a China e o arquipélago malaio.

A INTRODUÇÃO DA ECONOMIA DE MERCADO

principalmente na população pobre que consumia a droga de pior qualidade, converteram-se numa calamidade pública e determinaram que a China proibisse a importação. Já em 1828, o vice-rei de Cantão proibiu a importação do ópio. Isso, porém, só serviu para dirigir o comércio para outros portos. Um dos censores de Pequim estudou a questão e emitiu o seguinte informe:

> Tomei conhecimento de que os fumantes de ópio sentem tamanha necessidade desse medicamento nocivo que são capazes de oferecer tudo para obter seu gozo. Se não recebem o ópio na hora a que estão habituados, seus membros começam a tremer e grossas gotas de suor escorrem-lhes pela fronte e pelo rosto e eles tornam-se incapazes de realizar o menor trabalho. Mas se lhes oferecem um cachimbo de ópio e eles aspiram algumas baforadas, em seguida estão curados.
>
> Por conseguinte, o ópio converteu-se numa necessidade para os que o fumam, e não há motivos para espanto que, quando as autoridades locais os interrogam, eles afirmam preferir suportar qualquer castigo a declarar o nome de seus fornecedores. Muitas vezes, as autoridades locais são subornadas com presentes que as incitam a tolerar o mal ou suspender uma investigação iniciada. A maioria dos comerciantes que fornecem suas mercadorias em Cantão vende também o ópio no mercado negro.
>
> Minha opinião é que o ópio constitui um vício muito maior do que o jogo e que, portanto, o castigo imposto aos fumantes deveria ser o mesmo que se atribui aos jogadores.

O censor propunha que se condenasse a oitenta açoites de bambu todo fumante de ópio e àqueles que não denunciassem o vendedor, a cem açoites e exílio de três anos. Depois, com uma franqueza desconhecida das autoridades europeias, o trançado Catão de Pequim termina seu informe com a seguinte reflexão:

> Parece que o ópio é importado, em sua maioria, do estrangeiro por funcionários indignos de acordo com funcionários cobiçosos. Ao ser introduzido no interior do país, tanto os jovens de boas famílias como particulares e comerciantes ricos praticam esse vício. O uso dessa droga se estende também às pessoas pobres. Em

todas as províncias há fumantes de ópio tanto entre os funcionários civis como no exército. Enquanto os funcionários dos diferentes distritos recordam com editos a proibição legal da venda do ópio, seus pais, parentes, subordinados e servidores continuam fumando a droga, e os comerciantes utilizam a proibição para subir o seu preço. A própria polícia, que se encontra igualmente contagiada, compra esse artigo em vez de persegui-lo, e esse é o motivo por que todas as proibições e medidas são inócuas.[3]

Após esse relatório, foi promulgada uma lei que condenava todo fumante de ópio a cem açoites e a dois meses de pelourinho. Incumbiu-se os governadores das províncias de mencionar, em seus informes anuais, os resultados da luta contra o ópio. O duplo resultado dessa luta foi que, por um lado, estabeleceram-se plantações de dormideiras em grande escala no interior da China, principalmente nas províncias de Honan, Setchuan e Kweitchou e, por outro, a Inglaterra declarou guerra à China para obrigá-la a permitir a importação. Assim começou a gloriosa "abertura" da China à cultura europeia, simbolizada pelo cachimbo de ópio.

O primeiro ataque veio de Cantão. A defesa da cidade pela entrada principal do rio das Pérolas era das mais primitivas que se pode imaginar. Consistia principalmente em correntes de ferro que diariamente ao pôr do sol eram firmadas em postes de madeira, ancorados no rio para barrar a correnteza. Deve-se levar em conta também que os canhões chineses careciam de dispositivos para corrigir o tiro e, por isso mesmo, eram totalmente inofensivos. Com essa defesa tão primitiva que servia justamente para impedir a passagem de alguns barcos mercantis, os chineses enfrentaram o ataque inglês. Dois barcos de guerra ingleses foram suficientes para forçar a entrada em 7 de setembro de 1839. Os dezesseis juncos de guerra e os treze canhões com que os chineses tentaram resistir foram destruídos em três quartos de hora. Após essa primeira vitória, os ingleses reforçaram consideravelmente sua frota de guerra e, no começo de 1841, reiniciaram o

---

3 Citado por Scheibert, *Der Krieg in China* [A guerra na China], 1903, p. 179.

ataque. Dessa vez dirigiram-se, ao mesmo tempo, contra a frota e os portos. A frota chinesa consistia em alguns juncos de guerra. A primeira granada atingiu o paiol de um junco, e este foi pelos ares com toda a tripulação. Em pouco tempo destruíram onze juncos, dentre eles o barco de capitânia; o resto buscou a salvação na fuga. As operações em terra perduraram mais algumas horas. Diante da absoluta inutilidade dos canhões chineses, os ingleses avançaram por entre as fortalezas, escalando um ponto estratégico, que estava totalmente desguarnecido, e massacraram os chineses indefesos. O balanço da batalha foi o seguinte: do lado chinês, seiscentos mortos, do lado inglês... Um morto e trinta feridos, sendo que mais da metade proveniente de uma explosão acidental de um reservatório de pólvora. Após algumas semanas, os ingleses realizaram uma nova façanha: tomaram os fortes de Anunghoy e Wantong do norte. Dispunham para isso, nada mais nada menos, do que doze barcos inteiramente equipados. Além disso, os chineses esqueceram o essencial: fortificar a ilha de Wantong do Sul. Assim sendo, os ingleses não tiveram problemas ao desembarcar com suas baterias, bombardeando tanto o forte quanto os barcos de guerra. Poucos minutos foram suficientes para expulsar os chineses do forte, e, por isso mesmo, não houve resistência ao desembarque geral. O panorama desumano que se seguiu – segundo um relatório inglês – será sempre um objeto de profundo pesar para os oficiais ingleses. Na fuga, os chineses caíram nos fossos, e estes rapidamente ficaram repletos de soldados inertes, que pediam clemência. Os sipaios dispararam incessantemente – ao que tudo indica contra as ordens dos oficiais sobre essa massa jacente de corpos humanos. Cantão, assim, foi aberto ao tráfico de mercadorias.

O mesmo ocorreu nos demais portos. Em 4 de julho de 1861, três barcos de guerra ingleses com 120 canhões apareceram ao longo das ilhas situadas à entrada da cidade de Nimpó. No dia seguinte, chegaram mais alguns que se juntaram aos primeiros. À tarde, o almirante inglês enviou uma mensagem ao governador chinês, exigindo a capitulação das ilhas. O governador declarou que lhe faltavam forças para resistir, mas que não podia efetuar a entrega sem ordem de Pequim, solicitando, assim, um prazo. Este não lhe foi concedido e às 2h30 da manhã os ingleses iniciaram o ataque à ilha indefesa. Em nove minutos, os fortes e as casas da praia estavam reduzidos a um montão de ruínas fumegantes. As tropas desembarcaram na costa abandonada e coberta de lanças partidas, sabres, escudos e fuzis, onde jaziam alguns mortos, e avançaram até os muros da cidade de Tinghai, para tomá-la. No dia seguinte, pela manhã, reforçados pelos novos tripulantes que haviam chegado, tomaram de assalto as muralhas, que estavam pouco protegidas, e em poucos minutos se apoderaram da cidade. Essa gloriosa vitória foi anunciada pelos ingleses, modestamente, do seguinte modo:

> O destino designou a manhã de 5 de julho de 1841 como o dia memorável em que, pela primeira vez, a bandeira de Sua Majestade flutuou sobre a mais bela ilha do celeste Império do Meio, a primeira bandeira europeia nesses garridos campos.[4]

Em 25 de agosto de 1841, os ingleses chegaram à cidade de Amoy, onde os fortes estavam guarnecidos com centenas de canhões do maior calibre chinês. Devido à ineficácia da maioria desses canhões e ao pouco preparo do comandante chinês para sustentar um ataque, a tomada do porto foi como uma brincadeira de crianças. Protegidos pelos tiros contínuos, os barcos ingleses se aproximaram dos muros de Kulangsu, onde os soldados de infantaria da marinha desembarcaram e afugentaram, após breve resistência, as tropas chinesas. Os ingleses aprisionaram 26 juncos de guerra, com 128 canhões abandonados pelos tripulantes. Com uma das baterias, os tártaros resistiram heroicamente ao fogo combinado de cinco barcos ingleses. Após o desembarque, os ingleses atacaram-nos pela última vez e massacraram-nos num banho de sangue.

---

4 Scheibert, *op. cit.*, p. 207.

A INTRODUÇÃO DA ECONOMIA DE MERCADO

Assim terminou a gloriosa guerra do ópio. Em troca da paz de 27 de agosto de 1842, os ingleses obtiveram a ilha de Hong-Kong. Além disso, os portos de Cantão, Amoy, Fucheu, Nimpó e Xangai deviam ser abertos ao comércio. Quinze anos mais tarde, verificou-se a segunda guerra contra a China, mas desta vez os ingleses eram aliados dos franceses. Em 1857, a frota aliada se apoderou de Cantão, com o mesmo heroísmo que caracterizou o da Primeira Guerra. Constava nas cláusulas da paz de Tientsin em 1858 a livre importação do ópio e a abertura do país ao comércio e a penetração das missões no interior da China. Em 1859, os ingleses iniciaram de novo as hostilidades e resolveram destruir as fortificações chinesas no Peiho, mas foram derrotados após uma batalha cujo balanço foi de 464 mortos e feridos.[5] A Inglaterra e a França reuniram

---

5 Um edito imperial do dia 3 da 8ª lua no X ano Hsien-Feng (6 de setembro de 1860) proclama, entre outras coisas:

"Nunca proibimos o comércio entre a Inglaterra e a França com a China, e durante muitos anos a paz reinou entre esses países e nós. Mas, há três anos, os ingleses penetraram com más intenções o Cantão e aprisionaram nossos funcionários. Nesse período, não tomamos medidas nem fizemos represálias, porque fomos obrigados a reconhecer que a obstinação do vice-rei Yeh, até certo ponto, permitiu as hostilidades. Há dois anos, o comandante dos bárbaros, Elgin, avançou em direção ao Norte e demos ordens ao vice-rei de Chihli, T'an Ting-Siang, que examinasse os fatos antes de entrar em negociações. O bárbaro, porém, aproveitou-se da nossa fraqueza momentânea; tomou os fortes de Taku e avançou sobre Tientsin. A fim de evitar os horrores da guerra a nosso povo, não tomamos medidas e ordenamos a Kuei-Liang que negociasse a paz. Apesar das vergonhosas exigências dos bárbaros, ordenamos a Kuei-Liang que se dirigisse a Xangai para negociar o tratado do comércio proposto e, inclusive, o ratificamos como símbolo de nossa boa-fé.

"Apesar disso tudo, o comandante dos bárbaros, Bruce, de uma obstinação totalmente irracional, apareceu na 8ª lua com uma esquadra de barcos de guerra na baía de Taku. Seng Ko Liu Ch'in, então, investiu violentamente contra ele e o obrigou a retirar-se rapidamente. Deduz-se de tudo isso que a China não abusou da confiança e que os bárbaros não tinham nenhuma razão. No decorrer desse ano, os comandantes bárbaros Elgin e Gross voltaram a aparecer em nossas costas, mas a China, não desejando recorrer a medidas extremadas, permitiu-lhes que desembarcassem e fizessem uma visita a Pequim para ratificar o tratado.

"Quem poderia acreditar que os bárbaros, durante todo esse tempo, estavam preparando-nos uma armadilha e que trariam um exército de soldados e uma artilharia, com que tomaram os fortes de Taku e marcharam sobre a China após ter rechaçado seus defensores!" (*China unter der Kaiserin-Witwe* [A China sob a imperatriz viúva], Berlim, 1912, p. 25. Ver, também, na mesma obra, todo o capítulo intitulado "Die Flucht nach Jehol" [A fuga em direção a Jehol].)

novamente suas forças. Com 12.600 homens das tropas inglesas e 7.500 das francesas, sob o comando do general Cousin-Montauban, tomaram nos fins de agosto de 1860, sem disparar um tiro, os fortes de Taku; avançaram, mais tarde, em direção a Tientsin e continuaram depois para Pequim. Nesse trajeto, em 21 de setembro de 1860, deu-se a sangrenta batalha de Palikao, que colocou Pequim à disposição das potências europeias. Os vencedores entraram na cidade vazia e sem nenhuma defesa, saquearam, primeiramente, o palácio imperial, o que contou com a participação pessoal do general Cousin, que logo depois passou a marechal e "conde de Palikao"; por outro lado, Lord Elgin mandou incendiar o palácio, "como expiação".[6]

Em consequência, permitiu-se às potências europeias que colocassem seus embaixadores em Pequim. Abriu-se o comércio em Tientsin e outras cidades. Enquanto na Inglaterra a liga contra o ópio atuava para a não difusão desse tóxico em Londres, Manchester e outros distritos industriais, e uma comissão nomeada pelo Parlamento declarava altamente nocivo o consumo do ópio, na convenção de Chifu em 1876 assegurava-se ainda a liberdade à importação de ópio na China. Ao mesmo tempo, todos os tratados na China asseguravam aos europeus – comerciantes e missionários – o direito de adquirir propriedade territorial na China. A fraude

---

6 As operações dos heróis europeus para conseguir a abertura da China ao comércio de mercadorias estão ligadas a um lindo episódio da história interna da China. Logo após a pilhagem ao palácio de verão dos soberanos manchus, o "Gordon chinês" empreendeu uma campanha contra os rebeldes Taiping e, em 1863, apoderou-se inclusive do comando do exército imperial. A repressão da rebelião foi obra do exército inglês. Apesar de um número considerável de europeus, entre eles um almirante francês, ter perdido a vida para manter a China sob a dinastia Manchu, os representantes do comércio de mercadorias aproveitaram a ocasião para fornecer armas aos defensores da abertura comercial da China e aos rebeldes que estes combatiam. "A possibilidade de auferir lucro induziu o honorável comerciante a fornecer, a ambas as partes, armas e munições, e, como as dificuldades de armazenamento desses artigos eram maiores para os rebeldes do que para os imperiais, que por isso mesmo tinham que pagar preços mais altos do que estavam dispostos, foram os eleitos preferidos dos negócios. Esses armamentos permitiram que resistissem tanto às tropas do próprio governo como às da Inglaterra e França." (M. v. Brandt, *33 Jahre in Ostasien* [Trinta e três anos na Ásia Oriental], v. III, "China", 1901, p. 11.)

consciente fazia o seu papel sob o fogo dos canhões. A ambiguidade dos textos dos tratados permitia ao capital europeu que se estendesse gradativamente sobre as zonas ocupadas e sobre os portos compreendidos nas cláusulas. Mas as falsificações reconhecidas do texto chinês da convenção suplementar francesa do ano de 1860, obra do missionário católico abade Delamarre, que interveio como intérprete, permitiram que o governo chinês se visse obrigado a ceder as terras, tanto nos portos abertos como em todas as províncias, às missões. A diplomacia francesa e as missões protestantes foram unânimes em condenar o refinado escroque do padre católico, mas isso não impediu que exigissem energicamente a ampliação do direito das missões francesas introduzidas fraudulentamente e que essa se estendesse, também em 1887, às missões protestantes.[7]

A abertura da China ao comércio de mercadorias, que começou com a guerra do ópio, foi selada com uma série de "arrendamentos" e com a expedição da China em 1900 na qual os interesses comerciais do capital europeu foram substituídos por um roubo público e internacional de terras. Finalmente, a contradição entre a teoria inicial e a prática dos "representantes da cultura" europeia na China aparece na carta endereçada pela imperatriz viúva à rainha Vitória, depois da tomada dos fortes de Taku:

> Saudações a Vossa Majestade! Em todas as negociações entre a Inglaterra e o Império Chinês, desde que se iniciaram, nunca houve por parte da Inglaterra interesse em ampliar suas possessões territoriais, mas o desejo vivo de fomentar o seu comércio. Considerando o fato de que nosso país se encontra em um espantoso estado de guerra, recordamos que a maior parte do nosso comércio, 70 ou 80%, trava-se com a Inglaterra. Além disso, vossas tarifas aduaneiras são as mais baixas do mundo e em vossos portos as limitações são poucas à importação estrangeira. Sob essas condições, mantiveram-se até agora nossas relações amistosas com os comerciantes ingleses, em nossos portos abertos ao comércio

---

7 O. Franke, *Die Rechtsverhältnisse am Grundeigentum in China* [A situação jurídica da propriedade territorial na China], Leipzig, 1903, p. 82 ss.

ininterruptamente durante a última metade do século e com vantagem mútua. Uma mudança repentina, porém, levantou uma suspeita geral entre nós. Por isso, pedimos a Vossa Majestade que reflita sobre o fato de que se, por certas circunstâncias, o nosso Império perdesse sua independência e as potências se unissem para realizar seu antigo propósito de apoderar-se de nosso território [num despacho enviado ao mesmo tempo ao Imperador do Japão, a impulsiva Tzu Hsi fala claramente "das potências do Ocidente ávidas de terra cujos olhos devoradores de tigres se voltam em nossa direção"], o resultado seria desastroso e fatal para vosso comércio. Entretanto, confiamos nos bons serviços de Vossa Majestade como intermediária e aguardamos vossa decisão.[8]

Entretanto, no decorrer de cada guerra, os representantes da cultura europeia participam *en gros* dos roubos e saques dos palácios imperiais chineses, dos edifícios públicos e dos monumentos antigos da civilização, como no ano 1860, quando o palácio do imperador com os seus tesouros fabulosos foi pilhado por franceses, como no ano 1900, quando "todas as nações" roubaram à porfia bens públicos e particulares. Escombros fumegantes das cidade mais antigas e importantes, ruína da agricultura nas vastas regiões, pressão fiscal insuportável para o pagamento das contribuições de guerra, tais eram os fenômenos que acompanharam cada ataque europeu e também os progressos do comércio. Cada um dos quarenta e tantos *treaty ports* chineses foram adquiridos com mar de sangue, massacres e ruínas.

---

8 *China unter der Kaiserin-Witwe* [A China sob a imperatriz viúva], p. 334.

XXIX
A luta contra a economia rural

A separação da agricultura e do artesanato, a eliminação das indústrias rurais da economia rural constituem um último e muito importante capítulo da luta contra a economia natural. Na origem de sua carreira histórica, o artesanato era uma ocupação ligada à agricultura, que junto aos povos civilizados sedentários era considerada categoria subsidiária. A história do artesanato europeu na Idade Média é a história de sua emancipação da agricultura, de sua separação do domínio feudal, de sua especialização e de sua constituição em um ramo independente da produção organizada nas cidades, sob a égide das corporações. Apesar da transformação posterior da produção artesã em manufatura, e, mais tarde, na grande indústria capitalista, o artesanato permanece, nas formas, estreitamente ligado à agricultura. Na economia rural, o artesanato desempenhou um papel importante como trabalho ligado à economia doméstica, acompanhado sobretudo do trabalho agrícola, nos períodos de folga, para satisfazer às necessidades domésticas.[1] O desenvolvimento da produção capitalista extirpou da economia rural todos os seus setores industriais existentes, para concentrá-los na maciça

---

[1] Na China, a indústria doméstica foi utilizada mesmo pela burguesia, durante longo tempo, e, até mesmo recentemente, inclusive nas cidades comerciais populosas e antigas, como Nimpó, com seus 300.000 habitantes. "Há apenas uma geração, as mulheres faziam, elas próprias, sapatos, chapéus, camisas e outros artigos de uso para elas e os maridos. Nesse período estranhava-se quando uma mulher adquiria numa tenda algo que pudesse fabricar sozinha." (Nyok-Ching Tsur, *Die gewerblichen Betriebsformen der Stadt Ningpo* [As formas de empresas industriais da cidade de Nimpó], Tübingen, 1909, p. 51.)

produção industrial. Como exemplo típico temos a história da indústria têxtil. O mesmo também se deu, muito embora de modo menos ostensivo, com todos os ramos industriais da agricultura. Para obrigar a massa de camponeses a comprar suas mercadorias, o capital esforça-se em reduzir a economia rural a um só ramo, do qual não pode apoderar-se imediatamente, nem em formas de propriedade europeias, sem dificuldade: à agricultura.[2] Externamente, esse processo parece desenvolver-se pacificamente. No fundo, encontra-se favorecido pelos meios puramente econômicos. Sem dúvida alguma, não há comparação entre a indústria doméstica dos camponeses e a produção industrial em série, com sua especialização, superioridade técnica, utilização da análise científica, organização do processo de produção, acesso às matérias-primas no mercado mundial e seu instrumental aperfeiçoado. Nesse processo de separação da agricultura e do artesanato, intervieram, na realidade, múltiplos fatores como a pressão tributária, a guerra, a venda forçada e a monopolização da terra nacional, isto é, pelos métodos utilizados pela economia nacional como o poder político e o código penal. Em nenhuma outra parte, esse processo foi tão radicalmente empregado como nos Estados Unidos da América.

As estradas de ferro, isto é, o capital europeu, principalmente o inglês, conduziram os fazendeiros americanos às imensas regiões de Leste a Oeste, onde estes exterminaram os indígenas com armas de fogo, cães policiais, aguardente e sífilis, fazendo-os recuar em direção ao Oeste. Depois, apropriaram-se de suas terras como se fossem "livres", para desbravá-las e cultivá-las. O fazendeiro americano, "o homem dos bosques",

---

2 Sem dúvida, a situação modificou-se na última fase da história da economia rural, pois já se sentiam os últimos efeitos da produção capitalista. No período dos pequenos camponeses arruinados, o trabalho agrícola coube inteiramente às mulheres, velhos e crianças, enquanto os homens se dedicavam ao trabalho assalariado na fábrica ou a um trabalho em domicílio para as empresas capitalistas. Um exemplo típico é o dos pequenos camponeses de Württemberg.

do período anterior à Guerra de Secessão, era muito diferente do de hoje em dia. Sabia fazer um pouco de cada coisa e na sua fazenda era autossuficiente, não necessitando ajuda do mundo exterior.

> O fazendeiro americano de hoje em dia [escreveu na primeira década do século XIX o senador Peffer, um dos dirigentes da *Farmers Alliance*] é completamente diferente daquele de há cinquenta ou cem anos. Muitas pessoas hoje em dia recordam a época em que os fazendeiros se ocupavam, em considerável escala, com o artesanato, isto é, eles próprios fabricavam uma parte considerável do que lhes fazia falta para o consumo. Todo fazendeiro tinha uma coleção de ferramentas com que fabricava utensílios de madeira, tais como a forquilha, pá, os cabos para as pás e arados, lanças para a carruagem e uma série de outros utensílios de madeira. Além disso, o fazendeiro produzia linho e cânhamo, lã de ovelhas e algodão. Esses materiais têxteis eram fiados e tecidos em casa; confeccionavam-se, também, em casa, vestidos, roupa e, em geral, tudo de que o fazendeiro necessitasse para seu consumo pessoal. Em cada fazenda, havia uma pequena oficina para trabalhos de carpintaria e serralheria, e na casa, um cardador de lã e um tear; teciam-se alfombras, mantas e roupas de cama; criavam-se gansos, com cujas penas se faziam almofadas e colchões. O excedente era vendido no mercado da cidade mais próxima. No inverno, levavam-se à cidade trigo, farinha, milho em grandes carros com seis a oito cavalos, a 100 ou 200 milhas de distância; compravam-se nesse local, para o ano seguinte, especiarias, tecidos etc. Encontravam-se muitas vezes, entre os fazendeiros, artesãos especializados. Os carros eram construídos nas granjas durante um ou dois anos. O material era encontrado nas proximidades; a qualidade da madeira, a ser empregada na construção, era determinada com o vizinho; tinha que ser fornecida em tempo fixo e posta a secar por um período determinado, de maneira que as partes contratantes sabiam de onde procedia cada pedaço de madeira e quanto tempo se gastava para secá-la. Durante o inverno, o carpinteiro da comarca fazia janelas, portas, cornijas e vigas para a próxima temporada. Quando chegavam as geadas de outono, podia-se ver o sapateiro sentado num canto da casa do fazendeiro confeccionando sapatos para a família. Tudo isso fazia-se em casa e era pago, em parte, com os produtos da fazenda. Com a chegada do inverno, aprovisionava-se a carne, após ter sido preparada e defumada para conservação. O pomar de árvores frutíferas fornecia fruta para os molhos e todos os gêneros de conservas. Tudo isso em quantidade suficiente para as necessidades da família, durante pouco

mais de um ano. O trigo era debulhado pouco a pouco, segundo a necessidade da família e do dinheiro que se precisava. Tudo era mantido em conservas e consumido pela própria família. Para esse tipo de exploração, necessitava-se de pouco dinheiro para manter o negócio em marcha. Cem dólares eram suficientes para pagar os criados nas grandes fazendas e reparar os instrumentos de trabalho e outras despesas ocasionais.[3]

A Guerra de Secessão pôs fim a esse idílio. A enorme dívida da União – 6 bilhões de dólares – acarretou um grande aumento dos impostos. Depois da guerra, porém, verificou-se um febril desenvolvimento dos meios de transporte e da indústria; particularmente da indústria e maquinaria, graças às tarifas aduaneiras cada vez mais elevadas. Para impulsionar a construção de estradas de ferro, e a colonização do país pelos fazendeiros, ofereceram-se generosamente às companhias ferroviárias enormes terras nacionais: só em 1867, elas obtiveram mais de 74 milhões de hectares de terra. Em consequência, a rede ferroviária cresceu em proporções até então inéditas. Em 1860, não chegava ainda a 50 mil quilômetros, em 1870 passava de 85 mil quilômetros, e em 1880, de 150 mil quilômetros (na mesma época, de 1870 a 1880, a rede total ferroviária da Europa passou de 130 mil para 169 mil quilômetros). As estradas de ferro e a especulação de terras atraíram grandes contingentes de emigrantes europeus aos Estados Unidos. De 1869 a 1892, isto é, nesses 23 anos, a imigração elevou-se a mais de 4,5 milhões de pessoas. Ao mesmo tempo a União foi emancipando-se pouco a pouco da indústria europeia, principalmente da inglesa, e criou maquinaria, manufatura, indústria têxtil e metalúrgica próprias. A agricultura custou mais a revolucionar-se. Nos primeiros anos que se seguiram à guerra civil, os proprietários de plantações dos estados do Sul viram-se obrigados a introduzir o arado a vapor, após a

---

[3] W. A. Peffer, *The Farmer's Side. His Troubles and Their Remedy*, parte II: "How we Got Here", capítulo I: "Changed Condition of the Farmer", Nova York, 1891, p. 56-57. Ver também A. M. Simons, *The American Farmer*, 2ª ed., Chicago, 1906, p. 74 ss.

emancipação dos negros escravizados. As novas fazendas que surgiram, com as construções de estradas de ferro no Oeste, adaptaram-se logo à técnica mais moderna. Constava de relatório da Comissão Agrícola dos Estados Unidos, em 1867, o seguinte:

> Ao mesmo tempo que o emprego das máquinas revolucionou a agricultura, reduziu o trabalho humano ao mínimo conhecido até hoje [...] a agricultura lucrou com as técnicas administrativas e organizatórias. As fazendas com algumas milhas de hectares eram administradas com maior competência, os meios existentes eram utilizados de modo mais racional e econômico, e o rendimento era mais elevado do que o das fazendas de 40 hectares.[4]

Nesse período, os impostos fiscais, diretos e indiretos, aumentaram consideravelmente. Durante a guerra civil, promulgou-se uma nova lei financeira. A lei sobre as contribuições de guerra de 30 de junho de 1864, que constitui a base fundamental do sistema atualmente em vigor, aumentou extraordinariamente os impostos sobre o consumo e sobre a renda. Ao mesmo tempo, as contribuições de guerra serviram de pretexto a uma verdadeira orgia de tarifas protecionistas destinadas a compensar as taxas que oneravam a produção do país.[5] Mr. Morril, Stevens e os outros gentlemen aproveitaram a guerra para impor seu

---

4 Citado por Lafargue, "Getreidebau und Getreidehandel in den Vereinigten Staaten" [O cultivo e o comércio de cereais nos Estados Unidos], *Die Neue Zeit*, 1885, p. 344 (o artigo foi publicado pela primeira vez no ano de 1883 numa revista russa).

5 "*The three revenue acts of June 30, 1864, practically form one measure, and that probably the greatest measure of taxation which the world has seen... The internal revenue act was arranged, as Mr. David A. Wells has said, on the principle of the Irishman at the Donnybrook fair: 'Whenever you see a head, hit it; whenever you see a commodity, tax it.' Everything was taxed, and taxed heavily.*" ["As três leis tributárias de 30 de junho de 1864 constituem praticamente uma só e são provavelmente as maiores medidas tributárias que o mundo já conheceu. A lei referente aos impostos interiores baseou-se, segundo o Sr. David A. Wells, no princípio do irlandês da feira de Donnybrook: 'Onde você perceber a existência de uma cabeça, bata nela; onde perceber um artigo, taxe-o.' Tudo foi taxado, e altamente taxado."] (F. W. Taussig, *The Tariff History of the United States*, Nova York, 1888, p. 164.)

programa protecionista e fundar um sistema segundo o qual a política aduaneira se converteu aberta e cinicamente num instrumento do interesse particular. Todo produtor nacional, que aparecia no Congresso para solicitar um direito especial de tarifas aduaneiras para seus interesses privados, era prontamente atendido. As tarifas aduaneiras eram aumentadas de acordo com os pedidos.

"A guerra", escreve o americano Taussig,

> exerceu um efeito refrescante e enobrecedor em vários sentidos sobre nossa vida nacional, mas sua influência imediata sobre os assuntos legislativos referentes a dinheiro foi desmoralizadora. Os legisladores perderam frequentemente de vista a linha divisória entre dever público e interesses privados. Através dos peculatos, os autores das novas leis usufruíram das empresas criadas. O país constatou com pesar que a honra e o decoro dos políticos não se mantinham intangíveis.

E essa norma que significava toda uma revolução na vida política do país, que se manteve durante vinte anos inalterável, foi aprovada no Congresso, literalmente, em três dias, e em dois, sem críticas, sem debate, sem oposição alguma, no Senado.[6] Substancialmente ela constitui até hoje a base da legislação aduaneira dos Estados Unidos.

Com essa revolução na política financeira dos Estados Unidos, iniciou-se também uma descarada corrupção parlamentar da União; a manipulação cínica e reconhecida das eleições, da legislação e da imprensa para fins de interesses particulares do grande capital. "*Enrichissez-vous*" tornou-se a máxima da vida pública após a "nobre guerra", para livrar a humanidade da "mancha da escravidão"; o ianque que libertou

---

6 "*The necessity of the situation, the critical state of the country, the urgent need of revenue, may have justified this haste, which, it is safe to say, is unexampled in the history of civilized countries.*" [A necessidade da situação, o estado crítico do país, a necessidade urgente de rendimentos, podem justificar essa urgência, e podemos admitir, sem temor, que é única na história dos países civilizados.] (Taussig, *op. cit.*, p. 168.)

os negros celebrou orgias como vigarista e especulador da Bolsa. No Congresso, como legislador, ele se apropriava das terras nacionais e enriquecia graças às tarifas aduaneiras, aos impostos, aos monopólios e à emissão de ações fictícias e roubo dos bens públicos. A indústria prosperou. O tempo em que o pequeno e médio fazendeiros podiam sustentar-se sem dinheiro metálico e debulhar seu trigo, segundo suas necessidades, para convertê-lo em dinheiro, passou. Agora, o fazendeiro necessitava de dinheiro – muito dinheiro – para pagar suas contribuições; em seguida, tinha que vender seus produtos para poder adquirir as mercadorias industriais de que necessitasse.

> Considerando apenas o presente [escreve Peffer], achamos que quase tudo se modificou. Em todo o Oeste, os fazendeiros debulham e vendem seu trigo ao mesmo tempo. O fazendeiro vende seu gado e compra carne fresca ou toucinho, vende seus porcos e compra presunto e carne de porco, vende seus legumes e sua fruta e compra conservas e compotas dessas mesmas frutas. Se semeia o linho em vez de fiá-lo, tecê-lo e fazer roupas para seus filhos, como há cinquenta anos, hoje ele vende as sementes; enquanto queima a palha. Em cinquenta fazendeiros apenas um cria ovelha; os outros constituem as grandes fazendas de gado e adquirem a lã já em forma de tecido ou vestuário. Seu traje já não é mais confeccionado em casa, mas adquirido na cidade. Em vez de confeccionar sozinho os utensílios necessários, como as forquilhas, ancinhos etc., dirige-se à cidade para adquirir o cabo do martelo; compra sogas e cordéis, tecidos para vestidos ou, até mesmo, vestidos prontos, frutas em conserva, toucinho, carne e presunto; hoje compra quase tudo o que antes produzia sozinho e para isso precisa de dinheiro. Por outro lado, deve-se notar um fato que parece o mais estranho de tudo isso: no período da possessão do americano, este mantinha-se livre de dívidas – não havia um caso entre mil em que um domicílio estivesse abalado com hipotecas, para garantir um empréstimo em dinheiro – e devido à escassa necessidade de dinheiro que requeria a exploração, ele abundava entre os fazendeiros; agora, porém, necessita de dez vezes mais, ou tem muito pouco, ou não o tem. Aproximadamente, a metade das fazendas contraiu dívidas hipotecárias que absorveu todo o seu valor, pois os juros eram exorbitantes. Os industriais constituem a causa

dessa notável transformação, com suas fábricas de tecidos de lã e de linho, suas usinas de madeira, têxtil, de conservas de carne e fruta etc.; as pequenas oficinas das fazendas cederam lugar às grandes usinas das cidades. A oficina local de carpintaria de carros cedeu lugar à enorme fábrica da cidade, onde cem a duzentas viaturas são fabricadas por semana; a oficina do sapateiro foi substituída pela grande fábrica da cidade, onde a maior parte do trabalho se efetua com a ajuda das máquinas.[7]

Finalmente, o próprio trabalho agrícola mecanizou-se.

> Hoje em dia o fazendeiro ara, semeia e ceifa com o auxílio das máquinas. A máquina ceifa, une a gavela, debulha o trigo com a ajuda do vapor. O fazendeiro pode ler o jornal da manhã enquanto ara e pode instalar-se, comodamente, na máquina enquanto ceifa.[8]

Essa revolução da agricultura norte-americana depois da "grande guerra" não foi o fim, mas o começo das transformações em que o fazendeiro se achava envolvido. Introduzimos a história do fazendeiro na segunda fase da acumulação capitalista, da qual é um excelente exemplo; o capitalismo combate e aniquila em todas as partes a economia natural, a produção para o consumo, a combinação da agricultura com o artesanato. Necessita impor a economia de mercado para dar saída à sua própria mais-valia. A produção de mercadorias é a forma geral que o capitalismo possui para se desenvolver. Mas desde que a economia de mercado se encontra instalada sobre as ruínas da economia natural, o capital lhe declara guerra. O capitalismo entra em concorrência com a economia de mercado; após tê-la feito surgir, disputa com ela os meios de produção, os trabalhadores

---

[7] W. A. Peffer, *op. cit.*, p. 58.
[8] W. A. Peffer, *op. cit.*, "Introdução", p. 6. Sering calculou, para o ano de 1885, que o dinheiro necessário para iniciar escassamente a menor fazenda no Noroeste é de 1.200-1.400 dólares. (*Die Landwirtschaftliche Konkurrenz Nordamerikas* [A competição agrícola na América do Norte], Leipzig, 1867, p. 431.)

e o mercado. Primeiramente, o objetivo era o isolamento do produtor, arrancá-lo dos laços protetores da comunidade; logo após, separar a agricultura do artesanato; agora, a tarefa é separar o pequeno produtor de mercadorias de seus meios de produção.

Já vimos que a "grande guerra" inaugurou na União norte-americana uma era de saques e pilhagens nas terras nacionais através das sociedades monopolistas e especuladores isolados. Com a construção desenfreada de estradas de ferro e com a especulação ferroviária, surgiu uma insensata especulação de terras através da qual ducados inteiros se tornaram butim de companhias e de vigaristas isolados. Ao mesmo tempo, por meio de agentes, empregando métodos de publicidade os mais trapaceiros possíveis, um grupo de emigrantes europeus dirigiu-se para os Estados Unidos. Esta corrente estabeleceu-se primeiramente nos estados do Leste, na costa atlântica. Mas, quanto mais se desenvolvia a indústria, tanto mais a agricultura se deslocava para o Oeste. O "centro do trigo", que em 1850 se encontrava em Columbus no Ohio, seguiu distanciando-se, nos cinquenta anos seguintes, 90 milhas para o Norte e 680 milhas para o Oeste. Em 1850, os estados atlânticos forneceram 51,4% da safra total de trigo, e no ano de 1880 só forneceram 13,6%, enquanto os estados setentrionais e os centrais forneceram, em 1880, 71,7%, e os ocidentais, 9,4%.

Em 1825, o Congresso da União, durante a presidência de Monroe, resolveu transferir os indígenas do Leste do Mississipi para o Oeste. Os peles-vermelhas resistiram desesperadamente, mas mesmo assim foram afastados (pelo menos aqueles que sobreviveram às carnificinas das quarenta guerras indígenas) como se fossem tarecos maçadores, foram evacuados em direção ao oeste como rebanhos de búfalos e encerrados dentro das grades das *reservations* como os animais selvagens. Os indígenas deviam ceder lugar aos fazendeiros. Por seu lado, o fazendeiro devia ceder lugar ao capital, sendo cada vez mais empurrado para além do Mississipi.

A ACUMULAÇÃO DO CAPITAL

Seguindo as estradas de ferro, o fazendeiro americano emigrou para o Oeste e Noroeste, para a terra prometida pela publicidade dos grandes especuladores de terra. Mas as terras mais férteis e mais bem situadas destinavam-se, pelas companhias, a grandes empreendimentos com métodos puramente capitalistas. O fazendeiro transferido para o deserto viu surgir um concorrente perigoso e um inimigo mortal, isto é, a *"bonanza farm"*, a empresa agrícola capitalista, desconhecida até então, tanto no Velho como no Novo Mundo. Todos os métodos da ciência e da técnica moderna estavam voltados para a produção da mais-valia. Lafargue escreveu em 1880:

> Devemos considerar Olivier Dalrymple, cujo nome hoje em dia é célebre em ambos os lados do Atlântico, como o representante mais típico da agricultura financeira. Desde 1874, dirige, ao mesmo tempo, uma linha de vapores no rio Vermelho e seis fazendas, com uma extensão de 30 mil hectares, que pertencem a uma sociedade financeira.
> Dividiu cada uma delas em três seções de oitocentos hectares, que por sua vez foram divididas em subseções de 267 hectares geridas pelos capatazes e contramestres. Em cada seção construíram-se barracas onde se encontram albergues para cinquenta homens, estrebarias para cavalos e mulas, assim como cozinhas e armazéns de artigos comestíveis para os homens e o gado, depósito para as máquinas, enfim, oficinas para ferreiros e serralharia. Cada seção possui seu equipamento completo: vinte parelhas de cavalos, oito arados duplos, doze máquinas semeadoras puxadas por cavalos, doze grades com dentes de aço, doze máquinas de engabelar e ceifar, duas máquinas trilhadoras e dezesseis carros; todas as medidas foram tomadas para que máquinas e animais de trabalho (homens, cavalos e mulas) se mantivessem em bom estado e assegurassem o maior rendimento. Todas as seções comunicam-se entre si, e com a direção, por telefone.
> As seis fazendas de 30 mil hectares são cultivadas por um exército de seiscentos operários, que se encontram organizados militarmente; em época de colheita, a central contrata mais quinhentos ou seiscentos operários auxiliares que são distribuídos entre as seções. Uma vez terminados os trabalhos, no outono, os trabalhadores são despedidos, com exceção do capataz e de dez homens por seção. Em algumas fazendas de Dakota e Minnesota, os cavalos e mulas não passam o inverno no lugar de trabalho. Depois de arar a terra, são conduzidos

A LUTA CONTRA A ECONOMIA RURAL

em rebanhos de cem a duzentas parelhas a mil ou 1.500 quilômetros em direção ao sul, de onde só voltam na primavera.

Mecânicos a cavalo dirigem as máquinas de arar, semear e ceifar; logo que verificam um defeito saem a galope e reparam a máquina para, sem perder tempo, colocá-la novamente em movimento. O trigo recolhido é levado às máquinas debulhadoras que trabalham dia e noite sem interrupção. São os feixes de palha que servem de combustível. Estes são empurrados por tubos de folha de flandres. O grão é debulhado, medido e metido em sacos, por meio de máquinas. Depois é levado à estrada de ferro que atravessa a fazenda. Daí dirige-se a Duluth ou a Buffalo. Anualmente, Dalrymple aumenta a terra semeada em 2 mil hectares. Em 1880 chegou a 10 mil hectares.[9]

Já nos fins de 1870, capitalistas e companhias já possuíam territórios de 14 mil a 18 mil hectares de terras de trigo. Desde que Lafargue escreveu essas linhas, os progressos técnicos na agricultura americana capitalista e o emprego de máquinas aumentaram consideravelmente.[10]

---

9 Lafargue, *op. cit.*, p. 345.

10 O "Report of the U.S. Commissioner of Labour" apresenta o seguinte quadro ilustrando as vantagens do trabalho mecânico em relação ao trabalho manual:

TRABALHO	JORNADA DE TRABALHO EMPREGANDO MÁQUINAS POR UNIDADE DADA		JORNADA DE TRABALHO COM TRABALHO MANUAL PARA A MESMA UNIDADE DE PRODUTO	
	Horas	Minutos	Horas	Minutos
Plantar os cereais	-	32,7	10	55
Colheita e debulha de cereais	1	-	46	40
Plantar o milho	-	37,5	6	15
Ceifar o milho	3	4,5	5	-
Limpar o milho	-	3,6	66	40
Plantar o algodão	1	3,0	8	48
Cultivar o algodão	12	5,1	60	-
Plantar o feno (foice/máquina)	1	0,6	7	20
Recolher e empacotar (feno)	11	3,4	35	30
Plantar batatas	1	2,5	15	-
Plantar tomates	1	4,0	10	-
Cultivar e recolher tomates	134	5,2	324	20

A ACUMULAÇÃO DO CAPITAL

O fazendeiro americano não podia sustentar a concorrência com semelhantes empresas capitalistas. Ao mesmo tempo que a transformação geral das finanças, da produção, dos transportes obrigou o abandono de todas as formas de produção para o próprio consumo e a produção exclusiva para o mercado, a expansão gigantesca da agricultura baixou os preços dos produtos agrícolas. Enquanto a massa de fazendeiros percebia que seu destino dependia do mercado, o mercado agrícola da União norte-americana, que era um mercado puramente local, transformou-se num mercado mundial, onde começaram a atuar as empresas capitalistas gigantescas e sua especulação.

O ano de 1879 marca uma etapa da história da agricultura europeia e americana; é o período da exportação maciça do trigo americano para a Europa.[11]

As vantagens dessa ampliação do mercado foram, naturalmente, monopolizadas pelo capital; por um lado, aumentaram as fazendas gigan-

---

11 Aqui estão as cifras da exportação do trigo dos Estados Unidos para a Europa (em milhões de *bushels*):

1868-69	17,9
1874-75	71,8
1879-80	153,2
1885-86	57,7
1890-91	55,1
1899-1900	101,9

(Jurascheck, *Übersichten der Weltwirtschaft*
[Visão geral da economia mundial], VII, seção 1, p. 32.)

Ao mesmo tempo, o preço por *bushel* do trigo na fazenda desceu nas seguintes proporções:

1870-79	105
1880-89	83
1895	51
1896	73
1897	81
1898	58

tescas que com sua concorrência oprimiam o pequeno fazendeiro; por outro, este se converteu em vítima dos especuladores que lhe compravam os cereais para pressionar o mercado mundial. Reduzido à impotência pelo poder imenso do capital, o fazendeiro se endividou, sintoma típico do declínio da economia camponesa. A hipoteca das fazendas converteu-se prontamente em calamidade pública. No ano de 1890 o ministro da Agricultura da União, Rusk, escreveu numa circular especial a propósito da situação desesperadora dos fazendeiros:

> O peso das hipotecas sobre as fazendas, casas e terras toma indubitavelmente proporções altamente inquietantes; muito embora em alguns casos os empréstimos tenham sido contraídos apressadamente, na maioria dos casos foi a necessidade que os obrigou a isso. Esses empréstimos, que comportam juros enormes, tornaram-se insuportáveis em consequência da baixa dos preços dos produtos agrícolas, que ameaçam o fazendeiro com a perda da casa e da terra. Essa é uma questão extremamente difícil para aqueles que se propõem remediar a situação dos fazendeiros. Constata-se que, de acordo com os preços atuais, o

---

Depois de 1899, em que o preço chegou a 58, começa a subir:

1900	62
1901	62
1902	63
1903	70
1904	92

(Jurascheck, *op. cit.*, p. 18.)

Segundo os informes mensais sobre o comércio exterior em 1912, o preço de mil quilos em marcos era em junho de 1912:

	TRIGO
Berlim	227,82
Mannheim	247,83
Odessa	173,94
Nova York	178,08
Londres	170,96
Paris	243,69

fazendeiro, para obter um dólar para pagar suas dívidas, é obrigado a vender uma quantidade de produtos muito maior do que aquela quando contraiu o empréstimo de um dólar. Os juros acumulam-se de tal modo que se torna impossível cancelar a dívida. E nessa situação torna-se extraordinariamente difícil a renovação das hipotecas.[12]

Segundo o censo de 29 de maio de 1891, 2,5 milhões de empresas estavam hipotecados, das quais dois terços são explorados pelo próprio proprietário. A dívida eleva-se nesse caso para aproximadamente 2,2 bilhões de dólares.

> Assim [conclui Peffer], a situação dos fazendeiros é extraordinariamente crítica; a fazenda deixou de ser produtiva; o preço dos produtos agrícolas baixou em 50% desde a "grande guerra"; o valor das fazendas caiu de cerca de 25% a 50%; os fazendeiros encontram-se endividados até o pescoço, os empréstimos são garantidos pelas hipotecas sobre suas terras; e, em muitos casos, não podem renovar o empréstimo, já que a hipoteca se desvaloriza cada vez mais. Nesses casos, muitos fazendeiros perdem suas culturas e eles continuam sendo aniquilados pela engrenagem das dívidas. Somos vítimas de um poder sem piedade; a fazenda caminha para a ruína.[13]

O fazendeiro, endividado e arruinado, não tinha outro recurso senão obter como jornaleiro um dinheiro adicional, ou abandonar sua fazenda, sacudindo o pó da "terra prometida", do "paraíso do trigo", que se converteu para ele num inferno. Isso admitindo-se que sua fazenda não estivesse decadente por falta de pagamento ao usurário, o que acontecia com milhares de fazendas. Podiam-se ver, por volta de 1880, muitas fazendas abandonadas e em ruína. Sering escreveu em 1887: se o fazendeiro não pode pagar a dívida no prazo previsto, o juro sobe a 12, 15 e até 20%. O banco, o vendedor de máquinas e o tendeiro voltam-se

---

12 Peffer, *op. cit.*, parte I, *Where We Are*. Capítulo II: "Progress of Agriculture", p. 30-31.
13 Peffer, *op. cit.*, p. 42.

para ele e roubam-lhe os frutos de seu duro trabalho. O fazendeiro ou se transforma em arrendatário de sua fazenda ou se desloca para o Oeste, procurando uma nova oportunidade. Em nenhuma parte da América do Norte encontram-se tantos fazendeiros endividados, descontentes e desiludidos como nas regiões de cereais dos prados de Noroeste; não se encontra em Dakota nenhum fazendeiro que não estivesse disposto a vender sua fazenda.[14]

O comissário da Agricultura de Vermont escreveu em 1889, a propósito do frequente abandono de fazendas:

> Nesse Estado podem ser encontradas grandes zonas de terras incultas, próprias para o cultivo, que podem ser adquiridas por preços semelhantes aos dos Estados do Leste e que se encontram situadas perto de escolas, igrejas e que contam, além disso, com a vantagem de uma estrada de ferro próxima. O comissário não visitou todos os distritos do Estado em questão no relatório, mas o suficiente para se convencer de que um território considerável, hoje em dia abandonado, mas antigamente cultivado, converteu-se agora num deserto; entretanto, uma parte importante das terras poderia, ao preço de um trabalho assíduo, produzir um bom rendimento.

Em 1890, o comissário do Estado de New Hampshire publicou uma brochura de 67 páginas consagrada à descrição de fazendas que podem ser adquiridas pelos preços mínimos. Abrange 1.442 fazendas abandonadas recentemente, com edifícios de habilitação. O mesmo ocorre em outras regiões. Milhares de hectares de terras, dedicados ao cultivo do trigo e do milho, permaneciam baldios e convertiam-se em desertos. Para repovoar a terra abandonada, os especuladores realizavam uma propaganda refinada, através da qual atraíam novos grupos de emigrantes, novas vítimas, que iriam compartilhar rapidamente do destino de seus predecessores.[15]

---

14 Sering, *Die landwirtschaftliche Konkurrenz Nordamerikas*, p. 433.
15 Ver W. A. Peffer, *op. cit.*, p. 35-36.

Numa carta particular, podia-se ler a seguinte descrição:

> Nas proximidades das estradas de ferro e dos mercados não se encontra nenhuma parte de terra pertencente ao Estado. Tudo foi açambarcado pelos especuladores. O colono adquire terra livre e paga, como o fazendeiro, pelo arrendamento. Mas a exploração assegura-lhe apenas a sobrevivência, pois não pode competir com a grande fazenda. Cultiva a parte de sua fazenda prescrita na lei, mas é obrigado a procurar uma fonte suplementar de rendimento fora da agricultura. No Oregon, por exemplo, encontrei um colono que era, há cinco anos, proprietário de 160 acres, mas quando chegava o verão, em fins de junho, trabalhava na construção de caminhos, ganhando um dólar por doze horas de trabalho. Esse fazendeiro figurava, naturalmente, na lista recenseada em 1890 de 5 milhões de fazendeiros. Em El Dorado County vimos, por exemplo, muitos fazendeiros que só cultivavam a terra necessária para seu sustento e do gado, mas não para o mercado, pois seria inútil. Sua principal fonte de rendimento era a procura do ouro, vender lenha etc. Essas pessoas vivem relativamente bem, mas esse bem-estar não provém da agricultura. Há dois anos, trabalhávamos no Long Cañon, no condado de El Dorado, e durante todo o tempo estivemos alojados numa casa num pedaço de terra cujo proprietário não apareceu mais do que uma vez em todo aquele tempo, e trabalhava o resto do tempo numa estrada de ferro, em Sacramento. Seu pedaço de terra não era cultivado. Há alguns anos cultivou-se uma pequena parte, para cumprir a lei; alguns acres estão cercados de fios de ferro e no interior encontra-se uma *log cabin* e uma cabana. Mas nos últimos anos tudo se encontra vazio; a chave da cabana estava na casa do vizinho, que a colocou à nossa disposição. No transcurso de nossas viagens, vimos muitos pedaços de terra abandonados, nos quais se faziam tentativas de ressurgimento de cultura. Há três anos, eu me propus comprar uma fazenda com uma casa por cem dólares. Era muito tarde; a casa desocupada desabou sob o peso da neve. No Oregon vimos muitas fazendas abandonadas com pequenas casas e hortas. Uma delas, que visitamos, fora excelentemente construída: uma casa de madeira, feita pelas mãos de um mestre, contendo alguns instrumentos, mas tudo estava abandonado pelo fazendeiro. Qualquer pessoa podia apoderar-se de tudo gratuitamente.[16]

---

16 Citado por Nikolai-on, *op. cit.*, p. 224.

A LUTA CONTRA A ECONOMIA RURAL

Que faz, então, o fazendeiro arruinado da União? Empreende a marcha em busca do "centro do trigo" e das estradas de ferro. O paraíso do trigo prolonga-se, em parte, em direção ao Canadá, perto do rio Saskatchewan e do rio Mackenzie, onde se produz o trigo ao longo do paralelo 62. Uma parte dos fazendeiros da União[17] dirige-se para essa região e torna-se vítima do mesmo destino em algum tempo. O Canadá já figura no mercado mundial entre os países exportadores de trigo, mas a agricultura encontra-se dominada ainda, em maior escala, pelo grande capital.[18]

Mas o malbarato das terras públicas às sociedades capitalistas privadas foi feito de forma muito mais monstruosa no Canadá do que nos Estados Unidos. Os privilégios concedidos à companhia de estradas de ferro do Pacífico canadense são algo sem precedente no roubo de possessões públicas pelo capital privado. Não apenas assegurou-se à companhia o monopólio durante vinte anos na construção de estradas de ferro, colocando-se gratuitamente a sua disposição toda a zona de construção

---

17 A emigração para o Canadá em 1901 montou a 49.149 pessoas. Em 1911, emigraram mais de 300 mil pessoas, dentre as quais 138 mil eram inglesas e 134 mil norte-americanas. Segundo informações oriundas de Montreal em fins de maio de 1912, a afluência de fazendeiros norte-americanos continuava também naquela primavera.

18 "Em minha viagem pelo oeste canadense não avistei uma fazenda que tivesse menos de 1.000 acres (1.585 jeiras prussianas). Segundo o censo de 1881 do Dominion of Canada, em Manitoba (Canadá), havia 2.384.337 acres de terra ocupados por apenas 9.077 proprietários; a cada indivíduo correspondiam 2.047 acres, uma média que não alcançava, nem remotamente, nenhum dos estados da União" (Sering, *op. cit.*, p. 376). Porém, verdadeira grande propriedade estava pouco difundida no Canadá no começo dos anos 80. Entretanto, Sering já descreve a Bell-Farm, uma fazenda pertencente a uma sociedade anônima que abrangia 22.680 hectares e que estava evidentemente organizada conforme o modelo da fazenda Dalrymple. Sering, que considerava com muita frieza e ceticismo as perspectivas da concorrência canadense, estimou que o "cinturão produtivo" do Canadá ocidental teria uma superfície de 311.000 quilômetros quadrados, ou seja, três quintas partes da Alemanha; desse total calculava-se que apenas se podiam considerar terras realmente cultiváveis 38,4 milhões de acres e, exagerando-se um pouco, 15 milhões de acres como provável zona de trigo (Sering, *op. cit.*, p. 337 e 338). Segundo as estimativas da Manitoba Free Press de meados de junho de 1912, a superfície apropriada para o cultivo do trigo temperado no Canadá elevou-se no verão de 1912 a 11,2 milhões de acres contra uma superfície de 19,2 milhões nos Estados Unidos (cf. *Berliner Tageblatt und Handelszeitung*, nº 305, de 18 de junho de 1912).

que abrangia umas 713 milhas inglesas no valor de aproximadamente 35 milhões de dólares; não apenas o Estado garantia por dez anos uma quantia de 3% de juros sobre o capital de 100 milhões de dólares e concedia um empréstimo de 27,5 milhões de dólares. Além disso, a companhia foi beneficiada com 25 milhões de acres de terra que podiam situar-se tanto entre as mais férteis e mais bem localizadas como fora do cinturão imediatamente anexo à estrada de ferro. Desse modo, todos os futuros colonos da enorme superfície permaneciam, antes de mais nada, entregues ao capital da estrada de ferro. Por um lado, a companhia apressou-se a vender em seguida 5 milhões de acres à Companhia Agrícola do Noroeste, um grupo de capitalistas ingleses sob a presidência do Duque de Manchester. O segundo grupo de capitalistas a ser beneficiado com terras públicas é o Hudson's-bay Co., que, após ter renunciado a seus privilégios no Noroeste, recebeu nada mais nada menos do que a vigésima parte de toda a terra compreendida entre o lago Winnipeg, fronteira com os Estados Unidos, as Rocky Mountains e o Saskatschewan setentrional. Desse modo, os dois grupos de capitalistas obtiveram 5/9 partes das terras colonizáveis. O Estado concedeu o restante das terras a 26 "Companhias de colonização" capitalistas.[19] Assim, o fazendeiro do Canadá encontra-se quase em todas as partes preso às redes do capital e sua especulação. E, apesar de tudo isso, a emigração continuava em massa, procedente tanto da Europa quanto dos Estados Unidos!

Tais são os traços característicos da dominação do capital no mundo. O capitalismo, após ter desapropriado o camponês inglês, obrigou-o a se dirigir para o Leste dos Estados Unidos; do Leste para o Oeste, para convertê-lo, sobre as ruínas da economia indígena, num pequeno produtor de mercadorias; do Oeste tornou a expulsá-lo em direção ao Norte,

---

19 Ver Sering, *op. cit.*, p. 361 ss.

onde diante dele surgiam as estradas de ferro e, atrás, a ruína: o capital antecedia-o como guia e seguia-o para arrematar-lhe. A carestia geral dos produtos agrícolas sucedeu a grande queda de preços do último decênio do século XIX, mas o pequeno fazendeiro americano obteve poucos frutos, assim como o camponês europeu.

Na realidade, o número das fazendas cresceu exponencialmente. No último decênio do século passado elevou-se de 4,6 milhões para 5,7; e também no decênio passado aumentou em cifras absolutas. O valor total das fazendas durante os últimos dez anos aumentou de 751,2 milhões para 1.652,8 milhões de dólares.[20] O aumento geral dos preços dos produtos do solo deve ter favorecido o fazendeiro. Apesar disso tudo, o número de arrendatários ou de fazendeiros cresce mais do que o de fazendeiros no total. Eis uma relação de fazendeiros e arrendatários:

1880	25,5% de arrendatários
1890	28,4% de arrendatários
1900	35,3% de arrendatários
1910	37,2% de arrendatários

Apesar do aumento dos preços dos produtos agrícolas, os fazendeiros proprietários cedem cada vez mais terreno aos arrendatários. Mas estes, que representam mais de um terço de todos os cultivadores da União, são nos Estados Unidos uma camada social correspondente aos trabalhadores do campo europeu: os verdadeiros escravos assalariados do capital, um elemento sempre flutuante; ao preço de uma tensão extrema de todas as suas forças, cria riquezas para o capital, ganhando para ele mesmo apenas uma existência miserável e insegura.

---

20 Ver Ernst Schultze, "Das Wirtschaftsleben der Vereinigten Staaten" [A vida econômica nos Estados Unidos], *Jahrbuch für Gesetzgebung, Verwaltung und Volkswirtschaft*, 1912, caderno IV, p. 1724.

A ACUMULAÇÃO DO CAPITAL

Em outro quadro histórico, na África do Sul, o mesmo processo clarifica mais ainda "os métodos pacíficos do capitalismo em sua luta com o pequeno produtor de mercadorias".

Na colônia do Cabo e nas repúblicas bôeres reinou uma economia puramente rural até o sétimo decênio do século passado. Os bôeres, durante muito tempo, dedicaram-se a uma vida nômade de criação de gado, roubando dos hotentotes e dos cafres seus melhores pastos, através do seu extermínio ou expulsão. No século XVIII, a peste trazida pelos barcos da Companhia das Índias Orientais prestou-lhes um grande serviço, extinguindo tribos inteiras de hotentotes e deixando livre o solo para os imigrantes holandeses. No seu percurso em direção a este encontraram-se com as tribos bantos e inauguraram um longo período de terríveis guerras contra os cafres. Os holandeses devotos e leitores da Bíblia, bastante orgulhosos de sua moral puritana ultrapassada e de seu conhecimento do Antigo Testamento, consideravam-se como o "povo eleito"; apesar disso tudo, não se conformaram em roubar apenas as terras dos indígenas, mas nelas também estabeleceram sua economia camponesa para viver à custa dos negros como parasitas, obrigando-os a prestar-lhes serviços como escravizados, corrompendo-os e enervando-os sistematicamente. A aguardente desempenhou nessa missão um papel tão importante que sua proibição pelo governo inglês fracassou em virtude da oposição dos puritanos. Em geral, a economia dos bôeres permaneceu, até meados de 1860, patriarcal e assentada sobre a economia natural. Deve-se levar em conta que até 1859 não se construiu nenhuma estrada de ferro na África do Sul. Na verdade, o caráter patriarcal não impediu de modo algum que os bôeres demonstrassem seu caráter duro e brutal. Como se sabe, Livingstone queixou-se muito mais dos bôeres do que dos cafres. Os negros eram considerados como um objeto predestinado, por Deus e pela natureza, ao trabalho como escravos e como tais eram uma base indispensável da economia rural; e isso a tal ponto que a abolição da escravatura nas colônias inglesas em 1836 provocou a emigração, apesar dos 3 milhões de libras esterlinas concedidos aos proprietários prejudicados, através da indenização. Os bôeres saíram da colônia do Cabo atravessando o Orange e o Val; impeliram os matabeles para o Norte, além do Limpopo, e cruzaram com os macalacas. Da mesma maneira que o fazendeiro americano enxotou o índio em direção a Oeste sob a pressão da economia capitalista, os bôeres obrigaram o recuo dos negros em direção ao Norte. Assim, pois, as "repúblicas livres" entre o Orange e o Limpopo foram criadas em protesto à violação pela burguesia inglesa do direito sagrado da escravidão. As menores repúblicas camponesas sustentavam uma luta guerrilheira permanente com os negros bantos. E, pretextando a questão dos negros, eclodiu uma guerra que durou vários decênios entre os bôeres e o governo inglês. O pretexto, como já foi dito, era a questão dos negros, isto é, a emancipação dos negros que a burguesia inglesa pretendia introduzir. Na realidade, a luta era entre os camponeses e a política colonial do grande capitalismo em torno dos hotentotes e dos cafres, isto é, por suas terras e sua capacidade de trabalho. O objetivo dos contendores era o mesmo: a expulsão ou extermínio das pessoas de cor, a destruição de sua organização social, apropriação de suas terras e utilização compulsória de seu trabalho para explorá-las.

Os métodos, entretanto, eram radicalmente distintos. Os bôeres representavam a escravidão antiquada como fundamento de uma economia natural patriarcal; a burguesia inglesa, a moderna exploração capitalista do país e dos indígenas em grande escala. A lei fundamental da República do Transval declara com torpe rudeza: "O povo não tolera igualdade entre os brancos e os negros tanto dentro do Estado como na Igreja." No Orange e no Transval não podiam possuir terra nem viajar sem passe, ou mesmo deixar-se ver na rua após o anoitecer. Bryce conta o caso de um camponês (certamente um inglês) que no Cabo oriental açoitou um cafre até a morte. Quando o camponês foi absolvido pelo tribunal, seus vizinhos acompanharam-no com música até sua casa. Frequentemente, os brancos procuravam evitar a remuneração dos trabalhadores indígenas livres, obrigando-os a fugir após o término do trabalho à custa de maus-tratos.

O governo inglês seguiu a tática oposta. Durante longo período apresentou-se como protetor dos indígenas; adulando principalmente os chefes das tribos, apoiando sua autoridade e outorgando-lhes o direito de dispor das terras. Sempre que foi possível, seguindo o método comprovado, converteu, inclusive os chefes das tribos, em proprietários do território tribal; apesar de esses atos terem sido contrários à tradição e à organização social dos negros. O território de todas as tribos era propriedade coletiva, e mesmo os soberanos mais cruéis e mais despóticos como Lobengula, chefe dos matabeles, só tinham o direito e o dever de atribuir a cada família uma parcela para que a cultivasse. Essa parcela só era propriedade da família quando esta a trabalhasse efetivamente. O objetivo final da política inglesa era claro: preparava, a longo prazo, a expropriação em grande escala, tornando os próprios chefes dos índios seu instrumento. No começo limitou-se à "pacificação" dos negros por meio de grandes expedições militares. Nove sangrentas batalhas foram empreendidas contra os cafres até 1879, para enfraquecer a resistência dos bantos.

O capital inglês demonstrou aberta e energicamente suas intenções na ocasião de dois importantes acontecimentos: o descobrimento dos campos de diamantes de Kimberley em 1867-70, e o das minas de ouro do Transval em 1882-85. Esses acontecimentos inauguraram um novo período na história da África do Sul. Imediatamente, entrou em ação a Companhia Britânica Sul-Africana, isto é, Cecil Rhodes. Na opinião pública inglesa verificou-se uma rápida mudança. A cobiça dos tesouros sul-africanos impeliu o governo inglês a tomar medidas enérgicas. A burguesia inglesa não recuou diante de nenhuma despesa ou de sacrifício sangrento para se apoderar dos territórios da África do Sul. Os imigrantes invadiram a África. Até então essa corrente imigratória era escassa, pois os Estados Unidos atraíam o emigrante europeu. Desde os descobrimentos dos campos de diamantes e ouro, o número dos brancos nas colônias sul-africanas cresceu rapidamente: de 1885 a 1895, apenas em Witwatersrand imigraram 100 mil ingleses. A modesta economia rural passou a segundo plano; a indústria extrativa e, por conseguinte, o capital mineiro começaram a desempenhar o papel principal.

A política do governo britânico modificou-se no decorrer do curso. Nos anos 50, a Inglaterra reconheceu as repúblicas bôeres pelos tratados de Sand River e de Bloemfontein. Então começou o cerco político dos Estados camponeses com a ocupação de todos os territórios que se encontravam ao redor das minúsculas repúblicas, com o objetivo de impedir-lhes qualquer expansão, enquanto, ao mesmo tempo, os negros iam sendo sacrificados, após terem permanecido durante longo período protegidos e privilegiados. O capital inglês avançou de etapa em etapa. Em 1868, a Inglaterra apoderou-se do país dos basutos, naturalmente após "repetidas súplicas dos indígenas".[21] Em 1871, os campos de diamantes de Witwatersrand foram arrebatados do Estado de Orange e convertidos em colônia da coroa com o nome de "Griqualand Occidental". Em 1871, a Zululândia foi dominada

---

21 *"Moshesh, the great Basuto leader, tho whose courage and statesmanship the Basutos owed their very existence as a people, was still alive at the time, but constant war with the Boers of the Orange Free state had brought him and his followers to the last stage of distress. Two thousand Basuto warriors had been killed, cattle had been carried off, native homes had been broken up and crops destroyed. The tribe was reduced to the position of starving refugees, and nothing could save them but the protection of the British Government, which they had repeatedly implored."* [Moshesh, o grande chefe basuto, a cuja coragem e habilidade política os basutos deviam sua própria existência como povo, vivia ainda nessa época, mas a guerra constante contra os bôeres do Estado livre de Orange precipitou-o, e a seus seguidores, à miséria. Dois mil guerreiros basutos morreram, roubaram-lhes o gado, destruíram suas casas e colheitas. A tribo encontrava-se numa situação desesperadora, e apenas a proteção do governo inglês poderia salvá-la, proteção essa implorada repetidamente.] (C. P. Lucas, *A Historical Geography of the British Colonies*, Oxford, v. IV, p. 60.)

para ser mais tarde incorporada à colônia de Natal. Em 1885, a Bechuanalândia foi dominada e anexada mais tarde à colônia do Cabo. Em 1888, a Inglaterra sujeitou a seu domínio os matabeles e a Mashonalândia. Em 1889, a Companhia Britânica Sul-africana obteve uma concessão sobre ambos os territórios, também, naturalmente, fazendo apenas um obséquio aos indígenas e atendendo a suas instâncias.[22] Em 1884 e 1887, a Inglaterra anexou a baía de Santa Lúcia e toda a costa oriental até as possessões portuguesas; em 1894 apossou-se de Tongalândia.

Os matabeles e mashonas sustentaram uma luta desesperada, mas a companhia, com Rhodes à frente, começou asfixiando a revolta com sangue para empregar depois o conhecido meio de pacificação e civilização dos indígenas: duas grandes estradas de ferro foram construídas no território sublevado.

As repúblicas bôeres se sentiam cada vez mais inquietas diante dessa súbita mudança que lhes restringia a ação, em seus limites. Mas até no interior reinava a confusão. A impetuosa corrente migratória e o ímpeto da nova economia fabril ameaçaram prontamente romper o marco dos pequenos Estados camponeses. O contraste entre a economia prevalecente no campo e na cidade, por um lado, e as demandas e necessidades da acumulação do capital, por outro lado, era muito grande. As repúblicas manifestavam-se constantemente impotentes diante dos novos problemas. A torpeza e o primitivismo da administração, o perigo constante dos cafres, que sem dúvida não eram vistos pela Inglaterra com maus olhos; a corrupção introduzida entre os bôeres por meio da qual os capitalistas impunham através do suborno sua vontade; a carência de uma polícia para manter a ordem; a falta de água e meios de transportes para

---

22 "*The eastern section of the territory is Mashonaland, where, with the permission of King Lobengula, who claimed it, the British South Africa Company first established themselves.*" [A parte oriental do território é denominada Mashonalândia, onde, com autorização do rei Lobengula, que se dizia com direitos sobre ela, a Companhia Britânica Sul-Africana se estabeleceu primeiramente.] (Lucas, *op. cit.*, p. 77.)

A LUTA CONTRA A ECONOMIA RURAL

uma colônia de 100 mil imigrantes subitamente estabelecida; a falta de uma legislação do trabalho capaz de regular e assegurar a exploração dos negros nas minas; as barreiras aduaneiras que encareciam a mão de obra para os capitalistas; as elevadas tarifas para o transporte do carvão; tudo isso contribuiu para determinar uma súbita mudança e estrepitosa bancarrota das repúblicas dos bôeres.

Em sua torpeza para se defender contra o cataclismo capitalista que ameaçava aniquilá-los, os bôeres recorreram a métodos de um primitivismo extremo que só podia ser encontrado no arsenal do camponês mais obstinado e intransigente; privaram de todos os direitos políticos os estrangeiros (*Uitlander*), superiores a eles em número e que representavam o capital, o poder, a corrente da época! Tudo isso, porém, não passava de uma brincadeira de mau gosto, e os tempos não estavam para isso. Os dividendos sofreram as consequências da má administração das repúblicas camponesas. O capital das minas perdeu a paciência. A Companhia Britânica Sul-africana construiu estradas de ferro, dominou os cafres, fomentou os levantes dos estrangeiros; enfim, provocou a guerra dos bôeres. A era da economia rural estava por findar. Nos Estados Unidos, a guerra foi o ponto de partida para a revolução; na África do Sul, o seu término. O resultado foi o mesmo: a vitória do capital sobre a pequena economia rural, que por sua vez se havia erguido sobre as ruínas da organização primitiva da economia natural dos indígenas. A resistência das repúblicas bôeres contra a Inglaterra tinha tantas possibilidades de triunfo quanto a do fazendeiro norte-americano contra o predomínio do capital nos Estados Unidos. Na nova União Sul-africana, na qual se realiza o programa imperialista de Cecil Rhodes, as pequenas repúblicas dos bôeres foram substituídas por um grande Estado moderno; o capital tomou conta oficialmente. A antiga oposição entre ingleses e holandeses desapareceu diante do conflito entre capital e trabalho. Um milhão de exploradores brancos das duas nações contraiu uma enternecedora aliança fraternal, que privava 5 milhões de operários de cor de seus direitos civis e políticos. E não apenas os negros das repúblicas bôeres foram prejudicados, mas os negros da colônia do Cabo, aos quais anteriormente fora cedida a igualdade de diretos, foram também privados de seus direitos. E essa nobre obra, que coroou a política imperialista dos conservadores com um golpe de violência descarado, foi realizada justamente pelo Partido Liberal, com o aplauso frenético dos "cretinos liberais da Europa", que, orgulhosos e comovidos, viam na concessão de liberdade e autonomia aos brancos da África do Sul a prova de poder e grandeza criadoras do liberalismo na Inglaterra.

A ruína do artesanato independente, produzida pela concorrência do capital, é um capítulo à parte, menos espetacular, sem dúvida, mas mais doloroso. A indústria doméstica capitalista é a parte mais obscura desse capítulo. O seu processo deve ser estudado minuciosamente.

O resultado geral da luta entre o capitalismo e a economia simples de mercado é este: o capital substitui a economia de mercado simples, depois de esta ter substituído a economia natural. Se o capitalismo vive das formações não capitalistas, vive mais precisamente da ruína dessas estruturas, e, se necessita de um meio não capitalista para a acumulação, necessita-o basicamente para realizar a acumulação, após tê-lo absorvido. Considerada historicamente, a acumulação capitalista é uma espécie de metabolismo que se verifica entre os modos de produção capitalista e pré-capitalista. Sem as formações pré-capitalistas, a acumulação não se pode verificar, mas, ao mesmo tempo, ela consiste na desintegração e assimilação delas. Assim, pois, nem a acumulação do capital pode realizar-se sem as estruturas não capitalistas nem estas podem sequer se manter. A condição vital da acumulação do capital é a dissolução progressiva e contínua das formações pré-capitalistas.

A hipótese básica do esquema marxista da acumulação só corresponde à tendência histórica objetiva do movimento da acumulação e a seu resultado teórico. O processo da acumulação tende a substituir em todas as partes a economia natural pela economia simples de mercado e a esta pelas formas capitalistas e a fazer que a produção do capital domine absolutamente como forma única e exclusiva em todos os países e setores.

Aqui começa um assunto de difícil resolução. Uma vez alcançado o resultado final – o que não passa de uma construção teórica –, a acumulação torna-se impossível: a realização e capitalização da mais-valia transformam-se em problemas insolúveis. No momento em que o esquema marxista da reprodução ampliada corresponde à realidade, denuncia o término, o limite histórico do movimento da acumulação, isto é, o fim da produção capitalista. A impossibilidade da acumulação significa, do ponto de vista capitalista, a impossibilidade do desenvolvimento posterior das forças produtivas e, assim, a necessidade histórica objetiva do desabamento do capitalismo. Disso resulta o movimento contraditório da última etapa imperialista, que é o período final da carreira histórica do capital.

Por conseguinte, o esquema marxista da reprodução ampliada não corresponde às condições históricas da acumulação enquanto esta prossegue seu curso: não pode reduzir-se às relações recíprocas e interdependentes entre os dois setores da produção social (o dos meios de produção e o dos meios de consumo), formulados no esquema. A acumulação não é apenas uma relação interna entre os ramos da economia capitalista, mas sobretudo uma relação entre o capital e o meio não capitalista, em que cada um dos dois grandes setores da produção pode efetuar a acumulação, parcialmente, de maneira autônoma e independente do outro setor, onde nesse caso os movimentos se interpõem e se cruzam continuamente. As relações complicadas que resultam desses movimentos, a diferença de ritmo e de direção no curso da acumulação dos dois setores, suas relações materiais e suas relações de valor com os modos de produção não capitalistas não podem deixar-se reduzir a uma expressão esquemática exata. O esquema marxista da acumulação reduz-se à expressão teórica daquele momento em que a denominação capitalista alcançou seu limite e, em tal sentido, tem o mesmo caráter de ficção científica que o esquema da reprodução simples, que formula teoricamente o ponto de partida da acumulação capitalista. A análise exata da acumulação capitalista encontra-se em qualquer parte entre essas duas ficções.

XXX
Os empréstimos internacionais

A fase imperialista da acumulação do capital, ou a fase da concorrência mundial do capitalismo, abrange a industrialização e emancipação capitalista dos países atrasados a expensas dos quais o capital obteve sua mais-valia. Os métodos específicos dessa fase são: empréstimos exteriores, concessão de estradas de ferro, revoluções e guerra. O último decênio, 1900-10, é particularmente característico para o movimento mundial imperialista do capital sobretudo na Ásia e nas partes da Europa limítrofes com a Ásia: Rússia, Turquia, Pérsia, Índia, Japão, China, assim como o Norte da África. Assim como a implantação da economia de mercado em substituição da economia natural, e a da produção capitalista em substituição da primeira impuseram-se por meio de guerras, crises e aniquilamento de camadas sociais inteiras, assim também, atualmente, a emancipação capitalista dos países economicamente dependentes do capital e das colônias verifica-se em meio a revoluções e guerras. A revolução é necessária no processo de emancipação capitalista dos países economicamente dependentes do capital para destruir as formas de estado procedentes das épocas da economia natural e da economia simples de mercado, e criar um aparelho estatal apropriado aos fins da produção capitalista. A esse tipo pertencem a revolução russa, a turca e a chinesa. Essas revoluções, principalmente a russa e a chinesa, influenciadas pela dominação capitalista, reúnem, por um lado, todo gênero de elementos pré-capitalistas antiquados, e, por outro, contradições que vão de encontro ao sistema capitalista. Isso determina sua profundidade e sua força, mas ao mesmo tempo dificulta e torna mais lento seu curso vitorioso.

A ACUMULAÇÃO DO CAPITAL

A guerra é, ordinariamente, o método de um jovem Estado capitalista para desvencilhar-se da tutela do antigo, o batismo de fogo e a prova da independência capitalista de um Estado moderno, cuja reforma militar e, com ela, a reforma tributária constituem, em toda parte, a introdução à independência econômica.

O desenvolvimento da rede de estradas de ferro reflete aproximadamente a penetração do capital. A rede de estradas de ferro desenvolveu-se com maior rapidez no quinto decênio do século XIX na Europa; no sexto, na América; no sétimo, na Ásia; no oitavo e nono, na Austrália; no décimo, na África.[1]

Os empréstimos públicos para a construção de estradas de ferro e os armamentos militares acompanham todas as fases da acumulação de capital: a introdução da economia de mercado, a industrialização dos países e a revolução capitalista da agricultura, assim como a emancipação dos

---

1 A rede de estradas de ferro alcançava em quilômetros:

	EUROPA	AMÉRICA	ÁSIA	ÁFRICA	AUSTRÁLIA
1840	2.925	4.754	-	-	-
1850	23.504	15.064	-	-	-
1860	51.862	53.935	1.393	455	367
1870	104.914	93.139	8.185	1.786	1.765
1880	168.983	174.666	16.287	4.646	7.847
1890	223.869	331.417	33.724	9.386	18.889
1900	283.878	402.171	60.301	20.114	24.014
1910	333.848	526.382	101.916	36.854	31.014

A taxa de crescimento era então a seguinte:

	EUROPA	AMÉRICA	ÁSIA	ÁFRICA	AUSTRÁLIA
1840-50	710%	215%	-	-	-
1850-60	121%	257%	-	-	-
1860-70	102%	73%	486%	350%	350%
1870-80	61%	88%	99%	156%	333%
1880-90	32%	89%	107%	104%	142%
1890-1900	27%	21%	79%	114%	27%

novos Estados capitalistas. As funções dos empréstimos na acumulação do capital são variadas: transformação do dinheiro de camadas não capitalistas, dinheiro equivalente a mercadorias (economias da pequena classe média) ou dinheiro como fundo de consumo do séquito da classe capitalista, transformação do capital monetário em capital produtivo por meio da construção de estradas de ferro e de aprovisionamentos militares, transporte do capital acumulado em países capitalistas antigos a países modernos. O capital das cidades italianas, através de empréstimos, transitou nos séculos XVI e XVII para a Inglaterra; no século XVIII, da Holanda para a Inglaterra; no século XIX, da Inglaterra para as repúblicas americanas e para a Austrália; da França, Alemanha e Bélgica para a Rússia; e, atualmente, da Alemanha para a Turquia, da Inglaterra para a Alemanha, da França para a China e, por intermédio da Rússia, para a Pérsia.

No período imperialista, os empréstimos exteriores desempenham o papel principal na independência de jovens Estados capitalistas. As contradições da fase imperialista se manifestam sensivelmente nas contradições do sistema moderno de empréstimos exteriores. Estes são indispensáveis para a emancipação dos Estados que aspiram a ser capitalistas e são, ao mesmo tempo, o meio mais seguro de os Estados capitalistas antigos exercerem sua tutela sobre os modernos, controlarem sua economia e fazerem pressão sobre sua política exterior e sobre sua política alfandegária e comercial. São o meio principal para abrir ao capital acumulado dos países antigos novos campos de investimento e, ao mesmo tempo, criar naqueles países novos competidores; aumentar, em geral, o espaço de que dispõe a acumulação do capital e ao mesmo tempo estreitá-la.

Essas contradições do sistema de empréstimos internacionais são uma demonstração clássica de até que ponto as condições de realização e capitalização da mais-valia se acham separadas no tempo e no espaço. A realização da mais-valia só exige a difusão geral da produção de mercadorias, enquanto sua capitalização exige, pelo contrário, o deslocamento progressivo da produção simples de mercadorias pela produção capitalista. Com isso, tanto a realização como a capitalização da mais-valia vão-se reduzindo progressivamente a limites mais estreitos. O emprego do capital internacional na construção da rede de estradas de ferro mundial reflete esse deslocamento. Desde os anos 30 até os anos 60 do século XIX, a construção de estradas de ferro e os empréstimos necessários para ela serviram principalmente para o deslocamento da economia natural e a difusão da economia de mercado. Tal ocorreu com as estradas de ferro norte-americanas construídas com capital europeu e, do mesmo modo, com os empréstimos ferroviários russos dos anos 1860. Em compensação, a construção de estradas de ferro na Ásia e na África há aproximadamente vinte anos serve, quase exclusivamente, aos fins da política imperialista, à monopolização econômica e à submissão política dos países atrasados ao capitalismo. Nesse caso encontram-se também as estradas de ferro feitas pela Rússia na Ásia oriental e central. Como se sabe, a ocupação da Manchúria pela Rússia foi preparada pelo envio de tropas para velar pela segurança dos engenheiros russos que trabalhavam na estrada de ferro manchuriana. Têm o mesmo caráter as concessões de estradas de ferro russas na Pérsia, as empresas alemãs de estradas de ferro na Ásia Menor e Mesopotâmia, as inglesas e alemãs na África.

Deve-se explicar aqui uma má interpretação, no que se refere à colocação de capitais em países estrangeiros e à demanda procedente desses países. A exportação de capital inglês para a América desempenhou, já no começo do terceiro decênio do século XIX, um enorme papel, e foi em grande parte culpada da primeira genuína crise industrial e comercial inglesa no ano de 1825. Desde 1824, a Bolsa de Londres se viu inundada de valores sul-americanos. Em 1824-25, os novos Estados da América do Sul e América Central contraíram empréstimos em Londres, de mais de

20 milhões de libras esterlinas. Ao mesmo tempo negociavam-se enormes quantidades de ações industriais sul-americanas e valores análogos. O súbito florescimento e a abertura dos mercados sul-americanos determinaram, por sua vez, um grande aumento da exportação de mercadorias inglesas para os Estados da América do Sul e Central. A exportação de mercadorias britânicas para aqueles países ascendeu, em 1821, a 2,9 milhões de libras esterlinas e, em 1825, a 6,4 milhões de libras esterlinas.

O principal artigo dessa exportação era constituído de tecidos de algodão. Sob o impulso da grande demanda ampliou-se rapidamente a produção algodoeira inglesa e fundaram-se muitas fábricas novas. O algodão feito na Inglaterra ascendeu, em 1821, a 129 milhões de libras esterlinas e, em 1825, a 167 milhões de libras esterlinas.

Desse modo, achavam-se preparados todos os elementos da crise. Tugan-Baranovski formula agora uma pergunta:

> De onde tiraram os Estados sul-americanos recursos para comprar em 1825 o dobro da quantidade de mercadorias importadas em 1821? Esses recursos foram oferecidos pelos próprios ingleses. Os empréstimos conseguidos na Bolsa de Londres serviram para pagar as mercadorias importadas. Os fabricantes ingleses enganaram-se com a demanda criada por eles mesmos, e tiveram que se convencerem rapidamente, por experiência própria, de quão infundadas foram suas exageradas esperanças.[2]

Aqui, o fato de a demanda sul-americana de mercadorias inglesas ter sido determinada pelo capital inglês é considerado como um "engano", como um fenômeno econômico doentio, anormal. Nesse ponto, Tugan utiliza opiniões de um teórico com o qual, por sinal, não quer ter nada em comum. A ideia de que a crise inglesa de 1825 se explicava pelo "estranho" desenvolvimento da relação entre o capital inglês e a demanda

---

2 Tugan-Baranovski, *Studien zur Theorie und Geschichte der Handelskrisen* [Estudos sobre a teoria e a história das crises comerciais], p. 74.

sul-americana surgiu na época daquela crise, e foi Sismondi que defendeu a mesma tese que Tugan-Baranovski. Na segunda edição de seus *Nouveaux principes* descreveu o processo com toda a exatidão:

> A abertura do enorme mercado que a América espanhola oferecia aos produtos da indústria, a meu ver, parece ter colaborado essencialmente para o restabelecimento das manufaturas inglesas. O governo inglês era da mesma opinião, e desenvolveu-se uma energia, desconhecida até então, nos sete anos transcorridos desde a crise de 1818, para levar o comércio inglês às áreas mais longínquas do México, Colômbia, Brasil, Rio da Prata, Chile e Peru. Mesmo antes de o Ministério decidir-se a reconhecer esses novos Estados, tomara medidas para proteger o comércio inglês, construindo bases navais ocupadas constantemente por navios de linha, cujos comandantes tinham competências mais diplomáticas que militares. Colocaram-se contra a Santa Aliança, reconhecendo as novas repúblicas ao mesmo tempo que em toda Europa se decidia pelo seu aniquilamento. Por maiores ainda que fossem os mercados oferecidos pela livre América, não seriam capazes de absorver todas as mercadorias produzidas pela Inglaterra, se os empréstimos das novas repúblicas não aumentassem subitamente, em proporções desmedidas, para comprar mercadorias inglesas. Todos os Estados da América contraíram, por empréstimo, dos ingleses, uma soma para fortalecer seu governo e, apesar de essa soma ser um capital, gastaram-na, imediatamente, como uma renda, isto é, utilizaram-na totalmente para comprar, por conta do Estado, mercadorias inglesas, ou para pagar aquelas enviadas a particulares. Ao mesmo tempo, fundaram-se numerosas sociedades com grandes capitais para explorar todas as minas americanas, mas todo o dinheiro que gastaram foi, ao mesmo tempo, investido na Inglaterra para reintegrar imediatamente o desgaste das máquinas que utilizavam e as mercadorias enviadas aos lugares de trabalho das máquinas. Enquanto durou esse estranho comércio, no qual os ingleses só pediam aos americanos que comprassem com o capital inglês mercadorias inglesas, pareceu ser brilhante a situação das manufaturas inglesas. Não foi a renda, mas o capital inglês que determinou o consumo; os ingleses privaram-se de desfrutar suas mercadorias, que enviavam para a América e que eles próprios compravam e pagavam.[3]

---

3 Sismondi, *Nouveaux principes*, v. II, livro IV, capítulo IV: "A riqueza comercial segue o aumento da renda."

OS EMPRÉSTIMOS INTERNACIONAIS

Sismondi tira disso a original conclusão de que só a renda, isto é, o consumo pessoal, constitui o limite verdadeiro do mercado capitalista, e se utiliza desse exemplo para alertar, uma vez mais, contra a acumulação.

Na realidade, o processo que antecedeu a crise de 1825 continuou sendo típico para os períodos de florescimento e expansão do capital até o dia de hoje, e a "estranha" relação constitui uma das bases mais importantes da acumulação do capital. Na história do capital inglês, particularmente, a relação repete-se regularmente antes de todas as crises, como demonstra Tugan-Baranovski com os seguintes fatos e cifras: a causa imediata da crise de 1836 foi a saturação dos mercados dos Estados Unidos por mercadorias inglesas. Mas também, nesse caso, as mercadorias foram pagas com dinheiro inglês. Em 1834, a importação de mercadorias inglesas pelos Estados Unidos excedia a sua exportação em 6 milhões de dólares, porém, ao mesmo tempo, a importação de metais preciosos pelos Estados Unidos excedia em quase 16 milhões a exportação. Todavia, no ano da crise, em 1836, o excesso de importação de mercadorias elevou-se a 52 milhões de dólares, e apesar disso o excesso de importação de metais preciosos elevou-se a 9 milhões de dólares. Essa corrente de dinheiro, assim como de mercadorias, veio principalmente da Inglaterra, onde se compraram em enormes quantidades ações de estradas de ferro nos Estados Unidos. Em 1835-1836, fundaram-se nos Estados Unidos 61 novos bancos com 52 milhões de dólares de capital – predominantemente de procedência inglesa. Por conseguinte, também desta vez os ingleses pagaram sua própria exportação. Da mesma forma, o florescimento industrial sem precedentes que teve lugar no Norte dos Estados Unidos, no final do sexto decênio, e que conduziria à guerra civil, foi pago com capital inglês. Esse capital, por sua vez, criou nos Estados Unidos um mercado ampliado para a indústria inglesa.

Além do capital inglês, o restante capital europeu contribuiu, na medida de suas possibilidades, para o "estranho comércio"; segundo

A ACUMULAÇÃO DO CAPITAL

Schäffle, em cinco anos, de 1849 a 1854, aplicou-se pelo menos 1 bilhão de florins em valores americanos nas diversas Bolsas europeias. O ritmo coetâneo da indústria mundial teve também seu desenlace na catástrofe financeira de 1857. Nos anos 60, o capital inglês apressa-se a criar na Ásia a mesma relação existente nos Estados Unidos. Aflui em massa à Ásia Menor e à Índia, empreendendo gigantescas construções de estradas de ferro – a rede de estradas de ferro da Índia britânica elevava-se em 1860 a 1.350 quilômetros; em 1870, a 7.685; em 1880, a 14.977; em 1890, a 27 mil – e disso resulta uma demanda incrementada de mercadorias inglesas. Mas, ao mesmo tempo, o capital inglês, apenas terminada a Guerra de Secessão, aflui novamente aos Estados Unidos. O enorme aumento da construção de estradas de ferro da União norte-americana nas décadas de 1860 e 1870 – a rede de estradas de ferro elevava-se em 1850 a 14.151 quilômetros; em 1860, a 49.292; em 1870, a 85.139; em 1880, a 150.717; em 1890 a 278.409 – foi pago principalmente com capital inglês. Mas, ao mesmo tempo, essas estradas de ferro buscavam seu material na Inglaterra, o que constituiu uma das causas principais do rápido desenvolvimento das indústrias carboníferas e metalúrgicas e também ocasionou a comoção experimentada nesses ramos pelas crises americanas de 1866, 1873, 1884. Assim, era literalmente verdadeiro o que parecia a Sismondi uma absurdidade evidente: os ingleses construíam as ferrovias nos Estados Unidos, com seu próprio ferro e seu próprio material; pagavam-nas com seu capital, e se privavam do "gozo" dessas mesmas estradas. Esse engano, porém, agradava tanto ao capital europeu que, apesar de todas as crises periódicas, em meados do oitavo decênio, a Bolsa de Londres sofria uma verdadeira febre de empréstimos estrangeiros. De 1870 a 1875, concluíram-se em Londres acordos sobre empréstimos no valor de 260 milhões de libras esterlinas; a consequência imediata foi o rápido incremento da exportação de mercadorias inglesas a países estrangeiros; apesar de o capital afluir em massa para esses países, transitoriamente eles

OS EMPRÉSTIMOS INTERNACIONAIS

faliram. No final do oitavo decênio, suspenderam total ou parcialmente o pagamento dos juros: a Turquia, o Egito, a Grécia, a Bolívia, Costa Rica, o Equador, Honduras, o México, o Paraguai, São Domingos, o Peru, o Uruguai, a Venezuela. Não obstante, no final do decênio seguinte repetiu-se a febre dos empréstimos públicos exóticos. Estados sul-americanos, colônias sul-africanas, obtiveram grandes quantidades de capital europeu. Os empréstimos da República argentina, por exemplo, elevaram-se, em 1874, a 10 milhões de libras esterlinas e, em 1890, a 59,1 milhões de libras esterlinas. Também na Argentina, a Inglaterra constrói estradas de ferro com seu próprio ferro e seu próprio carvão, paga-as com seu próprio capital. A rede de estradas de ferro argentina atingia, em 1883, 3.123 quilômetros e, em 1893, 13.691 quilômetros.

Ao mesmo tempo, a exportação inglesa aumentava em (em milhões de libras esterlinas):

	1886	**1890**
Ferro	21,8	31,6
Máquinas	10,1	16,4
Carvão	9,8	19,0

A exportação total inglesa para a Argentina era em 1885 de 4,7 milhões de libras esterlinas e, quatro anos mais tarde, elevava-se já a 10,7 milhões de libras esterlinas.

No seu devido tempo, o dinheiro inglês afluía por meio de empréstimos públicos à Austrália. Os empréstimos das três colônias – Vitória, Nova Gales do Sul e Tasmânia – elevavam-se, no final do penúltimo decênio, a 112 milhões de libras, dos quais 81 milhões foram investidos na construção de estradas de ferro. As estradas de ferro da Austrália abrangiam, em 1881, 4.900 milhas e, em 1895, 15.600 milhas.

Também, aqui, a Inglaterra fornecia, ao mesmo tempo, o capital e o material para a construção das estradas de ferro. Viu-se, por isso, arrastada pelo torvelinho das crises de 1890 na Argentina, Transval, México, Uruguai, e de 1893 na Austrália.[4]

Nos últimos dois decênios o processo apresenta somente uma diferença, a de que, ao lado do capital inglês, atuam em larga escala capitais alemães, franceses e belgas, nos investimentos estrangeiros e particularmente nos empréstimos. A construção de estradas de ferro na Ásia Menor executava-se, desde a década de 1850 e até fins do nono decênio, pelo capital inglês. Desde então, o capital alemão apodera-se da Ásia Menor e executa o grande plano de estradas de ferro de Anatólia e de Bagdá. As inversões de capital alemão na Turquia produziram um aumento da exportação de mercadorias alemãs para esse país.

A exportação alemã para a Turquia elevou-se, em 1896, a 28 milhões de marcos, e 113 milhões em 1911 e, em particular, para a Turquia asiática a 12 milhões em 1901 e 37 milhões em 1911. Também nesse caso, as mercadorias alemãs importadas foram pagas em uma proporção considerável com capital alemão, e os alemães só conseguiram – segundo a expressão de Sismondi – privar-se do prazer de gozar seus próprios produtos.

Examinemos mais de perto o fenômeno.

A mais-valia realizada, que na Inglaterra ou Alemanha não pode ser capitalizada e permanece inativa, foi investida na Argentina, Austrália, Cabo ou Mesopotâmia em estradas de ferro, obras hidráulicas, minas etc. As máquinas, o material e tudo o mais vêm do capital do país de origem e são pagos com esse mesmo capital. Mas isso acontece também

---

4 O pânico bancário de 1890 foi uma decorrência da crise do Barings Bank de Londres, que realizou uma grande quantidade de empréstimos à Argentina. [*N. da E.*]

no próprio país, sob o domínio da produção capitalista: o capital tem que comprar seus elementos de produção, investir neles antes de poder atuar. É certo que, nesse caso, a utilização dos produtos fica no país, ao passo que no primeiro caso é cedida a estrangeiros. Mas o fim da produção capitalista não é desfrutar os produtos, mas realizar mais-valia, acumulação. O capital inativo não tinha no próprio país possibilidade alguma de acumular-se, já que não existia demanda de produto adicional. Em troca, no estrangeiro, onde não se desenvolveu ainda uma produção capitalista, surge em camadas não capitalistas uma nova demanda, ou é criada de forma violenta. Justamente, o fato de o "gozo" dos produtos transferir-se para outros países é decisão do capital. Pois o gozo das próprias classes, capitalistas e operários, não tem transcendência para os fins da acumulação. É certo que o "gozo" dos produtos tem de ser transformado em dinheiro, pago pelos novos consumidores. Para isso, os novos consumidores necessitam de dinheiro. Esse dinheiro vem, em parte, da troca de mercadorias que se produzem ao mesmo tempo. A construção de estradas de ferro, tal como a extração de minerais (minas de ouro etc.), é acompanhada por um ativo comércio de mercadorias. Este transforma em dinheiro, pouco a pouco, o capital investido na construção de estradas de ferro ou na mineração, juntamente com a mais-valia. A essência da coisa não modifica, pois o credor perde parte de seu capital tanto quando investe-o no estrangeiro como um campo de trabalho, em ações, como quando encontra por intermédio do Estado estrangeiro, através de empréstimos externos, uma atividade ligada à indústria ou transporte. Para que a afirmativa anterior se concretize, seria necessário que, no primeiro caso, as empresas assim formadas entrem em falência e no segundo o Estado devedor vá à bancarrota. Também no país de origem, em épocas de crise, perde-se frequentemente o capital individual. O fundamental é que o capital acumulado do país antigo encontre no novo uma nova possibilidade de engendrar e realizar mais-valia, isto é, de prosseguir a acumulação. Os países novos abrangem grandes territórios que vivem em condições de economia natural, transformam-nos em países de economia de mercado, ou então em zonas de economia de mercado, transformando-os em mercados para o grande capital. A construção de estradas de ferro e a mineração (particularmente as minas de ouro), propícias para a colocação do capital de países antigos em novos, provocam, inevitavelmente, um ativo tráfego de mercadorias em países onde até então havia dominado a economia natural; e produzem a rápida dissolução de antigas formações econômicas, crises sociais, renovação dos costumes, isto é, a implantação, inicialmente, da economia de mercado, e consequentemente a produção de capital.

O papel dos empréstimos exteriores, como o da colocação do capital em ações ferroviárias e mineiras estrangeiras, é, por isso, a melhor ilustração crítica do esquema marxista da acumulação. Nesses casos, a reprodução ampliada do capital é uma capitalização da mais-valia anteriormente realizada (enquanto os empréstimos ou as ações estrangeiras não são cobertos pelas economias pequeno-burguesas ou semiproletárias). O momento, as circunstâncias e a forma em que se transformou em dinheiro o capital dos países antigos, e que agora aflui aos novos, não têm nada em comum com seu campo atual de acumulação. O capital inglês que chegou à Argentina para a construção de estradas de ferro pode ser do ópio indiano introduzido na China. Ademais, o capital inglês que constrói estradas de ferro na Argentina não só tem origem na Inglaterra em sua pura forma de valor, como capital monetário, mas também em sua forma material: ferro, carvão, máquinas etc. Isso quer dizer que também a forma de uso da mais-valia aparece previamente na Inglaterra, na forma apropriada para os fins da acumulação. A força de trabalho, a que propriamente consome o capital variável, é, na maioria dos casos, estrangeira: são

OS EMPRÉSTIMOS INTERNACIONAIS

trabalhadores nativos submetidos aos novos países pelo capital do antigo, e transformados em novos objetos de exploração. Mesmo assim, levando em conta a pureza da investigação, podemos aceitar que também os operários tenham a mesma origem que o capital. Novas minas de ouro, por exemplo – sobretudo nos primeiros tempos –, provocam uma emigração de massas dos antigos países capitalistas, e, em grande parte, compostas de trabalhadores desses países. Por conseguinte, podemos supor um caso em que, num país novo, o capitalista, os meios de produção e os operários venham ao mesmo tempo de um velho país capitalista; por exemplo, a Inglaterra. Havia, portanto, na Inglaterra, todos os elementos materiais da acumulação: mais-valia realizada na forma de capital monetário, sobreproduto em forma produtiva e, finalmente, reservas de operários. Apesar disso, a acumulação não podia verificar-se na Inglaterra: nem a Inglaterra nem seus clientes anteriores precisavam de estradas de ferro, assim como de ampliações da indústria. Só o aparecimento de um novo território com grandes zonas de cultura não capitalista criou o círculo ampliado de consumo para o capital, possibilitando-lhe o incremento da reprodução, isto é, a acumulação.

Quem são, porém, esses novos consumidores? Quem paga afinal os empréstimos externos e realiza a mais-valia das empresas capitalistas, com ela fundadas? Responde a essas perguntas, de modo clássico, a história dos empréstimos internacionais no Egito.

Três séries de fatos, que se entrecruzam, caracterizam a história interna do Egito na segunda metade do século XIX: modernas empresas capitalistas de grande amplitude, um aumento enorme da dívida pública e o desmoronamento da economia camponesa. No Egito perdurava até há pouco tempo a vassalagem; e os vális, e depois o quediva, exerciam sobre o solo a mais desconsiderada política de violência. Essas condições primitivas, porém, constituíam justamente o terreno apropriado para as operações do capital europeu. Economicamente, tratava-se de criar, no começo, condições para a economia monetária. E essas criaram-se, com efeito, com recursos pecuniários diretos do Estado. Mehemet Ali, o criador do Egito moderno, empregava nesse sentido, até os anos 30, um método de simplicidade patriarcal: "comprava" dos felás, cada ano, por conta do Estado, toda a colheita, para vender-lhes depois, mais caro, o mínimo de que necessitavam para sua subsistência e para a sementeira. Ao mesmo tempo trazia algodão da Índia, cana-de-açúcar, anil e pimenta da América, e determinava oficialmente ao felá a quantidade que tinha que plantar de cada um desses produtos; algodão e anil eram declarados monopólio do governo e só podiam ser vendidos a ele; só ele, também, podia revendê-los. Com esses métodos, introduziu-se no Egito o comércio de mercadorias.

É certo que Mehemet Ali fez muito para elevar a produtividade do trabalho; restaurou antigos canais, aprofundou poços, e, sobretudo, iniciou a grande obra de canalização do Nilo em Kaliub, com a qual inaugura a série dos grandes empreendimentos capitalistas do Egito. Estes se estenderam mais adiante a quatro grandes áreas: obras hidráulicas, entre as quais a que ocupa o primeiro lugar é a de Kaliub (construída de 1845 a 1853, e que, fora os direitos senhoriais não pagos, absorvera 50 milhões de marcos, para tornar-se por então inútil), vias de comunicação, entre as quais a mais importante e fatal para o futuro do Egito foi o canal de Suez, e, finalmente, plantações de algodão e produção de açúcar. Com a construção do canal de Suez, o Egito havia metido a cabeça no laço do capital europeu, do qual não podia livrar-se. Iniciou o processo o capital francês, cujas pegadas foram prontamente seguidas pelo inglês; a luta de ambos tem um enorme papel em todas as revoltas internas do Egito durante os vinte anos seguintes. As operações do capital francês, que executou tanto a obra do Nilo, com sua inutilidade, como o canal de Suez, foram talvez os modelos mais peculiares da acumulação de capital europeu à custa de populações primitivas. Em nome das vantagens do canal, que o comércio

OS EMPRÉSTIMOS INTERNACIONAIS

europeu-asiático faria passar diante do nariz do Egito, o país se obrigou, em primeiro lugar, a fornecer o trabalho gratuito de 20 mil camponeses durante anos; em segundo lugar, a subscrever 70 milhões de marcos em ações da companhia, que equivaliam a 40% do capital total. Esses 70 milhões foram a base da enorme dívida pública do Egito. Dívida que, vinte anos mais tarde, teve por consequência a ocupação militar do Egito pela Inglaterra. Nas obras hidráulicas, realizou-se repentinamente uma revolução: as sikiji, isto é, as bombas antiquíssimas movidas por bois, das quais só no Delta se moviam 50 mil durante sete meses do ano, foram substituídas em parte por potentes bombas a vapor. O tráfego no Nilo entre Cairo e Assuã começou a ser feito por vapores modernos. Mas a revolução maior nas condições econômicas do Egito foi obra das plantações de algodão. Como consequência da Guerra de Secessão americana, que havia feito subir o preço do algodão inglês de 60 a 80 pfennigs por quilo para 4 ou 5 marcos, o Egito foi atacado por uma febre de plantações algodoeiras. Todos se dedicaram a plantar algodão, mais particularmente a família do vice-rei. Expropriações em grande escala, confiscos, "compras" obrigadas, ou simples roubos aumentaram rapidamente, em enormes proporções, as posses do vice-rei. Incontáveis aldeias transformaram-se subitamente em propriedade privada real, sem que ninguém soubesse explicar a fundamentação jurídica de tais apropriações. E essa enorme quantidade de bens seria destinada em curto espaço de tempo a plantações de algodão. E, além disso, esse cultivo modificou todos os procedimentos tradicionais egípcios.

A instalação de diques para proteger os campos de algodão contra as inundações regulares do Nilo foi substituída por um sistema de canais de irrigação artificiais, abundantes e regulados. Introduziu-se uma lavoura profunda e incansável, totalmente desconhecida para o felá, que desde a época dos faraós se limitava a arranhar ligeiramente o solo com seu arado. Finalmente, implantou-se o trabalho intensivo de colheita. Tudo isso significava enormes exigências para os trabalhadores do Egito. Mas esses trabalhadores eram os mesmos lavradores sujeitos aos direitos senhoriais, sobre os quais o Estado se atribuíra poderes ilimitados. Os felás foram enviados aos milhares para as obras de Kaliub, para os trabalhos do canal de Suez; agora eram utilizados para construir diques, abrir canais e realizar plantações nas terras do soberano. Agora o quediva precisava para si dos 20 mil escravos que havia posto à disposição da Companhia do Canal de Suez. Isso determinou o primeiro conflito com o capital francês. Uma arbitragem de Napoleão III reconheceu à companhia uma indenização de 67 milhões de marcos, com a qual o quediva podia facilmente conformar-se, pois, em última instância, essa quantia sairia da pele dos mesmos felás, que eram a causa da disputa. E foram empreendidos os trabalhos de irrigação. Para isso, vieram da Inglaterra e da França enormes quantidades de máquinas a vapor, de bombas centrífugas e locomotivas. Centenas delas saíram da Inglaterra para Alexandria e daí foram distribuídas por todo o país em vapores, barcaças do Nilo e no lombo de camelos. Para cultivar o solo foram necessários arados a vapor, ainda mais que em 1864 uma peste havia acabado com todo o gado. Também essas máquinas procediam em sua maior parte da Inglaterra. A empresa Fowler ampliou-se particularmente, em proporções enormes, para satisfazer particularmente às demandas do vice-rei para à custa do Egito.[5]

---

5 "Começou" – diz o representante da casa Fowler, o engenheiro Eyth – "uma troca febril de telegramas entre Cairo, Londres e Leeds. Quando poderá a Fowler enviar 150 arados a vapor? – Resposta: Em um ano. É necessário o emprego de todas as forças. – Não basta. 150 arados a vapor serão desembarcados em Alexandria até a primavera! Resposta: Impossível – A fábrica Fowler, com suas dimensões de então, podia produzir apenas três arados a vapor por semana. Deve levar-se em conta que cada arado custava 50.000 marcos e que, portanto, se tratava de um pedido de 7 milhões e meio. – Novo telegrama de Ismail Paxá. Quanto custaria a ampliação imediata da fábrica? O vice-rei estava disposto a dar o dinheiro necessário. Podem imaginar que Leeds não desperdiçou a ocasião. Mas, também outras fábricas da Inglaterra e da França tiveram de enviar arados a vapor. O arsenal de Alexandria, o desembarcadouro das mercadorias do vice-rei, encheu-se de caldeiras, rodas, tambores, cabos, caixas e caixotes de todo tipo, e os hotéis de segunda classe do Cairo se encheram de condutores de arados a vapor improvisados, tirados a toda pressa entre ferreiros e serralheiros, entre rapazes de aldeia e jovens que prometiam. Pois em cada um desses arados a vapor

OS EMPRÉSTIMOS INTERNACIONAIS

Um terceiro tipo de máquinas, de que o Egito prontamente necessitou em massa, foram os aparelhos para descaroçar e prensas para enfardar o algodão. Essas instalações foram implantadas às dezenas nas cidades do Delta. Sagasik, Tanta, Samanud e outras localidades começaram a fumegar como localidades industriais inglesas. Grandes fortunas circulavam pelos bancos de Alexandria e do Cairo.

O colapso da especulação algodoeira sobreveio no ano seguinte, quando, assinada a paz na União norte-americana, o preço do algodão baixou, em poucos dias, de 27 pence a libra a 15,12 e finalmente a 6 pence. No ano seguinte, Ismail Paxá lançou-se a uma nova especulação: a produção de cana-de-açúcar. Tratava-se agora de fazer concorrência aos estados sulistas da União norte-americana, que haviam perdido seus escravos, com a vassalagem dos felás egípcios. A agricultura egípcia viu-se burlada pela segunda vez. Capitalistas franceses e ingleses acharam campo para uma rápida acumulação. Em 1868 e 1869, o Egito encomendou 18 gigantescas fábricas, capazes de produzir cada uma 200 mil quilos diários de açúcar, isto é, com um rendimento quatro vezes maior que o dos maiores estabelecimentos conhecidos: 16 foram encomendados na Inglaterra, e 12, na França, mas, em consequência da Guerra Franco-Alemã, a maior parte do pedido foi parar na Inglaterra. Queria-se instalar, a cada 10 quilô-

---

deveria ir ao menos um pioneiro da civilização. Tudo isso era enviado pelos efêndis de Alexandria, em grande confusão, ao interior, somente para ceder lugar para que o próximo navio a chegar pudesse depositar sua carga. É difícil entender como tudo isso chegava a seu lugar de destino, ou mesmo a qualquer outro lugar que não fosse o de seu destino. Aqui estavam dez caldeiras à margem do Nilo, a dez milhas de distância, as máquinas correspondentes; ali uma montanha de cabos, vinte horas mais adiante os tambores para eles. Aqui se via um mecânico inglês faminto e desesperado, sentado sobre uma montanha de caixas francesas; ali, outro, desesperado, se entregava à bebida. Efêndis e katibs corriam – chamando Alá em seu auxílio – de um lado para outro, entre Siut e Alexandria, fazendo inacabáveis listas de coisas de cujos nomes não tinham a menor ideia. E, mesmo assim, afinal pôs-se em movimento uma parte desse aparato. O arado a vapor apareceu no Alto Egito. *Civilisation et progrès* avançaram, de novo, um pouco mais." ("Lebendige Kräfte. Sieben Vorträge aus dem Gebiete der Technik" [Forças vivas, sete conferências sobre assuntos de técnica"], Berlim, 1908, p. 219.)

metros ao longo do Nilo, uma dessas fábricas como centro de um distrito de 10 quilômetros quadrados, que deveria fornecer cana-de-açúcar. Cada fábrica necessitava diariamente de 2 mil toneladas de cana para manter-se em pleno rendimento. Enquanto centenas de antigos arados a vapor do período do algodão jaziam destroçados, encomendavam-se novas centenas para o cultivo da cana-de-açúcar. Milhares de felás foram compelidos às plantações enquanto outros milhares trabalhavam na construção do canal de Ibrahimiya. O bastão e o chicote funcionavam em plena atividade. Logo apareceu o problema dos transportes; para carregar a cana para as fábricas teve-se que construir, apressadamente, uma rede de estradas de ferro e utilizar estradas de ferro transportáveis; transporte por cabos e locomotivas de estrada. Também esses enormes pedidos couberam ao capital inglês. Em 1872, abriu-se a primeira fábrica; 4 mil camelos encarregavam-se provisoriamente do transporte, mas o fornecimento da quantidade necessária de cana tornou-se impossível. O material humano era totalmente inapropriado; o felá não podia ser transformado, rapidamente, num operário industrial moderno. O empreendimento faliu, muitas das fábricas não se construíram. Com a especulação açucareira, encerra-se em 1873 o período dos grandes empreendimentos capitalistas no Egito.

Quem fornecia o capital para esses empreendimentos? Os empréstimos internacionais. Said Paxá subscreveu, um ano antes de sua morte (1863), o primeiro empréstimo, de 68 milhões nominais de marcos, que, deduzidos os descontos, comissões etc., reduziu-se a 50 milhões de marcos. Legou a Ismail essa dívida e o contrato do canal de Suez, que em última instância fazia pesar sobre o Egito uma carga de 340 milhões de marcos. Em 1864, realizou-se o primeiro empréstimo de Ismail: 114 milhões nominais a 7%, mas que na realidade era de 97 milhões a 8,25%. Esse empréstimo foi gasto em um ano. É verdade que 67 milhões destinaram-se a indenizar a Companhia do Canal de Suez, sendo absorvido o restante, em sua maior parte, pelo episódio do algodão. Em 1865, fez-se,

OS EMPRÉSTIMOS INTERNACIONAIS

por intermédio do Banco Egípcio, o chamado primeiro empréstimo de Daira, que serviu de garantia à propriedade privada do quediva; ascendeu, nominalmente, a 68 milhões a 9% e, na realidade, a 50 milhões a 12%. Em 1866, por intermédio de Frühling e Goschen, subscreveu-se um novo empréstimo de 60 milhões nominais, mas com efeito de 52 milhões; em 1867, outro, por intermédio do Banco Otomano, de 40 milhões nominais, 34 efetivos. A dívida flutuante elevava-se naquela época a 600 milhões. Para consolidar uma parte da mesma, fez-se por intermédio do Banco Oppenheim e Sobrinhos, em 1868, um grande empréstimo de 238 milhões a 7%. Na realidade, Ismail só recebeu 162 milhões a 13,5%. Mas com eles pôde celebrar-se a suntuosa festa de inauguração do canal de Suez ante as celebridades do grande mundo europeu, e pagar-se a fantástica dilapidação realizada, e fazer ao soberano turco, o sultão, um novo donativo de 20 milhões. A seguir temos o empréstimo tratado em 1870 com a casa Bischoffsheim & Goldschmidt, que nominalmente importava em 142 milhões a 7% e efetivamente em 100 milhões a 13%. Serviu para cobrir os gastos do episódio do açúcar. Em 1872 e 1873 seguem-se dois empréstimos por intermédio de Oppenheim, um pequeno de 80 milhões a 14% e um grande de 640 milhões nominais a 8%, mas que, como se utilizaram como forma de pagamento as letras adquiridas pelos bancos europeus, na realidade só produziu 220 milhões efetivos, e a redução da dívida à metade.

Em 1874, tentou-se um empréstimo de 1 bilhão de marcos a 9%, mas só produziu 68 milhões. Os valores egípcios cotavam-se a 54% de seu valor nominal. E a dívida pública havia aumentado desde a morte de Said Paxá, em treze anos, de 3,293 milhões de libras esterlinas para 94,11 milhões de libras esterlinas, isto é, cerca de 2 bilhões de marcos.[6] A bancarrota aproximava-se.

---

6 Ver Earl of Cromer, *Das heutige Ägypten* [O Egito atual], v. I, edição alemã de 1908, p. 11.

À primeira vista, essas operações constituem o cúmulo da insensatez. Um empréstimo substituía rapidamente outro; os juros dos empréstimos antigos eram pagos com novos empréstimos, e os pedidos gigantescos feitos ao capital industrial inglês e francês pagavam-se com capital tomado por empréstimo na Inglaterra e na França.

Na realidade, o capital europeu, enquanto a Europa movia a cabeça e se assombrava com a insensata prodigalidade de Ismail, fazia no Egito fantásticos negócios, sem precedente, negócios que eram para o capital uma edição moderna das vacas gordas da Bíblia.

Antes de mais nada, cada empréstimo era uma operação usurária, na qual a quinta, a terça parte, e ainda mais, da soma aparentemente emprestada ficava em poder dos banqueiros europeus. Os juros tinham que ser pagos de uma maneira ou outra. De onde vinham os meios para isso? Sua fonte tinha que ser o Egito, e essa fonte era o felá egípcio, a economia camponesa. Esta fornecia, em última instância, os elementos mais importantes dos grandiosos empreendimentos capitalistas. Fornecia o terreno, já que as chamadas propriedades privadas do quediva, que em prazo muito curto alcançaram dimensões gigantescas e que constituíam a base das obras hidráulicas, da especulação algodoeira e açucareira, eram produto de roubo e saque em incontáveis aldeias. A economia camponesa fornecia também a massa operária, e o fazia gratuitamente. Não era necessário sustentá-la enquanto durava sua exploração. A vassalagem dos felás era a base dos milagres técnicos feitos pelos engenheiros europeus e máquinas europeias nas obras hidráulicas, meios de transporte, no cultivo da terra e na indústria do Egito. Nas obras do Nilo, em Kaliub como no canal de Suez, na construção de estradas de ferro e na de diques, nas plantações de algodão e nas fábricas de açúcar, trabalhavam incontáveis felás, que eram lançados de um trabalho a outro, segundo a conveniência, e explorados sem nenhum limite. Se as limitações técnicas dos trabalhadores forçados apareciam, constantemente, no tocante a seu emprego para fins capitalistas modernos, esse inconveniente compensava-se, abundantemente, pela condição ilimitada da exploração e pelas formas de vida e trabalho com que aqui contava o capital.

Mas a economia camponesa não fornecia tão somente terreno e operários, mas também dinheiro. Disso cuidava o sistema tributário, que sob a ação da economia capitalista esmagava o felá. A pequena construção em terras camponesas, que se elevava cada vez mais, chegava, em fins da década de 1860, a 55 marcos por hectare, enquanto a grande propriedade só pagava 18 marcos por hectare, e a família real nada pagava por suas enormes propriedades privadas. A isso se agregavam contribuições especiais, como, por exemplo, 2,50 marcos por hectare para a conservação de obras hidráulicas que favoreciam, quase exclusivamente, as propriedades do vice-rei. Por cada palmeira, o felá tinha que pagar 1,35 marco; por cada cabana de argila que habitava, 75 pfennigs. Acrescentava-se ainda um imposto pessoal de 6,50 marcos, que todo varão de mais de dez anos devia pagar. No total, os felás pagavam na época de Mehemet Ali 50 milhões; na de Said, 100 milhões; na de Ismail, 163 milhões de marcos.

Quanto mais se endividava o Egito na Europa, tanto mais dinheiro precisava tirar da economia camponesa.[7] Em 1869, elevaram-se em 10% todas as contribuições, em 1870 a contribuição territorial elevou-se em 8 marcos por hectare. No alto Egito, as aldeias começaram a despovoar-se, destruíram-se cabanas, deixou-se de cultivar o solo para fugir à contribuição. Em 1876, a contribuição sobre palmeiras aumentou em 50 pfennigs.

---

7 Aliás, o dinheiro que se tirava do felá egípcio ia parar também no capital europeu, dando um giro pela Turquia. Os empréstimos turcos de 1854, 1855, 1871, 1877 e 1886 baseiam-se no tributo egípcio, várias vezes aumentado, que se paga diretamente ao Banco da Inglaterra.

A ACUMULAÇÃO DO CAPITAL

Aldeias inteiras dispuseram-se a cortar suas palmeiras. Impediu-se-lhes a tiros que o fizessem. Em 1879, além de Siut, consta que morreram de fome 10 mil felás, que não puderam pagar a contribuição pela irrigação de seus campos, e depois de haver matado o gado para fugir ao imposto de gado.[8]

Agora tirava-se ao felá até a última gota de seu sangue. O Estado egípcio terminara sua função como aparelho de absorção em mãos do capital europeu e era supérfluo. O quediva Ismail foi licenciado. O capital podia voltar a legislar.

Em 1875, a Inglaterra havia adquirido por 80 milhões de marcos 172 mil ações do canal de Suez. O Egito tem que continuar pagando ainda 394 mil libras esterlinas egípcias de juros. Entraram em ação comissões inglesas para "pôr em ordem" a economia egípcia. É curioso que o capital europeu, não assustado pela situação desesperadora do país em bancarrota, ofereceu, para "salvá-lo", grandes empréstimos. Cowe e Stokes propuseram, para saldar todas as dívidas, um empréstimo de 1.520 milhões de marcos a 7%. Rivers Wilson considerava necessários 2.060 milhões. O Crédit Foncier comprou milhões de valores flutuantes e tratou de consolidar a dívida total com um empréstimo de 1,82 trilhão de marcos, o que fracassou. Mas quanto mais desesperada e insolúvel era

---

8 "*It is stated by residents in the Delta*", informa o *Times* de Alexandria em 31 de março de 1879, "*that the third quarter of the year's taxation is now collected, and the old methods of collection applied. This sounds strangely by the side of the news that people are dying by the roadside, that great tracts of country are uncultivated, because of the fiscal burdens, and that the farmers have sold their cattle, the women their finery, and that the usurers are filing the mortgage offices with their bonds and the courts with their suits of foreclosure.*" [Pessoas residentes no Delta asseguram que se aplicando os antigos métodos se arrecadou o terceiro trimestre da contribuição anual. Isso produz um estranho efeito quando se sabe que o povo morre de fome nos caminhos, que grandes áreas permanecem vazias por causa das cargas fiscais, que os fazendeiros venderam seu gado, as mulheres, sua graça, e os usurários enchem os registros de hipotecas com suas escrituras e os tribunais com seus pedidos de execução.] (Citado por Th. Rothstein, *Egypt's Ruin*, 1910, p. 69-70.)

a situação, tanto mais próximo e inevitável era também o momento em que o país inteiro, com todas as suas forças produtivas, iria cair nas garras do capital europeu. Em outubro de 1878, desembarcaram em Alexandria os representantes dos credores europeus. Impôs-se um duplo controle da economia egípcia pelos capitais inglês e francês. Em nome desse duplo controle criaram-se novos impostos, aumentou-se a exploração dos camponeses, de modo que o pagamento dos juros que fora temporariamente suspenso em 1876 se restabeleceu em 1877.[9]

Desde esse momento, os créditos do capital europeu converteram-se no centro da vida econômica e no único objetivo do sistema tributário. Em 1878, constituíram-se uma nova comissão e um ministério meio europeu. Em 1879, a economia egípcia passou ao controle permanente do capital europeu representado pela Commission de la Dette Publique Egyptienne. Em 1878, os Tchifliks, isto é, os terrenos da família do vice-rei, numa extensão de 451 mil acres, transformaram-se em patrimônio do Estado e hipotecaram-se aos capitalistas europeus para responder à dívida pública, e igualmente as propriedades de Daira, o patrimônio privado do quediva, situadas, em sua maior parte, no alto Egito, abrangendo 485.131 acres, sendo que mais tarde foram vendidas a um consórcio. Uma grande parte das propriedades territoriais restantes passou às mãos de sociedades capitalistas, particularmente à Companhia do canal. As propriedades das mesquitas e escolas foram hipotecadas pela

---

9 "*This produce*", escrevia o correspondente do *Times* de Alexandria, "*consists wholly of taxes paid by the peasents [sic!] in kind, and when one thinks of the poverty-stricken, over-driven, under-fed fellaheen in their miserable hovels, working late and early to fill the pockets of the creditors, the punctual payment of the coupon ceases to be wholly a subject of gratification.*" [Isso procede completamente de impostos pagos pelos camponeses em espécie, e se pensarmos nos pobres felás sobrecarregados de trabalho, mal alimentados e vivendo em suas miseráveis cabanas, trabalhando dia e noite para encher os bolsos de seus credores, o pagamento pontual deixa de ser um objeto de plena satisfação.] (Citado por Th. Rothstein, *op. cit.*, p. 49.)

Inglaterra para fazer frente aos gastos da ocupação. Um levante militar do exército egípcio, a quem o controle europeu fazia passar fome, enquanto os funcionários europeus recebiam altos salários, e uma revolta popular provocada em Alexandria deram o pretexto desejado para o golpe decisivo. Em 1882, forças militares inglesas entraram no Egito para submetê-lo. Assim coroou-se a grandiosa manobra do capital no Egito, e a liquidação da economia agrária egípcia pelo capital inglês.[10] Viu-se assim que a transação, superficialmente absurda, entre o capital financeiro e o capital industrial europeus, cujos pedidos eram pagos com aquele capital, cobrindo-se os juros de um empréstimo com o capital de outros, tinha em sua base uma relação muito racional e "sã" do ponto de vista da circulação do capital. Desaparecidos os intermediários que mascaravam a operação, nota-se que a economia camponesa egípcia foi absorvida em grande escala pelo capital europeu; enormes áreas, incontáveis operários e uma quantidade enorme de produtos do trabalho pagos ao Estado em forma de impostos transformaram-se, na realidade, em acumulação de capital europeu.

É evidente que semelhante transação, que condensou em dois ou três decênios o curso normal de uma evolução histórica de séculos, só foi possível graças ao chicote; o primitivismo da vida egípcia criou ao mesmo tempo uma base de operações incomparável para a acumula-

---

10 Eyth, um destacado agente da civilização capitalista nos países primitivos, termina seu magistral esboço sobre o Egito, do qual tiramos os dados principais, com a seguinte profissão de fé imperialista: "O que nos ensina esse passado tem também um significado necessário para o futuro: a Europa tem que pôr, e porá, ainda que sem evitar lutas de toda espécie, nas quais não possam se distinguir a justiça e a injustiça, e nas quais a razão política e a histórica correspondem, com frequência, ao infortúnio de milhões, e a injustiça política, à sua salvação – a Europa tem que pôr a sua mão firme sobre aqueles países que não são mais capazes de levar por suas próprias forças a vida de nossos tempos, e a mão firme terminará, como em toda parte, com os distúrbios nas margens do Nilo." (*Op. cit.*, p. 247.) Rothstein (*op. cit.*) nos fornece dados suficientes sobre a "ordem" criada pela Inglaterra "às margens do Nilo".

OS EMPRÉSTIMOS INTERNACIONAIS

ção de capital. Graças ao crescimento fantástico do capital, vê-se aqui como resultado econômico, junto com a ruína da economia camponesa, a aparição do tráfico de mercadorias e, por obra sua, a tensão das forças produtivas do país. A terra egípcia cultivada passou, sob o governo de Ismail, de 2 para 2,7 milhões de hectares; a rede de canais, de 73 mil para 87 mil quilômetros; a rede de ferrovias, de 410 para 2.020 quilômetros. Constroem-se ancoradouros em Suez e Alexandria; no porto de Alexandria, grandes instalações. Criou-se um serviço de navios no mar Vermelho e, ao largo das costas sírias e da Ásia Menor, para servir aos peregrinos de Meca. A exportação do Egito, que em 1861 atingia a 89 milhões de marcos, passou em 1864 a 288. A importação, que sob Said Paxá era de 24 milhões, no governo de Ismail subiu a entre 100 e 110 milhões de marcos. O comércio, que depois da abertura do canal de Suez não se recuperou até a década de 1880, elevou-se em 1890 a 163 milhões de marcos, como importação, e 249 milhões de marcos, como exportação. Em 1900, as cifras foram 288 milhões de importação, 355 de exportação; em 1911, 577 milhões de importação, 593 de exportação. Quanto ao Egito, converteu-se em propriedade do capital europeu, devido a esse rápido desenvolvimento da economia de mercado. Como na China, e agora no Marrocos, viu-se no Egito que, atrás dos empréstimos internacionais, da construção de ferrovias, obras hidráulicas e outras semelhantes obras da civilização, espreita o militarismo como agente executivo da acumulação de capital. Os Estados orientais realizam com urgência febril o desenvolvimento da economia natural até a economia de mercado e desta à capitalista, sendo absorvidos pelo capital internacional, pois sem entregar-se a este não poderiam realizar a transformação.

Outro exemplo excelente e atual é constituído pelos negócios do capital alemão na Turquia asiática. Há tempos, o capital europeu, principalmente o inglês, tentara apoderar-se desse território, que se encontra no caminho antiquíssimo do tráfico comercial entre Europa e Ásia.[11]

Nas décadas de 1850 e 1860, o capital inglês construiu linhas ferroviárias como Esmirna-Aidin-Diner e Esmirna-Kassaba-Alachehir e conseguiu a concessão para prosseguir a linha até Afiunkarahissar e o primeiro trecho da ferrovia de Anatólia, Haidar-Pacha-Ismid. No devido tempo, o capital francês apoderava-se de parte da ferrovia. Em 1888, apareceu em cena o capital alemão. Graças a negociações particulares com o grupo de capital francês, representado pelo Banco Otomano, chegou-se a uma fusão de interesses internacionais, em virtude da qual o grupo alemão participava com 60% no grande empreendimento da ferrovia de Anatólia e de Bagdá e o capital internacional com 40%.[12] A Companhia Ferroviária de Anatólia, atrás da qual está principalmente o Banco Alemão, fundou-se, como sociedade turca, em 14 de Redcheb de 1306, isto é, em 4 de março de 1889, para encarregar-se da linha de Haidar-Pacha-Ismid, que funcionava desde o ano 70, e para levar a cabo a concessão do trecho Ismid-Eskichehir-Angora (845 quilômetros). A Companhia estava também autorizada a construir a ferrovia Haidar-Pacha-Escutari e ramais para Brussa, assim como uma rede

---

11 O governo anglo-indiano deu, em começos do quarto decênio do século passado, ao coronel Chesney o encargo de estudar o Eufrates para conseguir, por meio de sua navegação, um caminho, o mais curto possível, entre o mar Mediterrâneo e o golfo Pérsico ou a Índia. Após um reconhecimento parcial, verificado no inverno de 1831, e depois de longos preparativos, a expedição propriamente dita trabalhou nos anos 1835-1837. Oficiais e funcionários ingleses, relacionados com ela, fizeram estudos e levantaram planos de grandes regiões da Mesopotâmia oriental. Esses trabalhos prolongaram-se até o ano de 1866 sem chegar a um resultado prático para o governo inglês. O pensamento de estabelecer uma via de comunicação entre o Mediterrâneo e a Índia pelo golfo Pérsico foi recolhido mais tarde pela Inglaterra, em outra forma, com o plano da ferrovia do Tigre. Em 1879, Cameron fez uma viagem à Mesopotâmia, por encargo do governo inglês, com o intuito de estudar o tratado da projetada linha. (Ver Max, barão von Oppenheim, *Vom Mittelmeer zum Persischen Golf durch den Hauran, die Syrische Wüste und Mesopotamien* [Do Mediterrâneo ao golfo Pérsico, passando pelo Hauran, a Síria e a Mesopotâmia], v. II, p. 5 e 36.)

12 Ver S. Schneider, *Die deutsche Bagdadbahn* [A ferrovia alemã de Bagdá], 1900, p. 3.

complementar Eskichehir-Konia (445 quilômetros) e, finalmente, o trecho Angora-Cesareia (425 quilômetros). O governo turco dava à companhia a seguinte garantia pública: rendimento bruto de 10.300 francos, por ano e quilômetro, para o trecho Haidar-Pacha-Ismid, e 15 mil francos para o trecho Ismid-Angora. Para esse fim, o governo entregou à administração da Dette Publique Ottomane a arrecadação direta do arrendamento dos décimos dos *sandchaks* de Ismid, Ertigul, Kutahia e Angora. A administração da Dette Publique Ottomane pagará à companhia o que for necessário para efetivar a garantia do governo. Para o trecho Angora-Cesareia, o governo garante a inversão bruta, em ouro, de 775 libras turcas = 17.800 francos ouro por quilômetro e ano, e para o trecho Eskichehir-Konia 604 libras turcas = 13.741 francos, não podendo a subvenção passar, no último caso, de 219 libras turcas = 4.995 francos por quilômetro e ano. Em troca, no caso de o rendimento bruto exceder a soma garantida, o governo cede de antemão 25% do excesso. Os décimos dos *sandchaks* de Trebizonda e Gumuchane serão pagos diretamente à administração da Dette Publique Ottomane, que, por sua parte, pagará as subvenções necessárias à companhia ferroviária de Bagdá. Todos os décimos destinados ao cumprimento da garantia concedida pelo governo constituem um todo. Em 1898, a garantia elevou-se, para Eskichehir-Konia, de 219 libras turcas para 296.

Em 1899, a companhia obtem uma concessão para a construção e exploração de um porto em Haidar-Pacha, para a emissão de *warrants*, para a instalação de elevadores de cereais e depósitos de mercadorias de todo gênero, o direito de realizar com pessoal próprio todas as operações de carga e descarga, e, finalmente, o de estabelecer uma espécie de mercado livre.

Em 1901, a sociedade obtem a concessão da ferrovia de Bagdá, Konia-Bagdá-Baçorá-Golfo Pérsico (2.400 quilômetros), que se une com o trecho Konia-Eregli-Burgulu, da linha de Anatólia. Para fazer efetiva a concessão, a companhia antiga formou uma nova sociedade por ações. Essa sociedade cedeu, por sua vez, a construção da linha, até Bulgurlu, a uma sociedade construtora fundada em Frankfurt.

De 1893 a 1910, o governo turco satisfez às seguintes subvenções: pela estrada de ferro Haidar-Pacha-Angora, 48,7 milhões de francos; pelo trecho Eskichehir-Konia, 1,8 milhão de libras turcas. Total: aproximadamente 90,8 milhões de francos.[13] Finalmente, pela concessão de 1907, foram cedidos à sociedade os trabalhos de dessecação do lago Karaviran e para a irrigação da planície de Konia. Esses trabalhos serão realizados por conta do governo ao fim de seis anos. Desta vez, a sociedade adianta ao governo a soma de 19,5 milhões de francos, com um juro de 5% e pagamento em 36 anos. O governo turco garante, em troca: 1º) 25 mil libras turcas anuais provenientes dos décimos ferroviários e de diversos empréstimos que se encontram sob a administração da Dette Publique Ottomane; 2º) o que produzam a mais os décimos das zonas irrigadas, em comparação com o produto médio dos últimos cinco anos antes da concessão; 3º) os lucros brutos obtidos pelas obras hidráulicas; 4º) o montante da venda dos terrenos dessecados ou irrigados. Para realizar as obras hidráulicas, a sociedade fundou em Frankfurt uma sociedade construtora "para as obras de irrigação da planície de Konia", com um capital de 135 milhões de francos.

Em 1908, a companhia obteve outra concessão para prolongar a ferrovia de Konia até Bagdá e golfo Pérsico. Também conseguiu garantia por quilômetro.

O empréstimo da ferrovia de Bagdá a 4% em três séries (54, 108 e 119 milhões de francos), que se fez para o pagamento das subvenções, foi assegurado pela hipoteca dos décimos dos vilaietes de Aidin, Bagdá,

---

13 Saling, *Borsenjahrbuch*, 1911-1912, p. 2211.

OS EMPRÉSTIMOS INTERNACIONAIS

Mossul, Diarbekir, Urfa e Alepo e com o imposto sobre o gado lanígero dos vilaietes de Konia, Adana e Alepo.[14]

Aqui se manifesta, claramente, o fundamento da acumulação. O capital alemão constrói na Turquia asiática ferrovias, portos, obras hidráulicas. Nesses empreendimentos extrai nova mais-valia dos asiáticos, utilizando-os como operários. Mas essa mais-valia, juntamente com os

---

14 Saling, *op. cit.*, p. 360, 381. Sobre a totalidade das subvenções para a construção de ferrovias, na Turquia, que tiveram que ser oferecidas pelo governo turco ao capital internacional, o engenheiro Pressel, de Württemberg, o qual interveio nesses negócios como secretário do barão von Hirsch, dá o seguinte belo cálculo:

	LONGITUDE (km)	GARANTIA (em francos)
As três linhas da Turquia europeia	1.888,8	33.099.352
Rede da Turquia asiática até 1900	2.513,2	53.811.538
Comissões e outros gastos da Dette Publique a serviço da garantia, por quilômetro		9.351.209
Total		96.262.099

Note-se bem que tudo isso aconteceu somente até fins de 1899, em cuja ocasião começa o pagamento de uma parte da garantia por quilômetro. Dos 74 sandchaks que compõem a Turquia asiática, já estavam hipotecados os décimos de 28. E com todas essas subvenções, desde o ano de 1856 até 1900, construíram-se no total 2.513 quilômetros na Turquia asiática. (Ver W. von Pressel, *Les chemins de ter en Turquie d'Asie* [Estradas de terra na Turquia asiática], Zurique, 1900, p. 59.)

Além disso, Pressel, como perito no assunto, dá o seguinte exemplo das manipulações a que se entregavam as companhias ferroviárias à custa da Turquia: "Assegura que a Companhia de Anatólia prometeu em 1893, primeiramente, levar a ferrovia por Angora até Bagdá; declarou depois que seu próprio projeto era irrealizável, para abandonar a seu destino essa linha garantida e empreender outra via por Konia. No momento em que as companhias conseguem adquirir a linha Esmirna-Aidin-Diner, pede seu prolongamento até a linha de Konia. E, uma vez construído esse ramal, as companhias moverão céu e terra para obrigar o tráfego a tomar essa nova via, que não tem garantia por quilômetro e que, mais importante ainda, não tem que repartir seus rendimentos com o governo, ao passo que as outras linhas, desde certa importância da arrecadação bruta, têm que entregar ao governo uma parte do excesso. O resultado é que o governo não receberá nada da linha de Aidin, e as companhias receberão milhões. O governo terá que pagar pelas linhas Kassaba e Angora quase a importância total da garantia por quilômetro e não poderá esperar obter nunca 25% do excesso sobre o rendimento bruto de 15.000 francos, que lhe assegura o contrato." (*Op. cit.*, p. 7.)

meios de produção empregados, será reempregada na Alemanha (material de ferrovias, máquinas etc.). Quem contribui para esse reemprego? Em parte, o tráfico de mercadorias originado pelas ferrovias, portos etc., que se fomenta nas condições de economia natural existentes na Ásia Menor. Em parte, e porque o tráfico de mercadorias não cresce com bastante rapidez para satisfazer às necessidades do capital, à transformação forçada dos rendimentos naturais da população em mercadorias que através da máquina fiscal se convertem em dinheiro, que, junto com a mais-valia, se destinam à realização do capital. Tal é o sentido da garantia por quilômetro dos rendimentos brutos nas empresas independentes do capital estrangeiro, assim como as garantias com que se asseguram os empréstimos. Os "décimos" (*üschürs*), hipotecados em ambos os casos com infinitas variações, são prestações em espécie dos lavradores turcos, que se elevaram até aproximadamente 12 ou 12,5%. O camponês dos vilaietes asiáticos tem que pagar "décimos", porque se não o faz eles são arrancados à força, com a ajuda de gendarmes e de funcionários do Estado. Os "décimos", que são uma manifestação do despotismo asiático baseado na economia natural, não são arrecadados diretamente pelo governo turco, mas por arrendatários semelhantes aos do *ancien régime,* a quem o Estado vende o rendimento provável do imposto de cada província em leilão público. Se o décimo de um vilaiete (província) é adquirido por um especulador individual ou um consórcio, estes vendem os décimos de cada um dos *sandchaks* (distritos) a outros especuladores, que por sua vez distribuem sua parte entre uma série de agentes menores. Como cada um deles quer cobrir seus gastos e obter o maior lucro possível, o décimo aumenta em proporções enormes à medida que se aproxima do camponês. Se o arrendatário equivocou-se em seus cálculos, desforra-se no camponês. Este espera, quase sempre cheio de dívidas, com impaciência, o momento de poder vender sua colheita; mas depois de haver segado seus cereais espera frequentemente semanas inteiras até que o arrendatário se decida a colher a parte que lhe corresponde. O arrendatário, que geralmente é comerciante de cereais, aproveita essa situação do camponês, que vê toda a sua colheita com risco de apodrecer no campo, para obrigá-lo a vendê-la a baixo preço. Por outro lado, sabe calar as queixas dos descontentes com a ajuda do *muktar* (alcaide do povoado).[15]

Ao Internacional Conseil d'Administration de la Dette Publique Ottomane, que, entre outros, administra diretamente os impostos de sal, tabaco, bebidas alcoólicas, o décimo da seda e os direitos da pesca, estão hipotecados os décimos, como garantia por quilômetro ou por empréstimo, com a condição de que o Conselho intervirá na celebração dos contratos de arrendamento desses décimos, e que a arrecadação será depositada diretamente pelos arrendatários nas caixas do Conselho nas províncias. No caso de ser impossível encontrar um arrendatário para os décimos, o governo turco os depositará *in natura* em armazéns, cujas chaves serão entregues ao Conselho, que por sua vez se encarregará da venda.

Assim, o caminho entre os camponeses da Ásia Menor, Síria e Mesopotâmia e o capital alemão verifica-se da seguinte maneira: o cereal aparece nos campos das províncias (vilaietes) de Konia, Bagdá, Baçorá etc., como simples produto de uso da economia camponesa primitiva, e passa em seguida, como tributo, às mãos do arrendatário de impostos. Só quando se encontra em poder deste, o cereal se transforma em mercadoria, e a mercadoria em dinheiro, que passa às mãos do Estado. Esse dinheiro, que não é mais do que uma forma modificada do cereal camponês, o qual nem sequer se produziu como mercadoria, serve agora, na qualidade de garantia do Estado, para pagar em parte os gastos de

---

15 Ver Charles Morawitz, *Die Türkei im Spiegel ihrer Finanzen* [Turquia no espelho de suas finanças], 1903, p. 84.

construção e exploração das ferrovias, isto é, para transformar em dinheiro o valor dos meios de produção utilizados, assim como a mais-valia tirada dos camponeses e proletários asiáticos na construção e exploração das ferrovias. Como, por outro lado, na construção de estradas de ferro empregam-se meios de produção elaborados na Alemanha, o cereal do camponês asiático, transformado em dinheiro, serve para converter em ouro a mais-valia tirada dos operários alemães na elaboração daqueles meios de produção. O dinheiro passa do Estado turco aos cofres do Banco Alemão para acumular-se nele como mais-valia capitalista em forma de ações, dividendos e juros para os bolsos dos senhores Gwinner, Siemens e acionistas e clientes do Banco Alemão, assim como para toda a rede de trepadeiras de suas sociedades filiais.

Se – como se prevê nessas concessões – desaparece o arrendatário de impostos, a série complexa de metamorfoses reduz-se a sua forma mais singela e clara: o cereal camponês passa diretamente ao poder da Administration de la Dette Publique Ottomane, isto é, da representação do capital europeu e, já em sua forma natural, converte-se em rendimento do capital alemão e do resto do capital estrangeiro. Assim verifica-se a acumulação do capital europeu, antes ainda de perder sua forma de uso camponesa asiática. Assim, a mais-valia capitalista transforma-se em dinheiro antes de se haver convertido em mercadoria e ter realizado o próprio valor. A troca verifica-se aqui de uma forma brutal e descarada, de um modo direto, entre o capital europeu e a economia camponesa asiática. Dessa maneira, o Estado turco fica reduzido a seu verdadeiro papel de aparelho político necessário para a exploração da economia camponesa para os fins do capital, função propriamente dita de todos os Estados orientais no período do imperialismo capitalista. O negócio, que aparece exteriormente como uma tautologia sem sentido, como o pagamento de mercadorias alemãs com capital alemão na Ásia, no qual os incautos alemães não fazem mais que deixar aos astutos turcos o "gozo" das grandes obras da civilização, no fundo, é uma troca entre o capital alemão e a economia camponesa asiática, uma troca que se realiza empregando os meios coercitivos do Estado. Os resultados são: de um lado, a acumulação progressiva do capital e de "uma rede de interesses crescente". Isso, como pretexto para a ulterior expansão política e econômica do capital alemão na Turquia; de outro lado, ferrovias e tráfico de mercadorias sobre a base da decomposição, a ruína, a absorção da economia camponesa asiática pelo Estado, assim como a crescente dependência financeira e política do Estado turco com relação ao capital europeu.[16]

---

16 "Além do mais, tudo nesse país é difícil e complicado. Se o governo quer implantar um monopólio sobre papel de cigarro ou cartas de jogo, surgem imediatamente a França e a Áustria-Hungria e interpõem o veto em favor de seu comércio. Quando o assunto é petróleo, intervirá a Rússia. Até mesmo as potências menos interessadas condicionarão seu assentimento a qualquer medida de administração. Acontece com a Turquia o mesmo que a Sancho Pança com sua comida. Cada vez que o ministro da Fazenda quer colher alguma coisa, surge algum diplomata para impedi-lo e interpor seu veto." (Morawitz, *op. cit.*, p. 70.).

XXXI
Protecionismo e acumulação

O imperialismo é a expressão política do processo de acumulação do capital, em sua luta para conquistar as regiões não capitalistas que não se encontrem ainda dominadas. Geograficamente, esse meio abrange, ainda hoje, a grande parte da Terra. Mas, comparado com o poder do capital já acumulado nos velhos países capitalistas, que luta para encontrar mercados para seu excesso de produção, e possibilidades de capitalização para sua mais-valia, comparado com a rapidez com que hoje se transformam em capitalistas territórios pertencentes a culturas pré-capitalistas, ou, em outros termos, comparado com o elevado grau das forças produtivas do capital, o campo revela-se mesmo pequeno para a sua expansão. Isso determina o atual jogo internacional do capital no cenário mundial. Dados o grande desenvolvimento e a concorrência cada vez mais violenta dos países capitalistas para conquistar territórios não capitalistas, o imperialismo aumenta sua agressividade contra o mundo não capitalista, aguçando as contradições entre os países capitalistas em luta. Porém, quanto mais enérgica e violentamente procure o capitalismo a fusão total das civilizações capitalistas, tanto mais rapidamente irá minando o terreno da acumulação do capital. O imperialismo é tanto um método histórico para prolongar a existência do capital como o meio mais seguro para objetivamente pôr um fim à sua existência. Isso não quer dizer que tal ponto final tenha que ser alcançado à risca. Já a tendência da evolução capitalista para esse objetivo final se manifesta em formas que transformam a fase final do capitalismo num período de catástrofes.

A ACUMULAÇÃO DO CAPITAL

A esperança de um desenvolvimento pacífico da acumulação do capital, no "comércio e indústria que só com a paz prosperam"; toda a ideologia oficiosa manchesteriana da harmonia de interesses entre as nações do mundo – o outro aspecto da harmonia de interesses entre capital e trabalho – procede do período de impetuosidade da economia política clássica, e pareceu encontrar uma confirmação prática na breve época de livre cambismo da Europa, durante as décadas de 1860 e 1870. Ela contribuiu para a difusão do falso dogma da escola livre-cambista inglesa, segundo a qual a troca de mercadorias é a única base e condição da acumulação do capital, que a identifica com a economia de mercado. Toda a escola de Ricardo identificava, com vimos, a acumulação de capital e suas condições de reprodução com a produção simples de mercadorias e as condições da simples circulação de mercadorias. Isso manifestou-se mais acentuadamente entre o livre-cambismo prático *vulgaris*. Toda a argumentação da vida de Cobden estava baseada nos interesses particulares dos fabricantes de algodão, futuros exportadores do Lancashire. Sua principal preocupação era encontrar compradores, e sua profissão de fé rezava: temos que comprar no estrangeiro para que encontremos clientes como vendedores de produtos industriais, isto é, tecidos de algodão. O consumidor, para quem Cobden e Bright pediam o livre-câmbio, ou seja, o barateamento das substâncias alimentícias, não era o trabalhador que consome o pão, mas o capitalista que consome o trabalho do operário.

Esse evangelho não foi nunca a expressão verdadeira dos interesses da acumulação do capital em sua totalidade. Na Inglaterra, foi desmentido já na década de 1840 pelas guerras do ópio que proclamavam a harmonia de interesses das nações comerciais no oriente a canhonaços. Depois, com a anexação de Hong Kong, essa harmonia de interesses transformou-se em seu oposto, isto é, no sistema de "esferas de interesses".[1] No continente europeu, o livre-câmbio dessa época não era expressão dos interesses do capital industrial, ainda que somente porque os países livre-cambistas do continente eram, naquela época, países predominantemente agrários, cuja grande indústria estava ainda relativamente pouco desenvolvida. O sistema livre-cambista impôs-se mais para favorecer a constituição política dos Estados centro-europeus. Na Alemanha, graças à política de Manteuffel e Bismarck, foi um meio prussiano específico para expulsar a Áustria da Confederação e do *Zollverein*, e constituir o novo império alemão sob a direção da Prússia. Economicamente, o livre-cambismo apoiava-se apenas nos interesses do capital comercial, particularmente do capital das cidades hanseáticas para quem o mercado mundial era de importância vital para os interesses agrários dos consumidores. Foi trabalhoso arrancar a indústria propriamente dita da produção de ferro, por meio da supressão das tarifas renanas, enquanto a indústria algodoeira do Sul da Alemanha se manteve inflexível na oposição protecionista.

Na França, os tratados que inauguraram o livre-cambismo pelas cláusulas preferenciais foram concluídos por Napoleão III sem a compacta

---

[1] E não só na Inglaterra. "Já em 1859 um folheto difundido por toda a Alemanha, cujo autor se dizia ser o fabricante Diergardt, de Viersen, aconselhava a Alemanha a assegurar-se a tempo do mercado da Ásia oriental. Só havia um meio para conseguir alguma coisa, comercialmente, dos japoneses, e em geral dos orientais: o emprego de força militar. A frota alemã, construída com as economias do povo, foi um sonho de juventude. Há muito tempo fora arrematada em leilão por Hannibal Fischer. A Prússia tinha navios próprios, ainda que não constituíssem uma frota imponente. Não obstante, decidiu-se organizar uma esquadra para entabular negociações comerciais com o Extremo Oriente. A direção da missão, que visava também a fins científicos, foi confiada a um dos homens de Estado prussiano mais capazes e prudentes: o conde de Eulenburg. O conde cumpriu sua tarefa muito habilmente, nas circunstâncias mais difíceis. Teve que renunciar ao projeto de fazer relações contratuais também com as ilhas do Havaí. Além disso, a expedição alcançou seu objetivo. Apesar de os jornais de Berlim, informados de tudo, comentarem, em cada notícia, sobre as dificuldades ocorridas, que tudo aquilo deveria prever-se e que semelhantes demonstrações navais só conduziam ao gasto do dinheiro dos contribuintes, o ministério da nova era política não cedeu em seu propósito, e os benefícios do êxito ficaram para seus sucessores." (W. Lotz, *Die Ideen der deutschen Handelspolitik* [As ideias da política comercial alemã], p. 80.)

maioria protecionista do parlamento, formada por industriais e agrários; até mesmo contra ela. O caminho dos tratados de comércio foi empreendido pelo governo do Segundo Império como um recurso, e foi aceito pela Inglaterra, para ignorar a oposição regulamentar francesa e impor internacionalmente o livre-cambismo à revelia da corporação legislativa. O primeiro tratado básico entre França e Inglaterra foi uma grande surpresa para a opinião pública francesa.[2] O antigo sistema protecionista da França foi modificado, de 1853 a 1862, por 32 decretos imperiais, que logo tiveram, em 1863, uma confirmação negligente e "legislativa". Na Itália, o livre-cambismo foi um requisito da política de Cavour e da necessidade de apoiar-se na França. Já em 1870, sob a pressão da opinião pública, abriu-se um inquérito que demonstrou a falta de apoio dos círculos interessados para a política livre-cambista. Finalmente, na Rússia, a tendência livre-cambista da década de 1860 não foi mais do que uma introdução, com o fim de criar uma ampla base para o desenvolvimento da economia de mercado e da grande indústria: acompanhou a supressão da servidão da gleba e a construção da rede de ferrovias.[3]

---

2 "*Une négociation officielle fut ouverte* [entre o governo inglês e o francês, uma vez que Michel Chevalier havia preparado o terreno com Ricardo Cobden – R.L.] *au bout de peu de jours: elle fut conduite avec le plus grand mystère. Le 5 Janvier 1860, Napoleon III annonca ses intentions dans une lettre programme adressée au ministère d'État, M. Fould. Cette déclaration éclata comme un coup de foudre. Après les incidents de l'année qui venait de finir, on comptait qu'aucune modification du régime douanier ne serait tentée avant 1861. L'émotion fut générale. Néanmoins le traité fut signé le 23 Janvier.*" [Uma negociação oficial foi levada a cabo em poucos dias e em meio ao maior mistério. A 5 de janeiro de 1860, Napoleão III anunciou seus propósitos em uma carta-programa, dirigida ao ministro de Estado, M. Fould. Essa declaração caiu como um raio. Após os incidentes do ano que acabava de terminar, acreditava-se que não seria tentada nenhuma modificação do regime algodoeiro antes de 1861. A emoção foi geral. Não obstante, o tratado foi assinado a 23 de janeiro.] (Auguste Devers, *La politique commerciale de la France depuis 1860. Écrits de la ligue politique sociale*, v. II, p. 136.)

3 A revisão liberal da tarifa russa em 1857 e 1868, a abolição definitiva do insensato sistema protecionista de Kankrin foram complemento e expressão da obra de reforma causada pelo desastre da Guerra da Crimeia. Mas, de modo imediato, a redução das tarifas favorecia, primeiramente, os interesses da propriedade territorial nobiliária, que, como consumidora de mercadorias estrangeiras e como produtora de trigo exportado para o estrangeiro, tinha interesse em que não se pusessem travas

PROTECIONISMO E ACUMULAÇÃO

Assim, o livre-cambismo como sistema internacional não pode ser, desde o princípio, mais que um episódio na história da acumulação do capital. É absurdo querer explicar a conversão geral ao protecionismo, desde fins do oitavo decênio, como uma simples medida de defesa contra o livre-câmbio inglês.[4]

Contra essa explicação, os fatos dizem que na Alemanha, como na França e na Itália, o papel decisivo na passagem para o protecionismo

---

ao tráfico comercial da Rússia com a Europa ocidental. A defensora dos interesses agrícolas, a Sociedade Econômica Livre, observava: "Durante os sessenta anos transcorridos, desde 1822 até 1882, a grande produtora da Rússia, a agricultura, teve que sofrer quatro vezes danos incomensuráveis que a puseram numa situação extremamente crítica. Nos quatro casos, a causa imediata estava nas tarifas excessivamente altas. Ao contrário, o período de trinta e dois anos, que vai desde 1845 até 1877, durante o qual vigoraram tarifas moderadas, transcorreu sem tais dificuldades, apesar das três guerras e de uma guerra civil [refere-se ao levante polaco de 1863 – R.L.]. Cada um dos quais impôs uma tensão maior ou menor à capacidade financeira do Estado." ("Memorando da Sociedade Imperial Econômica Livre sobre a revisão da tarifa russa, Petersburgo", 1890, p. 148.) Que a Rússia não pode considerar-se até aos últimos tempos como defensora do livre-cambismo ou, ao menos, de uma tarifa moderada para favorecer os interesses do capital industrial prova-o o fato de que o apoio científico desse movimento livre-cambista, à mencionada Sociedade Econômica Livre, se pronunciava até 1890 contra o protecionismo, qualificando-o de meio de "transplante artificial" da indústria capitalista russa. Os "populistas" reacionários denunciavam, por outro lado, o capitalismo como viveiro do moderno proletariado, "aquelas massas de gente incapazes para o serviço militar, sem propriedade, sem pátria, que nada têm a perder e que, já há muito tempo, não têm boa fama..." (*Op. cit.*, p. 171). Ver também K. Lodischensky, *História da tarifa russa*, Petersburgo, 1886, p. 239-258. (Título original: *Исторія русскаго таможеннаго тарифа*.)

4 Também Friedrich Engels compartilhava dessa opinião. Numa de suas cartas a Nikolai-on – 18 de junho de 1892 – escreve: "Escritores ingleses, ofuscados por seus interesses nacionais, não podem compreender por que o exemplo livre-cambista dado pela Inglaterra é rechaçado em todas as partes e substituído pelo princípio das tarifas protecionistas. Naturalmente, o que ocorre é que não se atrevem, simplesmente, a ver que esse sistema protecionista – hoje quase geral – não é mais que uma medida defensiva mais ou menos razoável (em alguns casos, inclusive, absolutamente estúpida) contra o livre-cambismo inglês, que levou tão longe o monopólio industrial britânico. (Estúpida é, por exemplo, essa medida no caso da Alemanha, que, sob o império do livre-câmbio, se converteu num grande Estado industrial, e onde as tarifas se estendem agora aos produtos agrícolas e matérias-primas, o que aumenta o custo da produção industrial!) Considero essa conversão geral ao protecionismo não como uma simples casualidade, mas como uma reação contra o insuportável monopólio industrial da Inglaterra. A forma que assume essa reação pode ser, como eu já disse, equivocada, inapropriada ou ainda pior, mas sua necessidade histórica me parece completamente clara e evidente (*Cartas...*, p. 71).

correspondeu aos interesses agrários, que não se dirigiam contra a concorrência da Inglaterra, mas contra a dos Estados Unidos, e que, além disso, a necessidade de proteção à indústria nacional nascente na Rússia, por exemplo, se sentia com mais força contra a Alemanha do que contra a Inglaterra, e na Itália contra a França. A depressão geral do mercado mundial, que se estendeu a partir da crise da década de 1870 e dispôs os ânimos a favor do protecionismo, tampouco estava ligada ao monopólio da Inglaterra. A causa geral da mudança da frente protecionista era mais profunda. O ponto de vista puro da troca de mercadorias, de que provinha a ilusão livre-cambista da harmonia de interesses no mercado mundial, foi abandonado tão logo o grande capital da indústria arraigou-se o suficiente nos países mais importantes do continente europeu, para pensar em suas condições de acumulação. Essas, porém, colocavam em primeiro plano, frente à reciprocidade de interesses dos Estados capitalistas, seus antagonismos e a competição na luta pela conquista do meio não capitalista.

Ao começar a era livre-cambista, a Ásia oriental acabava de abrir-se ao comércio com a guerra da China, e o capital europeu dava os primeiros passos no Egito. No nono decênio, a política de expansão estende-se com grande energia paralelamente ao protecionismo; a ocupação do Egito pela Inglaterra, as conquistas coloniais alemãs na África, a ocupação francesa de Tunes e a expedição a Tonquim, os avanços da Itália em Assab e Massaba, a guerra abissínia e a constituição da Eritreia, as conquistas inglesas na África do Sul, todos esses acontecimentos seguiram-se como uma cadeia ininterrupta ao longo do nono decênio. O conflito entre a Itália e a França, por causa de interesses em Tunes, foi o prelúdio característico da guerra aduaneira franco-italiana iniciada sete anos mais tarde e que acabou, como epílogo sangrento, com o sonho da harmonia de interesses livre-cambistas no continente europeu. O monopólio dos territórios de expansão, no interior dos antigos países capitalistas como nos países ultramarinos, converteu-se em solução para o capital, enquanto o livre-comércio, a política da "porta aberta", transformou-se em forma específica da indecisão dos países não capitalistas frente ao capital internacional, como prelúdio de sua ocupação parcial ou total em sua qualidade de colônias. Se até agora somente a Inglaterra manteve-se fiel ao livre-câmbio, isso se deve, em primeiro lugar, a que, por ser o império colonial mais antigo, achou em suas grandes possessões de territórios não capitalistas, desde o princípio, uma base de operações que até os últimos tempos oferecia à acumulação de seu capital perspectivas quase ilimitadas e a colocava fora da concorrência com outros países capitalistas. Daí o impulso geral dos países capitalistas de isolar-se uns dos outros, através das tarifas aduaneiras, apesar de que são, cada vez em maior escala, compradores mútuos de mercadorias; apesar de se acharem cada vez mais dependentes uns dos outros, no terreno da renovação de suas condições materiais de reprodução, e, apesar do ponto de vista da evolução técnica das forças produtivas, hoje pode prescindir-se perfeitamente das alfândegas que, ao contrário, em muitos casos conduzem à manutenção artificial de formas de produção antiquadas. A contradição interior da política alfandegária internacional, assim como o caráter contraditório do sistema de empréstimos internacionais não são mais do que um reflexo da contradição histórica em que se encontraram os interesses da acumulação, isto é, da realização e da capitalização da mais-valia, da expansão específica da troca de mercadorias.

A última encontra sua expressão clara, sobretudo, no fato de que o moderno sistema de tarifas elevadas – correspondendo à expansão colonial e ao aguçamento dos antagonismos no meio capitalista – se inaugurou condicionado ao robustecimento dos armamentos militares.

Na Alemanha, na França, na Itália e na Rússia, a conversão ao protecionismo foi paralela ao aumento do exército, e fez-se em seu proveito, como base do sistema iniciado, a competição dos armamentos europeus, primeiro terrestres e, logo após, marítimos. O livre-câmbio europeu, que correspondia ao sistema militar continental, cujo centro de gravidade era o exército de terra, teve que ceder lugar ao protecionismo, que tem como base e complemento, cada vez mais declaradamente, a marinha.

Por conseguinte, a acumulação capitalista tem como um todo, como processo histórico concreto, dois aspectos distintos. De um lado, tem lugar nos lugares de produção da mais-valia – na fábrica, na mina, na propriedade agrícola e na circulação de mercadorias. Considerada assim, a acumulação é um processo puramente econômico, cuja fase mais importante se realiza entre os capitalistas e os trabalhadores assalariados, mas que em ambas as partes, na fábrica como no mercado, move-se exclusivamente dentro dos limites da troca de mercadorias, do câmbio de equivalências. Paz, propriedade e igualdade reinam aqui como formas, e era mister a dialética afiada de uma análise científica para descobrir como, na acumulação, o direito de propriedade converte-se na apropriação da propriedade alheia, a troca de mercadorias em exploração, a igualdade em dominação de classe.

O outro aspecto da acumulação do capital realiza-se entre o capital e as formas de produção não capitalistas. Esse processo desenvolve-se no cenário mundial. Aqui, os métodos são a política colonial, o sistema de empréstimos internacionais, a política de interesses privados, a guerra. Aparecem aqui, sem dissimulação, a violência, a trapaça, a opressão, a rapina. Por isso é difícil descobrir as leis severas do processo econômico nessa confusão de atos políticos de violência, nesse confronto de forças.

A teoria burguesa liberal não abrange mais do que um aspecto: o domínio da "concorrência pacífica", das maravilhas técnicas e do puro tráfico de mercadorias. Fica afastado o outro domínio econômico do capital: o campo das violências, consideradas como manifestações mais ou menos casuais da "política exterior".

Na realidade, o poder político não é aqui, tampouco, mais do que o veículo do processo econômico. Os dois aspectos da acumulação do capital acham-se ligados organicamente pelas condições de reprodução do capital, e só a reunião de tais aspectos permite o curso histórico do capital. Este não só vem "gotejando, dos pés à cabeça, sangue e imundície por todos os poros", mas se impõe assim, passo a passo, ao mesmo tempo que prepara, em meio a convulsões cada vez mais violentas, sua própria ruína.

XXXII
O militarismo como campo da acumulação do capital

O militarismo tem uma função determinada na história do capital. Acompanha todas as fases históricas da acumulação. No período da chamada "acumulação primitiva", isto é, no começo do capitalismo europeu, o militarismo desempenhou um papel determinante na conquista do Novo Mundo e dos países produtores de especiarias, como a Índia; mais tarde, serviu para conquistar as colônias modernas, para destruir as organizações sociais primitivas, para apropriar-se de seus meios de produção, para impor o comércio de mercadorias em países cuja estrutura social é um obstáculo para a economia de mercado, para proletarizar violentamente os indígenas e impor o trabalho assalariado nas colônias. Ajudou a criar e ampliar esferas de interesses do capital europeu em territórios não europeus e extorquir concessões de estradas de ferro em países atrasados e a defender os direitos do capital europeu nos empréstimos internacionais. Enfim, o militarismo é uma arma na concorrência dos países capitalistas, em luta pelo domínio dos territórios de civilização não capitalista.

O militarismo tem ainda outra função importante. De um ponto de vista puramente econômico, ele é para o capital um meio privilegiado de realizar a mais-valia; em outras palavras, é um campo de acumulação. Procurando-se verificar quem são os compradores da massa de produtos em que se encerra a mais-valia capitalista, aceitamos diversas vezes que o Estado e seus servidores não se encontravam na categoria de consumidores. Nós os classificamos nas categorias anexas que retiram seus recursos da mais-valia (e até certo ponto do salário), onde encontramos também os representantes das profissões liberais e todos os parasitas da atual sociedade (rei, padre, professor, prostituta, servo bélico). Mas essa interpretação repousa sobre duas hipóteses: primeira, se admitimos que o Estado, conforme o esquema marxista da reprodução, retira seus impostos unicamente da mais-valia e do salário capitalista;[1] e, segunda, se só consideramos o Estado e suas instituições como consumidores. Tratando-se com efeito do consumo pessoal dos funcionários do Estado (logo do "servo bélico"), isso significa que uma parte do consumo da classe operária é transferida para os parasitas da classe capitalista, na medida em que são os trabalhadores que o fornecem.

Suponhamos por um instante que todo o dinheiro, extorquido dos trabalhadores sob forma de impostos indiretos e que representa uma diminuição no seu consumo, é empregado no pagamento dos funcionários do Estado e no abastecimento das forças armadas. Nesse caso, não haverá modificação na reprodução do capital social total. O setor de meios de consumo e consequentemente o de meios de produção mantêm-se inalterados, pois não houve nenhuma modificação quanto ao gênero e à quantidade da demanda social total. O que se modificou foi a relação de valor entre v, isto é, a mercadoria (força de trabalho) e os produtos do setor II, meios de consumo. Esse mesmo v, que é a expressão em dinheiro da força de trabalho, modifica-se, agora, em relação a uma quantidade

---

1 Essa hipótese é, por exemplo, formulada pelo Dr. Renner, que a considera como básica no seu tratado sobre impostos. Escreve ele: "Toda quantidade de valor criada num ano divide-se em quatro categorias. Os impostos de um ano só podem ser descontados nesses quatro recursos: lucro, juro, renda e salário." (*Das arbeitende Volk und die Steuern* [Os trabalhadores e os impostos], Viena, 1909, p. 9.) Muito embora Renner mencione a existência dos camponeses, só lhes consagra uma frase: "Um camponês, por exemplo, é ao mesmo tempo empresário, operário e proprietário territorial, e no seu rendimento aparecem reunidos o salário, o lucro e a renda." É evidentemente pura abstração repartir o camponês em todas as categorias da produção capitalista e considerar o camponês reunindo na sua pessoa um empresário (seu próprio), um operário assalariado e um proprietário territorial. Se admitirmos, como Renner, o camponês enquadrado numa categoria única indiferenciada, sua especificidade econômica reside no fato de que não pertence nem aos patrões nem ao proletariado assalariado e que representa uma produção de mercadorias simples, e não capitalista.

menor de meios de consumo. Que acontecerá com o excedente dos produtos do setor II? Em vez de serem consumidos pelos operários, são distribuídos pelos funcionários do Estado e do exército. Substitui-se o consumo dos trabalhadores pelo dos órgãos do Estado capitalista, numa mesma quantidade. Por conseguinte, se se mantêm iguais as condições da reprodução, será manifesta uma modificação na distribuição do produto total: uma parte antes destinada ao consumo da classe operária, equivalente a v, atribui-se à categoria anexa da classe capitalista para seu consumo. Do ponto de vista da reprodução social, tudo se passa como se a mais-valia relativa fosse acrescida de certa soma, que também se atribui ao consumo da classe capitalista e de seu séquito.

Assim, o esfolamento da classe operária pelo mecanismo dos impostos indiretos, que servem para a manutenção do aparelho do Estado capitalista, contribui, em suma, para aumentar a mais-valia e a sua parte consumida; só que essa divisão complementar entre mais-valia e capital variável se dá *post festum,* após a realização da troca entre capital e força de trabalho. Se temos que encontrar um incremento posterior da mais-valia consumida, esse consumo do órgão do Estado capitalista – ainda que se dê à custa da classe operária – não tem importância como meio para a realização da mais-valia capitalizada. Inversamente, pode-se dizer: se a classe operária não suportasse, em sua maior parte, os custos da manutenção dos funcionários do Estado e do "servo bélico", teriam os capitalistas que suportá-los em sua totalidade. Teriam que destinar uma parte da mais-valia correspondente à manutenção desses órgãos da dominação de classe fazendo isso à custa do próprio consumo que teriam que limitar proporcionalmente, ou então, o que seria mais verossímil, à custa da parte da mais-valia destinada à capitalização. Eles não poderiam capitalizar tanto porque teriam que destinar mais, diretamente, à manutenção de sua própria classe. A transferência da maior parte dos gastos destinados ao sustento de seu séquito para a classe trabalhadora (e aos representantes da produção simples de mercadorias: camponeses e artesãos) permite aos capitalistas deixar livre uma parte maior da mais-valia para a capitalização. Mas, no momento, não cria de modo algum a *possibilidade* dessa *capitalização,* isto é, não cria nenhum mercado novo que permita utilizar essa mais-valia liberada, produzindo e rendendo novas mercadorias. A questão muda de aspecto se os recursos concentrados nas mãos do Estado, pelo sistema de impostos, são utilizados na produção de engenhos de guerra.

Pelo sistema de impostos indiretos e altas tarifas aduaneiras, os gastos do militarismo são principalmente suportados pela classe operária e pelo campesinato. Devem-se considerar, separadamente, dois tipos de impostos. Do ponto de vista econômico, as coisas se passam da seguinte maneira (no que se refere à classe operária): admitindo-se que não se verifique um aumento nos salários, compensando o encarecimento dos bens de primeira necessidade – o que é o caso atualmente para a grande massa da classe operária e, em alta medida, mesmo para a minoria organizada nos sindicatos pressionados pelos cartéis e organizações patronais[2] –, os impostos indiretos representam a transferência de uma parte do poder de compra da classe operária para o Estado. O capital variável, representando certa soma de dinheiro, serve, tanto antes como depois, para colocar em movimento a quantidade correspondente de trabalho vivo, isto é, para utilizar para fins de produção o capital constante correspondente e produzir sua quantidade de mais-valia. Uma vez verificada essa circulação do capital, aparece uma divisão entre a classe operária e o Estado: uma parte da soma recebida pelos operários em troca de sua

---

[2] Não abordaremos aqui o problema dos cartéis e dos trustes como fenômenos específicos da fase imperialista, procedente da concorrência interna entre os diferentes grupos capitalistas para a monopolização dos campos de acumulação existentes e para a repartição do lucro; isso ultrapassará os limites em que nos fixamos.

força de trabalho passa para o Estado. Antigamente, o capital se apropriava de todo o capital variável sob sua forma material como poder de compra; hoje em dia, a classe operária só retém sob forma de dinheiro uma parte do capital variável, o resto passa para o Estado. A transação verifica-se sempre após a realização da circulação do capital entre capital e trabalho, por assim dizer, a espádua do capital. Esse momento fundamental da circulação do capital não afeta, imediatamente, em nada a mais-valia; mas afeta as condições da reprodução do capital total. A transferência de uma parte do poder de compra da classe operária para o Estado significa que a participação da classe operária no consumo dos bens de primeira necessidade decresceu na mesma proporção. Para o capital total, isso significa que ele produzirá uma quantidade menor de meios de subsistência para a classe operária, supondo-se que o capital variável (sob forma de dinheiro e como força de trabalho) e a quantidade de mais-valia apropriada permanecem constantes; haverá então uma diminuição da parte do proletariado no produto total da sociedade. No decorrer da reprodução do capital total, será produzida então uma quantidade de meios de subsistência inferiores àquela correspondente à magnitude do valor do capital variável, porque se modificou a relação de valor entre o capital variável e a quantidade de meios de subsistência em que se realiza: a quantidade dos impostos indiretos expressa-se na elevação dos preços dos meios de subsistência, enquanto a expressão monetária da força de trabalho mantém-se fixa, conforme nossa hipótese, ou não se modifica em proporção à elevação dos preços dos meios de subsistência.

Em que sentido se produzirá a modificação das relações materiais da reprodução? Devido à diminuição relativa da quantidade de meios de subsistência necessários para a renovação da força de trabalho, permanece livre uma quantidade correspondente de capital e trabalho vivo.

A ACUMULAÇÃO DO CAPITAL

Esse capital constante e esse trabalho vivo podem ser dedicados a outra produção, se há na sociedade uma nova demanda com capacidade de compra. É o Estado que representa essa nova demanda, uma vez que ele se apropria de uma parte do poder de compra da classe operária graças à legislação fiscal. Mas a demanda do Estado não se dirige para os meios de subsistência – prescindimos aqui da demanda dos meios de subsistência para manutenção dos funcionários do Estado, fornecidos igualmente pelos impostos: nós os computamos sob a rubrica de "terceiras pessoas" –, mas para uma categoria específica de produtos como os engenhos de guerra do militarismo, os armamentos navais e de terra.

Retomemos o exemplo do segundo esquema marxista da acumulação a fim de examinar mais detalhadamente as transformações da reprodução social:

I. $5.000\ c + 1.000\ v + 1.000\ m = 7.000$ meios de produção
II. $1.430\ c +\ \ \ 285\ v +\ \ \ 285\ m = 2.000$ meios de consumo

Admitamos que, por causa das contribuições indiretas e do encarecimento por elas produzido nos meios de subsistência, o salário real, isto é, o consumo da classe operária no conjunto diminuísse no valor de 100. Portanto, os operários continuam recebendo como antes, $1.000\ v + 285\ v = 1.285\ v$ em dinheiro, mas na troca desse dinheiro recebe meios de subsistência no valor de 1.185. A soma de 100, correspondendo ao encarecimento dos meios de subsistência, passa ao Estado sob forma de impostos. Esse dispõe, além disso, do produto dos impostos dos camponeses etc. para os armamentos militares, de outros 150, permanecendo então 250. Esses 250 constituem uma demanda e uma demanda de engenhos de guerra. No momento, só nos interessam os 100 provenientes dos salários. Essa demanda de armamentos no valor de 100 necessita da criação de um ramo da produção correspondente que deve ter um capital constante de 71,5 e um capital variável de 14,25, admitindo-se uma composição orgânica do capital idêntica, isto é, média, como aquela aceita no esquema de Marx:

71,5 c + 14,25 v + 14,25 m = 100 (armamentos)

Para satisfazer às necessidades desse ramo da produção, devem-se elaborar, além disso, meios de produção no valor de 71,5 e meios de subsistência no valor de 13 (correspondendo à diminuição do salário real de cerca de 1/13, válido doravante para esses operários).

Podemos objetar imediatamente que o lucro, resultante dessa ampliação do mercado, é apenas aparente, pois a diminuição do consumo efetivo da classe operária acarretará inevitavelmente a limitação da produção dos meios de subsistência. Essa limitação será expressa no setor II na seguinte proporção:

71,5 c + 14,25 v + 14,25 m = 100.

Paralelamente, o setor de meios de produção deverá limitar sua produção, se bem que, apesar da diminuição do consumo dos operários, os dois setores apresentarão o seguinte quadro:

I. 4.949 c + 989,75 v + 989,75 m = 6.928,5
II. 1.358,5 c + 270,75 v + 270,75 m = 1.900

No entanto, se os mesmos 100 permitem, por intermédio do Estado, uma produção de armamentos no mesmo valor e, simultaneamente, estimulam a produção de meios de produção; parece, à primeira vista, que se verificou apenas uma alteração exterior na forma de produção social; em vez de uma quantidade de meios de subsistência, produz-se uma quantidade de armamentos. O capital apenas ganhou com uma mão o que havia perdido com a outra. Mas pode-se dar uma interpretação diferente: o que perde a grande massa de capitalistas, ao produzir meios de subsistência para a classe operária, ganha um pequeno grupo de grandes industriais através do ramo de armamentos.

A coisa só se apresenta assim enquanto se considera do ponto de vista do capital individual. Desse ponto de vista, certamente, pouco importa se a produção dirige-se a este ou àquele campo. Para o capitalista individual não existem setores da produção total estabelecidos no esquema; só há mercadorias e compradores e por isso torna-se totalmente indiferente aos capitalistas individuais produzir meios de subsistência ou engenhos de morte, conservas de carnes ou placas blindadas.

Os adversários do militarismo utilizam-se desse argumento para demonstrar que os armamentos, como investimento econômico para o capital, apenas transferem os lucros de certos capitalistas para as mãos de outros.[3] Por outro lado, o capital e seus apologistas tentam impor seu ponto de vista à classe operária, procurando persuadi-la de que através dos impostos indiretos e da demanda do Estado só se verifica uma modificação na forma material da reprodução; em vez de outras mercadorias, produzem-se cruzadores e canhões com os quais os operários encontram ocupação e pão e a mesma ou maiores oportunidades que qualquer outro ramo de produção.

---

[3] Sobre uma resposta a Vorontsov, a seu tempo muito apreciada pelos marxistas russos, o professor Manuilov escreveu: "Deve-se fazer uma distinção rigorosa aqui entre o grupo de patrões que fabricam artigos de guerra e a totalidade da classe capitalista. Para os fabricantes de canhões, fuzis e outros materiais de guerra, a existência do exército é indubitavelmente proveitosa e indispensável. É provável que o desaparecimento do sistema da paz armada significasse a ruína para os Krupp. Não se trata de um grupo particular de patrões, mas dos capitalistas como classe da produção capitalista." E, desse último ponto de vista, deve-se constatar que, "se o peso do imposto repousa principalmente sobre a massa da população operária, cada aumento dessa carga diminui o poder de compra da população e ao mesmo tempo a demanda de mercadorias". Isso comprova "que o militarismo, considerado do ponto de vista da produção do material de guerra, enriquece, sem dúvida, certos capitalistas, mas em compensação prejudica outros; por um lado, representa um ganho e, por outro, uma perda". (*O mensageiro da jurisprudência*, 1890, caderno I, "Militarismo e capitalismo".)

O MILITARISMO COMO CAMPO DA ACUMULAÇÃO DO CAPITAL

Basta uma olhadela no esquema para se perceberem exatamente as afirmações que se referem aos operários. Se, para facilitar a comparação, admitimos que a produção de material de guerra ocupa exatamente os mesmos operários que a produção de meios de subsistência para os assalariados, teremos assim o seguinte resultado: para um trabalho realizado corresponde um salário de 1.285 v, que permite comprar os meios de subsistência por 1.185.

As consequências são diferentes do ponto de vista do capital total. Para este, os 100 de que dispõe o Estado e que representam uma demanda material de guerra constituem um novo mercado. Essa soma de dinheiro era originariamente capital variável, e como tal cumpriu sua função, modificou-se por trabalho vivo que engendrou mais-valia. Depois, interrompe a circulação do capital variável, separa-se dele e aparece em poder do Estado como novo poder de compra. De qualquer modo, criado a partir do nada, atua exatamente como um novo mercado. Sem dúvida, o capital venderá, em primeiro lugar, 100 unidades de meios de subsistência a menos aos operários. Para o capitalista individual, o operário é um consumidor e comprador de mercadorias tão válido quanto um capitalista, o Estado, o camponês, o "estrangeiro" etc. Mas não nos esqueçamos de que para o capital total o sustento da classe operária é um mal necessário, um rodeio para chegar ao próprio objetivo da produção: a criação e realização da mais-valia. Se se consegue extorquir a mesma quantidade de mais-valia sem ter que fornecer à força de trabalho a mesma quantidade de meios de subsistência, tanto mais brilhante será o mercado. No momento, o resultado é o mesmo se o capital tivesse conseguido – sem encarecer os meios de subsistência – rebaixar os salários em dinheiro sem diminuir o rendimento dos operários. A redução constante dos salários acarreta a limitação da produção de meios de subsistência. Se se reduzem fortemente os salários, o capital não se importa em produzir uma quantidade menor de meios de subsistência para os operários; ao contrário, ele lucra ao fazê-lo. Tampouco lhe importa que, graças aos impostos indiretos e à não compensação com o aumento dos salários, a demanda de meios de subsistência diminua. Na verdade, quando se verifica a redução indireta do salário, a diferença do capital variável vai para o bolso do capitalista. Assim, permanecendo estável o preço das mercadorias, aumenta a mais-valia relativa, que nesse caso vai para os cofres do Estado. Por outro lado, as reduções gerais e permanentes dos salários em dinheiro costumam ser, em todas as épocas e com o desenvolvimento das organizações sindicais, dificilmente realizáveis. O desejo do capital encontra barreiras sociais e políticas bastante poderosas. Em compensação, a redução dos salários reais, através da tributação indireta, realiza-se rapidamente, e a resistência só se manifesta ao cabo de algum tempo no terreno político e sem resultado econômico imediato. A restrição consecutiva da produção dos meios de subsistência aparece, do ponto de vista do capital total, não como uma diminuição da venda, mas como uma economia de gastos gerais na produção da mais-valia. A produção dos meios de subsistência para os operários é uma condição *sine qua non* da criação da mais-valia, isto é, da reprodução da força de trabalho viva: mas nunca um meio de realização da mais-valia.

Voltemos a nosso exemplo:

I. $5.000\ c + 1.000\ v + 1.000\ m = 7.000$ meios de produção
II. $1.430\ c + 285\ v + 285\ m = 2.000$ meios de consumo

À primeira vista, parece como se nesse caso o setor II engendrasse e realizasse também mais-valia na elaboração de meios de consumo para os trabalhadores, da mesma forma que o setor I enquanto elabora meios de produção necessários para a elaboração de meios de subsistência. Entretanto, a ilusão se dissipa quando analisamos o produto social total. Este se apresenta assim:

$6.430\ c + 1.285\ v + 1.285\ m = 9.000$.

Admitamos que o consumo dos operários diminua em 100 unidades. A transferência da reprodução, que acarreta a limitação correspondente em ambos os setores, será expressa do seguinte modo:

I. 4.949 c + 989,75 v + 989,75 m = 6.928,5
II. 1.358,5 c + 270,75 v + 270,75 m = 1.900

O produto social total será:

6.307,5 c + 1.260,5 v + 1.260,5 m = 8.828,5

Constata-se à primeira vista um descenso geral no volume da produção e também na produção da mais-valia. Mas isso só ocorre enquanto levamos em consideração apenas dimensões abstratas de valor, na composição do produto total, e não suas conexões materiais. Se examinamos a coisa mais detidamente, observamos que o descenso afeta os gastos de sustento do operário e apenas estes. Daí em diante, serão produzidos menos meios de subsistência e menos meios de produção, mas esses serviam exclusivamente à manutenção de operários. Agora há menos capital empregado e o produto é menor. Mas o fim da produção capitalista não consiste em empregar o máximo de capital possível, mas em obter a maior quantidade possível de mais-valia. A redução no capital só ocorreu em virtude de o sustento dos trabalhadores exigir um capital menor. Se, antes, 1.285 eram a expressão de valor da totalidade do custo de manutenção dos operários empregados na sociedade, toda a diminuição do produto total que sobreveio – 171,5 (9.000 – 8.828,5) – deverá ser deduzida inteiramente desses gastos, e teremos então a seguinte composição modificada do produto social:

6.430 c + 1.113,5 v + 1.285 m = 8.828,5

O capital constante e a mais-valia permanecem fixos; só diminuiu o capital variável da sociedade, o trabalho pago. Ou, uma vez que a dimensão fixa do capital constante pode surpreender, tomemos, o que corresponde também ao processo indicado, uma diminuição de capital constante proporcional à dos meios de subsistência do trabalhador e, em tal caso, obteremos a seguinte composição do produto social total:

6.307,5 c + 1.236 v + 1.285 m = 8.828,5.

A mais-valia permanece fixa em ambos os casos, apesar da diminuição do produto total, pois o que diminuiu foram os gastos para manutenção dos operários, e apenas isso.

A questão deve ser colocada do seguinte modo: o produto social total pode ser dividido em três partes proporcionais, que representam exclusivamente o capital constante da propriedade, o capital variável e a mais-valia total. Tudo se passa de tal modo como se na primeira porção do produto não estivesse contido nem um átomo de novo trabalho adicional; na segunda e terceira, nem um átomo de meios de produção. Na sua forma material, a massa de produtos é o resultado do período de produção do qual é procedente; ainda que o capital constante, como grandeza de valor, resulte de períodos de produção anteriores e só seja transferido para novos produtos, devemos assim dividir o número global dos operários ocupados nas três categorias: os que elaboram exclusivamente o capital constante da sociedade, aqueles cuja função é velar pelo sustento da totalidade dos trabalhadores, e, finalmente, aqueles que criam exclusivamente a mais-valia total da classe capitalista.

Se o consumo dos operários é limitado, haverá uma redução só na segunda categoria de operários, onde um número correspondente será despedido. Esses operários não criam nenhuma mais-valia para o capital e, por conseguinte, do ponto de vista do capital, sua saída não significa uma perda, mas um lucro, uma diminuição dos gastos da produção da mais-valia.

Em compensação, o mercado que se oferece ao mesmo tempo, da parte do Estado, atua com todos os atrativos de um novo campo de realização da mais-valia. Uma parte da quantidade de dinheiro empregada na

O MILITARISMO COMO CAMPO DA ACUMULAÇÃO DO CAPITAL

circulação do capital variável sai da órbita dessa circulação e constitui, nas mãos do Estado, uma nova demanda. Praticamente, do ponto de vista da técnica fiscal, o processo é evidentemente diferente: de fato, o montante dos impostos indiretos é adiantado ao Estado pelo capital, e é o consumidor que o reembolsa ao capitalista no decorrer da venda das mercadorias; mas isso não modifica em nada a realidade econômica do processo. O essencial do ponto de vista econômico é que a soma que atuava como função de capital variável serve de veículo à troca entre o capital e a força de trabalho; entretanto, no decorrer da troca entre o operário como consumidor e o capitalista como vendedor de mercadorias, passa às mãos do Estado sob forma de impostos. A soma de dinheiro lançada na circulação pelo capital cumpre sua primeira função na troca com a força de trabalho. Depois, nas mãos do Estado, começa uma carreira inteiramente nova, como um novo poder de compra, estranho ao capital e à classe operária, que se dirige a novos produtos, a um ramo particular da produção que não serve à manutenção da classe capitalista nem da classe operária; por sua vez, oferece ao capital uma nova ocasião de criar e realizar mais-valia. Constatamos que, muito embora os impostos indiretos sejam utilizados no pagamento dos salários dos funcionários e manutenção do exército, "o arrocho" no consumo dos operários permite pesar os gastos do consumo pessoal do séquito da classe capitalista e dos instrumentos de sua dominação sobre os operários, muito mais do que sobre os capitalistas, descontar sobre o capital variável muito mais do que sobre a mais-valia e, ao mesmo tempo, liberar uma quantia equivalente de mais-valia para a capitalização. Agora percebemos como o emprego dos impostos extorquidos dos operários na produção de material de guerra oferece ao capital uma nova possibilidade de acumulação.

Praticamente, sobre a base do sistema de impostos indiretos, o militarismo desempenha estas duas funções: assegura, à custa das condições normais de vida da classe operária, tanto a manutenção dos órgãos de dominação capitalista – os exércitos permanentes – como a criação do mais magnífico campo de acumulação para o capital.[4]

Examinemos agora a segunda fonte do poder de compra do Estado, constituída em nosso exemplo pelos 150, que dentro do total dos 250 se destinam a material de guerra. Os 150 distinguem-se essencialmente das 100 unidades que consideramos até agora. As 150 unidades não são descontadas dos operários, mas da pequena burguesia – artesãos e camponeses – (prescindimos aqui da participação relativamente mínima da classe capitalista nos impostos).

A soma de dinheiro paga pela massa camponesa – que tomaremos aqui como representante da massa de consumidores não proletários – e transferida ao Estado sob forma de impostos não foi adiantada originariamente pelo capital, nem se separou da circulação dele. Nas mãos dos camponeses, essa soma é equivalente às mercadorias realizadas, o valor obtido graças à produção simples de mercadorias. O que nesse caso se transfere ao Estado é uma parte do poder de compra de consumidores não capitalistas; um poder de compra que serve, portanto, antecipadamente ao capital para realizar a mais-valia com fins de acumulação. Pergunta-se se a transferência do poder de compra dessas camadas para o Estado, para fins militares, é causa de alterações econômicas que afetem o capital, e de que natureza são elas. Percebe-se, à primeira vista, que também aqui se trata de modificações na forma material e na reprodução. Em vez de uma massa de meios de produção e de subsistência para os consumidores camponeses, o capital produzirá material de guerra para o Estado. De fato, a transformação é profunda. Sobretudo o Estado pode mobilizar,

---

4 Em suma, a deterioração das condições normais, em que o operário renova sua força de trabalho, conduz à diminuição da própria força de trabalho, à diminuição da intensidade e produtividade média e, portanto, coloca em perigo a produção da mais-valia. Mas esses outros resultados, que só sensibilizam o capital após longo período de tempo, primeiramente não o influem em seus cálculos econômicos. Em compensação, manifesta-se imediatamente, em geral, uma reação defensiva mais acentuada dos operários assalariados.

graças ao mecanismo dos impostos, as somas descontadas do poder de compra dos consumidores não capitalistas, que serão quantitativamente muito maiores do que aquelas que teriam para seu próprio consumo.

Na realidade, o sistema fiscal moderno é que, em grande parte, é responsável pela introdução forçada da produção de mercadorias entre os camponeses. A pressão fiscal obriga os camponeses a transformarem mercadorias em uma parte cada vez maior de seu produto, mas ao mesmo tempo converte-o, cada vez mais, em comprador; lança o produto da economia rural em circulação e transforma o camponês em comprador forçado de produtos capitalistas. Por outro lado, admitindo-se ainda uma produção agrícola de mercadorias, o sistema tributário priva a economia rural de um poder de compra superior ao que atingiria em outro caso.

As somas que os camponeses ou as classes médias economizaram para depositar nas caixas econômicas e nos bancos, que esperam ser investidas, estão no presente disponíveis nas caixas do Estado, constituindo-se em objeto de demanda e oferecendo possibilidades de investimento para o capital. Além disso, em vez da multiplicidade e dispersão das demandas mínimas de diversas categorias de mercadorias que não coincidem no tempo e podem ser satisfeitas pela produção de mercadorias simples, e que por isso mesmo não interessam à acumulação capitalista, tem-se uma demanda concentrada e homogênea do Estado. Mas a satisfação dessa demanda pressupõe a existência de uma indústria em grande escala, e, portanto, de condições favoráveis para a produção da mais-valia e da acumulação. Por outro lado, o poder de compra da grande massa de consumidores, concentrado sob a forma de pedidos de material de guerra feitos pelo Estado, não corre o perigo das arbitrariedades, das oscilações subjetivas do consumo individual; a indústria de armamentos será, sem dúvida, de uma regularidade quase automática, de um crescimento rítmico. É o próprio capital que controla esse movimento automático e rítmico da produção para o militarismo, graças ao aparelho legislativo parlamentar e à imprensa que se encarrega de criar a chamada opinião pública. Isso porque esse campo específico da acumulação capitalista parece, a princípio, ser de uma capacidade ilimitada de expansão. Enquanto qualquer outra ampliação do mercado e da base de operação do capital depende, em grande parte, de elementos históricos, sociais, políticos, que se encontram fora da influência do capital, a produção para o militarismo constitui uma esfera cuja ampliação sucessiva parece encontrar-se ligada à produção do capital.

As necessidades históricas que acompanham a concorrência mundial intensificada para a conquista de condições de acumulação transformam-se assim, para o próprio capital, num magnífico campo de acumulação. O capital utiliza-se mais energicamente do militarismo para assimilar, através do colonialismo e da política mundial, os meios de produção e as forças de trabalho dos países ou das camadas não capitalistas. Ao mesmo tempo, nos países capitalistas, esse mesmo militarismo trabalha no sentido de privar as camadas não capitalistas de seu poder de compra, isto é, os representantes da produção de mercadorias simples, assim como os operários; isso para restringir o nível de vida dessa última camada e aumentar em grandes proporções, à custa de ambos, a acumulação do capital. Só que, em ambos os aspectos, ao atingir certo nível, as condições da acumulação se transformam para o capital em condições de sua própria ruína.

Quanto mais violentamente o capital, por meio do militarismo, acabe, tanto pelo mundo afora como em casa, com a existência de as camadas não capitalistas diminuindo as condições de vida de todas as camadas trabalhadoras, tanto mais a história cotidiana da acumulação do capital no cenário mundial se transforma numa série de catástrofes e de convulsões políticas e sociais, que, junto com as catástrofes econômicas periódicas em forma de crises, tornarão impossível a continuação da acumulação e necessária a rebelião da classe operária internacional contra a dominação do capital, antes mesmo que ela tropece economicamente na barreira natural colocada por ela mesma.

O MILITARISMO COMO CAMPO DA ACUMULAÇÃO DO CAPITAL

O capitalismo é a primeira forma econômica com força propagandista, uma forma que tende a estender-se por todo o âmbito da terra e a eliminar todas as demais formas econômicas; que não tolera a coexistência de nenhum outro. Mas é também a primeira que não pode existir sozinha, sem outras formas econômicas de que possa alimentar-se. Ao mesmo tempo que tende a converter-se em forma única, fracassa pela incapacidade interna de seu desenvolvimento. Ele oferece o exemplo de uma contradição histórica viva. Seu movimento de acumulação é a expressão, a solução progressiva e a intensificação dessa contradição. A certo grau de desenvolvimento, essa contradição só poderá ser resolvida pela aplicação dos princípios do socialismo, isto é, de uma forma econômica que é, por definição, uma forma mundial, um sistema harmonioso em si mesmo, baseado não sobre a acumulação, mas sobre a satisfação das necessidades da humanidade trabalhadora e na expansão de todas as forças produtivas da terra.

APÊNDICES

A ACUMULAÇÃO DO CAPITAL OU O QUE OS EPÍGONOS FIZERAM DA TEORIA MARXISTA
Uma anticrítica

I.

Habent sua fata libelli – os livros têm seus fados. Quando escrevia minha *Acumulação*, assaltava-me às vezes a ideia de que todos aqueles teoricamente um pouco versados em marxismo diriam que o que eu me esforçava por supor e demonstrar, tão conscienciosamente nesta obra, era uma naturalidade, que, na realidade, ninguém imaginara que a coisa fosse de outro modo e que a solução dada ao problema era a única possível e imaginável. Mas não foi assim. Pela imprensa social-democrata desfilou toda uma série de críticos proclamando que a concepção na qual repousa meu livro é falsa "de fio a pavio", que o problema apresentado não existia, não tinha razão de ser, e que a autora havia sido vítima de um equívoco lastimável. Mais ainda: a aparição de meu livro surgiu ligada com episódios que considero, no mínimo, incomuns. A "resenha" da *Acumulação* publicada no *Vorwärts* de 16 de fevereiro de 1913 é, por seu tom e conteúdo, algo verdadeiramente estranho, mesmo para leitores pouco versados na matéria, tanto mais estranho pelo fato de que a obra criticada contém um caráter puramente teórico, não polemiza com nenhum dos marxistas vivos, mantendo-se dentro da mais estrita objetividade.

Mas, como se isso não bastasse, moveu-se uma espécie de ação das autoridades contra todos os que se atreveram a emitir uma opinião favorável sobre o livro, ação em que o citado órgão central de imprensa se distinguiu por estranho zelo. Presenciamos, então, um acontecimento sem precedente e bastante cômico: toda a redação de um jornal político (onde, no máximo, dois redatores deviam ter lido o livro) emitiu uma sentença coletiva sobre uma obra puramente teórica e consagrada a um problema bastante complicado da ciência abstrata, negando competência, em matéria de economia política, a homens como Franz Mehring e J. Karski para considerar como "entendidos" somente aqueles que não aceitavam o livro!

Que eu me lembre, nenhuma das publicações do partido teve esse tratamento, desde que o partido existe, e nem ouro nem pérola, certamente, vêm sendo publicados, há décadas, pelas editoras social-democratas. O insólito de todos esses acontecimentos revela claramente que minha obra atingiu outras paixões senão a "ciência pura". Mas, para poder julgar o assunto com conhecimento de causa, é necessário que se conheça, pelo menos em suas linhas gerais, a matéria que se critica.

De que trata este livro tão violentamente combatido? Para o público leitor, a matéria apresenta-se altamente desanimadora pelo aparato puramente formal e acidental das fórmulas matemáticas que no livro são utilizadas com certa profusão. Essas fórmulas são o alvo principal das críticas a meu livro. Alguns dos senhores críticos lançaram-se, inclusive severamente, a fim de dar-me uma lição, a construir fórmulas matemáticas novas, porém mais complicadas, cuja visão infunde pavor ao ânimo de um simples mortal. Como veremos mais adiante, essa predileção de meus "especialistas" pelos esquemas não é um simples acaso, estando intimamente ligada aos seus pontos de vista relacionados ao centro da questão. Sem dúvida, o problema da acumulação é, em si, um problema de caráter puramente econômico-social, nada tendo a ver com fórmulas matemáticas, podendo ser exposto e perfeitamente compreendido, sem necessidade das mesmas. Quando Marx, na parte de *O capital* em que estuda a reprodução do capital global da sociedade, emprega esquemas matemáticos, como cem anos antes dele o fizera Quesnay, o criador da escola fisiocrática[1] e da economia política como ciência exata, tem como finalidade, simplesmente, facilitar e esclarecer a compreensão do assunto exposto. Tentavam também demonstrar, tanto um como outro, que os fatos da vida econômica dentro da sociedade burguesa se acham sujeitos, apesar de seu aspecto caótico e de se acharem aparentemente regidos pelo capricho individual, a leis tão exatas e rigorosas como os fatos da natureza física. Como parto de Marx, ao mesmo tempo que debato criticamente com ele, estabelecendo apenas alguns esquemas e detendo-se nos umbrais de sua análise, era lógico que me detivesse a analisar os esquemas marxistas. Isso, por duas razões: porque não iríamos eliminar caprichosamente a doutrina de Marx e porque, além disso, importava-me, precisamente, manifestar a insuficiência dessa argumentação.

Procuremos focalizar aqui o problema com a maior simplicidade, prescindindo de toda fórmula matemática.

O regime capitalista de produção é presidido pelo interesse em obter lucro. Para o capitalista, a produção só tem objetivo e razão de ser quando dela se obtém, em dois anos, um "lucro líquido", isto é, um lucro líquido sobre todos os desembolsos de capital por ele realizados. Entretanto, o que caracteriza a produção capitalista como lei fundamental, distinguindo-a de todas as demais formas econômicas baseadas na exploração, não é simplesmente a obtenção de lucros em moeda sonante, mas a obtenção de lucros em uma *progressão cada vez maior*. Para consegui-lo, o capitalista, nisso diferenciando-se radicalmente de

---

1 Ver p. 6, nota 1.

outros tipos históricos de exploradores, não destina exclusivamente, nem sequer em primeiro plano, os frutos de sua exploração para fins de lucro pessoal, sem aumentar progressivamente a própria exploração. A maior parte do lucro obtido transforma-se novamente em capital, sendo investida na ampliação da produção. Desse modo, o capital aumenta, "acumula-se", para usar a expressão de Marx, em consequência dessa acumulação, enquanto, como premissa, a produção capitalista se desenvolve sem interrupção.

Mas, para conseguir isso, não basta a boa vontade do capitalista. Trata-se de um processo sujeito a condições sociais objetivas, que podem resumir-se do seguinte modo:

Antes de tudo, para que a exploração possa desenvolver-se é necessário que exista força de trabalho em proporção suficiente. O capital faz com que haja essa condição, graças ao próprio mecanismo desse regime de produção, assim como rapidamente alcança o apogeu na história e mais ou menos se consolida. Isso ocorre de dois modos: 1º) permitindo aos trabalhadores assalariados, a quem dão empregos para que subsistam, bem ou mal, mediante o salário que recebem, que se multipliquem através da procriação natural; 2º) criando, com a proletarização constante das classes médias e com a concorrência, que pressupõe para os trabalhadores assalariados a implantação do maquinismo na grande indústria, um exército de reserva do proletariado industrial, disponível sempre para seus fins.

Cumprida essa condição, isto é, assegurada, sob a forma do proletariado, a existência de material de exploração disponível em todo momento, e regulado o mecanismo da exploração pelo próprio sistema assalariado, surge uma nova condição básica para a acumulação do capital: a possibilidade de vender, cada vez em maior escala, as mercadorias fabricadas pelos trabalhadores assalariados, para desse modo

A ACUMULAÇÃO DO CAPITAL OU O QUE OS EPÍGONOS...

converter em dinheiro o capital desembolsado pelo próprio capitalista e a mais-valia extorquida da força de trabalho. "A primeira condição da acumulação consiste em que o capitalista consiga vender sua mercadoria, transformando novamente em capital a maior parte do dinheiro assim obtido."[2] Portanto, para que a acumulação se desenvolva como processo ascensional, tem que haver possibilidades de saída das mercadorias em escala crescente. Como vimos, o próprio capital encarrega-se de criar o que constitui a condição básica da acumulação. No primeiro volume de *O capital*, Marx analisa e descreve minuciosamente esse processo. Atualmente, em que condições são realizáveis os frutos dessa exploração? Como encontram saída no mercado? De que dependem? Por acaso reside na força do capital, ou na essência de seu mecanismo de produção, a possibilidade de ampliar o mercado na medida de suas necessidades, do mesmo modo em que adapta a essas o número das forças de trabalho? Não, em absoluto. Aqui se manifesta a subordinação do capital às condições sociais. Apesar de tudo o que distingue radicalmente de outras formas históricas de produção, o regime capitalista tem em comum com todas elas, embora subjetivamente o seu propósito fundamental seja o desejo de obter lucro, a obrigação de satisfazer objetivamente às necessidades da sociedade, sem que possa alcançar aquele desígnio subjetivo, a não ser na medida em que cumpra essa missão objetiva. As mercadorias capitalistas só encontram saída no mercado e o lucro que entesouram só pode converter-se em dinheiro quando essas mercadorias satisfaçam a uma necessidade social. Por conseguinte, o ascenso constante da produção capitalista, isto é, a constante acumulação do capital, acha-se ligado ao aumento e desenvolvimento não menos constantes das necessidades sociais.

---

2 *O capital*, I, seção 7, Introdução.

A ACUMULAÇÃO DO CAPITAL

Mas o que entendemos por necessidades sociais? Cabe precisar e definir de modo concreto esse conceito: devemos medi-lo ou teremos que nos contentar com essa imprecisão?

Se focalizarmos as coisas superficialmente como se nos apresentam à primeira vista na vida econômica, no dia a dia, do ponto de vista do capitalista individual esse conceito é, evidentemente, indefinível. Um capitalista, por exemplo, produz e vende máquinas. Seus clientes são outros capitalistas, que lhe compram as máquinas para com elas produzir de modo capitalista outras mercadorias. Assim, ele venderá tanto mais quanto mais aumentar a sua produção, podendo, portanto, acumular tanto mais rápido quanto maior seja a rapidez com que os outros acumulem em seus respectivos ramos de produção. Aqui, neste exemplo, "a necessidade social" a que se atém nosso capitalista é a demanda de outros capitalistas. O desenvolvimento de sua produção tem por premissa o desenvolvimento da produção dos outros. Outro produz e vende víveres para os operários. Este venderá mais e, por conseguinte, acumulará mais capital quanto maior o número de operários que trabalhem para outros capitalistas (e para ele), ou, em outros termos, quanto mais produzam e acumulem outros capitalistas. Mas em que medida ele depende do que os outros possam ampliar em suas indústrias? Depende, evidentemente, de que esses capitalistas, produtores de máquinas ou alimentos, por exemplo, comprem dos primeiros suas mercadorias numa escala cada vez maior. Como se vê, à primeira vista, a "necessidade social" da qual depende a acumulação de capital parece residir nela mesma, na própria acumulação de capital. Quanto mais o capital se acumule, tanto maior é a acumulação: a isso, a esse sofisma, ou a esse círculo vicioso, conduz o exame superficial do problema. Não há modo de ver em que se encontre o ponto de partida, o impulso inicial. Apenas damos voltas em círculo, e o problema continua escapando-nos das mãos. É o que ocorre se o focalizamos do ponto de vista das aparências do mercado, ou seja, sob o ângulo do capital individual, essa plataforma predileta dos economistas vulgares.[3]

Entretanto, o problema muda e adquire fisionomia e aspecto próprios logo que consideramos a produção capitalista em conjunto, da perspectiva do capital total, que é, em última instância, o único critério seguro e decisivo. Esse é, com efeito, o critério que Marx aplica e desenvolve pela primeira vez, sistematicamente, no segundo volume de *O capital*, mas que serve de base a toda a sua teoria. Na realidade, a autarquia privada dos capitais isolados não é apenas a forma externa, a aparência superficial da vida econômica, aparência que o economista vulgar confunde com a realidade das coisas, transformando-a na fonte única do conhecimento. Sob essa aparência superficial, e acima de todos os antagonismos da concorrência, existe o fato irrefutável de que os capitais isolados formam socialmente um todo. Sua existência e dinâmica são regidas por leis sociais comuns, embora essas tenham que impor-se, pela falta de planejamento e anarquia do sistema atual, à custa do capitalista individual e contra sua consciência, por meio de rodeios e desvios.

Se focalizarmos a produção capitalista em seu conjunto, veremos que as necessidades sociais são também uma magnitude tangível, fácil de definir.

Imaginemos que todas as mercadorias produzidas ao fim de um ano, na sociedade capitalista, fossem reunidas em um lugar, empilhadas em um grande monte, para serem fornecidas de uma só vez à sociedade. Em seguida veremos como essa quantidade de mercadorias se vai

---

[3] Sirva de exemplo do que são esses economistas o crítico de meu livro em *Vorwärts*, G. Eckstein, que, após prometer ao leitor com grande suficiência, no começo de seu artigo, que o doutrinará sobre o que são necessidades sociais, não faz mais do que contornar o assunto, sem sair do lugar, acabando por dizer que o problema "não é tão simples nem tão fácil". E é verdade. É muito mais cômodo e fácil escrever algumas frases impertinentes.

transformando, da forma mais natural do mundo, em toda uma série de porções de classes e fins distintos.

Em todo tipo de sociedade, e em todo o tempo, a produção tem que atender, de um ou de outro modo, a dois encargos. Em primeiro lugar, a alimentar, vestir e satisfazer bem ou mal, através de objetos materiais, às necessidades físicas e culturais da sociedade; isto é, resumindo, a produzir *meio de vida,* no sentido mais amplo da palavra, para todas as classes sociais. Em segundo lugar, para assegurar a continuação da sociedade e, portanto, sua própria existência, toda forma de produção tem que cuidar de ir repondo constantemente os *meios de produção* consumidos: matérias-primas, ferramentas e instrumentos de trabalho, fábricas e oficinas etc. Sem a satisfação dessas duas necessidades primárias e elementares de toda a sociedade humana não se conceberia o desenvolvimento da cultura, nem o progresso. A produção capitalista tem que atender também, apesar de toda a anarquia que nela reina, e de todos os interesses de obtenção de lucro que nela se cruzam, a esses dois requisitos fundamentais.

Portanto, nessa imensa quantidade de mercadorias capitalistas que imaginamos, encontraremos uma parte considerável de mercadorias destinadas a repor os meios de produção consumidos durante o ano anterior. Entre essas contam-se as novas matérias-primas, máquinas, construções etc. (o que Marx chama de "capital constante"), que os diversos capitalistas produzem uns para os outros em suas indústrias e que, necessariamente, têm que trocar entre si para que a produção possa funcionar na escala que vinha tendo até ali. E como (segundo a nossa hipótese inicial) são as próprias indústrias capitalistas as que mantêm todos os meios de produção necessários para o processo de trabalho da sociedade, verificamos que essa troca de mercadorias no mercado capitalista é, por assim dizer, um assunto de regime interno, uma incumbência doméstica dos produtores entre si. O dinheiro necessário para manter esse intercâmbio de mercadorias em todos os seus aspectos sai naturalmente dos bolsos da própria classe capitalista – posto que todo empresário tem que dispor de antemão do capital necessário para alimentar sua indústria – e retorna, por suposição, após efetuar-se a troca no mercado, a esses mesmos bolsos.

Como nos limitamos aqui a supor que os meios de produção repõem na mesma escala de antes, resultará que todos os anos será necessária a mesma soma de dinheiro para permitir periodicamente a todos os capitalistas que se abasteçam reciprocamente com meios de produção e que o capital investido retorne a seus bolsos após algum tempo.

Mas na massa capitalista de mercadorias tem que estar contida também, como em toda sociedade, uma parte considerável destinada a oferecer meios de subsistência à população. Vejamos como se distribui a população na sociedade capitalista, e como ela obtém seus meios de subsistência. Duas formas fundamentais caracterizam o regime capitalista de produção. A primeira é o intercâmbio geral de mercadorias, o que quer dizer, nesse caso, que nenhum indivíduo da população recebe um mínimo sequer da quantidade social de mercadorias se em troca não entrega dinheiro, meios de aquisição. A segunda é o sistema capitalista do assalariado, isto é, um regime em que a maior parte do povo trabalhador só obtém meios de compra para a aquisição de mercadorias entregando sua força de trabalho ao capital, e na qual a classe proprietária só consegue meios de subsistência, explorando essa relação. Portanto, a produção capitalista, pelo simples fato de existir, pressupõe, como premissa, a existência de duas grandes classes sociais: capitalistas e trabalhadores, classes sociais radicalmente distintas uma da outra, no que se refere ao abastecimento de meios de subsistência. Por mais indiferente que seja a vida do trabalhador para o capitalista, os trabalhadores têm que receber, ao menos, o alimento indispensável para que sua força de trabalho possa desdobrar-se a serviço do capital e para que este tenha, nela, a possibilidade de prosseguir a exploração. Portanto, a classe capitalista concede aos trabalhadores todos os anos uma parte da quantidade total de mercadorias elaboradas por estes, a parte de meios de subsistência estritamente indispensável para servir-se deles na produção. Os trabalhadores adquirem essas mercadorias com os salários que seus patrões lhes entregam em forma de dinheiro. Por meio de troca, a classe operária recebe, anualmente, da classe capitalista, pela venda de sua força de trabalho, uma determinada soma de dinheiro que, por sua vez, troca por uma quantidade de víveres e meios de subsistência saídos dessa quantidade social de mercadorias que pertence aos capitalistas, quantidade que varia segundo seu nível cultural e a força da luta de classes. Como se vê, o dinheiro que serve de intermediário para essa segunda grande troca da sociedade sai também dos bolsos da classe capitalista: o capitalista, para pôr em marcha sua empresa, tem que adiantar o que Marx chama de "capital variável", ou seja, o capital em dinheiro necessário para comprar a força de trabalho. Mas esse dinheiro, tão logo os trabalhadores compram todos os seus víveres e meios de vida (como são obrigados a fazer para seu próprio sustento e o de sua família), retorna, na centésima parte, aos capitalistas como classe. Geralmente são os industriais capitalistas que vendem aos operários, como mercadorias, seus meios de subsistência. Vejamos agora o que ocorre com o consumo dos próprios capitalistas. Os meios de subsistência da classe capitalista pertencem-lhe como mercadorias, antes de iniciar-se a troca, e pertencem-lhe em virtude de o regime capitalista, segundo o qual todas as mercadorias sem distinção – com exceção de uma única: a força de trabalho – são propriedade do capital. Mas esses meios de vida mais "bem elaborados" aparecem, precisamente por serem mercadorias, como propriedade de toda uma série de capitalistas individuais isolados, isto é, como propriedade privada de cada capitalista individual. Por isso, para que a classe capitalista possa desfrutar a quantidade de víveres e meios de subsistência que lhe corresponde tem que intercalar – como se se tratasse de capital constante – uma troca permanente e geral entre todos os capitalistas. Esse intercâmbio social também tem como agente o dinheiro. As quantidades necessárias para essas atenções serão postas em circulação, como nos outros casos, pelos próprios capitalistas, toda vez que se trate, como na renovação do capital constante, de uma incumbência de caráter interno, doméstico, da classe capitalista. Essas somas de dinheiro retornam, igualmente realizado o intercâmbio, aos bolsos da classe capitalista em conjunto, de onde saíram.

O *mesmo mecanismo de exploração capitalista,* que regula todo o regime do assalariado, cuida de que todos os anos se produza a quantidade necessária de meios de subsistência, com o luxo exigido pelos capitalistas. Se os trabalhadores só produzissem os meios de subsistência necessários para sua própria conservação, o capitalista não teria razões para dar-lhes trabalho. Esse só tem sentido, do ponto de vista capitalista, a partir do momento em que o trabalhador, após cobrir suas próprias necessidades, aquelas a que o salário corresponde, assegura também a vida de "quem lhes dá pão", isto é, cria, para empregar a expressão de Marx, "mais-valia" para o capitalista. Entre outras coisas, essa "mais-valia" serve para que a classe capitalista viva, como as demais classes exploradoras que a precederam na história, com o conforto e o luxo que deseja. Isso obtido, resta aos capitalistas apenas atender, distribuindo-se mutuamente as correspondentes mercadorias, e preparar, para isso, o dinheiro necessário à manutenção e à cética existência de sua classe e à sua perpetuação natural.

Assim, porquanto, já preparamos duas grandes porções de nosso "purê" social de mercadorias: meios de produção destinados a renovar o processo de trabalho e meios de subsistência destinados a assegurar o sustento da população, ou seja, de uma parte da classe trabalhadora e de outra parte da classe capitalista.

A ACUMULAÇÃO DO CAPITAL

Sem dúvida, haverá quem pense que o que expusemos até agora é pura fantasia. Que capitalista agora sabe e se preocupa em saber quanto e o que falta para repor o capital global da sociedade, e para alimentar toda a classe operária e toda a classe capitalista em conjunto? Longe disso, atualmente todo industrial produz em uma competição cega com os demais, e nenhum vê mais além de seus próprios narizes. Entretanto, apesar de todo esse caos de concorrência e de anarquia, há, evidentemente, leis invisíveis que se impõem; necessariamente, elas têm que existir, pois, de outro modo, a sociedade capitalista há muito tempo já teria sido abolida. A economia política, como ciência, não mais teria razão de ser, nem a teoria marxista buscaria, conscientemente, outro objetivo senão o de descobrir essas leis ocultas que põem ordem e harmonia no caos das economias privadas, imprimindo-lhes unidade social. Investiguemos essas leis objetivas invisíveis de acumulação capitalista, acumulação de capital através do incremento progressivo da produção. O fato de que essas leis não presidam a conduta consciente dos capitalistas isolados postos em ação, o fato de que na sociedade capitalista não haja, na realidade, um órgão geral de direção chamado a fixar e a pôr em prática essas leis, com plena consciência de sua missão, demonstram que atualmente a produção caminha às cegas, tateando, e cumprindo sua incumbência de produzir pouco ou muito, abrindo-se gradualmente através de toda uma série de oscilações de preços e de crises. Mas essas oscilações de preços e essas crises têm, é evidente, uma razão de ser para a sociedade, focalizada em conjunto, pois são elas que causam, a cada passo, a produção privada caótica e desgovernada nos caminhos perdidos, evitando que se decomponha. Assim, quando, seguindo os ensinamentos de Marx, tentamos trazer, em pinceladas, a relação entre a produção capitalista em conjunto e as necessidades sociais, prescindimos dos métodos específicos – oscilações de preços e crises – com que o capitalismo regula aquela relação, para analisar o âmago do problema.

Porém, aquelas duas grandes porções da massa social de mercadorias que nós preparamos não bastam nem poderiam bastar. Se a exploração dos trabalhadores não tivesse finalidade maior do que assegurar a seus exploradores uma vida de opulência, a sociedade atual seria uma espécie de sociedade escravista modernizada, ou de feudalismo medieval atualizado, e não a sociedade capitalista em que vivemos. A razão de a missão específica desse tipo de sociedade ser vital é o lucro na forma de dinheiro, a acumulação de capital-dinheiro. Portanto, o verdadeiro sentido histórico da produção atual começa onde a exploração ultrapassa aquela linha. A mais-valia, além de ser suficiente para atender a existência "digna" da classe capitalista, tem que ser em quantidade suficiente para que possa destinar uma de suas partes à acumulação. Mais ainda: essa finalidade primordial é tão decisiva que os trabalhadores só encontram trabalho, e, portanto, possibilidades para procurar meios de subsistência, na medida em que criem esse benefício destinado à acumulação e as perspectivas sejam propícias a que possa acumular-se, real e verdadeiramente, em forma de dinheiro.

Por conseguinte, em nosso imaginário armazenamento geral de mercadorias da sociedade capitalista, tem que constar, além das duas proporções conhecidas, uma terceira, que não se destina à reposição dos meios de produção consumidos nem à manutenção dos capitalistas e trabalhadores. Uma porção de mercadorias que contenha essa parte inapreciável da mais-valia arrancada aos trabalhadores na qual reside, como dissemos, a razão de ser vital do capitalismo: o lucro destinado à capitalização, à acumulação. Que classe de mercadorias são essas e quem lhes oferece demanda na sociedade, isto é, quem as toma dos capitalistas, permitindo-lhes, por fim, embolsar em dinheiro sonante a parte principal dos lucros?

A ACUMULAÇÃO DO CAPITAL

Desse modo, tocamos no ponto central do problema da acumulação, e examinemos todas as tentativas que se têm feito para resolvê-lo.

Pode partir essa demanda dos operários, a quem se destina a segunda porção de mercadorias de montante social? Sabemos que os trabalhadores não possuem outros meios de compra a não ser aqueles que lhes são dados pelos industriais em forma de salário, salário que lhes permite adquirir a parte do produto global da sociedade estritamente indispensável para viver. Esgotado o salário, não podem consumir nem um centavo a mais de mercadorias capitalistas, por muitas e grandes que sejam suas necessidades. Ademais, a aspiração e o interesse da classe capitalista tendem a medir essa parte do produto global da sociedade consumida pelos trabalhadores e os meios de compra destinados a eles, não precisamente com esplendor, mas, pelo contrário, com a máxima estreiteza. Portanto, do ponto de vista dos capitalistas como classe – e é muito importante levar em conta esse ponto de vista e não confundi-lo com as ideias mais ou menos confusas em que possa formar-se um capitalista individual – os trabalhadores não são, para o capitalismo, compradores de mercadorias, "fregueses" como outros quaisquer, mas simplesmente força de trabalho, cuja manutenção, à custa de uma parte de seu produto, constitui uma triste necessidade. Necessidade que se reduzirá, naturalmente, ao mínimo socialmente indispensável.

Por acaso, pode partir dos próprios capitalistas a demanda para essa última porção de sua quantidade social de mercadorias, estendendo-se o seu consumo privado? A coisa seria fácil, apesar de que o luxo da classe dominante, e não só o luxo, mas os caprichos e fantasias de todo gênero já deixam pouco a desejar. Mas, se os capitalistas gastassem alegremente toda a mais-valia retirada de seus trabalhadores, a acumulação cairia em sua base. A sociedade moderna retrocederia – retrocesso totalmente fantástico, do ponto de vista do capital – em uma espécie de sociedade escravista ou de feudalismo modernizado. E o que pode ocorrer, às vezes pondo-se em prática com todo zelo, é precisamente o contrário: a acumulação capitalista em formas de exploração próprias da escravidão ou da servidão da gleba perdurou, até após os meados do século passado, nos Estados Unidos. E pode observar-se, até mesmo hoje, na Romênia e em várias colônias do ultramar. O caso oposto, ou seja, a forma moderna da exploração, o assalariado livre, combinado com a dissipação tresnoitada, antiga ou feudal, da mais-valia esquecendo a acumulação, seria um delito contra o "espírito santo" do capitalismo, sendo simplesmente inconcebível. Deparamos, evidentemente, com a não coincidência do ponto de vista do capital global com o dos capitalistas individuais. Para esses, o luxo dos "grandes senhores", por exemplo, constitui uma desejável dilatação da demanda e, portanto, uma magnífica e nada desprezível ocasião para acumular. Em troca, para todos os capitalistas como classe, a dilapidação de toda a mais-valia em forma de luxo seria uma loucura, um suicídio econômico, uma vez que acarretaria a eliminação da base da acumulação.

De onde, pois, podem sair os compradores, os consumidores para essa porção social de mercadorias, sem cuja venda não seria possível a acumulação? Até agora, há apenas uma coisa clara, esses consumidores não podem sair da classe operária nem da classe capitalista.

Mas, não há, em toda a sociedade, um conjunto de setores, os empregados públicos, os militares, o clero, os intelectuais, os artistas etc., que não conta nem entre os capitalistas nem entre os operários? E por acaso todos esses setores da sociedade não têm que atender também as suas necessidades de consumo? Não serão eles os consumidores que buscamos para o aludido restante de mercadorias? Isso é, desde logo, indubitável para o capitalista individual. Entretanto, essa situação modifica-se se focalizarmos todos os capitalistas como classe, se levarmos em conta não os capitais isolados, mas o capital global da sociedade. Na sociedade capitalista, todos esses setores e profissões a que aludimos não são, economicamente, considerados, a não ser como apêndices ou satélites da classe capitalista. Se investigarmos de onde saem os recursos dos empregados, militares, clero, artistas etc., veremos que saem, em parte, dos bolsos dos capitalistas e em parte (por meio dos sistemas dos impostos indiretos) dos salários da classe operária. Portanto, esses setores não contam nem podem contar, economicamente, para o capital global da sociedade como classe especial de consumidores, uma vez que não possuem poder aquisitivo próprio, achando-se compreendidos no consumo das grandes massas: os capitalistas e os trabalhadores.

Vimos, pois, de onde podem sair os consumidores, os fregueses, para dar saída a essa última porção de mercadorias, sem cuja venda não há acumulação possível.

A solução do problema é bem simples. Talvez nos esteja ocorrendo o mesmo que com aquele cavaleiro que procurava desesperadamente o cavalo que montava. Acaso não seriam, também, os capitalistas os consumidores recíprocos desse resto de mercadorias, para as quais buscamos saídas, não certamente para comê-las, mas para pô-las a serviço da nova produção, a serviço da acumulação? Pois o que é a acumulação senão a incrementação da produção capitalista? Para isso seria necessário que aquelas mercadorias não fossem precisamente artigos de luxo destinados ao consumo privado dos capitalistas, mas meios de produção de todo gênero (novo capital constante) e meios de subsistência para a classe trabalhadora.

Contudo, semelhante solução apenas diminuiria a dificuldade por uns momentos. Com efeito, realizada a acumulação, no ano seguinte, a produção incrementada lançaria ao mercado uma quantidade muito maior de mercadorias que a do ano atual, surgindo, então, essa questão:

onde encontrar, *quando chegar esse momento*, a saída para essa quantidade de mercadorias acrescentadas?

Constataremos que essa quantidade aumentada de mercadorias voltará a ser consumida no ano seguinte por intercâmbio mútuo entre os capitalistas, empregada por todos eles para nova produção, e assim sucessivamente, de um ano a outro. Mas, isso seria apenas um carrossel que giraria no vazio sem cessar. Isso não seria acumulação capitalista, ou seja, acumulação de capital – dinheiro, porém, ao contrário: uma produção de mercadorias simplesmente por produzi-las, o que do ponto de vista capitalista constitui um absurdo. Se chegamos à conclusão de que os capitalistas, considerados como classe, são sempre os consumidores de suas próprias mercadorias, de sua quantidade global de mercadorias – não considerando a parte que, necessariamente, têm de ceder à classe operária para sua conservação – se são eles sempre os que compram a si mesmos as mercadorias produzidas com seu próprio dinheiro e os que têm que converter em ouro, desse modo, a mais-valia que encerram, eles serão obrigados a reconhecer que a incrementação dos lucros, a acumulação por parte da classe capitalista, é um fato impossível.

Para que possa haver acumulação, têm que existir, obrigatoriamente, fregueses distintos para a porção de mercadorias que reúnem o lucro destinado à acumulação, fregueses que tenham, de fonte própria, poder aquisitivo, não precisando ir buscá-lo com os capitalistas, como acontece com os trabalhadores ou com os que colaboram para a formação do capital: funcionários públicos, militares, clero e profissionais liberais. Trata-se, pois, de fregueses que obtêm seus meios aquisitivos através de troca de mercadorias e, portanto, de uma produção de mercadorias, que se desenvolve à margem da produção capitalista. Trata-se, em consequência, de produtores cujos meios de produção não possuem conceito de capital, e não podemos incluí-los em nenhuma das duas categorias, isto

A ACUMULAÇÃO DO CAPITAL

é, de capitalistas e trabalhadores, embora, por algumas razões, ofereçam um mercado às mercadorias do capitalismo.

Quem podem ser esses compradores? Na sociedade atual, há apenas classes e setores sociais formados por trabalhadores e capitalistas, com toda a sua corte de paradistas.

Atingimos o cerne do problema. No segundo volume de *O capital*, Marx parte, como no primeiro volume, da suposição de que a produção capitalista é a forma única e exclusiva da produção. No primeiro volume diz:

> Aqui, omitimos o comércio de exportação, por meio do qual um país pode trocar por meios de produção e de subsistência artigos de luxo, e vice-versa. Para focalizar o objeto de nossa investigação na sua essência, livre das circunstâncias concomitantes que possam obscurecê-lo, temos que considerar todo o mundo comercial como uma só nação e supor que a produção capitalista está consolidada em todas as partes, tendo se apossado de todos os ramos industriais.[4]

E, no segundo volume: "Fora dessa classe (a dos capitalistas) não existe, segundo nossa hipótese – regime geral e exclusivo de produção capitalista –, nenhuma outra classe além da operária".[5] É evidente que, sob essas condições, em nossa sociedade existem apenas capitalistas, com todo o seu séquito, e proletários assalariados; é inútil querermos descobrir outras classes sociais, outros produtores e consumidores de mercadorias. Assim sendo, verificamos que a produção defronta-se, como me esforcei em demonstrar, com esse problema insolúvel, no qual tropeçamos.

Podemos virar e revirar a questão como quisermos. Enquanto partirmos da suposição de que na sociedade atual não existem outras classes além da capitalista e da operária, os capitalistas considerados como uma

---

4 *O capital*, v. I, p. 544, nota 21a.
5 *O capital*, v. II, p. 321.

só classe ver-se-ão na impossibilidade de se desfazer das mercadorias excedentes para converter a mais-valia em dinheiro, podendo, desse modo, acumular capital.

Mas a suposição de que Marx parte é apenas uma simples premissa teórica, que ele utiliza para facilitar e simplificar a investigação. Na realidade, a produção capitalista não é um regime único e exclusivo, como todo mundo sabe, e como o próprio Marx realça de vez em quando em sua obra. Em todos os países capitalistas, mesmo aqueles de indústria mais desenvolvida, acham-se, junto às empresas capitalistas agrícolas e industriais, numerosas manifestações de tipo artesanal e camponesa, baseadas no regime da simples produção de mercadorias. Na própria Europa ainda existem, ao lado dos velhos países capitalistas, outros em que continuam predominando, de um modo bastante considerável, como acontece na Rússia, nos países balcânicos e escandinavos e na Espanha, esse tipo de produção artesanal e camponesa. E, finalmente, junto aos países capitalistas da Europa e da América do Norte, existem, contudo, continentes enormes nos quais a produção capitalista só começa a manifestar-se em uns poucos centros dispersos, surgindo na imensidão de sua superfície as mais diversas formas econômicas, desde o comunismo primitivo até o regime feudal, camponês e artesanal. Todas essas formas de sociedade e de produção não apenas coexistem ou coexistiram com o capitalismo, em convivência pacífica no espaço, mas, também, desde o início da era capitalista estabeleceu-se entre elas e o capitalismo europeu um intenso processo de troca com características próprias. A produção capitalista, como autêntica produção de massa que é, não possui outro remédio senão buscar clientela nos setores camponeses e artesanais dos velhos países, nos consumidores do resto do mundo, porque também não pode desenvolver-se tecnicamente sem contar com os produtos (meios de produção e de subsistência) de todos esses setores e países. Assim se explica que desde os primeiros momentos se desenvolvesse, entre a produção capitalista e o meio não capitalista que a envolvia, um processo de intercâmbio no qual o capital, ao mesmo tempo que encontrava a possibilidade de realizar em dinheiro constante sua mais-valia, para os fins de sua capitalização intensiva, acumulava as mercadorias necessárias para desenvolver sua própria produção. Finalmente, abria-se caminho para a conquista de novas forças de trabalho proletarizadas, mediante a decomposição de todas aquelas formas de produção não capitalistas.

Mas isso é apenas o conteúdo econômico livre do processo a que nos referimos. Em sua forma concreta de manifestar-se, na realidade, esse fenômeno forma o processo histórico do desenvolvimento do capitalismo no contexto mundial com toda a sua agitada e multiforme variação.

Com efeito, o intercâmbio do capital com os meios não capitalistas depara com todas as dificuldades próprias da economia natural, com o regime social tranquilo e seguro, e as necessidades restritas de uma economia camponesa patriarcal e de uma sociedade artesanal. Para resolver essas dificuldades, o capital recorre a "remédios heroicos", lança mão da arma do poder político. Na Europa, seu primeiro gesto foi derrubar revolucionariamente a economia natural do feudalismo. Nos países de ultramar, sua primeira ação foi o ato histórico com que surge o capital e que, desde então, não deixa de acompanhar nem por um só momento a acumulação, ato que consiste na dominação e no aniquilamento da comunidade tradicional. Com a ruína daquelas condições primitivas, de economia natural, camponesas e patriarcais dos velhos países, o capitalismo europeu estimula o intercâmbio da produção de mercadorias, converte os seus habitantes em inevitáveis consumidores das mercadorias capitalistas e acelera ao mesmo tempo, em enormes proporções, seu processo de acumulação, desfalcando, de modo direto e audacioso, os tesouros naturais e as riquezas acumuladas pelos povos submetidos a seu jugo. Desde o começo do século XIX, esses métodos desenvolveram-se paralelamente à exportação do capital acumulado da Europa para os países não capitalistas do resto do mundo, onde, sobre um novo campo, sobre as ruínas das formas indígenas de produção, conquistam novos consumidores para suas mercadorias e, portanto, novas possibilidades de acumulação.

Assim sendo, mediante esse intercâmbio com sociedades e países não capitalistas, o capitalismo vai-se estendendo cada vez mais, acumulando capitais à sua custa, ao mesmo tempo que os corrói e os desarticula a fim de suplantá-los. Mas quanto maior o número de países capitalistas que se lançam a essa desapropriação de zonas de acumulação e quanto mais diminuem as zonas não capitalistas suscetíveis de serem conquistadas pelos movimentos de expansão do capital, tanto mais aguda e violenta se processa a concorrência entre os capitais, transformando essa cruzada de expansão, pelo cenário mundial, em toda uma cadeia de catástrofes econômicas e políticas, crises mundiais, guerras e revoluções.

Desse modo, o capital vai preparando sua decadência por dois caminhos. De um lado, porque ao expandir-se à custa de todas as formas não capitalistas de produção caminha até o momento em que toda a humanidade será composta exclusivamente de capitalistas e proletários assalariados, fazendo-se impossível, portanto, toda nova expansão e, como consequência, toda acumulação. De outra parte, na medida em que essa tendência se impõe, o capitalismo vai aguçando os antagonismos de classe e a anarquia, política e econômica, internacional em tais termos que, muito antes que se chegue às últimas consequências do desenvolvimento econômico, isto é, muito antes que se imponha no mundo o regime absoluto e uniforme da produção capitalista, terá lugar, sem dúvida, a revolta do proletariado internacional, que acabará necessariamente com o regime capitalista.

Assim, em síntese, são o problema e sua solução, como os vejo. Parecerá, à primeira vista, que se trata de uma sutileza puramente teórica. Sem dúvida, a importância prática do problema é bem evidente. Essa importância prática reside em suas concessões íntimas com o acontecimento mais destacado da vida política atual: o imperialismo. As características típicas externas do período imperialista, a forte luta entre os Estados capitalistas pela conquista de colônias e órbitas de influência e possibilidades de inversões para os capitais europeus, o sistema internacional de empréstimos, o militarismo, os fortes impostos protetores, a importância predominante do capital bancário e dos consórcios industriais na política mundial, são, hoje, fatos de domínio geral. E sua íntima conexão com a última fase do desenvolvimento capitalista, sua importância para a acumulação do capital é tão evidente que o conhece e reconhece abertamente tanto os defensores como os adversários do imperialismo. Mas os socialistas não podem limitar-se a esse reconhecimento puramente empírico. Para eles é necessário investigar e descobrir, com toda a exatidão, as leis econômicas que regem essas relações, as verdadeiras raízes desse grande e emaranhado complexo de fenômenos que formam o imperialismo. Nesse, como em tantos outros casos, não poderemos lutar contra o imperialismo com a segurança, clareza e decisão indispensáveis na política do proletariado, se antes não focalizarmos o problema em suas raízes com absoluta clareza teórica. Antes de aparecer *O capital* de Marx, os fatos característicos da exploração, do sobretrabalho e do lucro eram bastante conhecidos. Mas foram a teoria exata e precisa da mais-valia e de sua formação, a teoria da lei do salário e do exército industrial de reserva, concretizadas por Marx sobre a base de sua teoria do valor, que colocaram a prática da luta de classes sobre a base firme, férrea, em que se desenvolveram até a guerra mundial o movimento operário alemão e, seguindo suas pegadas, o movimento operário internacional. É sabido que a teoria por si só não basta e que, às vezes, com a melhor das teorias, pode seguir-se a mais lamentável das práticas; a queda atual da social-democracia alemã demonstra-o de um modo bem eloquente. Essa derrota não se deu precisamente por culpa da consciência teórica marxista, mas apesar dela, e o único caminho para remediá-la é voltar a colocar a realidade do movimento operário em consonância e em uníssono com sua teoria. A orientação geral da luta de classes e sua proposição em um campo especial e importante de problemas só podem ter uma base firme que sirva de trincheira a nossas posições na teoria marxista, nos tesouros, tantas vezes inexplorados, das fundamentais obras de Marx.

As raízes econômicas do imperialismo residem, de um modo específico, nas leis da acumulação do capital, devendo colocar-se em acordo com elas, fato que não oferece lugar a dúvidas, uma vez que o imperialismo não é, em termos gerais, segundo demonstra qualquer apreciação empírica vulgar, mais que um método de acumulação. Como isso é possível, se nos atemos firmemente à suposição da qual Marx parte no segundo volume de *O capital*, suposição de uma sociedade baseada exclusivamente na produção capitalista e em que, portanto, toda a população se divide em capitalistas e operários assalariados?

Qualquer que seja a explicação que se dê aos recursos econômicos e internos do imperialismo, existe uma coisa que há muito está clara e que todo mundo conhece, isto é, a essência do imperialismo consiste precisamente em estender o capitalismo dos velhos países capitalistas a novas zonas de influência e na competência econômica e política estabelecida entre aqueles países pela conquista dessas novas zonas. No segundo volume de *O capital*, Marx supõe, como vimos, que o mundo inteiro constitui "uma nação capitalista", havendo sido superadas todas as demais formas de economia e de sociedade. Como explicar, pois, a existência do imperialismo em uma sociedade como essa, em que não existe nenhuma margem para seu desenvolvimento?

Era aqui que entrava a minha crítica. Admitir, teoricamente, uma sociedade exclusivamente composta por capitalistas e trabalhadores é uma suposição perfeitamente lícita e natural quando se têm em vista determinados fins de investigação – como acontece no primeiro volume de *O capital*, com a análise dos capitais individuais e de suas práticas de exploração na fábrica, mas eu achava que era inoportuno e perturbador ao focalizar o problema da acumulação do capital social em conjunto. Como esse fenômeno reflete o verdadeiro processo histórico da evolução capitalista, acreditei ser impossível estudá-lo sem ter presente todas as condições dessa realidade histórica. A acumulação do capital, vista como processo histórico, caminha, desde o primeiro até o último dia, num meio de formações capitalistas da mais variada espécie, debatendo-se politicamente com elas em luta incessante, estabelecendo também com elas um intercâmbio econômico permanente. E, se isso é assim, como poderia focalizar-se acertadamente esse processo e as leis de sua dinâmica, atendo-se a uma ficção teórica morta, para a qual não existem aquele meio ambiente, aquela luta, nem aquele intercâmbio?

Parecia-me que, dispondo desse modo o problema, a fidelidade à teoria de Marx exigia, precisamente, apartar-se da premissa colocada no primeiro volume de *O capital* – ali tão indicada e tão frutífera para propor o problema da acumulação – concebida como um processo global, sobre a base concreta do intercâmbio entre o capital e o meio histórico que o rodeia. Sendo assim, a explicação do processo deriva-se, a meu ver, dos ensinamentos fundamentais de Marx e acha-se em perfeita harmonia com o resto de sua principal obra econômica. Harmonia essa que é conseguida sem qualquer subterfúgio.

A ACUMULAÇÃO DO CAPITAL OU O QUE OS EPÍGONOS...

Marx coloca o problema da acumulação do capital global, mas não chega a dar-lhe uma solução. É certo que inicia colocando como premissa de sua análise a daquela sociedade puramente capitalista, porém sem levar ao fim a análise sobre essa base, uma vez que a interrompeu precisamente quando chegava a esse problema central. Para ilustrar suas ideias, traça alguns esquemas matemáticos, mas, apenas começara a interpretá-los no sentido de suas possibilidades práticas e sociais e a revê-los, desse ponto de vista, quando a doença e a morte lhe arrancaram a caneta da mão. A solução desse problema, como a de tantos outros, estava reservada a seus discípulos, e minha *Acumulação* não possuía outro objetivo senão o de um ensaio sobre esse tema.

Caberia declarar certa ou falsa a solução por mim proposta, criticá-la, impugná-la, completá-la, dando ao problema outra solução. Não se fez nada disso. Aconteceu algo inesperado. Os "técnicos" declararam que não existia problema algum para resolver! Que as manifestações de Marx no segundo volume de *O capital* bastavam para explicar e esgotar o fenômeno da acumulação e que nessas páginas se demonstrava, visivelmente, por meio dos esquemas, que o capital podia expandir-se de um modo excelente e a produção estender-se sem necessidade de que existisse no mundo outra produção além da capitalista, que possuía em si mesma seu mercado. Apenas minha rematada ignorância e incapacidade para compreender o que é o ABC dos esquemas marxistas me haviam levado a ver semelhante problema!

Considera-se: é certo que entre os economistas vem-se discutindo, há um século, o problema da acumulação e a possibilidade de realização da mais-valia: nos anos de 1820 e seguintes, foram as controvérsias de Sismondi e Say; Ricardo e MacCulloch, nos anos de 1850 e seguintes; as polêmicas de Rodbertus e von Kirchmann, nas décadas de 1880 e 1890;

as discussões entre os "populistas" russos e os marxistas. Os teóricos mais eminentes da economia política na França, Inglaterra, Alemanha e Rússia não cessaram de ventilar esses problemas, antes e depois de publicar-se *O capital* de Marx. Em qualquer lugar onde uma aguda crítica social estimulava as inquietudes espirituais, em matéria de economia política, encontramos os investigadores torturados por esses problemas.

É certo que o segundo volume de *O capital* não é, como o primeiro, uma obra terminada, mas uma obra incompleta, uma compilação desconexa de fragmentos de notas mais ou menos perfiladas, dessas que os investigadores trazem para realçar suas próprias ideias e que as enfermidades impediram, constantemente, a seu autor terminar. E, entre essas notas, a análise da acumulação do capital global, último capítulo do manuscrito, é precisamente a que em pior estado se encontra: só abrange 35 pequenas páginas das 450 que possui o livro, acabando por se interromper abruptamente.

Marx acreditava, segundo a declaração de Engels, que esse último capítulo do volume "necessitava de uma urgente reformulação" e que não constituía, sempre segundo a mesma declaração, "mais do que um estudo provisório do tema". No transcurso de suas pesquisas, Marx ia deixando sempre para o final de sua obra o problema da realização da mais-valia, colocando as dúvidas que esse problema lhe sugeria cada vez sob uma nova forma e evidenciando, desse modo, a dificuldade que o problema apresentava.

Também é correto que entre as premissas desse breve fragmento, no qual Marx tratava da acumulação, no fim do segundo volume e nos ensaios do terceiro volume, no qual descreve "a dinâmica global do capital", mostram-se flagrantes contradições, postas claramente em minha obra, com todo o detalhe, contradições que também afetam várias leis importantes do primeiro volume.

A ACUMULAÇÃO DO CAPITAL OU O QUE OS EPÍGONOS...

Não há dúvida de que a tendência impetuosa da produção capitalista a penetrar nos países não capitalistas se manifesta no mesmo instante em que aquela surge no cenário histórico, estendendo-se como uma volta incessante ao largo de toda a sua evolução, ganhando cada vez mais em importância, até converter-se, por fim, há um quarto de século, ao chegar a fase do imperialismo, no fator predominante e decisivo da vida social.

É certo que todo mundo sabe que não houve jamais, até hoje, nem há na atualidade, um único país onde impere, com caráter único e exclusivo, a produção capitalista e onde existam, apenas, capitalistas e trabalhadores salariados. Essa sociedade ajustada às premissas do segundo volume de *O capital* não existe, nem jamais existiu, na realidade histórica concreta.

Não importa. Os "peritos" oficiais do marxismo declaram que o problema da acumulação não existe, que esse problema foi definitivamente resolvido por Marx! A curiosa premissa da acumulação no segundo volume não os estorva, pois nunca viram nela algo de particular! Atualmente, obrigados a fixarem-se nessa circunstância, encontram a singularidade como a coisa mais natural do mundo, aferram-se fortemente a essa maneira de pensar, voltando-se furiosamente contra quem pretende descobrir um problema onde o marxismo oficial passou anos e anos sem encontrar senão complacência em si mesmo.

Estamos ante um caso tão crasso de degeneração doutrinal, que só encontra precedente naquele acontecimento cômico, proveniente dos meios universitários, que é conhecido com o nome de história da "pétala transplantada" nos *Prolegômenos* de Kant.

O mundo filosófico passou um século inteiro debatendo-se apaixonadamente em torno dos diversos mistérios da teoria kantiana e, especialmente, dos *Prolegômenos*. A interpretação dessa teoria teria provocado a criação de toda uma série de escolas antagônicas. Até que o professor

Waihinger esclareceu, se não todos, pelo menos os mais obscuros desses enigmas, da maneira mais simples do mundo, demonstrando que uma parte do parágrafo 4 dos *Prolegômenos,* que não se conciliava com o resto do capítulo, pertencia ao parágrafo 2, de onde havia sido separado por um erro de impressão na edição original, sendo colocado num lugar que não era o seu. Atualmente, qualquer leitor sensível à obra percebe imediatamente a coisa. Mas isso não se dá com os sábios profissionais, que passaram todo um século construindo grandes e profundas teorias sobre um erro de imprensa. Não faltou, no entanto, um homem de muita ciência, professor na Universidade de Bonn, que se rebaixou com quatro artigos nos *Cadernos Mensais Filosóficos,* demonstrando, de qualquer modo e muito aborrecido, que "não havia tal transposição de folhas", que, longe disso, aquele erro de impressão nos dava, de corpo inteiro, em toda a sua pureza e autenticidade, a teoria de Kant. E quem se atrevesse a falar de um erro tipográfico demonstrava que não entendia a complexa Filosofia kantiana.

Algo parecido é o que fazem, atualmente, os "peritos" ao aferrarem-se à premissa do segundo volume de *O capital* de Marx, aos esquemas matemáticos traçados por ele. A principal dúvida de minha crítica é que esses esquemas matemáticos nada possam provar em matéria de acumulação, pois a suposição teórica de que partiu é insustentável. E querem contestar essa dúvida dizendo: a solução dos esquemas não pode ser mais clara. Portanto, o problema da acumulação está resolvido, não existe.

Eis um exemplo de culto ortodoxo às fórmulas.

Otto Bauer procede à investigação, no *Neue Zeit,* do problema apresentado por mim, de como se realiza a mais-valia, nos seguintes termos: constrói quatro grandes quadros com cifras e, não se contentando com as letras latinas que Marx empregava para designar abreviadamente o capital constante e o variável, põe ainda, por própria conta, algumas letras gregas. Devido a isso, seus quadros apresentam um aspecto ainda mais complicado que os esquemas de *O capital* de Marx. O autor procura demonstrar-nos, com todo esse aparato, como os capitalistas dão saída, após renovar o capital consumido, àquele excesso de mercadorias em que se encerra a mais-valia destinada à capitalização:

> Mas, além disso (após repor os velhos meios de produção), os capitalistas aspiram a investir, na ampliação da indústria existente ou na criação de novas indústrias, a mais-valia acumulada por eles durante o primeiro ano. Se no ano seguinte desejam investir um capital aumentado em 12.500, têm, necessariamente, que construir desde já novas fábricas, comprar novas máquinas, reforçar seus estoques de matérias-primas etc. etc.[6]

Assim estaria resolvido o problema. Se "os capitalistas aspiram" a estender sua produção, necessitam, evidentemente, de mais meios de produção que antes, oferecendo uma saída às mercadorias dos outros e vice-versa. Ao mesmo tempo, necessitarão de um maior número de operários e, por isso, de mais meios de subsistência para esses operários, meios de subsistência elaborados por eles mesmos. Desse modo, dar-se-á saída a todo o excedente de meios de produção e de subsistência, e a acumulação poderá seguir seu curso. Como se vê, tudo depende de que na realidade os capitalistas "aspiram" a estender sua produção. E por que não vão aspirar a isso? Decerto que "aspiram"! "Eis aqui como pode realizar-se todo o valor da produção de ambas as áreas, e, portanto, toda a mais-valia", declara Bauer triunfalmente, retirando daí a seguinte conclusão:

> Do mesmo modo, seguindo o quadro IV nos convenceremos de que o valor íntegro da produção de ambas as áreas encontra saída, sem interrupção, e a mais-valia total realiza-se *em cada um dos anos seguintes*. A companheira Luxem-

---

6 *Neue Zeit*, 1913, número 24, p. 863.

burgo equivoca-se, portanto, quando crê que a parte da mais-valia acumulada pode não se realizar.[7]

Entretanto, Bauer não adverte que para chegar a esse brilhante resultado não seriam necessários cálculos tão grandes e tão minuciosos sobre seus quatro quadros, com fórmulas grandes e demoradas, colocadas entre colchetes, quadrados e triângulos. Com efeito, o resultado a que ele chega não se desprende nem um pouco de suas fórmulas, mas é sensivelmente a premissa de que parte. Bauer limita-se a colocar o que pretendia demonstrar; a isso se reduz toda a sua "demonstração".

Quando um capitalista quer ampliar a produção, e quer ampliá-la mais ou menos nas mesmas proporções do capital adicional que possui, basta-lhe inserir o novo capital na própria produção capitalista (sempre e quando, naturalmente, produzir todos os meios de produção e de subsistência necessários!); assim o fazendo, não lhe sobrará nenhum remanescente não vendável de mercadorias. É necessária alguma coisa mais clara ou mais simples? É preciso recorrer a fórmulas salpicadas de letras latinas e gregas para "provar" essa própria evidência?

O que é indispensável saber é se os capitalistas, que "aspiram" sempre, como é lógico, a acumular, *podem* fazê-lo; isto é, se encontram ou não saída, mercado para sua produção, à medida que esta vai aumentando, e onde. A essa pergunta não se pode responder com opiniões aritméticas repletas de cifras imaginárias sobre o papel, mas apenas com a análise das leis econômicas que regem a produção.

Se perguntarmos a esses "peritos": "Que os capitalistas 'aspirem' a ampliar a produção está muito bem, mas a quem vão vender, se o conseguem, a quantidade aumentada de suas mercadorias?" Responder-nos-ão:

---

[7] *Op. cit.*, p. 866.

"Os próprios capitalistas se encarregarão de dar-lhes saída em suas indústrias, conforme vão crescendo, posto que eles 'aspiram' sempre a estender, constantemente, a produção."

"E os mesmos esquemas encarregam-se de demonstrar quem compra os produtos", declara lapidarmente G. Eckstein, o crítico do *Vorwärts*.[8]

Em uma palavra, os capitalistas ampliam, todos os anos, sua produção exatamente na medida da mais-valia por eles "economizada", abrindo, assim, mercado a seus próprios produtos, razão pela qual esse assunto não lhes produz nenhuma espécie de cuidados. Essa afirmação é o ponto de partida de toda a "argumentação". Mas, para fazer uma afirmação semelhante, não é necessária a utilização de fórmulas matemáticas de qualquer espécie que, além disso, não provariam jamais essa afirmação. A ideia ingênua de que as fórmulas matemáticas podem provar o essencial, isto é, a possibilidade econômica de semelhante acumulação, é o mais feliz *quid pro quo* dos "peritos" guardiães do marxismo, que, já por si próprio, é suficiente para fazer que Marx se mova em seu túmulo.

Nunca ocorreu a Marx, nem em sonhos, pensar que seus esquemas matemáticos tivessem o valor de *provas* para demonstrar que a acumulação só poderia ter lugar em uma sociedade integrada por capitalistas e trabalhadores. Marx investigou o mecanismo interno da acumulação capitalista, manifestando as leis econômicas concretas que regem esse processo. Sua argumentação é que, para que possa existir acumulação do capital global da sociedade, isto é, da classe capitalista em conjunto, têm que se criar certas relações quantitativas muito precisas entre os grandes setores da produção social: a dos meios de produção e a dos meios de sub-

---

8 O mesmo escreve A. Pannekoek, no *Bremer Bürger-Zeitung* de 29 de janeiro de 1913: "A resposta é dada pelo próprio esquema da maneira mais simples, pois todos os produtos nele encontram saída [isto é, sobre o papel do *Bremer Bürger-Zeitung* – R.L.]. Os compradores são os próprios capitalistas e trabalhadores... Não há, portanto, problema a resolver."

sistência. Só quando essas relações existem e são respeitadas, de tal modo que um dos grandes setores da produção trabalhe constantemente para o outro, pode desenvolver-se a incrementação progressiva da produção e, com ela – como o fim a que tudo responde –, a acumulação também progressiva de capital em ambas as esferas.

Para expor claramente e com toda a precisão seu pensamento, Marx traz um exemplo matemático, um esquema com cifras imaginárias, dizendo: esta é a proporção que devem guardar entre si os distintos fatores do esquema (capital constante, capital variável e mais-valia) para que possa desenvolver-se a acumulação.

Entenda-se bem: para Marx, os esquemas matemáticos são apenas exemplos destinados a *ilustrar* seu pensamento econômico, do mesmo modo que o *Tableau économique* de Quesnay não é senão um ilustrativo exemplo de sua teoria, e os mapas do Universo, traçados em distintas épocas, são uma ilustração das ideias astronômicas e geográficas imperantes em cada uma delas. Se as leis da acumulação demonstradas, ou, melhor, esboçadas fragmentariamente por Marx, são ou não exatas, isso só poderá ser provado, evidentemente, por sua análise econômica, sua comparação com outras leis demonstradas por Marx, o exame das diversas consequências a que conduzem, a confrontação das premissas de que partem etc. Mas, que pensar de "marxistas" que afastam, como a uma quimera de cérebros enfermos, tudo o que envolve uma crítica semelhante, pretendendo que a exatidão dessas leis está suficientemente *provada pelos esquemas matemáticos?* Atrevo-me a duvidar de que numa sociedade formada exclusivamente por capitalistas e trabalhadores, como aquela em que se baseia o esquema de Marx, deixe margem à acumulação, e opino que o desenvolvimento da produção capitalista, em conjunto, não pode encerrar-se nos quadros de um esquema que reflete a relação entre diversas empresas puramente capitalistas. E os "peritos" respondem-me: claro que isso é possível! Que é possível o prova claramente "o quadro IV", "demonstram-no claramente os esquemas"; isto é, que o fato de que todas as séries numéricas imaginárias postas como exemplo possam somar-se e ficar claramente sobre o papel demonstra o que se procurava provar.

Na Antiguidade, acreditava-se na existência de diversos seres fabulosos: gnomos, homens com um único olho, com um braço e uma perna etc. Acaso duvidamos de que tais seres outrora existiram? Porém, vemo-los precisamente pintados *em antigos mapas universais! Isso não é uma prova* de que aquelas crenças de nossos antepassados correspondiam plenamente à realidade? Utilizemos, entretanto, um exemplo mais insípido.

Suponhamos que para o traçado de uma estrada de ferro da cidade X à cidade Y se estabelece um cálculo de gastos, cifrando-se, com toda a precisão, o volume que há de alcançar o tráfego anual de pessoas e mercadorias para cobrir os gastos de amortização, os gastos de exploração, alimentar as "reservas" usuais e abonar, além disso, os acionistas com um dividendo "adequado" de 5%, por exemplo, no princípio, e depois de 8%. Qual o interesse dos fundadores da companhia ferroviária? Interessa-lhes sobretudo, naturalmente, saber se a estrada de ferro projetada conseguirá ou não, na realidade, o volume de tráfego necessário para garantir a rentabilidade prevista no plano de custo. Evidentemente, para responder a essa pergunta é necessário dispor de dados sobre o tráfego que se estava desenvolvendo, até agora, no trajeto em questão, sua importância para o comércio e a indústria, o desenvolvimento da população nas cidades e de pessoas que utilizarão a estrada de ferro e toda uma série de fatores econômicos e sociais. Mas que pensaríamos de quem nos dissesse: vocês se preocupam com a rentabilidade dessa estrada de ferro? Por Deus! O cálculo de custo explica-o com toda a clareza. Nele diz-se a quanto ascende o tráfego de pessoas e mercadorias, demonstrando-se que esses investimentos lançaram um dividendo inicial de 5%, que mais tarde se converterá em 8%. Se não entendeis *isso*, meus senhores, não compreendeis o caráter, a finalidade e a importância do plano de custo.[9] Qualquer pessoa em "juízo" daria a entender ao sabichão, sacudindo os ombros desdenhosamente, que seu lugar era o manicômio ou o quarto das crianças. E o triste é que, no mundo dos guardiães do marxismo, esses sabichões formam o areópago dos "peritos" encarregados de dar notas a outros, julgando se compreenderam bem ou mal "o caráter, a finalidade e a importância dos 'esquemas' marxistas".

Atualmente onde está o centro da concepção que, ao aparecer, "provam" os esquemas? Minha objeção era que, para que pudesse haver acumulação, tinha que haver a possibilidade de colocar-se em escala cada vez maior as mercadorias produtivas, transformando-se em dinheiro o lucro nelas contido. Sem isso, não há sentido em que a produção se estenda progressivamente, nem cabe, portanto, que haja acumulação progressiva. Vejamos agora onde encontram os capitalistas, considerados como classe, em conjunto, esse mercado progressivo. Meus críticos respondem: encontram-no neles mesmos, uma vez que, ao ampliar cada vez mais suas indústrias (ou criar outras novas), necessitam de novos meios de produção, para suas fábricas, e novos meios de subsistência para seus operários. Então, a produção capitalista tem em si própria o mercado para seus produtos, mercado que cresce automaticamente quando cresce a produção. Mas esse é o principal problema do ponto de vista capitalista. É possível conseguir acumular o lucro capitalista por esse caminho? Se não for possível, jamais haverá acumulação de capital.

Voltemos a apresentar um exemplo simples. O capitalista A produz carvão, o capitalista B fabrica máquinas, o capitalista C lança víveres no

---

9 "São os esquemas que demonstram quem compra os produtos." "A companheira Luxemburgo entendeu muito mal o caráter, a finalidade e a importância dos esquemas de Marx." (G. Eckstein, resenha do *Vorwärts*, de 16 de fevereiro de 1913, Suplemento.)

mercado. Suponhamos que essas três pessoas representem por si sós o conjunto das indústrias capitalistas. É evidente que, se B fabrica mais máquinas, A poderá vender-lhe mais carvão, comprando-lhe, por sua vez, mais máquinas para utilizá-las em suas minas. Isso fará com que ambos necessitem de mais operários, os quais consumirão, como é lógico, mais víveres, com o que C encontrará, por sua vez, um mercado maior para seus produtos, ao mesmo tempo que terá maior necessidade de adquirir carvão e mais máquinas para sua indústria. E esse processo circular e ascensional prosseguirá, desenvolvendo-se cada vez mais... Enquanto nos movermos no vazio. Vejamos, agora, como se apresenta o problema de modo um pouco mais concreto.

Acumular capital não é amontoar pilhas cada vez maiores de mercadorias, mas converter em capital-dinheiro um volume cada vez maior de produtos. Entre a acumulação da mais-valia, em forma de mercadorias, e a aplicação dessa mais-valia no desenvolvimento da produção, existe um passo difícil e decisivo, que Marx considera como o salto mortal da produção de mercadorias: a venda desta por dinheiro. Até que ponto esse problema só existe para o capitalista individual, não afetando a classe em conjunto e a sociedade? Nada disso.

"Quando se focalizam as coisas do ponto de vista social", diz Marx,

> não se pode cair, como Proudhon, na cópia da Economia burguesa, colocando os problemas como se uma sociedade de produção capitalista considerada em conjunto, como uma totalidade, perdesse esse seu caráter específico histórico-e-conômico. Pelo contrário. Trata-se então de um capitalista global.[10]

A acumulação do lucro como capital em dinheiro constitui uma das características específicas mais substanciais da produção capitalista, aplicável à classe capitalista em geral e, individualmente, aos industriais

---
10 O capital, II, p. 409.

que a compõem. É o próprio Marx quem acentua – quando estuda a acumulação do capital em conjunto – "a formação do novo capital em dinheiro acompanha a verdadeira acumulação e a *condiciona* dentro do regime capitalista".[11] E, no decorrer de sua pesquisa, não cessa de apresentar esse problema. Como pode dar-se a acumulação de capital-dinheiro na classe dos capitalistas?

Partindo desse ponto de vista, examinemos mais de perto a engenhosa e profunda concepção dos "peritos". O capitalista A vende suas mercadorias a B, obtendo, portanto, deste, uma mais-valia em dinheiro. B vende suas mercadorias a A, que lhe devolve o dinheiro recebido, para que aquele possa transformar em ouro sua mais-valia. A e B, por sua vez, vendem suas mercadorias a C, que lhes entrega por sua mais-valia a soma de dinheiro correspondente. E este, de quem as recebe? Só pode recebê-las de A e B, desde que, segundo a premissa da qual se parte, não existem outras fontes de realização da mais-valia, isto é, mais consumidores de mercadorias. Por esse caminho, A, B, e C podem enriquecer e reunir novos capitais? Admitamos por um momento que aumentem, em poder dos três, as quantidades de mercadorias destinadas à troca, podendo, portanto, aumentar também as quantidades de mais-valia que encerram. Admitamos assim mesmo que se consume a exploração, dando-se, desse modo, a possibilidade de enriquecimento, de acumulação. Isso não é bastante, pois para que essa possibilidade se converta em realidade é preciso que haja a troca, a realização da nova mais-valia aumentada em novo capital-dinheiro aumentado. Entenda-se bem que aqui não indagamos, como o faz repetidamente Marx no decorrer do segundo volume de *O capital*, de onde provém o dinheiro lançado à circulação da mais-valia, para acabar respondendo: dos entesouradores. O que indagamos é o

---

11 *O capital*, II, p. 485.

seguinte: como entra novo capital-dinheiro nos bolsos dos capitalistas, se nos obstinamos em pensar que esses são (exceto os trabalhadores) os únicos consumidores de suas respectivas mercadorias? De acordo com isso, o capital-dinheiro não faria mais do que trocar, constantemente, de proprietário.

Mas voltamos a perguntar: não estaremos, por acaso, pisando em terreno falso ao levantar esses problemas? Por acaso a acumulação de lucros não consistirá, precisamente, nesse processo de mudança constante do ouro de um bolso capitalista para outro, nessa realização sucessiva e gradual de lucros privados, sem que a soma total de capital de dinheiro precise incrementar-se, pois esse pretendido "lucro global" de todos os capitalistas talvez não exista senão na teoria abstrata?

Mas verificamos – que pena! – que semelhante suposição jogaria no fogo o terceiro volume de *O capital.* O ponto central desse volume está precisamente na teoria do *lucro médio,* que é uma das descobertas mais importantes da economia marxista. Essa descoberta é o que infunde um sentido real à teoria do valor desenvolvida no primeiro volume, teoria do valor em que se baseia, por sua vez, a teoria da mais-valia, e todo o segundo volume, que viria também, se aquilo fosse verdade, por terra. A teoria econômica marxista é inseparável da ideia do capital global da sociedade, concebido como uma grandeza real e efetiva, que assume expressão tangível no lucro global da classe capitalista e em sua distribuição, e de cuja dinâmica invisível procedem todos os movimentos visíveis dos capitais individuais. O lucro capitalista global é uma grandeza econômica muito mais real que a sua soma total dos salários abonados, por exemplo, em uma determinada época. Com efeito, essa é apenas uma cifra estatística resultante da soma de todos os salários pagos em um período de tempo; em troca, o lucro global impõe-se como um todo na mecânica, pois, mediante a concorrência e os movimentos de preços, vemo-la repartir-se a cada instante entre os capitais individuais, sob a forma de lucro médio "usual no país" ou de lucro extraordinário.

Temos, portanto, como resultado final, que o capital total da sociedade lança constantemente, sob a forma de dinheiro, um lucro global, lucro que tem que aumentar de modo constante para que possa haver acumulação global. Digam-nos, agora, como é possível que essa soma aumente se suas partes apenas trocam de proprietário, girando sem cessar de uns para outros?

Aparentemente, isso permitiria pelo menos – como supomos até aqui – aumentar a quantidade total de mercadorias em que aparece incorporado o lucro, sendo a única dificuldade a de aprontar o dinheiro, o que talvez pudesse ser explicado na técnica da circulação monetária. Mas isso é também apenas *aparente*, sob uma apreciação puramente superficial. Nessas condições, dificilmente a quantidade total de mercadorias cresceria nem poderia ampliar-se a produção, uma vez que a produção *capitalista* tem por condição prévia indispensável, desde seu primeiro passo, a transformação em dinheiro, a realização total do lucro. A só poderá vender a B, B a C, e este aos primeiros, quantidades cada vez maiores de mercadorias e realizar seus lucros com elas obtidos, sempre que um dos três, pelo menos, rompa esse círculo vicioso e encontre, fora dele, mercado para seus produtos. De outro modo, esse devaneio terminará após duas ou três voltas. Vê-se, pois, como é grande a profundidade de pensamento de meus "peritos críticos", quando exclamam:

> Não é fácil compreender como podem aplicar-se estas palavras, com as quais a companheira Luxemburgo prossegue, aos esquemas de Marx: Continuamos evidentemente andando em círculos. Produzir mais meios de consumo pura e exclusivamente a fim de manter maior número de operários, fabricar mais meios de produção com a exclusiva finalidade de dar-lhes trabalho é, do ponto de vista capitalista, um absurdo! A finalidade da produção capitalista é o lucro, lucro

A ACUMULAÇÃO DO CAPITAL OU O QUE OS EPÍGONOS...

que se deriva, para os capitalistas, do processo que descrevemos; este, longe de ser um absurdo para a mente capitalista, é, em seu modo de ver, exatamente o contrário: a encarnação da mesma razão, isto é, a cobiça de lucro.[12]

Realmente não é "fácil compreender" que lugar é maior: se a total incapacidade, simplesmente confessada, para penetrar no fundamento da teoria marxista do capital global da sociedade, diferentemente dos capitais individuais, ou a absoluta incompreensão do problema por mim apresentado. O que digo é que a produção em grande escala, pelo simples fato de produzir, constitui, do ponto de vista do capital, um absurdo, *porque* se assim fosse – partindo das premissas a que os "peritos" se prendem – resultaria na impossibilidade de a classe global dos capitalistas obter um *lucro,* sendo também impossível, portanto, toda acumulação. E a isso me respondem: Não há tal absurdo, pois assim procedendo *acumula-se* efetivamente lucro. E como você o sabe, senhor perito? Bem, o fato de que o lucro é realmente acumulado resulta... dos esquemas matemáticos. De uns esquemas nos quais, com caneta e papel, traçamos fileiras e mais fileiras de números a nosso bel-prazer, com as quais operações matemáticas funcionam sem defeito e... completamente sem levar em conta o capital-dinheiro.

É claro que toda crítica há de se despedaçar irremediavelmente contra essa sólida "perícia", pois os "peritos" simplesmente não separam do ponto de vista do capitalista individual, ponto de vista que, se de certo modo serve para a compreensão do processo de exploração, isto é, de produção, e, portanto, do primeiro volume de *O capital,* é totalmente errado em relação à circulação e reprodução do capital. O segundo e o terceiro volumes de *O capital,* nos quais resplandece como ideia central a do capital global da sociedade, são para eles um capital morto, do qual

---

[12] G. Eckstein, *Vorwärts* de 16 de fevereiro de 1913, Suplemento.

aprenderam apenas letras, fórmulas e "esquemas", mas não perceberam o espírito. Marx não era nenhum "perito", pois não se contentava com o "processo" aritmético de seus esquemas, mas também se perguntava sem cessar: como pode dar-se na classe capitalista a acumulação geral, a formação de novos capitais em dinheiro? Estava reservado aos discípulos a conversão de um dogma fechado às fecundas hipóteses do mestre, acariciando uma satisfação cumprida e saciando-se onde um espírito genial só experimentava a dúvida criadora.

O ponto de vista dos "peritos" leva-nos a uma série de consequências interessantes, que eles não tiveram, sem dúvida, o trabalho de analisar.

Primeira consequência. Se a produção capitalista tem em si própria um mercado ilimitado, isto é, se a produção e o mercado intensificam-se, as crises, concebidas como manifestações periódicas, são inexplicáveis.

Uma vez que a produção, "como mostram os esquemas", pode acumular ilimitadamente, empregando seu próprio incremento em novas ampliações, é um enigma explicar como e por que podem aparecer situações nas quais a produção capitalista não possua mercado suficiente para suas mercadorias. É necessário apenas consumir, ela própria, as mercadorias excedentes, introduzi-las na produção (parte como meios de produção, parte como meios de subsistência para os trabalhadores), "e assim consecutivamente cada ano", como mostra "o quadro IV" de Otto Bauer. Assim, o resto de mercadorias excedentes não consumidas seria transformado, ao contrário, em uma nova fonte de acumulação e de lucro para o capitalista. Em todo caso, a concepção específica marxista, segundo a qual a crise resulta da tendência do capital a aumentar, cada vez mais, em menos tempo, além de todos os limites do mercado, transforma-se em um absurdo. Pois, como poderia exceder a produção ao mercado, se ela mesma é o seu mercado e, portanto, se este cresce por si mesmo, automaticamente, com a mesma rapidez que a produção? Como poderia, em outras palavras, au mentar-se em si própria, periodicamente, a produção capitalista? Seria tão difícil como se alguém quisesse ultrapassar a sua própria sombra. A crise capitalista transforma-se em um fenômeno inexplicável. Ou só resta *uma* explicação possível: a crise não resulta da desproporção entre a capacidade de expansão da produção capitalista e a capacidade do mercado, porém, da desproporção entre diversos ramos da produção capitalista. Estes podiam ser compradores mútuos de mercadorias, mas em consequência da anarquia não guardaram a devida proporção, produzindo-se em grande quantidade umas coisas e em pequenas outras. Com isso voltamos as costas a Marx e paramos, em último lugar, no pai da economia vulgar, da teoria manchesteriana e das "harmonias" burguesas, isto é, no "lamentável" Say, tanto escarnecido por Marx, que em 1803 formulou o seguinte dogma: que possa produzir-se demasiado de *todas* as coisas é um conceito absurdo; só pode haver crises parciais, mas não gerais. Assim sendo, se uma nação possui demasiados produtos de uma classe, vem apenas provar que produziu muito pouco de outra.

Segunda consequência. Constituindo a produção capitalista um mercado suficiente para si mesma, a acumulação capitalista (considerada objetivamente) é um processo ilimitado.

Se a produção pode prosseguir aumentando sem entraves, isto é, se pode desenvolver ilimitadamente as forças produtivas, embora estando o mundo inteiro totalmente dominado pelo capital, quando a humanidade for composta exclusivamente de capitalistas e proletários assalariados – se, portanto, não há obstáculos para o desenvolvimento econômico do capitalismo, derruba-se o pilar especificamente marxiano do socialismo. Para este, a rebelião dos operários, sua luta de classes, é – e nele encontra-se justamente a garantia de sua força vitoriosa – um simples reflexo ideológico da necessidade histórica objetiva do socialismo, que resulta da impossibilidade econômica objetiva do capitalismo ao atingir uma determinada etapa de seu desenvolvimento. Naturalmente, com isso não se diz – tais reservas que constituem o ABC do marxismo continuam sendo indispensáveis, como vemos, para meus "peritos" – que o processo histórico tenha que ser contido até o último aspecto dessa impossibilidade econômica. A tendência objetiva da evolução capitalista até esse desenlace é suficiente para produzir, anteriormente, uma agudeza social e política das forças opostas, que ponham fim ao sistema dominante. Mas essas mesmas proposições sociais e políticas não são, em última instância, senão um resultado de que o sistema capitalista é *economicamente* insustentável. Dessa fonte, tiram justamente sua crescente agudeza, na medida em que se torna visível essa situação insustentável.

Se, ao contrário, aceitamos, como os "peritos", a ilimitação econômica da acumulação capitalista, submetemos o socialismo à dureza da necessidade histórica objetiva. Perdemo-nos nas nebulosidades dos sistemas e escolas pré-marxistas, que queriam deduzir o socialismo unicamente da injustiça e perversidade do mundo atual, e da decisão revolucionária das classes trabalhadoras.[13]

Terceira consequência. Se a produção capitalista constitui um mercado suficiente para si mesmo e permite qualquer ampliação para o total do valor acumulado, torna-se misterioso outro fenômeno da moderna evolução: a precipitação e a luta pelos mais longínquos mercados e pela exportação de capitais, que são os fenômenos mais relevantes do atual

---

13 Ainda resta o consolo, um tanto obscuro, de um modesto "perito" do *Dresdner Volkszeitung*, o qual, após haver aniquilado totalmente meu livro, declara que o capitalismo perecerá finalmente "através da queda da taxa de lucro". Não sei como o bom homem imaginará a coisa. Se é que num determinado momento a classe capitalista, desesperada entre a escassez dos lucros, esgotar-se-á coletivamente ou declarar-se-á que, para tão míseros negócios, não vale a pena amolar-se e entregará as chaves ao proletariado. Seja o que for, o consolo desfaz-se apenas com uma afirmação de Marx: pela observação de que, "para os grandes capitais, a queda da taxa de lucro é compensada pela quantidade". Por conseguinte, resta algum tempo para que pereça, por esse caminho, o capitalismo; algo assim como o que resta até a extinção do sol.

imperialismo. Tornar-se-ia realmente incompreensível! Para que tanto ruído? Para que a conquista das colônias, as guerras do ópio dos anos 40 e 60 e as lutas atuais pelos pântanos do Congo e os desertos da Mesopotâmia? Seria muito mais conveniente que o capital se mantivesse em casa e se alimentasse honradamente. Krupp produz alegremente para Thyssen, Thyssen para Krupp, necessitando apenas inverter, uma ou outra vez, os capitais nas próprias exportações e ampliá-las, mutuamente, de um modo indefinido. O movimento histórico do capital mostra-se simplesmente incompreensível e, com ele, o imperialismo atual.

Resta, também, a impagável declaração de Pannekoek no Bürger-Zeitung:[14] a busca de mercados não capitalistas é certamente "um fato, mas não uma necessidade". Isso constitui uma verdadeira perda da concepção materialista da história. No mais, certíssimo! Se aceitamos a hipótese dos "peritos", o socialismo, como fim último, e o imperialismo, como seu estado preparatório, deixam de constituir uma necessidade histórica. Aquele transforma-se numa louvável solução da classe operária; este é uma indignidade e um deslumbramento da burguesia.

Desse modo, os "peritos" encontram-se numa alternativa que não podem iludir. Ou a produção capitalista e o mercado de seus produtos são idênticos, como deduzem dos esquemas marxistas, e nesse caso desfazem a teoria marxista das crises, a fundamentação marxista do socialismo e a explicação histórica materialista do imperialismo. Ou o capital só pode acumular na medida em que haja consumidores além dos capitalistas e trabalhadores assalariados, e, no caso, é inevitável, como condição da acumulação, que os produtos capitalistas achem um mercado crescente em camadas e países não capitalistas.

---

14 Anton Pannekoek, "Rosa Luxemburg: *Die Akkumulation des Kapitals*. Ein Beitrag zur ökonomischen Erklärung des Imperialismus" (Rosa Luxemburgo: A acumulação do capital. Estudo sobre a interpretação econômica do capitalismo). In: *Bremer Bürger-Zeitung* de 30 de janeiro de 1913.

Abandonada como estou, tenho um testemunho livre de suspeita e também muito "perito" para as consequências supraditas.

Aconteceu que no ano 1902 surgiu um livro: *Studien zur Theorie und Geschichte der Handelskrisen in England* (*Estudos sobre a teoria e a história das crises comerciais na Inglaterra*), do professor marxista russo Michael von Tugan-Baranovski. Tugan, que no mencionado livro "revia" Marx, substituindo, por último, suas teorias por velhas e vulgares verdades da vulgar economia burguesa, defendia nele, entre outros paradoxos, a opinião de que as crises só provêm de sua proporcionalidade deficiente e não de que o consumo, com capacidade de pagamento da sociedade, não caminhe ao lado da capacidade de extensão da produção. Essa sabedoria, tomada de empréstimo a Say, era demonstrada – isso era a novidade sensacional de sua teoria – com os esquemas marxistas da reprodução social que figuram no tomo segundo de *O capital*.

> Se é possível [diz Tugan] ampliar a produção social; se as forças produtivas são suficientes para isso, dada a distribuição proporcional da produção social, a demanda há de experimentar também uma ampliação correspondente, pois, nessas condições, toda nova mercadoria representa um novo poder de compra para a aquisição de outras mercadorias.[15]

Isso está "demonstrado" com os esquemas de Marx, utilizados por Tugan sem mudar-lhes senão os números, e deles concluindo:

> Os referidos esquemas tinham que evidenciar o princípio muito simples em si mesmo, mas que, com uma compreensão insuficiente do processo de reprodução do capital social, produzirá objeções *ao princípio de que a produção social cria para si própria um mercado*.

---

15 *O capital*, v. II, p. 25. [Grifado por mim – R.L.]

Em seu amor aos paradoxos, Tugan-Baranovski atreve-se a chegar à seguinte conclusão: a produção capitalista é, em geral, "em certo sentido" independente do consumo humano. Não nos interessam aqui os demais gracejos de Tugan, porém, apenas seu "princípio, em si mesmo muito simples", sobre o qual se baseiam os demais. Neste sentido temos de verificar:

O que atualmente meus "peritos" críticos contrapõem já foi dito, literalmente, no ano de 1901, por Tugan-Baranovski nas duas seguintes afirmações: 1ª) a produção capitalista constitui com sua própria extensão o mercado para si mesma, de modo que, na acumulação, a venda dos produtos não pode oferecer dificuldades (salvo por deficiente desproporcionalidade); 2ª) a *prova* de que assim é foi dada pelos... esquemas matemáticos conforme o modelo marxista, isto é, os exercícios de cálculos com somas e subtrações sobre o papel indefeso. Isso já era defendido em 1902 por Tugan-Baranovski, mas teve pouca sorte. Imediatamente, Kautsky tomou-o por seu, no *Neue Zeit*, submetendo os atrevidos absurdos do revisionista russo, entre outros o princípio anteriormente mencionado, a uma crítica implacável.

Escreve Kautsky:

> Se isso fosse exato [o que, como diz Tugan, dada a distribuição proporcional da produção social, não houvera para a extensão do mercado limitações maiores que as das forças produtivas de que a sociedade dispõe], a indústria da Inglaterra devia crescer tanto mais rapidamente quanto maior fosse o número de seus capitais. Em vez de assim ser, paralisa-se, e o capital suplementar emigra para a Rússia, África, Japão etc. Esse fenômeno explica-se, naturalmente, por nossa teoria. Ela crê no baixo consumo, a última etapa das crises. Baixo consumo que constitui um dos suportes dessa teoria, e é incompreensível do ponto de vista de Tugan-Baranovski.[16]

---

16 *Neue Zeit*, 1902, número 5 (31), p. 140.

Qual é agora "nossa teoria"? A que Kautsky contrapõe à de Tugan? Estas são as palavras de Kautsky:

> Os capitalistas e os trabalhadores por eles explorados oferecem um mercado que aumenta com o crescimento da riqueza dos primeiros e do número dos segundos, mas não tão rápido como a acumulação do capital e a produtividade do trabalho. Esse mercado, sem dúvida, não é, por si só, suficiente para os meios de consumo criados pela grande indústria capitalista. *Esta deve buscar um mercado suplementar, fora de seu campo, nas profissões e nações que ainda não produzem na forma capitalista.* Também acha-o e amplia-o cada vez mais, porém não com bastante rapidez. Isso porque esse mercado suplementar não possui, nem ao menos, a elasticidade e capacidade de extensão do processo de produção capitalista. Desde o momento em que a produção capitalista se converteu numa grande indústria desenvolvida, como já ocorria no século XIX, admitia a possibilidade dessa extensão a saltos, que rapidamente excede a toda ampliação do mercado.
>
> Assim, todo período de prosperidade, que segue a uma ampliação considerável do mercado, acha-se condenado a pouca duração, sendo a crise seu fim irremediável. *Esta é, em breves traços, a teoria criada por Marx e, pelo que sabemos, em geral aceita pelos marxistas "ortodoxos".*[17]

Não consideramos aqui o fato de que Kautsky dá a essa teoria o nome, impróprio e ambíguo, de explicação das crises "por subconsumo", explicação da qual Marx zomba no segundo volume de O capital.[18]

Ademais, não consideramos o fato de que Kautsky vê, em toda a questão, apenas o problema das crises, sem se recordar, ao que parece, que a acumulação capitalista constitui em si um problema, ainda que prescindindo das oscilações da conjuntura.

Não levamos em conta, finalmente, o que diz Kautsky sobre o consumo dos capitalistas e trabalhadores. Segundo ele, esse consumo não

---

17 *Op. cit.*, número 3 (29), p. 80. [Grifado por mim – R.L.]
18 *O capital*, v. II, p. 289.

cresce "com bastante rapidez" para a acumulação, e essa, portanto, necessita de um "mercado suplementar". Isso, como se vê, é bastante vago e não abrange exatamente o conceito de acumulação.

Só nos interessa que Kautsky, nesse ponto, declara, sem rodeios, que essa opinião e essa teoria são suas, "geralmente aceitas pelos marxistas ortodoxos".

1º) Os capitalistas e trabalhadores, sozinhos, não criam um mercado suficiente para a acumulação.

2º) A acumulação capitalista necessita de um "mercado suplementar" *em classes e nações não capitalistas*.

Portanto, fica estabelecido que Kautsky refutava, em 1902, em Tugan-Baranovski justamente aquelas afirmações que atualmente são opostas pelos "sábios" à minha explicação da acumulação, e que os "peritos" da ortodoxia marxista combatem em mim como horrível extravio da verdadeira fé. Essa é a mesma concepção que Kautsky opunha, já há uns catorze anos, ao revisionista Tugan-Baranovski, como a teoria da crise "geralmente aceita" dos marxistas ortodoxos.

E como Kautsky prova a seu contraditor que suas teses são insustentáveis? Fundamentando-se justamente nos esquemas marxistas? Kautsky mostra a Tugan que esses esquemas bem manejados – em meu livro expliquei-o detalhadamente e, por esta razão, prescindirei de como Kautsky opera com os esquemas – não provam a tese de Tugan-Baranovski, pelo contrário, são um argumento em favor das crises em virtude do "baixo consumo".

O mundo vacila em suas bases. Por acaso o supremo perito haverá também "confundido", muito mais profundamente que Tugan-Baranovskiv, "o caráter, a finalidade e a importância dos esquemas marxistas?".

Mas Kautsky tira interessantes conclusões da concepção de Tugan-Baranovskiv, achando que essa concepção, conforme Marx, contradiz totalmente a teoria marxista das crises e que, como a expusemos, torna incompreensíveis as exportações de capitais para países não capitalistas. Vejamos, a seguir, a tendência geral daquela posição. Pergunta Kautsky:

> Que valor prático possuem [...] nossas diferenças teóricas? Que as crises se fundamentem no baixo consumo, ou na deficiente proporcionalidade da profissão social, não é apenas uma questão escolástica?
> Alguns "práticos" teriam se sentido inclinados a crê-lo assim. Entretanto, na realidade, essa questão tem uma grande importância prática, justamente para as atuais diferenças práticas que se discutem em nosso partido. Não é uma casualidade que o revisionismo combata com particular ardor a teoria marxista das crises.

E Kautsky explicava, com toda a extensão, que a teoria das crises de Tugan-Baranovskiv, no fundo, daria numa suposta "diminuição das lutas de classe", isto é, pertenceria ao inventário teórico daquela direção que significava "a transformação da social-democracia, de um partido da luta de classes proletária, na ala esquerda de um partido democrático com um programa de reformas socialistas".[19]

Assim, o perito-mor derrubava, há catorze anos, o herege Tugan-Baranovskiv, com todas as regras, em 36 páginas impressas do *Neue Zeit* e, terminado o combate, levava o escalpo do vencido.

E agora sou obrigada a ver como os "peritos", os fiéis discípulos do mestre, atacaram minha análise da acumulação exatamente com o mesmo "princípio" que custou a vida ao revisionista russo na disputa do *Neue Zeit!* Contudo, desconhece-se o fim dessa aventura, a "teoria das crises aceita, geralmente, segundo o que sabemos, pelos marxistas ortodoxos".

---

19 *Op. cit.*, número 31, p. 141.

Sem dúvida, aconteceu ainda algo original. Depois que minha *Acumulação* foi destroçada pelas armas de Tugan-Baranovskiv em *Vorwärts*, no *Bremer Bürger-Zeitung*, em *Dresdner Volkszeitung*, no *Frankfurter Volksstimme*, apareceu no *Neue Zeit* a crítica de Otto Bauer. Este "perito" também acredita na força mágica explicativa dos esquemas matemáticos em relação à reprodução social. Mas não está totalmente satisfeito com os esquemas marxistas. Acha que "são inaceitáveis", que são "arbitrários e contraditórios", o que explica por que Engels "encontrou inacabada", na herança do mestre, essa parte da obra marxista. Por isso traça, com o suor de sua fronte, novos esquemas: "Por isso formulamos esquemas, cujas condições, uma vez aceitas, não contêm nada mais de arbitrário." Só com esses novos esquemas, Bauer acredita "possuir uma base inatacável para a investigação do problema colocada pela camarada Luxemburgo",[20] mas, sobretudo, Bauer compreendeu que a produção capitalista não pode girar "sem perturbações" no ar e procura, então, alguma base social objetiva para a acumulação do capital, encontrando-a, finalmente, no crescimento da população.

Aqui se inicia o mais curioso. Segundo a opinião unânime dos "peritos", com o que concorda a redação do órgão central, meu livro é uma total insensatez, revelando uma completa confusão, porque o problema da acumulação não existe, tendo sido totalmente resolvido por Marx, cujos esquemas oferecem uma resposta suficiente. Atualmente, Bauer esforça-se em traçar seus esquemas em base mais sólida do que as simples regras de adição e subtração. Fixa-se num determinado processo social, o crescimento da população, e de acordo com esse traça seus quadros. A extensão da produção capitalista, tal como os esquemas devem expressar metaforicamente, não é um movimento autárquico do capital ao redor de

---
20 *Neue Zeit*, 1913, número 23, p. 838.

seu próprio eixo. Pois esse movimento segue o crescimento da população: "A acumulação pressupõe extensão do campo da produção, sendo este ampliado pelo crescimento da população." Na produção capitalista há uma *tendência a acomodar a acumulação do capital ao crescimento da população.*

> "A tendência de acomodação da acumulação ao crescimento da população domina as relações internacionais. [...] A economia mundial capitalista, considerada em conjunto, torna visível a tendência à adaptação da acumulação ao crescimento da população no círculo industrial. [...] O *retorno periódico da prosperidade, a crise da depressão, são a expressão empírica de que a produção capitalista suprime, por si só, a superacumulação e a infra-acumulação e de que a acumulação capital se acomoda constante e renovadamente ao crescimento da população.*[21]

Examinaremos depois melhor a teoria da população de Bauer. Mas há uma coisa clara: essa teoria representa uma renovação. Para os demais "peritos", toda preocupação relacionada à base social, econômica da acumulação, era pura insensatez, "de difícil penetração". Ao contrário, Bauer constrói toda uma teoria para resolver essa questão.

Entretanto, a teoria da população de Bauer não é apenas uma novidade em relação aos outros críticos de meu livro: aparece pela primeira vez na literatura marxista. Nem nos três volumes de *O capital* de Marx, nem nas *Theorien über den Mehrwert* (Teorias sobre a mais-valia ou história das doutrinas econômicas), nem nas demais obras de Marx, encontra-se o menor sinal da teoria da população de Bauer, como base da acumulação.

Vejamos como Kautsky anunciou e explicou no *Neue Zeit*, no seu tempo, o segundo volume de *O capital*. No índice detalhado do segundo tomo, Kautsky estuda, de maneira mais minuciosa, os primeiros capítulos sobre a circulação. Deduz todas as fórmulas e signos empregados por Marx,

---

21 *Neue Zeit*, 1913, número 24, p. 871-873. [Grifado por Bauer].

levando em conta que no capítulo sobre a "Reprodução e circulação do capital social" – a parte mais importante e original do volume – só dedica três das vinte páginas dedicadas a ele. Mas nessas três páginas Kautsky trata exclusivamente – naturalmente, com a reprodução exata dos inevitáveis "esquemas" – da facção inicial da "reprodução simples", isto é, de uma produção capitalista sem lucro, que Marx só considera como mero ponto de partida teórico para a investigação do verdadeiro problema, que é a acumulação do capital total. Por seu lado, Kautsky tudo resolve com as seguintes linhas: "finalmente, a acumulação da mais-valia, a ampliação do processo de produção, acarreta posteriores complicações". E aqui termina. Nem uma única palavra mais, além daquelas pronunciadas imediatamente após a aparição do segundo volume de *O capital*, e nenhum comentário depois, nos trinta anos transcorridos. Por conseguinte, não acharemos nele nenhum sinal da teoria da população de Bauer, e vemos que nem sequer o capítulo inteiro consagrado à acumulação chamou a atenção de Kautsky. Nem observa que se trata de um problema particular, para cuja solução Bauer haja agora criado "uma base inatacável", nem tampouco o fato de que Marx interrompe sua própria investigação, apenas iniciada, sem haver respondido às questões que ele próprio repetidamente colocou.

Mais uma vez, Kautsky fala do segundo volume de *O capital*, e isso dá na série de artigos, já citados, contra Tugan-Baranovski. Kautsky escreve: "Essa teoria das crises criada por Marx e, segundo o que sabemos, geralmente aceita pelos marxistas 'ortodoxos', cujo princípio fundamental consiste em que o consumo dos capitalistas e trabalhadores *não basta* como base de acumulação, sendo necessário 'um mercado suplementar', estando esse 'nas profissões e nações que ainda não produzem na forma capitalista.'" Mas Kautsky pareceu não haver percebido que essa teoria das crises, "geralmente aceita pelos marxistas ortodoxos", não apenas não se acomoda aos paradoxos de Tugan-Baranovski, mas, tampouco, aos próprios esquemas de acumulação de Marx, nem às suposições gerais do volume II. Pois, a premissa da análise marxista nesse volume é uma sociedade composta *somente* de capitalistas e trabalhadores, os esquemas tratando precisamente de mostrar, com exatidão, à maneira de uma lei econômica, o modo como aquelas duas insuficientes classes de consumidores tornarão possível, por seu consumo, a acumulação apenas de ano para ano. Não se encontra ainda, em Kautsky, a menor indicação da teoria da população de Bauer, como verdadeira base do esquema marxista da acumulação.

Se tomamos o *Capital financeiro* de Hilferding, achamos que, no capítulo XVI, existe uma introdução (na qual se exalta a exposição marxista das condições de reprodução do capital total com as mais altas – e apropriadas – expressões de admiração, como a mais genial criação da "assombrosa obra"), uma transcrição literal de Marx em catorze páginas, incluindo, como é natural, os esquemas matemáticos, ao mesmo tempo lamentando – também com razão – que esses esquemas hajam sido tão pouco apreciados e que, de certo modo, seu valor só tenha sido reconhecido por Tugan-Baranovski. E o que é que o próprio Hilferding percebe nessa criação genial? Aqui estão suas conclusões:

Os esquemas marxistas mostram que, na produção capitalista, tanto a produção simples como a ampliada podem realizar-se sem perturbações, *sempre que se mantenham as devidas proporções*. Em troca, a crise pode também nascer na reprodução simples, desde o momento em que se infrinja a proporção, por exemplo, entre o capital consumido e o que, por exemplo, há de repor-se. Não se deduz, em consequência, de modo algum,

> que as crises da produção capitalista tenham sua origem no baixo consumo imanente das massas. Tampouco deduz-se, dos esquemas dados, a possibilidade de uma superprodução geral de mercadorias. É melhor considerar possível toda expansão da produção que pode realizar-se no interior das forças produtivas existentes.[22]

---

22 *Capital financeiro*, p. 318.

Isso é tudo. Portanto, também Hilferding vê, unicamente na análise marxista da acumulação, uma base para a solução do problema das crises, enquanto os esquemas matemáticos mostram as proporções cuja exiguidade garantia a acumulação e suas perturbações. Daqui Hilferding tira duas deduções:

1ª) As crises procedem exclusivamente das desproporções. Com isso ele lança no abismo a "teoria as crises" criada por Marx e, segundo o que sabemos, geralmente aceita pelos "marxistas ortodoxos". Segundo essa teoria, as crises são oriundas do "baixo consumo". Em troca, ele aceita a teoria das crises de Tugan-Baranovski, fulminada por Kautsky como heresia revisionista, e através de suas consequências chega logicamente até a afirmação de Say, segundo a qual a superprodução *geral* é impossível.

2ª) Prescindindo das crises, como perturbações periódicas em consequência de deficiente proporcionalidade, a acumulação do capital (numa sociedade composta exclusivamente de capitalistas e trabalhadores) pode aumentar ilimitadamente por "extensão" constante, "até onde o permitam, em cada caso, as forças produtivas". Isso também, como se vê, é uma cópia da doutrina de Tugan, destruída por Kaustsky.

Assim sendo, não levando em conta as crises, não acha Hilferding um problema da acumulação, pois os "esquemas mostram" que "toda extensão" é ilimitadamente possível, isto é, que, com a produção, cresce também o mercado. Por conseguinte, não há sinal algum do limite posto por Bauer, que consiste no crescimento da população, nem tampouco a menor ideia de que semelhante teoria fosse necessária.

Finalmente, para o próprio Bauer, sua atual teoria constitui uma descoberta completamente nova.

Só em 1904, ou seja, após a polêmica entre Kautsky e Tugan-Baranovski, Bauer tratou em dois artigos, no *Neue Zeit*, a teoria das crises à luz do marxismo. Ele mesmo declara que pretende fazer, pela primeira vez, uma exposição sistemática dessa teoria. E atribui às crises – utilizando uma afirmação que se encontra no segundo volume de *O capital* de Marx, na qual procura explicar o ciclo decenal da indústria moderna – principalmente a forma particular de circulação do capital fixo. Bauer não alude, nem com uma única sílaba à significação fundamental da relação entre o volume da produção e o crescimento da população. Toda a teoria de Bauer, a "tendência de adaptação ao crescimento da população", que agora pretende explicar as crises e sua máxima conjuntura, a acumulação e a migração internacional do capital, e, finalmente, o imperialismo, aquela lei suprema que põe em movimento todo o mecanismo da produção capitalista e o "regula automaticamente", não existe para Bauer, como não existe para os demais. Para contestar meu livro, surgiu, de repente, a teoria fundamental, graças à qual se acham em "base inexpugnável" os esquemas marxistas, tirados de surpresa para solucionar o problema que parecia não existir.

Que pensaremos de todos os demais "peritos"? Resumamos em alguns pontos o que foi dito.

1º) Segundo Eckstein e Hilferding (como também Pannekoek), não existe nenhum problema referente à acumulação de capital. Tudo é claro e evidente, como "mostram" os esquemas marxistas. Só minha absoluta incapacidade em compreendê-los pode explicar a crítica a que os submeto. De acordo com Bauer, os números utilizados por Marx são "escolhidos aleatoriamente e não estão livres de contradições". Somente ele, Bauer, chegou a "uma conclusão justa do raciocínio marxista" e formulou um "esquema livre de arbitrariedade".

2º) Segundo Eckstein e a redação do *Vorwärts*, meu livro deve ser "rechaçado" por falta completa de valor. Segundo o pequeno "perito" da *Frankfurter Volksstimme* (1º de fevereiro de 1913), é inclusive "altamente nocivo". Segundo Bauer, "na falsa explicação esconde, contudo, um germe sadio", pois refere-se aos limites da acumulação do capital.[23]

3º) Segundo Eckstein e o *Vorwärts,* meu livro não tem a mínima relação com o imperialismo, "em geral, o livro tem tão pouca relação com as novas manifestações que atualmente se processam na vida econômica, que o mesmo poderia ter sido escrito há vinte ou mais anos". Segundo Bauer, minha pesquisa descobre "não a única", e "sim uma raiz de imperialismo",[24] o que, para uma pessoa como eu, de tão pouca importância, já seria algo.

4º) Segundo Eckstein, os esquemas marxistas mostram "qual é o volume efetivo da necessidade social"; mostram "a possibilidade do equilíbrio" da qual a realidade capitalista afasta-se essencialmente" porque se acha dominada pela ânsia de lucros, com os quais surgem crises. Enquanto na coluna seguinte, "a exposição corresponde ao esquema marxista e *também à realidade*", pois o esquema mostra justamente "como é realizado esse lucro pelos capitalistas".[25] Segundo Pannekoek, há somente um estado de equilíbrio com aparência vazia: "o volume da produção é comparável a um objeto sem peso... que flutua em qualquer posição. Para o volume da produção não há *nenhuma posição de equilíbrio* a que um possa referir-se em caso de desvio... o ciclo industrial *não* é uma oscilação em torno de uma posição média dada por alguma necessidade".[26] De acordo com Bauer, os esquemas marxistas, cujo verdadeiro sentido enfim decifrou, significam apenas o movimento da produção capitalista conforme o crescimento da população.

---

23 *Neue Zeit*, 1913, número 24, p. 873.
24 *Op. cit.*, p. 874.
25 *Vorwärts*, 16 de fevereiro de 1913, Suplemento.
26 "Theoretisches zur Ursache der Krisen" [Teorias sobre a causa das crises], *Neue Zeit*, 1913, número 22, p. 783, 792.

5º) Eckstein e Hilferding acreditam na possibilidade econômica objetiva da acumulação ilimitada: "e os esquemas mostram quem compra os produtos" (Eckstein) que sobre o papel podem prolongar-se infinitamente. O "objeto sem peso" de Pannekoek pode "mais ainda flutuar em qualquer posição", como ele mesmo diz. De acordo com Hilferding, "é possível toda ampliação da produção, que se possa realizar dentro das forças produtivas presentes", pois, como mostram os esquemas, com a produção aumenta também, automaticamente, o mercado. Segundo Bauer, só "os apologistas do capital podem sustentar a limitação da acumulação" e afirmar "que com a produção aumenta também, automaticamente, o poder de consumo".[27]

O que perguntaremos então? Em que acreditam, finalmente, os senhores "peritos"? Havia em Marx um problema de acumulação que não havíamos notado até agora, ou esse problema continua sendo, após a última solução dada por Otto Bauer, um puro engano de minha "total incapacidade para trabalhar com os esquemas de Marx", como dizia o crítico do *Vorwärts*? São os esquemas marxistas verdades definitivas em última instância, dogmas infalíveis, ou são "arbitrários e cheios de contradições"? O problema por mim abordado chega às raízes do imperialismo ou "não tem nada com os fenômenos da vida efetiva atual"? E que representarão os esquemas de Marx que, como diz Eckstein, fizeram-se célebres? Um modelo de "estado de equilíbrio" da produção, uma imagem da realidade real, uma prova da possibilidade "de toda extensão", de todo crescimento ilimitado da produção, uma prova de sua impossibilidade ante o baixo consumo, uma adaptação da produção aos limites do crescimento da população, o balão "infantil sem peso" de Pannekoek, ou então, oportunamente, um camelo ou uma doninha? Já é tempo de os "peritos" começarem a estabelecer um acordo sobre a questão.

---

27 *Neue Zeit*, 1913, número 24, p. 873.

Entretanto, eis um quadro de clareza, harmonia e unanimidade do marxismo oficial em relação à parte fundamental do segundo volume de *O capital* de Marx! E uma excelente justificação para o orgulho com que esses senhores repreenderam meu livro!²⁸

---

28 De todos os "peritos", o que menos entendeu do que se trata, basicamente, foi o crítico do *Vorwärts*, Eckstein. Esse pertence ao gênero de periodistas nascidos com o crescimento da imprensa operária, que sabem escrever de tudo: direito de família japonês, biologia moderna, história do socialismo, teoria do conhecimento, Etnografia, história da civilização, economia política, problemas táticos..., de tudo o que sinta falta. Esses polígrafos movem-se por todos os campos do saber com tal segurança que os investigadores sérios podem, sinceramente, invejar. E quando lhes falta toda compreensão para o assunto tratado, substituem-na, procedendo com ousadia e petulância. Eis aqui dois exemplos: "Vê-se nisso", disse Eckstein em uma passagem de sua crítica, "que a autora interpretou mal o sentido e a finalidade da exposição marxista, o que se confirma no restante do livro. Além do mais, não viu claramente a técnica desses esquemas. Isso é facilmente verificado na p. 72 do livro." Nessa página trata-se de que Marx, em seu esquema, inclui a produção do dinheiro no capítulo dos meios de produção. Eu critico isso em meu livro, procurando demonstrar que, como o dinheiro em si mesmo *não* é um meio de produção, aquela mistura tem que ser necessariamente causa de grandes dificuldades para a exposição exata. A isso responde Eckstein. "A camarada Luxemburgo censura em Marx a inclusão na série I da produção do material monetário, isto é, de ouro e prata, fazendo-a figurar dentro da produção de meios de produção. Para ela, isso constitui um equívoco. Por essa razão, às duas séries de Marx junta uma terceira, na qual se faz visível a produção do material monetário. O que é certamente aceitável, mas sente-se a curiosidade em ver como ocorrerá a transformação de umas séries em outras." [Grifado por R.L.] E o crítico sente-se amargamente desenganado! "No esquema formulado pela camarada Luxemburgo, a dificuldade não é apenas muito grande, é insuperável. Contudo, ela não tem a menor intenção de expor esses 'enlaces orgânicos'. A menor tentativa lhe faria ver que seu esquema é impossível", e assim sucessivamente. Pois saibam que "o esquema formulado pela camarada Luxemburgo" na p. 72 não foi "formulado" por mim, mas... por Marx! Limito-me a transcrever os números indicados no segundo volume de *O capital*, justamente para mostrar que, conforme as *afirmações de Marx,* não pode incluir-se a produção de dinheiro, o que inicio com as seguintes palavras expressivas: "além do mais, uma olhada no mesmo esquema de reprodução [de Marx] mostra que contradições acarretam a conclusão dos meios de troca com meios de produção". E Eckstein atribui-me o esquema marxista que critico e, baseado nesse esquema, afasta-me, como a uma estúpida guria, porque não percebi com clareza "a técnica desses esquemas".

Um outro exemplo, Marx formulou, na p. 487 do segundo volume de *O capital,* seu primeiro esquema da acumulação no qual faz com que os capitalistas do setor I continuem capitalizando 50% de sua mais-valia, enquanto os do setor II, porque Deus assim o quer, sem que se perceba devido a qual regra, só capitalizam de acordo com as necessidades do setor I. Procuro criticar como arbitrária essa hipótese. Aí surge Eckstein com a seguinte repreensão: "O erro está no próprio cálculo da camarada Luxemburgo, e este mostra que ela *não compreendeu a essência dos esquemas marxistas.* Ela acredita que esses se baseiam no postulado de uma cota de acumulação igual, isto é, pressupõe que nos dois setores fundamentais da produção social se acumula sempre na mesma proporção, ou seja, que uma parte igual de mais-valia passa a ser capital. Mas esta é uma suposição totalmente arbitrária, que contradiz os fatos. Na realidade, *não há semelhante cota geral de acumulação e teoricamente seria um contrassenso.*" Há

A ACUMULAÇÃO DO CAPITAL

Uma vez que, desse modo, Otto Bauer me livrou da necessidade de continuar discutindo com os demais "peritos", passo a discuti-las com ele mesmo.

II.

1.

Como é natural, não examinarei os cálculos tabelares de Bauer. O principal de sua posição e de sua crítica a meu livro é a teoria da população que me contrapõe como base da acumulação e que, em si mesma, nada tem a ver com esquemas matemáticos. A seguir, iremos nos ocupar dessa teoria. Mas antes é necessário conhecer ao menos a maneira, o *método* empregado por Bauer em suas manipulações tabelares. Se seus quadros não servem para a solução do problema puramente econômico-social da acumulação, são, em troca, muito característicos e servem para com-

---

"aqui um erro compreensível da autora, mostrando, uma vez mais, que *para ela a essência dos esquemas marxistas* é um enigma". A lei real das cotas de lucro iguais acha-se "em perfeita contradição com a suposta lei da acumulação" etc., continuando de modo consciencioso, com sal e pimenta, que Eckstein emprega quando quer aniquilar-me. Ele não deixa o trabalho incompleto. Pois bem, *cinco páginas mais adiante,* deduz Marx um segundo exemplo de um segundo esquema da acumulação; exemplo que é o verdadeiro, o fundamental, com o qual passa a operar até o final, enquanto o primeiro se reduzirá a uma tentativa, um esboço provisório. Neste segundo exemplo definitivo, Marx supõe constantemente a *cota igual de acumulação,* "a suposta lei" *em ambos os setores.* O "contrassenso teórico", a "plena contradição com a lei real da cota de lucro igual", toda essa soma de erros capitais, encontram-se no esquema marxista na p. 496 do segundo volume de *O capital,* insistindo Marx nesses equívocos até a última linha do volume. Por conseguinte, a repreensão vai cair, mais uma vez, sobre o infortunado Marx; este é, indubitavelmente, culpado de não haver compreendido a essência de seus próprios esquemas. Infortúnio que, além disso, compartilha não apenas comigo, mas, também, com Otto Bauer, que, em seus próprios esquemas "intacáveis", enumera igualmente com a fórmula "que a cota de acumulação seja a mesma em ambas as esferas de produção" (*Neue Zeit, op. cit.,* p. 838). Isso é crítica à moda de Marx. E eu tenho que escutar insolências de tal gajo que nem sequer leu seriamente *O capital* de Marx! Que semelhante "resenha" haja sido publicada no *Vorwärts* é uma manifestação característica do predomínio da escola de discípulos "austromarxistas", nos dois órgãos centrais da social-democracia. Se Deus me permitir ver a segunda edição de meu livro, não deixarei de apresentar esta pérola, em sua íntegra, no apêndice, para que se torne conhecido da posteridade. [Na presente edição, encontra-se no apêndice.]

preender como aborda a solução do problema. Esse procedimento pode ser ilustrado através de dois exemplos difundidos, nos quais podem julgar facilmente, inclusive os mortais comuns, que têm horror aos quadros desconcertantes e aos signos cabalísticos.

Recorrerei a três exemplos.

Na página 836 do *Neue Zeit*,[29] Bauer expõe o modo pelo qual se verifica a acumulação do capital social. De acordo com Marx, toma os dois grandes setores da produção (1. produção de meios de produção, 2. produção de meios de vida), supondo como ponto de partida, no setor I, um capital constante de 120.000 e um capital variável de 50.000 (o que representará mil ou milhões de marcos, em suma, valor em dinheiro). No setor II, toma um capital constante de 80.000 e um variável de 50.000. Os números são, naturalmente, arbitrários, mas suas proporções são importantes, pois expressam determinados princípios econômicos, dos quais ele parte. Assim, o capital constante em ambos os setores é maior que o variável, para indicar o nível do progresso técnico. Esse predomínio do capital constante sobre o variável é, além disso, maior no setor I do que no setor II, uma vez que também a técnica pode fazer naquele progressos mais rápidos que neste. Finalmente, como consequência, o capital total do setor I é maior do que o do setor II. Estes são, temos que advertir, princípios do próprio Bauer e muito dignos de elogio, porque coincidem com os de Marx. Até aqui tudo vai bem.

Vejamos agora a acumulação. E essa começa com Bauer aumentando os dois capitais constantes na mesma soma de 10.000 e os variáveis na mesma soma de 2.500.[30] Mas com isso contradizem-se os termos anteriormente dados. Pois, em primeiro lugar, o capital total menor do setor II não pode de modo algum crescer na mesma forma que o capital maior

---

29 *Op. cit.*
30 Vide *op. cit.*

do primeiro capítulo, porque, assim, sua relação mútua, determinada pela técnica, retrocede e, em segundo lugar, é impossível que os capitais suplementares se dividam em ambos os setores, do mesmo modo entre o capital constante e o variável, porque os capitais originários não estão divididos da mesma maneira. Também nisso o próprio Bauer deixa de lado a base técnica por ele aceita.

Assim começa a coisa. Bauer vai abandonando, de um modo perfeitamente arbitrário, seus próprios princípios econômicos, na primeira etapa da acumulação. E por quê? Simplesmente por amor aos resultados aritméticos; para obter um resultado claro com adições e subtrações, que, de outro modo, não saberia encontrar.

Continuemos. Após a ampliação da produção aqui verificada, Bauer pode mostrar-nos como se verifica o segundo ato decisivo da acumulação, aquele "salto mortal" consciente, isto é, a realização da mais-valia. Veremos o truque da quantidade incrementada de produtos e de tal modo que se chega a um grau posterior da acumulação da produção. Isso aconteceu na p. 863.

Trata-se da troca das duas quantidades de mercadorias existentes como resultado do primeiro ano de produção: 220.000 meios de produção e 180.000 meios de subsistência. Primeiramente, realiza-se na forma corrente: cada setor aplica grande parte de suas quantidades de mercadorias, diretamente ou por troca, à renovação do antigo capital gasto, assim como para assegurar o próprio consumo da classe capitalista. Até aqui tudo está bem, seguindo Bauer, naturalmente, os passos de Marx. Chegamos ao ponto delicado: a ampliação da produção para o ano seguinte, a acumulação. Esse processo dá-se do seguinte modo, com a citação já conhecida por nós: "Além disso, os capitalistas querem aplicar a mais-valia acumulada, por eles, no primeiro ano, às explorações existentes, ou à fundação de outras novas." Não podemos fazer nada com a questão, que já antes nos ocupou, de se é suficiente a "vontade dos capitalistas". Nesse ponto, compartilhamos a posição de Bauer. A vontade do homem é seu reino e limitamo-nos a estar atentos às manipulações, graças às quais atua a vontade soberana dos capitalistas.

De modo que os capitalistas do setor I de Bauer "querem" colocar 12.500 de sua mais-valia novamente na exploração. Por que essa quantia? Porque Bauer necessita justamente dela para saldar sua conta. Aceitemos, também nisso, a vontade de Bauer, sem reclamações. Só pedimos que se nos permitam manter-nos fiéis a seus próprios dados, livremente escolhidos. Acontece, pois, que os capitalistas do setor I haviam resolvido dedicar à produção 12.500 de sua mais-valia. Agora, porém, ocorre-lhes que, após haverem colocado 10.000 de suas mercadorias em seu próprio capital constante, e outros 2.500 no outro capítulo para obter meios de subsistência para os trabalhadores suplementares da própria exploração ampliada, resta-lhes, ainda, uma porção do total de mercadorias de 4.666. Realizaram seu consumo, renovaram o antigo capital gasto, dedicaram novo capital para a ampliação, por certo exatamente na quantidade sobre a qual haviam entrado de acordo com Bauer, e agora é-lhes, contudo, "desagradável ter um resto". Que se faz com esse resto de 4.666?

Contudo, não esqueçamos que os capitalistas "querem" acumular não só no setor I, mas também no setor II. Nesse, apesar de possuir, como vimos, um capital muito menor, também aspiram a colocar exatamente os 12.500, e inclusive a distribuí-lo exatamente como no setor I. A vaidade em imitar os colegas mais ricos que eles leva-os, também, a prescindir de pontos de vista técnicos. O caso é que, para essa ampliação, necessitam de uma quantidade suplementar de meios de produção do setor I, e talvez isso seja a ocasião de livrar-se, de maneira mais simples, do resto daquele setor. Mas não, tudo isso foi devidamente pensado, já tendo ocorrido. A ampliação do setor II verificou-se "de acordo com o plano", o plano imaginado pelo próprio Bauer. Não cabe colocar mais, nem um único prego. Resta, após tudo isso, no setor I, 4.666! Que fazemos com esse resto? "Onde encontrar mercado para ele?", pergunta Bauer.[31] E acontece o seguinte:

> Os capitalistas das indústrias de bens de consumo transferem uma parte da mais--valia acumulada no primeiro ano às indústrias de meios de produção, ou criando fábricas para elaborar meios de produção ou pondo à disposição dos capitalistas das indústrias de meios de produção uma parte da mais-valia por eles acumulada por intermédio dos bancos, através da aquisição de ações de sociedades dedicadas à elaboração de meios de produção... Por conseguinte, as indústrias de meios de produção vendem mercadorias no valor de 4.666 ao capital acumulado nas indústrias de bens de consumo, colocando-os em indústrias de meios de produção. Portanto, as indústrias de meios de produção, no valor de 85.334 [que cobrem plenamente suas próprias necessidades – R.L.], compram meios de produção no valor de 4.666 destinados à elaboração de meios de produção.[32]

Essa é, pois, a solução: o setor I vende o excedente indigesto de 4.666 ao setor II; mas este não o investe em sua produção, mas o "transfere" ao setor I, onde o utiliza para ampliar novamente o capital constante do setor I.

Não examinaremos aqui o fato econômico das transferências de mais--valia do setor II para o setor I supostas por Bauer. Seguiremos Bauer "às cegas", em todas as suas aventuras, levando em conta apenas o seguinte: se as operações que ele mesmo escolheu livremente se realizam com honradez e clareza e se Bauer se mantém fiel a seus próprios princípios.

Assim, os capitalistas do setor I "vendem" o restante das mercadorias de 4.666 aos capitalistas do setor II, e esses o "compram", transferindo ao setor I "uma parte da mais-valia por eles acumulada". Um momento! Com que o "compram"? Onde está a "parte da mais-valia" com a qual se

---

31 *Op. cit.*, p. 863.
32 *Op. cit.*, p. 863.

paga a compra? Nos quadros de Bauer não há sinal algum. Todas as mercadorias do setor II já foram dissipadas no consumo dos capitalistas de ambos os setores, assim como na renovação e aumento do capital variável (ver o cálculo do próprio Bauer na p. 865), excetuando, é certo, um restante de 1.167. Esses 1.167, em bens de consumo, é tudo o que resta da mais-valia do setor II. E esses 1.167 são utilizados por Bauer "não como adiantamento à conta daqueles 4.666 em meios de produção, mas para ser empregados como capital variável necessário aos trabalhadores suplementares, para os 4.666 meios de produção que se supõem 'comprados'"! Portanto, de qualquer modo que se apresente a questão, os capitalistas do setor II dissiparam totalmente sua mais-valia; examinaram os bolsos e não encontraram nem um centavo para comprar o resto de 4.666.

Por outro lado, se aquela compra se tivesse efetivamente realizado, teríamos que encontrar no setor I os meios de consumo trocados pelo restante de 4.666. Mas onde estão e o que fez com eles o setor I? Bauer não dá sobre isso a menor indicação. Os misteriosos 4.666 meios de consumo, que deveriam mudar-se na "compra", desapareceram sem deixar vestígio. Entretanto, talvez possamos imaginar a questão assim: os capitalistas do setor II dispõem de capitais que não se veem no quadro e têm, por exemplo, depósitos no Banco Alemão e sacam agora 4.666 em dinheiro para comprar aqueles meios de produção. Mas com licença! Se Bauer houvesse estabelecido em estilo figurado, se houvesse construído seus quadros como exposição do "capital social total", ao mesmo tempo olhando de esguelha até os cofres secretos cheios de capital, aos quais pudesse recorrer quando não soubesse mais o que fazer com a troca em suas tabelas, isso seria uma burla dos esquemas marxistas. Capital social total é capital social total! Nesse conceito não cabem sutilezas nem interpretações. Portanto, achar-se-á compreendido nele, até o último centavo, todo o capital que a sociedade possui; o próprio Banco Alemão com seus depósitos acha-se incluído, e a circulação total deve verificar-se no marco do esquema. Terão, portanto, que ser apresentados nas tabelas o como e o porquê. De outra maneira, o esquema inteiro e todos os cálculos não têm qualquer valor.

Vê-se, pois, que as manobras dos capitalistas de Bauer são pura fantasia; esses senhores limitam-se a fazer como se vendessem ou comprassem uns aos outros os 4.666 meios de produção, mas, de fato, não possuem recursos para comprá-los. E, então, como um simples presente que os capitalistas do setor I entregam aos do setor II o resto de suas mercadorias. E os capitalistas do setor II respondem a essa generosidade com outra generosidade: devolvem imediatamente o presente a seus colegas, acrescentam o próprio excedente, em meios de consumo, no valor de 1.167 (com o qual não sabem o que fazer), também de graça. Dizem: tomem, amigos, levem-nos com Deus e vocês terão capital variável para movimentar as máquinas supérfluas.

Assim, no fim do processo da acumulação no setor I (depois que esta se realizou "seguindo o plano" conforme o desejo de Bauer), produz-se um novo capital constante de 4.666 e um variável de 1.167. E Bauer, voltando-se para o público, diz-lhe com um leve sorriso: "*Voilà.*"

> Assim, realizou-se todo o valor dos produtos de ambas as esferas e, portanto, toda a mais-valia. [...] Do mesmo modo, podemos convencer-nos pela tabela IV de que não só no primeiro ano, mas em cada um dos anos seguintes, realizou-se, sem perturbação alguma, o valor total dos produtos de ambas as esferas: a mais-valia total. A hipótese da camarada Luxemburgo, de que a parte acumulada da mais-valia não pode ser realizada, é, pois, falsa.[33]

O resultado é altamente satisfatório, porém a manipulação empregada para obtê-lo atenua um tanto a alegria. Exposto sobriamente, consiste

---

33 *Op. cit.*, p. 865-866.

no seguinte: uma vez que se realizou e terminou a troca entre ambos os setores da produção social, para a renovação e ampliação do capital, resta, ao setor I, um restante de meios de produção no valor de 4.666, que não pode colocar, e ao setor II, outro excesso de meios de consumo no valor de 1.167. Que se há de fazer com esses restantes? Pelo menos trocá-los, rapidamente, pela importância da soma menor? Entretanto, em primeiro lugar, ainda assim restaria no setor I um excesso que não se poderia colocar, haveríamos diminuído os números, mas não a dificuldade. Em segundo lugar, e sobretudo, que sentido e fim econômico teria, então, aquela teoria? Que faria o setor I com os bens de consumo adquiridos para trabalhadores suplementares, se depois da troca não mais teria, em suas mãos, a quantidade suficiente de meios de produção para dar ocupação àqueles operários? E que faria, igualmente, o setor II com os novos meios de produção adquiridos, se por meio da troca havia-se desprovido dos meios de consumo necessários para trabalhadores suplementares? Por conseguinte, é impossível uma troca. Os dois excedentes do esquema não podem ser colocados.

Para fugir ao problema, Bauer recorre aos seguintes artifícios: em primeiro lugar, *finge* uma "venda" do resto de mercadorias invendáveis do setor I para o setor II, sem dizer o que quer que seja acerca dos meios com os quais esta última paga aquela venda. Em segundo lugar, faz com que os capitalistas do setor II realizem algo, contudo, mais original, após a "compra" simulada: faz com que com os novos meios de produção adquiridos sejam transferidos do próprio setor para o outro e colocados como capital. Além disso, em terceiro lugar, induzem-se com essa emigração os próprios meios de consumo invendáveis para colocá-las igualmente no outro setor como capital variável.

Seria possível perguntar para que Bauer finge essa original transação, em vez de simplesmente deixar no setor I os meios de produção excedentes e empregá-los para fins de ampliação, como finalmente aconteceu, após seus sofismas? Mas isso significaria ir de uma a outra dificuldade, porque, então, Bauer se encontraria no apuro de explicar como se pode atrair o capital variável necessário na forma de 1.167 meios de consumo do setor II para o setor I. Como isso não se realizou, e o emprego total do produto, pelo caminho da troca, é impossível, Bauer arma uma confusão, que produz náuseas, para levar ao setor I o resto de mercadorias não vendáveis, terminando, ali, a acumulação.

Esse é, certamente, um comportamento atrevido. Na história da economia, Marx foi o primeiro a formular e expor, esquematicamente, a distinção entre os dois capítulos da produção social. Esse é um pensamento fundamental que colocou sobre novas bases todo o problema da reprodução social e tornou possível sua exata investigação. Contudo, a hipótese dessa distinção marxista e de seu esquema é que, em ambos os setores, só existam *relações de troca,* o que constitui uma forma fundamental para a economia capitalista ou produtora de mercadorias. Essa condição básica é, também, severamente mantida por Marx em suas operações com o esquema, com a mesma severidade com que mantém seus postulados, sempre com férrea consequência. Mas vem Bauer e, assim, de passagem, deita por terra toda a construção de Marx, "transladando" *sem troca* as mercadorias de um setor para outro, e movimentando-se no severo esquema de um lado para o outro como, segundo um ditado polaco, um ganso silvestre no céu.

Bauer baseava-se em que, com o progresso técnico, a elaboração de meios de produção aumenta à custa da dos meios de consumo, e os capitalistas do último setor, por conseguinte, colocam uma parte de sua mais-valia nessa ou noutra forma (por meio de bancos, ações ou empresas próprias) no setor I. Tudo isso está muito bem. Mas as "transferências" da mais-valia acumulada, de um para outro ramo da produção, só podem fazer-se em forma do *capital monetário,* esta forma de capital indiferenciada, absoluta e, portanto, indispensável no intercâmbio, para servir de intermediário nos deslocamentos que ocorrem na produção da mercadoria. Não se podem adquirir ações de minas de cobre com uma quantidade de velas não vendáveis, ou fundar uma nova fábrica de máquinas com um estoque de sapatos que não se podem vender. Tratava-se, justamente, de mostrar de que maneira as mercadorias capitalistas se transformam em capital monetário, que é o único que torna possível a circulação de um para outro ramo da produção. Consequentemente, é um refúgio vão, quando não se pode realizar a troca, "transferir simplesmente *sem troca* para outro setor da produção".

É igualmente assombroso o fato de Bauer fazer com que um setor da produção social crie novos estabelecimentos no outro. Os setores de Marx não são registros pessoais dos empresários, mas categorias econômicas objetivas. Que um capitalista do setor II queira "criar" uma nova empresa no setor I não significa que a seção dos meios de consumo contribua para a produção dos meios de produção, o que seria um absurdo econômico. Contudo, constitui também um absurdo o fato de uma única pessoa atuar simultaneamente como empresário em ambos os setores. Nesse caso, economicamente temos que atuar com *dois capitais,* um dos quais elabora meios de produção, e o outro, bens de consumo. Que esses dois possam pertencer a uma mesma pessoa, ou que a mais-valia de ambos venha a pertencer a um único indivíduo, é objetivamente indiferente, para a análise das condições sociais de produção. Por isso, a *troca* é o único meio de comunicação entre os setores e, quando ambos se confundem em uma massa indeterminada, quebra-se a severa construção de Marx; o resultado da luta de um século pela clareza na economia nacional e a análise do processo de reprodução retornam ao caos no qual se agitavam, atrevidamente, Say e seus semelhantes.

A ACUMULAÇÃO DO CAPITAL

Deve-se observar que o próprio Bauer parte do mesmo conceito. Assim, diz, por exemplo, no começo da construção de suas tabelas: "Por isso, no segundo ano, o valor dos produtos da indústria de bens de consumo deve ascender a 188.000, *pois só contra essas somas de valor podem trocar-se os bens de consumo.*"[34] Assim mesmo, uma vez terminadas suas tabelas e quando vai começar a acumulação, pergunta: "Quem compra essas mercadorias?"[35] Por conseguinte, o próprio Bauer começa querendo realizar a acumulação e faz com que a quantia total de mercadorias seja trocada entre os dois setores. E no final, quando após diversos atos de troca se encontram ambos os setores com mercadorias que não podem ser trocadas, sai do apuro fazendo com que os dois setores troquem mútuas gentilezas. Desse modo, Bauer, no começo de suas tabelas, abandona as próprias hipóteses e, ao mesmo tempo, a condição fundamental do esquema marxista.

Vejamos, agora, um terceiro exemplo.

Como se sabe, Marx desenvolve seus esquemas para ilustrar a acumulação, supondo que o capital constante se encontra em uma proporção inalterável em relação com o capital variável e que a cota de mais-valia é, igualmente, imutável, ainda que o capital cresça progressivamente. Em meu livro, entre outras coisas, fiz frente a isso, achando que essa suposição é incompatível com a vida real, e o que facilita a marcha da acumulação nos esquemas marxistas é o progresso técnico, isto é, o desdobramento gradual na relação do capital constante e do variável. O crescimento da cota da mais-valia, como já afirmei, ofereceria insuperáveis dificuldades à exposição da acumulação dentro do esquema marxista, mostrando que o processo da acumulação capitalista não pode encerrar-se simplesmente nas relações mútuas da indústria puramente capitalista.

---

34 *Op. cit.*, p. 837.
35 *Op. cit.*, p. 863.

Ao contrário de Marx, Otto Bauer certamente leva em conta, em suas tabelas, o progresso técnico, e o faz de um modo expresso, fazendo com que o capital constante aumente de ano a ano, duas vezes mais rápido que o variável. Inclusive em suas posteriores explicações atribui ao progresso técnico o papel decisivo na alternativa das conjunturas. Mas que vemos do outro lado? Bauer "para simplificar a pesquisa" supõe simultaneamente uma cota de mais-valia constante, invariável![36]

Na verdade, a análise científica pode prescindir, para simplificar a questão, das condições da realidade ou combiná-las livremente para corresponder aos fins existentes, em cada caso. O matemático pode reduzir ou elevar a uma potência, à vontade, sua equação. O físico pode realizar experiências no espaço vazio, para explicar as velocidades relativas da queda dos corpos. Igualmente, o economista pode eliminar, para determinados fins de investigação, certas condições reais da vida econômica. Marx, no primeiro volume de *O capital,* parte de duas hipóteses. Primeira: que todas as mercadorias se vendem por seu valor; segunda: que os salários correspondem ao valor total da força de trabalho, que, como se sabe, se acha continuamente refutada na prática. Marx empregava esse procedimento para mostrar como, ainda nessas condições, as mais favoráveis para o trabalhador, tem lugar a exploração capitalista. Sem dúvida, nem por isso, sua análise deixa de ser cientificamente exata: por esse caminho dá-nos uma boa base para a apreciação exata de sua prática cotidiana e seus desvios.

Mas o que se diria de um matemático que multiplicasse por 2 a metade de sua equação deixando a outra inalterada ou dividindo-a por 2? O que se pensaria de um físico que, ao comparar a relação de velocidades em queda, observasse uns corpos no ar, e outros no espaço vazio? Bauer, porém, procede desse modo. Certamente, Marx toma mais-valias fixas

---

36 *Op. cit.*, p. 837.

em todos os seus esquemas de reprodução, o que nos permite considerar ilegítima essa hipótese na investigação do problema da acumulação. Mas dentro e fora dos limites dessa hipótese, Marx procedeu muito consequentemente, prescindindo sempre do progresso técnico.

Bauer procede de outro modo: aceita como Marx uma cota fixa de mais-valia, mas ao mesmo tempo aceita um progresso técnico acentuado e incessante, em contradição com Marx. Leva em conta o progresso técnico, mas um progresso que não acarreta aumento na exploração. Desse modo, aceita, simultaneamente, duas condições contraditórias. Elas anulam-se mutuamente. Logo, generosamente, deixa-nos examinar todas as suas operações, levando em conta uma cota crescente de mais-valia da qual "transitoriamente" prescindiu, e assegura-nos que nesse caso tudo acontece normalmente. Sente-se que Bauer não quis ter o trabalho de concluir, por si só, essa insignificância, em vez de reformular o artificioso cálculo, justamente ali, e mandar-nos para ocupações prazenteiras, no momento em que iniciaria a demonstração propriamente dita.[37] Somente assim teríamos, pelo menos, uma "prova" aritmética para a afirmação de Bauer. O que nos apresentou não ajuda na análise científica, pois é puro desleixo, que nada pode esclarecer nem demonstrar.

Até agora não me referi ao conteúdo econômico das tabelas de Bauer; só demonstrei, por meio de alguns exemplos, os métodos que Bauer aplica e como cumpre as condições por ele mesmo frisadas. Por isso tive que me deter em suas manipulações, e o fiz não para facilmente sair vencedora frente à torpeza de suas operações esquemáticas. Muitos de seus erros podiam ajustar-se facilmente em tabelas construídas com mais habilidade, em cuja matéria Tugan-Baranovski, por exemplo, é um grande mestre, ainda

---

37 Pannekoek, após haver igualmente trabalhado com um capital que cresceu rapidamente e com uma cota de mais-valia inalterável, diz: "De modo semelhante podia-se considerar também uma modificação gradual da cota de exploração" (*Bremer Bürger-Zeitung*, de 29 de janeiro de 1913). Mas, também ele, deixa ao leitor o trabalho de fazer os cálculos.

que essas não demonstrassem muito melhor o assunto em si. Mas o que importa é a maneira como Bauer aplica o esquema marxista, é o fato de que a confusão que produziu com suas tabelas demonstra, claramente, o quanto sabe fazer com os esquemas marxistas.

O colega de Bauer, em sua "perícia" Eckstein, repreende-o "por seu desconhecimento fundamental dos esquemas marxistas", por sua total "incapacidade para trabalhar com os esquemas de Marx" etc. Eu me limito a destacar essas duas provas, não porque queira executar tão cruelmente Bauer como seu colega "austromarxista", mas porque Bauer declara ingenuamente:

> Rosa Luxemburgo limita-se a indicar as arbitrariedades dos esquemas marxistas... Preferimos buscar uma maneira de tornar compreensível a argumentação de Marx e realizar nossa investigação empregando um esquema livre de toda arbitrariedade. Por isso, formulamos esquemas que, uma vez aceita a hipótese, nada contêm de arbitrário, e cujas grandezas se seguem umas às outras necessariamente.[38]

Bauer perdoar-me-á que, à luz das citações expostas, eu prefiro manter-me fiel a Marx sem corrigir suas "arbitrariedades". No final, teremos ocasião de observar a diferença existente entre os erros de Marx e os de seus "peritos" epígonos.

Mas Bauer não apenas me doutrina, mas – como é um homem muito consciencioso – sabe, além disso, explicar meu erro. Descobriu onde está a raiz de meu equívoco:

> Por conseguinte, a hipótese da camarada Luxemburgo de que a mais-valia acumulada não pode realizar-se é falsa"; escreve depois que suas tabelas se resolveram plenamente pelas manipulações indicadas. "Como é possível que a camarada Luxemburgo haja chegado a essa falsa hipótese?"

---

38 *Op. cit.*, p. 837.

E segue com a desconcertante explicação:

> Imaginemos que os capitalistas compram, no primeiro ano, aqueles meios de produção que foram postos em movimento pelo incremento da população operária no segundo ano, e que os capitalistas, no primeiro ano, compram aqueles bens de consumo que vendem no segundo ano, ao incremento da população operária... Se não admitíssemos essa suposição, a realização da mais-valia no primeiro ano seria efetivamente impossível.

E acrescenta mais adiante:

> Rosa Luxemburgo acredita que a parte da mais-valia acumulada não pode ser realizada. De fato, não pode ser realizada no *primeiro ano*, se os elementos materiais do capital produtivo suplementar... só são comprados no segundo ano.[39]

Nisso encerra-se o ponto central da questão. Eu não sabia que, quando em 1916 se deseja abrir uma fábrica e pô-la em andamento, em 1915 têm que ser realizadas as construções necessárias, comprar as máquinas e matérias-primas e ter armazenados os meios de consumo para os operários que terão ocupação. Eu imaginava que primeiro se funda uma fábrica e depois se compram os edifícios necessários; que primeiro se empregam os operários e depois se semeia o grão com o que se produzirá o pão! A coisa é bastante cômica, sendo-o muito mais se se tem em conta que semelhantes revelações aparecem no órgão científico do marxismo.

De modo que Otto Bauer acredita, realmente, que as fórmulas marxistas têm algo a ver com "anos" e se esforça em explicar-me isso, no decorrer de duas páginas, com a ajuda de fórmulas complexas e de letras latinas e gregas. Mas os esquemas marxistas da acumulação do capital nada têm a ver com os anos. O que interessa a Marx são as *metamorfoses*

---

[39] *Op. cit.*, p. 836.

econômicas dos produtos e seu encadeamento capitalista; e que no mundo capitalista a série dos processos econômicos se manifesta da seguinte forma: produção-troca-consumo, novamente produção-troca-consumo, e assim sucessivamente. Como a troca é a inevitável fase de transição de todos os produtos e o único laço dos produtores, para o lucro dos capitalistas e para a acumulação, não importa, em primeira linha, em qual tempo as mercadorias são realizadas. O que importa são os dois seguintes fatos, de suma importância:

1º) Os capitalistas, em conjunto ou individualmente, não podem realizar nenhum aumento da produção até que tenham conseguido trocar suas mercadorias, e

2º) Os capitalistas, em conjunto ou individualmente, não realizam nenhuma ampliação da produção sem ter a perspectiva de um mercado mais amplo.

Onde encontra a classe capitalista um mercado ampliado como base de sua acumulação? Esta é a questão. Bauer, finalmente, dá a seguinte explicação:

> Na verdade, realiza-se também a mais-valia acumulada na sociedade capitalista. Efetivamente, a realização verifica-se por etapas, lentamente. Assim, por exemplo, os meios de subsistência que se empregam no segundo ano para o sustento dos trabalhadores suplementares, em regra geral, são produzidos no primeiro ano, e são vendidos pelos produtores ao capital empregado no comércio ampliado; portanto, uma parte da mais-valia contida nesses meios de subsistência realiza-se no primeiro ano. A realização de outra parte dessa mais-valia verificar-se-ia depois, no decorrer do segundo ano, com a venda desses meios de subsistência pelo atacadista aos varejistas, e por estes aos trabalhadores... Nesse sentido, nosso esquema se torna um reflexo fiel da realidade.[40]

---

40 *Op. cit.*, p. 868.

Aqui, ao menos, Bauer nos dá um exemplo concreto de como se processa a realização da mais-valia, se no primeiro ou no segundo ano. Realiza-se na venda dos meios de subsistência pelo produtor ao atacadista, por este ao varejista e, finalmente, por este último aos operários "suplementares". Por conseguinte, em última instância, são os operários os que ajudam o capitalista a realizar sua mais-valia, a transformá-la em moeda efetiva. "Nesse sentido", o esquema de Bauer é um reflexo fiel da visão do capitalista individual e de seu Sancho Pança teórico, o economista vulgar.

Certamente, para um único capitalista não tem importância se é Fulano quem compra suas mercadorias ou Sicrano; pouco se lhe dá que seja um operário ou outro capitalista, um nacional ou um estrangeiro, um lavrador ou um artesão. O capitalista guarda seu lucro no bolso, não importa a quem venda suas mercadorias, e os empresários do ramo de meios de subsistência obtêm seu lucro vendendo suas mercadorias aos operários, da mesma forma que os empresários do ramo de artigos de luxo vendem suas rendas, joias, ouro e diamantes às belas mulheres das classes elevadas. Mas Bauer transfere essa vulgar sabedoria empírica do empresário para o capital total sem dar-se conta do que jaz. Se ele não pode diferenciar as condições da reprodução do capital social das condições da reprodução do capital individual, por que então Marx escreveu seu segundo volume de *O capital*? Nisso consiste a base da teoria marxista da reprodução; isso é o decisivo da "obra assombrosa", como a chama o colega de Bauer, Hilferding. Marx destaca pela primeira vez, com clássica clareza, a diferença fundamental entre as duas categorias: capital individual e capital social, em seus movimentos, retirando-a da trapalhada de contradições e tentativas de Quesnay, Adam Smith e os que depois vulgarizaram seus trabalhos. Examinemos, desse ponto de vista, a concepção de Bauer, também empregando apenas os meios mais simples.

De onde tiram os trabalhadores o dinheiro com que realizarão a mais-valia do capitalista comprando os meios de subsistência? Certamente, o empresário particular não se preocupa em saber de onde seu "cliente" tirou o dinheiro. O que importa é que o tenha; é-lhe indiferente que lhe tenha sido dado de presente, ou que ele o haja roubado, ou que tenha sido adquirido através da prostituição. Para a classe capitalista permanece o fato irremovível de que os trabalhadores só retiram dos capitalistas, em troca de sua capacidade de trabalho, os meios que necessitam para suprir as necessidades de sua vida: os salários. Recebem-nos, como foi exposto acima, conforme as condições da moderna produção de mercadorias, em duas formas: primeiro, como dinheiro, depois, como mercadoria, retornando, sempre, o dinheiro a seu ponto de partida, ao bolso do capitalista. Essa circulação do capital variável esgota totalmente o poder aquisitivo dos trabalhadores e suas relações de intercâmbio com os capitalistas. Por conseguinte, quando se atribuem meios de vida à classe operária, *socialmente* isso não quer dizer que o capital realize sua mais-valia, mas que oferece capital variável em mercadorias (salário real), com o qual retira, em forma de dinheiro, exatamente, a mesma quantidade de capital investido no período anterior. Portanto, essa chamada realização da mais-valia, conforme a receita de Bauer, consistiria em que a classe capitalista trocasse constantemente uma parte de capital novo em forma de mercadorias pela mesma quantidade do próprio capital já anteriormente adquirido em forma de dinheiro! É claro que, na realidade, a classe capitalista realiza continuamente essa transação, do mesmo modo que tem que obedecer à triste necessidade de ceder a seus trabalhadores, na forma de meios de subsistência, uma parte do produto total para que estes produzam nova mais-valia em forma de mercadoria. Mas jamais a classe capitalista imaginou que com esse fato "realizasse" sua mais-valia anterior. Tal descoberta estava reservada a Bauer.[41]

Além disso, o próprio Bauer tem "a sensação obscura de que a transformação da mais-valia em capital variável pode ser qualquer coisa menos 'realização da mais-valia'". Assim, por exemplo, nada fala sobre isso, enquanto trata da renovação do capital variável da mesma escala. Só quando chegam os "trabalhadores extras" começa a funcionar o artifício. Os trabalhadores que há anos trabalham para os capitalistas recebem primeiro simplesmente salário em dinheiro, depois, em meios de subsistência, e, em troca, produzem a mais-valia. Pelo contrário, os trabalhadores recém-contratados na hora da ampliação fazem algo mais: "realizam" para os capitalistas sua mais-valia, e fazem-no comprando, com o dinheiro que lhes pagam os capitalistas por seus salários, meios de subsistência a esses mesmos capitalistas. Os trabalhadores comuns não fazem senão realizar sua própria mercadoria – seu trabalho – e muito fazem para o capital *produzindo-lhe* mais-valia. Mas se são os trabalhadores, "são denominados "extras", então, eles devem realizar um duplo milagre: produzir mais-valia em mercadorias e, além disso, realizar essa mais-valia em dinheiro!

---

41 Um "perito" menos destacado resolveu no *Dresdner Volkszeitung* (de 22 de janeiro de 1913) o problema da acumulação de maneira admirável. "Todo marco de aumento que o trabalhador recebe", assim ele ensina-me, "cria uma nova colocação do capital correspondente a dez marcos ou mais. De modo que a luta dos trabalhadores... cria o mercado para a mais-valia e torna possível a acumulação do capital no próprio país." Que rapaz inteligente! Mais adiante, quando ocorrer a um perito escrever simplesmente, no meio de sua contemplação econômica, "cocoricó", seguramente isso será impresso, sem mais, como editorial no órgão social-democrata. Isso porque os senhores redatores, especialmente os de formação universitária, que têm muito o que fazer para mover a roda da história universal nos salões de sessões e corredores parlamentares, há muito tempo que consideram ultrapassado o trabalho de sentar e ler livros teóricos para formar um critério sobre os problemas que se apresentam. É mais fácil dar essa tarefa a um repórter qualquer dos que escrevem apreciações econômicas recortando dados estatísticos ingleses, norte-americanos e de outros países.

Afortunadamente, achamo-nos aqui entre os conceitos básicos do processo de reprodução, no início do segundo volume de *O capital*; e torna-se claro e evidente até que ponto Bauer é chamado não apenas para explicar o segundo volume de Marx, mas sobretudo para "libertar" a exposição marxista de suas contradições e "arbitrariedades" e dar uma "expressão adequada" ao raciocínio de Marx.

Bauer resume a parte essencial de sua crítica a meu livro com a seguinte passagem:

> A camarada Luxemburgo acredita que as mercadorias nas quais se acham incorporadas ($\alpha + \beta$) [para simples mortais: as mercadorias em que se encerra a mais-valia destinada à capitalização – R.L.] têm que ser vendidas fora do mundo capitalista, para que seja possível a realização da mais-valia nelas contida. Mas que mercadorias são essas? São aqueles meios de produção que os capitalistas necessitam para ampliar seu aparato de produção, e aqueles meios de consumo destinados a suprir o aumento da população operária.

E Bauer, assombrado com minha obsessão conceitual, exclama:

> Se se eliminassem do mundo capitalista essas mercadorias, não seria possível, no ano seguinte, nenhuma produção em escala ampliada: não se poderiam adquirir nem os meios de produção necessários para ampliar o aparato de produção nem os meios de subsistência para alimentar uma população ampliada. *Se essa parte da mais-valia saísse do mercado capitalista, não seria possível, como acredita Rosa Luxemburgo, a acumulação, pois isso, ao contrário, a impossibilitaria.*[42]

E, no fim de seu artigo, volta a dizer categoricamente:

> A parte do excedente produtivo em que se acha contida a parte da mais-valia acumulada não pode vender-se aos camponeses e pequeno-burgueses coloniais, porque é necessária na metrópole capitalista para aumentar o aparato da produção.[43]

---

42 *Op. cit.*, p. 868. [Grifado por Bauer.]
43 *Op. cit.*, p. 873.

Deus louvado seja! Há palavras para qualificar semelhante apreciação das coisas, e semelhante crítica? Encontramo-nos no terreno da inocência econômica e é nesse nível que se encontram o boníssimo von Kirchmann e o respeitável arquiconfucionista russo Vorontsov. Então, Bauer crê seriamente que, quando se "lançam" mercadorias capitalistas a classes ou países não capitalistas, elas desaparecem como se o mar as levasse, deixando um vazio na economia capitalista! Em seu zelo, fantasiando sobre o esquema, não percebeu o que hoje é conhecido por toda criança; que, quando se exportam mercadorias, essas não se aniquilam, mas são *trocadas,* comprando-se por seu intermédio outras mercadorias naqueles países e classes não capitalistas, que servem para prover a economia capitalista de meios de produção e consumo! Ele descreve pateticamente, como muito prejudicial para o capital, o que é realidade diária, do primeiro até o último dia na história do capitalismo!

Com efeito, coisas assombrosas! O capitalismo inglês "lançou", constantemente, da terceira à sétima década do século XIX, seus meios de produção, carvão e ferro, na América do Norte, que então não era capitalista, e na América do Sul, e não se arruinou por isso, mas prosperou e ficou com bochechas vermelhas, recebendo algodão, açúcar, arroz, tabaco e, mais tarde, cereais da América. O capitalismo alemão "lança" hoje, com toda a atividade, suas máquinas, barras de ferro, locomotivas e produtos têxteis na Turquia não capitalista e, longe de arruinar-se por isso, *está disposto a atear fogo ao mundo por seus quatro lados, só para monopolizar, em maior escala, esses negócios prejudiciais*. Para procurar a possibilidade de "lançar" na China não capitalista suas próprias mercadorias, a Inglaterra e a França sustentaram, durante três decênios, guerras sangrentas na Ásia oriental, e o capital europeu unido empreendeu no fim do século uma cruzada internacional contra a China. Mas, além disso, a troca com camponeses e trabalhadores manuais, isto é, com produtores não capitalistas na própria Europa, é um fenômeno diário que se verifica ante nossos olhos, simultaneamente em todos os países. Isto é, como todos sabem, uma das condições imprescindíveis para a existência da indústria capitalista. E, com esses antecedentes, Otto Bauer revela-nos prontamente que, se os capitalistas "lançarem" em meios não capitalistas as mercadorias que não são consumidas por eles mesmos ou seus operários, será impossível toda acumulação! Como se, inversamente, o desenvolvimento do capital fosse possível, e como se o capital tivesse tido que prender-se, desde o princípio, simplesmente, aos meios de produção e consumo por ele mesmo elaborados!

Até que ponto podem induzir a erro as fantasias teóricas! Mas isso é característico, teórica e praticamente, em toda essa corrente "perita" de marxismo (mais tarde, repetidamente, o confirmaremos), que perde todo o sentido da realidade, por ter se afundado em um "esquema" abstrato, e tanto mais tropeça com os fatos importantes da vida real quanto mais anda às cegas pelas névoas da teoria.

Com isso podemos considerar conhecidas as preliminares de Bauer, seu método, seu procedimento. Resta agora o principal: sua teoria da população.

2.

> Toda sociedade cuja população cresce tem que aumentar anualmente seu aparato de produção. Essa necessidade será a mesma, tanto para a sociedade socialista do porvir como para a atual sociedade capitalista, do mesmo modo que existiu para a simples produção de mercadorias, ou para a economia camponesa do passado, que produzia para o próprio consumo.[44]

---

44 *Neue Zeit, op. cit.*, p. 834.

A ACUMULAÇÃO DO CAPITAL

Aqui se encontra o germe da solução dada por Bauer ao problema da acumulação. Para a acumulação, o capital necessita de um mercado em contínuo crescimento, que torne possível a realização da mais-valia. De onde vem esse mercado? Bauer responde: a população da sociedade capitalista cresce como todas as demais e com ela aumenta a demanda de mercadorias. Este é o fundamento da acumulação em geral. "Na forma de produção capitalista, existe *a tendência para acomodar a acumulação do capital ao crescimento da população.*"[45] Daqui Bauer deduz, consequentemente, o movimento característico do capital e suas formas.

Primeiramente: o estado de *equilíbrio* entre produção e população; isto é, a linha média em torno da qual gravitam as conjunturas.

Bauer supõe, por exemplo, que a população aumenta anualmente em 5%. "Para que se mantenha o equilíbrio, é, pois, necessário que o capital variável também aumente anualmente em 5%." Como o progresso técnico faz com que aumente rapidamente a parte do capital constante (meios de produção materiais) à custa do capital variável (salários para os trabalhadores), Bauer, para acentuar bem isso, supõe que o capital constante cresce duas vezes, isto é, 10% ao ano. Sobre essa base constrói ele aquelas tabelas "inatacáveis" cujas operações já conhecemos e que, daí para a frente, só nos interessarão por seu conteúdo econômico. Nessas tabelas, Bauer inclui todo o produto social, concluindo: "A ampliação do campo de produção, o que é a condição fundamental da acumulação, é dada pelo crescimento da população."[46]

O ponto essencial desse "estado de equilíbrio", no qual a acumulação se verifica sozinha, é, pois, a convicção de que o capital variável cresce tão rapidamente como a população. Detenhamo-nos um instante nessa lei fundamental da acumulação, formulada por Bauer.

---
45 *Op. cit.*, p. 871.
46 *Op. cit.*, p. 869.

A população cresce, em seu exemplo, em 5% ao ano e, por isso, o capital variável tem que crescer também no mesmo ritmo. Mas que quer dizer isso? O "capital variável" é uma dimensão de valor, é a soma dos salários que se paga aos trabalhadores, expressa em certa quantidade de dinheiro. Essa quantia pode representar conjuntos de bens de consumo completamente diferentes. Em geral, e sob a suposição de um progresso técnico geral, isto é, de uma produtividade crescente do trabalho, a uma soma relativamente menor de capital variável corresponderá uma quantidade determinada de meios de consumo. De tal maneira que, quando a população cresce anualmente em 5%, o capital variável precisa crescer 4 3/4, 4 1/2, 4 1/4 etc. para que seja mantido o mesmo nível de vida. E Bauer pressupõe um crescimento técnico geral, pois, para expressá-lo, aceita um crescimento duplo do capital constante. Nesse pressuposto, o aumento uniforme do capital variável com o crescimento da população só pode ser admitido em um caso: quando, apesar do rápido e contínuo progresso técnico em todos os ramos da produção, apesar da produtividade crescente do trabalho, os preços das mercadorias se mantiverem sempre iguais. Mas isso, além de teoricamente significar a ruína da teoria marxista do valor, na prática iria se mostrar incompreensível do ponto de vista capitalista. O barateamento das mercadorias pela concorrência é, pois, justamente o que estimula o capital individual para aparecer como campeão do progresso técnico.

Mas um momento! Se, por acaso, o que ocorra seja que, apesar da produtividade crescente do trabalho e do barateamento interrompido das subsistências, os salários em dinheiro (o capital variável, dimensão de valor) se mantêm inalteráveis porque o nível de vida dos operários aumenta na proporção do progresso. Nesse caso, iria se ter levado em conta a ascensão social da classe operária. Mas supor que essa melhora do nível de vida dos trabalhadores é tão sólida e duradoura que o capital variável (soma dos salários em dinheiro) tem de crescer, ano por ano, na proporção da população operária significa que todo o progresso técnico, toda a vantagem do aumento de produtividade do trabalho, beneficia, exclusivamente, os operários; isto é, que os capitalistas não aumentaram sua cota de mais-valia, exceto a elevação de seus níveis privados de vida. Como sabemos, Bauer aceita de fato em suas tabelas uma cota de mais-valia inalterável. É certo que só a aceita "de momento" e unicamente "para com ela simplificar", para estender a mão à nossa torpeza espiritual e facilitar-nos subir no primeiro degrau de sua teoria. Mas, na realidade, essa suposição, como se vê claramente, é a *base econômica fundamental* da teoria da acumulação de Bauer; nela descansa todo o "estado de equilíbrio" entre a produção e o consumo da sociedade! O próprio Bauer o diz expressamente:

> Nosso esquema (tabela IV) pressupõe: 1º) que a classe operária aumenta anualmente em 5%; 2º) *que o capital variável aumenta na mesma proporção que os operários;* e 3º) que o capital constante cresce mais rápido que o variável na medida exigida pelo progresso técnico. *De acordo com essas suposições* não há que admirar-se de que a realização da mais-valia não cause nenhuma dificuldade.[47]

Mas essas hipóteses são "assombrosas" e o são no mais alto grau. Pois se deixamos de vagar no ar e descemos à terra firme, temos que perguntar: que estímulo move a classe capitalista para aplicar o progresso técnico e colocar somas cada vez maiores no capital constante, se os resultados desses progressos só favorecerão a classe operária? Segundo Marx, a criação da "mais-valia relativa", o aumento da cota de exploração ou o barateamento dos trabalhadores são os únicos impulsos objetivos que movem a classe capitalista, e o resultado objetivo verdadeiro a que se encaminham inconscientemente as lutas dos capitais individuais para obter um lucro maior. Por conseguinte, a assombrosa hipótese de Bauer é uma impossi-

---

47 *Op. cit.*, p. 869.

bilidade econômica enquanto o capitalismo existir. Se com ele aceitamos o progresso técnico, isto é, o aumento da produtividade do trabalho, será deduzido com clareza média que é impossível o aumento do capital variável – a soma dos salários – "na mesma proporção" que a população. De maneira que se esse cresce anualmente em uma proporção fixa, o capital variável só poderá crescer em proporção *descrescente*, digamos, em uns 4 5/6, 5 4/5, 4 3/4, 4 1/2 etc. E vice-versa: para que o capital variável pudesse crescer anualmente com esta regularidade em 5%, a população, devido a um progresso técnico rápido, teria que aumentar em progressão crescente, digamos, de 5 1/4 para 5 1/2, depois para 5 3/4, para 6% etc.

Com isso, a lei do "equilíbrio" formulada por Bauer vem abaixo como um castelo de cartas. Basta comprovar que seu "estado de equilíbrio", o ponto de partida de toda a sua teoria da acumulação acomodada ao crescimento da população, apoia-se sobre o dilema de dois absurdos econômicos, que contradizem a essência do capitalismo e o fim da acumulação: que o progresso técnico, com efeito, não barateia as mercadorias ou que esse barateamento favorece exclusivamente os operários e não a acumulação.

Vejamos um pouco o que é que ocorre na realidade. A hipótese do crescimento anual de 5% da acumulação – de Bauer – é, naturalmente, um exemplo teórico. Ele poderia, com igual razão, ter escolhido 2 ou 10%. Mas, em troca, não é indiferente o crescimento *efetivo* da população, ao que, segundo Bauer, tem que adaptar-se exatamente a evolução capitalista, pois nesse princípio repousa toda a sua teoria da acumulação. E o que nos mostra o crescimento real da população, por exemplo na Alemanha?

O crescimento anual da população atingiu na Alemanha, segundo dados estatísticos oficiais, 0,96% no período de 1816 a 1864, e 1,09% no período de 1864 a 1910. Na realidade, portanto, o crescimento da população aumentou de velocidade: de 1816 a 1910, em quase um século, de 0,96% para 1,09%, isto é, em não mais, não menos que 0,13%. E, se considerarmos de perto o período da evolução do grande capital na Alemanha, o crescimento anual da população foi, entre 1871 e 1880, de 1,08%; entre 1880 e 1890, de 0,89%; entre 1890 e 1900, de 1,31%; e entre 1900 e 1910, de 1,41%. Por conseguinte, também há aqui um aumento do crescimento anual, no transcurso de quarenta anos, de 1/3%. Que diferença do ritmo frenético e inaudito do crescimento do capitalismo alemão durante o último quarto de século!

Todavia, abrem-se perspectivas muito melhores se tomarmos em consideração os demais países capitalistas. Segundo os últimos censos, o crescimento anual da população é o seguinte:

Áustria-Hungria............................0,87%
Rússia europeia.............................1,37%
Itália...0,63%
Romênia...1,50%
Sérvia..1,60%
Bélgica..1,03%
Holanda...1,38%
Inglaterra, Escócia e Irlanda.................0,87%
Estados Unidos.............................1,90%
França...0,18%

Vê-se que tanto os números absolutos do crescimento da população como a comparação de diversos países entre si, do ponto de vista dessa suposta base de acumulação do capital, produzem resultados maravilhosos. Para achar a hipótese do aumento de 5% suposta por Bauer, na realidade teríamos que emigrar para climas mais quentes, à Nigéria ou ao arquipélago de Sonda. Com efeito, o crescimento anual da população ascende, segundo o último censo:

Uruguai 3,77%
Estados malaios britânicos 4,18%
Nigéria do Sul..5,55%
Bornéu setentrional 6,36%
Hong Kong 7,84%

É lamentável que lugares tão propícios para a acumulação do capital se encontrem justamente ali onde não há nenhuma produção capitalista, e que tais perspectivas se venham confundindo tão miseravelmente à medida que nos aproximamos dos territórios do capitalismo!

Consideremos agora a coisa mais de perto. A acumulação do capital – diz Bauer – depende do crescimento da população, acomodando-se exatamente a ela. Como se explica, então, por exemplo, o caso da França, onde o crescimento da população diminui constantemente? Segundo o último censo, é de apenas 0,18% e, por conseguinte, a população aproxima-se lentamente da estagnação e, talvez, do declínio absoluto. Mas não obstante essa população estagnada, o capital continua sendo acumulado, alegremente, na França, e o faz de tal modo que pode suprir todos os países com suas reservas de capital. Na Sérvia, o ritmo de aumento populacional é duas vezes superior ao da Inglaterra e, sem dúvida, como se sabe, o capital é mais acumulado na Inglaterra do que na Sérvia. Como conciliar isso?

Seguramente, a resposta a essa dúvida refere-se apenas à nossa torpeza: a teoria de Bauer não se refere a um país isolado e sua população, mas tem em vista a população em geral. Por conseguinte, haveria de considerar o crescimento da humanidade em conjunto. Muito bem, mas fazendo-o assim aparecem enigmas ainda mais assombrosos.

É evidente que o crescimento anual da "humanidade" só pode ter importância para a acumulação capitalista na medida em que a humanidade seja consumidora de mercadorias capitalistas. Não parece oferecer dúvida o fato de que o crescimento satisfatoriamente rápido da população na Nigéria do Sul ou no Bornéu setentrional, no momento, e como base da acumulação, pouco interessa ao capital. Haverá alguma relação entre a ampliação do círculo de fregueses do capitalismo e o aumento natural da população? É claro e evidente que se o capital tivesse que esperar, para realizar suas possibilidades de acumulação, a ampliação natural de seu círculo originário de consumidores iria se achar provavelmente ainda no início do período manufatureiro, e talvez nem sequer tão longe. Mas não ocorreu ao capital, nem em sonhos, aguardar tal coisa, pois para ampliar sua base de acumulação ele recorre a outros métodos abreviados, a reduzir com todos os meios do poder político a economia natural e a simples economia de mercadorias, para criar, pela ruína sucessiva de ambas, novas esferas de fregueses para suas mercadorias em todas as partes do mundo. Mas esses métodos cruzam-se drasticamente com o crescimento da população nos países e povos de que se trata.

Assim, o círculo de compradores de mercadorias pode aumentar enquanto a população diminui. De fato, o método capitalista de ampliação do mercado mundial pelo ataque à economia natural primitiva caminha junto com a confusão e também com a extinção de povos inteiros. Esse processo acompanha a evolução capitalista desde o descobrimento da América até nossos dias; os espanhóis no México e no Peru no século XVI, os ingleses na América do Norte no século XVII, na Austrália no século XVIII, os holandeses no arquipélago malaio, os franceses na África do Norte e os ingleses na Índia no século XIX, os alemães na África ocidental no século XX. Mesmo assim, as guerras empreendidas pelo capital europeu para "abrir" a China ao comércio conduziram a matanças periódicas da população chinesa, e, portanto, tornaram inevitavelmente mais lento seu crescimento natural.

Enquanto, desse modo, a ampliação da base da acumulação do capital em países não capitalistas vai unida à extinção parcial da população, nos países onde está arraigada a produção capitalista vai acompanhada de outros movimentos no crescimento natural da população.

Nos dois fatores desse crescimento: número de nascimentos e mortalidade, vemos em todos os países capitalistas dois movimentos contrapostos. O número de nascimentos diminui em todas as partes de um modo geral e constante. Assim, o número de nascimentos por mil habitantes alcançou na Alemanha: 1871-80, 40,7; 1818-90, 38,2; 1891-1900, 37,3; 1901-10, 33,9; 1911, 29,5; 1912, 29,1. A mesma tendência se manifesta claramente comparando-se países de capitalismo muito desenvolvido com outros que ficaram atrasados. Para cada mil habitantes havia os seguintes nascimentos (1911 ou 1912): na Alemanha, 28,3; na Inglaterra, 23,8; na Bélgica, 22,6; na França, 19,0; em Portugal, 39,5; na Bósnia e Herzegovina, 40,3; na Bulgária, 40,6; na Romênia, 43,4; na Rússia, 46,8. Todos os estatísticos, sociólogos e médicos atribuem esse fenômeno à influência da vida nas grandes cidades, da indústria fabril, à insegurança da existência, ao progresso cultural etc., em suma, os efeitos da civilização capitalista.

Ao mesmo tempo, a moderna evolução da ciência e da técnica, e o próprio progresso cultural oferecem oportunidades para combater a mortalidade. Assim, na Alemanha, a cifra de mortalidade anual por mil habitantes era: 1871-80, 28,8; 1881-90, 26,5; 1890-1900, 23,5; 1901-10, 19,7; 1911, 18,2; 1912, 16,4. O mesmo quadro resulta da comparação de países capitalistas adiantados com países atrasados. A cifra de mortalidade por mil habitantes (1911 ou 1912) foi na França, 17,5; na Alemanha, 15,6; na Bélgica, 14,8; na Inglaterra, 13,3; na Rússia, 29,8; na Bósnia e Herzegovina, 26,1; na Romênia, 22,9; em Portugal, 22,5; na Bulgária, 21,8.

Segundo o fator que atue com maior ou menor força, será mais lento ou mais rápido o crescimento da população. Mas em todos os casos, e em todos os sentidos, é a evolução do capitalismo, com suas concomitâncias econômicas, sociais, físicas e espirituais; *é a acumulação do capital que influi sobre o crescimento da população e o determina, e não o inverso.* Mais ainda; em geral pode advertir-se que a evolução capitalista atua sobre o movimento da população no sentido de que, com mais ou menos rapidez, contém, seguramente, o crescimento da população. A comparação de Hong Kong e Bornéu com a Alemanha e a Inglaterra, da Sérvia e Romênia com a França e a Inglaterra, é suficientemente clara.

A consequência de tudo isso é evidente: a teoria de Bauer inverte a situação real das coisas. Quando Bauer faz com que a acumulação do capital se acomode ao crescimento natural da população, em seus esquemas, perde de vista o fato diário, conhecido de todo o mundo, isto é, que o capital modela e determina a população: tão logo extingue-a em massa, tão logo apressa ou detém seu crescimento. O resultado geral é o seguinte: *quanto mais rápida a acumulação, tanto mais lento o crescimento da população.*

Este é um belo problema para um materialista histórico que se esquece de ver um pouco do que acontece na realidade, sem perguntar-se de onde depende o crescimento da população, o que vai acarretar a acumulação do capital. Friedrich Albert Lange, em sua *Geschichte des Materialismus* (*História do materialismo*), diz incidentalmente:

> Hoje, ainda, temos na Alemanha pessoas que se consideram filósofas e que escrevem grandes tratados sobre a formação da representação – inclusive com a pretensão de uma "observação exata por meio do sentido interior" – sem pensar que talvez em sua própria casa têm crianças nas quais podem observar, através de seus olhos e ouvidos, pelo menos, os sinais da formação de representações.

Se ainda hoje existem na Alemanha semelhantes "filósofos", não o sei; mas a espécie da "patetice metafísica", que por meios de cálculos esquemáticos exatos do "sentido interior" querem resolver problemas sociais e esquecem, ao fazê-lo, olhos, ouvidos, o mundo e o chá que tomaram em pequeno, parece haver encontrado agora, nos "peritos" do marxismo oficial, os "legítimos herdeiros da Filosofia clássica alemã".

3.

Mas a coisa é ainda mais curiosa. Estudamos até agora as condições econômicas do crescimento da população, nas quais Bauer pretende fundamentar sua teoria da acumulação. Mas, na realidade, sua teoria possui outra base. Quando ele fala de "população" e "crescimento da população", refere-se propriamente à classe dos operários salariados, e somente a ela. Para destacar isso, bastará citar as passagens seguintes:

> Supomos que a população aumenta em 5% anualmente. Por conseguinte, para que o equilíbrio (entre produção e demanda social) seja mantido, é necessário que também o *capital variável* (isto é, a soma dos salários pagos) aumente anualmente em 5%.[48]

Se o consumo da população sobre o qual se acha calculada a produção é igual ao capital variável, isto é, à soma de salários pagos, essa "população" só pode ser a população trabalhadora. Bauer formula-o de modo expresso:

"O aumento do capital variável (isto é, da soma de salários) expressa a provisão de subsistência para o crescimento da população."[49] E ainda mais categoricamente, na passagem já citada por mim:

---

[48] *Op. cit.*, p. 835.
[49] *Op. cit.*, p. 834.

nosso esquema (tabela IV) pressupõe: 1º) *que a classe operária cresce anualmente em 5%;* 2º) que o capital variável cresce na mesma proporção que os *trabalhadores;* 3º) que o capital constante (isto é, os gastos em meios de produção materiais) cresce mais rapidamente que o variável, no grau exigido pelo progresso técnico. *Sob tais suposições,* não há que assombrar-se com o surgimento de dificuldades para realizar a mais-valia.[50]

Levemos em conta que, segundo as suposições de Bauer, há, em geral, apenas duas classes na sociedade: operários e capitalistas.

> *Como numa sociedade* [diz ele, algumas linhas depois] *que seja composta apenas por capitalistas e operários,* os proletários sem trabalho não encontram rendimentos senão os salários...[51]

Essa suposição não é casual nem ocasional, mas tem uma importância decisiva para a posição de Bauer perante os problemas: tanto para ele como para os outros "peritos" trata-se justamente de provar, contra mim, que conforme o "esquema", também, em uma sociedade com produção exclusivamente capitalista, composta simplesmente de capitalistas e operários, é possível a acumulação do capital, que se verifica sem dificuldades. Por conseguinte, na teoria de Bauer só restam duas classes sociais: capitalistas e proletários. Mas a acumulação do capital dirige-se só, em seu crescimento, pela classe proletária. Por conseguinte, Bauer, primeiramente, reduz a população a duas únicas classes, operários e capitalistas, de acordo com sua suposição e depois, tacitamente por suas operações, exclusivamente a de trabalhadores. Esses constituem a "população" a cujas necessidades o capital se adapta. Assim, tem-se que entender, quando Bauer toma como base de sua exposição esquemática o crescimento anual

---

50 *Op. cit.,* p. 869.
51 *Op. cit.,* p. 869.

da população em 5%, que o que cresce em 5% é apenas a *população operária*. Ou haveremos de considerar esse crescimento da classe proletária simplesmente como manifestação parcial do crescimento geral uniforme da população total em 5% ao ano? Mas isso seria uma descoberta completamente nova, depois do que Marx fundamentou teoricamente, e depois que as estatísticas profissionais demonstraram, há muito tempo, que na sociedade atual cada classe segue suas próprias leis de população.

De fato, Bauer tampouco pensa em um crescimento uniforme da população total. Em todo caso, esse crescimento não impera para seus capitalistas; seu aumento anual não é, de forma alguma, de 5%, como se demonstra facilmente.

Na página 835, Bauer dá como base de consumo dos capitalistas, em quatro anos sucessivos, as seguintes cifras: 75.000, 77.750, 80.539 e 83.374. Se Bauer supõe que os salários dos operários crescem exatamente como essas cifras, podemos admitir que para os capitalistas a situação, no que se refere ao seu nível de vida, pelo menos não é pior em relação aos operários, e que também é aumentada a renda destinada ao consumo, na medida de seu crescimento. Se é assim, no esquema de Bauer, correspondendo ao consumo dos capitalistas nos quatro anos, resulta o seguinte incremento anual da classe capitalista: 5% no segundo ano, 3,6% no terceiro, 3,5% no quarto. Se isso continuasse, logo começariam a extinguir-se os capitalistas de Bauer, e então estaria resolvido o problema da acumulação do modo mais original. Mas não temos que nos preocupar com a sorte individual dos capitalistas de Bauer. Só nos interessa fazer constar que, quando Bauer fala de crescimento da população como base da acumulação, se refere constantemente ao crescimento da classe de operários assalariados.

E, finalmente, o próprio Bauer o diz secamente quando na p. 839 expõe: "Seu aumento (da cota de acumulação) será realizado por esse

caminho *até que se restabeleça o equilíbrio entre o crescimento do capital variável e o crescimento da população.*"
A isso segue a explicação na p. 870:

> Sob a pressão do exército industrial de reserva, aumenta a cota da mais-valia, e com ela a cota de acumulação social até que essa se tenha tornado suficientemente grande, apesar da sua crescente composição orgânica, para *fazer com que o capital variável aumente com a mesma rapidez que a população trabalhadora. Logo que isso ocorra, estará restabelecido* o *equilíbrio entre a acumulação e o crescimento da população.*

Com a mesma clareza, e estabelecendo como regra geral, repete na p. 871:

> Na sociedade capitalista, existe a tendência de adaptar-se a acumulação do capital ao crescimento da população. Essa adaptação é conseguida quando o capital variável (a soma de salários) aumenta no mesmo ritmo que a população operária, mas o capital constante, mais rapidamente, no grau em que existir a evolução da produtividade.

Encontra-se mais uma vez, em forma talvez mais lapidar, no final do artigo de Bauer, em que resume sua quintessência, o seguinte:

> Primeiro (em uma sociedade capitalista isolada como a de seu esquema) *a acumulação acha-se limitada pelo crescimento da população operária.* Pois – devido à composição orgânica do capital – *a grandeza da acumulação* está determinada pelo crescimento da população operária disponível...[52]

Portanto, é evidente que, sob a aparência da adaptação da acumulação do capital ao crescimento da população, Bauer faz com que o capital seja regido exclusivamente pela classe operária e por seu crescimento natural.

---

52 *Op. cit.*, p. 873.

Dizemos expressamente: crescimento *natural,* pois na sociedade de Bauer, na qual não existem classes intermediárias, na qual só restam capitalistas e proletários, não é possível recrutar o proletariado das classes pequeno-burguesas e camponesas e, portanto, a reprodução natural é o único método de sua multiplicação. Justamente, essa adaptação à população proletária é utilizada por Bauer para explicar as mudanças da conjuntura capitalista. Temos que examinar sua doutrina desse ponto de vista.

Vimos que o equilíbrio entre a produção e o consumo social é obtido quando o capital variável, isto é, a parte do capital destinada ao salário dos operários, cresce com a mesma rapidez que a população operária. Mas a produção capitalista tem um impulso mecânico que sempre destrói o equilíbrio, às vezes para baixo, "subacumulação", outras vezes para cima, "superacumulação". Começaremos com o primeiro movimento do pêndulo.

Se a primeira "cota de acumulação" é demasiadamente pequena, diz Bauer, isto é, se os capitalistas não utilizam em suficiente quantidade capital novo para empregá-lo na produção, "o crescimento do capital variável decresce em relação à maior quantidade de pessoas que buscam trabalho. A situação que nesse caso se produz podemos chamá-la de situação de 'subacumulação'".[53] E, em seguida, Bauer a descreve. De acordo com ele, o primeiro efeito da subacumulação é a constituição de um exército industrial de reserva. Uma parte do incremento da população permanece sem trabalho. Os proletários sem trabalho exercem pressão sobre o salário dos que estão empregados, baixam os salários; aumenta a cota da mais-valia.

> Como numa sociedade composta exclusivamente de capitalistas e operários, os proletários sem trabalho não podem achar mais empregos que os derivados, os *salários têm que baixar, a cota da mais-valia tem que subir,* até que, apesar da

---

53 *Op. cit.*, p. 869.

relativa diminuição do capital variável, toda a população operária ache trabalho. A distribuição verificada do produto que isso causa se deve ao fato de que, com a crescente composição orgânica do capital no qual se expressa o progresso técnico, houve uma queda no *valor do trabalho*, e, portanto, formou-se uma *mais-valia relativa*.

Desse incremento da mais-valia resulta agora uma nova base para uma acumulação renovada, mais intensa, e com ela, para uma maior demanda de trabalhadores: "Cresce, pois, também, a quantidade de mais-valia que se aplica à ampliação do capital variável." Por esse caminho, sua ampliação será verificada "até que se haja restabelecido seu equilíbrio entre o crescimento do capital variável e o crescimento da população".[54] Desse modo, saímos da subacumulação para retornar ao equilíbrio. Descrevemos a metade do movimento pendular do capital em torno do equilíbrio econômico, e neste primeiro ato vamos deter-nos um pouco mais.

O estado de equilíbrio significa – vamos recordá-lo mais uma vez – que o crescimento da população proletária se contrabalança, isto é, que toda classe operária com seu crescimento natural acha ocupação. Atualmente, a produção perde esse estado de equilíbrio, a demanda de trabalho faz-se inferior ao crescimento do proletariado. Qual a causa desse desequilíbrio? O que determina esse primeiro movimento do pêndulo fora do ponto central do equilíbrio? Para um simples mortal será difícil obter a resposta para essa pergunta pela algaravia erudita de Bauer, citada anteriormente. Afortunadamente, na página seguinte, vem ele mesmo em auxílio de nossa iniquidade, e, em estilo um pouco menos obscuro, diz: "O progresso produz uma composição orgânica maior do capital, que conduz constantemente a subacumulação."[55]

---

54 *Op. cit.*, p. 869.
55 *Op. cit.*, p. 870.

A ACUMULAÇÃO DO CAPITAL OU O QUE OS EPÍGONOS...

Isto é, pelo menos, breve e claro. É, pois, o *progresso técnico* o que determina a hora em que os trabalhadores deixam as máquinas, a menor demanda de operários, a formação de um exército industrial de reserva, a baixa dos salários; em suma, o estado de "subacumulação".
Confrontemos Bauer com Marx.

1. Na subacumulação, diz Bauer, "diminui o valor do trabalho" e, graças a isso, forma-se a "mais-valia relativa", que serve para formar um novo fundo de acumulação. Perdão! Que com a aplicação das máquinas "fica sem trabalho uma parte do incremento da população", e que pela pressão desses desempregados "baixem os salários", não significa, de modo algum, que "o valor do trabalho" decai, mas que o *preço* da mercadoria-trabalho (o dinheiro do salário) diminui, simplesmente, em consequência do excesso da oferta, em um nível *inferior ao seu valor* (isto é, abaixo do nível de vida já culturalmente alcançado pelos trabalhadores). Mas, segundo Marx, a mais-valia relativa não surge, de modo algum, porque os salários decresceram em relação ao valor do trabalho, em consequência da diminuição da demanda de operários, mas – Marx repete isso inúmeras vezes no primeiro volume de *O capital* – sob a suposição de que o preço do trabalho, isto é, o salário, é *igual* a seu valor; ou, por outras palavras, que a demanda e a oferta de trabalho estão equilibradas. Segundo Marx, a diminuição surge, sob essa suposição, em consequência do barateamento dos custos de manutenção dos trabalhadores, isto é, em consequência daquele fator que Bauer *elimina,* desde o momento em que declara necessário "para o equilíbrio um crescimento uniforme do capital variável e da população operária". Ou, dito com palavras mais simples: a formação do novo capital, com o qual Bauer quer alimentar a futura acumulação, só sai, sob a aparência de uma

"mais-valia relativa", da pressão exercida sobre os salários, imposta aos trabalhadores pela conjuntura.
2. Que estranha lei econômica é essa do movimento dos salários, segundo a qual eles "baixarão constantemente", até que toda a população operária tenha ocupação? Defrontamo-nos, pois, com o estranho fenômeno de que, quanto mais baixos se tornem os salários, tanto mais aumenta o grau de ocupações. Quando os salários estão no ponto mais baixo, trabalha todo o exército industrial de reserva! Na terra prosaica onde vivemos, as coisas podem ocorrer ao contrário; a queda dos salários caminha junto com o aumento da jornada do trabalho; sua elevação, com o aumento da ocupação. Ordinariamente, quando os salários estão mais baixos, é também maior o exército de reserva; quando o nível salarial atinge seu ápice, desaparece mais ou menos por completo.

Mas existem coisas ainda mais surpreendentes no esquema de Bauer. A produção capitalista consegue sair do vale de lágrimas da acumulação por um procedimento tão simples como duro: justamente a grande queda dos salários ajuda os capitalistas a realizarem novas poupanças (que Bauer, por causa de um pequeno mal-entendido com o primeiro volume de *O capital*, chama de "mais-valia relativa") e com elas têm uma nova base para novas inversões, para ampliar a produção e para reanimar a demanda dos trabalhadores. De novo nos encontramos não na terra prosaica, mas no mundo da lua da "sociedade" de Bauer. É curioso sustentar que ainda hoje o capital precise poupar alguns centavos, graças à queda geral dos salários, para atrever-se a criar novas empresas e estabelecimentos! Se faz com que ele espere até o extremo limite, até a queda geral e prolongada dos salários, para conseguir, por esse caminho, o novo capital do qual necessita para ampliar a produção. No mundo da lua da especulação de Bauer, na qual o capitalismo atingiu a maior altura imaginável de desenvolvimento, todas as classes acabaram, toda a população transformando--se em capitalistas ou em proletários. Nessa sociedade, não há, todavia, reservas de capital; vive-se o presente, como na época do "bom Doutor Aikin" na Inglaterra do século XVI. Naquela sociedade, evidentemente, não existem bancos, como os que aqui, na Terra, guardam enormes reservas de capital acumuladas há bastante tempo, e que só aguardavam uma oportunidade para lançar-se à produção, qualquer que seja o nível dos salários. A acumulação febril em escala mais alta, que agora se manifesta justamente em todos os países rivais e neutros, para levar rapidamente aos celeiros do lucro empresário a colheita sangrenta da guerra mundial, com uma forte elevação dos salários industriais, é a sátira mais drástica possível ao capital tísico da fantasia de Bauer que só pode arrebanhar ânimo para novas empresas de acumulação, da periódica depressão geral dos operários! Nota-se, pois, que Bauer, ao descrever o "equilíbrio" de novo grau, sublinha mais uma vez:

> sob a pressão do exército industrial de reserva aumenta a cota de mais-valia e, com ela, a cota de acumulação social *até que esta é suficiente* para fazer com que o capital variável aumente tão rapidamente como a população operária, apesar da crescente composição orgânica. *Tão logo que isso acontece*, o exército industrial de reserva desaparece (*nota bene*: pela segunda vez, pois na primeira desaparecera quando os salários atingiram seu ponto mais baixo, isto é, no máximo da subacumulação!) e "permanece o equilíbrio entre a acumulação e o crescimento da população".[56]

Segue-se a esse "equilíbrio" restabelecido imediatamente a segunda oscilação do pêndulo, isto é, para cima, até a "superacumulação". Bauer descreve esse processo com muita simplicidade.

> Quando a cota de acumulação social aumenta [graças à pressão exercida conscientemente sobre o salário! – R.L.], acaba por atingir o ponto no qual o capital

---
[56] *Op. cit.*, p. 870.

A ACUMULAÇÃO DO CAPITAL

variável cresce mais rapidamente que a população. É a isso que denominamos estado de superacumulação.

Com estas poucas linhas, Bauer considera terminado o assunto. Além disso, ele nada mais diz sobre o nascimento da "superacumulação". O impulso que ocasiona a "subacumulação" era, pelo menos, um fato concreto: o progresso técnico; mas no que se refere à oscilação pendular oposta, deixa-nos entregues a nossa própria e insuficiente imaginação. Só verificamos que a cota de acumulação ascendente (isto é, a formação de capital capaz de ser investido em novas empresas) chega "finalmente" a um ponto no qual a demanda de trabalhadores excede a sua oferta. Mas, por que "finalmente" alcançará esse ponto? Talvez, de acordo com a lei física da permanência, já que se está em um movimento ascendente? Mas vejamos de onde procede esse aumento! Sob a pressão da falta de trabalho, todos os salários baixaram. *Dessa queda do salário* resultou o incremento do capital disponível. Esse incremento só permanece até que todos os desempregados tenham conseguido ocupação, e isso acontece na estranha sociedade idealizada por Bauer apenas quando os salários se encontram no ponto mais baixo. Mas, uma vez que a totalidade da população tenha trabalho, também deixam de baixar, nessa estranha sociedade, os salários, e inclusive começam a subir lentamente, como em nossa terra. E logo que os salários comecem a subir, a cota de acumulação tem que deixar de subir, pois, segundo Bauer, ela só sai dessa fonte. Inclusive tem que retroceder, por seu lado, a criação de capital. Então, como pode continuar subindo, depois que todos os desempregados estivessem colocados, para "finalmente" alcançar o ponto da "subacumulação"? Esperamos a resposta em vão.

Se permanecemos seguros em relação ao nascimento da "superacumulação", o mesmo nos sucede com a última etapa da argumentação: o processo por meio do qual a "superacumulação" é por sua vez superada e levada ao ponto central do equilíbrio.

"Se a cota de acumulação é muito grande [entenda-se que é apenas uma relação com os trabalhadores existentes e seu aumento! – R.L.], o exército de reserva desaparece rapidamente [o que lhe ocorre, portanto, já pela terceira vez], sobem os salários, diminui a cota de mais-valia."

Com ele também diminui, ainda mais rapidamente do que ocorreria em consequência da crescente composição orgânica, a cota de lucro. De tudo isso resulta "uma crise avassaladora na qual o capital fica paralisado"; verificam-se "uma destruição em massa de valores e uma queda brusca da cota de lucros". Agora, a acumulação volta a fazer-se mais lenta, "o crescimento do capital variável torna a determinar o crescimento da população".[57] Caímos, mais uma vez, na "subacumulação", que já conhecemos.

Mas por que Bauer faz com que a "crise avassaladora" tenha lugar com a "superacumulação"? Esta significa, para ele, apenas o crescimento mais rápido do capital variável com respeito à população operária. Em termos simples, isso quer dizer: a demanda de trabalhadores é superior à oferta do mercado de trabalho. Isso há de ocasionar uma nova crise industrial e comercial? Bauer recorre nessa passagem a uma citação de Hilferding, que substituirá uma explicação do aparecimento da crise: no momento "em que as tendências da cota descendente do lucro se impõem à frente das tendências que, em consequência da demanda crescente, determinaram o aumento dos preços e do lucro, produz-se a crise". Mas, prescindindo de que esta citação hilferdingiana nada pode esclarecer, porque não é uma explicação, mas apenas uma trabalhosa descrição das crises, esse parágrafo cai sobre as especulações de Bauer, assim como um tijolo entre um bando de galinhas.

Em toda a exposição de Bauer não há uma "demanda" crescente ou decrescente de mercadorias, que pudesse determinar um "aumento dos preços e lucros". Em Bauer há apenas uma dança de duas figuras:

---

57 *Op. cit.*, p. 871.

capital variável e proletariado ("população"). O movimento total da acumulação, seu eixo de "equilíbrio", suas alternativas em torno desse eixo resultam, unicamente, da proporção recíproca entre ambos os fatores: capital variável e população operária. Em Bauer não há nada que se refira à demanda ou à venda de mercadorias e suas dificuldades, não as menciona, nem sequer com uma sílaba. A "superacumulação" consiste, para Bauer, no excesso do capital variável, ou seja, da demanda de operários em comparação ao crescimento natural destes. Essa é a única "demanda" que aparece em Bauer. Sairá daqui uma crise, ainda por cima uma crise "avassaladora"? Gostaríamos de ver como se explica coisa tão surpreendente!

É certo que na Terra prosaica onde vivemos com os demais, à deflagração da crise pode suceder, igualmente, uma conjuntura, na qual a demanda de trabalhadores se apresenta com a máxima tensão e na qual os salários tendem a subir. Mas, sobre essa mesma terra, esse último fenômeno não é *causa* da crise, mas o pássaro que anuncia a tempestade, como o diz Marx, no segundo volume de *O capital*, é um fenômeno que acompanha outros fatores: a relação entre a *produção* e o *mercado*.

Qualquer que seja a profunda explicação que se dê teoricamente às modernas crises comerciais, o certo é que resultam, na realidade, de um modo para todos perceptível, da desproporção entre a produção, isto é, oferta de mercadorias e mercado, isto é, demanda de mercadorias. Em troca, para Bauer, que não menciona a questão da liquidação das mercadorias, saem crises periódicas da desarmonia entre a demanda de trabalho e a reprodução natural dos trabalhadores! Porque os operários não podem multiplicar-se tão rapidamente como o exige a demanda crescente do capital, estala uma "crise avassaladora"! A falta periódica de trabalhadores como única causa das crises comerciais é seguramente uma das descobertas mais surpreendentes da economia política, não apenas desde Marx, mas também desde William Petty, e constitui uma digna coroação de todas as demais leis curiosas que no mundo da lua da sociedade de Bauer governam a acumulação do capital e suas relações.

Agora, conhecemos o movimento do capital em todas as suas fases, e Bauer resume-o da seguinte forma:

> Por conseguinte, a forma de produção capitalista traz em si própria o mecanismo que auxilia a acumulação a superar seu atraso em relação ao crescimento da população e adapta-o ao crescimento da população [entenda-se, o crescimento da população operária].[58]

E mais adiante insiste com suma energia:

> A economia mundial capitalista, considerada em conjunto, tem em seus ciclos a tendência à adaptação da acumulação, ao crescimento da população [entenda-se o crescimento da população operária]. A prosperidade é "superacumulação". Supera-se a si mesma na crise. A depressão que a segue é uma época de baixa acumulação. Supera-se a si mesma, enquanto a depressão elabora em seu interior as condições de retorno da prosperidade. *A volta periódica da prosperidade, da crise, da depressão é a expressão empírica do fato de que o mecanismo da produção capitalista suprime, por si só, a superacumulação e a subacumulação, e volta a adaptar a acumulação do capital ao crescimento da população* [entenda-se da população que trabalha].[59]

Agora, certamente, não é mais possível que haja mal-entendidos. O "mecanismo" de Bauer consiste, dito em poucas palavras, no seguinte: No ponto central da economia mundial capitalista está a classe operária. Ela e seu crescimento natural são o eixo em torno do qual gira a vida econômica. Desse eixo depende o capital variável (e com ele, na proporção técnica exigível, o constante). Algumas vezes, o capital existente é muito pequeno para ocupar todos os proletários, e então explora o excedente

---

58 *Op. cit.*, p. 870.
59 *Op. cit.*, p. 872. [Grifado por Bauer.]

destes por meio de baixos salários. Outras vezes é muito grande para achar bastante proletários, e então aniquila-se a si próprio numa crise. Logo, o movimento integral da produção e suas alternativas são apenas uma aspiração eterna do capital a adaptar suas dimensões ao número de proletários e a seu aumento natural.

Esta é a "quinta-essência" do "marxismo de Bauer"; de seus complicados cálculos e das explicações que dá sobre eles.

O leitor que tenha alguma ideia do marxismo suspeita de que a inversão copernicana se encerra, com respeito à lei fundamental da economia capitalista, nessa teoria da acumulação de Bauer! Mas para dar-lhe toda a importância que merece é necessário que verifiquemos antes de que modo Bauer, partindo do novo centro de gravitação por ele descoberto, está em condições de explicar-nos, como num jogo, todas as manifestações parciais da economia capitalista.

Já conhecemos a mudança de conjuntura, isto é, a oscilação do capital no tempo. Vejamos agora as trocas no espaço.

> A tendência a adaptar a acumulação ao crescimento da população [entenda-se crescimento da população operária] domina as relações internacionais. Países com superacumulação duradoura colocam no estrangeiro uma grande parte crescente da mais-valia acumulada cada ano. Exemplo: França e Inglaterra. [E por que não a Alemanha? – R.L.] Países com uma subacumulação duradoura atraem capital do estrangeiro e dão a este trabalhadores. Exemplo: os países agrários da Europa oriental.[60]

Como isso está maravilhosamente certo! Como é claro e cristalino tudo isso! Vê-se a alegre satisfação com que Bauer resolve, como se se tratasse de um jogo de crianças, os mais complicados problemas com sua nova lei. Tratemos de examinar o exemplo com algumas provas ligeiras.

---

60 *Op. cit.*, p. 871.

Existem, pois, países "com superacumulação duradoura" e países "com subacumulação duradoura". Que é "superacumulação", que é "subacumulação"? A resposta contida na página seguinte é: "prosperidade é superacumulação"... A depressão é uma época de subacumulação. Segundo isso, há países com prosperidade duradoura – como: França, Inglaterra, Alemanha! – e países com depressão duradoura, a saber: os países agrários da Europa oriental! Não é realmente maravilhoso?

Segunda prova: qual é a causa da baixa acumulação? A resposta na página anterior diz: "O progresso até uma composição orgânica superior (simplesmente progresso técnico) produz sempre de novo a subacumulação." "Por conseguinte, os países com subacumulação duradoura devem ser os países onde o progresso técnico tem atividade mais persistente e enérgica – estes são: "os países agrários da Europa oriental." Os países com superacumulação duradoura devem ser os países com progresso mais lento e fraco – estes são: França, Inglaterra, Alemanha. Não é realmente maravilhoso?

Finalizando a construção, aparecem evidentemente os Estados Unidos da América do Norte, que consegue ser, ao mesmo tempo, o país com "subacumulação duradoura", "superacumulação duradoura", com o progresso técnico mais acelerado e com o progresso técnico mais lento, com prosperidade duradoura e depressão contínua, pois – oh, maravilha! – atrai simultaneamente e "duradouramente" tanto capital como trabalhadores de outros países.

4.

Confrontemos o "mecanismo" de Bauer com o de Marx. A quintessência da teoria de Bauer é a tendência do capital a adaptar-se à população operária disponível e a seu crescimento. Para Bauer, superacumulação significa que o capital cresce demasiado rápido em comparação com o proletariado; subacumulação, que cresce muito lentamente em comparação com esse. Excesso de capital e falta de operários, falta de capital e excesso de operários, eis aqui os dois polos da acumulação no mecanismo de Bauer. E que encontramos em Marx?

Bauer intercala em suas considerações uma passagem do terceiro volume de *O capital* de Marx, no qual se trata da "superacumulação", parecendo ser a teoria de Bauer uma explicação "inatacável" da concepção marxista. Assim, Bauer diz, a propósito da fase de "superacumulação", Marx descreve o estado de "superacumulação" do seguinte modo:

> No momento em que o capital, ao incrementar-se, se achasse em uma proporção tal que nem se pudesse aumentar a jornada absoluta de trabalho dada por essa população nem ampliar-se a jornada relativa de mais trabalho (este último não poderia tampouco fazer-se em um caso no qual a demanda de trabalho fosse muito intensa, isto é, em que houvesse tendência à elevação dos salários); assim sendo, no momento em que o capital incrementado só produz a mesma quantidade de mais-valia, inclusive, menor que antes de seu incremento, iria se dar uma superprodução absoluta; isto é, o capital incrementado $C + AC$ não produz mais lucros que o capital C antes de ser incrementado por AC ou, inclusive, produz menos. Em ambos os casos, também teria lugar uma grande e repentina diminuição da cota geral de lucro; mas desta vez em consequência de se haver verificado uma troca na composição do capital, que não ocorreu devido ao desenvolvimento da força produtiva, mas a um aumento no valor em dinheiro do capital variável (em consequência do aumento dos salários) e da diminuição correspondente na proporção entre o sobretrabalho e o trabalho necessário.[61]

A esta citação Bauer acrescenta o pequeno discurso que se segue:

> Este ponto designa o *limite absoluto da acumulação*. Uma vez alcançado, sobrevém a adaptação da acumulação ao crescimento da população [entenda-se,

---

61 *O capital*, v. III, 1, p. 233.

como sempre, em Bauer: crescimento da população operária] em uma crise devastadora etc.

Disso o leitor há de concluir que em Marx se trata, exatamente como em Bauer, da contínua adaptação do capital à população trabalhadora, e que Bauer o reproduz apenas de maneira abreviada, com suas próprias palavras.

A passagem citada por Bauer antecede em Marx, no mesmo capítulo, quase imediatamente, o seguinte:

> Essa pletora (excesso) de capital nasce das mesmas circunstâncias que determinaram uma superpopulação relativa, e é, portanto, um fenômeno que complementa esta última, se bem que ambas se encontrem em dois polos opostos: de um lado, o capital desempregado, e, do outro, a população operária desempregada.[62]

Como se entende? Para Bauer "superacumulação" significa apenas excesso de capital *em relação com o crescimento da população operária*; por conseguinte, o excesso de capital é sempre idêntico à falta de população operária, da mesma maneira que subacumulação, isto é, falta de capital, é sempre idêntica ao excesso de população operária. Em troca, para Marx, ao contrário, o excedente de capital é simultâneo ao excedente de população operária, resultando ambos de circunstâncias terceiras idênticas.

E no mesmo capítulo, após a passagem citada por Bauer, diz-se um pouco mais adiante, na p. 238:

> Não há contradição alguma em que essa superprodução de capital vá acompanhada de uma superpopulação relativa considerável. As mesmas circunstâncias que elevaram a capacidade produtiva do trabalho aumentaram a quantidade

---

[62] *O capital*, v. III, 1, p. 233.

das mercadorias, ampliaram os mercados, apressaram a acumulação do capital, tanto em volume como em valor e reduziram a cota de lucro, essas mesmas circunstâncias provocaram e constantemente provocarão uma superpopulação relativa, *uma superpopulação de operários que não é ocupada pelo capital excedente*, a causa do baixo grau de exploração do trabalho no qual unicamente podia ser ocupada, ou, pelo menos, a causa da baixa taxa de lucro que renderia com o grau de exploração dado.

Na mesma página, um pouco mais adiante, expõe Marx:

> Se se exporta capital para o estrangeiro, isso não quer dizer que não possa ser empregado, absolutamente, no país. Ocorre apenas que se pode empregar no estrangeiro com uma taxa de lucro mais elevada. Mas esse capital é *capital excedente* absoluto para a população operária ocupada e para o país de que se trata em geral. Existe como tal, ao lado da população relativamente excedente, e esse é um exemplo de como ambas têm lugar conjuntamente e condicionam-se mutuamente.

Sem dúvida, isso é bastante claro. Mas qual é o título do capítulo de Marx, do qual Bauer cita um curto trecho? Diz assim: "Excesso de capital com excesso de população."[63] E, nessas condições, Bauer tem a estranha ocorrência de intercalar em seu "mecanismo" uma citação desse capítulo e de fazer parecer, por meio de uma passagem forçada, que apenas explica a concepção de Marx. O simples título aperfeiçoado do capítulo que representa, com efeito, a teoria marxista nessa parte é por si só um golpe tão decisivo para a construção de Bauer que faz em pedaços todo o engenhoso "mecanismo".

É perfeitamente claro: a "superacumulação" de Bauer e a superacumulação de Marx são dois conceitos econômicos totalmente distintos e, inclusive, opostos!

---

63 *O capital*, v. III, p. 232.

Para Bauer, superacumulação equivale a período de prosperidade, de alta demanda de trabalho, de emprego do exército industrial de reserva. Para Marx, o excesso de capital caminha simultaneamente com o excesso de trabalhadores, com a jornada de trabalho mais acentuada, e, portanto, a superacumulação equivale a crise e depressão profundas. Bauer declara: há periodicamente muito capital porque há muitos operários. Marx declara: há periodicamente demasiado capital, *e a consequência disso é um número demasiado de operários*. Mas "demasiado" em relação a quê? Em relação à possibilidade de venda em condições "normais", que assegurem o lucro necessário. Porque o mercado para as mercadorias capitalistas se estreita periodicamente, tem que ser deixada improdutiva uma parte do capital, e, *por isso,* também uma parte dos trabalhadores. Assim sendo, as relações entre causas e efeitos econômicos são para Marx as seguintes:

O mercado para as mercadorias capitalistas (mercado a preços "normais", isto é, que contenham, pelo menos, o lucro médio) é, em cada momento, o ponto de partida. De acordo com ele e seus movimentos rege-se, em segundo lugar, a extensão da população operária empregada. Isso aparece em Marx, a cada instante, na primeira parte do terceiro volume.

É o caso, por exemplo, na p. 226, na qual trata da "contradição interna" da produção capitalista, que se equilibra "por extensão do campo exterior da produção", Bauer fala também, em um trecho, da "extensão do campo exterior da produção" necessária para a acumulação, o que, evidentemente, deve ser uma reprodução mutilada do mencionado trecho de Marx e acrescenta, assim mesmo, um pequeno discurso no sentido de sua ideia fixa: "O campo de produção é ampliado pelo crescimento da população" (entenda-se da população operária).[64] Mas Marx

---

64 *Op. cit.*, p. 872.

dá uma explicação clara e precisa do que ele entende por ampliação "do *campo exterior* da produção". No trecho que antecede escreve de um modo lapidar: "Portanto, o mercado estender-se-á constantemente."[65] Igualmente na p. 237, após a descrição da crise e sua superação:

> E assim percorrer-se-ia novamente o círculo. Uma parte do capital que se havia desvalorizado, ao paralisar-se sua função, recobraria seu antigo valor. Para o resto, ocorreria o mesmo círculo vicioso com condições de produção ampliadas, com um *mercado maior* e com uma força produtiva mais elevada.

Exatamente como vimos na p. 238:

> As mesmas circunstâncias que elevaram a força produtiva do trabalho, aumentando a quantidade de mercadorias, *ampliando os mercados,* acelerando a acumulação do capital, tanto em relação ao volume como ao valor e rebaixando as cotas de lucro, as mesmas circunstâncias acarretaram e acarretarão constantemente uma superpopulação relativa; uma superpopulação de operários que não são ocupados pelo capital excedente.

É claro como a água que com "a extensão do campo da produção ao exterior", isto é, dos mercados, Marx não pode haver-se referido ao crescimento da população trabalhadora. Isso porque a extensão dos mercados caminha junto, como um fenômeno paralelo, com o excedente de operários, com o aumento do exército dos desocupados, isto é, com a queda do poder aquisitivo da classe operária.

Continuando na p. 239:

> Diz-se que [nas crises] não se verifica uma superprodução geral, mas uma desproporção entre os diversos ramos da produção... com isso pede-se que *os*

---

65 *O capital*, v. III, p. 223.

países nos quais o sistema de produção capitalista não se acha desenvolvido consumam e produzam em um grau que convenha aos países de sistema de produção capitalista desenvolvido.

Por conseguinte, Marx atribui especialmente as crises não a perturbações da proporção entre capital disponível e população operária disponível, mas a perturbações na troca entre países capitalistas e não capitalistas; mais ainda, trata, de passagem, essa troca como a base predeterminada da acumulação!

E umas linhas mais adiante:

> De outro modo, como faltaria demanda para aquelas mercadorias de que carece a maioria do povo, e como seria possível ter que buscar *essa demanda* no estrangeiro, em *mercados mais longínquos,* para poder pagar aos próprios trabalhadores do país o nível médio de bens de subsistência necessários?

Aqui Marx diz claramente de que depende o grau de ocupação dos operários nos países capitalistas: da possibilidade de achar saída para as mercadorias capitalistas "em mercados longínquos".

Com isso devia considerar-se sentenciada a referência que Bauer faz do volume III de *O capital*. Mas que ocorre com o parágrafo que Bauer retirou da *Theorien über den Mehrwert*?[66] "O aumento da população aparece na base da acumulação como um processo contínuo." Não se acha contido nessas palavras o germe de todo o "mecanismo" de Bauer? Mas também aqui se trata de uma citação parcial. O trecho inteiro varia um pouco.

Marx investiga nesse caso as condições da "transformação da renda em capital", isto é, a colocação produtiva da mais-valia. Explica que

---

66 *Teorias sobre a mais-valia ou história das doutrinas econômicas*, v. II, 2ª parte, p. 244.

isso só pode ser realizado transformando-se a maior parte da nova soma excedente do capital em capital constante, e sua menor parte, em capital variável.

> Assim, pois, primeiramente será transformada uma parte da mais-valia (e do sobreproduto em meios de subsistência correspondente) em capital variável, isto é, com ela comprar-se-á novo trabalho. *Isso só é possível quando o número de trabalhadores aumenta,* ou quando se prolonga a jornada de trabalho.

O último produz-se quando os proletários, que antes só trabalhavam em meias jornadas, são totalmente ocupados, ou quando a jornada de trabalho se prolonga além da medida normal. Também entram em consideração camadas do proletariado que até então não trabalhavam produtivamente: mulheres, crianças, miseráveis.

> *"Finalmente"*, diz Marx, *"pelo crescimento absoluto da população operária, com o crescimento da população total. Se a acumulação deve ser* um *processo contínuo, é necessário esse crescimento absoluto da população,* ainda que diminua, relativamente, em comparação com o capital empregado."

Vejamos, agora, o parágrafo citado por Bauer: "O aumento da população parece ser a base da acumulação num processo contínuo."

Assim fala Marx na mesma página das *Theorien über den Mehrwert*, que Bauer cita como testemunho clássico a favor de seu "mecanismo"! Se o leitor reconhece algo à primeira vista no trecho aludido, eis o raciocínio de Marx:

> *Para que* a acumulação, isto é, o incremento da produção, se verifique, é necessário que haja trabalhadores em excesso. Portanto, *sem* uma população inteira crescente não pode verificar-se nenhuma ampliação contínua da produção. Isso é compreendido pelo mais simples trabalhador. Por conseguinte, só *nesse sentido* parece ser o aumento da população à base da acumulação.

Mas, para Bauer, a questão não era a necessidade de um aumento da população operária para a acumulação, pois isso, ao que sabemos, não foi posto em dúvida por nenhum mortal, mas é uma condição suficiente. Marx diz: "A acumulação não pode verificar-se *sem* uma população operária crescente." Bauer inverte-o do seguinte modo: "Para que haja acumulação *basta* que cresça a população operária." Marx *pressupõe,* nesse caso, a acumulação, a possibilidade de vender os produtos sem dificuldade; o que investiga são as *formas* nas quais se realiza essa acumulação, e nesse aspecto encontra que o aumento dos trabalhadores é, entre outras, uma condição necessária para a acumulação. Para Bauer o aumento dos operários é o dado principal, aquele pelo qual se rege e para o qual se verifica a ampliação da produção, sem preocupar-se mais com o mercado! Assim sendo, encontramo-nos ante a mesma inversão do pensamento marxista cometida no testemunho clássico extraído do volume III de *O capital.*

Será que extraímos, por acaso, trechos demais de Marx? Talvez Bauer estivesse em situação de interpretar ou, digamos, de confundir em *seu* sentido as palavras de Marx. Mas, se é um verdadeiro enigma o fato de poder-se interpretar inadequadamente Marx, deveremos ler o capítulo do qual Bauer retira seu parágrafo. Pois umas páginas mais adiante, o próprio Marx esclarece o pensamento fundamental do próprio problema de sua análise com as seguintes palavras:

> A questão agora formula-se assim: suposta a acumulação geral [grifado por Marx], isto é, supondo que em todos *trades* se acumula, em maior ou menor escala, o capital, o que é, *in fact*, condição da produção capitalista, quais são as condições em que se verifica essa acumulação geral?" E responde: "Essas condições são: que com uma parte do capital em dinheiro se compre trabalho, com a outra, meios de produção.[67]

---

[67] *Op. cit.*, p. 250, I.

E, a fim de evitar qualquer dúvida, como se houvesse adivinhado seu "perito" discípulo, acrescenta:

> Não tratamos do caso no qual se acumula mais capital do que o que se emprega na produção; o capital, que, por exemplo, se deposita em forma de dinheiro no banco. Daí os empréstimos ao estrangeiro etc.; em suma, a especulação por meio da colocação de capitais. Tampouco, consideramos o caso no qual é impossível vender a quantidade de mercadorias produzidas, crises etc. Isso pertence ao capítulo da concorrência. *Assim só temos que investigar as formas do capital nas diversas fases de seu processo,* sempre supondo que as mercadorias são vendidas a seu valor.[68]

Isto é, Marx pressupõe a ampliação do capital, a *possibilidade* da acumulação, e limita-se a investigar em quais manifestações se resolve, em tal ou qual caso, o processo. Uma delas é o emprego de novos trabalhadores, para o que é necessário, naturalmente, o crescimento da população operária. Disso Bauer deduz que *para que* se verifique a acumulação basta que cresça a população operária; mais ainda, que a acumulação se verifica *porque* a população operária cresce. O sentido e fim objetivos da acumulação e seu "mecanismo" são acomodar-se ao crescimento da população trabalhadora.

Para que o homem viva é imprescindível que respire ar. Disso seria uma conclusão ao modo de Bauer: o homem vive do ar, vive para respirar o ar; todo o processo de sua vida é meramente uma adaptação "independente" do mecanismo de seu corpo aos movimentos respiratórios. Eis aqui os magníficos resultados que produzem as fantasias abstratas!

Chega de brincadeira, pois a coisa não é humorística. Já não se trata da minha insignificância e de meu livro, mas dos princípio básicos da

---

68 *Op. cit.*, p. 485. [Grifado por mim – R.L.]

doutrina de Marx. Atualmente, também podemos abandonar as nebulosas e perigosas alturas do terceiro volume de *O capital* e das *Theorien über den Mehrwert*, desconhecidas para o público marxista, com raras exceções, e retornar ao primeiro volume de *O capital,* que formou até agora a verdadeira base econômica da social-democracia. Qualquer leitor que conheça o primeiro volume da obra fundamental de Marx pode examinar, por si mesmo, sem dificuldade, toda a construção de Bauer; não é preciso senão abrir a obra no capítulo XXIII para ler na p. 602 (da 4ª edição):

> Para a indústria moderna, com seu ciclo de um decênio, seria uma bela lei aquela que não regulasse a oferta e a demanda de trabalho pela expansão e contração do capital, isto é, *por suas necessidades de colocação em cada caso,* mas que, ao contrário, fizesse com que o movimento do capital dependesse do *movimento absoluto da massa populacional.* Mas este é o dogma econômico.

Marx refere-se ao antigo "dogma" da economia política burguesa, o chamado fundo de salário que considerava o capital disponível em cada caso pela sociedade como uma grandeza dada, perfeitamente determinada, enquanto a população operária ocupada dependesse unicamente de seu crescimento natural. Polemiza de maneira minuciosa contra esse dogma e, ao fazê-lo, dá, inopinadamente, sucessivas palmadas em seu "perito" adepto.

Assim, na p. 605 explica-lhe:

> A demanda de trabalho não é idêntica ao crescimento do capital, o incremento do trabalho não é idêntico ao crescimento da classe operária de modo que atuam, uma sobre a outra, duas forças independentes [*Les dés sont pipés*]. O *capital atua simultaneamente em ambos os sentidos.* Se sua acumulação aumenta globalmente por um lado, a demanda de trabalho aumenta por outro o número de trabalhadores "que deixa em liberdade" etc.

A ACUMULAÇÃO DO CAPITAL

Como vimos no "mecanismo" de Bauer, o exército industrial de reserva surge como uma consequência de uma acumulação demasiadamente lenta que não acompanhou o crescimento da população. Bauer diz categoricamente: "O primeiro efeito da baixa acumulação é a formação de um exército industrial de reserva."[69] Por conseguinte, quanto menor for a acumulação do capital, tanto maior será o exército industrial de reserva. Esse é o ponto de vista de Bauer. Mas Marx acrescenta pouco depois:

> *Quanto maior* para a riqueza social, *o capital em função, a atitude e energia de seu crescimento* e, portanto, também, a magnitude absoluta do proletariado e a força produtiva de seu trabalho, *tanto maior será o exército industrial de reserva*. O número de trabalhadores disponíveis desenvolve-se *pelas mesmas causas que a força extensiva do capital*.

Na página seguinte Marx adota um tom sarcástico:

> Compreende-se a insensatez da sabedoria econômica que prega aos trabalhadores que ajustem seu número às necessidades de colocação do capital. *O mecanismo da produção e a acumulação capitalista adaptam constantemente esse número a tais necessidades.*[70]

Qual é a maior "insensatez": a antiga, burguesa, que pregava aos operários para que adaptassem seu crescimento ao capital, ou a nova, "austro-marxista", que quer convencer os trabalhadores de que, pelo contrário, o capital se acomoda constantemente a seu crescimento? A meu ver, a última é a maior, pois aquela antiga "insensatez" era apenas o reflexo subjetivo da situação real mal-entendida, ao passo que esta subverte totalmente a realidade.

---

69 *Neue Zeit, op. cit.*, p. 869.
70 *Op. cit.*, p. 610.

Em todo o capítulo que trata da população operária e seu crescimento, Marx fala constantemente das "necessidades de colocação" do capital. A *estas* acomoda-se, segundo Marx, o crescimento da população operária; delas dependem o grau de demanda de trabalhadores, o nível de salários, que a conjuntura seja brilhante ou apagada, que haja prosperidade ou crise. Mas que são essas "necessidades de colocação" das quais Marx fala constantemente e às quais Bauer nem sequer alude em seu mecanismo?

No mesmo capítulo, Marx fala continuamente de "súbitas expansões" do capital, às quais atribui importância, tanto no movimento da acumulação do capital como da população operária. Mais ainda, a súbita e iluminada capacidade de expansão é, segundo Marx, o traço característico e o elemento determinante da moderna evolução industrial. E o que entenderemos por aquelas "súbitas expansões" do capital, tão importantes para Marx, e sobre as quais Bauer não faz menção?

A resposta a ambas as perguntas é dada por Marx, no princípio do mesmo capítulo, com as seguintes e nítidas palavras: "[...] E, finalmente, quando se excita particularmente o instinto de enriquecimento com a *abertura de novos mercados, de novas empresas para a colocação do capital*, ou em consequência de novas necessidades sociais etc., amplia-se a escala da acumulação..." etc.[71]

Com mais detalhes, escreve ele na página 597:

> Com a acumulação e o desenvolvimento da força produtiva do trabalho que a acompanha, cresce a força súbita de expansão do capital, porque aumentam a elasticidade do capital em função e a riqueza absoluta da qual o capital constitui apenas uma parte elástica, e, também, porque *o crédito, sob qualquer estímulo especial, põe, num instante, à disposição da produção, como capital adicional, uma*

---

71 *Op. cit.*, p. 577.

parte extraordinária dessas riquezas... A quantidade da riqueza social excessiva, em virtude da acumulação e transformável em capital adicional, precipita-se freneticamente em antigos ramos da produção, cujo mercado se amplia subitamente, ou em novos ramos, como em estradas de ferro etc., cuja necessidade decorre do desenvolvimento das antigas. Em todos esses casos é necessário que, sem prejuízo do nível da produção em outras esferas, possam ser lançadas subitamente grandes quantidades de homens nos pontos decisivos. Essas quantidades são as da superpopulação.

Por conseguinte, Marx explica aqui não somente como surgem as súbitas expansões do capital – em consequência das súbitas ampliações do mercado –, mas formula também a função particular do exército industrial de reserva: a de ser "lançável" para aquelas súbitas e extraordinárias expansões do capital. Nele Marx vê a função mais importante, a função própria do exército industrial de reserva. Graças a essa função, considera-o como uma condição necessária para a existência da moderna produção capitalista: a formação da "superpopulação industrial" converteu-se em "impulsora da acumulação capitalista, mais ainda, em condição de vida necessária do sistema de produção capitalista. Todo desenvolvimento da indústria moderna surge, pois, da transformação *constante* de uma parte da população operária em população desempregada ou subempregada".[72] Talvez, o lugar em que Marx formula mais clara e concisamente seu ponto de vista seja na página 573, na qual diz:

> Logo que se criem as condições de produção necessárias à grande indústria, a forma de produção adquire uma elasticidade, *uma súbita capacidade de expansão que só encontra limites na matéria-prima e no mercado.*

O que Bauer acha de tudo isso? Em seu "mecanismo" não há espaço algum para súbitas expansões de capital, isto é, para sua elasticidade. São

---

72 *Op. cit.*, p. 597-598. [Todos os grifos são meus.]

duas as razões: em primeiro lugar, porque a produção se rege simplesmente pelo movimento da população que trabalha e seu crescimento, já que o mercado não desempenha nenhum papel. Mas, como é lógico, o crescimento da população, por sua reprodução natural, não é suscetível de nenhuma ampliação súbita. É certo que na população operária há aumentos periódicos e repentinos do exército industrial de reserva, mas, segundo Bauer, isso ocorre justamente nas épocas de "subacumulação", de crescimento mais lento, de falta de capital disponível em comparação com a classe operária.

Em segundo lugar, as expansões súbitas baseiam-se não somente em ampliações repentinas dos mercados, mas também em *reservas de capital* já acumulado, aquelas reservas sobre as quais Marx diz: "O crédito, sob qualquer estímulo especial, põe, num instante, à disposição da produção suas reservas como capital adicional." Para Bauer, não há possibilidade de que isso ocorra. Em seu "mecanismo" só é possível sair da fase da "subacumulação", à medida que, sob a pressão da jornada de trabalho, a depreciação geral dos salários permita uma nova acumulação do capital!

Do ponto de vista do "mecanismo" de Bauer, a expansão súbita do capital é tão inexplicável como o aparecimento da crise; para ele, na realidade, não há uma função própria para o exército industrial de reserva. Na verdade, Bauer o faz aparecer, periodicamente, como um produto do progresso técnico, mas não sabe atribuir-lhe outro papel além daquele que em Marx ocupa o segundo termo: a pressão sobre os salários para reduzi-los. Em troca, nada existe que a converta, segundo Marx, em "condição de vida", em "impulsora" do sistema capitalista de produção. Que Bauer realmente não saiba o que fazer com o exército de reserva nota-se humoristicamente no decorrer do ciclo industrial, pois aí tem que ser absorvido três vezes: no ponto mais baixo da "subacumulação", no ponto mais baixo da "superacumulação", e, além disso, no nível médio de equilíbrio.

Todas essas coisas estranhas originam-se de uma simples razão: de que, para Bauer, o movimento conjunto da população operária não existe para o capital e suas "necessidades de colocação" como para Marx e para a realidade efetiva, mas que, ao contrário, todo movimento do capital gira em torno da população operária e seu crescimento. Com o capital, segundo Bauer, ocorre a mesma coisa que ao bezerro com a mosca: corre de cá para lá, ofegante, atrás da população operária, para ouvir constantemente ao atingir a meta: aqui me tens!

Entretanto, o pensamento de que a população operária em sua multiplicação se acomoda plenamente ao capital e a suas possibilidades de mercado, encontrando-se dominada por eles, é o pensamento de toda a última parte do primeiro volume do livro de Marx. Da página 573 à 613, em mais de 40 páginas impressas, esforça-se ele em esclarecer essa descoberta econômica destinada a fazer época: *"Esta é a lei geral absoluta da acumulação do capital"*, resume grifando. A continuação é encontrada num capítulo de "Ilustrações", que abrange outras 65 páginas. O que ele mostra, deduzindo do exemplo da Inglaterra, o país típico e líder da produção capitalista? *Que enquanto o crescimento anual da população na Inglaterra declinou constantemente de 1811 a 1861, a riqueza, isto é, a acumulação capitalista aumentou constantemente em proporções gigantescas.* Isso é o que Marx ilustra com inúmeros dados estatísticos.

Talvez, Bauer responda a isso da seguinte forma: mas aquele crescimento gigantesco da indústria inglesa, no século XIX, naturalmente não se destinava apenas à população inglesa, e, portanto, não pode ser comparado apenas com ela como sua base econômica. Vejamos o mercado inglês nos Estados Unidos da América, nas Américas Central e do Sul; vejamos as crises periódicas da indústria inglesa que ocorreram de 1825 a 1867, cada vez que o mercado se ampliava subitamente naqueles países. Excelente! Mas, se Bauer sabe isso, sabe tudo, sabe então, também, que sua teoria da adaptação da acumulação ao crescimento populacional é absurda, sabe o que Marx queria demonstrar e ilustrar no primeiro volume de *O capital*: que, ao contrário, a população operária se acomoda em sua grandeza à acumulação do capital e às suas "necessidades de colocação" variáveis, isto é, às possibilidades do mercado.

É, portanto, nisso que culmina realmente a teoria do primeiro volume de *O capital*. Nesse revolucionário pensamento, Marx resume todo o espírito de sua teoria da exploração capitalista, a relação principal entre capital e trabalho, a "lei da população" particular do período capitalista!

Ainda assim, Bauer, com a maior tranquilidade, inverte toda essa construção e explica ao mundo que todo o movimento do capital procede da tendência a acomodar-se ao crescimento da população operária. Em relação a seu conteúdo, a concepção de Bauer é, como vimos, uma bola de sabão. Se se corrige Bauer, aceitando, com Marx, uma reserva de capital social elástica e uma capacidade ilimitada de expansão do capital em todos os ramos, derruba-se sua teoria da "subacumulação". Se se corrige Bauer, aceitando, com Marx, uma *constante* formação do exército industrial de reserva, cuja função é satisfazer, mesmo numa fase de prosperidade, às exigências do capital, coloca-se abaixo sua "superacumulação" específica. Se se corrige Bauer, aceitando, com Marx, como consequência do progresso técnico, uma diminuição relativamente constante do capital variável em proporção ao número de trabalhadores, seu "equilíbrio" desfaz-se. O "mecanismo" dissipa-se como vapor. Mais importante, porém, que a fraqueza dessa construção é o pensamento fundamental: a suposta tendência do capital a acomodar-se, em seu movimento, à população operária. Isso se opõe ao próprio princípio da teoria marxista.

E esse sistema, completamente insensato, exposto com grande pedantismo, pôde aparecer tranquilamente no órgão oficial da teoria marxista! Em seu zelo pela boa causa, uma vez que um herege recalcitrante estava para ser queimado, não notou que outro herege muito maior estava perdido! No campo das Ciências Naturais, vigiam hoje o controle geral e a crítica pública. É, por exemplo, impossível que, no momento, alguém faça um cálculo exato sobre o movimento de todos os astros ao redor da Terra, para explicar o sistema astronômico moderno, e seja levado a sério pelo público ilustrado. Mais ainda, semelhante fato não chegaria sequer ao conhecimento público, pois não haveria diretor de uma revista de Ciências Naturais que editasse semelhante insensatez. Mas, como se vê, o regime dos "diádocos" austromarxistas deixa passar tranquilamente semelhantes coisas. A teoria da acumulação formulada por Bauer, explicada de uma tribuna semelhante, não é um erro corrente como aquele no qual uma pessoa qualquer pode incorrer movida pela necessidade de conhecimento científico; é, prescindindo da posição referente a meu livro, uma vergonha para o atual marxismo oficial, e um escândalo para a social-democracia.

5.

Até aqui examinamos a explicação da acumulação do capital dada por Bauer. Qual é sua conclusão prática? Bauer a formula nas seguintes palavras:

> Portanto, o resultado de nossa pesquisa é: que, inclusive, em uma sociedade capitalista isolada, é possível a acumulação do capital, desde que não ultrapasse um limite determinado em cada caso [o crescimento da população operária disponível – R.L.]; segundo, que esse limite é automaticamente traído pelo mecanismo da própria produção capitalista.[73]

---

[73] *Op. cit.*, p. 873.

E, pouco depois, Bauer novamente resume a quintessência de suas pesquisas, em relação à sua aplicação prática, no capítulo final. Nele se lê:

> A camarada Luxemburgo explica o imperialismo do seguinte modo: em uma sociedade capitalista isolada seria impossível a transformação da mais-valia em capital. Só se torna possível porque a classe capitalista, constantemente, aumenta seus mercados a fim de dar saída, em países que não produzem no modo capitalista, àquela parte do produto excedente em que se acha contida a parte acumulada da mais-valia. O imperialismo serve a esse objetivo. Como vimos, essa explicação é errada. *A acumulação é também possível e necessária em uma sociedade capitalista isolada.*[74]

Assim, pois, utilizando o subterfúgio de uma nova "teoria da população" inventada, Bauer, como os outros "peritos", esforça-se em mostrar que a produção e acumulação capitalistas poderiam crescer e prosperar, mesmo em condições que ainda não foram encontradas, por nenhum mortal, na realidade. Sobre essa base deve-se abordar o problema do imperialismo!

Temos que esclarecer, antes de mais nada, que Bauer, aparentando defender – contra mim – a concepção de Marx, como aparece no segundo volume de *O capital*, novamente atribui a este uma invenção sua, totalmente diversa das suposições marxistas.

Marx não trata de uma "sociedade capitalista isolada" junto à qual de antemão se admite outra não capitalista, e nunca falou nisso. Essa falsa visão saiu, pela primeira vez, como Vênus da espuma do mar, da fantasia teórica de Otto Bauer. Recordemos como Marx formula sua hipótese. No primeiro volume de *O capital* ele diz claramente que "para apreender o objeto da pesquisa em sua pureza, livre de circunstâncias acessórias perturbadoras", supõe que "todo o mundo comercial forma uma nação", um

---

74 *Op. cit.*, p. 873. [Grifado por mim – R.L.]

todo econômico, e "que a produção capitalista se estabeleceu em todas as partes, apossando-se de todos os ramos industriais".[75] No segundo volume diz, de modo igualmente categórico, que sua suposição na investigação da acumulação é: "geral e exclusivo domínio da produção capitalista".[76]

Isso parece bem claro. O que Marx pressupõe não é a fantasia infantil de uma sociedade capitalista na ilha de Robinson, que, "isolada" de continentes e de povos não capitalistas, prospera escondida. É uma sociedade na qual a evolução capitalista atingiu o mais alto grau imaginável (tenha-se em conta que sua relação é composta apenas por capitalistas e proletários assalariados) e que não conhece o artesanato nem os camponeses, não possuindo relação alguma com o mundo não capitalista à sua volta. A suposição de Marx nada tem de fantástico, absurdo, é uma ficção científica. Marx antecipa a *tendência real* da evolução capitalista. Supõe que o estado do domínio geral e absoluto do capitalismo sobre toda a Terra, aquela máxima extensão do mercado e da economia mundial a que, de *fato*, aspira toda a atual evolução econômica e política, já *foi* conseguido. Portanto, Marx realiza sua pesquisa sobre o plano da tendência histórica real, cujo extremo objeto supõe realizar. Isso, cientificamente, é absolutamente certo, e, por exemplo, na investigação da acumulação do capital individual é perfeitamente suficiente, como expus em meu livro, porém ao tratar o problema fundamental da acumulação do capital social, a meu ver, fracassa e nos desorienta.

Em troca, Bauer inventa o grotesco quadro de uma "economia capitalista isolada", sem classes médias, sem artesanato, sem camponeses, que nunca existiu nem existirá; que nada tem a ver com a realidade e a tendência da evolução. É uma formação cujo engenhoso "mecanismo"

---

75 *O capital*, 4ª ed., p. 544.
76 *Op. cit.*, p. 321.

é tão inútil para explicar as leis da acumulação capitalista como os famosos bonecos mecânicos de Vaucanson para explicar a fisiologia e psicologia do organismo humano. Até agora, só os economistas burgueses trabalharam com o meio infantil de uma "economia isolada", para demonstrar, com esse modelo, as leis da produção mundial capitalista. Ninguém ridicularizou e escarneceu tão cruelmente como Marx as "robinsonadas" econômicas. Agora, é o próprio Marx que é explicado pela robinsonada de Bauer e sua teoria, colocada sobre uma "base inatacável".

Mas essa "explicação" de Bauer tem suas razões. Se se supõe, como Marx, que impera em todo o mundo "o domínio absoluto e exclusivo da produção capitalista", não há possibilidade de imperialismo, e, não se podendo achar uma situação para ele, pois, pela mesma suposição, está ultrapassado historicamente, vencido, posto *ad acta* [arquivado]. Não se pode mostrar e descrever, sob essa suposição, o processo de base imperialista, do mesmo modo que não se pode, por exemplo, explicar, sob a suposição de um domínio exclusivo do feudalismo na Europa, a queda do Império Romano. Portanto, colocados ante o problema de pôr em harmonia e conexão o atual imperialismo com a teoria da acumulação tal como é exposta no segundo volume de *O capital*, os "peritos" discípulos de Marx teriam que decidir-se por uma das duas fórmulas da alternativa: ou negar o imperialismo como necessidade histórica ou abandonar, como errônea, a suposição de Marx, como o faço em meu livro, e investigar o processo da acumulação sob condições reais historicamente dadas: como evolução capitalista em constante ação recíproca com o meio não capitalista. É claro que Eckstein, que não compreendera sequer do que se tratava, não viu, também, o apuro da escolha do dilema. Em troca, Otto Bauer, que no fim percebeu a dificuldade, como um tímido representante do "centro marxista", encontra a saída em um compromisso: é certo que o capitalismo pode muito bem prosperar na ilha de Robinson, mas seu isolamento coloca um "limite" a toda prosperidade; barreira que pode superar pondo-se em relação com o meio não capitalista. "Na falsa explicação [a minha – R.L.] há, sem dúvida, um germe de verdade", diz no final. "Se a acumulação não é impossível em uma sociedade capitalista isolada, está *reduzida* a *barreira. O imperialismo, com efeito, tem por objeto ampliar essas barreiras...* Essa aspiração é de fato uma raiz, ainda que não a única, do imperialismo".[77]

Portanto, Bauer não tomou sua robinsonada da "economia capitalista isolada" sinceramente como suposição científica, isto é, como única base séria da investigação, mas construiu-a de antemão, tendo em vista os demais países não capitalistas. Fala-nos com todos os detalhes do engenhoso "mecanismo" de uma sociedade capitalista, capaz de existir e prosperar por si mesma, e, ao mesmo tempo, pensa, em silêncio, no meio não capitalista para, ao encontrar-se na ilha de Robinson, no apuro de ter que explicar o imperialismo, recorrer a ele.

Quem leu com atenção as notas e as observações críticas ocasionais do primeiro volume de *O capital*, nas quais Marx se ocupa das argúcias teóricas de Say, J. S. Mill, Carey etc., poderá imaginar, aproximadamente, o que pensaria ele de semelhante método científico.

Mas, seja lá o que for, o caso é que finalmente chegamos ao imperialismo. O capítulo final do trabalho de Bauer é intitulado: "A Explicação do Imperialismo." Com semelhante título, parece que o leitor tem o direito de esperar tal explicação. Após haver declarado que eu *só havia encontrado* uma *raiz,* "não a única" do imperialismo, cabia esperar, com base, que Bauer descobrisse, do ponto de vista da concepção, as *outras*

---

77 *Op. cit.*, p. 873, 874.

raízes. Infelizmente, nada disso aconteceu. Bauer até o final não *fez* a menor indicação sobre as outras raízes, ocultando-as secretamente. Apesar do título prometedor, e da introdução do capítulo final, ele se limita à mísera "raiz" do imperialismo que constitui o "germe verdadeiro" de minha falsa explicação.

Mas, não obstante, Bauer já me concedeu demasiado com "uma raiz" que, benevolentemente, aceita como "verdadeira". Também aqui se trata de uma alternativa, e o compromisso a que Bauer chega é, no fundo, tão insustentável e mesquinho como a maior parte de suas conclusões.

Se essa teoria, extraída do "crescimento da população", fosse exata, seria completamente desnecessária a "raiz" consciente, pois então o imperialismo seria simplesmente impossível.

Recordemos em que consiste, de fato, o "mecanismo" da acumulação de Bauer. Consiste no fato de a produção capitalista acomodar, automaticamente, sua grandeza ao crescimento da classe trabalhadora. Se isso é assim, em que sentido pode falar-se de um "limite" da acumulação? O capital não tem a necessidade nem a possibilidade de ultrapassar esse "limite". Pois, se a produção em um dos casos – na fase da "superacumulação" de Bauer – vai além do crescimento da classe operária, em troca, na fase seguinte da "subacumulação", é menor do que a população disponível. Desse modo, no "mecanismo" de Bauer não há nenhum capital excedente. Pois essa teoria, como vimos, exclui, justamente, pelas mesmas razões, a formação de uma reserva de capital e a súbita capacidade de expansão da produção. O excesso de capital só se apresenta como uma fase transitória para ser irremediavelmente substituído pelo extremo oposto: falta de capital. Ambas as fases sucedem-se na teoria de Bauer com a regularidade pedante da lua nova e da lua cheia. Não há "limites" para a acumulação de capital, nem tampouco uma tendência a ultrapassá-lo, pois o próprio Bauer diz expressamente que a acumulação retorna automaticamente a esse limite pelo "próprio mecanismo da acumulação capitalista".[78] Portanto, aqui não existe um conflito entre o desejo de expansão e um suposto limite do capital. Bauer impõe esses conceitos a seu "mecanismo" para delinear, de algum modo, uma ponte artificial daquela concepção ao imperialismo. O que essa construção tem de forçado é confirmado pela interpretação que do imperialismo se vê obrigado a dar, do ponto de vista de sua teoria.

Como, segundo Bauer, o eixo em torno do qual o capital gira é a classe operária, para ele a ampliação dos limites da acumulação é o aumento da população que trabalha. Assim vê-se, literalmente, no *Neue Zeit*:

> Primeiramente, a acumulação acha-se limitada pelo crescimento da população que trabalha. O imperialismo aumenta a massa operária, que se vê forçada a vender ao capital sua força de trabalho. Consegue-o destruindo os antigos sistemas de produção dos países coloniais, com o qual obriga milhões de pessoas a emigrar para os países capitalistas ou a servir em sua própria pátria ao capital europeu ou americano investido nele. Como, dada a composição orgânica do capital, a grandeza da acumulação se acha determinada pelo crescimento da população operária disponível, o imperialismo é, na realidade, um meio para ampliar os limites da acumulação.[79]

Essas são, pois, a função e a principal preocupação do imperialismo: aumentar "imensamente" os operários por emigração das colônias ou ocupando-os nos seus países de origem! Tudo isso, apesar de que todos os que fazem uso de seus cinco sentidos sabem que, *ao contrário*, nas metrópoles do capital imperialista, nos antigos países capitalistas, existiam constantemente um exército de reserva do proletariado e falta de trabalho, enquanto nas colônias o capital constantemente reclama

---

78 *Op. cit.*, p. 873.
79 *Op. cit.*, p. 873.

a falta de trabalho. Portanto, em sua necessidade de novos proletários assalariados, o capital imperialista foge dos países onde os rápidos progressos técnicos, o processo enérgico da proletarização das classes médias, a decomposição das famílias proletárias aumentam constantemente o exército operário de reserva, e precipita-se, de preferência, justamente naquelas regiões do mundo onde uma organização social rígida liga os trabalhadores com tais laços, que é preciso um grande período para que, em última instância, o ímpeto esmagador do regime capitalista liberte um proletariado mais ou menos utilizável.

Bauer devaneia em relação a uma "imensa" afluência de novos trabalhadores das colônias aos velhos territórios de produção capitalista, quando todo homem com discernimento sabe que, *ao contrário,* paralelamente à emigração do capital dos países antigos às colônias, verifica-se uma emigração dos trabalhadores "excedentes" para as colônias, emigrações que, como diz Marx, "de fato seguem apenas o capital emigrante". Ver, com efeito, a "imensa" corrente de europeus que no decorrer do século XIX povoou as Américas do Norte e do Sul, a África do Sul e a Austrália. Ver, além disso, as diversas formas de escravidão "atenuada" e trabalho forçado a que têm que recorrer o capital europeu e o norte-americano para assegurar o mínimo necessário de trabalhadores nas colônias africanas, na Índia ocidental, na América do Sul, no Pacífico.

Portanto, segundo Bauer, o capital inglês sustentou, durante meio século, guerras sangrentas com a China, sobretudo para assegurar, em vista da carência de operários ingleses, uma "imensa" afluência de cules chineses e sem dúvida tratava-se da mesma necessidade urgente na cruzada da Europa imperialista contra a China nos fins do século! O capital francês no Marrocos havia pensado principalmente nos berberes para suprir seu déficit de operários fabris franceses. O imperialismo austríaco buscava naturalmente na Sérvia e Albânia, em primeira instância, mão de obra. O capital alemão agora busca com uma lanterna, na Ásia Menor e Mesopotâmia, operários industriais turcos, tanto mais que neste país, antes da guerra mundial, já havia uma acentuada falta de trabalho em todos os ramos.

A coisa é clara: mais uma vez, Otto Bauer, como "um homem que especula", esqueceu em suas fantásticas operações da terra prosaica, e converte tranquilamente o capitalismo moderno no impulso do capital para novas forças de trabalho. E esse será o germe, o princípio de movimento mais íntimo do imperialismo. Só depois menciona também a demanda de matérias-primas ultramarinas, que não tem nenhuma ligação econômica com sua teoria da acumulação, e cai como chuva do céu. Pois, se a acumulação pode prosperar tão esplendidamente como descreveu Bauer na "sociedade capitalista isolada" consciente, será necessário que na ilha maravilhosa se disponha de todas as riquezas naturais e, graças a Deus, necessárias. Outro fato dá-se no capitalismo da realidade prosaica, o qual desde o primeiro dia de sua existência se ligou aos meios de produção mundial. E, finalmente, em terceiro lugar, menciona, de passagem, em dois parágrafos referentes ao imperialismo, a aquisição de novos mercados, e isso unicamente para atenuar a crise. Essa é "também uma bela passagem", sobretudo quando, como se sabe, toda ampliação considerável do mercado, no planeta onde vivemos, tem como consequência uma enorme intensificação das crises.

Esta é a "explicação do imperialismo" que Otto Bauer finalmente dá: "*A nosso ver o capitalismo é também concebível sem expansão.*"[80] Nisso culmina sua teoria da acumulação "isolada", e despede-nos assegurando, para consolar-nos, que, em todo caso, de um ou outro modo, "com e sem expansão, o próprio capitalismo produz sua ruína".

---

80 *Op. cit.*, p. 874.

Este é o método histórico-materialista de pesquisa utilizado pelos "peritos". O capitalismo é, pois, concebível ainda sem expansão. É certo que, segundo Marx, o impulso que leva o capital a súbitas expansões é justamente o elemento decisivo, o traço predominante da moderna evolução; é certo que a expansão acompanha todo o percurso histórico do capital, e que, em sua atual e final fase imperialista, adotou um aspecto tão impetuoso que põe em dúvida toda a existência cultural da humanidade; é certo que esse irrefreável impulso do capital até sua expansão criou, pouco a pouco, o mercado mundial, edificando a moderna economia mundial, construindo assim a base histórica do socialismo; é certo que a Internacional proletária, que acabara com o capitalismo, é um produto da extensão mundial do capital. Mas tudo isso podia não ter acontecido, pois é preciso imaginar também um curso completamente distinto da história. Realmente, o que é que não pode ser "imaginado" por um bom pensador? "Em nossa opinião, o capitalismo pode ser imaginado ainda sem expansão." Em nossa opinião, a moderna evolução também pode ser imaginada sem o descobrimento da América e sem a navegação em torno da África. Após uma reflexão cheia de dúvidas, conclui-se que também a história humana pode ser imaginada sem o capitalismo. Em último termo, o sistema solar é imaginável sem a Terra. A Filosofia alemã talvez seja imaginável sem "a patetice metafísica". Só uma coisa parece-nos absolutamente inimaginável: que um marxismo oficial assim "pensante", vanguarda espiritual do movimento operário, levaria na fase do imperialismo a um resultado tão lamentável como o fracasso da democracia que constatamos hoje no decorrer da guerra mundial.

Seguramente a tática e o comportamento práticos na luta não dependem imediatamente de que se considere o segundo volume de *O capital* marxista como obra terminada, ou como mero fragmento; de que se acredite, ou não, na possibilidade da acumulação em uma sociedade capitalista "isolada"; de que se interpretem de um ou de outro modo os esquemas marxistas da reprodução. Milhares de proletários são bravos e firmes lutadores em prol do socialismo, sem nada saber desses problemas teóricos, apenas com a base do conhecimento fundamental da luta de classes, e sobre a base de um incorruptível sentimento de classe, assim como das tradições revolucionárias do movimento. Mas, na maneira de compreender e tratar os problemas teóricos e a prática dos partidos políticos, existe sempre a mais estreita ligação. Na década que antecedeu à deflagração da guerra mundial, a social-democracia alemã, como metrópole internacional da vida intelectual proletária, oferecia perfeita harmonia no campo teórico e no prático: num e noutro reinavam a mesma desordem e a mesma fossilização, e era o mesmo imperialismo, como fenômeno dominante da vida pública, o que havia paralisado, tanto o Estado-Maior teórico como o político da social-democracia. Da mesma maneira que a orgulhosa construção da social-democracia alemã oficial, na primeira prova histórica, reduziu-se a algo figurado como o povo de Potemkin, assim a aparente "perícia" teórica e infalibilidade do marxismo oficial, que dava sua bênção à prática que resultou ser, simplesmente, um pomposo bastidor, atrás do qual se escondiam uma severidade dogmática intolerante e pretensiosa, a insegurança interior e a incapacidade para a ação. À triste rotina que só sabia mover-se pelos caminhos da "velha tática experimentada", isto é, da ação exclusivamente parlamentar, correspondiam perfeitamente os discípulos teóricos que se aferravam às fórmulas do mestre, ao passo que negam o espírito vivo de sua doutrina. Anteriormente vimos algumas provas dessa desorganização reinante no areópago dos "peritos".

Mas a ligação com a prática é, em nosso caso, mais evidente ainda do que pode parecer à primeira vista. Trata-se em último extremo de dois termos distintos de combater o imperialismo.

A ACUMULAÇÃO DO CAPITAL OU O QUE OS EPÍGONOS...

A análise marxista da acumulação surgiu numa época na qual o imperialismo ainda não havia aparecido no cenário mundial, e a suposição sobre a qual Marx se fundamenta em sua análise, o predomínio definitivo e absoluto do capital no mundo, exclui justamente, de antemão, o processo do imperialismo. Mas – e nisso está a diferença entre os erros de um Marx e os vulgares equívocos de seus discípulos – até o erro é, nesse caso, fecundo e animador. O problema colocado no segundo volume de *O capital* e que continua sem resolução: a verificação da acumulação sob o domínio exclusivo do capitalismo e sua demonstração é insolúvel. A acumulação é impossível nessas condições. Mas basta traduzir a contradição teórica aparentemente rígida para a dialética histórica, como corresponde a toda a doutrina e maneira de pensar de Marx, e a contradição do esquema marxista assume a expressão viva do curso mundial do capitalismo, de sua prosperidade e seu desempenho.

A acumulação é impossível em um meio exclusivamente capitalista. Daqui nasce, desde o primeiro instante da evolução capitalista, o impulso expansionista a classes e países não capitalistas, a ruína dos artesãos e camponeses, a proletarização das classes médias, a política colonial, a política de "abertura" de mercado, a exportação de capitais. Só pela expansão constante a novos domínios da produção e novos países foram possíveis a existência e o desenvolvimento do capitalismo. Mas a expansão, em seu impulso mundial, conduz a choques entre o capital e as formas sociais pré-capitalistas. Portanto, violência, guerra, revolução, enfim: catástrofe são, em suma, o elemento vital do capitalismo do princípio ao fim.

A acumulação do capital prossegue e estende-se à custa de classes e sociedades não capitalistas, corroendo-as e suplantando-as com um ritmo cada vez mais rápido. O domínio exclusivo do mundo pela produção capitalista é a tendência geral e o resultado desse processo. Isso obtido, entra em vigor o esquema marxista: a acumulação, isto é, a posterior expansão do capital é impossível, o capitalismo entra em um beco sem saída; não pode prosseguir atuando como veículo histórico do desenvolvimento das forças de produção; alcança seu limite objetivo econômico. A contradição que se oferece no esquema marxista da acumulação, dialeticamente considerada, é a contradição viva entre o impulso ilimitado de expansão do capital e o limite que se põe a si mesmo pelo aniquilamento contínuo das demais formas de produção; entre as enormes forças produtivas, que seu processo de acumulação desperta, em toda a Terra, e a estreita base que se traça a si mesmo pelas leis da acumulação. O sistema marxista da acumulação – bem entendido – precisamente por ser insolúvel é o prognóstico exato da queda econômica inevitável do capitalismo como resultado do processo de expansão imperialista, cuja missão especial é realizar a suposição marxista: o domínio absoluto e indivisível do capital.

Pode ocorrer, na realidade, esse momento? Certamente, isso é apenas uma ficção teórica, justamente porque a acumulação do capital não é apenas um processo econômico, mas político.

> O imperialismo é tanto um método histórico para prolongar a existência do capital como o meio mais seguro para objetivamente pôr um fim à sua existência. Isso não quer dizer que tal ponto final tenha que ser alcançado à risca. Já a tendência da evolução capitalista para esse objetivo final se manifesta em formas que transformam a fase final do capitalismo num período de catástrofes.[81]

> Quanto mais violentamente o capital, por meio do militarismo, acabe, tanto pelo mundo afora como em casa, com a existência de camadas não capitalistas, diminuindo as condições de vida de todas as camadas trabalhadoras, tanto mais a história cotidiana da acumulação do capital no cenário mundial se transforma

---

81 *A acumulação do capital*, p. 579.

> numa série de catástrofes e de convulsões políticas e sociais, que, junto com as catástrofes econômicas periódicas em forma de crises, tornarão impossível a continuação da acumulação e necessária a rebelião da classe operária internacional contra a dominação do capital, antes mesmo que ela tropece economicamente na barreira natural colocada por ela mesma.[82]

Aqui, como no resto da história, a teoria presta um serviço completo mostrando-nos a tendência do desenvolvimento, o ponto final lógico para o qual se encaminha objetivamente. Esse estado final não poderá ser alcançado, do mesmo modo que nenhum dos períodos anteriores da evolução histórica pôde realizar-se até suas últimas consequências. À medida que a consciência social, desta vez encarnada no proletariado socialista, intervenha como fator ativo no cego jogo das forças, menos necessidade tem de realizar-se. As sugestões mais fecundas e o melhor incentivo para essa consciência não são dados pela exata concepção da teoria marxista.

O imperialismo atual não é, como no esquema de Bauer, o prelúdio da expansão capitalista, mas o último capítulo de seu processo histórico de expansão: é o período da concorrência mundial dos países capitalistas que disputam entre si o restante do meio não capitalista da Terra. Nesta última fase, a catástrofe econômica e política é um elemento vital, uma forma normal de existência do capital, o mesmo que era na "acumulação primitiva" de sua fase inicial. Da mesma maneira que a descoberta da América e do caminho marítimo para a Índia não significou somente uma conquista prometeica do espírito e da civilização humana, tal como aparece na legenda liberal, mas também, inseparavelmente, uma série incontável de matanças dos povos primitivos do Novo Mundo, e um interminável tráfico de povos escravizados da África e Ásia. Na última

---

82 *Ibidem*, p. 604.

fase imperialista, a expansão econômica do capital é inseparável da série de conquistas coloniais e guerras mundiais que temos diante de nós. A característica do imperialismo, última luta pelo domínio capitalista do mundo, não é apenas a particular energia e uma lateralidade da expansão, mas – e esse é o sintoma específico de que o círculo da evolução começa a fechar-se – a resposta da luta decisiva pela expansão dos territórios que constituem seu objeto aos países de origem. Dessa maneira o imperialismo faz com que a catástrofe, como forma de vida, retraia-se da periferia da evolução capitalista para o seu ponto de partida. Depois que a expansão do capital havia entregue, durante quatro séculos, a existência e a civilização de todos os povos não capitalistas da Ásia, África, América e Austrália a incessantes convulsões e a aniquilamentos em massa, agora precipita-se aos povos civilizados da Europa em uma série de catástrofes, cujo resultado final só pode ser a destruição da civilização ou a passagem para a forma de produção socialista. À luz dessa concepção, a posição do proletariado frente ao imperialismo adquiriu o caráter de uma luta geral com o regime capitalista. A direção tática de seu comportamento acha-se dada por aquela alternativa histórica.

Bem diferente é a direção do marxismo oficial dos "peritos". A crença na possibilidade da acumulação em uma "sociedade capitalista isolada", a crença de que o capitalismo viável "pode ser imaginado também sem expansão", é a forma teórica de uma tendência tática perfeitamente determinada. Essa concepção encaminha-se para não considerar a fase do imperialismo como necessidade histórica, como luta decisiva pelo socialismo, mas como uma invenção perversa de alguns interessados. Essa concepção trata de persuadir a burguesia de que o imperialismo e o militarismo são perigosos para ela do ponto de vista de seus próprios interesses capitalistas, isolando assim o suposto dos poucos que se aproveitam desse imperialismo, formando um bloco do proletariado com amplas camadas da burguesia para "atenuar" o imperialismo, para esfomeá-lo mediante um "desarmamento parcial", para "tirar-lhe o incentivo!". Do mesmo modo que o liberalismo em sua época de decadência apelava da monarquia mal informada à que devia ser mais bem informada, o "centro marxista" pretende apelar da burguesia mal aconselhada à que necessita de doutrinação, da tendência imperialista à catástrofe, aos tratados internacionais de desarmamento; da luta das grandes potências para impor a ditadura mundial do sabre, à federação pacífica de Estados nacionais democráticos. A luta geral para resolver a oposição histórica entre o proletariado e o capital transforma-se na utopia de um compromisso histórico entre proletariado e burguesia para "atenuar" as oposições imperialistas entre os Estados capitalistas.[83]

Otto Bauer termina a crítica de meu livro com as seguintes palavras:

> O capitalismo não fracassará pela impossibilidade mecânica de realizar sua mais-valia. Sucumbirá pela indignação que impulsiona as massas populares. O capitalismo não esperará, para cair, que o último camponês e o último pequeno

---

[83] Eckstein, que em sua crítica do *Vorwärts* de janeiro de 1913 me denunciava pela "teoria da catástrofe", empregando simplesmente a terminologia dos Kolb-Heine-David ("Com as suposições teóricas, as consequências políticas vêm abaixo, e, sobretudo, a teoria da catástrofe, que a camarada Luxemburgo levantou sobre sua doutrina da necessidade de consumidores não capitalistas"), denuncia-me agora, desde que os teóricos do pântano voltaram a "orientar-se" para a esquerda, pelo delito oposto de haver ajudado a ala direita da social-democracia. Faz constar com alegria que Lensch, o mesmo Lensch que durante a guerra mundial se passou para o campo dos Kolb-Heine-David, encontrou-o bem orientado, e fala dele mostrando-se de acordo no *Leipziger Volkszeitung*. Não está clara a relação? Suspeito, altamente suspeito! "Justamente por isso", Eckstein acreditou-se no dever de aniquilar tão exaustivamente meu livro no *Vorwärts*. Mas o mesmo Lensch, antes da guerra, concordava com *O capital* de Marx. Mais ainda: um Max Grunwald foi, durante anos, intérprete entusiasta de *O capital* de Marx, na escola de formação dos trabalhadores de Berlim. Não é isso uma prova concludente de que *O capital* de Marx induz a desejar ardentemente o aniquilamento da Inglaterra e a escrever artigos laudatórios no aniversário de Hindemburgo? Mas essas coisas ocorrem aos Ecksteins, que, com sua maneira torpe, deitam a perder aquilo de que se "encarregaram". Já Bismarck lamentava-se, como se sabe, do excesso de zelo de seus répteis jornalísticos.

burguês da Terra se transformem em operários assalariados, e, portanto, não chegará até o momento no qual não reste nenhum mercado adicional; será destruído, muito antes, pela indignação crescente da classe operária em constante aumento, e, por outro lado, cada vez mais treinada, unida e organizada pelo próprio mecanismo do processo de produção capitalista.

Para, desse modo, doutrinar-me, Bauer, como mestre da abstração, teve que abstrair-se não só do sentido completo e da tendência de minha concepção como da clara significação literal de minhas manifestações. Mas que suas próprias palavras só podem considerar-se como típica abstração do marxismo "perito", isto é, como inofensiva especulação do "pensamento puro", prova-o a atitude desse grupo de teóricos ao deflagrar a guerra mundial. A indignação da classe operária em aumento constante, treinada e organizada, transformou-se, rapidamente, na política de abstenção do voto nas decisões transcendentais da história universal e de "silêncio" até que soaram os sinos da paz. O "caminho até o poder", que durante a paz, quando havia sossego em todos os ápices, pintava-se com virtuosidade em todos os seus detalhes, ao primeiro sopro de tempestade da realidade se transformou, logo, em um "caminho até a impotência". Os discípulos que na última década tinham em suas mãos a direção teórica oficial do movimento operário na Alemanha se declararam divididos, ao primeiro princípio da crise mundial, e entregaram o comando ao imperialismo. A clara visão disso é uma das mais necessárias condições para restabelecer uma política proletária que se ache à altura de sua missão histórica no período do imperialismo.

Temperamentos plangentes lamentarão, mais uma vez, que "os marxistas se combatam entre si", que sejam atacadas "autoridades" prestigiosas. Mas o marxismo não é uma dúzia de pessoas que se concedem umas às outras o direito de posar de "peritos", e ante os quais a massa dos muçulmanos crentes têm que morrer com cega confiança.

O marxismo é uma concepção revolucionária que luta constantemente para alcançar novos conhecimentos, que detesta, acima de tudo, o estancamento das fórmulas fixas, que conserva sua força viva e criadora, no choque espiritual de armas da própria crítica e nos raios e tronos históricos. Por isso concordo com Lessing, que escreveu ao jovem Reimarus:

"Mas que se há de fazer! Que cada qual diga o que lhe parece verdade, e que a própria verdade seja recomendada a Deus."

ESTANCAMENTOS E PROGRESSOS DA DOUTRINA[1]

Há quarenta anos, em 15 de janeiro de 1919, Rosa Luxemburgo foi assassinada nas ruas de Berlim, juntamente com seu companheiro de luta, Karl Liebknecht. Sua morte representou uma pesada perda para o movimento comunista militante, tanto quanto para a teoria do marxismo. Fundadora de dois partidos, do Partido Social-Democrático da Polônia e da Lituânia e da Liga Espartaquista da Alemanha, Rosa Luxemburgo tornara-se igualmente uma das mais destacadas teóricas do movimento operário da sua época. Ao lado de Lênin, contribuiu para o desenvolvimento da doutrina marxista na época do imperialismo.

Apesar de Luxemburgo e Lênin lutarem ambos na ala esquerda da Segunda Internacional, contra o reformismo e sua expressão teórica, o revisionismo, não foram poucas as divergências, que os separaram frequentemente. Esse fato fez com que, no período da "linha justa" e do "culto da personalidade" a obra de Luxemburgo fosse relegada a um segundo plano e considerada como quase herética. Esse "expurgo" póstumo da revolucionária polonesa evidentemente não visava à defesa da obra de Lênin, mil vezes traído pelos epígonos. O que o stalinismo não podia tolerar era o precedente das divergências entre revolucionários, o direito de discordar, a discussão. O dogma substituiu o marxismo vivo.

Rosa Luxemburgo, quando errava, errava como revolucionária (o que acontecera também a um Marx ou um Lênin). Isso, todavia, não quer dizer

---

1 Originalmente publicado no jornal *Vorwärts*, 14 mar. 1903. A tradução de Luiz Alberto Moniz Bandeira foi publicada originalmente na revista *Movimento Socialista*, Rio de Janeiro, n. 1, ano 1, p. 63-66, 1º jul. 1959.

que tenha sempre estado em posições falsas quando discutia com os bolcheviques. As divergências resultaram frequentemente da tentativa de generalizar experiências nacionais. A tática e as concepções organizatórias dos marxistas russos tinham de divergir muitas vezes das dos revolucionários da Europa Ocidental. Foi ela uma das poucas autoridades do marxismo, que poderia ter-se oposto à tentação de encarar a luta do proletariado mundial sob um ângulo russo. Por isto, sua morte prematura foi uma perda particularmente séria para a classe operária internacional.

Para nós, que compreendemos o socialismo como ciência e não como dogma, a obra de Rosa Luxemburgo é parte integrante do marxismo.

A aplicação do método marxista à realidade brasileira exige um exame crítico de todas as correntes que contribuem para a formação do patrimônio teórico e a elaboração das experiências do proletariado mundial.

*

Por certo, não será necessário insistir na advertência de que os conceitos expostos no artigo tão rico de ideias, que se lerá a seguir, não são considerados por nós como uma explicação suficiente, completa, para o estancamento, e não só isso, mas a deturpação da teoria marxista durante o sombrio e sangrento período stalinista e, particularmente, para a indigência teórica reinante no Brasil. Parece fora de dúvida que o caso concreto atual necessita de outro tipo de análise – ao mesmo tempo de desentulho do lixo que cobriu o majestoso edifício do marxismo e de sepultamento do stalinismo que empesta a atmosfera.

Mas, para contribuir à realização desta tarefa será de inestimável proveito respirar o clima do artigo de Rosa Luxemburgo, recuperar aquela liberdade de movimentos, revalidar esse destemor intelectual, readquirir o estilo próprio que têm na universalidade e na exatidão científica do marxismo a segura plataforma e o meio adequado de uma luta efetiva pelo socialismo. (M.S.)

*

ESTANCAMENTOS E PROGRESSOS DA DOUTRINA

Em suas palestras bem superficiais, embora às vezes interessantes, acerca das condições sociais da França e da Bélgica, Karl Grün faz, entre outras, a observação muito justa de que as teorias de Fourier e Saint-Simon tiveram sobre os seus discípulos influências diferentes. O segundo foi o pai espiritual de toda uma geração de talentos brilhantes em todos os domínios do espírito. O primeiro só teve, salvo poucas exceções, uma seita formada de fanáticos, que em parte alguma ocuparam lugar de primeiro plano. Grün explica essa diferença pelo fato de Fourier apresentar um sistema acabado, elaborado em todos os detalhes, enquanto Saint-Simon se limitou a dar aos seus discípulos um feixe bem frouxo de grandes ideias. Embora, no caso, Grün pareça esquecer um pouco demais as diferenças internas, as diferenças de *conteúdo*, entre as teorias dos dois clássicos do socialismo utópico, a sua observação, em tese, é exata. Não há dúvida de que um sistema de ideias, do qual apenas as grandes linhas são traçadas, tem uma ação muito mais fecunda do que uma construção acabada e simétrica, à qual nada há de acrescentar-se, na qual um espírito audacioso nada pode encontrar para desenvolver a sua originalidade.

Será essa a causa das teorias de Marx virem sofrendo, há anos, tal estancamento? De fato, à exceção de uma ou duas produções originais que podem ser consideradas como progressos do ponto de vista teórico, tivemos, desde o aparecimento do último volume de *O capital* e dos últimos trabalhos de Engels, algumas belas vulgarizações e explicações da teoria marxista, mas, no fundo, estamos ainda em teoria, quase que no ponto em que nos deixaram os dois fundadores do socialismo científico.

Teria o sistema de Marx enfeixado as iniciativas originais do espírito em quadros demasiadamente rígidos? Não se poderá negar que Marx exerceu uma influência esmagadora sobre a liberdade do movimento teórico de mais de um dos seus discípulos. Marx e Engels, entretanto, declinaram de qualquer responsabilidade pelas elucubrações eventuais de certos "marxistas". E aquele que é dominado pelo medo de desviar-se teoricamente do "terreno do marxismo" vê, em certos casos, o trabalho do seu pensamento tão influenciado quanto o do outro extremo, isto é, daquele que, suando em bica, rejeita completamente o método de pensar marxista, a fim de provar a qualquer preço que conserva a "originalidade do seu próprio pensamento".

De resto, é somente no domínio econômico que se pode, mais ou menos, falar, em Marx, de uma construção perfeitamente acabada. Com relação, porém, à parte mais preciosa de seus escritos – a concepção materialista, dialética, da história – não é ela mais do que um método de pesquisa, um grupo de ideias diretrizes gerais, que permitem a visão de um mundo novo, que abrem perspectivas infinitas às iniciativas individuais, que dão asas ao espírito para as incursões mais audaciosas em domínios inexplorados.

E, entretanto, também nesse terreno, além de algumas pesquisas, a herança de Marx continuou inaproveitada. Deixa-se enferrujar essa arma maravilhosa. A própria teoria do materialismo histórico é, ainda hoje, tão esquemática, tão pouco revolvida como quando nos veio das mãos do seu criador.

Se nada se acrescenta ao edifício construído por Marx, não é porque o quadro seja rígido demais, nem porque esteja completamente acabado.

São frequentes as queixas de que faltam ao nosso movimento forças intelectuais capazes de continuar as teorias de Marx. É certo que sofremos, há algum tempo, dessa falta de forças. Esse fenômeno precisa ser esclarecido e não pode, por si só, responder à nossa outra pergunta. Cada época forja por si mesma o seu material humano, e, se a nossa tivesse verdadeiramente necessidades de trabalhos teóricos, criaria sozinha as forças necessárias à sua satisfação.

Mas temos *verdadeira necessidade* de que se continuem os trabalhos teóricos além do ponto a que Marx os elevou?

ESTANCAMENTOS E PROGRESSOS DA DOUTRINA

Num artigo sobre a controvérsia entre a escola de Marx e a escola de Jevons, na Inglaterra, Bernard Shaw, o muito espirituoso representante do semissocialismo dos Fabianos, zomba de Hyndman, que pretendia, após a leitura do primeiro volume de *O capital*, conhecer "todo" o Marx, ao passo que, depois dele, Friedrich Engels, no prefácio do segundo volume, declarava que o primeiro tomo, com a sua teoria do valor, apresentava um verdadeiro enigma econômico a que só o terceiro volume viria dar solução. Shaw surpreendia Hyndman, na verdade, numa situação verdadeiramente cômica, embora este pudesse consolar-se pensando que a quase totalidade dos socialistas estava na mesma situação.

De fato, o terceiro volume de *O capital*, com a solução do problema da taxa do lucro, problema fundamental da teoria econômica de Marx, só apareceu em 1893. Ora, antes, na Alemanha, como em todos os outros países, tinha-se por base unicamente o material inacabado contido no primeiro volume; vulgarizava-se e adotava-se a teoria de Marx como um todo, integralmente contido nesse primeiro volume, e em parte nenhuma se suspeitava houvesse ali uma lacuna teórica. Ainda mais: quando apareceu, enfim, o terceiro tomo, este despertou, naturalmente, certo interesse nos círculos muito estreitos dos homens de ciência. Foram-lhe consagrados alguns comentários e algumas críticas, mas, quanto ao conjunto do movimento socialista, o livro terceiro não despertou, por assim dizer, nenhum eco nos largos meios em que dominava, precisamente, o pensamento do primeiro livro. Embora as conclusões teóricas desse terceiro livro não tenham suscitado ainda nenhuma tentativa de vulgarização e ainda não tenham penetrado realmente nos círculos mais amplos, ouvem-se, entretanto, há algum tempo, vozes isoladas na social-democracia, que se tornam o eco fiel da "decepção" experimentada pelos economistas burgueses com a leitura do terceiro tomo. Elas mostram, assim, até que ponto nos habituamos a considerar como definitiva a exposição "inacabada" da teoria do valor, tal como está no livro primeiro.

Como explicar esse notável fenômeno?

Shaw, que segundo sua própria expressão, "zomba" dos outros, prazenteiramente, teria aqui ocasião de escarnecer do conjunto do movimento socialista, na medida em que este se apoia em Marx. Apenas "zombaria" ele, nesse caso, de um fenômeno muito sério da nossa vida social. A aventura maravilhosa do primeiro e do terceiro livros nos parece ser um documento convincente para o futuro das investigações do nosso movimento.

O livro terceiro de *O capital* é, certamente, do ponto de vista *científico*, o ponto final da crítica marxista do capitalismo. Sem o terceiro livro, é impossível compreender-se a lei decisiva da taxa do lucro, a divisão da mais-valia em lucro, juro e renda, assim como as repercussões da lei do valor sobre a concorrência. Mas, e isto é o principal, todos estes problemas, por mais importantes que sejam do ponto de vista teórico, são mais ou menos sem valor do ponto de vista prático da luta de classe. Deste ponto de vista, o grande problema teórico era a *formação da mais-valia*, isto é, a explicação científica da *exploração* e da *tendência* para a socialização da produção, ou, por outras palavras, a explicação científica das bases objetivas da revolução socialista.

O livro primeiro, dando "a expropriação dos expropriadores" como resultado inelutável da produção da mais-valia e da concentração progressiva do capital, responde às duas questões. Com isto, as necessidades do movimento operário encontram plena satisfação. A maneira pela qual a mais-valia se reparte entre os diferentes grupos capitalistas, e os roubos que a concorrência ocasiona na realização dessa partilha – tudo isso não tem interesse imediato para a luta de classe do proletariado.

E eis por que o terceiro volume de *O capital* tem sido, até agora, um capítulo que o socialismo não lê.

Mas, em nosso movimento, acontece com as pesquisas teóricas em geral o mesmo que sucede às teorias econômicas de Marx. Pensar que a classe operária, em plena luta, poderia, graças ao próprio conteúdo de sua luta de classe, exercer ao infinito sua atividade criadora no domínio teórico, seria alimentar ilusões. Só a classe operária, como disse Engels, conservou o senso e o interesse pela teoria. A sede de saber de que sofre a classe operária é um dos fenômenos intelectuais mais importantes da atualidade. Do ponto de vista moral, a luta operária renovará a cultura da sociedade. Mas as repercussões *imediatas* da luta do proletariado sobre os progressos da ciência estão ligadas a condições muito precisas.

Em toda sociedade dividida em classes, a cultura intelectual, a arte, a ciência são criações da classe *dirigente* e têm por fim, em parte, satisfazer diretamente as necessidades do desenvolvimento social, e, em parte, as necessidades intelectuais dos membros da classe dirigente.

Na história das antigas lutas de classe, as classes ascendentes puderam algumas vezes – por exemplo, o terceiro estado dos tempos modernos – fazer preceder sua denominação política por sua dominação intelectual. Ainda oprimidas, chegaram a substituir a cultura caduca do período que se desmoronava por uma ciência e uma arte novas, que lhes eram próprias.

O proletariado encontra-se em uma situação inteiramente diversa. Nada possuindo, não pode, na sua marcha para a frente, criar uma cultura intelectual novinha em folha, enquanto se conservar no quadro da sociedade burguesa. Nesta sociedade, enquanto subsistirem as suas bases econômicas, não pode haver outra cultura senão a *cultura* burguesa. A classe operária, como classe, vive fora da cultural atual, embora certos professores "sociais" considerem o uso das gravatas, dos cartões de visita e das bicicletas, que começa a espalhar-se entre os proletários, uma participação de primeira ordem no progresso da civilização. Embora os proletários criem, com as suas próprias mãos, o conteúdo material e a base social dessa cultura, só têm o direito de gozá-la na medida em que é necessária para exercerem, pacificamente, as suas funções na marcha econômica e social da sociedade burguesa.

A classe operária só poderá criar uma arte e uma ciência próprias depois de se libertar completamente de sua atual situação de classe.

Tudo o que pode fazer hoje é proteger a cultura da burguesia contra o vandalismo da reação burguesa e criar as condições sociais necessárias ao livre desenvolvimento da cultura. Na sociedade atual, só pode fazer obra positiva nesse domínio, *forjando as armas intelectuais necessárias à sua luta emancipadora.*

Tudo isso fixa, de antemão, limites bastante estreitos à atividade intelectual da classe operária, isto é, dos seus chefes ideológicos. O domínio de sua atividade criadora não pode ser senão uma parte bem definida da ciência: a ciência social. E como justamente "as relações particulares da ideia de um quarto estado com o nosso período histórico" tornavam necessária a explicação das leis do desenvolvimento social pela luta de classe do proletariado, essa ideia teve uma influência fecunda no domínio das ciências sociais. O movimento dessa cultura proletária é obra de Marx.

Mas essa obra, que constitui, como descoberta científica, um todo gigantesco, já ultrapassa as necessidades diretas da luta de classe do proletariado, para as quais foi criada. Na análise completa e detalhada da economia capitalista, como no método de pesquisas históricas, com as suas infinitas possibilidades de aplicação, Marx nos deu muito mais do que era necessário para a prática da luta de classe.

Só recorremos ao grande repositório de ideias de Marx, para trabalhar e valorizar alguma parcela de sua doutrina, na medida em que o nosso movimento progride de estágio em estágio e se vê em face de novas questões práticas. O nosso movimento, porém, como toda luta verdadeira, se contenta com as velhas ideias diretrizes, ainda muito tempo depois de elas terem perdido o valor. Por outro lado, a utilização teórica das lições de Marx não progride senão com extrema lentidão.

Se sentimos, agora, em nosso movimento, um certo estancamento das pesquisas teóricas, não é porque a teoria de Marx, de que somos discípulos, não possa desenvolver-se, nem porque tenha "envelhecido", e sim porque nos apoderamos, para a nossa luta, de todas as armas intelectuais mais importantes do arsenal marxista de que tínhamos necessidade até aqui. E nem por isso está esse arsenal esgotado. Não "ultrapassamos" Marx no decurso de nossa luta prática; ao contrário, Marx, com suas criações científicas, é que nos ultrapassou como partido de combate, Marx não só produziu o bastante para as nossas necessidades como também as nossas necessidades ainda não foram suficientemente grandes para que utilizássemos todas as suas ideias.

As condições de existência do proletariado na sociedade atual, condições teoricamente descobertas por Marx, vingam-se, assim, pelo destino dado à própria teoria de Marx. Instrumento incomparável de cultura intelectual, conserva-se ainda inaproveitado, porque é incompatível com a cultura burguesa, cultura de classe e porque ultrapassa de muito as necessidades de armas do proletariado em sua luta. Só a classe operária, libertando-se das condições atuais da existência, socializará, com todos os outros meios de produção, o método de pesquisa de Marx, a fim de dar-lhe o seu uso integral, o seu pleno rendimento para o bem de toda a humanidade.

Este livro foi composto na tipografia Adobe Garamond Pro,
em corpo 12/16, e impresso em papel off-white
no Sistema Digital Instant Duplex da
Divisão Gráfica da Distribuidora Record.